KB200850

성경 빌드업

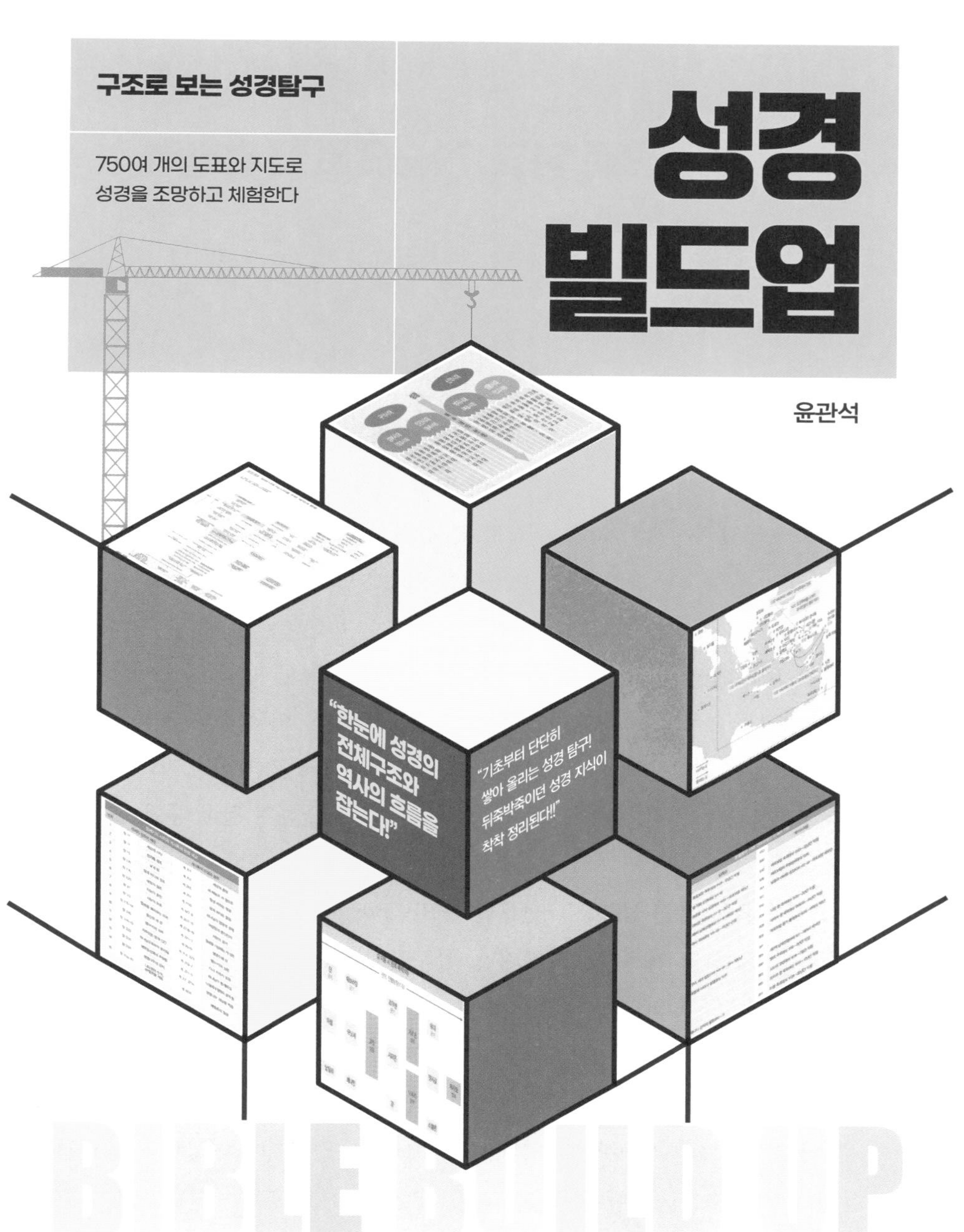
구조로 보는 성경탐구
750여 개의 도표와 지도로
성경을 조망하고 체험한다
성경
빌드업
윤관석
"한눈에 성경의 전체구조와 역사의 흐름을 잡는다!"
"기초부터 단단히 쌓아 올리는 성경 탐구! 뒤죽박죽이던 성경 지식이 착착 정리된다!!"
BIBLE BUILD UP

규장

BIBLE BUILD UP

프롤로그

성경을 손으로 읽고, 가슴으로 체험하라

내 마음에는 한 소망이 있었다. 성경을 더 잘 알고 싶다는 간절한 바람이었다. 어린 시절 만화책을 보면, 눈을 감아도 만화의 장면들이 맴돌 때가 있었다. 성경에 대한 갈망은 어린 날의 그것과 비교할 수 없는, 설명할 수 없는 간절한 갈망이었다. 이러한 갈망은 선교단체에서 성경을 공부하고 가르치는 데까지 나를 이끌었다.

이 시대 수많은 그리스도인이 이같이 진리의 말씀인 성경을 사모한다. 그리고 세상에는 다양한 방식의 탁월한 성경공부 방법이 많이 있어서 그리스도인들은 이를 통해 열심히 성경을 공부하고 신앙 성장에 큰 유익을 얻는다. 그러나 그렇게 열심히 공부한 성경 지식을 오래 간직할 수 없어서 성취감을 느끼지 못하고, 점차 성경공부마저 시들해져 결국 중단하고 마는 경우가 많다.

나 역시 20년 이상 〈직장인 성경공부 선교회〉(BBB, Business Bible Belt)라는 선교단체에서 열심히 성경을 공부하고 가르치기도 했지만, 공부한 성경의 연대, 지역, 위치, 시대적 배경 등에 대한 성경의 전체구조 파악에 대한 한계를 느끼고 있었다. 우리가 자주 쓰는 예화로, 산을 연구하던 사람이 그 산에 있는 나무와 바위, 수풀 등은 낱낱이 탐구했으나 그 산 자체에 대해서는 알지 못했다는 이야기가 있다. 그런데 내가 그런 식이었다. 열심히 공부해도 공부한 내용을 바로 기억해내서 구체적인 지식으로 설명할 수 없었기에 '어떻게 하면 성경에 대해 좀 더 분명히 이해하고, 공부한 내용을 오래 기억할 수 있을까?'라는 안타까움이 늘 맴돌고 있었다.

이렇게 고민하던 중 문득, 열심히 공부한 성경이 정리되지 않고 기억나지도 않는 것은 성경의 전체적인 구조와 틀을 파악하지 못하고 막연하게 공부하기 때문이라는 생각이 들었다. 생각해보자. 어떤 도서관에서 계속 책을 쌓아 놓기만 한다면 거기서 내게 필요한 책을 바로 찾을 수 있을까? 책이 많아질수록 찾는 것이 더 힘들어질 것이다. 하지만 어떤 체계를 가지고 어느 정도 분류라도 해놓는다면 책을 찾기가 쉬워질 것이다. 이와 마찬가지로 성경의 전체적인 구조와 틀을 파악한다면, 공부한 성경을 기억하기도 쉽고 또 필요한 성경의 지식을 찾아내기도 쉬워질 것 같았다. 그렇다면 어떻게 해야 성경의 전체구조와 틀을 파악하고 성경을 공부할 수 있는 것일까?

간증처럼 성경을 늘 기억할 수 있으려면

그때 교회 모임의 간증문을 작성하다가 간증은 항상 잊어버리지 않는다는 것을 문득 깨닫고 '성경을 간증이나 체험처럼 공부한다면 늘 기억할 수 있지 않을까?' 하는 생각이 들었다. 그래서 '체험하듯이', 성경을 구조적으로 체험적으로 공부할 방법을 찾다가, 먼저 성경적 위치를 파악하고, 성경의 시대를 파악하고, 인물의 이동 경로를 직접 연필로 그려보고, 성경의 계시적 관점을 찾아내는 등의 방법으로 공부해보았더니 공부한 내용이 잘 정리되고, 머릿속에 그림이 그려지듯 떠올라 설명하기도 훨씬 쉬워졌다. 자신감이 생겨서 이러한 방법으로 성경공부 모임에서 실천적으로 공부했고, 과정을 마칠 때마다 학습자들에게 설문을 통해 지속적으로 피드백을 받으면서 다음과 같은 네 가지 골격을 적용하게 되었다.

첫째, 성경 전체의 구조와 틀을 한눈에 조망할 수 있어야 한다.
둘째, 성경 공부의 흐름이 성경의 연대를 따라 정리되어야 한다.
셋째, 성경의 본질인 계시적 의미가 조명되어야 한다.
넷째, 성경의 내용과 주인공들의 활동을 간접적으로 체험할 수 있어야 한다.

이에 따라 위의 네 가지 조건에, 지금까지 직접 참여했던 여러 가지 탁월한 성경 공부들의 장점들을 접목해서 ① 성경의 구조(structure)라는 산 전체를 보고(look), ② 성경의 연대(chronicle)를 숙지하고(know), ③ 성경의 구속사(salvation)를 확신하며(believe), ④ 성경의 내용(content)을 체험(experience)하는 성경공부 방법서로서 이 책을 편집하게 되었고, 편집본을 교재로 약 3년간 서울, 경기, 영남, 호남의 〈직장인 성경공부 선교회〉 그룹과 서울, 경기의 일반 교회 등에서 8차례에 걸쳐 공부하면서 실제 학습과 설문으로 수집된 자료들을 적용하고 수정과 개선을 거듭하여 《성경 빌드업 - 구조로 보는 성경탐구》를 선보이게 되었다.

학습 참여자의 90퍼센트 이상이 '매우 효과적'이라는 긍정적인 답변을 하며 "성경을 여행하고 나온 것 같아요!"라는 소감을 나누었다. 무엇보다도, 정리되지 않은 채 자기 안에 잠재되어있던 많은 성경 지식을 성경의 틀과 구조 안에 잘 정리해주었다는 점과 공부한 내용이 성경의 구조와 시대의 바른 위치의 틀 안에서 체험한 것같이 간증처럼 정리되고 기억하게 되었다는 점을 이 책을 통한 성경공부의 장점으로 꼽았다.

틀과 구조를 따라 성경을 정리하고 기억하자

이 책에는 지도가 50여 개, 참고 자료와 정리 도표를 포함해 도표만도 700여 개가 실려 있다. 무엇보다도 600페이지에 가까운 이 책의 내용을 과연 어떻게 공부할 것인가? 그러나 분명한 것은 《성경 빌드업》을 차근차근 따라가는 동안 산을 보고 숲을 보듯이 아주 쉽고 명료하게 성경 내용이 정리된다는 사실이다. 《성경 빌드업》을 통해 구조로 보는 성경 탐구의 원리는 데이터를 저장한 USB의 폴더를 열어가듯이 큰 틀로부터 점점 세분화되는 것이다. 독수리가 창공에서 세상을 내려다보며 조감(鳥瞰)하듯이, 산(구조)을 보고 숲(성경연대와 계시)을 깨닫고(또는 숲을 알고 산을 볼 수도 있다) 점점 세부시대로 다가가는 것이다.

그렇다! 성경을 막연하게 공부하는 것이 아니라 성경 전체의 구조를 거시적으로 파악해 개념적으로 이해하고, 그 안에 담긴 계시적 의미를 알아보고, 성경의 시대를 공감하며 공부하는 것이다. 그러다 보면 도서관의 책 목록처럼 그 분류를 따라 성경 전체의 구조와 성경연대가 정리되고 하나님의 계시를 깨닫게 되어, 공부한 성경의 내용이 지식이 아닌 체험으로 간증처럼 기억나게 된다. 또한 성경 지도를 그려보면서 인물의 이동을 따라 체험적으로 성경을 공부하고, 도표를 '틀' 삼아 내용을 정리해가다 보면 성경 속으로 들어가 성경의 흐름과 주인공들의 활동을 이해하게 되어 간증처럼 기억하게 된다.

> 여호와께서 내게 대답하여 이르시되 너는 이 묵시를 기록하여 판에 명백히 새기되 달려가면서도 읽을 수 있게 하라 합 2:2

이 말씀은 묵시, 즉 말씀을 기억하되 완전하게 마음에 새겨 기억하라는 말씀으로 들려온다. 성경의 구조를 알면 내용이 보인다. 그리고 성경의 내용이 보이면 성경을 깨닫고, 체험하고, 기억하게 된다. 《성경 빌드업-구조로 보는 성경탐구》는 더 많은 사람이, 더 유익한 성경 공부에 참여해, 더 효율적으로 성경을 공부할 수 있도록 돕고자 하는 한 가지 소망으로 출발하였다. 아무쪼록 이 책과 이러한 성경 공부가 하나님의 말씀을 사모하고 갈망하는 충성된 하나님의 사람들에게 성경의 틀과 구조를 정립하여 성경 지식을 기초부터 단단히 빌드업하는 데 유익한 길잡이가 되어주기를 간절히 바란다.

무엇보다도, 하나님의 말씀에 대한 감동이 사라져가는 이 시대에 성경 공부를 통해 많은 이들의 가슴에서 복음의 말씀이 뜨겁게 기경(起耕)되는 심령부흥의 역사가 일어나기를 간절히 소망하며, 성령께서 조명하여주셔서 성경을 공부하는 모든 이들의 가슴이 뜨거워지고 심령의 부흥을 체험하기를 간절히 기도한다.

윤관석 목사

차례

제3강 출애굽시대

제4강 광야시대

제5강 정복시대

제6강 정착시대

Ⅱ. 인간시대(왕국시대)

제7강 통일왕국시대

제8강 분열왕국시대

제9강 유다왕국시대

제10강 포로시대

제11강 귀환시대

제12강 침묵시대

오리엔테이션 2

신약

Ⅲ. 성자시대(복음)

제13강 탄생과 성장

제14강 공생애 시작

제15강 초기사역

제16강 중기사역

제17강 말기사역

제18강 십자가 · 부활 · 승천

특강 사복음서

Ⅳ. 성령시대(선교시대)

第19강 예루살렘 · 유대 · 사마리아 선교

第20강 바울의 제1차 선교여행

第21강 바울의 제2차 선교여행

第22강 바울의 제3차 선교여행

제23강 바울의 옥중선교

제24강 기타 사도와 계시록

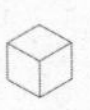

본서의 활용 일러두기

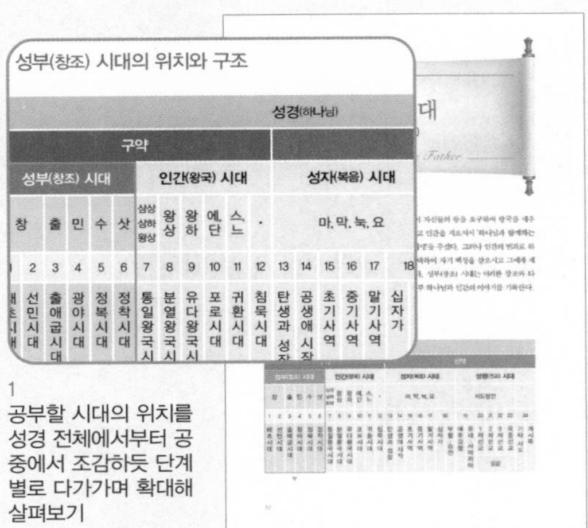

1
공부할 시대의 위치를
성경 전체에서부터 공
중에서 조감하듯 단계
별로 다가가며 확대해
살펴보기

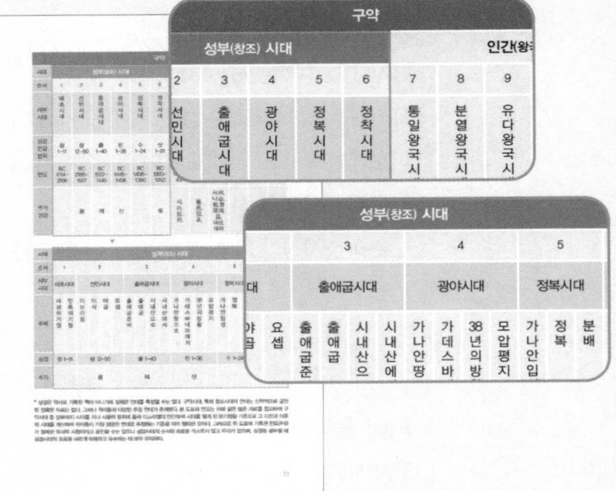

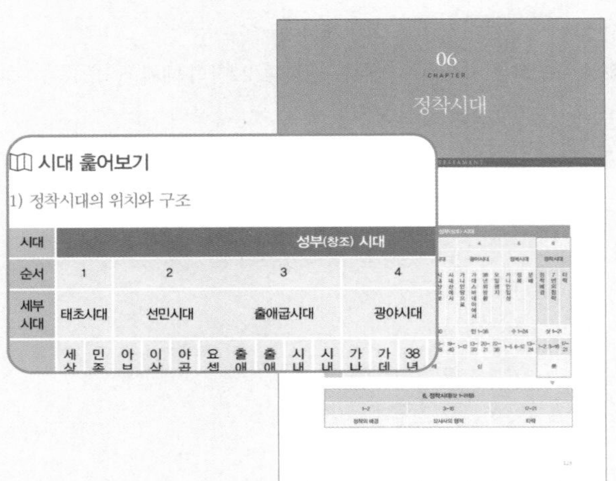

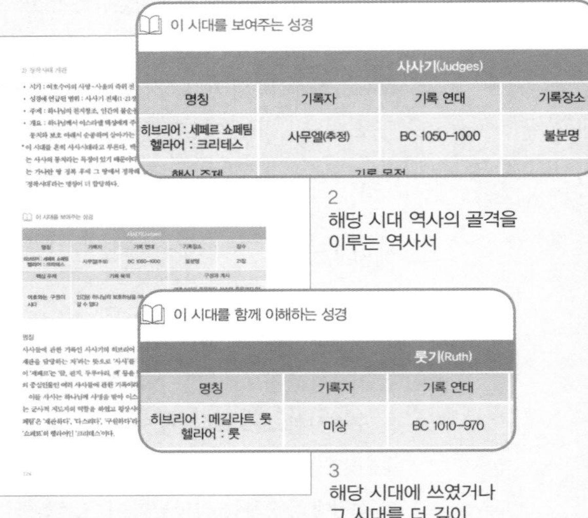

2
해당 시대 역사의 골격을
이루는 역사서

3
해당 시대에 쓰였거나
그 시대를 더 깊이
보여주는 추가 성경

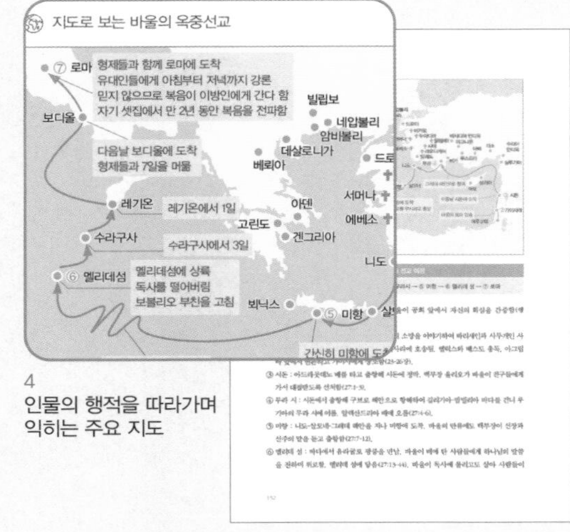

4
인물의 행적을 따라가며
익히는 주요 지도

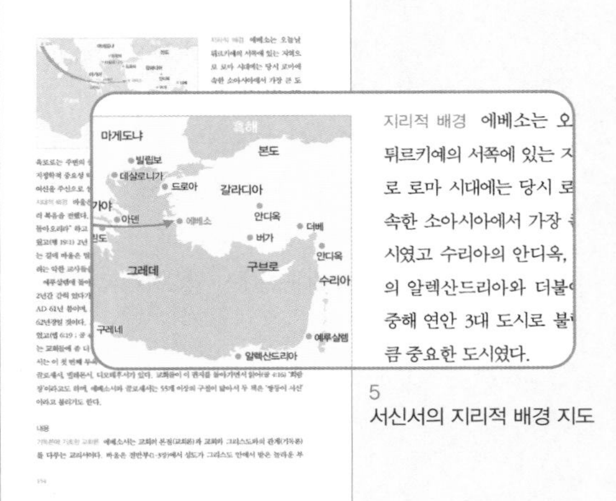

5
서신서의 지리적 배경 지도

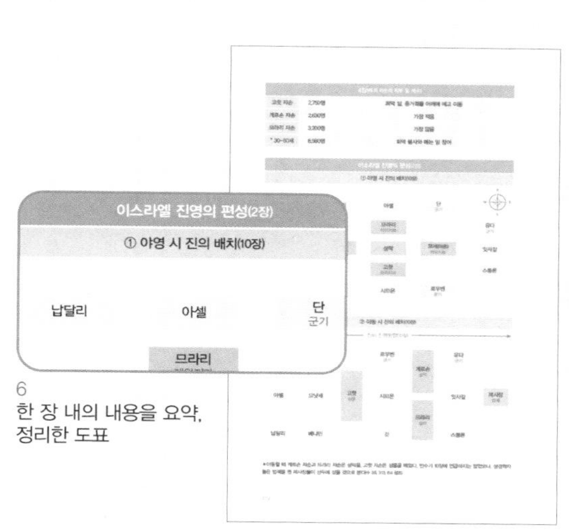

6
한 장 내의 내용을 요약, 정리한 도표

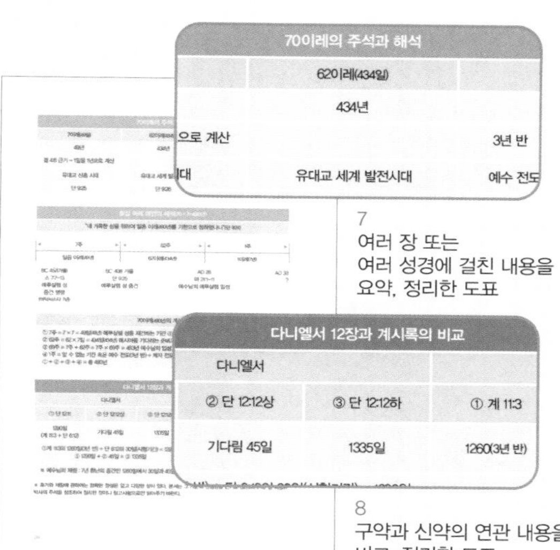

7
여러 장 또는 여러 성경에 걸친 내용을 요약, 정리한 도표

8
구약과 신약의 연관 내용을 비교, 정리한 도표

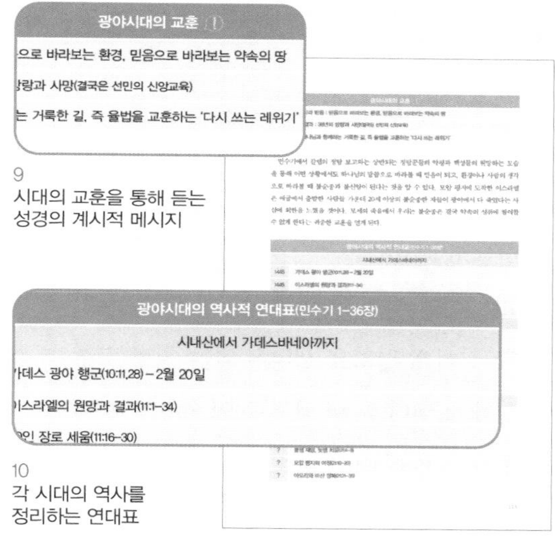

9
시대의 교훈을 통해 듣는 성경의 계시적 메시지

10
각 시대의 역사를 정리하는 연대표

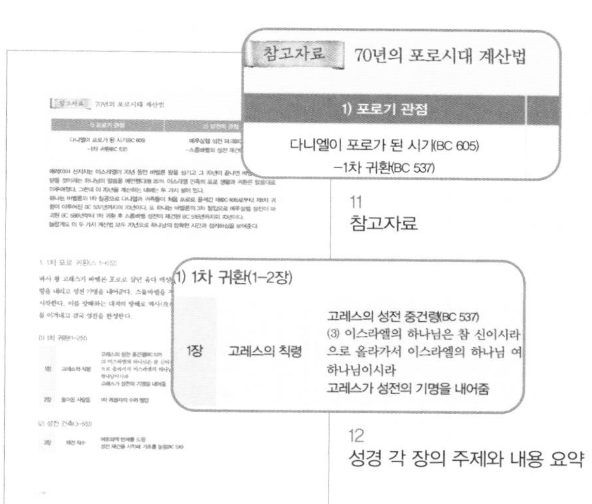

11
참고자료

12
성경 각 장의 주제와 내용 요약

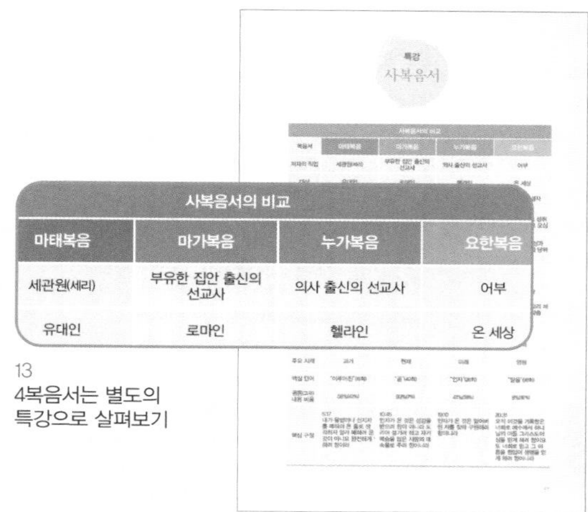

13
4복음서는 별도의 특강으로 살펴보기

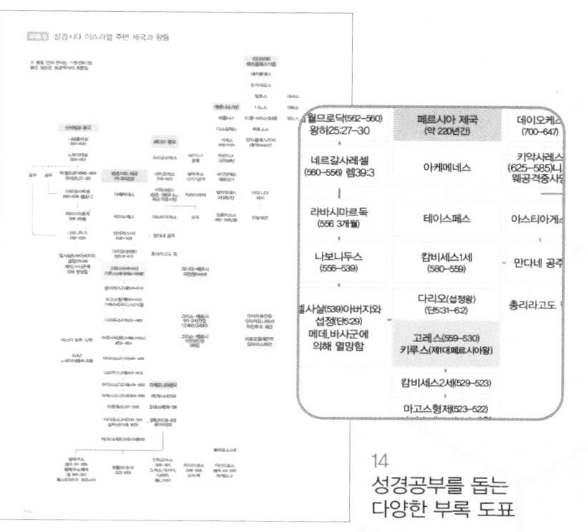

14
성경공부를 돕는 다양한 부록 도표

구조로 보는 성경탐구의 이해

1. 성경은 무엇을 말씀하시는가?

반갑습니다. 하나님의 말씀을 사모하고, 《성경 빌드업》으로 공부하게 된 여러분을 환영합니다.

성경을 공부하기 전에 가장 먼저 알아야 할 것이 있습니다. 그것은 "성경은 무엇을 말하느냐?"라는 본질적인 질문입니다. 하나님의 창조와 섭리하심의 본질적인 의미를 알지 못하면, 생명 없는 문학적 지식은 얻을 수 있을지 몰라도, 정작 길이요 진리요 생명이 되는 영적 교훈을 놓치고 결국 세상과 인간의 존재 의미도 알지 못하게 됩니다. 성경의 본질인 계시적 의미가 우리 마음속에 조명되지 않으면 아무리 성경의 구조를 파악하고 연대와 사건 및 모든 지식을 다 안다 할지라도 우리는 아무것도 아니며 우리에게 아무 유익이 없습니다.

신앙생활에서 가장 많이 하는 착각은 하나님을 마치 나를 위해서 계시는 분처럼 생각하는 것입니다. 우리는 하나님을 '나를 사랑하시며 나의 모든 필요를 채워주시는 분, 그래서 내가 부르짖으면 찾아와서 나를 도와주시는 분'으로만 생각하는, 막연한 신앙의 착시현상에 빠질 때가 너무나 많습니다.

물론 성경은 인간을 위한 하나님의 사랑과 수고와 헌신과 희생을 기록하고 있습니다. 그러나 그것이 본질적인 목적은 아닙니다. 그러면 성경은 무엇을 말하고 있을까요?

인간은 하나님과 함께하는 존재이다

첫 번째는 하나님께서 인간을 창조하신 목적입니다. 인간은 하나님의 형상으로 지음받은, 하나님과 함께하는 존재입니다.

창세기 1장은 세상이 전적인 하나님의 뜻과 명령으로 창조되었음을 보여줍니다. 이 창조는 어떤 설명도 이유도 계획도 없이, 하나님의 일방적인 명령으로 이루어졌습니다. 그런데 하나님은 창세기 1장에 기록하신 인간의 창조 장면에서 세상을 창조하신 이유를 말씀하십니다.

> 하나님이 이르시되 우리의 형상을 따라 우리의 모양대로 우리가 사람을 만들고 그들로 바다의 물고기와 하늘의 새와 가축과 온 땅과 땅에 기는 모든 것을 다스리게 하자 하시고 하나님이 자기 형상 곧 하나님의 형상대로 사람을 창조하시되 남자와 여자를 창조하시고 하나님이 그들에게 복을 주시며 하나님이 그들에게 이르시되 생육하고 번성하여 땅에 충만하라, 땅을 정복하라, 바다의 물고기와 하늘의 새와 땅에 움직이는 모든 생물을 다스리라 하시니라 창 1:26-28

이 구절은 하나님께서 하나님의 형상과 모양을 따라, 그리고 하나님의 목적을 따라 인간을 창조하셨다는 것을 분명하게 기록하고 있습니다. 하나님은 인간을 하나님의 형상과 모양으로 창조하셨고, 유일하게 인간을 창조하실 때 계획하셨다는 것입니다.

성경을 이해할 때, 이 구절을 통해 발견하는 첫 번째 중요한 의미는 '하나님의 형상과 모양'에 있습니다. 26절의 "하나님의 형상과 모양"대로 창조되었다는 것은 그렇게 창조된 존재가 '하나님의 대리자'라는 의미를 함축하고 있습니다. 여기서 '형상'의 원어는 '째렘'(צֶלֶם, image)으로, 그 의미는 형상이지만 '상징적인 형태' 또는 '대리적인 형태' 등의 의미도 지니고 있습니다. '모양'의 원어는 '데무트'(דמות, likeness)로서 '-와 비슷함', '-와 유사함', '-와 닮은', '-처럼' 등의 의미가 있습니다.

이 말씀들에서 발견되는 의미는, 하나님은 원형이시고 인간은 모형이라는 것입니다. 그리고 인간은 원형이신 하나님을 나타내는 모형으로서의 의미를 지니며, 하나님은 인간이라는 모형 안에 내주하셔서 자신을 나타내실 수도 있다는 것입니다. 이와 같은 관계의 분명한 의미는 인간은 반드시 하나님과 함께하는 존재로 창조되었다는 것입니다. 하나님의 형상과 모양을 따라 인간을 창조하셨다는 것은 인간이 하나님과 함께하는 존재로 창조된 것을 의미합니다.

인간은 하나님께 순종하는 존재이다

두 번째로 성경이 말씀하시는 것은 하나님께서 인간에게 주신 사명입니다. 인간은 하나님께 순종하는 존재로 창조되었습니다. 인간의 사명은 하나님의 말씀에 순종하는 것입니다.

28절의 "땅을 정복하고 다스리라"라는 명령은 인간에게 하나님의 명령을 집행하고 따르는 자, 즉 하나님의 뜻에 순종하는 자로서의 사명이 주어졌음을 보여줍니다. 하나님은 이 명령을 통해 인간을 창조하신 목적이 하나님께서 창조하신 피조물을 다스리는 것임을 밝혀주셨습니다.

하나님은 인간에 대해 하나님이 창조하신 피조물을 정복하고 다스리게 하자는 분명한 계획과 목적을 가지셨고, 이러한 분명한 계획과 목적을 지닌 사명자로서 인간을 창조하셨습니다. 성경이 인간을 바라보는 기본적인 관점, 즉 성경이 말하는 인간의 존재 목적은 분명합니다. '하나님과 함께하고 하나님과 교제하며 하나님의 명령을 대리하는 자', 그리고 '하나님의 사명을 수행하는 존재'로서 그 명령에 순종하는 자인 것입니다.

그렇습니다. 인간은 하나님과 함께하는 존재요 그분의 명령에 순종하는 존재로 창조되었습니다. 이 두 가지 사실은 성경 속으로 들어가고 성경 전체를 관통하는 기차의 두 레일과도 같습니다.

'하나님과 함께하는 것'과 '하나님께 순종하는 것'이 두 개의 레일과 같다는 것은 무슨 의미일까요? 이 두 가지가 성경 전체를 관통하는 모든 문제의 원인과 해결이라는 것입니다. 또한, 기차가 레일을 벗어나면 탈선하듯이 인간은 이 두 가지 존재 목적을 떠나면 징벌과 심판이 있을 뿐이라는 것입니다.

그러므로 성경은 "하나님께 돌아오라"(회개), 그리고 "하나님의 명령을 지키라"(순종)라는 하나님의 부르심의 음성으로 들어야 합니다. 성경은 인간이 하나님께 돌아가 하나님과 화목하고, 하나님께 순종하는 창조의 목적으로 돌아오라는, 하나님의 사랑의 부르심입니다. 하나님과 함께하고 하나님께 순종하는 자는 형통하며, 하나님을 떠나고 하나님께 불순종하는 자는 징벌과 심판을 받는 것이 성경 전체를 관통하는 이야기입니다.

이 문제는 아담이 범죄하여 하나님과 분리됨, 즉 하나님께 불순종하고 하나님을 떠나게 됨으로써 시작되었고, 예수 그리스도의 십자가 대속으로 인간이 하나님과 화목하고 하나님께 순종하는 백성이 되는 것으로 해결되고 완성됩니다.

하나님께 돌아가고 하나님께 순종하기 위해서는 성경을 바로 알아야 합니다. 그러기 위해서 다음과 같은 점에 유의하여 성경공부에 임할 것을 당부하고자 합니다.

1. 위치 - 성경 전체구조에서 본문의 위치를 파악하라
2. 공감 - 본문의 연대기와 시대 상황을 공감하라
3. 이해 - 본문의 계시적 의미를 이해하라
4. 체험 - 학습하지 말고 체험하라

2. '구조로 보는 성경탐구'란

왜 성경을 구조로 보아야 할까요? 우리는 부분적으로만 안다는 의미로 "나무는 보고 숲은 보지 못한다"라고 말합니다. 살아 있는 지식은 먼저 전체를 알고, 그다음으로 부분적인 것들을 아는 것입니다.

조감도를 보듯 성경을 이해한다

내가 살 집을 알아보려고 할 때, 집의 외형만 보아서는 그 집을 다 알 수 없습니다.

만일 그 집의 설계도면이 있다면 어떨까요?

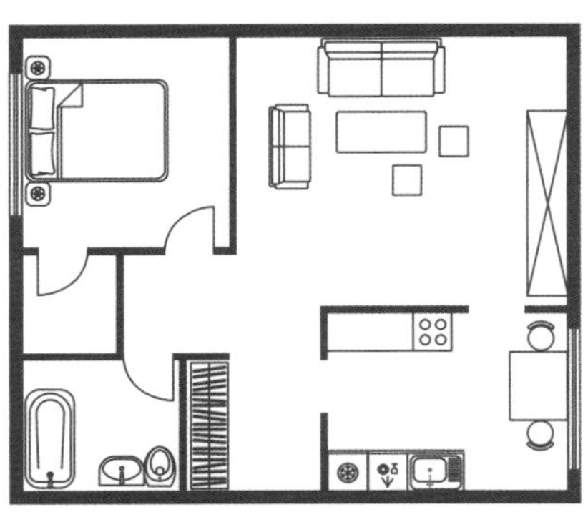

물론 설계도면이 없이는 집을 지을 수 없고, 설계도면이 있다면 집을 재현할 수도 있을 것입니다. 그러나 도면에 대한 지식이 있는 사람은 설계도면만으로 집을 이해하는 것이 가능하지만, 비전문가들은 설계도면만으로는 그 집에 대해 이해하기 어렵습니다.

그렇다면 그 집에 대한 조감도가 있다면 어떨까요? 그렇습니다. 그 집에 대한 조감도가 있다면, 그 집의 구조를 쉽게 알 수 있고, 그 집에 대해서도 잘 이해할 수 있을 것입니다.

성경을 구조적으로 공부하는 방법은 이 조감도를 보는 것과 유사합니다. 만일 성경공부를 하면서 공부할 성경의 구조와 틀을 조감할 수 없다면 공부한 내용의 성경적 위치와 성경적 연대도 이해하지 못하고 막연하게 공부만 할 뿐입니다. 그러니 성경을 열심히 공부하고도, 마치 조감도 없이 설계도면만 본 것처럼, 공부한 내용을 분명하게 이해할 수도, 기억할 수도 없는 것이지요.

우리 속담에 "구슬이 서 말이라도 꿰어야 보배"라는 말이 있습니다. 아무리 지식이 많이 있어도 그 지식을 체계적으로 폴더에 차곡차곡 저장하지 않으면 찾아내기 어렵습니다. 게다가, 폴더에 제대로 정리하지 않으면 그러한 지식이 많아질수록 더욱 찾아내기가 어려워지지요. 성경을 열심히 공부한 사람일수록 힘들어지고 좌절하는 이유가 바로 여기에 있습니다.

그러나 공부할 성경의 정확한 구조적 틀을 알면, 마치 조감도를 통해 건물의 내부를 알게 되는 것과 같이, 성경의 시대적 위치와 성경의 흐름이 분명하게 이해되고 기억됩니다. 그러므로 성경의 구조와 틀을 알고 성경을 공부하는 것은 매우 중요합니다. 《성경 빌드업》은 성경 공부의 구심점이 되는 이 구조와 틀을 분명하게 정립해줄 것입니다.

연대기적 골격을 세우고 성경을 이해한다

우리는 성경을 성경책에 나와 있는 순서대로 읽고 공부합니다. 그러나 우리가 사용하는 성경책은 연대기 순서로 되어 있지 않습니다. 특히 구약의 경우는 책별 특성(성격)에 따라 분류하였으므로 율법서(창세기-신명기), 역사서(여호수아서-에스더서), 시가서(욥기-아가), 예언서(이사야서-말라기서)의 순서로 배열되어 있어서 이 순서대로 읽거나 공부하면 성경 내용과 성경

시대가 일치하지 않는 혼란을 겪게 됩니다.

즉, 역사서에서 이스라엘 건국부터 멸망과 바벨론 포로 귀환까지 다 읽은 후에 그 옛날 족장시대 욥의 이야기를 읽고, 이스라엘 건국 초기의 다윗과 솔로몬의 글을 읽고, 그 후에 다시 이스라엘의 왕국시대와 포로시대, 귀환시대에 활약한 선지자들의 글을 읽게 되는데 그것도 연대순이 아니라 분량 순(대선지서, 소선지서)으로 되어 있습니다. 그러면 시대와 인물이 뒤섞여서 뒤로 갈수록 성경의 맥을 잡기 어려워지고, 오히려 공부를 많이 할수록 더 뒤죽박죽될 수밖에 없는 것이지요.

그러므로 성경의 연대기적 구조와 틀을 바로 이해하는 것이 매우 중요합니다. 성경의 틀과 구조를 이해하고 성경을 실제 역사의 위치에 따라 읽고 공부해야 성경 전체의 구조를 바르게 조망하고 성경을 바르게 이해할 수 있습니다. 성경 전체의 연대기적 윤곽이 잡히면 성경의 역사를 따라 실제적인 시대적 상황을 공감적으로 체험하게 되고, 체험한 내용은 간증처럼 분명하게 기억할 수 있게 됩니다.

이 책에서는 성경 속 역사를 시대별로 구분하고, 그 시대를 언급하는 성경으로 연대기적 골격을 정립하여 그 책들 위주로 시대를 살피고, 그 시대와 관련된 책들(주로 시가서와 예언서, 서신서)은 해당 시대를 마무리하며 참고자료로서 읽는 방식으로 성경을 공부할 것입니다.

성경 66권 중 신구약의 연대기적 골격을 세워줄 성경은 총 18권입니다.

구약시대의 골격을 세우는 성경은 11권(창세기, 출애굽기, 민수기, 여호수아서, 사사기, 사무엘상·하, 열왕기상·하, 에스라서, 느헤미야서)과 포로시대를 반영하는 책(다니엘서, 에스더서) 2권으로 총 13권입니다. 신약시대는 복음서(마태·마가·누가·요한복음) 4권과 역사서(사도행전) 1권, 총 5권이 골격을 세웁니다.

이 책들을 기반으로 성경의 실제 연대를 따라 각 시대의 틀을 세우면 다음과 같습니다.

1. 태초시대(창세기)
2. 선민시대(창세기)
3. 출애굽시대(출애굽기)

4. 광야시대(민수기)

5. 정복시대(여호수아서)

6. 정착시대(사사기)

7. 통일왕국시대(삼상,삼하,왕상 1-11장)

8. 분열왕국시대(왕상 12-왕하 17장)

9. 유다왕국시대(왕하 18-25장)

10. 포로시대(포로시대의 역사서는 없지만, 당시 기록된 에스더서, 다니엘서 참조)

11. 귀환시대(에스라서, 느헤미야서)

12. 침묵시대(새 시대를 준비하는 침묵의 기간으로 관련된 역사서는 없다)

13. 복음시대(마태·마가·누가·요한복음)

14. 선교시대(사도행전)

《성경 빌드업》을 통한 공부 방식은 이러한 성경의 연대기를 따라 전체적인 구조와 골격(틀)을 잡고, 그 외 성경들을 각 성경의 연대기적 위치에서 공감하고 공부하는 것입니다.

이와 같은 구조를 통해 성경을 보면, 성경의 연대와 성경의 위치가 정리되고, 성경공부를 한 내용이 명료해집니다. 예를 들어 공부할 내용이 아합왕 이야기라면 [구약 - 분열왕국시대 - 열왕기상 12장 이하]라는 성경의 지점을 쉽게 찾아낼 수 있게 됩니다.

3. 성경의 시대 구분과 전체 구조

성경 전체를 한눈에 조망하기 위해서는 성경 전체의 구조를 알아야 합니다.

일반적으로 성경은 크게 구약과 신약으로 나뉩니다. 그러나 구약이나 신약이나 다 하나님의 말씀이기 때문에 본래 성경은 구약과 신약을 구분할 수 없습니다. 사람들이 편의상 그렇게 구분했을 뿐이지요.

이 책에서는 다시 구약을 성부의 창조 시대와 인간의 왕국 시대로, 신약은 성자의 복음 시대와 성령의 선교 시대로 나누고, 더 나아가 그 네 시대를 각각 6개의 시대로 나누었는데, 이 또한 성경을 잘 이해하고 기억하기 위한 것이지 각 시대가 두부 자르듯 나누고 구분되는 것은 아닙니다.

명칭 또한 그렇습니다. 성부의 창조 시대 / 인간의 왕국 시대 / 성자의 복음 시대 / 성령의 선교 시대를 성부 시대 / 인간 시대 / 성자 시대 / 성령 시대로 표기하기도 하였는데 이것은 성경을 잘 기억하기 위한 개념적인 분류일 뿐, 삼위 하나님으로 분류된 각각의 개별적 사역을 의미하는 것은 아닙니다. 즉, '성부 시대에는 성부 하나님만이 일하시고 성자 시대에는 성부 하나님과 성령 하나님이 일하지 않으셨다'라는 식으로 이해해서는 안 된다는 것입니다.

말씀을 선포하신 성부 하나님, 말씀을 성취하신 성자 하나님, 말씀을 증거하시는 성령 하나님 즉 삼위 하나님은 어느 시대에나 동일하게 함께 일하시며, 성령 시대라고 분류되는 지금 이 시대에도 삼위 하나님은 함께 일하고 계십니다.

> 예수께서 그들에게 이르시되 내 아버지께서 이제까지 일하시니 나도 일한다 하시매 … 그러므로 예수께서 그들에게 이르시되 내가 진실로 진실로 너희에게 이르노니 아들이 아버지께서 하시는 일을 보지 않고는 아무것도 스스로 할 수 없나니 아버지께서 행하시는 그것을 아들도 그와 같이 행하느니라 요 5:17,19

성경의 시대적 분류

① 큰 분류

먼저 성경의 기본 틀부터 시작해서 세부적으로 풀어나가야 합니다.

성경은 기본적으로 크게 구약과 신약의 두 부분으로 나눌 수 있습니다. 예수 그리스도의 탄생을 기점으로 그 이전을 구약, 이후를 신약이라고 말합니다.

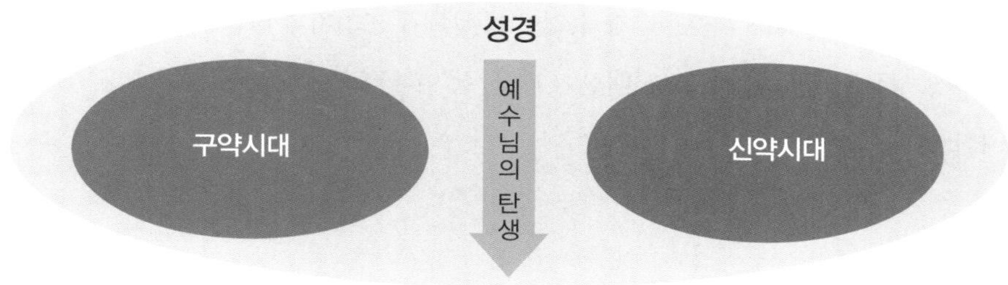

② 대주제별 분류

구약과 신약을 시대별 대주제에 따라 다시 둘씩 나눌 수 있습니다.

구약은 이스라엘 왕국이 세워지는 것을 기점으로 이전 시대를 창조시대, 이후를 왕국시대로 구분합니다. 신약은 예수님의 승천을 기점으로 이전 시대를 복음시대, 이후 시대를 선교시대로 구분합니다.

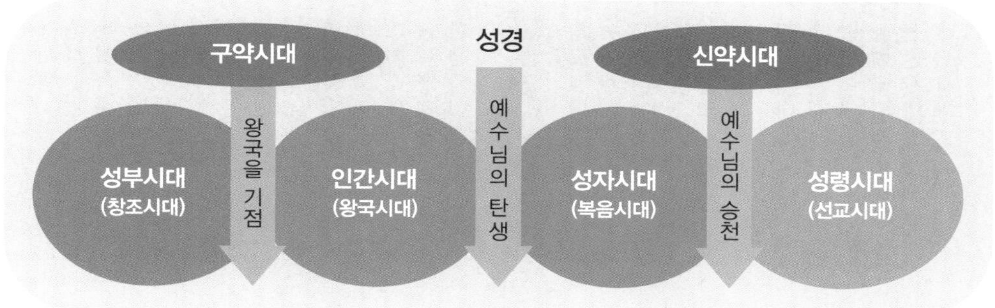

각 시대의 명칭이 되는 창조, 왕국, 복음, 선교는 그 시대를 특징 짓는 주제로서 이 책에서는 '대주제'로 칭하겠습니다. 이 네 시대를 각각 성부 시대, 인간 시대, 성자 시대, 성령 시대라고도 표현했는데 이는 앞서 설명했듯이, 각 위격이 개별적, 독립적으로 사역했다는 뜻이 아닙니다. 삼위 하나님은 구약부터 신약까지 언제나 동일하시고 함께 일하십니다.

위와 같이 나눈 것은 삼위 하나님의 연합 사역 중 그 시대마다 각 위격으로 대표되는 상징성이 뚜렷하게 나타나는 데 따른 개념적인 구분이라 하겠습니다. 선포하신 하나님, 성취하신 하나님, 증거하시는 하나님으로 각 위격의 특성이 두드러지게 나타나 성경의 시대 구분이 명확해지며, 성경을 공부할 때 그 시대상이 더욱 잘 이해되고 공감되어 더 분명하게 체험적으로 기억하는 데 도움을 줍니다.

③ 소주제별 분류

성부(창조) / 인간(왕국) / 성자(복음) / 성령(선교)의 이 네 시대는 각각을 다시 시대별 특성에 따라 소주제로 다음과 같이 6개의 시대로 나눌 수 있습니다. 이것이 성경 전체의 기본 구조와 틀이 됩니다.

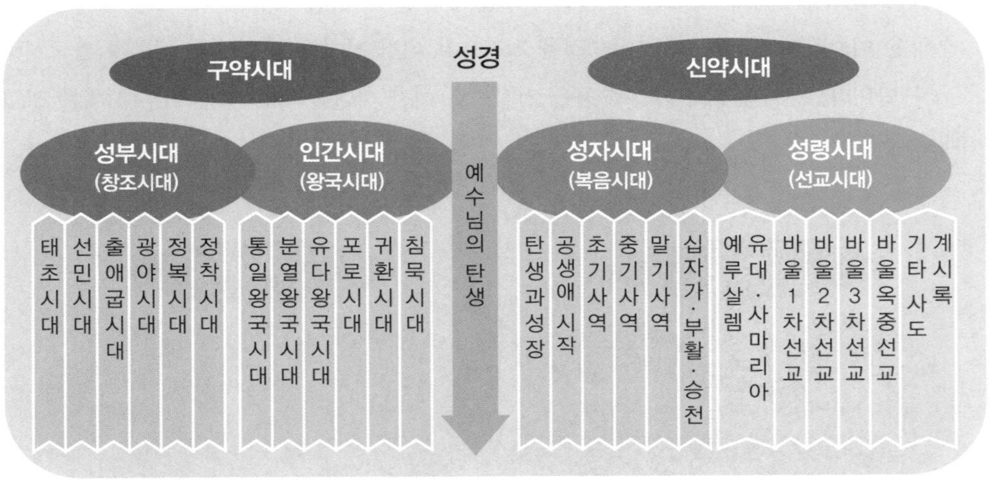

도표로 정리한 성경의 시대적 분류

지금까지 살펴본 그림의 구조를 도표로 정리해보겠습니다. 더욱 명료하게 그 구조를 도식화하여 성경의 전체 골격을 익히는 데 큰 도움이 될 것입니다.

① 큰 분류

예수님의 탄생을 기점으로 구약과 신약으로 구분한다.

여기서 성부와 성자의 구분은 구약과 신약이라는 특징적인 구분이지 사역의 구분이 아니다.

성경(하나님)	
구약	신약

② 대주제별 분류

구약과 신약은 다시 시대별 특성을 따라 다음과 같이 크게 네 개의 시대로 나눌 수 있다.

여기서도 각 시대의 분류는 각 위격의 독립적인 사역이 아니라 특징적인 구분으로서, 삼위 하나님은 구약부터 신약까지 언제나 동일하시고 함께 일하신다.

성경(하나님)			
구약		신약	
성부(창조) 시대	인간(왕국) 시대	성자(복음) 시대	성령(선교) 시대

③ 소주제별 분류

대주제로 분류된 네 개의 시대는 다시 각각의 시대별 특성을 따라 각각 6개의 시대로 세분할 수 있다. 이로써 성경 전체가 연대기적 흐름에 따라 아래와 같이 정리된다.

성경(하나님)																										
구약													신약													
성부(창조) 시대						인간(왕국) 시대							성자(복음) 시대						성령(선교) 시대							
1	2	3	4	5	6	1	2	3	4	5	6		1	2	3	4	5	6	1		2	3	4	5	6	
태초시대	선민시대	출애굽시대	광야시대	정복시대	정착시대	통일왕국시대	분열왕국시대	유다왕국시대	포로시대	귀환시대	침묵시대	예수님의 탄생	탄생과 성장	공생애 시작	초기사역	중기사역	말기사역	십자가·부활·승천	예루살렘	유대·사마리아	1차선교	2차선교	3차선교	옥중선교	기타 사도	계시록
																					땅끝					
6개 주제						6개 주제							6개 주제						6개 주제							

대주제로 분류한 네 시대의 골격이 되는 성경은 각각 다음과 같다.

성부(창조) 시대 : 창세기, 출애굽기, 민수기, 여호수아서, 사사기
인간(왕국) 시대 : 사무엘상·하, 열왕기상·하, 다니엘서, 에스더서, 에스라서, 느헤미야서
성자(복음) 시대 : 마태복음, 마가복음, 누가복음, 요한복음
성령(선교) 시대 : 사도행전

성경의 이 책들을 각 시대를 기록한 내용에 따라 배치함으로써 성경의 연대기적 골격을 정립할 수 있다. 성경은 전체 66권(구약 39권, 신약 27권)이지만 성경에 언급된 전체 시대를 연대기적으로 펼치면 구약은 창세기, 출애굽기, 민수기, 여호수아서, 사사기, 사무엘상·하, 열왕기상·하, 다니엘서, 에스더서, 에스라서, 느헤미야서의 13권, 신약은 마태복음, 마가복음, 누가복음, 요한복음, 사도행전의 5권으로 성경 전체 시대의 골격이 완성된다.

위의 ①-③ 내용 전체를 조합하고, 각 시대의 소주제가 성경의 어느 책 몇 장 범위에 해당하는지를 나타내면 성경 전체가 24개의 시대로 정리, 배열된다. 여기에 각 시대와 관련된 나머지 성경을 배치하면 성경 66권의 전체 위치가 다음과 같이 도표 하나로 정리된다.

성경(하나님)																									
구약												신약													
성부(창조) 시대						인간(왕국) 시대						성자(복음) 시대						성령(선교) 시대							
창		출	민	수	삿	삼상 1–왕상 11	왕상 12–왕하 17	왕하 18–25	단, 에	스, 느	·	마, 막, 눅, 요						사도행전						·	·
1–11	12–50	1–40	1–36	1–24	1–21													1–7	8–12	13–15	16–18	19–21	22–28		
1	2	3	4	5	6	7	8	9	10	11	12	13	14	15	16	17	18	19		20	21	22	23	24	
태초시대	선민시대	출애굽시대	광야시대	정복시대	정착시대	통일왕국시대	분열왕국시대	유다왕국시대	포로시대	귀환시대	침묵시대	탄생과 성장	공생애 시작	초기사역	중기사역	말기사역	십자가·부활·승천	예루살렘	유대 사마리아	1차선교	2차선교	3차선교	옥중선교	기타 사도	계시록
																				땅끝					
	욥	레	신		룻	시 아 잠 전	욜 욘 암 호	사 미 나 습 렘 합 겔 애 옵 대상 대하		학 슥 말										갈	살전 살후	고전 고후 롬	엡 빌 골 몬 딤전 딛 딤후	히 약 벧전 벧후 요1 요2 요3 유	계

도표 마지막에 추가된 책들은 그 기록 연대나 기록자의 활동 시기에 따라 배치한 것이다. 예를 들면 욥기는 선민(족장)시대의 이야기이며, 레위기는 출애굽시대에 기록된 책이다.

특이사항은 역대기의 위치이다. 이 책은 귀환 시대에 기록되었지만 그 내용은 대부분 왕국시대와 관련되므로 그 성격상 왕국시대를 마감하는 유다왕국시대에 배치하였다. 신약성경에서는 기록된 시기에 따라서 바울서신 및 기타 사도들의 서신을 배치하고, 신약의 예언서인 요한계시록은 마지막 책으로 배치했다.

성경 역사에 따른 시대적 분류

시대	주요사건	관련 성경
태초시대	우주의 창조, 사람의 타락, 대홍수와 바벨탑 사건	창세기(1-11장)
선민시대	히브리 민족의 조상들인 아브라함, 이삭, 야곱, 요셉의 생애, 욥의 고난	창세기(12-50장), 욥기
출애굽과 광야시대	출애굽, 성막 건축, 시내산에서 율법 언약 체결, 가데스바네아 반역 사건	출애굽기, 레위기, 민수기, 신명기
정복시대	가나안 정복 전쟁, 지파별 가나안 땅 분배	여호수아서
정착시대	이스라엘의 범죄로 인한 이방민족의 침입과 사사들을 통한 구원, 룻과 보아스의 결혼, 사무엘의 탄생	사사기, 룻기, 사무엘상(1-7장)*
통일왕국시대	다윗의 이스라엘 왕위 등극, 예루살렘성 정복, 다윗 언약 체결, 솔로몬의 성전 건축	사무엘상(8-31장), 사무엘하, 열왕기상(1-11장), 역대상, 역대하(1-9장), 시편, 잠언, 아가, 전도서
분열왕국과 유다왕국시대	여로보암의 반역과 남북 왕국 분열, 앗수르에 의한 북이스라엘 멸망과 바벨론에 의한 남유다왕국 멸망	열왕기상(12-22장), 열왕기하, 역대하(10-36장), 에스겔서, 이사야서, 예레미야서, 예레미야애가 및 대부분의 소선지서
포로시대	다니엘과 세 친구의 환난과 구원, 바사에 의한 바벨론 멸망	다니엘서, 에스더서
포로귀환시대	3차에 걸친 바벨론 포로 귀환, 스룹바벨 성전 건축 및 예루살렘 성벽 재건	에스라서, 느헤미야서, 학개서, 스가랴서, 말라기서
침묵시대	헬라 정복자들의 성전 모독, 마카비 혁명, 로마의 예루살렘 정복, 헤롯 성전 건축	마 1:18-25, 2:1-18
예수시대	예수 그리스도의 탄생, 세례와 시험 승리, 십자가 대속의 죽음과 부활, 승천	사복음서
초대교회시대	오순절 성령 강림, 스데반의 순교, 바울의 회심과 선교여행	사도행전, 서신서, 요한계시록

* 사무엘서는 통일왕국시대를 보여주는 성경이지만 엘리와 사무엘이 사사로서 다스린 시기(삼상 1-7장)는 정착시대와 관련이 있다. 역대기, 에스겔서 또한 기록 시기 아닌 내용상 관련 시기에 맞춰 배치하였다.

성경 전체의 위치와 구조

이 도표는 앞서 정리한 성경의 틀과 구조 도표에 성경의 연대기와 성경의 계시, 그 외 성경의 위치를 포함하여 성경 66권의 전체구조를 정리한 것으로, 성경 전체의 구조를 한눈에 조망하고 공부할 성경의 위치를 미리 숙지하는 데 도움이 된다. 앞의 도표와 구약시대는 동일하나 성자시대는 복음서를 따라, 성령시대는 선교 지역과 성격에 따라 단순화하였다.

선택	섭리	구조		순서	소분류	성경본문	연대	역사서	동시대 성경
아담 ▼ 노아 ▼ 아브라함 ▼ 이삭 ▼ 야곱 ▼ 이스라엘 ▼ 다윗 ▼ 남은 자 ▼ 예수 ▼ 12 사도 ▼ 교부 ▼▼ 제자 ▼▼▼ 온 인류 ▼	인류	1 성부시대	창조시대	1	태초시대	창 1–11	BC 4114–BC 2166 아브라함↓	창세기	
	이스라엘			2	선민시대	창 12–50	BC 2166–1527 모세↓		욥기
				3	출애굽시대	출 1–40	BC 1527–1446 시내산에서 출정↓	출애굽기	레위기
				4	광야시대	민 1–36	BC 1446–1406 40년 방황↓	민수기	신명기
				5	정복시대	수 1–24	BC 1405–1390 땅 분배 완료↓	여호수아	
				6	정착시대	삿 1–21	BC 1390–1050 사울 통치↓	사사기	룻기
	유다지파	2 인간시대	왕국시대	7	통일왕국시대	삼상 1–왕상 11	BC 1050–930 여로보암 등극↓	삼상,삼하 열왕기상	시 아,잠,전
				8	분열왕국시대	왕상 12–왕하 17	BC 930–722 북왕국 멸망↓	열왕기상 열왕기하	욜 욘,암,호
				9	유다왕국시대	왕하 18–25	BC 722–586 남왕국 멸망↓	열왕기하	사,미,나,렘,습 합,겔,애,옵,대상,대하
	남은 자			10	포로시대	단 1–12 에 1–10	BC 605–537 귀환 시작 ↓	다니엘 에스더	
				11	귀환시대	스 1– 6 스 7–10 느 1–13	BC 537–432 말라기 사역 종결↓	에스라 느헤미야	학,슥 말라기
			침묵시대	12	중간시대	•	BC 432–4 예수 출생↓	주의 길 예비	70인역 번역
	예수	3 성자시대	복음시대	13	유대인의 왕	마 1–28	BC 4–AD 30 예수 승천↓	마태복음 마가복음 누가복음 요한복음	
				14	섬기는 종	막 1–16			
	제자			15	완전한 인자	눅 1–24			
				16	하나님 아들	요 1–21			
	초대교회	4 성령시대	선교시대	17	예루살렘 유대 사마리아	행 1–7 행 8–12	AD 30–46	사도행전	
	열방교회			18	선교 여행 1차 2차 3차	행 13–15 행 16–18 행 19–21	AD 47–49 AD 49–52 AD 53–58		갈 살전,살후 고전,고후,롬
				19	옥중 선교 로마	행 22–28	AD 58–63 바울 순교(AD 67)		엡,빌,골,몬 딤전,딛,딤후
	온 인류		기타사도	20	야고보 베드로 유다		AD 30–100		히,약 벧전,벧후 유
			계시	21	사도 요한	계 1–22	AD 95–96	계시록	요1,요2,요3

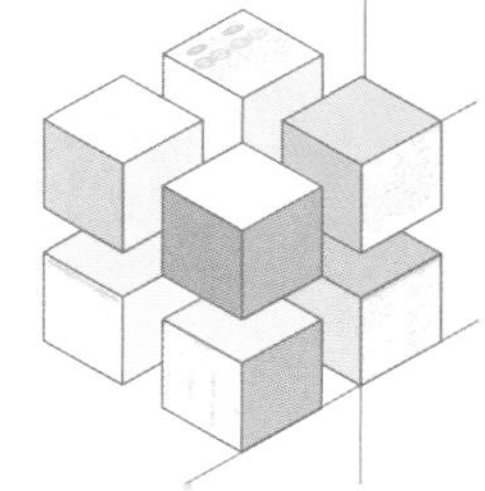

하나님의 천지창조부터 시작하여, 이스라엘 백성들이 자신들의 왕을 요구하여 왕국을 세우기 이전까지의 시대이다. 하나님은 천지를 창조하시고 인간을 지으셔서 '하나님과 함께하는 복'과 '하나님의 명령에 순종하여 세상을 다스리는 사명'을 주셨다. 그러나 인간의 범죄로 하나님으로부터 분리되었으나, 하나님은 아브라함을 택하여 자기 백성을 삼으시고 그에게 세 가지 언약을 세우시고 친히 그 언약을 이루어 가신다. 성부(창조) 시대는 이러한 창조와 타락, 선택과 언약, 그리고 그 언약을 이루어 가시는 성부 하나님과 인간의 이야기를 기록한다.

1. 성부(창조) 시대의 위치와 구조

성경(하나님)																										
구약												신약														
성부(창조) 시대						인간(왕국) 시대						성자(복음) 시대							성령(선교) 시대							
창		출	민	수	삿	삼상 삼하 왕상	왕상 왕하	왕하	단, 에	스, 느	·	마, 막, 눅, 요							사도행전						·	
1	2	3	4	5	6	7	8	9	10	11	12	13	14	15	16	17	18		19		20	21	22	23	24	
태초시대	선민시대	출애굽시대	광야시대	정복시대	정착시대	통일왕국시대	분열왕국시대	유다왕국시대	포로시대	귀환시대	침묵시대	탄생과 성장	공생애 시작	초기사역	중기사역	말기사역	십자가	부활·승천	예루살렘	유대·사마리아	1차선교	2차선교	3차선교	옥중선교	기타 사도	계시록
																					땅끝					

구약												
시대	성부(창조) 시대						인간(왕국) 시대					
순서	1	2	3	4	5	6	7	8	9	10	11	12
세부 시대	태초시대	선민시대	출애굽시대	광야시대	정복시대	정착시대	통일왕국시대	분열왕국시대	유다왕국시대	포로시대	귀환시대	침묵시대
성경 언급 범위	창 1–11	창 12–50	출 1–40	민 1–36	수 1–24	삿 1–21	삼상 1–왕상 11	왕상12–왕하 17	왕하 18–25	단 1–12 에 1–10	스 1–10 느 1–13	·
연도	BC 4114–2166	BC 2166–1527	BC 1527–1446	BC 1446–1406	BC 1405–1390	BC 1390–1050	BC 1050–930	BC 930–722	BC 722–586	BC 605–537	BC 537–432	BC 432–4
추가 성경		욥	레	신		룻	시, 아, 잠, 전,	욜, 욘, 암, 호,	사,미, 나,습, 렘,합 겔,애, 옵, 대상, 대하		학, 슥, 말	

▼

시대	성부(창조) 시대					
순서	1	2	3	4	5	6
세부 시대	태초시대	선민시대	출애굽시대	광야시대	정복시대	정착시대
주제	세상의 기원 민족의 기원	아브라함 이삭 야곱 요셉	출애굽준비 출애굽 시내산으로 시내산에서	가나안땅으로 가데스바네아에서 38년의 방황 모압평지에서	가나안입성 정복 분배	정착배경 7번의 침략 타락
성경	창 1–11	창 12–50	출 1–40	민 1–36	수 1–24	삿 1–21
추가		욥	레	신		룻

* 성경은 역사로 기록된 책이 아니기에 정확한 연대를 특정할 수는 없다. 구약시대, 특히 창조시대의 연대는 신학적으로 공인된 정확한 자료는 없다. 그러나 학자들의 다양한 추정 연대가 존재한다. 본 도표의 연도는 이와 같은 많은 자료를 참고하여 구약시대 중 성부(창조) 시대를 지나 사울이 왕위에 올라 이스라엘의 인간(왕국) 시대를 열게 된 분기점을 기준으로 그 이전과 이후의 시대를 계산하여 학자들이 가장 합당한 연대로 추정하는 기준을 따라 정리한 것이다. 그러므로 위 도표에 기록한 연도(추정)가 정확한 역사적 시점이라고 공인할 수는 없으나 성경시대의 순서와 흐름을 거스르지 않고 무리가 없으며, 성경을 공부할 때 성경시대의 흐름을 바르게 이해하고 유추하는 데 매우 유익하다.

2. 시대 개관 및 시기 구분

- 시기 : 세상의 창조-사울의 즉위 전
- 성경에 언급된 범위 : 창세기, 출애굽기, 민수기, 여호수아서, 사사기

구약시대는 크게 성부의 창조시대와 인간의 왕국시대로 분류할 수 있다. 성부의 창조시대는 다시 태초시대(창조부터 바벨탑까지), 선민시대(아브라함의 부르심에서 요셉의 죽음까지), 출애굽시대(모세의 출생부터 성막의 완성까지), 광야시대(성막의 완성에서 모세의 사망까지), 정복시대(모세의 사망에서 여호수아의 사망까지), 정착시대(여호수아의 사망에서 사울의 즉위 전까지)로 분류할 수 있다.

그 이후 이스라엘 백성들이 왕을 요구하여 사울이 왕으로 즉위하고 이스라엘 왕국이 시작된 때부터는 다음 시대인 인간 왕국시대로 분류한다.

(1) 태초시대

- 시기 : 세상의 창조-바벨탑 사건
- 성경에 언급된 범위 : 창세기 1-11장

(2) 선민시대

- 시기 : 아브라함의 부르심-요셉의 죽음
- 성경에 언급된 범위 : 창세기 12-50장

(3) 출애굽시대

- 시기 : 모세의 출생-성막의 완성
- 성경에 언급된 범위 : 출애굽기 전체(1-40장)

(4) 광야시대

- 시기 : 성막의 완성-모세의 사망
- 성경에 언급된 범위 : 민수기 전체(1-36장)

(5) 정복시대

- 시기 : 모세의 사망-여호수아의 사망
- 성경에 언급된 범위 : 여호수아서 전체(1-24장)

(6) 정착시대

- 시기 : 여호수아의 사망-사울의 즉위 전
- 성경에 언급된 범위 : 사사기 전체(1-21장)

3. 성부(창조) 시대를 기록한 책들

성부시대 역사의 기본을 구성하는 책들은 창세기(태초시대, 선민시대), 출애굽기(출애굽시대), 민수기(광야시대), 여호수아서(정복시대), 사사기(정착시대)로 총 5권이다.

이 성경들 외에 성부(창조) 시대를 설명하는 책들이 있다. 족장시대에 쓰인 것으로 보이는 욥기, 출애굽시대에 시내산에서 기록된 레위기, 광야시대에 가나안 입성을 앞두고 가나안 땅 건너편 모압 평지에서 기록된 신명기, 다윗의 할머니로서 사사시대에 실존했던 인물 룻의 이야기인 룻기이다. 이 4권은 각각이 기록된 시대로 배치하였다.

성부시대는 이렇게 그 시대 역사의 기본을 구성하는 5권과 동시대에 기록된 책 4권(선민시대의 욥기, 출애굽시대의 레위기, 광야시대의 신명기, 정착시대의 룻기)을 포함하여 총 9권으로 구성된다.

01
CHAPTER

태초시대

THE OLD TESTAMENT

시대 훑어보기

1) 태초시대의 위치와 구조

시대	성부(창조) 시대																			
순서	1		2				3				4				5			6		
세부 시대	태초시대		선민시대				출애굽시대				광야시대				정복시대			정착시대		
주제	세상의 기원	민족의 기원	아브라함	이삭	야곱	요셉	출애굽 준비	출애굽	시내산으로	시내산에서	가나안 땅으로	가데스 바네아에서	38년의 방황	모압 평지에서	가나안 입성	정복	분배	정착 배경	7번의 침략	타락
성경	창		창 12–50				출 1–40				민 1–36				수 1–24			삿 1–21		
장	1–2	3–11	12–23	24–26	27–36	37–50	1–6	7–15	15–18	19–40	1–12	13–19	20–21	22–36	1–5	6–12	13–24	1–2	3–16	17–21
추가			욥				레				신							룻		

▼

1. 태초시대(창 1–11장)			
세상의 기원		민족의 기원	
1장	2장	3–5장	6–11장
세상의 창조	인간의 창조	아담시대	노아시대

2) 태초시대 개관

- 시기 : 세상의 창조 - 바벨탑 사건
- 성경에 언급된 범위 : 창세기 1-11장
- 주제 : 하나님의 천지창조, 인간의 불순종과 타락, 이로 인한 홍수 심판
- 개요 : 태초시대는 창조를 기점(起點)으로 한 세상의 기원과 민족의 형성 과정에 관한 이야기이다. 이 시대의 주요 인물은 아담과 노아, 셈, 그리고 그들로부터 데라를 통해 이어지는 아브람(아브라함)이다.

이 시대를 보여주는 성경

창세기(Genesis) – 1				
명칭	기록자	기록 연대	기록 장소	장수
히브리어 : 베레쉬트 헬라어 : 게네시스	모세	BC 1446–1406	시내산 아래 추정	50장
핵심 주제	기록 목적		구성과 계시	
세상의 주인은 하나님이시다 (창 1:26–28)	세상과 인류의 기원, 민족의 선택이 하나님의 주권임을 알리기 위하여		창조주 하나님의 역사로 세상이 시작된다. 세상의 창조 내력, 에덴동산, 인간의 창조와 가정의 창조, 죄악의 시작, 인간의 타락, 하나님의 구원 계획을 보여준다	

명칭

창세기(創世記)는 세상의 창조에 관한 유일한 기록이자 역사의 기원을 밝히는 성경의 첫 책이다. 세상의 기원(태초시대)과 민족의 기원(선민시대)을 기록하고 있다.

창세기의 히브리어 제목인 '베레쉬트'는 원문의 첫 문장 첫 어절로서 '태초에', '처음에'라는 의미이다. 또 창세기 2장 4절에서 '창조'를 의미하는 히브리어 단어 '바라'를 따라 지은 것인데, 이 단어에는 '창조하다', '형태를 주다', '형성하다'라는 뜻이 있다. 헬라어 제목인 '게네시스'에는 '기원', '태초', '발생'이라는 뜻을 지니고 있다.

내용과 교훈

창세기는 하나님의 창조로 시작되며 세상의 창조 내력, 만물의 기원, 인간의 창조와 가정의 창조, 죄로 인한 타락, 민족과 선민의 기원, 하나님의 구원 계획을 담고 있다. 이 모든 것을 하나님께서 창조하고 섭리하고 계신다는 것을 통해 세상의 주인이 하나님이심을 분명히 알리고, 죄에 빠진 인간을 대속해주시려는 하나님의 뜻을 깨닫게 한다.

창세기로 살펴보는 태초시대 하나님의 섭리

창세기의 핵심 주제어는 창조, 심판, 선택, 그리고 언약이다. 창세기는 창조하시고(1-2장), 타락한 인간을 심판하시고(3-11장), 선택하셔서 구원에 적극적으로 개입하시며 그분의 약속을 이루어 가시는(12-50장) 하나님의 섭리를 기록하고 있다.

하나님은 창조주이시고 인간은 피조물이다. 인간은 하나님과 함께 살아가는 존재요 하나님께 순종하는 사명자로 창조되었으나, 죄에 빠진 인간은 끊임없이 하나님을 거역한다. 하나님은 죄에 빠진 인간이 하나님께 불순종하고 하나님을 떠나면 심판하고 징벌하시되, 회개하고 하나님께 돌아오면 용서하심으로, 하나님을 떠난 인간이 하나님께 돌아오도록 섭리하신다. 하나님께서 천지를 창조하신 후, 인간의 창조와 함께 선택의 역사가 시작된다. 즉, 하나님은 아담을 선택하시고, 셋을 선택하시고, 노아를 선택하시고, 셈을 선택하시고, 아브라함을 선택하시고, 이삭을 선택하시고, 야곱을 선택하셨다. 창조에서 셈의 선택까지가 세상의 기원에 관한 역사라면, 아브라함의 선택은 언약을 동반한 선민의 기원이다.

구조

창세기는 태초시대와 선민시대의 두 시대를 보여주는 성경으로, 세상과 민족의 기원을 밝히는 태초시대 및 아브라함부터 요셉까지의 이야기를 통해 선민 이스라엘의 태동을 다룬 두 시대를 기록한다. 이 중 태초시대는 총 50장 중에서 세상의 기원(1-2장)과 민족의 기원(3-11장)으로 구성되어 있다.

시대	태초시대		선민시대			
장	1–2	3–11	12–23	24–26	27–36	37–50
주제	세상의 기원	민족의 기원	아브라함	이삭	야곱	요셉

1. 세상의 기원(창 1–2장)

창세기 1-2장의 내용으로, 하나님께서 천지창조 후 에덴동산을 창설하시고 하나님이 지으신 인간을 그곳에 두시고 창조하신 피조물을 다스리라는 사명을 주신다.

세상의 창조	인간의 창조
1장	2장

1장	세상의 창조	하나님이 천지를 창조하시다 (1-2) 태초에 하나님이 천지를 창조하시니라 땅이 혼돈하고 공허하며 흑암이 깊음 위에 있고 하나님의 영은 수면 위에 운행하시니라 하나님이 사람을 창조하시고 축복하시다 (27-28) 하나님이 자기 형상 곧 하나님의 형상대로 사람을 창조하시되 남자와 여자를 창조하시고 하나님이 그들에게 복을 주시며 하나님이 그들에게 이르시되 생육하고 번성하여 땅에 충만하라, 땅을 정복하라, 바다의 물고기와 하늘의 새와 땅에 움직이는 모든 생물을 다스리라 하시니라
2장	인간의 창조	하나님이 사람을 지으시고 에덴동산에 두시다 하나님이 아담의 돕는 배필로 여자를 지으시다

(1) 세상의 창조(1장)

천지창조의 순서							
일자	첫째 날	둘째 날	셋째 날	넷째 날	다섯째 날	여섯째 날	일곱째 날
구분	빛	하늘, 궁창	땅, 풀, 채소	해, 달, 별	새, 물고기	짐승, 사람	안식

세상의 기원은 세상 어디에서도 명확하게 말해주지 않는다. 오직 성경만이 세상의 창조를 언급하고 그 기원이 하나님에 의해서 시작된 것이라고 말씀한다. 세상은 전적인 하나님의 뜻으로 창조되고, 그중 인간은 하나님의 계획을 따라 하나님이 창조하신 피조물을 다스리라는 사명으로 창조되었다. 그러므로 하나님은 세상의 주인이시고, 인간은 하나님의 명령을 따라 세상을 다스리는 종이라는 사실을 분명히 인지해야 한다.

(2) 인간의 창조(2장)

인간의 창조		
인간	아담(남)	하와(여)
하나님의 형상	흙으로	아담의 갈빗대로
창 1:26 하나님이 이르시되 우리의 형상을 따라 우리의 모양대로 우리가 사람을 만들고 그들로 바다의 물고기와 하늘의 새와 가축과 온 땅과 땅에 기는 모든 것을 다스리게 하자 하시고	창 2:7 여호와 하나님이 땅의 흙으로 사람을 지으시고 생기를 그 코에 불어 넣으시니 사람이 생령이 되니라	창 2:22 여호와 하나님이 아담에게서 취하신 그 갈빗대로 여자를 만드시고 그를 아담에게로 이끌어 오시니

지도로 보는 에덴동산의 추정 위치

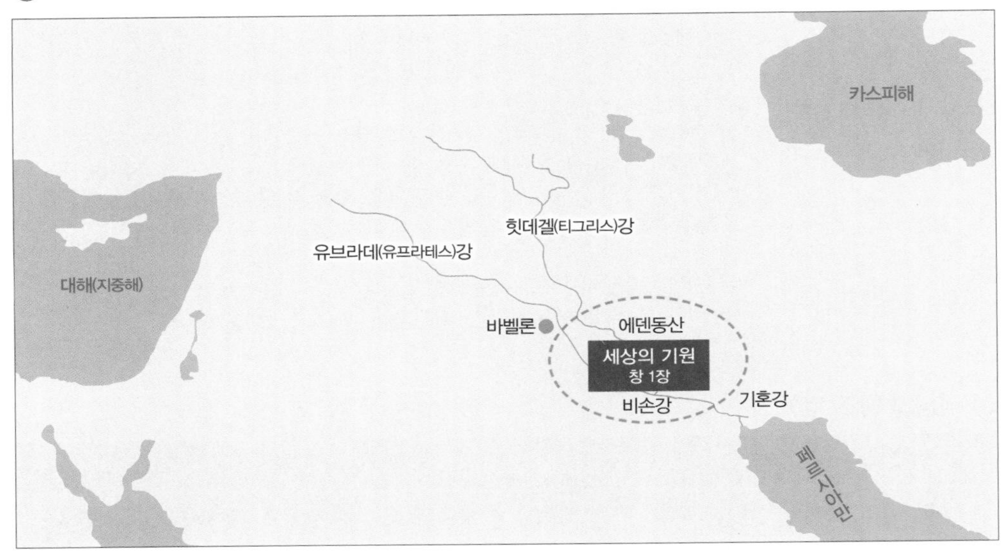

성경은 창세기 1장 26-28절에서 인간의 창조목적을 명확하게 말씀한다.

26절에서 인간을 창조하신 하나님의 계획은, 첫째 하나님의 형상과 모양대로이다. 하나님의 본질은 '거룩'이시다. 그러므로 인간이 하나님의 형상과 모양대로 창조되었다는 것은 인간이 거룩한 존재로, 그리고 하나님의 명령에 순종하는 자로 창조되었다는 의미이다. 그러므로 인간은 항상 하나님과 함께 있어야 하는 것이 첫 번째 존재 목적이다.

이어서 인간의 두 번째 존재 목적은 하나님께서 명령하신 "땅을 다스리라, 바다와 하늘과 땅의 모든 움직이는 생물을 다스리라"라는 명령에 순종하는 것이다. 결국 인간의 존재 목적은 하나님과 함께하는 것과 하나님께 순종하는 것이다.

인간을 향한 하나님의 사랑은 무조건적이지만, 그것이 창조하신 목적은 아니다. "생육하고 번성하라 땅을 정복하라 세상의 모든 생물을 다스리라"(창 1:28)라는 지엄하신 명령이 인간의 존재 목적인 것이다. 이는 인간은 하나님과 함께 살아가는 존재라는 지극히 기독론적인 신앙관을 보여준다. 즉, 하나님이 인간을 위해서 존재하시는 것이 아니라, 인간이 하나님의 명령에 따라 살아가도록 존재한다는 것이다.

세상의 시작과 교훈 !
1) 하나님의 창조는 하나님이 세상의 주체이시고 우리는 개체라는 사실을 보여준다
2) 세상의 모든 피조물은 하나님의 주권 아래 존재 목적이 있다

참고자료 창세기와 계시록

성경의 첫 책인 창세기와 마지막 책인 계시록은 하나님의 구속사를 기록한 위대한 책 성경의 서론과 결론이다. 창세기에서 비롯된 일이 계시록에서 성취되고 결론을 맺는다. 두 책은 서로 연결되면서 극명하게 대조된다. 창세기의 말씀이 계시록에서 성취된 일은 다음 도표에 기록된 것 외에도 셀 수가 없을 것이다. 우리는 이 도표에서 유의미한 몇 가지 상징적인 사건을 통해서 세상의 기원인 창세기에서 시작된 것들이 마지막 날을 기록한 계시록에서 어떻게 성취되었는지 그 결과들을 점검해 볼 수 있다.

창세기의 시작과 계시록의 완성 비교

번호	창세기 창조와 예언		계시록의 완성과 성취	
1	창 1:1	세상의 시작	계 21:1	세상의 종말
2	창 1:1	천지를 창조	계 21:1	새 하늘과 새 땅으로
3	창 1:5	낮과 밤	계 22:5	항상 비취는 영광
4	창 1:10	땅과 바다의 창조	계 21:1	땅과 바다도 없음
5	창 1:16	태양의 창조	계 21:23	하나님의 영광의 광채
6	창 2:23	아담의 혼인	계 19:7–8	어린양의 혼인잔치
7	창 3:1	사탄의 유혹	계 20:7–10	사탄의 공격
8	창 3:3	말씀을 왜곡하는 마귀	계 22:18–19	말씀을 가감하는 자 심판
9	창 2:10–14	동산의 네 강	계 22:1–2	생명수의 강
10	창 3:15	뱀(마귀)의 저주	계 20:10	뱀(마귀)의 심판
11	창 3:16–19	저주받은 땅과 인간	계 21:4, 22:3	다시 저주가 없음
12	창 3:23	하나님으로부터 분리됨	계 21:3–7	하나님이 함께하심
13	창 3:24	에덴동산에서 추방됨	계 22:1–5	낙원에서 영원히 살게 됨
14	창 3:24	생명나무의 금지	계 2:7, 22:14	생명나무 과실을 먹음
15	창 10:8–10	니므롯의 반역, 바벨론을 세움	계 18:21	바벨론의 멸망

2. 민족의 기원(창 3–11장)

창세기 3-11장의 이야기로 최초의 인간 아담과 하와는 죄를 범하여 에덴동산에서 쫓겨나게 된다. 그들의 후손은 번성하지만 타락하여 홍수 심판으로 진멸된다. 오직 노아와 그 자녀들이 새로운 민족의 기원이 되어 다시 번성하지만 그들도 바벨탑 사건으로 하나님께 범죄하게 된다.

아담시대(3–5장)			노아시대(6–11장)		
인간의 죄악	가인과 아벨	아담의 족보	홍수	노아의 후손	바벨탑
3장	4장	5장	6–8장	9–10장	11장

(1) 아담시대(3–5장)

아담시대는 아담과 하와의 범죄로 시작된다. 하나님의 대리자로서 세상을 다스려야 할 인간이 하나님처럼 되려는 교만으로 선악과를 따 먹는 죄를 저질러 에덴에서 쫓겨난 것이다. 쫓겨난 후 아담은 가인과 아벨을 낳았으나, 가인은 아벨을 죽이고 놋 땅으로 가게 된다. 거기서 가인의 후손이 번성하지만 그들은 하나님의 계보로 인정받지 못하고, 하나님의 계대는 아담과 하와의 새로운 자손인 셋을 통해서 이어진다.

3장	인간의 죄악	아담과 하와가 뱀의 꾐에 빠져 하나님의 명령을 어기다 범죄의 결과로 땅이 저주를 받고 아담과 하와가 에덴에서 추방되다
4장	가인과 아벨	아담과 하와가 가인과 아벨을 낳다 가인과 아벨이 하나님께 제사를 드리다 가인이 아벨을 죽이고 놋 땅으로 떠나 후손을 낳다 아담과 하와가 셋을 낳다
5장	아담의 족보	아담의 계보

천지 만물이나 다른 동식물과 달리 인간은 하나님의 계획하심으로 창조된 유일한 존재이다. 하나님은 흙을 빚어 인간(아담)을 하나님의 형상과 모양으로 지으시되 선악을 알지도 못하는 거룩한 존재로 창조하셨다. 그러므로 창조 시에 아담은 의인으로 창조된 것이다.

하나님은 아담의 갈빗대로 하와를 창조하시고 그를 돕는 배필로 허락하셨다. 그러나 그들은 뱀의 유혹으로 하나님께 불순종하는 죄악을 저지르고, 죄인이 되어 에덴에서 쫓겨나는 존재가 된다. 결국 아담은 의인으로 창조되었으나 그의 범죄로 모든 사람이 죄인으로 전락한 인류의 기원이 되었다.

어떤 이들은 "하나님이 아담을 창조하실 때 선악과를 함께 두신 것은 아담이 따먹도록 하신 것이 아니냐?"라고 주장하기도 한다. 이 주장은 하나님의 공의를 훼손하게 된다. 전능하신 하나님은 인간을 하나님의 형상과 모양으로 완벽하게 창조하셨기 때문이다(창 1:27). 그러므로 하나님은 아담이 죄를 짓도록 창조하신 것이 결코 아니다.

다만, 하나님은 전지하시기 때문에 아담이 죄를 범할 것도 아셨던 것은 분명하다. 결국 피조물인 인간이 알 수 있는 영역은 여기까지이며, 그 이상은 인간이 사사로이 풀 것이 아닌 하나님의 영역으로 보는 것이 합당하다(벧전 1:20).

1) 인간의 죄악(3장)

죄로 인한 타락의 과정과 결과			
인물	뱀	하와	아담
유혹	하나님처럼 될 것이다	먹음직, 보암직하여	여자가 권하므로
관련 구절	창 3:4–5 너희가 결코 죽지 아니하리라 너희가 그것을 먹는 날에는 너희 눈이 밝아져 하나님과 같이 되어 선악을 알 줄 하나님이 아심이니라	창 3:6a 여자가 그 나무를 본즉 먹음직도 하고 보암직도 하고 지혜롭게 할 만큼 탐스럽기도 한 나무인지라	창 3:6b 여자가 그 열매를 따먹고 자기와 함께 있는 남편에게도 주매 그도 먹은지라
저주	창 3:15 내가 너로 여자와 원수가 되게 하고 네 후손도 여자의 후손과 원수가 되게 하리니 여자의 후손은 네 머리를 상하게 할 것이요 너는 그의 발꿈치를 상하게 할 것이니라	창 3:16 내가 네게 임신하는 고통을 크게 더하리니 네가 수고하고 자식을 낳을 것이며 너는 남편을 원하고 남편은 너를 다스릴 것이니라	창 3:17–19 땅은 너로 말미암아 저주를 받고 너는 네 평생에 수고하여야 그 소산을 먹으리라 … 얼굴에 땀을 흘려야 먹을 것을 먹으리니 네가 그것에서 취함을 입었음이라 너는 흙이니 흙으로 돌아갈 것이니라

2) 가인과 아벨(4장)

최초의 살인		
인물(뜻)	가인(얻음)	아벨(생기)
제사 제물	땅의 소산(4:3)	양의 첫 새끼와 그 기름(4:4)
하나님의 반응	받지 않으심(4:5)	받으심(4:4)
살인 동기	4:5 가인과 그의 제물은 받지 아니하신지라 가인이 몹시 분하여 안색이 변하니	4:4 아벨은 자기도 양의 첫 새끼와 그 기름으로 드렸더니 여호와께서 아벨과 그의 제물은 받으셨으나
살인 원인	가인이 죄를 다스리지 못함(4:7)	

곡식과 짐승은 다 주님께 드리는 제물이다. 그러나 아벨과 제물은 받으셨으나 가인과 제물은 받지 않으셨다는 말씀에서 그들의 제사에 대한 결과는 드리는 자의 인성과 삶, 즉 그들의 중심을 받거나 받지 않으셨다는 의미로 볼 수도 있을 것이다. 이는 7,8절에 나타난 가인의 혈기에서도 유추해볼 수 있다.

3) 아담의 족보(5장)

순서	이름	탄생–사망 연도(BC)	생존연령	생존 연대*	자녀출생	성경구절
1	아담	4114–3184	930	0–930	130	창 1:26–29 하나님의 형상과 모양대로
2	셋	3984–3072	912	130–1042	105	창 5:3 아담이 백삼십 세에…셋을 낳았고
3	에노스	3879–2974	905	235–1140	90	창 5:6 셋은 백오 세에 에노스를 낳았고
4	게난	3789–2879	910	325–1235	70	창 5:9 에노스는 구십 세에 게난을 낳았고
5	마할랄렐	3719–2824	895	395–1290	65	창 5:12 게난은 칠십 세에 마할랄렐을 낳았고
6	야렛	3654–2692	962	410–1422	162	창 5:15 마할랄렐은 육십오 세에 야렛을 낳았고
7	에녹	3492–3127	365	622–987	65	창 5:18 야렛은 백육십이세에 에녹을 낳았고
8	므두셀라	3427–2458	969	687–1656	187	창 5:21 에녹은 육십오 세에 므두셀라를 낳았고
9	라멕	3240–2463	777	874–1651	182	창 5:25 므두셀라는 백팔십칠 세에 라멕를 낳았고
10	노아	3058–2108	950	1056–2006	500	창 5:28 라멕은 백팔십이 세에 노아를 낳았고

* 이 도표의 세 번째 항목인 '생존연대'는 아담의 출생을 원년으로 한 것(35쪽의 도표와 같이 사울의 즉위에서 거슬러 올라간 것이 아님)으로, 앞 숫자는 출생 연도가 된다.

이 표를 통해 아담부터 라멕까지 함께 생존했었음을 알 수 있다. 그리고 아담의 족보에서 셋과 에녹 같은 의인도 있었으나 그들의 후손들은 노아를 제외한 모두가 대홍수 심판으로 죽임을 당했다는 것을 발견할 수 있다.

지도로 보는 아담시대

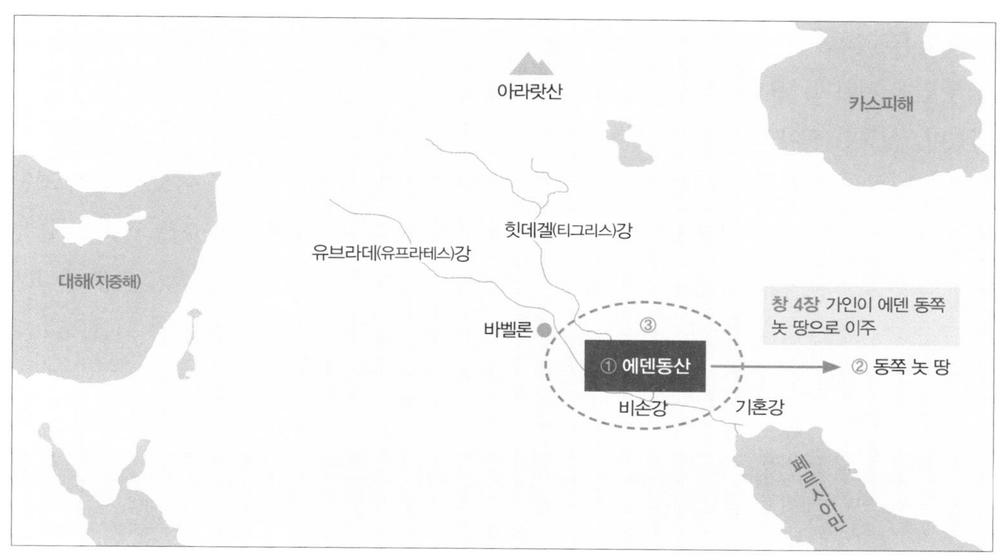

①	②	③
에덴동산	놋 땅	아담의 족보
3장	4장	5장
아담과 하와는 하나님처럼 되려는 교만으로 하나님의 말씀에 불순종하여 하나님이 금하신 실과를 따먹고, 이 범죄의 결과로 에덴동산에서 쫓겨난다	가인이 그의 아우 아벨을 쳐 죽이고 여호와 앞을 떠나 에덴 동쪽 놋 땅으로 가서 거주하게 된다	가인과 그의 후손은 아담의 족보에 들어가지 못하였으나, 하나님의 이름을 불렀던 셋과 그 후손이 아담의 계보를 이어간다

(2) 노아시대(6–11장)

노아시대의 모습은 "노아가 방주에 들어가던 날까지 사람들이 먹고 마시고 장가 들고 시집가더니 홍수가 나서 그들을 다 멸망시켰으며"(눅 17:27)라는 예수님의 말씀으로 요약될 것이다. 모든 사람이 하나님을 떠나 자신들의 쾌락을 따라 시집가고 장가가고, 생각하는 모든 계획이 항상 악한 채 자기 생각대로 살아가고 있을 때(창 6:4-5) 노아는 그 시대에서 유일하게 하나님을 찾고 하나님과 동행하는 사람이었다. 노아는 하나님의 홍수 심판에 관한 말씀을 듣고 믿었던 유일한 사람으로, 방주를 지으라는 명령에 온전히 순종한다. 하나님은 그런 노아와 그의 가족을 제외한 이전의 모든 사람을 홍수로 진멸하신다. 노아시대는 하나님께서 의인 노아를 통해서 다시 새로운 민족의 기원으로 이루어가시는 이야기이다.

아담과 노아

창세기 1장 26절에 의하면, 아담의 기원은 의로우신 하나님의 형상과 모양으로 창조되었기에 당연히 의인이었으나 그는 하나님처럼 되리라는 뱀의 유혹으로 선악과를 따먹고 죄인이 되었다. 성경은 셋이 '아담의 모양과 형상'으로 창조되었다고 기록한다(창 5:3). 그러므로 죄인인 아담의 모양과 형상을 따라 출생한 셋은 죄인이었고, 셋의 후손인 노아도 당연히 죄인으로 태어났다. 그러나 성경은 노아를 가리켜 "의인이요 당대에 완전한 자"(창 6:9)라고 말씀한다. 노아는 하나님을 믿음으로써 의롭게 된 자로서, 순종함으로 구원을 받게 된 모델이라 할 수 있다. 즉, 아담은 의인으로 창조되었으나 죄인이 된 모델인 반면, 노아는 죄인으로 태어났으나 하나님을 믿고 순종함으로 의인으로 인정되고 구원을 얻는 모델이다.

노아 시대		
1) 홍수	2) 노아의 후손	3) 바벨탑
6–8장	9–10장	11장

1) 홍수(6-8장)

6장	심판의 예고	세상에 가득해진 사람의 죄악 하나님이 노아에게 심판을 예고하고 방주 건조(建造)를 명하시다
7장	홍수 심판	노아와 그의 가족이 방주로 들어가다 홍수의 시작
8장	노아의 제사	홍수가 그침 노아가 방주에서 나와 번제를 드리다

죄의 결과(6장)			
주제	무질서한 결혼	사람의 악함을 탄식	혈육 있는 것들을 멸할 것
성경장절	창 6:1–2	창 6:5–7	창 6:13

방주(6장 15절)		
길이	넓이	높이
삼백 규빗(약 150미터)	오십 규빗(약 25미터)	삼십 규빗(약 15미터)

다음은 노아의 홍수 과정을 도표로 정리한 것이다. 이는 노아가 600세 되던 해 2월 17일부터 601세 되던 해 2월 27일까지, 한 달을 30일로 계산하여 모두 370일 동안의 기록이다.

노아의 홍수 일지

홍수 일지	창세기	주제	관련사건
홍수 120년 전	6:1–22	홍수 예고	하나님께서 노아에게 홍수로 세상을 멸하실 것을 알리시고 방주를 만들라고 명하심
홍수 7일 전	7:1–10	방주에 오름	노아와 그 가족 및 모든 짐승이 짝을 지어 방주로 들어감
노아 600세 2월 17일 –3월 26일	7:11	비 시작	노아의 나이 600세 되던 해 2월 17일부터 비가 내리기 시작
	7:12,17	비가 온 날	40주야로 비가 땅에 쏟아짐
	7:17–23	천하의 높은 산이 잠김	40일간 계속된 비로 홍수가 나서 물이 15규빗(약 7미터)이나 오르니 천하의 높은 산이 다 잠기고, 숨 쉬는 모든 동물이 다 죽음
3월 27일 –7월 16일	7:24–8:3	물이 찬 날	비가 그치고도 물은 불어나고 150일 동안 땅에 물이 넘침. 그 후 물은 빠른 속도로 줄어듦
7월 17일	8:4	아라랏 산	홍수 시작 150일 후 방주가 아라랏산에 머묾
10월 1일	8:5	산봉우리 봄	방주의 창문을 통해 노아가 높은 산들의 봉우리를 봄
10월 1일 –11월 10일	8:6	물이 줄어듦	노아가 40일 동안 방주 안에서 더 머물고, 대홍수의 물은 계속 줄어듦
11월 11일	8:7	까마귀	물이 줄어든 사정을 알기 위해 내보낸 까마귀가 돌아오지 않아 노아가 7일을 더 기다림
11월 18일	8:8	첫 번째 비둘기	노아가 첫 번째 비둘기를 날려 보냄 비둘기가 방주로 돌아옴 노아가 7일을 더 기다림
11월 25일	8:10–11	두 번째 비둘기	노아가 두 번째 비둘기를 날려 보냄. 비둘기가 감람나무 잎사귀를 입에 물고 돌아옴 7일을 더 기다림
12월 2일	8:12	세 번째 비둘기	노아가 세 번째 비둘기를 날려 보냄 비둘기가 돌아오지 않음 방주 안에서 29일을 더 머묾
노아 601세 1월 1일	8:13	땅이 마른 날 수	노아가 방주 뚜껑을 열고 바깥을 살핌 지면에 물이 걷혔으나 그래도 노아는 하나님의 명령이 있을 때까지 56일을 더 기다림
2월 27일	8:14–19	방주에서 나옴	하나님께서 방주에서 나오라고 명령하심 노아가 그 가족과 모든 짐승과 더불어 방주 밖으로 나옴
	8:20	단을 쌓고 번제를 드림	여호와께 제단을 쌓고 모든 정결한 짐승을 번제로 드림
?	9:11–15	무지개 언약	"땅을 멸할 홍수가 다시 있지 아니하리라"

2) 노아의 후손(9-10장)

9장	무지개 언약	하나님이 노아와 언약을 세우고 무지개를 증거로 주시다 술 취한 노아와 저주받은 가나안
10장	노아의 후손	노아의 세 아들과 그들의 족보 (1) 노아의 아들 셈과 함과 야벳의 족보는 이러하니라 홍수 후에 그들이 아들들을 낳았으니

3) 바벨탑(11장)

11장	바벨탑	바벨탑 사건으로 하나님이 사람의 언어를 혼잡하게 하시다 셈에서 아브람으로 이어진 셈의 족보 데라의 일가가 하란으로 옮겨가다(BC 2166)

바벨탑 – 하나님 없이 살아가려는, 다시 시작되는 인간의 죄의 본성		
인간	우리 이름을 내고 흩어짐을 면하자	창 11:3–4
하나님	언어를 혼잡케 하셔서 지면에 흩으심	창 11:7–8

참고자료 두 갈래로 언급된 셈의 족보

노아의 족보(창 10:1–32)						
노아	셈	엘람				
		앗수르				
		아르박삿	셀라	에벨	벨렉	
		룻			욕단	알모닷
		아람	우스			셀렙
			훌			하살마웻
			게델			예라
			마스			하도람
						우살
						디글라
						오발
						아비마엘
						스바
						오빌
						하윌라
						요밥

셈의 족보(창 11:10–26)									
셈	아르박삿	셀라	에벨	벨렉	르우	스룩	나홀	데라	아브람
									나홀
									하란

창세기 10장과 11장에는 셈의 족보가 소개된다. 10장에는 노아의 세 아들과 그들의 족보가 나오고 그 가운데 셈의 족보도 소개되며, 11장에서는 셈의 족보만 언급되는데 10장과는 조금 달라진다.

셈에서 아르박삿 - 셀라 - 에벨까지는 두 장(창 10:21-24, 11:10-15)의 족보가 동일하지만, 10장의 족보에서는 에벨의 장남인 벨렉의 자손은 생략하고 차남인 욕단의 자녀들만 기록(10:25-29)한 반면, 11장의 족보에서는 10장에서 누락된 에벨의 장자 벨렉과 그 후손들을 기록하고 있다(11:16-26).

데라의 족보(창 11:27–32)

셈	아르 박삿	셀라	에벨	벨렉	르우	스룩	나홀	데라	아브람	
									〈사래〉	
									나홀	
									〈밀가〉*	
									하란	롯
										밀가*
										아스가

이 두 족보의 차이점을 살펴보면서 한 가지 주목할 점은 10장과 11장의 족보들 사이에 바벨탑 사건(11:1-9)이 있다는 사실이다. 10장에서 셈의 족보가 에벨 다음에 차남 욕단으로 이어지고, 11장 1-9절에서 바벨탑 이야기가 언급된 후 그 뒤로 11장 10-26절에서 셈의 족보가 에벨에 이어 장남 벨렉으로 이어지는 것은 바벨탑의 범죄를 저지른 주체가 노아의 후손 중 셈족일 가능성이 매우 크다는 점을 시사한다(창 10:30 참조).

그러므로 11장에서 특별히 에벨의 장자 벨렉의 후손만을 기록한 것과, 이어서 11장 27-32절에서 마지막으로 데라 족보와 아브람을 언급한 것은 매우 큰 의미가 있다. 이는 하나님의 지극히 큰 자비하심으로서, 바벨탑으로 범죄한 셈족 중에서, 구원받을 자의 모델로 아브람을 선택하셨다는 것이다. 그러므로 11장에서 다시 셈족과 벨렉의 후손으로 아브람이 등장하는 것은 특별한 의미로 볼 수 있다.

11장 셈의 족보는 "셈은 백 세 곧 홍수 후 이 년에 아르박삿을 낳았고"(11:10)에서 시작하고, "데라는 칠십 세에 아브람…을 낳았더라"로 끝난다. 이렇듯 족보가 셈에서 출발하고 아브람으로 끝나는 데서 그러한 사실을 확인할 수 있다. 즉 노아의 후손인 셈의 자손들이 바벨탑의 죄악을 범하였음에도, 하나님께서 노아와 셈과 벨렉과 데라의 후손 아브람을 선택하셔서 그들을 통해 하나님의 구속 사역을 계속해 가셨음을 나타내기 위한 저자의 의도라고 볼 수 있을 것이다.

지도로 보는 노아시대

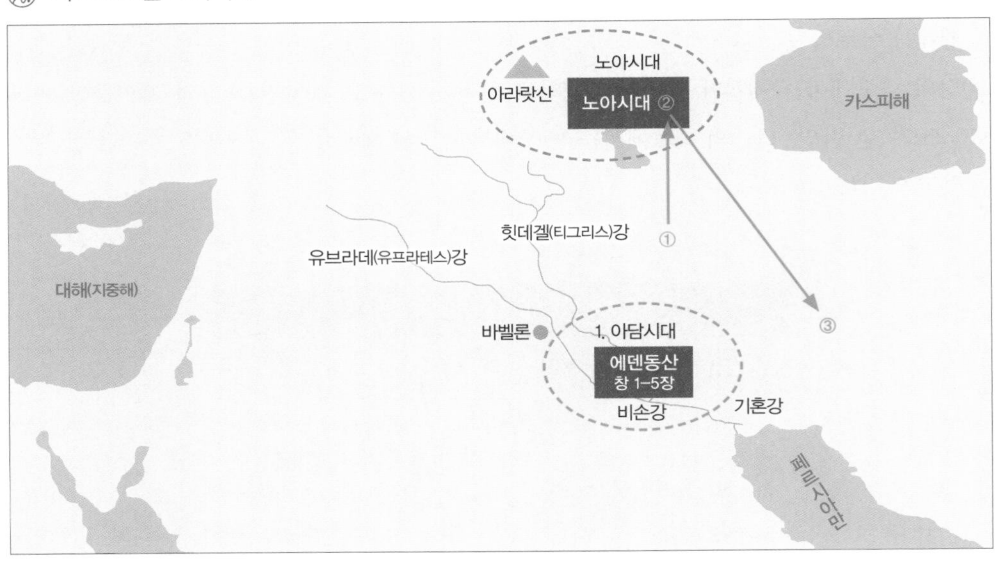

①	②	③
홍수	노아의 후손	바벨탑
6–8장	9–10장	11장
사람의 죄악으로 홍수 심판이 오고, 살아남은 노아의 가족이 번제를 드린다	무지개 언약과 노아의 아들들, 노아의 아들들의 족보	바벨탑과 셈의 족보, 데라의 족보

아담부터 요셉까지의 계보				
순서	이름	탄생–사망 연도(BC)	생존연령	성경구절
1	아담	4114–3184	930	창 1:26–29 하나님의 형상과 모양대로
2	셋	3984–3072	912	창 5:3 아담이 백삼십 세에…셋을 낳았고
3	에노스	3879–2974	905	창 5:6 셋은 백오 세에 에노스를 낳았고
4	게난	3789–2879	910	창 5:9 에노스는 구십 세에 게난을 낳았고
5	마할랄렐	3719–2824	895	창 5:12 게난은 칠십 세에 마할랄렐을 낳았고
6	야렛	3654–2692	962	창 5:15 마할랄렐은 육십오 세에 야렛을 낳았고
7	에녹	3492–3127	365	창 5:18 야렛은 백육십이 세에 에녹을 낳았고
8	므두셀라	3427–2458	969	창 5:21 에녹은 육십오 세에 므두셀라를 낳았고

9	라멕	3240–2463	777	창 5:25 므두셀라는 백팔십칠 세에 라멕을 낳았고
10	노아	3058–2108	950	창 5:28 라멕은 백팔십이 세에 노아를 낳았고
11	셈	4114–3184	930	창 5:32 노아는 오백 세 된 후에 셈과 함과 야벳을 낳았더라
12	아르박삿	3984–3072	912	창 11:10 셈은 백 세 곧 홍수 후 이 년에 아르박삿을 낳았고
13	셀라	2421–1988	433	창 11:12 아르박삿은 삼십오 세에 셀라를 낳았고
14	에벨	2391–1927	464	창 11:14 셀라는 삼십 세에 에벨을 낳았고
15	벨렉	2357–2118	239	창 11:16 에벨은 삼십사 세에 벨렉을 낳았고
16	르우	2327–2088	239	창 11:18 벨렉은 삼십 세에 르우를 낳았고
17	스룩	2295–2065	230	창 11:20 르우는 삼십이 세에 스룩을 낳았고
18	나홀	2265–2117	148	창 11:22 스룩은 삼십 세에 나홀을 낳았고
19	데라	2236–2031	205	창 11:24 나홀은 이십구 세에 데라를 낳았고
20	아브라함	2166–1991	175	창 11:26 데라는 칠십 세에 아브람…을 낳았더라
21	이삭	2066–1886	180	창 21:5 아브라함이…이삭이 그에게 태어날 때에 백 세라
22	야곱	2006–1859	147	창 25:26 리브가가 그들을 낳을 때에 이삭이 육십 세였더라
23	요셉	1915–1805	110	창 30:23 그가 임신하여 아들을 낳았고

* 이 연표는 사울의 즉위 연도에서 거슬러 올라가 계산한 것이다(35쪽의 도표와 같음).

셈 : 셈에서 시작한 족보로, 아브람(아브라함)은 셈이 392세 되던 해에 태어났는데 셈은 아브라함보다 오래 살아서 아브라함이 죽은 후에도 33년을 더 생존해 있었다.

노아 : 노아는 그의 조상 아담과 셋을 제외한, 그의 7대 조상 에노스 이후 모든 조상들과 함께 생존하였다. 또한 노아는 아브람이 출생할 때도 생존해 있었고 아브람과 57년간 동시대를 살았다(노아가 생존해 있던 시기는 아브람이 아브라함으로 이름이 바뀌기 전이었다).

태초시대의 교훈 (!)

1) 창조 : 하나님의 창조는 모든 피조물은 하나님의 주권 아래 존재 목적이 있다는 것을 보여준다

2) 아담 : 에덴에서의 추방은 죄와 함께하실 수 없는 하나님의 거룩성을 보여준다

3) 홍수 심판 : 하나님은 세상의 심판자이시고, 심판의 이유는 인간의 죄악이다

4) 노아 : 하나님은 타락한 수많은 사람보다 한 사람의 의인을 통해 새 일을 하신다

5) 선악과, 바벨탑 : 스스로 자기 인생의 주인이 되려는 교만이 인간의 죄악이다

태초시대의 역사적 연대표(창세기 1-11장)	
BC	창조 시
?	첫째 날 / 천지와 빛(1:3-5)
?	둘째 날 / 궁창(하늘)(1:6-8)
?	셋째 날 / 각종 식물을 종류대로 창조(1:9-13)
?	넷째 날 / 큰 광명(해) 작은 광명(달)과 별들(1:14-19)
?	다섯째 날 / 각종 물고기와 새들을 종류대로(1:20-23)
4114	여섯째 날 / 육축과 짐승을 종류대로, 사람을 창조(1:24-31)
	인간에게 세상을 다스리라는 사명을 주심(1:26-28)
	아담시대
4114	아담 - 하나님의 형상 모양으로 창조(1:26-29)
3984	셋 - 아담이 백삼십 세에 셋을 낳았고(5:4)
3879	에노스 - 셋은 일백오 세에 에노스를 낳았고(5:6)
3789	게난 - 에노스는 구십 세에 게난을 낳았고(5:9)
3719	마할랄렐 - 게난은 칠십 세에 마할랄렐을 낳았고(5:12)
3654	야렛 - 마할랄렐은 육십오 세에 야렛을 낳았고(5:15)
3492	에녹 - 야렛은 일백육십이 세에 에녹을 낳았고(5:18)
3427	므두셀라 - 에녹은 육십오 세에 므두셀라를 낳았고(5:21)
3240	라멕 - 므두셀라는 일백팔십칠 세에 라멕를 낳았고(5:25)
	노아시대 / 대홍수(600세 2월 17일-601세 2월 27일 : 370일)
3058	노아 - 라멕은 백팔십이 세에 노아를 낳았고(5:28)
2578	대홍수 120년 전 - 죄악, 홍수 심판 경고, 방주 건조 명령(6:1-22)
2558	셈 - 노아는 오백 세에 셈, 함, 야벳을 낳았고(5:32)
2458	대홍수 7일 전 - 노아와 가족 모든 짐승이 방주에 승선(7:1-10)
2458	600세(2월 17일) - 노아가 600세 2월17일, 40일 동안 비(7:11-12)
	2월17일-3월26일 - 높은 산이 잠기고, 동물이 다 죽음(7:17-23)
	3월27일-7월16일 - 물이 150일 동안 창일 후 급하게 줄어듦(7:24-8:3)
	7월 17일 - 150일 후 방주가 아라랏산 머묾(8:4)
	10월 1일 - 방주의 창문을 열자 높은 산들 봉우리를 봄(8:5)
	10월1일-11월10일 - 40일 동안 방주에서 더 머묾(8:6)

2458	11월 11일 – 노아가 까마귀를 보냄, 돌아오지 않음, 7일을 더 기다림(8:7)
	11월 18일 – 첫 번째 비둘기를 보냄, 돌아옴, 7일을 더 기다림(8:8)
	11월 25일 – 두 번째 비둘기를 보냄, 감람 잎을 물고 옴, 7일을 더 기다림(8:10–11)
	12월 2일 – 세 번째 비둘기를 보냄, 돌아오지 않음, 29일을 더 기다림(8:12)
2457	601세(1월1일) – 방주 뚜껑을 엶, 물이 걷힘, 56일을 더 기다림(8:13)
2457	2월 27일 – 방주 밖으로 나옴(8:14–19)
	제단을 쌓고 번제를 드림(8:20)
	하나님이 다시 홍수로 멸하지 않으실 것을 무지개로 언약하심(9:11–15)
2456	아르박삿 – 셈은 백 세 곧 홍수 후 이 년에 아르박삿을 낳았고(11:10)
2421	셀라 – 아르박삿은 삼십오 세에 셀라를 낳았고(11:12)
2391	에벨 – 셀라는 삼십 세에 에벨을 낳았고(11:14)
2357	벨렉 – 에벨은 삼십사 세에 벨렉을 낳았고(11:16)
2327	르우 – 벨렉은 삼십 세에 르우를 낳았고(11:18)
2295	스룩 – 르우는 삼십이 세에 스룩을 낳았고(11:20)
2265	나홀 – 스룩은 삼십 세에 나홀을 낳았고(11:22)
2236	데라 – 나홀은 이십구 세에 데라를 낳았고(11:24)

태초시대 이후 성경의 역사는 선민시대로 이어진다.

02

CHAPTER

선민시대

THE OLD TESTAMENT

시대 훑어보기

1) 선민시대의 위치와 구조

시대	성부(창조) 시대																			
순서	1		2				3				4				5			6		
세부 시대	태초시대		선민시대				출애굽시대				광야시대				정복시대			정착시대		
주제	세상의 기원	민족의 기원	아브라함	이삭	야곱	요셉	출애굽준비	출애굽	시내산으로	시내산에서	가나안땅으로	가데스바네아에서	38년의 방황	모압평지에서	가나안입성	정복	분배	정착배경	7번의 침략	타락
성경	창		창 12–50				출 1–40				민 1–36				수 1–24			삿 1–21		
장	1–2	3–11	12–23	24–26	27–36	37–50	1–6	7–15	15–18	19–40	1–12	13–19	20–21	22–36	1–5	6–12	13–24	1–2	3–16	17–21
추가			욥				레				신							룻		

▼

2. 선민시대(창 12–50장)			
아브라함	이삭	야곱	요셉
12–23장	24–26장	27–36장	37–50장
가나안(하란–가나안)		애굽(가나안–애굽)	

2) 선민시대 개관

- 시기 : 아브라함의 부르심 - 모세의 출생
- 성경에 언급된 범위 : 창세기 12-50장
- 주제 : 아브라함과 그를 통해 세워질 민족의 선택, 아브라함을 통해 그들에게 주신 세 가지 언약
- 개요 : 선민시대에 하나님은 아브라함을 택하여 그에게 세 가지(후손, 땅, 복)를 언약하시고, 첫 번째 약속을 성취하시기 위해 요셉을 통해 이스라엘을 애굽으로 인도하신다.

이 시대를 보여주는 성경

창세기(Genesis) – 2				
명칭	기록자	기록 연대	기록 장소	장수
히브리어 : 베레쉬트 헬라어 : 게네시스	모세	BC 1446–1406	시내산 아래 추정	50장
핵심 주제	기록 목적		구성과 계시	
세상의 주인은 하나님이시다 (창 1:26–28)	세상과 인류의 기원, 민족의 선택이 하나님의 주권임을 알리기 위하여		창조주 하나님의 역사로 세상이 시작된다. 세상의 창조 내력, 에덴동산, 인간의 창조와 가정의 창조, 죄악의 시작, 인간의 타락, 하나님의 구원 계획을 보여준다	

* 창세기의 개관(명칭, 내용과 교훈)은 제1강 태초시대 – 39쪽을 참조하라.

창세기로 살펴보는 선민시대 하나님의 섭리

앞서 태초시대에 언급한 바와 같이, 천지창조 후 인간의 창조와 함께 선택의 역사가 시작되었다. 하나님은 아담을 선택하시고, 셋과 노아와 셈을 선택하셨다. 그리고 아브라함을 선택하시고, 이삭과 야곱을 선택하셨다. 창조에서 셈의 선택까지가 세상의 기원에 관한 역사라면 아브라함의 선택은 선민의 기원이다. 하나님은 아브라함을 선택하셔서 하나님의 백성을 세우고, 그 계보를 이어가신다.

선민시대는 아브라함의 부르심으로 시작된다. 하나님은 아브라함을 부르시고 ①하늘의 별 같은 후손, ②젖과 꿀이 흐르는 땅, 그리고 ③복의 세 가지 언약을 주셨다. 선민시대를 보여주는 창세기 12-50장은 아브라함, 이삭, 야곱, 요셉, 네 명의 족장을 통하여 구원의 역사를 이끌어가시는 하나님의 섭리에 관한 기록이다. 12-36장은 택한 백성, 즉 선민(選民)의 시작을 보여주며, 37-50장은 요셉을 통해 아브라함의 후손인 야곱의 집안을 애굽으로 인도하시고, 큰 민족을 이루게 하시는 과정을 보여준다.

실상 아브라함은 그 세 가지 약속의 실현을 보지는 못했으나, 그 약속을 믿음으로 의롭다 함을 얻었다. 신실하신 하나님은 요셉을 통해서 애굽으로 인도하신 아브라함의 자손들이 그 땅에서 200만의 백성이 되게 하심으로 '하늘의 별 같은 후손'이라는 첫 번째 약속을 이루셨다.

구조

이스라엘 민족의 태동을 다룬 선민시대는 창세기 12-50장에 언급되며 아브라함(12-23장), 이삭(24-26장), 야곱(27-36장), 요셉(37-50장)의 이야기로 구성되어 있다.

시대	태초시대		선민시대			
장	1–2	3–11	12–23	24–26	27–36	37–50
주제	세상의 기원	민족의 기원	아브라함	이삭	야곱	요셉

1. 아브라함(창 12–23장)

아브라함(아브람)은 노아 이후에 하나님의 명령을 듣고 온전히 순종했던 사람이다. 하나님은 아브라함을 부르시고 창세기 12장 1-2절에서 "내가 네게 보여줄 땅으로 가라"라고 명령하시고, "내가 너로 큰 민족을 이루고, 네게 복을 주어 네 이름을 창대케 하리라"라며 큰 민족과 땅과 복을 주겠다고 약속하셨다.

아브라함은 믿음으로 가나안 땅으로 옮겼고, 믿음으로 포로 된 롯을 구했고, 믿음으로 십일조를 드렸고, 믿음으로 후손을 약속받았고, 믿음으로 이삭을 드렸다. 그는 온전한 순종으로 믿음을 인정받은 믿음의 조상이 되었다. 그는 땅과 민족과 복이라는 하나님의 세 가지 언약이 성취되는 것을 그의 생전에 보지 못했으나 이 언약을 믿음으로 의롭다고 인정받았고, 이로써 우리에게 신앙의 본이 되고 있다.

12장	아브람의 소명과 복의 약속	하나님이 아브람을 부르시고 복의 약속을 주시다 (1–3) 너는 너의 고향과 친척과 아버지의 집을 떠나 내가 네게 보여줄 땅으로 가라 내가 너로 큰 민족을 이루고 네게 복을 주어 네 이름을 창대하게 하리니 너는 복이 될지라 … 땅의 모든 족속이 너로 말미암아 복을 얻을 것이라 하신지라 아브람이 하나님 명령에 순종하여 떠나 가나안 땅에 이르다
	애굽으로 내려감	아브람이 애굽으로 내려가다 아브람이 바로에게 아내를 누이라고 속이다

13장	롯과 헤어짐	아브람을 떠나 소알 땅으로 간 롯 아브람이 헤브론으로 옮기다
14장	롯을 구함	아브람이 사로잡힌 롯을 구하다 아브람이 멜기세덱에게 10분의 1을 드리고 소돔왕의 전리품을 거절하다
15장	횃불 언약	하나님이 아브람의 믿음을 의롭게 여기시다 (6) 아브람이 여호와를 믿으니 여호와께서 이를 그의 의로 여기시고 하나님이 애굽에서의 노예 생활을 예고하시다
16장	이스마엘	아브람에게 하갈을 첩으로 준 사래 도망가다 브엘라해로이에서 천사를 만난 하갈 이스마엘을 낳은 하갈
17장	할례 언약	하나님이 아브람과 사래의 이름을 아브라함, 사라로 바꾸시고 하나님이 이삭 출생의 약속을 주시다 아브라함과 이스마엘이 할례를 받다
18장	후손 약속	하나님이 1년 후 이삭이 태어날 것을 말씀하시다 아브라함이 소돔의 열 명의 의인을 위해 중재하다
19장	소돔의 멸망	소돔의 죄악/소돔과 고모라의 멸망 모압과 벤암미(암몬 자손의 조상)의 출생
20장	아비멜렉	아브라함이 아비멜렉에게 사라를 누이라고 속이다
21장	이삭의 출생	이삭의 출생/이스마엘 추방 아브라함이 아비멜렉과 브엘세바에서 언약을 세우다
22장	이삭을 바침	아브라함이 모리아산에서 이삭을 제물로 드리다
23장	사라의 죽음	사라가 죽자 아브라함이 막벨라 굴을 사서 사라를 장사하다

지도로 보는 아브라함의 이동

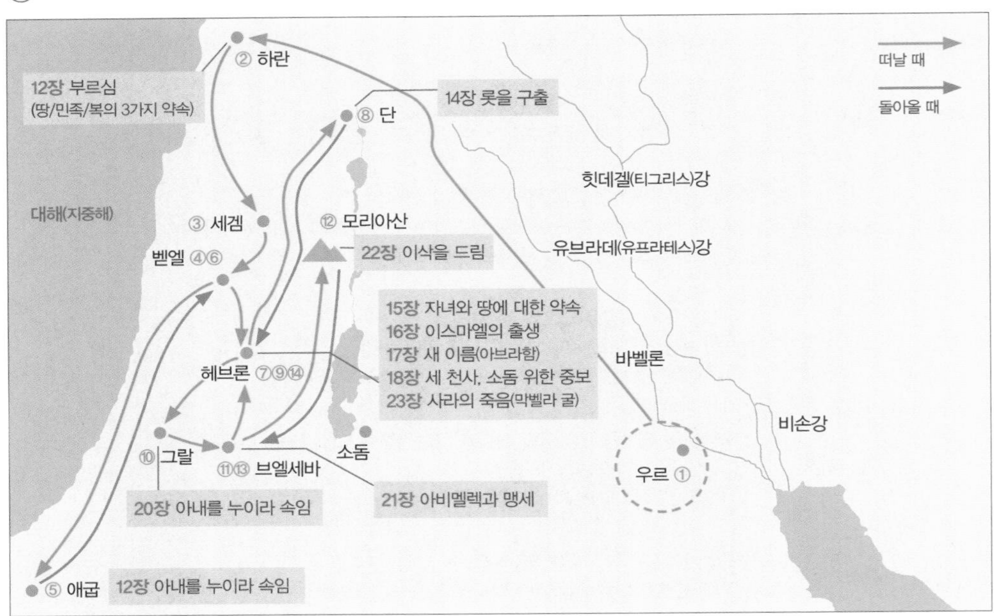

번호	①	②	③	④	⑤	⑥	⑦	⑧	⑨	⑩	⑪	⑫	⑬	⑭
지명	우르	하란	세겜	벧엘	애굽	벧엘	헤브론	단	헤브론	그랄	브엘세바	모리아산	브엘세바	헤브론
장	11	12	12	12	12	13	13	14	15–18	20	21	22	22	23
주요 사건	떠남	부르심	제단	기근	누이라 속임	롯과 헤어짐	제단	롯을 구함	세 천사	누이라 속임	아비멜렉과 맹세	이삭을 드림	거주	막벨라굴 매입

① 우르 : 데라가 아브람과 나홀과 하란을 낳음(11:27).

② 하란 : 데라가 아브람과 그의 아내 사래, 하란의 아들 롯을 데리고 우르를 떠나 하란에 이름. 데라가 205세에 하란에서 죽음(11:31-32). 아브람이 하나님의 부르심을 받고 하란을 떠남(12:4).

③ 세겜 : 여호와께서 나타나 땅을 자손에게 주리라 하심. 제단을 쌓고 여호와의 이름을 부름(12:7).

④ 벧엘 : 벧엘 동쪽 산에 장막을 치고 제단을 쌓음(12:8). 기근이 듦(12:10).

⑤ 애굽 : 바로에게 아내를 누이라 속임(12장).

⑥ 벧엘 : 롯과 헤어짐(13:11). 여호와께서 땅과 자손의 복을 약속하심(13:14-17).

⑦ 헤브론 : 헤브론으로 옮겨 마므레 상수리 수풀에 거주하며 제단을 쌓음(13:18).

⑧ 단 : 롯을 구함(14:14-16).

⑨ 헤브론 : 멜기세덱에게 전리품의 십분의 일을 드림(14:20). 자녀와 땅에 대한 약속을 받음(15장). 이스마엘의 출생(16장). 아브람과 사래가 새 이름을 받음(17:5,15). 할례(17:23-27). 세 천사의 방문, 소돔을 위한 중보기도(18장).
⑩ 그랄 : 그랄 왕 아비멜렉에게 아내를 누이라 속임(20:2).
⑪ 브엘세바 : 이삭을 낳음(21:2). 아비멜렉과 언약(21:27).
⑫ 모리아산 : 이삭을 드림, 여호와 이레(22장).
⑬ 브엘세바 : 모리아산에서 돌아와 브엘세바에 거주(22:19).
⑭ 헤브론 : 사라의 죽음(23:2). 막벨라 굴을 사서 사라를 장사함(23:16-19).

2. 이삭(창 24-26장)

이삭은 순종하는 삶으로 하나님 품에 거하고 하나님의 보호하심을 받아 형통한 삶을 살았던 모델이다. 그는 기근 때 애굽으로 가려다 하나님의 음성에 순종하여 블레셋의 그랄 땅에 정착한다. 그랄 왕 아비멜렉과 그 백성들에게 우물을 여러 번 빼앗기지만 끝까지 인내하고 승리하여, 하나님이 함께하시는 사람이라는 인정을 받음으로써 하나님의 영광을 나타냈다. 그러나 그는 쌍둥이 아들들 가운데 큰아들 에서를 편애하고 그의 아내 리브가는 작은아들 야곱을 편애하여 가족 간 갈등을 초래하고 결국 이 일로 야곱이 집을 떠나게 된다.

24장	이삭의 결혼	이삭이 리브가와 결혼하다
25장	에서와 야곱	아브라함의 후처 그두라의 자손들 아브라함의 죽음 에서와 야곱 출생 야곱이 팥죽으로 에서에게서 장자권을 사다
26장	그랄 땅의 이삭	이삭이 그랄에 거주하다 이삭이 아비멜렉에게 아내를 누이라 속이다 이삭이 백 배의 수확을 얻고 거부(巨富)가 되다 이삭이 블레셋 사람의 시기로 우물을 파다 이삭이 브엘세바로 올라가 제단을 쌓다 이삭과 아비멜렉이 계약을 맺다 에서의 이방인 아내들

이삭이 그랄 땅에 판 세 우물(26장)			
이름	에섹(20)	싯나(21)	르호봇(22)
의미	다툼	다툼	더 넓은 곳

지도로 보는 이삭의 일생

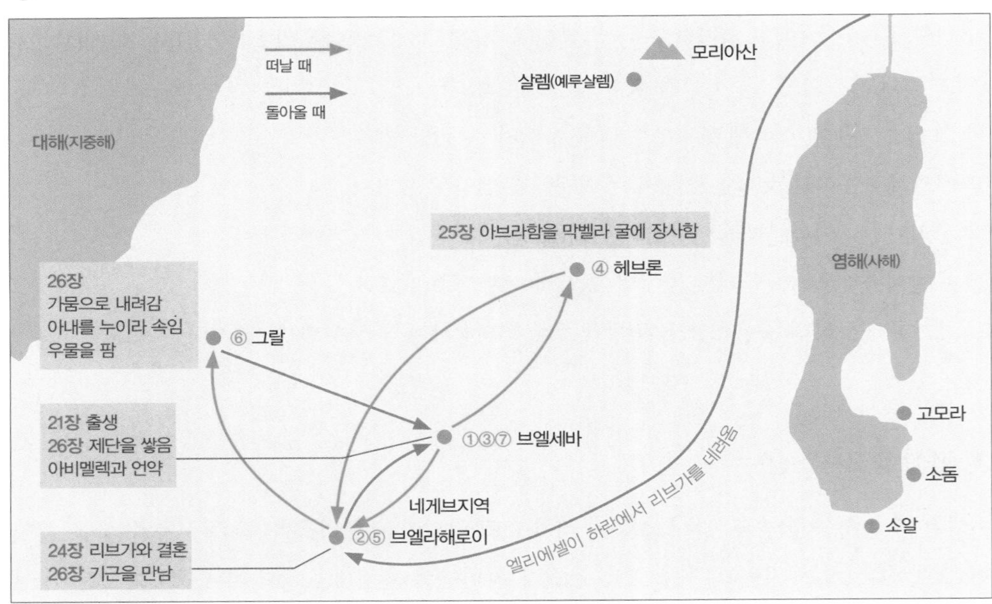

번호	①	②	③	④	⑤	⑥	⑦
지명	브엘세바	브엘라 해로이	브엘세바	헤브론	브엘라 해로이	그랄	브엘세바
장	21	24	25	25	25–26	26	26
주요 사건	출생	리브가와 결혼	아브라함 죽음	아브라함을 장사함	기근을 만남	그랄로 이주	돌아옴

① 브엘세바 : 이삭 출생(21:3).

② 브엘라해로이 : 리브가를 만나 결혼(24:62-67).

③ 브엘세바 : 아브라함의 죽음(25:7-8).

④ 헤브론 : 막벨라 굴에 아브라함을 장사함(25:8-10).

⑤ 브엘라해로이 : 아브라함을 장사한 후 브엘라해로이 근처에 거주(25:11). 기근을 만남(26:1).

⑥ 그랄 : 흉년이 들어 그랄로 가서 블레셋 왕 아비멜렉에게 이름(26:1). 그랄 주민에게 아내를 누이라 속임(26:7). 그랄 사람들의 시기를 받아 옮겨다니며 우물을 팜(26:18-22).

⑦ 브엘세바 : 브엘세바로 돌아옴(26:23). 여호와께서 나타나 축복하심(26:24). 제단을 쌓음(26:25). 우물을 팜(26:25). 아비멜렉과 언약(26:26-31).

3. 야곱(창 27-36장)

야곱의 고난은 훗날 이스라엘의 광야 신앙훈련의 모델이라고 할 수 있다. 야곱은 출생하기 전부터 하나님의 은혜로 택함을 받았으나, 형 에서의 장자권을 팥죽 한 그릇으로 사고, 형을 편애하는 아버지 이삭을 속여서 축복을 받기도 하였다. 이 일로 분노한 에서를 피하여 외삼촌 라반의 집으로 피신하게 된다.

하나님의 약속을 받았어도 그에게는 특권도 재산도 없었다. 그는 아내들을 위해 14년, 재물을 위해 6년을 성실히 일했다. 이는 하나님이 약속하신 축복을 받기 위해 최선을 다한, 그만의 믿음의 수고였을 수도 있다. 그가 믿음의 사람이었기 때문이다.

그는 도망자의 길 벧엘에서 자기를 찾아오신 하나님께 서원했고, 라반에게 자기 몫을 구할 때도 하나님을 믿음으로 아롱진 것을 선택했다. 마침내 하나님의 은혜를 입어 거부가 되어 귀향하지만, 자신을 해치러 오는 형과의 만남을 앞두고는 하나님의 사자와 밤새 씨름했고, 세겜에서 멸망의 위기 앞에서 다시 벧엘의 하나님을 찾아가는 믿음의 삶을 살았다. 그러한 야곱의 고난은 믿음을 이루어가는 연단의 시간이었다. 그러나 야곱도 아버지 이삭처럼 요셉을 편애하여 요셉이 형들에 의해 애굽으로 팔려가는 원인을 제공하게 된다.

27장	장자의 축복	야곱이 에서의 축복을 가로채다
28장	벧엘의 서원	야곱이 하란으로 피신 중 벧엘에서 하나님의 집을 보다
29장	야곱의 결혼	야곱이 라반의 집에서 지내며 레아와 라헬을 아내로 맞다 레아가 네 아들을 낳음
30장	야곱의 자녀들	빌하와 실바가 아들들을 낳음 레아가 두 아들과 딸을 낳음 라헬이 요셉을 낳음 야곱이 라반과 품삯을 정하고 번창하다
31장	야곱의 귀향	야곱이 라반을 떠나 귀향하다 야곱과 라반이 언약하다
32장	얍복강 씨름	야곱이 마하나임에서 천사를 만나다 야곱이 얍복강가에서 어떤 사람과 씨름하다
33장	에서와 화해	야곱이 에서와 만나 화해하다 야곱이 숙곳에 집을 짓고 정착하다 세겜의 밭을 사고 제단을 쌓다(엘엘로헤이스라엘)
34장	세겜의 학살	강간당한 디나 복수하는 시므온과 레위

35장	벧엘의 제단	야곱이 벧엘로 올라가 제사를 드리다 하나님이 야곱에게 복을 주시고 후손과 땅을 약속하시다 라헬의 죽음과 베냐민의 출생 이삭의 죽음
36장	에서의 족보	에서의 족보

지도로 보는 야곱의 일생

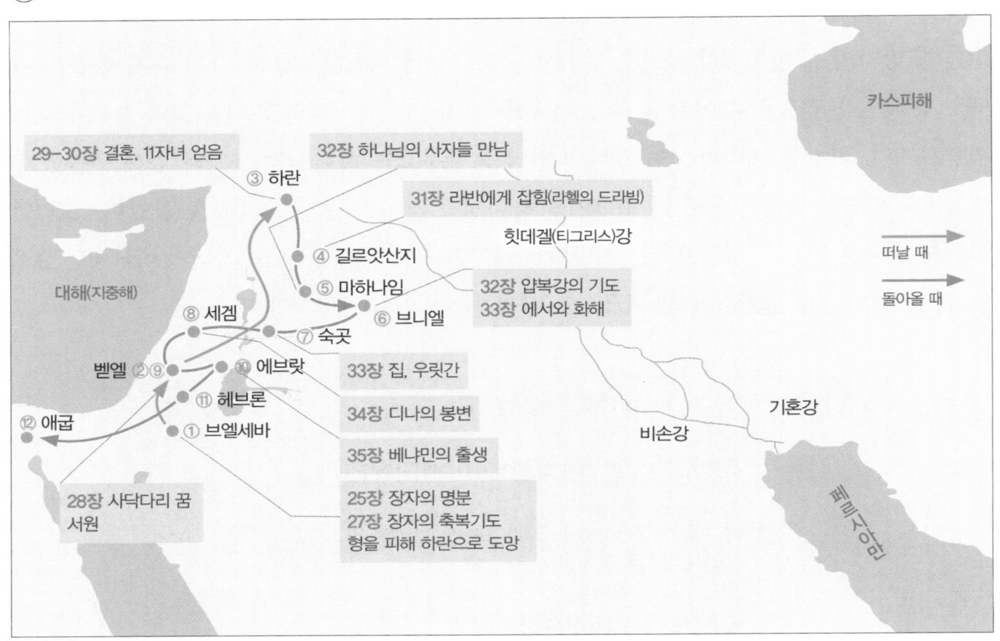

번호	①	②	③	④	⑤	⑥	⑦	⑧	⑨	⑩	⑪	⑫
지명	브엘세바	벧엘	하란	길르앗	마하나임	브니엘	숙곳	세겜	벧엘	에브랏	헤브론	애굽
장	25,27	28	29–30	31	32	32–33	33	34	35	35	35	46
주요 사건	장자권 축복권	천국 사다리 꿈	20년	라반 추격	하나님의 사자 만남	씨름	정착	디나의 봉변	엘벧엘	베냐민 출생	이삭 죽음	요셉 초청

① 브엘세바 : 야곱과 에서의 출생(25:24-26). 팥죽으로 에서의 장자권을 삼(25:33). 이삭을 속이고 에서의 축복을 가로챔(27:18-29).

② 벧엘 : 하늘의 사닥다리 꿈을 꾼 후(28:12-15) 돌기둥을 세우고 서원(28:18-22).

③ 하란 : 결혼해(레아, 라헬) 14년을 섬김. 자녀를 얻음. 6년간 자기 양을 치며 번창함(29-30장).

④ 길르앗산 : 가족을 이끌고 라반에게서 도망. 추격한 라반에게 잡힘(31:23). 라반과 언약을 맺음(31:44-53).

⑤ 마하나임 : 하나님의 사자들을 만남(32:1-2). 에서에게 사자를 보냄(32:3).

⑥ 브니엘 : 얍복 나루의 씨름 후 새 이름을 받음(32:24-30). 에서와 화해(33:1-11).

⑦ 숙곳 : 정착하여 집과 가축의 우릿간을 지음(33:17).

⑧ 세겜 : 밭을 사고 제단을 쌓음(33:18-20). 딸 디나가 세겜에게 강간을 당함(34:1-2). 시므온과 레위가 세겜 성읍 사람들에게 복수(34:25-31).

⑨ 벧엘 : 세겜을 떠나 벧엘로 가서 제단을 쌓고 엘벧엘이라 부름(35:7).

⑩ 에브랏 : 라헬이 베냐민을 낳았고 죽음(35:16-20).

⑪ 헤브론 : 이삭이 죽어 장사 지냄(35:27-29).

⑫ 애굽 : 요셉의 초청을 받아 애굽으로 감(46장).

4. 요셉(창 37–50장)

요셉은 형들의 질투와 시기를 받아 애굽에 노예로 팔려 가고, 여주인의 모함으로 감옥에 갇히기도 했다. 그러나 그는 노예로 죄수로 절망적인 환경에 처했지만 하나님이 함께하심으로 형통한 자가 되었으며 결국 애굽의 총리가 된다. 하나님의 섭리는 요셉을 통하여 이스라엘을 애굽으로 인도하시고, 애굽을 인큐베이터 삼아 '아브라함의 후손이 바다의 모래 같고 하늘의 별 같으리라'라는 언약을 성취하신다.

요셉은 형제들에게 시기의 대상이 된 것, 함정에 던져진 것, 은 20개에 팔린 것, 7년 기근에서 당시의 온 땅을 구원한 것 등으로 구원자 예수 그리스도의 모형으로 일컬어지기도 한다.

37장	요셉의 꿈	요셉이 가족에게 꿈 꾼 것을 이야기하다 요셉이 형들의 시기를 받아 애굽으로 팔려가다
38장	유다와 다말	며느리 다말과 관계를 가진 유다
39장	요셉이 팔려감	요셉이 보디발의 가정 총무가 되다 요셉이 누명을 쓰고 감옥에 갇히다
40장	두 관원장의 꿈	요셉이 두 관원장의 꿈을 해몽하다
41장	총리	요셉이 바로의 꿈을 해몽하고 총리가 되다(BC 1885)
42장	형들과 만남	양식을 구하러 애굽에 온 요셉의 형제들

43장	베냐민과 만남	요셉과 베냐민이 만나다
44장	형들을 시험	요셉이 형들을 시험하다
45장	형제들의 상봉	요셉이 형제들에게 자신의 정체를 밝히다
46장	애굽 이주	애굽으로 이주한 야곱 일가
47장	바로와 야곱	바로를 만난 야곱
48장	야곱의 축복	에브라임과 므낫세를 축복하는 야곱
49장	야곱의 유언	열두 아들의 미래를 예언하는 야곱 야곱의 죽음(BC 1859)
50장	요셉의 죽음	요셉이 야곱을 막벨라 굴에 장사하다 요셉이 형들을 안심시키다 (20) 당신들은 나를 해하려 하였으나 하나님은 그것을 선으로 바꾸사 오늘과 같이 많은 백성의 생명을 구원하게 하시려 하셨나니 요셉의 죽음(BC 1805)

지도로 보는 요셉의 일생

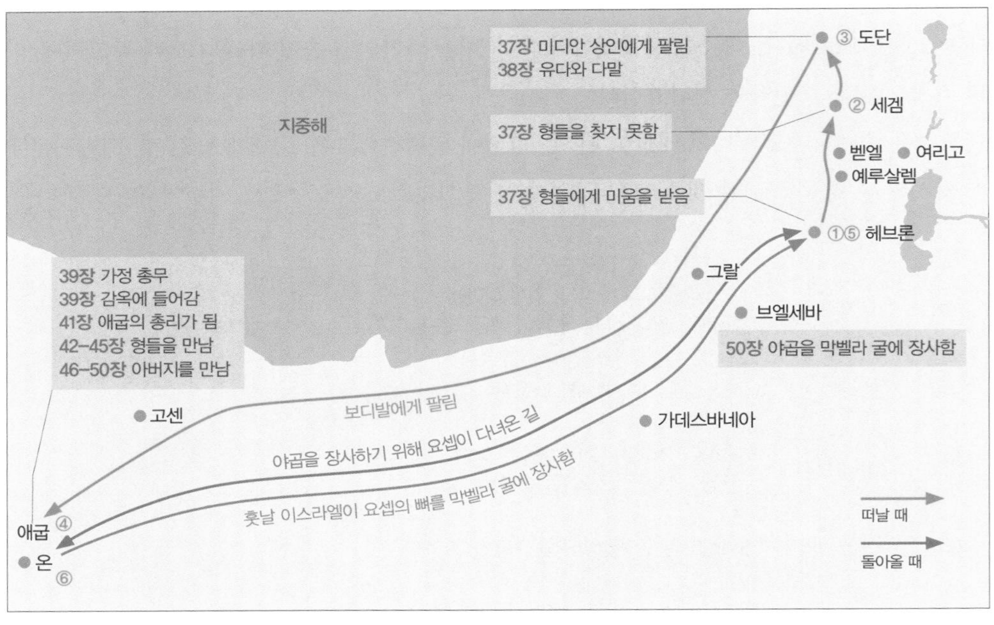

번호	①	②	③	④	⑤	⑥
지명	헤브론	세겜	도단	애굽	헤브론	애굽
장	37	37	37	39–49	50	50
주요 사건	심부름	형들 못 만남	팔려감	종에서 총리로	야곱의 장례	애굽으로 돌아감

① 헤브론 : 요셉이 고자질, 채색옷, 꿈 이야기 등으로 형들의 미움을 받음(37:2-11). 야곱이 요셉을 심부름 보냄(37:12-14).

② 세겜 : 야곱의 심부름으로 세겜에 갔으나 형들을 만나지 못함(37:15-17) .

③ 도단 : 형들에 의해 미디안 상인에게 팔림(37:18-28).

④ 애굽 : 보디발의 집에서 가정 총무가 됨(39:4). 감옥에 갇힘(39:20). 애굽의 총리가 됨(41:39-43). 형들과 야곱을 만남(42-50장).

⑤ 헤브론 : 요셉이 야곱을 막벨라 굴에 장사 지냄(50:7-13).

⑥ 애굽 : 장사 후 애굽으로 돌아감(50:14). 120세에 죽어 애굽에서 입관됨(50:26).

참고자료 요셉의 사후, 성경의 1차 침묵 시기

야곱 일가의 애굽 이주(BC 1876)부터 출애굽(BC 1446)까지 히브리 민족은 430년간 애굽에서 살았다. 그중 요셉이 죽은 BC 1805년부터 출애굽까지 약 359년은 성경의 기록이 없다. 말라기 선지자의 사역 이후 신약시대가 열리기까지 '침묵기'라 불리는 약 430년과도 같은, 성경 속 이스라엘 역사의 1차 침묵기라 하겠다. 그러나 이 시간에 하나님의 손도 멈춘 것은 아니었다. 애굽의 역사에서 하나님의 섭리하심을 볼 수 있다.

이집트 제15왕조(BC 1720–1570)는 셈족 계통의 힉소스족이 세운 것으로 알려져 있다. 혹자는 요셉이 힉소스 왕조시대의 사람으로 같은 셈족이라 총리가 될 수 있었다고 말하지만, 연대적으로 요셉은 그 이전인 제12왕조시대(BC 1990–1780)에 애굽에 들어간 것으로 보인다. 그 후 아흐모세 1세가 힉소스 왕조를 몰아내고 제18왕조(BC 1570–1293)를 세웠는데, 셈족이었던 힉소스 왕조에 대한 적대감 때문에 셈족 출신의 히브리인들을 더 심하게 박해했을 것이다. 모세의 출애굽은 투트모세 3세 때로 추정된다(BC 1446).

이러한 애굽의 역사 속에서 70명이던 야곱 일가는 약 430년간의 애굽 생활 동안 200만의 큰 민족이 되었고, 애굽살이에 안주하던 히브리 민족은 새 왕조의 핍박을 받게 되자 그 고통으로 하나님께 부르짖으면서 약속의 땅으로 떠날 준비를 하게 되었다. 결국 성경의 침묵은 하나님의 무관심이 아니라 인간의 성장을 위한 하나님의 기다리심이며 보이지 않는 섭리하심이라 하겠다.

아브라함부터 요셉까지	
연대(BC)	주요 사건
2166	아브라함의 출생
2091	아브라함의 가나안 이주
2066	이삭의 출생
2006	에서와 야곱의 출생(창 25:26)
1991	아브라함의 사망(창 25:8)
1958	아브라함의 9대 조상 노아의 아들 셈이 600세에 사망
1929	야곱의 하란 도피(창 28:10)
1918	유다의 출생(창 29:35)
1915	요셉의 출생(창 30:24)
1898	요셉이 애굽으로 팔려감(창 37:36)
1886	이삭의 죽음(창 35:29)
1885	요셉이 애굽의 총리가 됨(창 41:46)
1876	야곱의 애굽 이주(창 46:7)
1859	야곱의 사망(창 49:33)
1805	요셉의 사망(창 50:26)

* 이 연표는 사울의 즉위 연도에서 거슬러 올라가 계산한 것이다.

이 시대를 함께 이해하는 성경

욥기(Job)				
명칭	기록자	기록 연대	기록 장소	장수
히브리어 : 세페르 이요브 헬라어 : 욥	미상	BC 2000–1800 추정	미상	42장
핵심 주제	기록 목적		구성과 계시	
인간의 의와 하나님의 의	고난도 주권적 섭리 안에 있음을 알고 순종하는 삶을 살도록		사탄도 하나님의 권세 아래 있다. 하나님은 성도의 신앙을 연단하기 위한 고난도 허락하신다	

명칭

'욥기'라는 이 책의 명칭은 욥이 이 책의 저자라는 의미가 아니며, 다만 욥기서의 중심인물인 욥의 이름을 따라 붙여진 것이다. 욥은 북부 아라비아로 추정되는 지역의 사람으로 욥기서는 그의 일대기를 기록하고 있다. 그의 이름인 '욥'(이요브)은 '박해받는 자' 또는 '미움 받는 자'라는 의미를 지니고 있다.

내용과 교훈

욥은 하나님께 정직하고 순전한 자라는 칭찬을 받은 자로서, 그가 이유를 알 수 없는 고난을 겪으면서도 믿음을 지키고 하나님께 마음으로 순종하는 내용이 욥기에 기록되어 있다.

욥기의 특징은 욥과 친구들의 대화가 인과응보적인 동양적 사상을 바탕으로 진행된다는 점이다. 실제로 욥이 살았던 우스 땅이 이스라엘의 동남쪽이었으므로 동방 사람의 개념이라고 말하는 것은 어쩌면 자연스럽다. 그러나 욥이 어느 지역 사람이었느냐는 것은 그리 중요하지 않다. 그는 동양사상과 서양사상을 초월하여 하나님을 신뢰하고 하나님을 대면하여 살았던 사람이었다. 하나님께서 그를 천사들과 사탄 앞에서 자랑하셨다는 사실은 욥이 하나님의 기쁨이자 자랑이 되는 신앙인이었다는 것이며, 이는 욥기서를 읽는 우리에게 큰 감동을 준다.

> 여호와께서 사탄에게 이르시되 네가 내 종 욥을 주의하여 보았느냐 그와 같이 온전하고 정직하여 하나님을 경외하며 악에서 떠난 자는 세상에 없느니라 욥 1:8

하나님께서 욥의 삶 가운데서 징계해야 할 필요성은 없으셨다. 그러므로 욥이 고난당한 것은 죄에 대해 징벌하신 것이 아니라 하나님께서 사탄과 천사들에게 욥의 믿음에 대한 증거를 보이셨다는 것이다.

그러므로 욥기는 하나님 앞에 완전한 자는 아무도 없지만, 성도의 고난이 다 징벌인 것은 아니며, 하나님의 영광을 위한 고귀한 고난도 있다는 것을 알려준다. 또한 하나님의 뜻과 영광을 위한 의인의 고난을 보여주고, 하나님은 모든 인간의 생사화복에 절대주권을 가지신 분이라는 사실을 교훈해준다.

하나님은 창조주이시며 세상을 통치하고 섭리하신다. 마귀는 미혹하는 자이며 송사하는 자일 뿐, 자율적 세상 주관자가 아니다. 하나님께서 인간을 섭리하시며 그분의 손안에서 사용하시는 도구일 뿐이다. 또한 인간이 스스로 의로운 삶을 살아가는 것은 중요하지만, 인간은 오직 하나님의 은혜를 따라 믿음으로 의인이 되고, 하나님의 복을 누리게 된다.

구조

욥기는 1-3장 욥의 고난, 4-37장 친구들과 네번의 대화(①엘리바스-빌닷-소발, ②엘리바스-빌닷-소발, ③엘리바스-빌닷, ④엘리후), 38-41장 하나님과의 대화, 42장 욥의 회복으로 구성되었다. 욥기의 구조를 도표로 정리하면 다음과 같다.

욥의 고난	친구들과 네 번의 대화 (엘=엘리바스/빌=빌닷/소=소발)				하나님의 회복	
1-3장	4-37장				38-41장	42장
서론(사탄의 시험)	본론(시험에 대한 인간의 논쟁)				결론(하나님의 평가)	
고난의 시작	①첫 번째 대화	②두 번째 대화	③세 번째 대화	④네 번째 대화	하나님의 책망	욥의 회개와 축복
	엘,빌,소	엘,빌,소	엘,빌	엘리후	하나님과 욥	
	4-14장	15-21장	22-31장	32-37장	38-41장	

1. 욥의 고난(욥 1-3장)

욥기는 하나님께서 사탄에게 정직하고 순전한 욥을 자랑하시는 것에서 시작된다. 그러므로 욥의 고난은 징계나 책망이 아니라 믿음의 시험이라고 할 수 있다.

1장	욥의 경건	하나님이 천사와 사탄 앞에서 욥을 칭찬하시다 사탄이 욥의 소유물을 쳤으나 욥이 하나님을 원망하지 않다 (21) 이르되 내가 모태에서 알몸으로 나왔사온즉 또한 알몸이 그리로 돌아가올지라 주신 이도 여호와시요 거두신 이도 여호와시오니 여호와의 이름이 찬송을 받으실지니이다 하고
2장	욥의 고난	사탄의 2차 시험으로 욥의 온몸에 종기가 나다 욥의 친구들의 방문
3장	욥의 탄식	욥이 자신의 생일을 저주하다

2. 친구들과 네 번의 대화(욥 4-37장)

욥과 친구들과의 대화에서 나타나는 두드러진 사상은 인과응보 사상이다. 욥의 친구들은 고난 당하는 욥을 동정하러 왔지만, 자기 고난의 까닭을 알 수 없다는 욥의 하소연에 대해서는 욥의 허물이 결국 고난을 가져왔다는 인과응보를 일관되게 주장한다.

(1) 첫 번째 대화(엘리바스, 빌닷, 소발)

4장	엘리바스의 송사1	욥을 책망하는 엘리바스
5장		기도를 권면하며 계속 책망하는 엘리바스 (17) …그런즉 너는 전능자의 징계를 업신여기지 말지니라
6장	욥의 답변1	욥이 자신의 불평을 정당화하고 친구들을 책망하다
7장		욥이 하나님께 고통을 호소하다
8장	빌닷의 송사1	빌닷의 첫 번째 논박
9장	욥의 답변2	욥이 하나님의 공의를 인정하다
10장		욥이 스스로 탄식하며 기도를 드리다
11장	소발의 송사1	소발의 첫 번째 논박(오묘막측)
12장	욥의 답변3	욥의 응수 (13) 지혜와 권능이 하나님께 있고…
13장		응답 간구 – 욥이 자신의 순결을 변호하다
14장		구원 갈망 – 욥이 자신의 생일을 저주하다

(2) 두 번째 대화(엘리바스, 빌닷, 소발)

15장	엘리바스 송사2	엘리바스의 두 번째 논박
16장	욥의 답변4	욥의 반박
17장		소망의 단절 – 욥이 하나님께 호소하다
18장	빌닷의 송사2	빌닷의 두 번째 논박
19장	욥의 답변5	욥이 자신의 신앙을 진술하다 (25-26) 내가 알기에는 나의 대속자가 살아 계시니 마침내 그가 땅 위에 서실 것이라 내 가죽이 벗김을 당한 뒤에도 내가 육체 밖에서 하나님을 보리라
20장	소발의 송사2	소발의 두 번째 논박
21장	욥의 답변6	헛된 위로자 – 욥의 응답

(3) 세 번째 대화(엘리바스, 빌닷)

22장	엘리바스 송사3	욥의 죄를 비난하면서 회개를 촉구하는 엘리바스
23장	욥의 답변7	욥이 하나님께 판결받기를 원하다 (10) 그러나 내가 가는 길을 그가 아시나니 그가 나를 단련하신 후에는 내가 순금같이 되어 나오리라
24장		인간의 더러운 이기적 죄악 악인을 위해 감추어진 심판과 악인의 최후
25장	빌닷의 송사3	빌닷의 세 번째 응수
26장	욥의 답변8	빌닷에 대한 욥의 세 번째 응수
27장		욥이 자신의 의를 주장하다
28장		욥이 참된 지혜는 하나님의 선물
29장		욥이 과거의 행복을 회고하다
30장		욥이 현재의 고난을 진술하다
31장		욥이 결백과 무죄를 주장하다

(4) 네 번째 대화(엘리후)

32장	엘리후의 송사	욥과 세 친구를 격하게 책망하는 엘리후
33장		욥의 죄를 책망하는 엘리후
34장		하나님의 공의를 말하고, 욥을 지적하는 엘리후
35장		욥의 무지를 책망하는 엘리후
36장		욥에게 하나님께 순종과 찬송할 것을 권면하는 엘리후
37장		하나님의 오묘한 일을 깨달으라고 말하는 엘리후

3. 하나님의 회복(욥 38-42장)

욥은 자기 고난의 까닭을 알고자 했고, 욥의 친구들은 욥이 자신의 허물로 고난 당한 것이라고 주장했다. 과연 하나님께서 나타나시고 누가 천지의 주재냐고 물으시자 욥은 입술을 닫는다. 결국 하나님은 욥이 친구들보다 더 의롭다고 인정해주시고 욥을 회복시키신다.

(1) 하나님의 책망(38–41장)

38장	자연의 섭리	하나님이 임재하여 욥의 무지를 지적하시다
39장	금수의 교훈	하나님이 금수를 통해 교훈하시다
40장	교만 질책	욥이 하나님 앞에서 자신을 낮추다 하나님이 욥에게 계속 말씀하시다
41장	악어 교훈	리워야단을 통해 보이는 하나님의 능력

(2) 욥의 회개와 축복(42장)

42장	회개와 축복	욥의 회개 (5) 내가 주께 대하여 귀로 듣기만 하였사오나 이제는 눈으로 주를 뵈옵나이다 욥이 회복의 복을 받다

선민시대의 교훈
1) 아브라함 : 하나님이 선택하신 한 사람을 통한 하나님의 나라 건설(믿음으로 산 자)
2) 이삭 : 하나님이 선택하신 약속의 씨(온유한 자의 복을 누림)
3) 야곱 : 하나님이 선택하신 사랑 받은 자(하나님의 보호하심으로 산 자)
4) 요셉 : 하나님이 함께하신 이스라엘 구원을 위한 사명자(하나님을 대면하여 산 자)

선민시대의 역사적 연대표(창세기 12–50장)	
아브라함	
(BC) 2166	아브라함 – 데라가 칠십 세에 아브라함을 낳음(11:26)
	아브라함의 소명과 제1차 가나안 언약(12:1–3)
2091	아브라함의 하란 출발과 가나안 땅 도착(12:4–5) – 75세
	아브라함의 애굽 이주 실수(12:10–20)
	아브라함의 귀향과 롯의 분가(13:1–13)
	아브라함의 제2차 땅과 자손 언약(13:14–18)
2082	아브라함이 롯을 구출, 멜기세덱의 축복(14:1–20)
	아브라함의 칭의, 제3차 횃불 언약(15:1–21)
2080	이스마엘 출생, 제4차 할례 언약(16:15–17:14)
	욥은 아브라함과 동시대나 전후 시대 인물로 추정(욥 1:1 ; 겔 14:14,20 ; 약 5:11)

2067	이삭의 출생 예언과 할례(17:15–27)
	아브라함의 천사 대접, 소돔과 고모라 심판(18:1–19:28)
	모압과 암몬 족속의 기원(19:30–38)
	아브라함의 블레셋 이주 실수(20:1–18)
2066	이삭 – 아브라함이 100세에 이삭을 낳음(21:1–7)
	하갈과 이스마엘을 추방(21:10–21)
	아브라함과 아비멜렉의 동맹(21:22–34)
2029	아브라함이 이삭을 번제로 드림, 제5차 후손 언약(22:1–19)
	사라의 죽음(23:1–2)
	이삭
2026	이삭과 리브가 결혼(24:1–67)
2006	에서와 야곱의 출생(25:21–26)
1991	아브라함의 죽음(25:7–11) 향년 175세
	에서가 장자 명분 팖(25:27–34)
	이삭의 블레셋 이주 실수, 우물 분쟁(26:1–22)
	이삭과 아비멜렉의 동맹(26:26–33)
	야곱
2006	야곱 – 이삭이 60세에 리브가가 야곱을 낳음(25:26)
1929	야곱의 하란 도피, 벧엘의 사닥다리 꿈(28:1–22)
1922	야곱의 밧단아람 도착, 결혼, 야곱이 결혼을 위해 14년을 봉사함(창 29:1–30)
	야곱의 자녀들 출생(29:31–30:24)
	야곱의 가족 가나안 귀향(31:17–20)
	야곱이 밧단아람에서 총 20년간 체류함(29:20, 31:38, 41장)
	요셉
1915	요셉 – 라헬이 잉태하여 요셉을 낳음(30:23)
1898	요셉이 애굽에 팔려감(37:12–36) 요셉의 나이 17세
	애굽의 중왕국시대(약 BC 2133–1786)로 추정됨
	보디발 집의 가정 총무가 됨(39:1–6)
1888	보디발 처의 모함으로 투옥됨(39:7–23)
1887	두 관원장의 꿈을 해석(40:1–23)
1886	이삭의 죽음(35:28–29) 향년 180세

1885	요셉의 바로의 꿈 해석, 요셉의 나이 30세에 애굽의 총리가 됨(41:1-46)
1884	7년의 풍년과 흉년(41:47-57)
1877	요셉이 형들과 1,2차 재회(42:1-45:20)
1876	야곱과 가족이 애굽으로 이주(46:1-7) 야곱의 나이 130세
1876	야곱 가족의 고센 땅 거주(47:1-12)
1859	야곱의 죽음(47:28-49:33) 향년 147세, 애굽에서 17년 거주
1805	요셉의 죽음(50:26) 향년 110세
	요셉 이후 애굽시대
1584	애굽 제18왕조의 탄압 시작(BC 1584), 이스라엘 백성의 노예화
1527	모세의 출생(출 1:1-2:10)
1486	모세가 40세에 애굽인 살해로 미디안 도피(출 2:11-25), 40년간 광야 거주(행 7:30)

선민시대 이후 성경의 역사는 출애굽시대로 이어진다.

03
CHAPTER

출애굽시대

THE OLD TESTAMENT

시대 훑어보기

1) 출애굽시대의 위치와 구조

시대	성부(창조) 시대																			
순서	1		2				3				4				5			6		
세부 시대	태초시대		선민시대				출애굽시대				광야시대				정복시대			정착시대		
주제	세상의기원	민족의기원	아브라함	이삭	야곱	요셉	출애굽준비	출애굽	시내산으로	시내산에서	가나안땅으로	가데스바네아에서	38년의방황	모압평지에서	가나안입성	정복	분배	정착배경	7번의침략	타락
성경	창		창 12–50				출 1–40				민 1–36				수 1–24			삿 1–21		
장	1–2	3–11	12–23	24–26	27–36	37–50	1–6	7–15	15–18	19–40	1–12	13–19	20–21	22–36	1–5	6–12	13–24	1–2	3–16	17–21
추가			욥				레				신							룻		

▼

3. 출애굽시대(출 1–40장)			
출애굽의 준비	출애굽	시내산으로	시내산에서
1–6장	7–15장	15–18장	19–40장

2) 출애굽시대 개관

- 시기 : 모세의 출생 - 성막의 완성
  출애굽시대의 가장 중요한 사건인 출애굽의 연대는 특정할 수 없다. 다만 열왕기상 6장 1절을 근거로 BC 1805-1444년으로 추정한다.
- 성경에 언급된 범위 : 출애굽기 전체(1-40장)
- 주제 : 모세의 부르심, 출애굽, 십계명과 성막을 통한 언약 백성으로서의 준비
- 개요 : 하나님은 두 번째 약속인 땅을 주시기 위해 모세를 부르시고 출애굽을 명하셨으며, 바로의 방해에도 출애굽의 구원을 이루셨다. 출애굽을 한 이스라엘 백성은 시내산 주변에서 십계명과 성막 제조의 명을 받고 성막을 만들며 하나님의 언약 백성으로서 준비되어 간다.

이 시대를 보여주는 성경

출애굽기(Exodus)				
명칭	기록자	기록 연대	기록 장소	장수
히브리어 : 슈모트 헬라어 : 엑소도스	모세	BC 1446–1406	시내광야	40장
핵심 주제	기록 목적		구성과 계시	
내 백성을 보내라 (출 3:8)	자기 백성의 고통을 들으시고 약속의 땅으로 인도해 내시는 하나님을 알게 하기 위하여		그리스도의 모형인 모세(출 3:10), 유월절 어린 양(12:3), 출애굽(13:17–22), 구름기둥과 불기둥(13:21), 만나(16:15), 반석(17:6), 계명(24:1), 성막(40:17, 29:1), 여호와의 영광(40:34)을 통해 우리를 구원하시고 우리와 함께 하시는 하나님을 계시	

명칭

출애굽기는 이스라엘 백성의 이집트(애굽) 탈출에 관한 기록이다. 히브리어 제목인 '슈모트'는 '이름들'이라는 뜻으로, 원문의 첫 문장 둘째 어절이며 "야곱과 함께 각각 자기 가족을 데리고 애굽에 이른 이스라엘 아들들의 이름"(출 1:1)을 가리킨다. 헬라어 제목인 '엑소도스'는 '출발, 떠남'이라는 뜻으로, 히브리 민족이 애굽(이집트)을 탈출하여 약속의 땅으로 떠나는 내용을 반영한 것이다.

내용과 교훈

출애굽기에는 애굽(이집트)에서 노예 생활을 하던 이스라엘 민족이 모세의 인도로 탈출하여 시내산에 이르기까지의 과정과 시내산에 도착하여 십계명을 받고 성막을 완성하기까지의 이

야기가 기록되어 있다.

하나님은 애굽 땅에서 고통당하는 백성들의 신음소리를 들으셨고, 애굽에 재앙을 내리심으로 그들을 해방시키셨다. 가나안 땅으로 이끌어 가시기 위해 그들과 언약을 맺고 선민으로 삼아 자기 백성으로 구별하셨다. 출애굽기는 이스라엘 백성이 애굽으로부터 분리되어 하나님의 백성으로서 거룩하게 구별된 의미를 보여주고, 구속하신 하나님의 백성으로 가는 길과 하나님과 함께 살아가는 순종의 길을 교훈한다.

출애굽기로 살펴보는 출애굽시대 하나님의 섭리

하나님은 창세기에서 아브라함에게 후손(민족)과 땅과 복을 약속하셨는데, 이 중 "네 후손이 하늘의 별 같을 것"이라는 약속을 요셉을 통해서 애굽에서 성취하신다. 요셉으로 인해 애굽에 정착한 야곱의 집안이 70여 명에서 200만의 백성으로 번성한 것이다. 이제 하나님은 땅을 주신다는 두 번째 약속을 성취하시기 위해 모세를 지도자로 세우시고 이스라엘 민족을 애굽에서 탈출시키고 가나안 땅으로 인도해 가신다.

이 출애굽의 사건은 구속사적으로 볼 때 훗날 예수 그리스도를 통한 신자들의 구속과 구원을 의미한다. 출애굽기에는 우리의 구원을 설명하는 모형들이 많이 나타난다. 모세는 구원자이신 그리스도, 유월절 어린 양은 우리의 구원을 위해 대신 죽임당하고 피 흘리신 예수 그리스도의 모형이다. 애굽과 바로는 하나님의 백성을 대적하며 하나님을 섬기지 못하게 압제하는 사탄과 세상 제도의 모형이고, 홍해를 건넌 사건은 죄와 사망을 이기고 새 생명을 얻은 구원과 부활의 모형이다. 만나는 생명의 떡이신 예수, 반석은 생수의 근원이신 예수 그리스도의 모형이다. 구름기둥과 불기둥은 앞서가시며 보호, 인도하시는 성령님의 상징이며 성막은 우리와 함께 거하시는 임마누엘 하나님을 상징한다.

구조

출애굽기는 총 40장으로, 출애굽을 준비하시는 하나님(1-6장), 출애굽을 실행하시는 하나님(7-15장), 시내산을 향한 여정(15-18장), 시내산에서 하나님께서 이스라엘 백성과 맺으신 선민의 언약(19-40장)으로 구성되어 있다.

시대	출애굽시대			
장	1–6	7–15	15–18	19–40
주제	출애굽의 준비	출애굽	시내산으로	시내산에서

1. 출애굽 준비(출 1-6장)

야곱의 후손이 번성하자 바로는 그들을 학대하고 신생아 중 남자아이를 죽이려 한다. 애굽 공주의 양자가 된 모세는 히브리 사람을 도우려다 광야로 도망하고, 40년 후 하나님의 부르심을 받아 히브리 민족의 지도자가 되어 바로에게 간다.

모세의 출생	모세를 부르심	모세를 보내심
1-2장	3-4장	5-6장

(1) 모세의 출생(1-2장)

1장	이스라엘 번성	히브리 민족의 번성 히브리 남자아이를 죽이라는 바로의 명령 아이들을 살린 산파 십브라와 부아
2장	모세의 출생과 성장	모세가 출생해 바로의 딸의 양자가 되다 모세가 애굽 사람을 죽이고 미디안 광야로 도망하다

(2) 모세를 부르심(3-4장)

3장	호렙산 소명	하나님이 호렙산에서 모세를 부르시다 (10) 이제 내가 너를 바로에게 보내어 너에게 내 백성 이스라엘 자손을 애굽에서 인도하여 내게 하리라 하나님이 모세에게 구원 계획을 말씀하시다
4장	모세의 기적	하나님이 모세에게 지팡이와 나병의 이적을 보이시다 모세가 애굽으로 돌아와 이스라엘 자손을 만나다

(3) 모세를 보내심(5-6장)

5장	바로와 첫 대결	백성을 보내라는 하나님의 말씀을 거절하는 바로 이스라엘 백성에게 내려진 더 큰 고역 모세가 백성들의 고역을 여호와께 탄원하다
6장	언약 상기	모세가 하나님의 말씀을 전하나 듣지 않는 백성들 야곱 자손 중 집안의 족장들

2. 출애굽(출 7-15장)

거듭되는 재앙에도 바로는 이스라엘 백성을 보내지 않지만, 마침내 장자의 재앙이 일어난 첫 유월절에 이스라엘은 애굽을 떠나게 된다. 하나님은 홍해에 바닷길을 내어 백성들을 건너게 하시고 백성을 추격해오던 바로의 군대를 바다에 수장시키신다.

아홉 가지 재앙	유월절과 출애굽	홍해를 건넘
7–10장	11–13장	14–15

(1) 아홉 가지 재앙(7–10장)

7장	재앙의 시작 피의 재앙	모세가 바로를 다시 만나 하나님의 뜻을 전하다 아론의 지팡이가 뱀이 됨 피 재앙 – 나일 강물이 피가 됨
8장	개구리 이 파리	개구리 재앙 – 개구리가 올라와 땅을 덮음 이 재앙 – 애굽 온 땅의 티끌이 다 이가 됨 파리 재앙 – 애굽 사람의 집집에 파리떼가 가득함
9장	가축의 돌림병 악성 종기 우박	돌림병 재앙 – 애굽의 모든 가축이 죽음 악성 종기 재앙 – 애굽의 사람과 짐승에게 악성 종기가 생김 우박 재앙 – 애굽 전국에 우박이 내림
10장	메뚜기 흑암	메뚜기 재앙 – 메뚜기가 애굽 온 땅을 덮음 흑암 재앙 – 애굽 온 땅에 흑암이 있게 됨

열 가지 재앙(7–12장)				
순서	재앙	내용	장절	애굽/술객과 바로의 반응
1	피	나일강이 피가 됨	7:20–21	애굽의 술객도 따라 함
2	개구리	개구리가 온 땅에 덮임	8:6	애굽의 술객도 따라 함
3	이	땅의 티끌이 이가 되어 사람과 가축에게 오름	8:17	애굽의 술객이 따라 하지 못함
4	파리	애굽인의 집집에 파리 떼가 가득함	8:24	바로가 제사를 허락함
5	가축의 돌림병	애굽의 모든 가축이 죽음	9:6	듣지 않음
6	악성 종기	화덕의 재가 사람과 짐승에 붙어 악성 종기가 됨	9:10	술객도 악종에 걸림
7	우박	우박과 불덩이가 내려 사람과 짐승과 채소에 내림	9:23–24	바로의 신하 중 여호와의 말씀을 두려워하는 자들은 피함. 바로의 항복 → 완악해짐
8	메뚜기	메뚜기가 온 땅을 덮어 식물을 다 먹어버림	10:13–15	재앙 경고 : "장정만 가라" → 재앙 중 : "내가 죄를 지었다" → 재앙 소멸 후 : 완악해져 보내지 않음
9	흑암	애굽 온 땅에 흑암이 3일간 임함	10:22–23	"양과 소는 두고 가서 제사 지내라" → "네가 내 얼굴을 보면 죽으리라"
10	장자의 죽음	애굽 땅의 처음 난 것이 모두 죽음	12:29	"내 백성 가운데에서 떠나 너희의 말대로 가서 여호와를 섬기며…"

(2) 유월절과 출애굽(11–13장)

11장	마지막 경고	모세가 바로에게 장자의 죽음을 경고하다
12장	유월절 규례 장자의 죽음	하나님이 모세에게 유월절 규례를 말씀하시다 하나님이 밤에 애굽의 모든 장자를 치시다 이스라엘 자손이 애굽인의 물품을 취하여 출애굽하다(BC 1446)
13장	출애굽	하나님이 무교절을 지키라고 명하시다 초태생에 관한 규례 하나님이 불기둥과 구름기둥으로 백성들을 이끄시다

유월절의 배경(12장)		
제목	내용	성경구절
유월절 규례	양을 잡고 피를 문설주와 인방에 바름	1–14
무교절 규례	유월절 후 7일 동안	15–20
첫 유월절	규례로 삼아 영원히 지키라	21–28
장자의 죽음	애굽에 큰 부르짖음	29–36
출애굽	보행하는 장정 60만	37–42
유월절 규례	이방인과 타국 품꾼은 먹지 못함	43–51

참고자료 유월절과 그리스도

구약은 신약의 예표(모형)이며, 신약은 구약의 성취이다. 더 엄밀히 말하면 구약은 그리스도의 모형(예표)이다. 구약에서 보여지고 예언된 것은 신약에서 예수 그리스도를 통해서 성취된다. 위 도표에서 보여주듯, 구약의 어린 양 제사와 유월절 어린 양의 희생으로 나타난 대속의 모형(예표)은 신약에서 예수 그리스도의 십자가 대속을 통해 완성되었다.

유월절		그리스도	
어린 양이 요구됨	11장	인간의 죄악	롬 3:23
어린 양이 선택됨	12:1–5	갈보리 십자가	요 11:50
죽임을 당하는 어린 양	12:6–7	그리스도가 대신 죽으심–대속	롬 8:3–4
양을 먹음	12:8–20	믿음으로 의롭다 함	요 6:56
어린 양을 신뢰함	12:21–42	죄의 형벌에서 구원됨	요 6:40

(3) 홍해를 건넘(14–15장)

14장	홍해를 건넘	이스라엘이 홍해를 건너다 추격해 오던 바로의 군대가 홍해에 수장되다
15장	승리의 노래	모세와 이스라엘 자손이 하나님을 찬양하다

3. 시내산으로(출 15–18장)

광야에서 음식 때문에 불평하는 백성들에게 하나님은 물과 만나와 메추라기를 공급하신다. 아말렉의 습격으로 이스라엘 백성은 전투를 치르고 모세의 기도로 승리한다.

마라와 엘림	만나와 메추라기	반석의 물	아말렉 전투	천부장 제도
15:22–27	16장	17:1–7	17:8–16	18장

15장	마라와 엘림	하나님이 마라의 쓴물을 고치고 법도와 율례를 정하시다 엘림에 이른 이스라엘 백성
16장	만나와 메추라기	하나님이 원망하는 이스라엘 백성에게 만나와 메추라기를 주시다 하나님이 안식일의 규례를 말씀하시다
17장	아말렉 전투	모세가 호렙산 반석을 쳐서 물이 나오게 하다 아말렉과의 전투와 기도의 승리
18장	천부장 제도	이드로의 방문 이드로의 권유로 천부장 제도가 세워짐

4. 시내산에서(출 19–40장)

이스라엘 백성이 시내산에 도착한 후 모세는 시내산에 올라가 십계명과 율법을 받고 성막과 제사 제도에 관한 하나님의 명령을 듣는다. 이러한 율법과 성막과 제사 제도를 통하여 하나님 앞에 나아갈 수 있는 길, 그리고 율법에 순종하여 하나님과 함께 언약 백성, 즉 선민으로 살아가는 길이 열리게 된다.

십계명과 율법	성막과 제사법에 관한 말씀	금송아지 사건	성막 제조
19–23장	24–31장	32–34장	35–40장

(1) 십계명과 율법(19–23장)

19장	시내산 도착	시내광야에 이른 이스라엘 백성(BC 1446) 모세가 하나님의 말씀을 전하다 하나님이 시내산에 임재하시다
20장	십계명을 주심	하나님이 십계명을 주시다(BC 1446) (2) 나는 너를 애굽 땅, 종 되었던 집에서 인도하여 낸 네 하나님 여호와니라 하나님의 임재에 두려워 떠는 백성들 제단에 관한 규례
21장	율법을 주심	종에 관한 규례 폭행에 관한 규례 소유주와 책임에 관한 규례
22장	배상법, 도덕법	배상법에 관련한 규례 도덕에 관한 규례
23장	재판과 절기	공정한 재판(위증, 뇌물), 나그네, 안식년과 안식일, 3대 절기에 관한 규례 이방 신을 섬기지 말 것에 관한 경고

(2) 성막과 제사법에 관한 말씀(24–31장)

24장	모세와 시내산	모세가 70인 장로와 함께 시내산에 오르다 모세가 홀로 시내산에서 40일을 머무르다
25장	성막 제작 명령	하나님이 성막을 지을 예물을 받으라고 말씀하신다 증거궤, 진설병을 두는 상, 등잔대와 기구들의 제작 방법
26장	성막의 모형	성막의 양식과 제작 방법
27장	제단과 성막 뜰	번제단과 성막 뜰과 등불 관리
28장	제사장의 의복	제사장의 복장
29장	제사장 위임식	제사장 위임법 위임식의 제사법 - 속죄제, 번제, 화제, 요제, 거제물 매일 드릴 번제
30장	분향단(조각목)	분향단 제작 방법 인구 조사와 생명의 속전 물두멍, 관유와 향
31장	성막 제작 담당자	하나님이 성막 기구를 만들 담당자를 세우시다 하나님이 안식일의 규례를 말씀하시다 하나님이 증거판을 친히 써주시다

(3) 금송아지 사건(32–34장)

32장	금송아지 사건	모세가 시내산에 있는 동안 금송아지를 만든 아론과 백성들 모세의 중보기도 깨어진 돌판 레위 자손이 우상숭배자들을 죽임
33장	백성들의 참회	진 밖의 회막 하나님의 임재를 위한 모세의 기도
34장	두 번째 십계명	하나님이 모세 앞으로 지나시며 자신의 이름을 선포하시다 (6) 여호와께서 그의 앞으로 지나시며 선포하시되 여호와라 여호와라 자비롭고 은혜롭고 노하기를 더디하고 인자와 진실이 많은 하나님이라 하나님이 두 번째 돌판에 십계명을 새기고 언약을 다시 세우시다

(4) 성막 제조(35–40장)

35장	성막 제조 준비 (BC 1445)	안식일 규례 성막을 짓기 위해 예물을 드리는 백성들 성막을 짓기 위한 일꾼들
36장	성막 제조	풍족한 예물 성막을 만들다
37장	성막 내부 기물	성막 안의 성구들 – 법궤, 상, 등잔대, 제단
38장	성막 외부 기물	번제단, 제단 기구들, 물두멍과 성막 뜰의 주위의 말뚝을 만들다
39장	제사장 복장	제사장의 옷을 만들다 성막의 모든 역사를 마치고 모세가 축복하다
40장	성막 봉헌	여호와의 명대로 성막을 세우고 성구에 관유를 발라 거룩하게 하다 여호와의 영광이 성막에 충만하다

연대로 보는 출애굽시대

연대(BC)	주요 사건
1527	모세의 출생(출 2:2)
1447	모세와 바로의 1차 대면(출 5:1)
1446	이스라엘의 애굽 탈출, 라암셋 출발(출 12:37) 홍해 도착(출 14:2)
1445	성막 건축(출 40:33), 레위기의 규례 지시, 첫 번째 인구 조사(민 1:2)
1406	모세의 유언 설교(신 1장 – 신 33장), 모세의 죽음(신 34:5), 아론의 죽음(민 20:28)

지도로 보는 출애굽시대

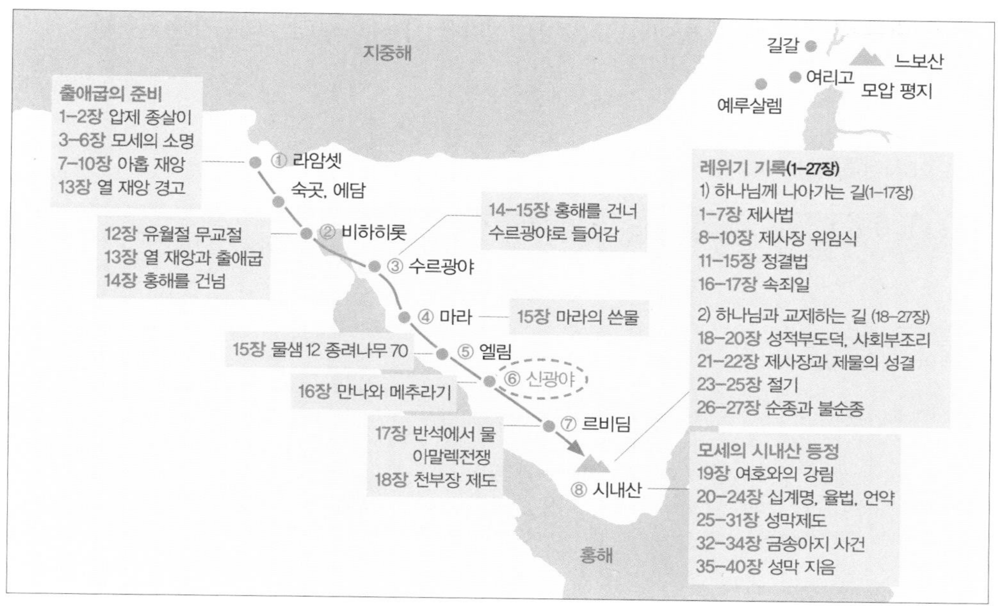

번호	①	②	③	④	⑤	⑥	⑦	⑧
지명	라암셋	비하히롯	수르광야	마라	엘림	신광야	르비딤	시내산
장	1–13	14	15	15	15	16	17–18	19–40
주요 사건	열 재앙, 출애굽	홍해를 건넘	구원을 찬양	쓴물	물 곁에 장막을 침	만나와 메추라기	아말렉 전쟁, 천부장 제도	십계명, 금송아지 사건

① 라암셋 : 야곱 일가가 바로에게 라암셋을 소유로 받아 거주함(창 47:11). 이스라엘 백성이 유월절 후 라암셋을 떠나 출애굽함(출 12:37 ; 민 33:3).

② 비하히롯 : 비하히롯 앞 바닷가에 장막을 침(14:2). 애굽 군대가 쫓아와 백성들이 두려워함(14:10). 홍해가 갈라져 이스라엘 백성이 바다 가운데로 걸어감(14:21-22).

③ 수르광야 : 홍해를 건넌 후 수르광야로 들어감(15:22).

④ 마라 : 쓴물을 고치심(15:22-25).

⑤ 엘림 : 12 물샘과 70 종려나무 곁에 장막을 침(15:27).

⑥ 신광야 : 출애굽 후 둘째 달 십오 일에 도착(16:1). 만나와 메추라기를 주심(16:13-15).

⑦ 르비딤 : 물이 없어 백성이 모세와 다툼(17:2). 호렙산 반석을 쳐서 물을 내고 그곳을 맛사/므리바라 부름(17:6-7). 아말렉과 싸워 이기고 제단을 쌓아 여호와 닛시라 함(17:8-16). 이드로의 권고로 천부장 제도를 세움(18장).

⑧ 시내산 : 시내광야에 이르러 산 앞에 장막을 침(19:1-2). 모세가 시내산에 올라 십계명(20-

24장)과 성막(25-31장)에 관한 하나님의 말씀을 듣고 십계명 돌판(31:18)을 받음. 아론과 백성의 금송아지 사건이 일어남(32-34장). 성막을 지음(35-40장). 레위기를 기록함.

이 시대를 함께 이해하는 성경

레위기(Leviticus)				
명칭	기록자	기록 연대	기록 장소	장수
히브리어 : 바이크라 헬라어 : 레우이티콘	모세	BC 1446–1406	시내산	27장
핵심 주제	기록 목적		구성과 계시	
하나님의 백성이 되는 길(레 19:2)	하나님과 화목하고 하나님과 함께 사는 길을 알려주시기 위해서		하나님께 나아갈 수 있는 길인 제사 제도, 하나님과 함께 살아갈 수 있는 길인 율법 제도	

명칭

레위기는 "여호와께서 회막에서 모세를 부르시고 그에게 말씀하여 이르시되"(레 1:1)로 시작된다. 레위기의 히브리어 제목인 '바이크라'는 '그리고 그가 부르시니'라는 뜻으로, 원문의 첫 어절이다. 헬라어 제목인 '레우이티콘'은 '레위인에 속한'이라는 뜻으로 '레위'의 이름에서 왔으며, 이 책의 많은 부분이 이스라엘 12지파 중 제사와 성막의 일을 담당한 레위지파의 사역을 다루고 있는 것을 반영한 것이다.

내용과 교훈

레위기는 성막에서 수행되는 각종 제사 제도 및 일상에서 지켜야 할 종교적 관습, 생활, 제사 의식 등 여러 가지 율법에 관한 내용을 담고 있다. 제사란 인간이 거룩하신 하나님께 나아갈 수 있는 길이고, 성결한 삶을 위한 율례는 하나님과 함께 살아가는 길이다. 이에 대한 가르침을 기록한 레위기는 하나님의 백성으로서 거룩하게 구별되었다는 것의 의미를 보여주고, 하나님의 백성으로서 하나님 앞에 나아가는 길과 하나님과 함께 살아가는 길을 교훈한다.

레위기를 통해서 보는 하나님의 섭리

레위기에서는 '피'라는 단어가 87회 이상 사용되며 피흘림, 즉 희생의 제사가 없이는 하나님께 나아갈 수 없음을 알려준다. 거룩하신 하나님 앞에 죄인인 인간이 나아가는 것은 죄를 해결할 때에만 가능하다. 하나님은 짐승의 피를 통해 대속받아 그분 앞에 나아갈 수 있는 길을 예비하신다. 다음으로는 '거룩'이라는 단어가 80회 이상 사용되며 구별된 거룩, 즉 성별된 생활을 위한 순결법을 다루고 있다. 이는 하나님께서 자기 백성들이 거룩하고 순결하게 살기를 원하신다는 것을 보여준다.

레위기에 소개되는 제사 제도는 그리스도께서 십자가 위에서 이루신 구속 사역의 모형이자 상징이다. 하나님께 나아가는 길은 예수 그리스도의 십자가로 완성되고, 하나님과 함께 살아가는 법은 성도가 하나님의 말씀과 성령을 따라 성화의 삶을 살아감을 통해서 완성된다.

구조

1-17장은 하나님께 나아가는 법인 제사 제도에 관한 것으로, 제물을 통해 죄를 대속하여 하나님께 나아가는 길을 제시하고 있으며, 18-27장은 하나님과 함께 살아가는 법인 성결법에 관한 것으로, 거룩함을 지키고 하나님과 함께 살아가는 길을 보여준다.

1–17장				18–27장			
하나님께 나아가는 길(제사법–대속)				하나님과 함께 살아가는 길(성결법–성화)			
1–7	8–10	11–15	16–17	18–20	21–22	23–25	26–27
희생 제사	제사장의 직분	정한 것과 부정한 것	속죄일	성도덕과 사회질서	제사장과 제물의 성결	절기	순종과 불순종

1. 하나님께 나아가는 길(레 1–17장)

레위기가 보여주는 '하나님께 나아가는 길'은 "피흘림이 없은즉 사함이 없느니라"라는 말씀(히 9:22)처럼 번제(1:3), 소제(2:1), 화목제(3:1), 속죄제(4:2), 속건제(5:15) 등의 피 흘리는 제사를 통한 속죄의 길이다. 이는 훗날 예수 그리스도의 십자가 대속을 의미한다.

희생 제사	제사장의 직분	정한 것과 부정한 것	속죄일
1–7장	8–10장	11–15장	16–17장

(1) 희생 제사(1–7장)

1장	번제	번제 드리는 방법
2장	소제	소제 드리는 방법
3장	화목제	화목제 드리는 방법

4장	속죄제	제사장, 회중, 관원(족장), 평민을 위한 속죄제
5장		속죄제가 요구되는 행위
	속건제	속건제 드리는 방법
6장	번제와 소제	번제, 소제, 속죄제
7장	속건제와 화목제	속건제의 규례, 화목제의 규례, 제사장의 분깃

(2) 제사장의 직분(8–10장)

8장	제사장 위임식	아론과 그 아들들의 제사장 위임식
9장	첫 직무	위임식 후 아론이 첫 제사를 드림
10장	나답과 아비후	잘못 드린 제사로 나답과 아비후가 죽음 제사장이 지킬 회막의 규례와 먹을 제물

(3) 정한 것과 부정한 것(11–15장)

11장	정한 짐승	정한 동물과 부정한 동물의 분별
12장	산모의 정결	출산한 여인의 정결 규례
13장	나병	나병의 진단 방법
14장		나병환자의 정결 규례
15장	유출병	유출병과 정결 규례

(4) 속죄일(16–17장)

16장	속죄일	속죄일의 규례 아사셀을 위한 염소
17장	도축 규례	도축 규례 피를 먹지 말라는 명령

2. 하나님과 함께 살아가는 길(레 18-27장)

'하나님과 함께 살아가는 길'은 계명에 순종하며 하나님의 백성답게 살아가는 것으로, 하나님은 그 길로서 율법을 지키는 것과 안식일 및 여러 절기를 제정하셨다. 그리고 신약시대에 예수님이 하나님과 이웃을 사랑하는 순종의 복음으로 율법을 완성하셨고 이와 더불어 거듭나라는 성화의 복음을 전파하셨다.

성도덕과 사회질서	제사장과 제물의 성결	절기	순종과 불순종
18-20장	21-22장	23-25장	26-27장

(1) 성도덕과 사회질서(18-20장)

18장	성 질서	땅을 더럽히는 성적 부도덕의 금지
19장	성도덕과 사회질서	사회질서
20장		사형에 해당하는 죄(우상숭배자, 성범죄자)

(2) 제사장과 제물의 성결(21-22장)

21장	제사장과 제물의 성결	제사장의 성결에 관하여
22장		성물과 제물에 관한 규례

(3) 절기(23-25장)

23장	여호와의 절기	안식일, 유월절, 무교절(초실절), 칠칠절(오순절), 나팔절, 대속죄일, 초막절(수장절)
24장	등불과 떡	끌 수 없는 성막 안의 등불과 여호와 앞에 진설할 떡 여호와의 이름을 모독한 자에 대한 처벌 보복법
25장	안식년과 희년	안식년과 희년 빈민 보호법, 노예 보호법

(4) 순종과 불순종(26-27장)

26장	순종과 불순종	하나님의 규례와 계명을 지키면 받는 복과 불순종의 벌
27장	예물의 규례	서원에 관한 규례들 십일조에 대한 규례

레위기의 제사들(제사 목적에 따른 구분)

장		1	2	3	4	5
종류		번제	소제	화목제	속죄제	속건제
성격		자원 의무	자원	자원	의무	의무
방법		① 피를 제단 사방에 뿌림 ② 가죽 외의 제물 전체를 불살라 드림 ③ 재는 진 밖 정한 곳에 버림	① 번제, 화목제 등과 함께 불살라 드림 ② 기름, 유향, 소금을 섞음 ③ 꿀과 누룩을 섞지 말 것	① 피를 제단 사방에 뿌림 ② 내장의 모든 기름과 콩팥을 불살라 드림 ③ 가슴은 요제, 오른쪽 뒷다리는 거제로 드림(7:29-34)	① 경우에 따라 피를 번제단 뿔에 바르고 밑에 쏟음 ② 제사장과 회중 전체를 위한 속죄제-피를 성소의 휘장 앞에 7번 뿌리고 향단 뿔에 바름 ③ 내장의 모든 기름과 콩팥을 불살라 드림	① 피를 제단 사방에 뿌림 ② 꼬리, 내장의 기름, 콩팥을 불살라 드림 ③ 범한 성물 또는 물건의 1/5을 더 냄
의미		온전한 충성 및 헌신	순수한 희생 봉사	하나님과 화평과 친교를 위해 감사제 서원제 자원제	죄로 인한 하나님과의 단절에서 회복	성물을 범한 죄 이웃에게 범한 죄를 속함
제물		가정형편에 따라 ① 부자 : 흠 없는 수소 ② 중산층 : 흠 없는 숫양이나 염소 ③ 극빈층 : 산비둘기나 집비둘기 새끼	① 고운 가루, 기름, 유향 ② 고운 가루에 기름을 섞어 만든 무교병, 기름을 바른 무교전병 ③ 고운 가루에 기름 섞어 철판에 부친 것 ④ 냄비에 고운 가루와 기름을 섞어 만든 것 ⑤ 첫 이삭 볶아 찧은 것	가정형편에 따라 ① 흠 없는 소 ② 흠 없는 양 ③ 염소	신분과 직위 따라 ① 제사장 :흠 없는 수송아지 ② 회중 : 수송아지 ③ 족장 : 흠 없는 숫염소 ④ 평민 : 흠 없는 암염소나 어린 암양 ⑤ 서민 : 산비둘기나 집비둘기 새끼 둘 ⑥ 극빈 : 고운 가루 1/10에 바(기름, 유향 제외)	① 성물에 대해 부지중 범죄 시-범과물에 1/5을 더해 제사장에게 드림 ② 여호와의 계명 중 하나를 부지중에 범했을 때-흠 없는 숫양
분배	하나님	가죽 외의 제물 전체	하나님께 드린 부분	하나님께 불살라 드린 부분	하나님께 불살라 드린 부분	하나님께 불살라 드린 부분, 1/5 배상 부분
	제사장	가죽(7:8)	하나님께 불살라 드리고 남은 부분은 성막 안에서만 먹음(6:16)	요제물과 거제물	번제물 중 하나님께 불살라 드리고 남은 부분은 성막 안에서만 먹음(6:24-30)	하나님께 불살라 드리고 남은 부분은 성막 안에서만 먹음(7:6)

분배	경배자	없음	없음	하나님과 제사장 몫 이외의 것(7:15)	없음	없음
그리스도와의 관계		예수 그리스도의 온전한 희생을 상징	예수 그리스도의 흠 없으심과 온전한 충성을 상징	예수는 하나님과 인간의 교제를 가능케 하는 유일한 길	예수 그리스도의 속죄 사역 상징	예수 그리스도의 대속의 죽음 상징
관련 구절		1:1–17, 6:9–13	2:1–16, 6:20–23	3:1–17, 7:11–15	4:1–5:13, 6:25–30, 7:7	5:15–6:7, 7:1–5

레위기의 제사들(제사 방법에 따른 구분)				
명칭	제사법	의미	관련 제사	참조 구절
화제	제물을 번제단 위에서 불로 완전히 태워 드림	제물의 연기(향기)처럼 제물 드리는 자의 마음이 드려짐. 죄인을 위해 자신을 온전히 희생하신 예수의 헌신	번제, 소제, 화목제, 속죄제, 속건제	레 1:9,17 히 10:10–13
거제	제사장이 제물을 높이 들었다 내림	하나님의 것으로 바쳐진 것을 하나님이 제사장 몫으로 돌림. 하나님이 생명 양식인 예수를 성도들에게 보내주심	화목제물 중 희생제물의 오른편 뒷다리를 드릴 때, 땅의 첫 소산물을 드릴 때, 십일조를 드릴 때	레 7:14,32 롬 8:32
요제	제사장이 제물을 높이 든 후 위아래 또는 앞뒤로 흔듦	거제의 의미와 동일	화목제 중에 희생제물의 가슴부위를 드릴 때, 땅의 처음 익은 소산물을 드릴 때	레 7:30 요 6:27
전제	포도주, 기름, 피 등을 제물에 부어 드림	속죄에 대한 감사와 기쁨. 하나님을 향한 뜨거운 헌신의 정신이 깃듦	단독으로 사용될 수 없고 항상 번제 또는 소제와 더불어 사용됨	레 23:13,18 딤후 4:6

이스라엘의 절기와 의미				
명칭	시기	목적 및 의미	관련 규례	상징 및 교훈
법정 기억 절기				
안식일	금요일 해질 때–토요일 해지기 전(출 16:23–30)	이스라엘의 성별 표(레 19:2). 안식은 창조 및 노예로부터의 해방 의미(출 20:8–11 ; 신 5:12–15)	상번제보다 2배의 예물을 번제로 바침(출 16:22,29 ; 민 28:9). 안식일을 어기는 자는 죽임 당함(민 15:32–36)	그리스도 안에서의 구원과 안식(고후 5:17), 장차 임할 새 하늘과 새 땅에서의 영원한 안식(계 21:4) 예시
월삭	매달 초하루	절기를 정하신 여호와의 미쁘심과 계약의 영원함 기림(민 10:10)	안식일의 희생 제사보다 규모가 큰 희생 제사 거행(민 28:1–10)	한 달의 첫날을 하나님께 드림으로써 한 달 전체를 하나님 앞에 드리겠다는 신앙 고백 행위
나팔절	제7월 즉 민간력으로는 새해의 월삭(레 23:24)	'7'이라는 숫자의 신성에 의한 민간력 새해 시작의 기념	일반 월삭보다 더 큰 규모의 희생 제사 거행(민 29:6). 나팔을 불어 알림(민 29:1)	그리스도 안에서 새롭게 생활함을 암시함(고후 5:17)
속죄일	일곱째 달의 제10일	온 백성의 죄를 정기적으로 속함(히 9:7). 성소의 성결(히 9:12–14)	노동을 금하고 두 염소 드림(레 16:8–10, 23:28). 번제를 드림(민 29:7–11). 대제사장이 1년에 1번 지성소에 들어감(히 9:7)	그리스도 속죄의 피를 예표. 속죄일 제사는 매년 반복적으로 드렸으나 그리스도의 속죄는 단 1회로 완성됨(히 10:1–18)
안식년	7년을 1주기로 할 때의 그 마지막 해 곧 7년째 되는 해(레 25:4)	토지의 휴식(출 23:11). 인권 해방(출 21:2–6)	1년간 땅에 경작이 없고(출 23:11) 노예 해방(출 21:2–6), 채무자의 빚 탕감(신 15:1–11)	성도가 누릴 죄와 그 저주로부터의 자유와 해방을 예시(요 8:31,34)
희년	안식년 7번 지난 다음해 곧 50년째 되는 해(레 25:8–12)	자유와 해방의 해(레 25:8–55)	팔렸던 토지를 환원해줌(레 25:25–38), 노예 해방(레 25:39–46)	그리스도 안에서 새롭게 태어나 하나님의 은혜 누림을 예시(롬 3:24)
구원사건 기념 절기				
유월절	니산월 14일 저녁(출 12:6 ; 레 23:5 ; 민 28:16)	애굽의 종살이에서 해방된 것을 기념하고(신 16:1) 이스라엘 자녀들에게 하나님이 이스라엘의 장자들을 살려주심을 상기시키기 위함(출 12:16–20)	1월 10일에 준비한 흠 없고 1년 된 어린 숫양을 14일에 무교병, 쓴 나물과 함께 먹음(출 12:8). 어린 양의 피를 문설주에 바름(출 12:7)	유월절 희생양은 흠 없으신 그리스도의 죽음을 예표(요 1:29). 성도들이 사망에서 구원받음을 예시(요 3:16). 유월절은 성만찬을 암시해줌(마 26:17–29)

무교절	니산월 14일에 시작하여 1주일간 계속됨(레 23:5–6)	애굽에서 급히 탈출한 이스라엘 백성의 고생을 기념. 무교병은 하나님께 대한 전적인 희생과 봉사를 의미(출 12:16–20)	7일간 번제와 속죄제 드림(민 28:19–24). 7일간 무교병을 먹고 첫날과 마지막 날은 성회로 모이고 노동을 금함(출 12:15–20)	무교병은 구원받은 성도와 교회의 전적인 희생과 봉사 의미(고후 5:8). 죄 없으신 그리스도의 몸이 성도들을 위해 찢기심을 의미(히 9:12–14)
수전절	아홉번째 달 25일부터 8일간	유다 마카비오의 승리와 그의 지도력 아래 성전이 정화되고 재봉헌된 것을 기념	반드시 예루살렘에 올라갈 필요 없이 각 집에서 지켰으며, 첫날부터 매일 1개의 촛불을 더해 8일째에는 8개의 촛불을 켬	하나님의 성전인 성도 각자가 몸의 성결에 힘써야 함을 예시(엡 1:21–2)
부림절	아달월(태양력 2,3월) 14,15일(에 9:17)	유대인이 에스더와 모르드개에 의해 하만으로부터 구출된 것을 기념(에 9:31)	유대인이 구원된 13일에는 축제 준비로 금식하고 14일 저녁부터 회당에 모여 에스더서를 낭독. 이튿날에도 낭독은 계속되며 오락을 하고 가난한 자에게 선물함(에 9:19,22)	성도들이 하나님의 주권적 섭리로 구원됨을 암시 하나님은 당신의 백성을 늘 사탄의 궤계로부터 지켜주시고, 궁극적으로 성도에게 구원과 상급을 내려주심을 예시(시 19:11)
농경 축제 절기				
초실절	유월절 후 첫 안식일 이튿날(레 23:11)	곡물을 주신 하나님께 감사하며 첫 곡식단을 봉헌(레 23:10 ; 롬 8:23 ; 고전 15:20–23). 모든 필요의 공급이 하나님께로부터 옴을 인정(레 23:9–14)	추수 곡식의 첫 이삭 한 단을 하나님께 요제로 흔들어 바침(레 23:9–10). 번제와 소제, 전제를 드림(레 23:13). 예물을 드리기 전에 사람이 먼저 먹어서는 안 됨(레 23:14)	그리스도는 부활의 첫 열매로서 성도들의 부활의 보증이 되심(롬 8:23). 하나님께 바쳐진 첫 이삭단은 성도와 교회를 의미
칠칠절	무교절에 첫 이삭한 단을 요제로 드린 날 초실절부터 50일째 되는 날(출 23:16, 34:22 ; 레 23:16)	밀 추수의 첫 소산을 바치고 봉헌하기 위한 것. 성전 파괴 후에는 시내산에서 율법 받은 것을 기념하는 의미로 지켜짐(출 23:16)	모든 수확물은 첫 열매를 제물로 바친 뒤에야 사용 가능(민 28:26–31). 떡 두 덩이로 요제를 드리고(레 23:17) 남자들은 할렐(시 113–118편)을 부르며 가무에 참가	오순절 축복, 곧 그리스도께서 승천하신 후 성령님이 강림하심을 예시(행 2:1–4). 오순절에 바치는 떡 두 덩이는 유대인과 이방인의 상징으로 봄
초막절	티쉬리월 15일부터 1주일간 계속됨(레 23:34 ; 민 29:12)	광야 생활 중 인도, 보호하신 은혜를 기념하고(신 16:13–17) 토지 소산의 추수를 마칠 때 여호와의 절기를 지키기 위함	새벽–해맞이와 관련된 의식 아침–헌수의식 밤–축제의식	이 세상 인생길이 초막에 거하는 나그네길임을 보이며, 우리의 영원한 집은 오직 하늘나라에 있음을 보여줌(스 3:4)
신약시대에는 구약의 절기를 지키지 않지만 구약의 구속사적 의미와 영적 의미는 기억해야 할 것이다				

여호와의 7대 절기의 의미 – 이것들은 장래 일의 그림자(골 2:17)											
절기		유월절	무교절	맥추절(초실절)		칠칠절		나팔절	속죄일	초막절	
형태	애굽의 노예생활	어린 양의 피를 문설 주와 인방에 바르고 양고기, 무교병, 쓴나물 먹음	7일간 모든 누룩을 제거하고 무교병을 먹고 매일 화제를 드림	첫 보리 이삭 한 단을 흔드는 요제로 드림. 예물 봉헌 전에는 떡, 볶은 곡식, 생 이삭도 먹지 않음		갓 거둔 고운 가루로 만든 두 덩이 유교병을 흔드는 요제		나팔을 불어 기념. 성회를 소집하고 화제를 드림	정결케 하는 속죄가 이루어지는 날. 오직 대제사장만 일함. 하나님을 위한 숫염소와 아사셀을 위한 숫염소 드림	광야에서의 장막을 기념, 추수감사절, 수장절	영원
성구	출 1:11–23	출 12:1–14 (레 23:5)	출 12:15–20 (레 23:6–8)	출 23:16 (레 23:9–15)		레 23: 15–21		레 23: 23–25	레 16:30, 23:26–32	출 23:16 (레 23:33–44)	
기간		정월 (아빕월) 14일	정월 15일부터 1주간	무교절 후 첫 안식일 다음 날	⟷ 50일	첫 열매 거둔 후 50일째	⟷ 약 4개월	7/1	7/10	7/15부터 7일간. 제8일은 성회	
복음적 절기 의미											
의미	죄와 허물로 죽은 상태	우리의 유월절 양 곧 그리스도께서 희생이 되셨느니라(고전 5:7)	순전함과 진실함의 누룩 없는 삶(고전 5:8)	안식후 첫날, 주님의 부활, 잠자는 자들의 첫 열매가 되심 (고전 15:20)	내가 그(보혜사)를 너희에게로 보내리니 (요 16:7)	오순절 성령 강림(행 2:1–4)	현재의 교회시대 휴거	공중 재림 미래 환란기 말에 있을 이스라엘의 재집결(살전 4:16–17)	그리스도의 지상재림 그날에 이스라엘은 회개하고 메시아를 보게 될 것(사 27:9; 슥 12:10–13:1)	천하만국이 예루살렘으로 올라와 초막절을 지킬 것이다(슥 14:9–20)	영원
상징		구원	성별	부활		성령 강림		교회의 휴거 이스라엘의 귀환	이스라엘의 국가적 회심	그리스도의 통치 (천년왕국)	

참고자료 제사와 절기

죄인은 결코 거룩하신 하나님 앞으로 나아갈 수 없다. 그러므로 레위기의 제사 제도는 제사를 통해서 정결케 된 자가 하나님께 나아갈 수 있게 하신 것이다. 모형으로 지키던 율법은 실상이 오면 폐하게 된다. 동물 제사가 그렇고 할례가 그러하다. 레위기의 제사들이 지닌 의미는 신약시대에 예수 그리스도께서 자기 몸으로 단번에 드리신 대속으로 완성되었다.

하나님께 드려지는 절기는 하나님의 말씀과 명령에 순종하여 하나님을 기념하는 의미로서, 하나님과 함께 살아가는 백성들의 기본적인 삶이었다. 또 이는 신약시대에 말씀과 성령의 인도하심을 따라 살아가는 성도들의 거룩한 성화의 삶을 의미한다고 할 수 있다.

이 시대의 많은 성도들이 구약의 율법이 폐하여진 것으로 생각한다. 그러나 구약의 율법, 즉 말씀이 폐하여진 것이 아니라 구약의 제사, 할례, 관습법 등이 폐하여진 것일 뿐이고, 윤리도덕법은 폐하여진 것이 아니다. 레위기 19장의 사회윤리법은 마태복음 5장의 산상수훈으로 이어졌는데, 그 가르침 안에 나타난 이웃사랑은 예수님에 의해 오히려 더욱 강화되었다. 예수님은 "내가 율법이나 선지자를 폐하러 온 줄로 생각하지 말라 폐하러 온 것이 아니요 완전하게 하려 함이라"(마 5:17) 라고 말씀하셨다. 율법은 예수 그리스도에 의해 폐하여진 것이 아니라 완성되었다.

제사와 절기의 변화	
구약	신약
모형	실상
동물제사 : 때마다 소, 양, 비둘기를 잡아서 제사	예수님이 십자가에서 단번에 드린 영원한 제사
할례 : 육체에 유대인의 표	세례 : 마음에 성령으로 인 침, 영혼의 중생
안식일	주일
유월절, 무교절	수난절, 부활절
칠칠절, 오순절	성령강림절
수장절, 장막절	추수감사절

구약은 신약시대의 그림자로서, 절기의 개념이 그리스도 후 성취된 개념으로 바뀐다

출애굽시대의 교훈 !

1) 유월절 : 주 예수 그리스도를 통한 구원의 길을 예표

2) 시내산까지의 여정 : 구원을 향한 소망과 척박한 현실에 대한 인간의 본성

3) 시내산 언약 : 구별된 백성으로서 살아가야 할 규례

4) 레위 : 예수 그리스도의 대속을 통한 화목 예표

5) ① 하나님께 나아가는 길(십자가) : 구원 ② 하나님과 함께 살아가는 길(말씀 안에서 성령 안에서) : 성화

출애굽시대의 역사적 연대표(출애굽기 1–40장)	
출애굽, 홍해를 건넘	
1805	요셉의 죽음(※ BC 1876 야곱 애굽 정착, BC 1446 출애굽 – 430년)
1446	모세가 바로와 첫 대면(5:1–7:7)
	애굽의 10가지 재앙(7:14–12:36)
	유월절 밤 사건(12:37–42) – 1월 14일 밤
	이스라엘의 출애굽, 바로 군대의 추격, 홍해를 건넘(14:9–30)
홍해를 건너 시내산까지	
1446	신광야에서의 원망, 만나와 메추라기를 주심(16:1–15)
	아말렉과 전투(17:8–16) – 2월 15일
	이드로의 모세 방문(18:1–27)
	시내산 도착(17:8–16, 19:1–2, 18:1–27) – 3월
시내산에서	
1446	시내산 율법과 언약 체결(19:3–24:11) ※참조: 예수 그리스도의 새 언약(마 26:28 ; 히 8:6–13)
	모세의 제1차 시내산 등정 40일, 십계명 받음(20:3–17, 24:12–31:18)
	금송아지 사건(32:1–29)으로 십계명 돌판 깨뜨림
	모세의 제2차 시내산 40일, 다시 받은 십계명(34:1–28)
	성막 건축 비용과 인구 조사(38:24–26) – 출애굽 제2년
1445	모세의 성막 제조 완성(35:4–40:38) – 1월 1일
	모세의 레위기 말씀 기록(레 1:1–7:38) – 성막 건축 후 1개월 사이 추정(민 1:1)
	시내산의 유월절 준수(민 9:1–14)
	시내산 제1차 군대 계수(민 1:1–46) – 2월 1일

출애굽시대 이후 성경의 역사는 광야시대로 이어진다.

04
CHAPTER

광야시대

THE OLD TESTAMENT

시대 훑어보기

1) 광야시대의 위치와 구조

시대	성부(창조) 시대																			
순서	1		2				3				4				5			6		
세부 시대	태초시대		선민시대				출애굽시대				광야시대				정복시대			정착시대		
주제	세상의 기원	민족의 기원	아브라함	이삭	야곱	요셉	출애굽준비	출애굽	시내산으로	시내산에서	가나안땅으로	가데스바네아에서	38년의 방황	모압평지에서	가나안입성	정복	분배	정착배경	7번의 침략	타락
성경	창		창 12–50				출 1–40				민 1–36				수 1–24			삿 1–21		
장	1–2	3–11	12–23	24–26	27–36	37–50	1–6	7–15	15–18	19–40	1–12	13–19	20–21	22–36	1–5	6–12	13–24	1–2	3–16	17–21
추가			욥				레				신							룻		

▼

4. 광야시대(민 1–36장)			
가나안 땅으로	가데스바네아에서	38년의 방황	모압 평지에서
1–12장	13–20장	20–21장	22–36장

2) 광야시대 개관

- 시기 : 성막의 완성 - 모세의 사망
- 연대 : BC 1444-1406년으로 추정
- 성경에 언급된 범위 : 민수기 전체(1-36장)
- 주제 : 약속의 땅으로 가는 여정, 세대교체, 육신의 관점에서 영적 관점으로의 변화
- 개요 : 하나님이 약속하신 약속의 땅 가나안으로 가는 여정이다. 출애굽한 백성들은 끊임없는 시행착오와 신앙훈련을 통해 말씀에 대한 순종을 훈련하고 불순종의 결과를 배우며, 애굽에서 종으로 살아가며 가졌던 육신의 관점이 선민의 삶인 영적인 관점으로 바뀌어 간다.

이 시대를 보여주는 성경

민수기(Numbers)				
명칭	기록자	기록 연대	기록 장소	장수
히브리어 : 베미드바르 헬라어 : 아리트모이	모세	BC 1446–1406	모압 평지	36장
핵심 주제	기록 목적		구성과 계시	
육신의 사람에서 영의 사람으로(민 14:28–30)	종의 습관으로 살아가던 이스라엘 백성에게 택함 받은 백성으로 사는 습관을 가르치기 위하여		하나님 백성의 시작(인구 조사, 1:2), 인도하심(구름기둥, 9:15), 불평의 결과(정탐꾼, 14:1), 구원의 길(놋뱀, 21:1–9), 하나님의 긍휼(도피성, 35:13–14)	

명칭

민수기의 히브리어 제목은 '광야에서'라는 뜻의 '베미드바르'이다. 민수기 1장 1절에 의하면 "이스라엘 자손이 애굽 땅에서 나온 후 둘째 해 둘째 달 첫째 날에 여호와께서 시내광야 회막에서 모세에게 말씀"하셨다. 여호와께서 말씀하신 곳이 이 책의 명칭이 되었다. 헬라어 제목은 '숫자들'이라는 의미의 '아리트모이'인데 이는 모세가 두 번에 걸쳐 이스라엘 족속의 인구수를 조사한 데서 온 것이다. 헬라어 제목이 보여주듯이 민수기는 인구 조사의 기록이다.

내용과 교훈

민수기는 약속의 땅으로 가는 노정을 기록한 책으로, 출애굽 후 불순종으로 40년 동안 광야를 방랑하게 된 이스라엘 백성의 모습과 두 차례에 걸친 인구 조사, 그리고 율법 등이 기록되어 있다.

민수기 광야시대의 특징은 백성을 향한 하나님의 단호하심이다. 하나님은 백성들을 가나

안 땅 앞까지 인도하셨으나, 그들은 가나안 땅을 정탐한 후 불신앙으로 하나님을 거역한다. 이러한 불순종에 대한 하나님의 징벌은 단호하여, 여호수아와 갈렙을 제외한 20세 이상의 모든 사람이 광야에서 죽고 모세마저도 므리바 물 사건으로 가나안 땅에 들어가지 못한다. 이를 통해 민수기는 불순종에 대한 하나님의 단호하심과 불순종의 비극적인 결과를 보여주며, 선민으로 살아가야 할 신앙의 자세와 생활을 백성들에게 교훈한다.

민수기로 살펴보는 광야시대 하나님의 섭리

백성들의 불순종에도, 하나님은 땅(영토)에 대한 언약을 취소하지 않으시고 그들을 신실하게 인도하신다. 결국 하나님의 뜻은 불순종을 경계하시되 약속하신 언약을 성취해 나아가시는 것이었다.

이스라엘 백성에게 광야시대는 신앙훈련과 연단의 시기였다. 출애굽이 하나님의 부르심을 받은 것이었다면, 광야시대는 하나님과 동행하는 삶의 시작이라 할 수 있다. 이스라엘은 애굽에서 종으로 살며 몸에 밴 구습을 버리고 하나님과의 동행하는 새 삶으로 살아가야 했기 때문에 많은 시행착오를 겪게 된다. 그러므로 하나님은 그들을 새롭게 하시기 위해 단호하셨고, 이스라엘은 그런 광야시대를 통과하며 선민으로 변화되어간 것이다.

구조

민수기는 총 36장으로, 시내광야에서 1차 인구 조사 및 가나안 땅으로의 여정 시작(1-12장), 가데스바네아에서 생긴 일(13-19장), 38년간 광야에서의 방랑(20-21장), 모압 평지에서 일어난 일과 2차 인구 조사(22-36장)로 구성되어 있다.

시대	광야시대			
장	1–12	13–19	20–21	22–36
주제	가나안 땅으로	가데스바네아에서	38년의 방황	모압 평지에서

1. 가나안 땅으로(민 1–12장)

가나안 땅으로 출발하기 위한 시내산에서의 마지막 준비로 시작된다. 모세는 인구 조사를 하고 유월절 절기를 지킨 후 가나안 땅으로 출발한다. 가데스바네아로 가는 도중에 70인의 장로가 세워지고, 아론과 미리암이 모세를 비방하다 미리암에게 나병이 발병한다.

시내산에서 출발	가데스바네아로 가는 노정
1–10장	11–12장

(1) 시내산에서 출발(1–10장)

1장	인구 조사	1차 인구 조사, 각 지파의 인구 레위 지파는 계수하지 않음
2장	진 배치	성막 중심의 진 배치와 진행 순서
3장	레위인의 직무와 계수	아론의 아들들 레위 지파의 직무와 계수 처음 난 자
4장		고핫 자손, 게르손 자손, 므라리 자손의 직무와 계수
5장	성결 규례	부정에서 분리할 것 배상법과 제사장의 소유 의심의 소제
6장	나실인 규례	나실인의 규례 제사장의 축복기도
7장	봉헌예물	성막 봉헌을 위해 족장이 드린 예물
8장	레위인의 구별	성막 안의 금 등잔대 레위인의 정결과 직무 수행
9장	유월절을 지킴	유월절의 기념 구름과 불기둥의 인도
10장	민족 이동	두 개의 은 나팔 시내광야에서 바란 광야로

(2) 가데스바네아로 가는 노정(11–12장)

11장	원망과 징계 (BC 1445)	다베라에서 원망(만나에 대한 불평)과 불 심판 70인 장로를 세움 기브롯 핫다아와에서 메추라기 심판
12장	미리암의 나병	모세에 대한 미리암과 아론의 비방 (3) 이 사람 모세는 온유함이 지면의 모든 사람보다 더하더라 나병에 걸린 미리암

민수기 1-2차 인구 조사 결과 비교			
계수 연도	애굽에서 나온 후 제2년 2월 1일		
장소	시내광야 회막		
대상	20세 이상		
지파	1차 군대 계수(1장)	2차 군대 계수(26장)	증감 결과
르우벤	46,500명	43,730명	− 2,770명
시므온	59,300명	22,200명	− 37,100명
갓	45,650명	40,500명	− 5,150명
유다	74,600명	76,500명	+ 1,900명
잇사갈	54,400명	64,300명	+ 9,900명
스불론	57,400명	60,500명	+ 3,100명
에브라임	40,500명	32,500명	− 8,000명
므낫세	32,200명	52,700명	+ 20,500명
베냐민	35,400명	45,600명	+ 10,200명
단	62,700명	64,400명	+ 1,700명
아셀	47,500명	53,400명	+ 5,900명
납달리	53,400명	45,400명	− 8,000명
총계	603,550명	601,730명	− 1,820명
레위인	계수 안 함	증거막과 기구 운반/봉사	

레위인 계수와 직무(3장)			
레위인 계수	1개월 이상 된 남자		
레위의 아들	게르손, 고핫, 므라리		
게르손	족장-엘리아삽(7,500명)		
고핫	족장-엘리사반(8,600명)		
므라리	족장-수리엘(6,200명)		
전체	22,000명	처음 난 자	22,273명
처음 난 자에게 받은 돈(생명의 속전)			1,365세겔

(민 3:46,47) 이스라엘 자손의 처음 태어난 자가 레위인보다 이백칠십삼 명이 더 많은즉 속전으로 한 사람에 다섯 세겔씩 받되 성소의 세겔로 받으라 한 세겔은 이십 게라니라

레위 자손의 직무 및 계수(4장)		
고핫 자손	2,750명	회막 일, 증거궤를 어깨에 메고 이동
게르손 자손	2,630명	가장 적음
므라리 자손	3,200명	가장 많음
* 30–50세	8,580명	회막 봉사와 메는 일 참여

이스라엘 진영의 편성(2장)

① 야영 시 진의 배치(10장)

	납달리	아셀	단 군기	N W E S
에브라임 군기		므라리 레위지파		유다 군기
므낫세	게르손 레위지파	성막	모세(아론) 레위지파	잇사갈
베냐민		고핫 레위지파		스불론
	갓	시므온	르우벤 군기	

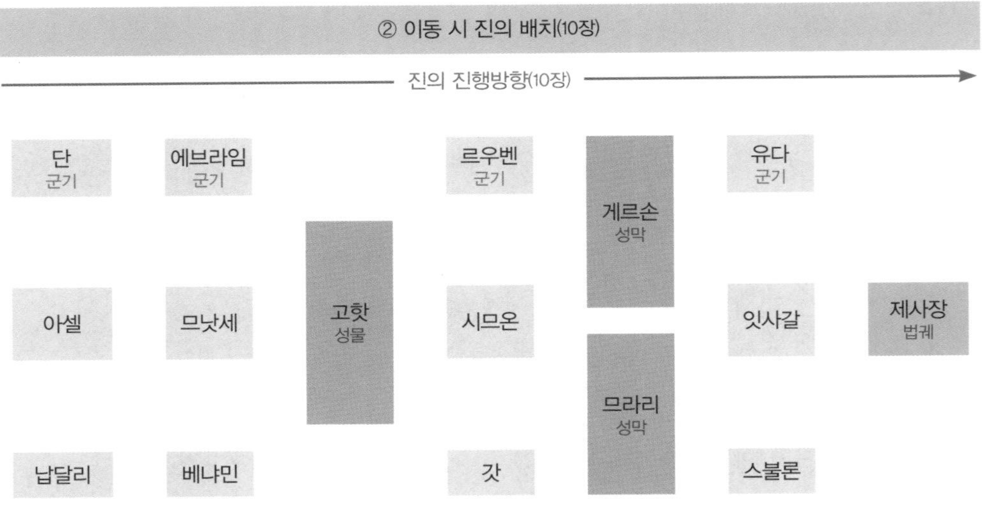

*이동할 때 게르손 자손과 므라리 자손은 성막을, 고핫 자손은 성물을 메었다. 민수기 10장에 언급하지는 않았으나, 성경학자들은 법궤를 멘 제사장들이 선두에 섰을 것으로 본다(수 3:6, 3:13, 6:4 참조)

2. 가데스바네아에서(민 13–19장)

가데스바네아에 도착한 후 가나안 땅을 돌아보고 온 정탐꾼들은 여호수아와 갈렙 외에는 모두 악평을 했고, 이에 백성들도 불평한다. 하나님께서 노하시고 20세 이상의 모든 이스라엘 백성이 광야에서 죽게 될 것이라 하신다. 이로써 40년의 광야 방랑이 시작된다. 고라의 반역사건이 일어나고 하나님의 선택은 아론의 싹 난 지팡이로 나타난다.

정탐꾼	제사 규례	고라의 반역	아론의 지팡이	레위인의 직무
13–14장	15장	16장	17장	18–19장

13장	가나안 정탐	가나안 정탐꾼의 파송과 정탐(BC 1445) 여호수아와 갈렙의 긍정적 보고와 열 정탐꾼들의 악평
14장	악평과 징벌	백성들의 원망과 통곡 하나님의 진노와 모세의 중보 악평한 정탐꾼들의 죽음과 전투 패배
15장	가나안에서 드릴 제사 규례	가나안 땅에 들어가 드릴 제사에 관한 규례 안식일을 범한 자 처형 계명을 기억하게 할 옷단 귀의 술
16장	고라의 반역	고라 당의 반역과 심판 향로를 든 아론의 속죄로 백성의 염병이 그침
17장	아론의 지팡이	각 가문을 대표하는 열두 지팡이 아론의 싹 난 지팡이
18장	레위인의 직무	제사장들과 레위인의 직무와 기업
19장		시체로 인한 부정을 정결케 하는 물

3. 38년의 방황(민 20–21장)

광야 40년 방황의 징계를 받은 후 이 기간은 38년이라는 긴 시간이었으나 징계를 받은 것 외에 모세의 므리바 물 사건, 아론의 죽음과 놋뱀 사건 등 몇 가지의 짧은 이야기만을 기록하고 있다. 이 시간이 징벌의 시간이었고, 이스라엘 백성들의 반복된 신앙훈련 과정이었기 때문이다. 그러나 이 시간은 무엇보다도 아모리와 바산을 정복한 승리의 시간이기도 했다.

므리바 물 사건과 아론의 죽음	놋뱀 사건	아모리와 바산 정복
20장	21장	21장

20장	므리바 물 사건	모세가 므리바에서 반석을 쳐 물을 냄으로 불순종하다 이스라엘의 진행을 거절한 에돔 아론의 죽음
21장	불뱀과 놋뱀	호르마에서 아랏을 물리침 불평하다 불뱀에 물려 죽어가는 백성들 여호와께서 놋뱀을 매달게 하시고 쳐다본 자들을 살리시다 이스라엘의 경유지 아모리와 바산 정복

4. 모압 평지에서(민 22-36장)

이스라엘 백성들이 모압 평지에 도착한다. 이곳은 가데스바네아에 이어 약속의 땅으로 들어가기 위한 관문과 같은 장소이기도 하다. 하나님은 발람과 발락의 사건을 통해서 이스라엘을 향한 변함없는 사랑을 보여주신다. 백성들이 바알브올에서 저지른 음행 사건은 광야시대의 마지막 시험이었다. 모세는 2차 인구 조사를 하고 가나안 땅에서 지켜야 할 규례를 재점검하고 미디안을 정복한 후 가나안 땅에서의 토지분배 규례를 제정해준다.

모압의 대적과 유혹	인구 조사와 규례	정복과 정착
22-25장	26-30장	31-36장

(1) 모압의 대적과 유혹(22-25장)

22장	발람과 발락	발람을 부르는 모압 왕 발락 여호와의 사자가 발람의 나귀를 통해 말씀하시다
23장		이스라엘을 축복하는 발람 (19) 하나님은 사람이 아니시니 거짓말을 하지 않으시고 인생이 아니시니 후회가 없으시도다 어찌 그 말씀하신 바를 행하지 않으시며 하신 말씀을 실행하지 않으시랴
24장		이스라엘의 번영에 대한 발람의 마지막 예언
25장	바알브올 음행사건	모압 여인과 음행하고 바알브올에 가담한 이스라엘 하나님의 노를 돌이킨 비느하스

(2) 인구 조사와 규례(26-30장)

26장	인구 조사	2차 인구 조사 레위 종족의 계수
27장	딸들의 기업	슬로브핫의 딸들의 기업 모세의 후계자로 여호수아를 세우다
28장	제물과 절기에 관한 규례	날마다 드릴 번제물 안식일, 초하루, 유월절과 무교절, 칠칠절의 규례
29장	일곱째 달의 절기	일곱째 달 초하루의 나팔절 7월 10일의 속죄일 7월 15일의 초막절
30장	서원 규례	여호와께 한 서원

(3) 정복과 정착(31-36장)

31장	미디안 정복	미디안 정복 출전자들의 결례 전리품의 분배
32장	요단 동편 땅	르우벤, 갓, 므낫세 반 지파가 요단 동편에 정착함
33장	지나온 여정	모세가 각 지파를 축복하다 애굽에서 요단까지의 여정 * 라암셋 발행 → 숙곳 → 에담 → 믹돌 → 비하히롯 → 마라 → 엘림 → 홍해가 → 신광야 → 돕가 → 알루스 → 르비딤 → 시내광야 → 기브롯 핫다아와 → 하세롯 → 릿마 → 림몬베레스 → 립나 → 릿사 → 그헬라다 → 세벨산 → 하라다 → 막헬롯 → 다핫 → 데라 → 밋가 → 하스모나 → 모세롯 → 브네야아간 → 홀하깃갓 → 욧바다 → 아브로나 → 에시온게벨 → 신광야(가데스) → 호르산 → 살모나 → 부논 → 오봇 → 모압변경 → 이예아바림 → 디본갓 → 알몬디블라다임 → 느보 앞 아바림산 → 요단강가 모압 평지
34장	가나안 땅 분배	가나안 땅의 분배 기업을 나눌 족장들
35장	도피성 규례	레위인의 성읍 도피성을 세움 살인과 피 흘림에 관한 규례 (33) 너희는 너희가 거주하는 땅을 더럽히지 말라 피는 땅을 더럽히나니 피 흘림을 받은 땅은 그 피를 흘리게 한 자의 피가 아니면 속함을 받을 수 없느니라
36장	상속 규례	슬로브핫의 딸들의 기업과 그들의 순종

지도로 보는 광야시대

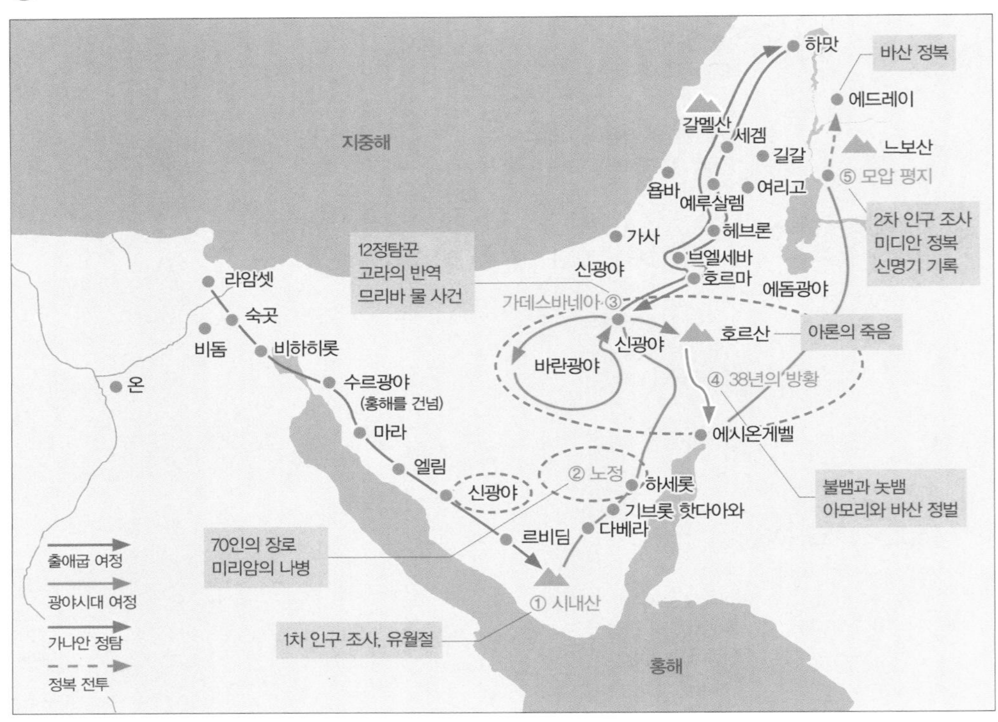

번호	①	②	③	④	⑤
지명	시내산	가데스로 가는 노정	가데스바네아	신광야	모압 평지
장	1-10	11-12	13-20	20-21	22-36
주요 사건	1차 인구 조사 유월절	70인의 장로 미리암의 나병	열두 정탐꾼 고라의 반역 므리바 물 사건	아론의 죽음 불뱀과 놋뱀 아모리와 바산 정벌	2차 인구 조사 요단 동편 땅 분배 신명기 기록

① 시내산 : 시내광야에서 1차 인구 조사(1-4장). 광야에서 두 번째 유월절을 지킨 후(9장) 다시 가나안으로 출발(10장).

② 가데스바네아로 가는 노정 : 기브롯 핫다아와에서 백성의 탐욕과 원망으로 하나님께서 모세를 도울 장로 70인을 세우고 백성에게 메추라기 심판을 내리심(11장). 하세롯에서 모세를 비방한 미리암이 나병에 걸려 행군이 멈춤(11:35, 12장). 하세롯을 떠나 바란 광야에 진을 침(12:16).

③ 가데스바네아 : 가나안 정탐(르홉, 헤브론, 에스골 골짜기) 후 열 정탐꾼의 악평(13장)으로 원망하는 백성에게 40년 광야 방랑의 심판이 내려짐(14장). 고라 일당이 반역하고(16장) 아론의 지팡이에 싹이 남으로 하나님의 선택이 나타남(17장). 미리암이 죽고 므리바 물 사건으로 모세와 아론도 가나안에 들어가지 못하게 됨(20장).

④ 신광야 일대 : 38년의 방랑이 시작되고 호르산에서 아론이 죽음(20:23-29). 호르마 정복(21:1-3). 불평하는 백성이 불뱀의 재앙을 만나고 놋뱀을 보면 살게 됨(21:4-9). 아모리와 바산 정복(21:21-35).

⑤ 모압 평지 : 발람이 이스라엘을 축복(22-24장). 백성이 모압 여인과 음행하고 비느하스의 속죄로 염병이 그침(25장). 2차 인구 조사(26장). 여호수아를 모세의 후계자로 세움(27장). 미디안 정복(31장). 두 지파 반에 요단 동편 땅 분배(32장). 신명기 기록.

이 시대를 함께 이해하는 성경

신명기(Deuteronomy)				
명칭	기록자	기록 연대	기록 장소	장수
히브리어 : 데바림 헬라어 : 데우테로노미온	모세	BC 1446–1406	모압 평지	34장
핵심 주제	기록 목적		구성과 계시	
새 세대에 다시 당부하는 율법(신 10:12,13)	다시 율법을 강조하고 새 세대에게 율법에 순종하도록 가르치기 위해		과거를 통한 교훈(1–4장), 현재의 교훈(5–26장), 미래의 교훈(27–34장)	

명칭

신명기는 하나님께서 모세를 통해 율법을 선포하신 레위기에 이은 두 번째 율법 책이라고 알려져 있다. 이 책의 히브리어 제목인 '데바림'은 '말씀들'이라는 뜻으로, 원문의 첫 문장 둘째 어절에 나오며 "모세가 요단 저쪽 숩 맞은편의 아라바 광야 곧 바란과 도벨과 라반과 하세롯과 디사합 사이에서 이스라엘 무리에게 선포한 말씀"(신 1:1)을 가리킨다. 헬라어 제목의 뜻은 '두 번째 율법'이고, 유대인들은 이 책을 '훈계의 책'으로 불렀다.

한자로는 '神命記'나 '新命記'가 아닌 '申命記'라 쓴다. '율법의 반복'이라는 뜻으로, 대부분 출애굽기, 민수기 등에 등장했던 가르침이 반복되는 내용이기 때문에 '계명, 명령을 반복하다, 되풀이하다'라는 뜻의 '申'을 써서 '거듭하여 간곡히 당부하다'라는 의미를 나타낸다. 그러나 레위기가 하나님께 직접 받아서 기록한 책이라면, 신명기는 레위기의 율법에 40년여 동안의 광야를 통하여 경험한 체험적인 신앙을 가미한 더 실제적인 율법이라고 할 수 있다.

내용과 교훈

신명기는 이스라엘인들이 가나안 땅에 도착하기 전, 모세가 하나님의 가르침을 마지막으로 전한 고별설교를 담아 모압 평지에서 기록한 책이다. 시내산에서 하나님의 율법을 받았던 구세대는 자신들의 죄악으로 광야에서 방랑하다 모두 죽고, 새로운 세대가 장차 수행하게 될 가나안 정복의 주인공으로 등장한다. 죽음을 앞둔 모세는 이들 새로운 세대에게 이스라엘의 과거부터 미래까지를 아우르며 하나님의 가르침(율법)을 상기시키고 정리하는 한편, 하나님의 언약을 일목요연하게 가르쳐줌으로써 언약을 갱신하고자 한 것이다.

신명기를 통해서 보는 하나님의 섭리

신명기는 '다시 쓰는 레위기'라는 별칭처럼, 선민 이스라엘이 하나님께 나아가는 길과 하나님의 백성으로서 하나님과 함께 살아가는 길을 제시하고 있다. 모세는 "그런즉 너희는 이 언약의 말씀을 지켜 행하라 그리하면 너희가 하는 모든 일이 형통하리라"(신 29:9)라며 또한 말씀에 순종하는 삶을 다음과 같이 당부한다.

> 네가 네 하나님 여호와의 말씀을 청종하여 이 율법책에 기록된 그의 명령과 규례를 지키고 네 마음을 다하며 뜻을 다하여 여호와 네 하나님께 돌아오면 네 하나님 여호와께서 네 손으로 하는 모든 일과 네 몸의 소생과 네 가축의 새끼와 네 토지 소산을 많게 하시고 네게 복을 주시되 곧 여호와께서 네 조상들을 기뻐하신 것과 같이 너를 다시 기뻐하사 네게 복을 주시리라 신 30:9

하나님은 모세에게 말씀하신 대로 신실하게 섭리하신다(신 30:9). 신명기는 과거 출애굽의 역사와 지나온 광야생활을 회고하며 불순종의 결과와 순종의 축복을 일깨우고, 하나님의 율법을 재무장시키며, 장차 가나안 땅에 들어갔을 때 율법을 지킴으로 얻게 될 복과 그렇지 않았을 때의 저주를 일러줌으로써 하나님의 언약 안에 머물며 하나님의 말씀에 절대 순종하는 것이 행복과 형통의 지름길이라는 것을 강조한다.

이렇게 과거를 통한 역사의 교훈과 현재 지켜야 할 교훈, 미래의 교훈 등 종합적인 계명들을 통해 선민으로 살아가야 할 지침들을 교훈하는 신명기는 모압 평지에서 모세에게 귀 기울인 출애굽 2세대뿐만 아니라 우리에게도 분명한 역사 교과서가 되어준다.

구조

1–4장	5–26장			27–34장
과거의 교훈	현재의 교훈			미래의 교훈
1–4	5–8	9–11	12–26	27–34
역사적 교훈	직접적 교훈	역사적 교훈	율법적 교훈	직접적 교훈 (순종과 불순종)

1. 과거의 교훈(신 1–4장)

지금까지 하나님께서 이스라엘에게 베풀어주셨던 권능과 은혜를 되새기고, 특히 정탐꾼 사건과 불순종의 때 징벌하신 것과 회개하고 순종할 때 용서하셨던 내용을 열거함으로 백성들을 교훈하고 있다. 이스라엘이 광야에서 보낸 시간에 대한 회고와 요단 동쪽 왕들을 정복한 사건, 그 땅을 두 지파 반에 분배한 이야기를 기록했다.

1장	2–3장	4장
가데스바네아에서 생긴 일	헤스본과 바산 정복	순종의 교훈

(1) 가데스바네아에서 생긴 일(1장)

1장	광야 여정 회고	아라바 광야에서 선포한 말씀 가데스바네아에서의 교훈 하나님의 징벌, 호르마에서의 패배

(2) 헤스본과 바산 정복(2–3장)

2장	헤스본 정복	에돔, 모압, 암몬을 침범치 말라는 하나님의 명령 헤스본 왕 시혼 정복
3장	바산 정복과 요단 동편 땅 분배	바산 왕 옥 정복 두 지파 반에게 요단 동편 땅을 분배함 모세가 요단 건너편 약속의 땅을 바라보다

(3) 순종의 교훈(4장)

4장	이스라엘이 지킬 규례와 법도	호렙산의 교훈 우상숭배 경고 요단 동편 땅에 도피성 지정

2. 현재의 교훈(신 5–26장)

모세는 하나님께서 백성들에게 주신 언약, 백성들이 금송아지 사건으로 불순종했던 일, 하나님께서 자비를 베푸신 것을 이야기하며 이스라엘 백성들이 현재를 살아가는 지침을 교훈한다. 십계명과 율법에 나타난 하나님이 요구하시는 계명들과 하나님께서 행하신 큰일을 교훈 삼아 현재를 살아가라고 당부한다.

5–8장	9–11장	12–26장
언약에 의한 교훈	역사를 통한 교훈	지켜야 할 율법 교훈

(1) 언약에 의한 교훈(5–8장)

5장	십계명 회고	호렙산에서 세우신 언약 – 십계명
6장	순종 교훈	여호와의 명령과 규례와 법도 (4–6) 이스라엘아 들으라 우리 하나님 여호와는 오직 유일한 여호와이시니 너는 마음을 다하고 뜻을 다하고 힘을 다하여 네 하나님 여호와를 사랑하라 오늘 내가 네게 명하는 이 말씀을 너는 마음에 새기고 하나님을 잊고 우상숭배하는 것에 대한 경고
7장	우상숭배 배격	이방과 단교(진멸해야 할 족속) 여호와께서 택하신 백성, 성민 순종하면 받는 복
8장	망각 경고	광야에서의 살피심 이스라엘이 차지할 아름다운 땅 여호와를 잊지 말라

(2) 역사를 통한 교훈(9–11장)

9장	금송아지 회고	가나안 족속을 멸하신 이유 백성의 불순종 금송아지와 깨어진 두 돌판
10장	자비 회고	다시 주신 십계명 두 돌판 모세의 권면 (12–13) 이스라엘아 네 하나님 여호와께서 네게 요구하시는 것이 무엇이냐 곧 네 하나님 여호와를 경외하여 그의 모든 도를 행하고 그를 사랑하며 마음을 다하고 뜻을 다하여 네 하나님 여호와를 섬기고 내가 오늘 네 행복을 위하여 네게 명하는 여호와의 명령과 규례를 지킬 것이 아니냐
11장	축복 약속	하나님이 행하신 큰일들 하나님이 주신 복된 땅 복과 저주

(3) 지켜야 할 율법 교훈(12–26장)

12장	제사 규례	가나안에서 지킬 규례와 법도 정해진 예배 장소 우상숭배자에 대한 경계
13장	거짓예언자	죽여야 할 우상숭배자들

14장	성민의 생활	정한 짐승과 부정한 짐승 십일조
15장	안식년 규례	빚 면제년의 규례 종을 대우하는 법 처음 난 소와 양의 새끼
16장	3대 절기	유월절, 칠칠절, 초막절 공의를 따라 재판하라
17장	지도자 규례1	재판에 대한 여러 가지 교훈 왕을 뽑는 규례와 왕의 생활 원리
18장	지도자 규례2	제사장과 레위인의 분깃 이방민족의 가증한 행위 엄금 예언된 선지자
19장	도피성 규례	도피성 증인 규례
20장	전쟁 규례	전쟁 시의 유의점
21장	기타 규례	살인자를 알 수 없는 살인 사건 여자 포로를 아내로 삼는 법 장자의 상속권 패역한 아들에게 내리는 벌
22장	사회 규례1	개인적인 유의 사항 순결에 관한 법
23장	성결 규례	총회에 들지 못할 사람들 진영을 거룩하게 하는 법 금전 거래에 관한 지침 서원을 지키라
24장	가정과 공동체의 규례	이혼과 재혼에 관한 법 갓 결혼한 자의 입영 금지 저당물에 관한 규례 형제를 종으로 판 자를 죽이라 아버지나 자식의 죄로 처벌하지 말라 객이나 고아의 송사 곡식을 떨 때 잊어버린 뭇을 다시 찾지 말라
25장	결혼 규례	재판장의 공정성 죽은 형제에 대한 의무 음낭을 잡은 여인의 처벌 두 종류의 저울추를 두지 말라 아말렉이 행한 일을 기억하라
26장	십일조 규례	첫 열매와 십일조를 드려라–하나님을 향한 실천적 신앙고백

3. 미래의 교훈(신 27-34장)

가나안 땅에서 지켜야 할 미래의 지침으로, 돌 위에 기록할 율법과 에발산의 저주, 순종하는 자의 복과 불순종의 저주를 교훈하면서 모압 평지에서 새로운 언약과 결단을 촉구한다. 마지막으로 새로운 지도자 여호수아를 세우고, 모세의 노래와 축복, 그리고 그의 죽음을 기록하고 있다.

27-29장	30장	31장	32-34장
축복과 저주	이스라엘의 회복	후계자 여호수아	모세의 축복

(1) 축복과 저주(27-29장)

27장	입성 준비	돌들 위에 율법을 기록하라 에발산에서 선포된 저주
28장	순종의 결과	순종하는 자에게 오는 축복 (1) 네가 네 하나님 여호와의 말씀을 삼가 듣고 내가 오늘 네게 명령하는 그의 모든 명령을 지켜 행하면 네 하나님 여호와께서 너를 세계 모든 민족 위에 뛰어나게 하실 것이라 불순종하는 자에게 내릴 저주
29장	모압 평지의 언약	광야 생활의 회고와 순종의 권면 (9) 그런즉 너희는 이 언약의 말씀을 지켜 행하라 그리하면 너희가 하는 모든 일이 형통하리라 이스라엘과 맺은 여호와의 언약

(2) 이스라엘의 회복(30장)

30장	결단 촉구	이스라엘의 회복과 권고

(3) 후계자 여호수아(31장)

31장	새로운 지도자	모세의 후계자 여호수아 언약궤 안에 넣은 율법서

(4) 모세의 축복(32-34장)

32장	모세의 노래	모세의 노래 모세가 가나안을 바라보다
33장	모세의 축복	모세가 이스라엘을 축복하다
34장	모세의 죽음	모세의 죽음

광야시대의 교훈 ⚠
1) 환경이 아니라 믿음 : 믿음으로 바라보는 환경, 믿음으로 바라보는 약속의 땅
2) 불순종의 결과 : 38년의 방랑과 사망(결국은 선민의 신앙교육)
3) 신명기 : 하나님과 함께하는 거룩한 길, 즉 율법을 교훈하는 '다시 쓰는 레위기'

민수기에서 갈렙의 정탐 보고와는 상반되는 정탐꾼들의 악평과 백성들의 원망하는 모습을 통해 어떤 상황에서도 하나님의 말씀으로 바라볼 때 믿음이 되고, 환경이나 사람의 생각으로 바라볼 때 불순종과 불신앙이 된다는 것을 알 수 있다. 모압 평지에 도착한 이스라엘은 애굽에서 출발한 사람들 가운데 20세 이상의 불순종한 자들이 광야에서 다 죽었다는 사실에 회한을 느꼈을 것이다. 모세의 죽음에서 불순종은 결국 약속의 성취에 참여할 수 없게 한다는 귀중한 교훈을 얻게 된다.

광야시대의 역사적 연대표(민수기 1–36장)	
시내산에서 가데스바네아까지	
1445	가데스 광야 행군(10:11,28) – 2월 20일
1445	이스라엘의 원망과 결과(11:1–34)
1445	70인 장로 세움(11:16–30)
1445	아론과 미리암의 모세 비방(12:1–16)
가데스바네아에서	
1445	가데스바네아에서 가나안 정탐과 보고(13:1–29)
1445	시내산에서 가데스바네아까지 열하룻길(신 1:2)
1445	백성들의 불신, 광야 40년 심판 선언(14:1–38)
1445	고라 일당의 반역(16:1–50)
1445	아론의 싹 난 지팡이(17:1–11)
광야에서 38년의 방황	
?	미리암의 죽음, 므리바 물 사건(20:1–13) – 1월
?	아론의 죽음(20:22–29) – 호르산, 향년 123세
?	아랏족 정복(21:1–3)
?	불뱀 재앙, 놋뱀 치유(21:4–9)
?	모압 평지의 여정(21:10–20)
?	아모리와 바산 정복(21:21–35)

?	발락과 발람의 대적(22:2–24:25) – 발람은 타락한 선지자(벧후 2:15–16)
?	바알브올의 우상숭배와 음행 사건(25:1–18)
?	모압 평지의 제2차 군대 계수(26:1–65) – 제1차 계수(1:46) 때보다 약 1,820명 감소
?	모세의 후계자 여호수아 지명(27:12–23)
?	모세의 미디안 정복(31:1–12)
?	요단 동편 땅의 분배(32:1–42)
1406	모세의 신명기 말씀 전수(신 1:1–33:29) – 11월 1일
1406	모세의 죽음(신 34:1–8) – 느보산, 향년 120세

광야시대 이후 성경의 역사는 정복시대로 이어진다.

05

CHAPTER

정복시대

THE OLD TESTAMENT

시대 훑어보기

1) 정복시대의 위치와 구조

시대	성부(창조) 시대																				
순서	1		2				3				4				5			6		
세부 시대	태초시대		선민시대				출애굽시대				광야시대				정복시대			정착시대		
주제	세상의 기원	민족의 기원	아브라함	이삭	야곱	요셉	출애굽준비	출애굽	시내산으로	시내산에서	가나안땅으로	가데스바네아에서	38년의 방황	모압평지에서	가나안입성	정복	분배	정착배경	7번의 침략	타락
성경	창		창 12–50				출 1–40				민 1–36				수 1–24			삿 1–21		
장	1–2	3–11	12–23	24–26	27–36	37–50	1–6	7–15	15–18	19–40	1–12	13–19	20–21	22–36	1–5	6–12	13–24	1–2	3–16	17–21
추가			욥				레				신							룻		

▼

5. 정복시대(수 1–24장)		
가나안 입성	정복	분배
1–5장	6–12장	13–24장

2) 정복시대 개관

- 시기 : 모세의 사망 - 여호수아의 사망
- 성경에 언급된 범위 : 여호수아서 전체(1-24장)
- 주제 : 모세의 죽음, 약속의 땅 정복, 순종하는 자를 통한 약속의 성취
- 개요 : 약속의 땅을 정복해가는 이야기이다. 모세의 죽음은 불순종과 이에 대한 하나님의 단호하심의 결과이며, 하나님은 순종하는 자를 통해서 그분의 약속을 성취하신다.

이 시대를 보여주는 성경

여호수아서(Jehoshua)				
명칭	기록자	기록 연대	기록 장소	장수
히브리어 : 세페르 예호슈아 헬라어 : 리소우스 토 나비	여호수아	BC 1390–1050	정복 전쟁 후 가나안 땅	24장
핵심 주제	기록 목적		구성과 계시	
전쟁의 승리는 여호와께 있다	전쟁의 승리는 하나님의 손에 있다는 것을 알게 하시려고		하나님 백성의 결례(1–5장), 하나님의 정복 전쟁(6–12장), 지침을 따른 분배(13–24장)를 통해 하나님께서 땅의 약속을 성취하기 위해 계획하고 승리하게 하신 전쟁이었음을 보여준다	

명칭

여호수아서의 히브리어 제목에서 '세페르'는 '글, 편지, 두루마리, 책' 등을 뜻하고, '여호수아'라는 이름은 '여호와는 구원이시다'라는 뜻을 지니고 있다. 헬라어 제목은 '눈의 아들 여호수아'이고, 이 역시 기록자인 여호수아의 이름을 따서 부르는 명칭이다.

여호수아의 본명은 '구원'을 의미하는 '호세아'이며, '여호수아'는 모세에 의해 새롭게 붙여진(민 13:16) 이름으로서 "주님은 구원이시다"라는 의미를 지닌다. 히브리어 발음으로 '예호슈아'(여호수아)는 '예수아'가 되는데 이는 곧 '예수'라는 인명의 원형이기도 하다.

내용과 교훈

여호수아서는 이스라엘 민족이 여호수아의 인도 아래 약속의 땅 가나안 지역을 정복하고 열두 지파가 그 땅을 분배하는 이야기가 담긴 역사의 기록이다. 하나님께서 약속하신 땅에 대해 성경은 "너희의 발바닥으로 밟는 곳은 다 너희의 소유가 되리니…"(신 11:24), "내가 모

세에게 말한 바와 같이 너희 발바닥으로 밟는 곳은 모두 내가 너희에게 주었노니"(수 1:3)라는 말씀을 기록하고 있다. 이를 통해, 가나안 땅을 정복한 것은 여호수아의 군대였으나 실상은 하나님께서 계획하시고 승리하게 하신 전쟁이었다는 사실을 교훈한다.

또한 하나님께서 이 전쟁에서 여호수아에게 내린 핵심 지침은 군대의 전략이나 전술보다도 하나님의 말씀에 순종하는 것이었다. 이러한 승리의 조건은 앞서, 하나님의 말씀에 순종하면 복되고 형통하리라는 신명기의 약속과 이어진다.

> 오직 강하고 극히 담대하여 나의 종 모세가 네게 명령한 그 율법을 다 지켜 행하고 우로나 좌로나 치우치지 말라 그리하면 어디로 가든지 형통하리니 이 율법책을 네 입에서 떠나지 말게 하며 주야로 그것을 묵상하여 그 안에 기록된 대로 다 지켜 행하라 그리하면 네 길이 평탄하게 될 것이며 네가 형통하리라 수 1:7–8

여호수아서로 살펴보는 정복시대 하나님의 섭리

하나님은 아브라함에게 주신 약속 중 두 번째인 '땅'의 언약을 성취하기 위해 이스라엘 백성을 애굽에서 이끌어 내셨지만 출애굽 1세대(출애굽 당시 20세 이상의 모든 이스라엘 백성)는 끝없는 원망과 불순종으로 결국 약속의 땅에 들어가지 못하고 광야에서 죽고 말았다.

이제 출애굽 1세대 가운데 순종하는 자 여호수아와 갈렙, 그리고 당시 20세 이하였던 출애굽 2세대가 요단을 건너 가나안으로 들어가게 된다. 그들은 기브온 사람들과의 언약 외에, 하나님의 명령을 신실하게 따르고 순종하며 정복 전쟁을 수행했고, 하나님은 마침내 이스라엘을 그 땅의 주인이 되게 하신다.

본서에는 '땅'이라는 단어가 153회, '소유'가 65회, '유업'이 36회 사용되었다. 이는 영토를 주겠다고 말씀하신 하나님의 약속 성취를 강조하는 것이다. 하나님은 여호수아에게 가나안 땅을 주실 것을 말씀하신다. 여호수아서의 핵심 주제는 하나님께서 아브라함에게 약속하신 젖과 꿀이 흐르는 땅을 이스라엘 백성들에게 주신 언약의 성취이다.

> 이와 같이 여호수아가 여호와께서 모세에게 말씀하신 대로 그 온 땅을 점령하여 이스라엘 지파의 구분에 따라 기업으로 주매 그 땅에 전쟁이 그쳤더라 수 11:23

구조

여호수아서는 총 24장으로, 가나안 입성을 앞두고 백성에게 할례를 행하고 정결케 준비시키는 결례(1-5장)와 정복 전쟁의 과정(6-12장), 땅의 분배(13-24장)로 구성되어 있다.

시대	정복시대		
장	1–5	6–12	13–24
주제	가나안 입성	정복	분배

1. 가나안 입성(수 1–5장)

여호수아서는 크게 두 부분으로 구성되는데 전반부(1-12장)는 정복 전쟁, 후반부(13-24장)는 땅 분배에 관한 내용을 담고 있다. 여호수아의 정복 전쟁에서 눈여겨볼 장면은 1-5장에 기록된 두 정탐꾼의 이야기, 예수님의 족보에 들어가게 된 라합의 이야기, 요단강 도하의 이야기이다. 그러나 우리가 신앙의 눈으로 의미를 되새기며 바라볼 것은 5장의 할례와 유월절 의식이다. 하나님께 불순종하던 이스라엘 백성들이 전쟁을 앞두고 할례를 하고 하나님께 제사를 드리는 선민의 모습으로 변화되었다는 것이다.

가나안 정탐	요단강 도하	할례와 유월절
1–2장	3–4장	5장

(1) 가나안 정탐(1–2장)

1장	새 지도자 요단강 도하 준비	여호수아의 소명 (7) 오직 너는 마음을 강하게 하고 극히 담대히 하여 나의 종 모세가 네게 명한 율법을 다 지켜 행하고 좌로나 우로나 치우치지 말라 그리하면 어디로 가든지 형통하리니 (9) 내가 네게 명한 것이 아니냐 마음을 강하게 하고 담대히 하라 두려워 말며 놀라지 말라 네가 어디로 가든지 네 하나님 여호와가 너와 함께하느니라 하시니라
2장	여리고 정탐	두 정탐꾼과 기생 라합

(2) 요단강 도하(3–4장)

3장	요단강 도하	요단강을 건너다
4장		요단과 길갈에 열두 돌을 세우다

(3) 할례와 유월절(5장)

5장	할례와 유월절	길갈의 할례와 유월절 의식 만나가 그침 하나님의 군대 장관을 만남

2. 정복(수 6–12장)

여호수아서 6-12장은 정복의 이야기이다. 중부지역인 여리고성과 아이성의 정복에 이어 남부 전쟁에서 여호수아의 기도에 태양과 달이 멈춘다. 마지막 북부지역의 전쟁까지 모든 정복 전쟁을 하나님께서 도우시고 이루어가심을 기록한다.

중부지역 정복	남부지역 정복	북부지역 정복
6–8장	9–10장	11–12장

(1) 중부지역 정복(6–8장)

6장	여리고 정복	여리고성 함락
7장	아간의 범죄	아이성 전투의 패배 아간 처형
8장	아이 점령	아이성 전투 승리

(2) 남부지역 정복(9–10장)

9장	기브온과의 화친	기브온 거민의 속임수 여호수아가 여호와께 묻지 않고 기브온과 화친을 맺다
10장	태양이 멈춤	기브온을 돕기 위해 아모리 족속과 싸우다 태양과 달이 종일토록 멈추다

(3) 북부지역 정복(11–12장)

11장	정복한 땅	북부 지방 정복과 종전
12장	정복한 왕들	모세와 여호수아가 정복한 왕들

3. 분배(수 13–24장)

여호수아의 분배 정책은 모세의 분배 지침(민 34장)을 따르는 것이었다. 모든 땅을 분배한 후에 여호수아는 여호와의 명령대로 에브라임 산지 딤낫 세라를 분배받았다(수 19:50). 동쪽 땅을 분배받은 두 지파 반 역시 전쟁을 마치고 자신들이 받은 땅으로 돌아간다.

땅 분배	돌아간 두 지파 반	여호수아의 유언
13-21장	22장	23-24장

(1) 땅 분배(13-21장)

13장	요단 동편 땅 분배	아직 남은 땅 땅 분배(르우벤, 갓, 므낫세 반 지파) 발람 처형
14장	요단 서쪽 땅 분배	갈렙의 기업
15장		유다지파의 기업 헤브론과 드빌을 정복한 갈렙
16장		요셉지파-에브라임의 기업
17장		므낫세 반 지파의 기업 땅을 더 요구한 요셉 자손
18장		실로에 회막을 세움 일곱 부분으로 그린 남은 땅을 제비 뽑아 분배함 베냐민 자손의 기업
19장		시므온, 스불론, 잇사갈, 아셀, 납달리, 단 지파의 기업 여호수아의 기업
20장		도피성
21장		레위지파의 성읍

(2) 돌아간 두 지파 반(22장)

22장	동쪽 지파의 제단	돌아간 요단 동편의 지파들 요단 가 제단으로 인한 갈등과 해결

(3) 여호수아의 유언(23-24장)

23장	여호수아의 당부	여호수아가 지도자들에게 당부하다 -율법 준수, 이민족과 왕래 금지
24장	여호수아 사망	여호수아가 백성들에게 당부하다 (15) 만일 여호와를 섬기는 것이 너희에게 좋지 않게 보이거든 너희 조상들이 강 저쪽 에서 섬기던 신들이든지 또는 너희가 거주하는 땅에 있는 아모리 족속의 신들이든지 너희가 섬길 자를 오늘 택하라 오직 나와 내 집은 여호와를 섬기겠노라 하니 증거의 돌 여호수아와 엘르아살이 죽다

지도로 보는 정복시대

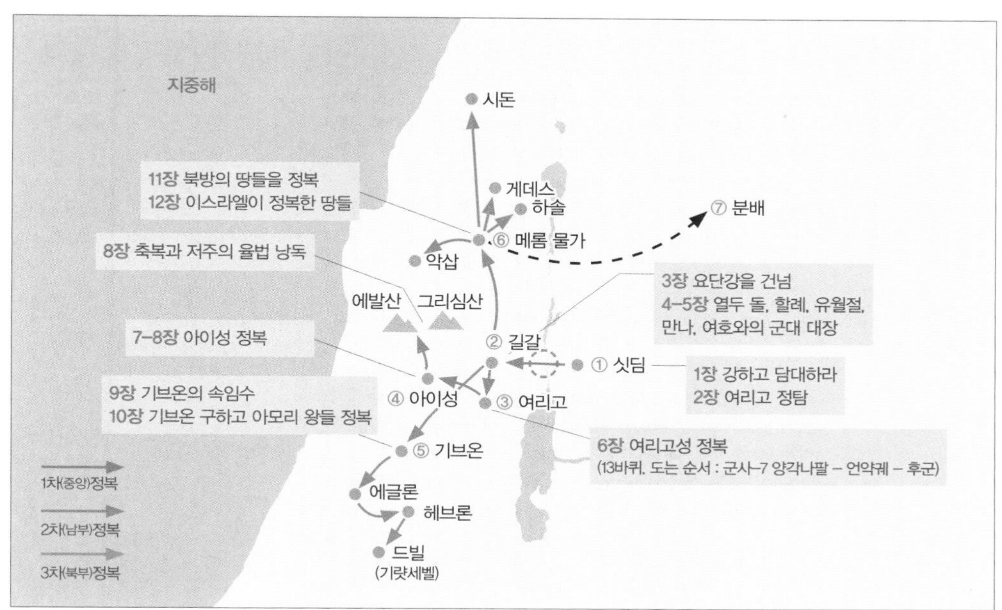

번호	①	②	③	④	⑤	⑥	⑦
지명	싯딤	길갈	여리고성	아이성	기브온	메롬 물가	지파별
장	1–2	3–5	6	7–8	9–10	11–12	13–24
주요 사건	여리고 정탐	요단강 도하 할례	여리고 정복	아이 정복	남부 정복	북부 정복	땅 분배

① 싯딤 : 요단 동편 싯딤(수 2:1)에서 여리고 성으로 두 정탐꾼을 보냄. 정탐꾼들을 숨긴 라합을 살리기로 약속함.

② 길갈 : 요단강을 건너 길갈에 열두 돌을 세움(4:20). 할례를 행하고 유월절을 지킴. 만나가 그침(5장). 여호와의 군대 대장을 만남(5:13-15).

③ 여리고성 정복 : 여리고 성을 정복하고 라합을 살림(6장).

④ 아이성 정복 : 패배로 36명 죽고 아간의 죄가 드러남(7장). 복병전으로 승리(8장).

⑤ 남부 정복 : 기브온의 속임수로 화친을 맺음(9장). 기브온을 구하기 위한 전쟁으로 남부의 아모리 왕들 정복(10장).

⑥ 북부 정복 : 메롬 물가까지 북부 지역의 땅들을 정복(11장).

⑦ 땅 분배 : 분배 지침을 따라 각 지파에게 땅을 분배함.

가나안 땅 분배 내역				
지파	위치	분배 받은 땅	미 정복지	도피성
르우벤	요단 동편 남쪽	아로엘, 메드바, 헤스본, 디본, 바못바알, 벧바알므온, 야하스, 그데못, 메바앗, 기랴다임, 세렛사할, 벳브올, 벧여시못, 헤스본(느보산)(13:15-23)		베셀(20:8)
갓	요단 동편 중앙	야셀, 길르앗라못, 아로엘, 라맛미스베, 브도님, 마하나임, 드빌, 벧하람, 벧니므라, 숙곳, 사본(13:24-28)		길르앗 라못 (20:8)
므낫세 반	요단 동편 북쪽	바산, 야일, 길르앗, 아스다롯, 에드레이, 골란(13:29-33)	그술 사람, 마아갓 사람 (신 3:14)	바산 골란 (20:8)
유다	요단 서편 남쪽	해만, 아그랍빔, 신, 가데스바네아, 헤스론, 아달, 갈가, 아스몬, 벧호글라, 벧아라바, 아골골짜기, 드빌, 아둠밈, 길갈, 엔세메스, 엔로겔, 예루살렘, 힌놈의골짜기, 르바임, 넵도아, 에브론, 기랴여아림, 바알라, 세일, 여아림, 그살론, 벧세메스, 딤나, 에그론, 식그론, 바알라, 얍느엘(15:1-12)	여부스 사람	기럇 아르바 (헤브론, 20:7)
시므온		브엘세바, 몰라다, 하살수알, 발라, 에셈, 엘돌랏, 브둘, 호르마, 시글락, 벧말가봇, 하살수사, 벧르바옷, 사루헨, 아인, 림몬, 에델, 아산, 라마(19:1-9)		
베냐민	요단 서편 중앙	여리고, 벧호글라, 에멕그시스, 벧아라바, 스마라임, 벧엘, 아윔, 바라, 오브라, 그발암모니, 오브니, 게바이니, 기브온, 라마, 브에롯, 미스베, 그비라, 모사, 레겜, 이르브엘, 다랄라, 셀라, 엘렙, 예루살렘, 기부앗, 기럇(18:21-28)		
단		소라, 에스다올, 이르세메스, 사알랍빈, 아얄론, 이들라, 엘론, 딤나, 에그론, 엘드게, 깁브돈, 바알랏, 여훗, 브네브락, 가드림몬, 메얄곤, 락곤, 욥바, 단(19:40-48)		
에브라임		아다롯 앗달, 벧호론, 믹므다, 다아낫 실로, 야노아, 아다롯, 나아라, 여리고, 답부아, 가나, 게셀(16:5-10)	게셀 거민(16:10)	세겜(20:7)
므낫세 반	요단 서편 북쪽	믹므닷, 엔답부아, 벧스안, 이블르암, 엔돌, 다아낙, 므깃도 (17:7-13)	벧스안, 이블르암, 돌, 엔돌, 다아낙, 므깃도 거민 (17:11-12)	
잇사갈		이스르엘, 그술롯, 수넴, 하바라임, 시온, 아나하랏, 랍빗, 기시온, 에베스, 레멧, 엔간님, 엔핫다, 벧바세스, 다볼, 사하수마, 벧세메스(19:17-23)		
스불론		사릿, 마랄라, 답베셋, 욕느암, 기슬롯다볼, 다브랏, 야비아, 가드헤벨, 가신, 네아, 림몬, 한나돈, 입다엘, 갓닷, 나할랄, 시므론, 이달라, 베들레헴(19:10-16)		
아셀		헬갓, 할리, 베덴, 악삽, 알람멜렉, 아맛, 미살, 갈멜, 시홀림낫, 벧다곤, 스불론, 입다엘, 벧에멕, 느이엘, 가불, 에브론, 르홉, 함몬, 가나, 라마, 두로, 호사, 악십, 움마, 아벡, 르홉 (19:24-31)		
납달리		헬렙, 사아난님, 아다미네겝, 얍느엘, 락굼, 아스놋다볼, 훅곡, 스불론, 아셀, 싯딤, 세르, 함맛, 락갓, 긴네렛, 아다마, 라마, 하솔, 게데스, 에드레이, 엔하솔, 이론, 믹다렐, 호렘, 벧아낫, 벧세메스(19:32-39)		게데스(20:7)

지도로 보는 가나안 족속과 지파별 땅 분배

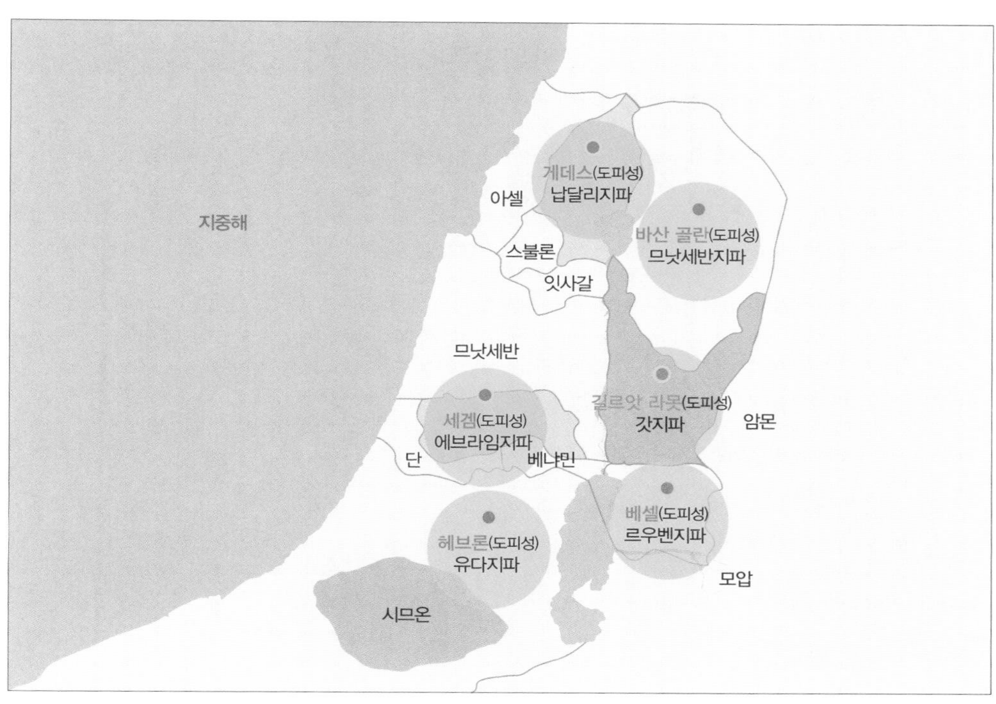

정복시대의 교훈
1) 하나님의 전쟁 : 병력이 아니라 믿음과 순종으로 승리한다
2) 자연현상을 주관하시는 초월적 하나님 : 태양과 달이 멈춘 사건
3) 가나안 땅 정복 : 하나님의 약속은 반드시 이루어진다

순종으로 정복한 여리고성과 범죄로 패배한 아이성 전투는 이스라엘 전쟁의 승패가 군사력의 정도가 아니라 하나님의 말씀에 순종하는지, 그 여부에 따라 결정된다는 것을 보여준다.

정복시대의 역사적 연대표(여호수아서 1-24장)	
요단강을 건넘	
1405	여호수아에 대한 권고와 요단강 도하 준비(1:1-18)
1405	여리고 정탐, 기생 라합의 도움(2:1-24)
1405	요단강 물이 멈춤, 요단강 도하(3:1-17) - 1월 11일
1405	길갈에 진을 침(4:19-24)
1405	전 민족의 할례 의식, 유월절 준수(5:2-12) - 1월 14일
중부지역 정복	
1405	여리고성 정복(6:1-21)
1405	1차 아이성 정복 실패(7:1-26) - 아간의 범죄와 처형
1405	아이성 정복, 축복 저주의 율법 선포(8:1-35)
남부지역 정복	
1405	남부지역 왕들의 동맹(9:1-2)
1405	기브온과 화친 조약(9:3-27)
	남부 연합군의 기브온 침입, 이스라엘의 출정(10:1-27), 여호수아의 기도로 해와 달이 멈춤
	여호수아의 남부지역 점령(10:28-43)
북부지역 정복	
	북부 지역 왕들의 동맹(11:1-5)
	여호수아의 북부지역 점령, 메롬 물가 전투(11:6-15)
	아낙 사람 진멸(11:21-23)
가나안 땅 분배	
1400	가나안 땅의 분배(14:1-19:51)
1400	갈렙의 영토(기업) 요구(14:6-15) - 정탐꾼 파견 후 45년, 갈렙의 나이 85세
	실로에 회막 세움(18:1)
	요단 서편 도피성 설치(20:1-9) - 요단 동편 땅 도피성은 이미 설치됨(민 35:6)
	레위인들의 48개 성읍 배정(21:1-40)
	요단 동편 지파의 제단 건축(22:10-34)
1390	여호수아의 유언 설교와 죽음(24:1-31) - 향년 110세

정복시대 이후 성경의 역사는 가나안 땅에서의 정착시대로 이어진다.

06

CHAPTER

정착시대

THE OLD TESTAMENT

시대 훑어보기

1) 정착시대의 위치와 구조

시대	성부(창조) 시대																			
순서	1		2				3				4				5			6		
세부 시대	태초시대		선민시대				출애굽시대				광야시대				정복시대			정착시대		
주제	세상의 기원	민족의 기원	아브라함	이삭	야곱	요셉	출애굽준비	출애굽	시내산으로	시내산에서	가나안땅으로	가데스바네아에서	38년의 방황	모압평지에서	가나안입성	정복	분배	정착배경	7번의 침략	타락
성경	창		창 12–50				출 1–40				민 1–36				수 1–24			삿 1–21		
장	1–2	3–11	12–23	24–26	27–36	37–50	1–6	7–15	15–18	19–40	1–12	13–19	20–21	22–36	1–5	6–12	13–24	1–2	3–16	17–21
추가			욥				레				신							룻		

▼

6. 정착시대(삿 1–21장)		
1–2	3–16	17–21
정착의 배경	12사사의 행적	타락

2) 정착시대 개관

- 시기 : 여호수아의 사망-사울의 즉위 전
- 성경에 언급된 범위 : 사사기 전체(1-21장)
- 주제 : 하나님의 천지창조, 인간의 불순종과 타락, 이로 인한 홍수 심판
- 개요 : 하나님께서 이스라엘 백성에게 주신 세 번째 언약인 '복'은 하나님과 함께 하나님의 통치와 보호 아래서 순종하며 살아가는 것이다.

이 시대를 흔히 '사사시대'라고 부른다. 백성들의 삶과 관련된 통치의 형태로 볼 때 이 시대는 사사의 통치라는 특징이 있기 때문이다. 다만, 역사적 흐름에 따른 시대적 순서로 볼 때는 가나안 땅 정복 후에 그 땅에서 정착해 살아가는 시대를 기록한 것이므로 본서에서는 '정착시대'라는 명칭이 더 합당하다.

이 시대를 보여주는 성경

사사기(Judges)				
명칭	기록자	기록 연대	기록 장소	장수
히브리어 : 세페르 쇼페팀 헬라어 : 크리테스	사무엘(추정)	BC 1050-1000	불분명	21장
핵심 주제	기록 목적		구성과 계시	
여호와는 구원이시다	인간은 하나님의 보호하심을 떠나서 살아갈 수 없다		여호수아의 죽음부터 삼손의 죽음까지 약 300년 동안 일곱 번 배신, 일곱 번 징벌, 일곱 번 회개, 일곱 사사를 통한 일곱 번 구원을 기록하였다	

명칭

사사들에 관한 기록인 사사기의 히브리어 제목에서 '쇼페팀'은 '중재하는 자, 다스리는 자, 재판을 담당하는 자'라는 뜻으로 '사사'를 가리킨다. 앞서 여호수아서의 명칭에서 설명했듯이 '세페르'는 '글, 편지, 두루마리, 책' 등을 뜻하므로, '세페르 쇼페팀'이라는 제목은 이 책의 중심인물인 여러 사사들에 관한 기록이라는 의미이다.

이들 사사는 하나님께 사명을 받아 이스라엘 민족을 통솔하며 이방 민족이 침략해 올 때는 군사적 지도자의 역할을 하였고 평상시에는 백성을 다스리며 재판하는 역할을 했다. '쇼페팀'은 '재판하다', '다스리다', '구원하다'라는 뜻의 '쇼페트'에서 온 단어이며, 헬라어 제목은 '쇼페트'의 헬라어인 '크리테스'이다.

내용과 교훈

사사기는 이스라엘 백성이 가나안 땅에 들어간 이후, 왕국시대가 시작되기 전 마지막 사사인 사무엘 이전까지의 역사를 통해 이들이 가나안에 정착하는 과정을 보여준다.

약속의 땅 가나안에 정착한 이스라엘 백성들. 아브라함을 통해 그의 후손인 이스라엘 백성에게 약속된 세 가지 언약 중 '별과 같이 많은 자손'과 '약속의 땅'은 선민시대부터 출애굽, 광야, 정복시대를 거치며 성취되었고 이제 '복'의 약속만이 남았다. 그 복은 모압 평지에서 모세가 신신당부한 대로 순종하는 자가 받는 것이고(신 30:9), 불순종하면 징벌을 당한다는 경고도 이때 함께 주어졌다.

그런데 가나안에 정착한 백성들은 모세의 당부와 경고를 망각하고 하나님보다 바알과 기타 우상을 섬기는 죄악을 범하여 그 결과로 징벌을 받아 이방민족의 침입과 압제를 당한다. 이에 백성들이 회개하면 하나님은 사사를 세워 적을 물리치게 하시지만, 그렇게 평화가 오고 시간이 지나면 다시 백성들은 하나님을 잊고 우상을 섬긴다. 이러한 형태가 반복된다.

> 그때에는 이스라엘에 왕이 없었으므로 사람마다 자기 소견에 옳은 대로 행하였더라 삿 17:6, 21:25

사사기를 요약하는 이 말씀은 그들에게 제도상 왕이 없다는 의미가 아니라, 그들이 그들의 왕이신 하나님에게 순종하지 못했다는 것이다.

백성들이 불순종할 때 주변국들을 통하여 심판하시고, 회개하고 다시 순종하면 사사들을 통해 구원하시는 하나님의 반복된 징계와 회복을 통해서 사사기는 순종하는 자의 복을 우리에게 교훈해준다. 하나님은 백성들의 반복된 죄악에도 오래 참으심으로 그들을 진멸하지 않으시고 사사들을 보내어 그들을 구원하여주셨다. 범죄-심판-회개-회복을 반복하는 죄악된 백성들, 그리고 그들을 구원하기 위해 세우셨지만 흠이 많은 사사들의 모습을 통해 사사기는 '그럼에도 불구하고' 그들을 사용하시고 자기 백성을 구원하시는 하나님의 긍휼과 자비를 깨닫게 해준다.

사사기로 살펴보는 정착시대 하나님의 섭리

여호수아서의 정복시대가 하나님의 약속인 땅을 주신 것이었다면, 사사기의 정착시대는 마지막 약속인 복에 대한 약속의 성취라고 할 수 있다. 하나님은 가나안 땅에 정착한 이스라엘을 사사들을 통해 통치하시되, 이스라엘이 불순종할 때는 징계하시고, 순종할 때 회복과 평안의 복을 주신다. 하나님의 세 번째 약속인 복이 순종할 때 주어진다는 것을 교훈하신 것이다. 실제로 이후 모든 시대의 복의 개념은 순종하는 자에게 주어지는 복으로서, 이는 선교시대를 살아가는 우리에게도 동일하다.

아브라함과의 세 가지 언약 중 세 번째인 '복'은 앞의 두 가지와 조금 다른 점이 있다. 앞의 두 약속(후손, 땅)은 애굽으로 내려간 야곱의 가족 74명이 200만의 민족이 되고 그들이 출애굽하여 가나안 땅을 정복함으로써 성취되었다. 그런데 '복'의 언약은 정착시대로 성취, 완료되는 것이 아니고 조건이 있다. 바로 '순종'이다. 순종할 때 복을 누리고 불순종할 때는 징벌을 받으며 그 복을 누리지 못하는 것이다.

사사시대(정착시대)는 '하나님 말씀에 불순종 - 하나님을 떠남 - 하나님의 징벌 - 하나님께 돌아옴 - 평화와 안정 - 불순종'의 패턴이 반복되면서 이 복의 조건의 성취 여부가 확연히 드러났다. 하나님은 사사시대를 통해 복의 조건과 성취를 이스라엘 백성에게 확실히 보여주셨고 그들을 통해 우리에게도 보여주고 계신다.

사실 '복'은 아브라함과의 언약 중 하나로서 정착시대에서 중요한 의미를 지니지만, 이 복이 아브라함과의 언약에서 처음 언급된 것은 아니다. 하나님은 최초의 인간 아담을 창조하시고 그에게 먼저 복을 주셨다(창 1:28). 서론 부분에서 이미 살펴본 바와 같이, 그 복의 내용이자 조건은 하나님과 함께 사는 것, 그리고 그분의 명령에 순종하는 것이라 할 수 있다. 인간의 복은 소유가 아니라 관계로서 하나님과 함께하는 것이며, 생육하고 번성하라는 하나님의 명령에 순종하는 것이다. 즉, 복이란 하나님과 함께, 하나님께 순종하며 살아가는 축복으로 이것은 하나님께서 인간을 창조하신 목적이고 인간의 존재 목적이다.

'여호와는 나의 목자시니 내게 부족함이 없으리로다'(시 23:1)라는 말은 하나님의 통치와 인도함을 받는 복된 자의 고백이다. 이 복은 신약 시대에도 예수님의 산상수훈으로 연결되며 예수님의 제자 사역에서도 나타난다. 하나님과 함께하고 하나님께 순종하는 '복'은 성경 전체를 통해 성경이 이야기하고 있는 내용이다.

구조

시대	정착시대		
장	1–2	3–16	17–21
주제	정착의 배경	7번의 침략	타락

1. 정착의 배경(삿 1–2장)

정복과 땅의 분배를 마친 이스라엘은 애굽의 종살이와 40년의 광야 생활을 끝내고 이제 정착민으로서 살아가게 된다. 아브라함 때부터 시작된 목축 유목민족이던 그들이 씨를 뿌리고 거두는 새로운 환경에서 정착 영농민족으로서의 삶을 시작한 것이다. 그러므로 정착시대가 도래했을 때 여러 가지 미숙한 문제점들이 많았을 것이다. 이러한 문제들 가운데 여호수아가 죽고 선민의 삶을 지도받지 못한 그들이 쉽게 바알에 빠지는 모습을 발견할 수 있다.

정치적 배경	영적 배경
1장	2장

1장	정착 민족의 시작	아도니 베섹을 생포한 유다 사사 옷니엘 기타 지파들의 정복과 정착
2장	우상숭배	여호수아의 죽음 이스라엘의 배교 하나님이 사사를 세우시다

2. 7번의 침략(삿 3–16장)

정착 민족이 된 이스라엘 백성은 하나님의 선민으로서의 정체성을 망각하고 풍요의 신 바알을 섬기는 등 우상에 빠진다. 이에 하나님께서 노략하는 자들에게 넘겨주시자 그들은 심한 심판의 고통으로 회개하고 하나님은 그들을 위해 사사를 세워주신다. 그러나 백성들은 사사가 죽으면 다시 범죄하기를 반복한다.

3장	옷니엘, 에훗, 삼갈	옷니엘이 메소보다미아로부터 이스라엘을 구원하다 에훗이 모압으로부터 이스라엘을 구원하다 삼갈이 블레셋으로부터 이스라엘을 구원하다
4장	드보라	드보라가 바락을 세워 가나안으로부터 이스라엘을 구원하다
5장		드보라와 바락의 노래
6장	기드온	하나님께서 기드온을 부르시다
7장		기드온과 300용사가 미디안을 치다
8장		에브라임 지파의 시비 기드온이 숙곳과 브누엘의 비협조를 응징하다
9장	아비멜렉	형제를 죽이고 스스로 왕이 된 아비멜렉과 그의 죽음
10장	돌라 야일	돌라의 23년 통치 야일의 22년 통치 반복되는 이스라엘의 우상숭배로 암몬의 18년 지배

11장	입다	입다가 암몬을 쳐서 이기다 입다의 잘못된 서원
		에브라임 지파의 시비
12장	입산 엘론 압돈	입산의 7년 통치 엘론의 10년 통치 압돈의 8년 통치
13장	삼손	삼손의 출생과 나실인 서원
14장		삼손이 블레셋 여인과 결혼하다 결혼 잔치의 수수께끼 내기
15장		삼손이 블레셋에 복수하다
16장		삼손이 들릴라에게 속아 블레셋의 포로가 되다 삼손의 최후

정착시대의 사사들

이름/사역 연도(BC)	출신 지파	침략자	속박 기간	사역 기간	특징(성경장절)
옷니엘 (1375–1334)	유다	메소보다미아 왕 구산 리사다임	8년	40년	갈렙의 조카, 이스라엘 최초의 사사(3:9–11)
에훗 (1316–1235)	베냐민	모압 왕 에글론	18년	80년	게라의 아들, 왼손잡이로 에글론을 암살함(3:12–30)
삼갈 (1260–1250)	?	블레셋			아낫의 아들, 소 모는 막대기로 블레셋인을 물리침(3:31)
드보라 (1216–1176)	에브라임	가나안 왕 야빈	20년	40년	여사사, 바락과 협력하여 가나안 장군 시스라를 물리침(4:4–5:31)
기드온 (1169–1129)	므낫세	미디안	7년	40년	삼백 명의 용사로 승리를 거둠. 바알의 단을 훼파하여 '여룹바알'(바알과 싸우는 자)이라는 별명을 얻음. 만년에 '에봇'을 우상화하고 70명의 아들을 두어 큰 혼란을 야기함(6:11–8:35)
돌라 (1127–1104 추정)	잇사갈			23년	도도의 손자. 부아의 아들(10:1–2)
		룻과 나오미 활동(BC 1117) 추정 / 사무엘 출생(BC 1103년, 돌라와 야일이 사사일 때) 추정			
야일 (1127–1105 추정)	므낫세			22년	아들 30과 30성읍을 둠(10:3–5)
입다 (1085–1079)	? *	암몬	18년	6년	기생의 아들. 큰 승리를 얻었으나 그릇된 서원을 하여 자기 딸을 하나님께 제물로 바침(11:1–12:7)

입산 (1079?–?)	유다			7년	30명의 아들을 두어 그들을 위하여 타국의 여자 30명을 데려오고, 딸 30명을 타국으로 시집보냄(12:8–10)
엘론 (1079?–?)	스불론			10년	10년 동안 이스라엘을 다스림(12:11–12)
압돈 (1079?–?)	에브라임			8년	아들 40명과 손자 30명이 70필의 나귀를 탐(12:13–15)
삼손 (1075–1055)	단	블레셋	40년	20년	나실인, 성결한 생활을 하지 못하고 들릴라의 꾐에 빠져 머리를 잘림. 죽을 때에 수많은 블레셋인을 죽임(13:2–16:31)

* 사사들이 활동한 정착시대는 여호수아의 죽음(BC 1390)에서 사울의 즉위(BC 1050)까지로 보며, 사사들의 활동연대 추정은 솔로몬의 즉위(BC 970)를 기준으로 역추적한 것이다.

* 보라색으로 표시된 7명의 사사는 침략자를 물리치고 백성을 구한 사사들로, '대사사'로 불리기도 한다. 이들의 사역 연도는 대체로 신빙성이 있다고 학자들이 인정하고 있다. 그러나 이들 외의 사사들은 성경에 그들의 사역 기간만 언급되고 사역의 시작점을 추정할 만한 근거는 나와있지 않기 때문에 사역 연도는 정확히 알 수 없다. 다만 돌라와 야일이 동시대에 사역하고 입산, 엘론, 압돈이 비슷한 시기에 사역했다고 추측할 뿐이다.

3. 타락(삿 17–21장)

이스라엘의 타락은 영적인 면에서 미가가 신상을 만들어 섬겼던 우상숭배로, 그리고 레위인의 첩 사건과 같은 윤리적인 타락으로 나타났고 이는 베냐민 자손이 진멸 직전까지 가는 민족적 분열로 이어졌으며 결국 선민의 정체성까지 흔들리는 결과를 초래하였다. 그들은 하나님의 계속되는 은혜의 부르심에 끝내 회심하지 않았다.

미가와 단 지파	베냐민 지파의 몰락
17–18장	19–21장

(1) 미가와 단 지파(17–18장)

17장	미가의 우상숭배	미가의 우상숭배와 제사장 고용
18장	단 지파의 우상숭배	미가의 신상과 제사장을 빼앗은 단 지파 라이스 성읍을 치고 단이라 이름 붙인 단 지파

(2) 베냐민 지파의 몰락(19–21장)

19장	타락한 레위인 가정의 비극	레위인과 첩 베냐민 자손의 행악과 첩의 죽음

20장	이스라엘의 내전	이스라엘 자손과 베냐민 지파 사이의 전쟁 베냐민의 패배
21장	베냐민 지파의 아내들	끊어질 위기의 베냐민 자손을 위해 아내를 구해줌 (25) 그때에 이스라엘에 왕이 없었으므로 사람이 각기 자기의 소견에 옳은 대로 행하였더라

지도로 보는 정착시대

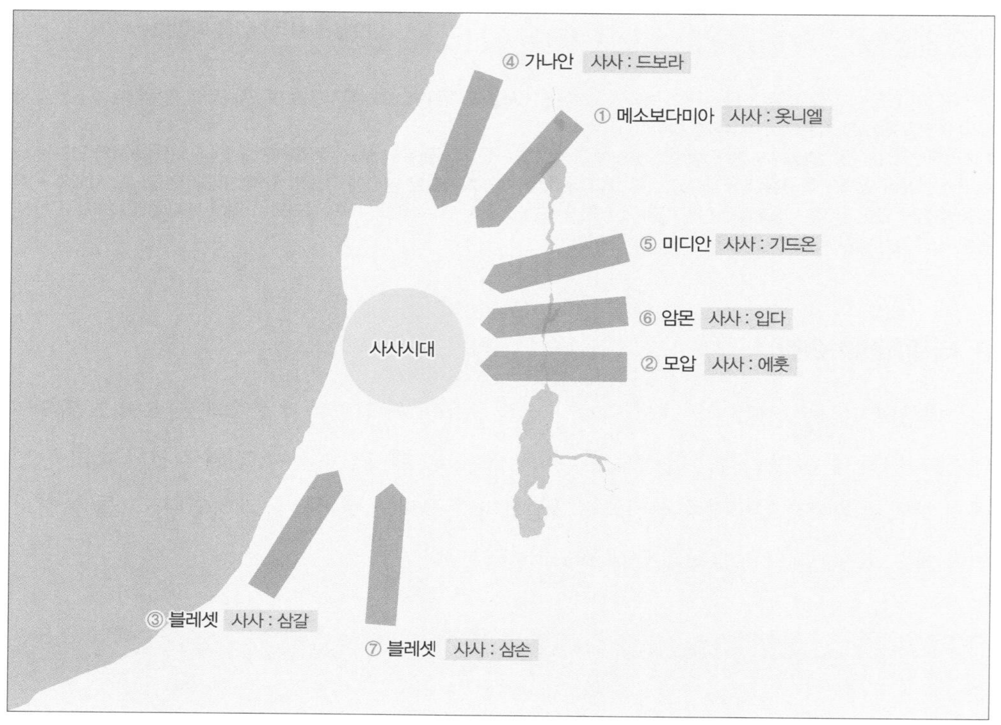

번호	①	②	③	④	⑤	⑥	⑦
대적	메소보다미아	모압	블레셋	가나안	미디안	암몬	블레셋
장	3	3	3	4	6–8	11	13–16
사사	옷니엘	에훗	삼갈	드보라	기드온	입다	삼손

① 메소보다미아 : 메소보다미아 왕 구산 리사다임을 8년간 섬김. 옷니엘이 사사가 되어 구산 리사다임을 이기고 40년간 평화가 옴.

② 모압 : 모압 왕 에글론을 18년간 섬김. 왼손잡이 에훗이 에글론을 죽이고 요단강 나루에서 모압 사람 1만 명 가량을 죽임. 80년간 평화가 옴.

③ 블레셋 : 삼갈이 블레셋 사람 600명을 죽이고 이스라엘을 구원함.

④ 가나안 : 가나안 왕 야빈을 20년간 섬김. 여선지자 드보라가 바락을 군 지도자로 세우고 기손강에서 승리를 거둠. 40년간 평화가 옴.

⑤ 미디안 : 7년간 미디안에게 토지 소산과 가축을 빼앗김. 기드온과 300용사가 미디안과 싸워 이기고 미디안의 두 왕 세바와 살문나를 죽임. 40년간 평화가 옴.

⑥ 암몬 : 암몬과 블레셋이 요단 동편 길르앗 땅의 이스라엘 백성을 18년간 학대하고, 암몬이 요단을 건너 유다와 베냐민과 에브라임 족속을 침. 입다가 암몬과 싸워 이기고 6년간 다스림.

⑦ 블레셋 : 하나님이 이스라엘을 40년간 블레셋의 손에 붙이심. 삼손이 20년간 사사로 지내며 블레셋과 싸움.

이 시대를 함께 이해하는 성경

룻기(Ruth)				
명칭	기록자	기록 연대	기록 장소	장수
히브리어 : 메길라트 룻 헬라어 : 룻	미상	BC 1010–970	불분명	4장
핵심 주제	기록 목적		구성과 계시	
회심한 이방 여인의 구원	회심한 이방 여인을 통해 다윗과 메시아의 계보를 이어가시는 하나님의 섭리		이방 여인의 결심과 하나님의 인도하심, 고멜 제도를 통해 이방인에게도 제한이 없는 하나님의 은혜를 보여준다	

명칭

이스라엘 사람들의 여호와를 하나님으로 받아들인 이방 여인 룻의 이야기를 담고 있는 룻기는 4장으로 이루어진 짧은 이야기이지만, 사사기의 혼란상 후에 사랑과 충절을 보여주는 귀중한 책이다. 책의 명칭은 그녀의 이름에서 온 것이다. '메길라트'는 '다섯 개의 두루마리'라는 뜻으로 절기 때 낭독된 책들을 가리키는데 룻기는 칠칠절(오순절)에 읽혔다고 한다(아가는 유월절, 예레미야애가는 성전파괴일, 전도서는 장막절, 에스더서는 부림절에 낭독되었다).

내용과 교훈

기근 때에 모압 땅으로 건너간 이스라엘 사람 엘리멜렉의 가정은 그곳에서 모압 여인들을 며느리로 맞았으나 엘리멜렉과 두 아들이 다 죽고 만다. 시어머니 나오미는 과부가 된 두 며느리를 그녀들의 친정으로 돌려보내려 하는데, 그중 룻은 다음과 같이 고백하며 끝까지 시어머니를 따른다.

룻이 이르되 내게 어머니를 떠나며 어머니를 따르지 말고 돌아가라 강권하지 마옵소서 어머니께서 가시는 곳에 나도 가고 어머니께서 머무시는 곳에서 나도 머물겠나이다 어머니의 백성이 나의 백성이 되고 어머니의 하나님이 나의 하나님이 되시리니 룻 1:16

남편과 사별하였어도 시어머니와의 신의를 저버리지 않고 "어머니의 하나님이 나의 하나님"이라고 고백하며(이 신앙고백이 비록 시모를 존중하는 뜻에서인지는 알 수 없으나) 낯선 땅으로 동행하여 어머니를 섬긴 이방 여인에게 하나님은 고엘(기업을 무를 자) 제도와 보아스를 통해 은혜를 베푸신다.

이방인 과부 룻이 하나님의 백성이 되어 다윗의 조상이 되고 메시아의 계보에 들게 된 이야기를 통해 룻기는 이방 여인에게도 제한이 없으신 하나님의 크신 은혜를 전하고 있다.

남편을 잃은 이방인 과부 룻은 그저 시댁을 따르는 정도가 아니었다. 사회적으로 가장 약자가 고아와 과부인 세상에서 과부인 시어머니 나오미를 따라 모든 것이 낯선 땅 베들레헴으로 이주하는 것은 당시 사람들이 보기에 고생을 자처하는 어리석은 선택이었을 것이다. 그런데도 룻은 나이 들고 외로운 시어머니에 대한 신의와 하나님을 향한 믿음으로 약속의 땅을 선택하였다.

그 선택의 결과로 룻은 약속의 땅에서 가정을 얻었을 뿐 아니라 훗날 다윗 왕, 나아가 예수 그리스도의 계보에까지 오르는 큰 복을 받게 되었다. 눈앞의 이익을 좇아 신의도 쉽게 저버리는 사람들에게 하나님은 본서를 통해 진정한 안식을 얻는 방법이 무엇이며, 그 결과가 얼마나 놀라운 것인지를 교훈해주신다.

룻기를 통해서 보는 하나님의 섭리

룻은 모압 여인이었다. 유대인은 자신들이 선택받은 민족이라는 자부심에 차 있었고 이방인을 개처럼 여기며 구원을 받을 수 없다고 생각했다. 그러나 룻이 가장 약자인 이방인 과부일지라도 하나님과 그분의 백성을 선택하고 좇았을 때 하나님은 그녀를 유대인이 가장 사랑하고 존경하는 다윗 왕의 증조모가 되게 하심으로써 하나님의 사랑은 이방인에게까지도 미친다는 것을 보여주신다.

또한 룻기에는 고엘 제도가 잘 나타나 있다. 고엘은 히브리어로 '무르다, 되찾다, 구속하다'라는 의미를 가진 '가알'에서 유래된 말로, 가장 가까운 친족으로서 어려움 당한 자를 구해줄 의무와 권리가 있는 사람을 가리킨다. 고엘의 의무와 권리로는 기업을 무르는 것, 계대(후손을 이어줌), 복수(사람이 피살되었을 때 살인자를 죽여 피살자의 원한을 갚는 것)의 세 가지가 있었다. '기업 무를 자'는 기업을 되찾아 줄 자, 회복할 자로서, 나아가 '구속하는 자'(redeemer)의 의미를 지녔으며, 이는 구약의 메시아, 신약의 그리스도를 예표하는 사람이다. 하나님은 우리의 가장 가까운 친족이 되시려고 인간의 몸을 입고 이 땅에 오셔서 우리를 신부로 맞아 하늘의 기업을 주시는 '고엘'이신 메시아의 모습을 룻기를 통해 보여주신다.

구조

총 4장으로 구성된 룻기의 구조는 간결하다. 각 장 순서대로 룻의 결단 – 룻의 헌신 – 룻의 순종 – 룻의 상급으로 진행된다. 이러한 룻기의 구조를 도표로 정리하면 다음과 같다.

1장	2장	3장	4장
룻의 결단	룻의 헌신	룻의 순종	룻의 상급

1장	룻의 결심	모압으로 내려간 엘리멜렉의 가족 룻이 시어머니의 하나님을 선택하고 그를 따르기로 결심하다 (16,17) …어머니께서 가시는 곳에 나도 가고 어머니께서 머무시는 곳에서 나도 머물겠나이다 어머니의 백성이 나의 백성이 되고 어머니의 하나님이 나의 하나님이 되시리니 어머니께서 죽으시는 곳에서 나도 죽어 거기 묻힐 것이라 만일 내가 죽는 일 외에 어머니를 떠나면 여호와께서 내게 벌을 내리시고 더 내리시기를 원하나이다 나오미와 룻이 베들레헴으로 돌아오다
2장	룻과 보아스의 만남	이삭을 줍는 룻이 보아스를 만나다 룻을 배려하는 보아스 (12) 여호와께서 네가 행한 일에 보답하시기를 원하며 이스라엘의 하나님 여호와께서 그의 날개 아래에 보호를 받으러 온 네게 온전한 상 주시기를 원하노라 하는지라 룻이 보아스를 만난 것을 나오미에게 고하다
3장	룻의 청혼	보아스가 기업 무르기를 원하는 나오미 룻이 나오미에게 순종하여 보아스의 발치에 눕다 (18) 이에 시어머니가 이르되 내 딸아 이 사건이 어떻게 될지 알기까지 앉아 있으라 그 사람이 오늘 이 일을 성취하기 전에는 쉬지 아니하리라 하니라
4장	룻의 결혼	룻의 기업을 무르기 위한 보아스의 노력 보아스와 룻이 결혼해 아들을 낳다 룻이 보아스를 통해 다윗의 조상이 되고 그리스도의 계보에 들다 (17) 그의 이웃 여인들이 그에게 이름을 지어주되 나오미에게 아들이 태어났다 하여 그의 이름을 오벳이라 하였는데 그는 다윗의 아버지인 이새의 아버지였더라

정착시대의 교훈
1) 순종 : 하나님이 약속하신 별과 같은 자손이, 약속의 땅에서, 복된 삶을 살아가는 유일한 길
2) 인간의 교만 : 죄악 – 심판 – 회개 – 회복의 무한반복
3) 선민(인간)의 복 : 결국 선민(인간)의 복은 오직 회개와 순종을 통해 하나님의 은혜를 입고 그분의 보호하심과 인도하심을 따라 살아가는 복이라 할 수 있다.

정착시대의 역사적 연대표(사사기 1-21장)	
(BC)1390	여호수아의 죽음
1383	이스라엘의 범죄(3:7)로 메소보다미아 왕 구산 리사다임의 압제(3:8) – 8년간
	옷니엘 사사(유다 지파, BC 1375–1334)
1375	옷니엘(3:9–11) – 갈렙의 조카, 메소보다미아 왕 구산 리사다임 물리치고 40년간 사역, 평화 기간 40년
	에훗 사사(베냐민 지파, BC 1316–1235)
1334	이스라엘의 범죄와 모압 왕 에글론의 압제(3:12–14) – 18년간
1383	에훗(3:15–30) – 모압 왕 에글론을 암살하고 80년간 사역, 평화 기간 80년
	삼갈 사사(BC 1260–1250) *에훗과 동시대에 블레셋을 물리친 것으로 추정
?	소 모는 막대기로 블레셋을 물리침(3:31)
	드보라 사사(에브라임 지파, BC 1216–1176)
1235	이스라엘의 범죄와 가나안 왕 야빈의 압제(4:1–3) – 20년간
1216	드보라와 바락이 가나안 왕 야빈을 진멸(4:23–24) – 평화 기간 40년
	기드온 사사(므낫세 지파, BC 1169–1129)
1176	이스라엘의 범죄와 가나안 왕 야빈의 압제(6:1–6) – 7년간
1169	기드온(7:1–8:28) – 300용사와 함께 미디안을 대파하고 40년간 사역, 평화 기간 40년
1129	아비멜렉의 반역(9:1–57)
	돌라 사사(잇사갈 지파, BC 1127–1104 추정)
1127?	돌라(10:1–2) – 23년간 사역
	야일 사사(므낫세 지파, BC 1127–1105 추정)
1127?	야일(10:3–5) – 22년간 사역 *돌라와 동시대에 사역한 것으로 추정
1120	엘리 제사장의 사역 시작으로 추정
	입다 사사(갓 지파, BC 1085–1079)
1104	블레셋과 암몬의 압제(10:7–9) – 18년간
1085	입다(11:33, 12:7) – 암몬 진멸, 그릇된 서원, 6년간 사역, 평화 기간 6년
	입산 사사(유다 지파, BC 1079?–?)
1079	입산(12:8–10) – 7년간 사역
	엘론 사사(스불론 지파, BC 1079?–?)
1079	엘론(12:11–12) – 10년간 사역
	압돈 사사(에브라임 지파, BC 1079?–?)
1079	압돈(12:13–15) – 8년간 사역 *입산 이후 압돈까지 동시대에 사역한 것으로 추정

삼손 사사(단 지파, BC 1075–1055)	
?	이스라엘의 범죄와 블레셋의 압제(13:1) – 40년간 삼손의 출생과 성장(13:2–24)
1075	삼손의 사역 시작 – 블레셋과의 대결(14:1–15:20)
	사무엘의 사역(삼상 7:3) – 75년간 사역(BC 1017년 사망) *사무엘의 사역은 75년간으로, 사무엘의 미스바 회개 운동은 BC 1075년경으로 추정된다. 삼손은 사사 입산 이후 압돈까지도 그들과 동시대에 사역했으며 사무엘과도 사역기간이 겹치는 것으로 보인다. 이에 관해 신학자들은 삼손의 사역이 단 지파와 유다 지파에만 국한되었기 때문인 것으로 추정한다. 미스바 대회개(삼상 7:3–11)
1055	삼손의 최후(16:4–31) 나실인, 성결한 생활을 하지 못하고 들릴라의 꾐에 빠져 머리를 잘림. 죽을 때에 수많은 블레셋인을 죽임, 사역 기간 20년

정착시대 이후 성경의 역사는 인간(왕국) 시대 - 통일왕국시대로 이어진다.

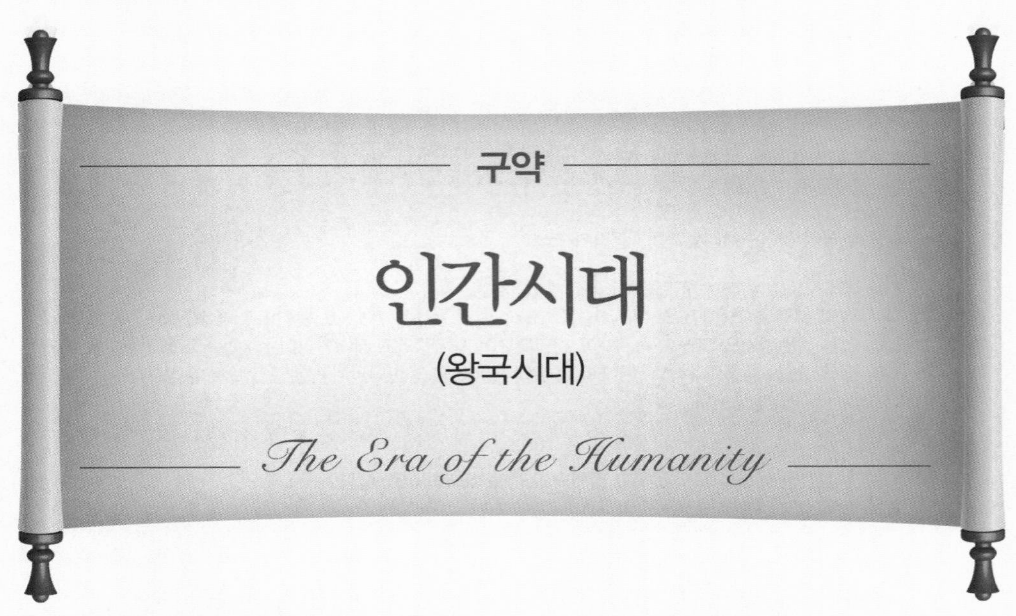

이스라엘 백성들은 결국 왕을 구하고 인간(왕국) 시대가 열리게 된다. 그들이 왕을 구하게 된 직접적인 원인은 사사가 된 사무엘의 두 아들이 패역한 데 있었으나 하나님은 "그들이 너를 버림이 아니요 나를 버려 자기들의 왕이 되지 못하게 함"(삼상 8:7)이라고 말씀하신다. 이는 이스라엘 백성이 하나님이 통치하시던 신정국가를 버리고, 세상 나라들을 본받아 세상 나라처럼 되려 한 것이라는 말씀으로 볼 수 있다. 결국 하나님은 인간의 대리통치를 허락하시지만, 왕국시대에도 사사시대와 동일하게, 하나님을 떠나 불순종하는 왕의 시대에는 징벌하시고, 하나님께 돌아와 순종하는 왕의 시대에는 평안과 복을 주신다.

1. 인간(왕국) 시대의 위치와 구조

성경(하나님)																										
구약												신약														
성부(창조) 시대						인간(왕국) 시대						성자(복음) 시대							성령(선교) 시대							
창		출	민	수	삿	삼상 삼하 왕상	왕상 왕하	왕하	단, 에	스, 느	·	마, 막, 눅, 요							사도행전						·	
1	2	3	4	5	6	7	8	9	10	11	12	13	14	15	16	17	18		19		20	21	22	23	24	
태초시대	선민시대	출애굽시대	광야시대	정복시대	정착시대	통일왕국시대	분열왕국시대	유다왕국시대	포로시대	귀환시대	침묵시대	탄생과 성장	공생애 시작	초기사역	중기사역	말기사역	십자가	부활승천	예루살렘	유대 사마리아	1차선교	2차선교	3차선교	옥중선교	기타 사도	계시록
																					땅끝					

구약												
시대	성부(창조) 시대						인간(왕국) 시대					
순서	1	2	3	4	5	6	7	8	9	10	11	12
세부 시대	태초시대	선민시대	출애굽시대	광야시대	정복시대	정착시대	통일왕국시대	분열왕국시대	유다왕국시대	포로시대	귀환시대	침묵시대
성경 언급 범위	창 1–11	창 12–50	출 1–40	민 1–36	수 1–24	삿 1–21	삼상 1–왕상 11	왕상 12–왕하 17	왕하 18–25	단 1–12 에 1–10	스 1–10 느 1–13	·
연도	BC 4114–2166	BC 2166–1527	BC 1527–1446	BC 1446–1406	BC 1405–1390	BC 1390–1050	BC 1050–930	BC 930–722	BC 722–586	BC 605–537	BC 537–432	BC 432–4
추가 성경		욥	레	신		룻	시, 아, 잠, 전,	욜, 욘, 암, 호,	사,미, 나,습, 렘,합 겔,애, 옵, 대상, 대하		학, 슥, 말	

▼

시대	인간(왕국) 시대																		
순서	7				8			9			10		11			12			
세부 시대	통일왕국				분열왕국			유다왕국			포로시대		귀환시대			침묵시대			
주제	사무엘	사울	다윗	솔로몬	왕국의 분열	남북의 열왕들	북이스라엘의 멸망	히스기야의 치적	요시야의 개혁	유다의 멸망	다니엘	에스더	1차 귀환	2차 귀환	3차 귀환	바사	헬라	독립유다왕국	로마
성경	삼상 1–왕상 11				왕상 12–왕하 17			왕하 18–25			단 1–12, 에 1–10		스 1–10, 느 1–13			·			
추가			시	아, 잠, 전		욥	욘, 암, 호	사, 미	나, 렘, 습	합, 겔, 애, 옵, 대상, 대하			학, 슥		말				

2. 시대 개관 및 시기 구분

- 시기 : 사울의 즉위 - 예수 그리스도의 탄생
- 성경에 언급된 범위 : 사무엘서(상·하), 열왕기(상·하), 다니엘서, 에스더서, 에스라서, 느헤미야서

이스라엘은 가나안 땅에서 정착(사사) 시대를 지나면서 그들이 하나님을 떠나 불순종할 때 징벌을 받고, 하나님과 함께하며 그분의 뜻에 순종할 때 구원과 복을 받는다는 사실을 체험하였으면서도 결국 "…모든 나라와 같이 우리에게 왕을 세워 우리를 다스리게 하소서"(삼상 8:5)라며 자신들의 왕을 구하게 된다. 이는 하나님처럼 되려는 아담의 죄요, 하늘에 닿게 하여 이름을 내자는 바벨탑의 죄악이다. 하나님은 사무엘에게 "백성이 네게 한 말을 다 들으라 이는 그들이 너를 버림이 아니요 나를 버려 자기들의 왕이 되지 못하게 함이니라"(삼상 8:7)라고 답하신다. 인간의 왕국시대는 그들이 하나님 아닌 자기 왕들의 통치를 구한 것에서 시작된다.

왕국시대는 통일왕국시대, 분열왕국시대, 유다왕국시대, 포로시대, 귀환시대, 침묵시대로 구분된다.

(1) 통일왕국시대

- 시기 : 사울의 즉위 - 솔로몬의 죽음
- 성경에 언급된 범위 : 사무엘상 1장 - 열왕기상 11장

(2) 분열왕국시대

- 시기 : 솔로몬의 죽음 - 북이스라엘의 멸망(BC 722)
- 성경에 언급된 범위 : 열왕기상 12장 - 열왕기하 17장

(3) 유다왕국시대

- 시기 : 북이스라엘의 멸망 - 남유다의 멸망(BC 586)
- 성경에 언급된 범위 : 열왕기하 18장 - 25장

(4) 포로시대

- 시기 : 1차 포로 유배(BC 605) - 1차 귀환 이전
- 성경에 언급된 범위 : 다니엘서, 에스더서

(5) 귀환시대

- 시기 : 1차 귀환 - 느헤미야의 2차 귀국
- 성경에 언급된 범위 : 에스라서, 느헤미야서

(6) 침묵시대

- 시기 : 느헤미야의 2차 귀국 - 예수 그리스도의 출생
- 성경에 언급된 범위 : 없음

3. 인간(왕국) 시대를 기록한 책들

인간(왕국) 시대 역사의 기본을 구성하는 책들은 사무엘서(상·하), 열왕기(상·하), 다니엘서, 에스더서, 에스라서, 느헤미야서로 총 8권이다.

이 성경들 외에 인간(왕국) 시대에 쓰였거나 이 시대를 더욱 자세히 보여주는 책들이 있다.

시편은 150편의 시와 노래 중 절반에 달하는 73편을 통일왕국시대 다윗 왕이 썼고, 잠언, 전도서, 아가는 솔로몬 왕이 쓴 것이다.

왕국시대와 포로시대, 귀환시대에 걸쳐 사무엘부터 말라기까지 많은 선지자들이 활약하였으며 이들의 기록인 선지서 16권이 모두 인간(왕국) 시대를 더욱 자세히 알게 해준다.

역대기는 사무엘서 및 열왕기와 동시대의 역사를 기술하고 있는데, 그 시대에 기록된 것이 아니라 포로 귀환 후에 쓰인 책이어서 참고 성경으로 배치하였다.

인간(왕국) 시대는 이렇게 그 시대 역사의 골격을 이루는 역사서 8권, 동시대에 기록된 시가서 4권과 선지서 16권, 귀환시대에 앞 시대를 짚어보는 역대기 2권을 포함하여 총 30권으로 구성된다.

인간(왕국)시대 이스라엘과 주변 제국

성경	순서	시대	주요 인물/제국		장수	추가
삼상 1 – 왕상 11	7	통일왕국	사무엘		삼상 1–7	
			사울		삼상 8–31	
			다윗		삼하 1–24	시
			솔로몬		왕상 1–11	아, 잠, 전
왕상 12 – 왕하 17	8	분열왕국 [북이스라엘(좌)과 남유다(우) 왕들]		르호보암	왕상 12–14	
			여로보암		왕상 12–14	
				아비얌	왕상 15	
				아사	왕상 15	
			나답		왕상 15	
			바아사(반역)		왕상 15	
			엘라		왕상 16	
			시므리(반역)		왕상 16	
			오므리(반역)		왕상 16	
			아합		왕상 16–22	
			엘리야		왕상 17–왕하 2	
				여호사밧	왕상 22	
			아하시야		왕상 22–왕하 1	
			요람(여호람)		왕하 1–3	
			엘리사		왕하 2–8	
				여호람	왕하 8	
				아하시야	왕하 8	
			예후(반역)		왕하 9–10	
				아달랴	왕하 11	
				요아스	왕하 12	욜
			여호아하스		왕하 13	
			요아스		왕하 13	
				아마샤	왕하 14	
			여로보암2세		왕하 14	욘, 암, 호

				웃시야	왕하 15	
			스가랴		왕하 15	
			살룸(반역)		왕하 15	
			므나헴(반역)		왕하 15	
			브가히야		왕하 15	
			베가(반역)		왕하 15	
				요담	왕하 15	
				아하스	왕하 16	
			호세아(반역)		왕하 17	
왕하 18-25	9	유다왕국		히스기야	왕하 18-20	사, 미
				므낫세	왕하 21	
				아몬	왕하 21	
				요시야	왕하 22-23	나, 렘, 습
				여호아하스	왕하 23	
				여호야김	왕하 23-24	합
				여호야긴	왕하 24	
				시드기야	왕하 24-25	겔, 애, 옵
단, 에	10	포로	바벨론	다니엘	단 1-12	
				에스더	에 1-10	
스, 느	11	귀환	1차 귀환	스룹바벨	스 1-6	학, 슥
			2차 귀환	에스라	스 7-10	대상, 대하*
			3차 귀환	느헤미야	느 1-13	말
없음	12	침묵(중간)	바사(페르시아) 시대			
			헬라시대			
			독립유다왕국			
			로마시대			
			헤롯시대			

* 역대기는 태초시대부터의 족보와 통일왕국시대 다윗왕부터 유다왕국시대까지의 역사를 보여주는 특별한 성경이다. 이 책에서는 유다왕국시대를 마무리하면서 역대기를 살펴보지만, 본 도표에서는 저자와 기록된 시기를 따라 귀환시대 2차귀환 시기의 추가 성경으로 배치하였다.

이스라엘 선지자들의 활동 시기				
이름	활동 연대 (BC)	활동 지역	시대 배경	메시지
바벨론 포로 이전				
요엘	835–796	남유다	웃시야(요아스)	여호와의 날
요나	793–753	니느웨	여로보암 2세	하나님의 보편적 구원
아모스	760–755	북이스라엘	여로보암 2세 말엽	하나님의 공의
호세아	746–724	북이스라엘	여로보암 2세 말엽 – 사마리아 함락 직전	사마리아 함락, 하나님의 신실한 사랑
이사야	739–680	남유다	요담 – 므낫세	하나님의 은혜로 인한 구원
미가	737–690	남유다	요담, 아하스, 히스기야	심판과 회복
나훔	664–612	남유다 및 이방	히스기야 말년 – 요시야 (앗수르의 앗수르바니팔)	니느웨의 멸망
스바냐	640–609	남유다	요시야	여호와의 날
하박국	609–600	남유다	여호아하스, 여호야김 (바벨론의 나보폴라살)	신앙의 고뇌와 승리
포로시대				
예레미야	627–580	정복당한 남유다와 애굽	요시야, 여호아하스, 여호야김, 여호야긴, 시드기야, 총독 그달랴 (바벨론의 나보폴라살, 느부갓네살)	예루살렘의 죄와 슬픈 운명 및 미래의 영광
다니엘	605–530	바벨론	여호야김, 여호야긴, 시드기야 (느부갓네살–고레스) 바벨론에서 활동	4대 왕국과 영원한 하나님의 왕국
에스겔	593–570	바벨론	시드기야 (바벨론의 느부갓네살)	예루살렘의 죄와 슬픈 운명 및 미래의 영광
오바댜	586 이후		예루살렘 멸망 (혹은 남유다 여호람)	에돔 멸망
포로 귀환 이후				
학개	520년경		스룹바벨 총독 (메대–바사의 다리오 1세)	성전 재건
스가랴	520년경	남유다	스룹바벨 총독 (메대–바사의 다리오 1세)	메시아의 도래
말라기	430년경	남유다	느헤미야 총독 (메대–바사의 다리오 2세)	계약의 준수

1. 통일왕국시대					
제1대 왕 사울(BC 1050–1010년경)					
제2대 왕 다윗(BC 1010–970년경)					
제3대 왕 솔로몬(BC 970–930년경)					
2. 분열왕국시대					
남유다			북이스라엘		
참조 구절	특기 사항	왕과 통치 연대(BC)	왕과 통치 연대(BC)	특기 사항	참조 구절
왕상 12–14장 대하 10–12장	왕국 분열의 빌미 제공	르호보암 930–913	여로보암 930–909	북이스라엘 창건. 예루살렘 성전 예배를 무시함	왕상 11:26–14:20
왕상 15:1–8 대하 13장	북왕국 여로보암에 승리	아비야(아비얌) 913–910			
왕상 15:9–24 대하 14–16장	우상숭배한 모후를 폐위시킴	아사 910–869	나답 909–908	여로보암의 아들. 하나님 보시기에 악을 행함	왕상 15:25–28
			바아사 908–886	나답과 그 가족을 살해하고 왕위에 오름. 일생 동안 유다 아사 왕과 전쟁	왕상 15:27–16:7
			엘라 886–885	바아사의 아들. 시므리에게 살해됨	왕상 16:6–10
			시므리 885(7일)	엘라의 신복 출신. 엘라와 그 왕족을 죽이고 즉위했으나 7일 만에 오므리에게 패해 자살함	왕상 16:8–20
			오므리 885–874	엘라의 군대장관 출신. 시므리의 반란을 평정하고 오므리 왕조를 세움. 사마리아를 북왕국 이스라엘의 새 수도로 삼음	왕상 16:15–28
왕상 22:41–50 대하 17–20장	왕국을 부흥시킴	여호사밧 869–848	아합 874–853	북왕국 역사상 가장 타락하고 악한 왕. 바알 숭배자 이세벨과 결혼	왕상 16:28–22:40 대하 18장
왕하 8:16–24 대하 21장	북왕국 아합의 딸 아달랴와 결혼	여호람(요람) 848–841	아하시야 853–852	바알을 숭배하다 병상에서 죽음	왕상 22:40, 51–53
			요람(여호람) 852–841	바알을 제거했으나 다른 우상을 숭배함	왕하 3:1–3, 9:14–25

왕하 8:25–29 대하 22:1–9	북왕국 아합 가문과 결탁. 예후에게 살해됨	아하시야 841			
왕하 8:18, 25–28, 11장	아하시야의 모친. 아하시야 사후 왕권 탈취	아달랴 841–835	예후 841–814	아합 가문 즉 오므리 왕조와 바알 숭배자들을 몰살시키고 예후 왕조를 세움	왕하 9–10장 대하 22:7–12
왕하 11–12장 대하 22–24장	성전 보수. 말년에 우상숭배	요아스(여호아스) 835–796	여호아하스 814–798	아람에 패함	왕하 13:1–9
왕하 14장 대하 25장	선한 왕이었으나 신하에게 살해됨	아마샤 796–767	요아스 798–782	아람 왕 벤하닷 3세를 파하고 성읍들을 회복함. 여호와께 악을 행하여 백성들을 범죄케 함	왕하 13:10–25, 14:8–16 대하 25:17–24
왕하 15:1–7 대하 26장	제사장 대신 분향하려다 나병에 걸림	아사랴(웃시야) 767–740	여로보암 2세 782–753	정치·군사적으로 부흥시켰으나 부패와 영적 침체를 가져옴	왕하 14:23–29 암 2:6–7, 5:21–24, 6:1–8
			스가랴 752	여로보암 2세의 아들이자 예후 왕조의 마지막 왕. 즉위 6개월 만에 살룸의 모반으로 살해됨	왕하 14:29, 15:8–12
			살룸 752(1개월)	스가랴를 암살하고 왕위에 올랐으나 1개월 만에 후계자 므나헴에 의해 살해됨	왕하 15:13–15
왕하 15:32–33	선한 왕. 산당을 제거하지 못함. 암몬 정복	요담 740–732 (748–740 섭정)	므나헴 752–742	여호와 보시기에 악을 행했던 잔혹한 통치자	왕하 15:13–15
			브가히야 742–740	므나헴의 아들로 우상숭배를 일삼음. 베가에게 살해됨	왕하 15:23–26
왕하 16장 대하 28장	우상숭배하고 자녀를 불사름	아하스 732–715	베가 * 740–732	브가히야의 장관 출신. 반란으로 왕위에 오름. 반앗수르 정책을 펼쳐 아람 왕 르신과 동맹. 유다를 공격함. 디글랏 빌레셀에게 참패함	왕하 15:27–31
왕하 18–20장 대하 29–32장	선한 왕으로 여호와의 계명을 지킴. 바벨론에 멸망되리라는 예언을 들음	히스기야 715–686 (729–715 섭정)	호세아 732–722	북왕국 마지막 왕. 앗수르와 애굽 사이를 오가다 앗수르의 살만에셀에 체포되고, 사마리아 성이 함락됨	왕하 17:1–41

왕하 21장 대하 33장	앗수르에 포로되었다가 귀환 후 회개함	므낫세 686–642 (697–686 섭정)
왕하 21:19–23 대하33:21–25	부하에게 살해됨	아몬 642–640
왕하 22–23장 대하 34–35장	율법책 발견. 유월절 회복. 앗수르로부터 독립을 도모함	요시야 640–609
왕하 23:31–33 대하 36:1–4	애굽의 느고에 잡혀 재위 3개월 만에 폐위	여호아하스(살룸) 609
왕하 23:34–24:5 대하 36:5–6	요시야의 아들. 바벨론에 포로가 됨	여호야김(엘리야김) 609–598
왕하 24:6–16 대하 36:8–10	여호야김의 아들. 3개월 재위. 바벨론 포로	여호야긴(여고니야) 598
왕하 24:17–25:7 대하 36:11–21	눈이 뽑혀 바벨론에 끌려감. 예루살렘 함락	시드기야(맛다니야) 597–586

사사시대에 백성들은 자신들의 나라에 왕이 없어 외침을 받는다고 생각했다. 여기에 마지막 사사 사무엘의 아들들의 악행이 더해지자 결국 백성들은 왕을 구하게 된다(삼상 8:5).

그들은 외적의 침입을 받는 이유가 자신들의 영적·신앙적 문제라고 생각하지 못하고 이웃 나라들과 같은 강력한 왕이 없기 때문이라고만 생각했다. 그래서 자신들의 보호자요 왕이신 여호와를 잊어버리고 인간 왕을 구하게 된 것이다.

그러나 인간 왕들은 백성들을 피곤케 하고 온 나라를 우상숭배로 오염시키는 악을 행하기도 하며 결국 이스라엘을 멸망하게 하였다.

* 겹치는 연대는 섭정(혹은 공동통치) 기간으로 볼 수 있다.

* 북이스라엘 베가의 경우, 열왕기하 15장 27절에 따르면 “유다의 왕 아사랴 제오십이년”에 왕이 되어 사마리아에서 20년간 다스렸다고 하였으므로 재위 기간을 BC 740–721년으로 보아야 한다. 그러나 이어지는 30,32절과 함께 살펴보면 재위 기간과 사망 연도에 혼선이 생기는데 이유는 알 수 없다.

07
CHAPTER
통일왕국시대

THE OLD TESTAMENT

시대 훑어보기

1) 태초시대의 위치와 구조

시대	인간(왕국) 시대																		
순서	7				8			9			10		11			12			
시대	통일왕국시대				분열왕국시대			유다왕국시대			포로시대		귀환시대			침묵시대			
주제	사무엘	사울	다윗	솔로몬	왕국의 분열	남북의 열왕들	북이스라엘의 멸망	히스기야의 치적	요시야의 개혁	유다의 멸망	다니엘	에스더	1차 귀환	2차 귀환	3차 귀환	바사	헬라	독립유다왕국	로마
성경	삼상 1–왕상 11				왕상 12–왕하 17			왕하 18–25			단 1–12, 에 1–10		스 1–10 느 1–13			•			
추가			시	아, 잠, 전		욜	욘, 암, 호	사, 미	나, 렘, 습	합, 겔, 애, 옵, 대상, 대하			학, 슥		말				

▼

7. 통일왕국시대(삼상 1–왕상 11)			
사무엘	사울	다윗	솔로몬
삼상 1–7장	삼상 8–31장	삼하 1–24장	왕상 1–11장
마지막 사사들	왕국의 시작	다윗의 통치	솔로몬의 통치

2) 통일왕국시대 개관

- 시기 : 사울의 즉위-솔로몬의 죽음
- 성경에 언급된 범위 : 사무엘상 1장-열왕기상 11장
- 주제 : 이스라엘이 왕국을 구하였으나 왕국시대에도 하나님이 통치하심을 보여주신다.
- 개요 : 초대 왕 사울부터 다윗, 솔로몬까지 세 왕이 다스린 시대이다. 마지막 사사 사무엘을 통해 하나님이 선택하신 초대 왕 사울이 즉위했으나 하나님은 불순종한 사울을 대신하여 다윗을 세우시고, 다윗의 아들 솔로몬까지 통일왕국이 유지된다.

이 시대를 보여주는 성경

통일왕국시대는 사무엘서(상·하)와 열왕기상에 걸쳐 세 권의 성경에서 보여주고 있다.
사무엘상은 사사시대 마지막부터 통일왕국시대의 시작과 초기, 즉 사무엘의 출생부터 사울의 죽음까지를 기록하고 있다. 사무엘하는 다윗의 즉위부터 그가 통치한 시대를, 열왕기상은 솔로몬의 즉위부터 그가 통치한 시대를 기록하였다. 이중 사무엘상은 통일왕국시대 개관에서, 사무엘하는 통일왕국시대-다윗의 통치에서, 열왕기상은 통일왕국시대-솔로몬 시대에서 살펴본다.

* 사무엘하 : 통일왕국시대 – 3. 다윗, 158쪽을 보라.

* 열왕기상 : 통일왕국시대 – 4. 솔로몬, 162쪽을 보라.

사무엘상(1Samuel)				
명칭	기록자	기록 연대	기록 장소	장수
히브리어 : 세페르 쉐무엘 헬라어 : 바실레온	사무엘 추정	BC 930 이후	불분명	31장
핵심 주제	기록 목적		구성과 계시	
불순종하고 변명하는 사울 왕	제사보다 순종을 기뻐하시는 하나님은 선택하셨어도 불순종하면 버리신다		마지막 사사 사무엘의 출생에서 초대 왕 사울의 사망까지를 기록. 하나님께 선택받았지만 불순종하여 버림받는 사울과 순종하여 쓰임받는 사무엘, 다윗의 모습이 대조된다	

명칭과 저자

사무엘서는 이스라엘 역사에서 정복시대(사사시대) 말기부터 왕국시대의 초기(약 BC 1050-1000년경)에 걸쳐 활약한 선지자이자 사실상 마지막 사사인 사무엘이 쓴 것으로 알려진 성경이다. 사무엘의 어머니 한나는 자녀를 갖지 못했던 여인으로, 하나님께 만일 아들을 주시

면 그 아이를 바치겠다고 기도했고, 그 기도의 응답으로 얻은 아들이 사무엘이다. 어머니의 서원대로 대제사장 엘리에게 맡겨져 성막에서 지내며 하나님의 말씀을 듣고 자란 사무엘은 엘리 제사장의 뒤를 이어 제사장이요 선지자, 중보자로서 사명을 감당하였다. '사무엘'이라는 이름의 뜻은 '하나님의 이름' 또는 '하나님이 들으신다'이다.

헬라어 제목인 '바실레온'은 '왕들, 열왕(列王)'이라는 뜻이다. 사무엘서는 원래 하나의 책이었는데 헬라어 역본인 70인역을 작성한 번역가들이 이를 열왕기와 함께 네 권의 책으로 나누어 번역한 후 '열국기'(Books of Kingdoms) 1,2권으로 분류하면서 상권과 하권으로 나뉘었다. 그 후 벌게잇역(Vulgata, 70인역과 구약성경의 사본을 기초로 번역한 라틴어성경)에서 이들은 총 4권의 '열왕기'로 바뀌었으며, 그 후 킹제임스 성경과 이후 역본들에서 1,2권은 사무엘상·하로, 3,4권은 열왕기상·하로 번역되었다.

내용

사무엘상은 이스라엘의 초대 왕 사울의 통치에 관한 내용이 주를 이룬다. 시기적으로는 사사시대 말기부터 사울 왕의 통치 시대까지, 인물로는 사무엘 선지자의 일생 및 사울의 즉위부터 죽음까지 기록되어 있다. 1-3장은 엘리 제사장, 4-7장은 사무엘의 이야기가 중심이 되고, 이어서 사울 왕국의 시작과 다윗의 등장, 다윗을 좇는 사울, 사울과 블레셋 간의 마지막 전쟁 및 사울의 죽음이 언급된다.

사무엘상으로 살펴보는 통일왕국시대 하나님의 섭리와 교훈

통일왕국시대는 사사들이 다스리던 정복시대를 지나 왕국시대의 문을 연 시대이다. 사울은 하나님의 전적인 은혜로 선택되었지만 불순종으로 버림받게 된다. 사울의 문제는 죄악의 정도에 달린 것이 아니었다. 그는 하나님을 거역한 죄악을 사무엘에게 지적받고도 변명과 핑계로 일관하여 결국 회개하지 않는 불순종에 대해서 책망받는다.

> 사무엘이 이르되 여호와께서 번제와 다른 제사를 그의 목소리를 청종하는 것을 좋아하심같이 좋아하시겠나이까 순종이 제사보다 낫고 듣는 것이 숫양의 기름보다 나으니 삼상 15:22

결국 사울은 거짓 회개로 용서받지 못하고, 하나님의 단호한 심판을 받게 되었다.

사무엘서는 선택과 축복이라는 하나님의 섭리를 통해 역사의 주인공이신 하나님에 대해 교훈하고 있다. 하나님은 사무엘을 부르시고 사울을 부르셨으며, 부르신 자를 통해서 일하셨다. 그러나 사울이 역사를 섭리하시는 하나님을 망각할 때 하나님은 또 다른 사역자 다윗을 부르셨다. 부르심에 순종하여 쓰임받는 사람들의 모습, 그리고 왕으로 선택받았지만 불순종으로 버림받는 사울의 대조되는 모습을 통해, 하나님은 그분의 뜻에 순종하는 사람을 통해서 일하시며, 하나님께서 선택한 사람이라도 불순종하면 버림받을 수 있다는 것을 사무엘서에서 보게 된다.

구조

사무엘상의 구조를 도표로 보면 다음과 같다.

시대	사무엘(정착시대)		사울(통일왕국시대)			
장	1–7		8–31			
주제	마지막 사사들		왕국의 시작			
소분류	1–3	4–7	8–10	11–17	18–27	28–31
소주제	엘리	사무엘	왕이 된 사울	사울의 전쟁	다윗을 쫓음	블레셋과의 마지막 전쟁

1. 사무엘(삼상 1–7장)

실질적으로 이스라엘의 마지막 사사인 사무엘의 시대에 관한 기록이다. 아이를 낳지 못하는 여인 한나를 통하여 사무엘이 출생한 이야기로 시작된다. 엘리의 아들들의 패역은 사무엘의 등장을 예고하고, 사무엘이 선지자가 되는 과정이 소개된다. 결국 블레셋과의 전쟁에서 언약궤를 빼앗기고 엘리의 가정은 무너진다. 한편 법궤로 인해 재앙을 당한 블레셋은 법궤를 이스라엘로 돌려보내고, 사무엘이 이스라엘을 다스린다.

사무엘 시대 – 마지막 사사들	
엘리	사무엘
1–3장	4–7장

(1) 엘리(1–3장)

1장	한나의 기도	엘가나와 아내들 한나의 서원 기도 (11) 서원하여 이르되 만군의 여호와여 만일 주의 여종의 고통을 돌보시고 나를 기억하사 주의 여종을 잊지 아니하시고 주의 여종에게 아들을 주시면 내가 그의 평생에 그를 여호와께 드리고 삭도를 그의 머리에 대지 아니하겠나이다 사무엘 출생(BC 1103)

2장	엘리의 두 아들	한나의 감사 찬송 (7) 여호와는 가난하게도 하시고 부하게도 하시며 낮추기도 하시고 높이기도 하시는도다 엘리 아들들의 패역한 죄악 사무엘이 성소에서 수종 들다 하나님이 엘리 가문의 멸망을 예고하시다
3장	사무엘의 소명	하나님이 사무엘을 부르시고 엘리 가문의 멸망을 계시하시다 (13) 내가 그의 집을 영원토록 심판하겠다고 그에게 말한 것은 그가 아는 죄악 때문이니 이는 그가 자기의 아들들이 저주를 자청하되 금하지 아니하였음이니라 하나님의 계시를 들은 엘리 사무엘이 여호와의 선지자가 되다

(2) 사무엘(4–7장)

4장	엘리의 멸망	블레셋에 패하고 언약궤을 빼앗긴 이스라엘 제사장 엘리의 죽음
5장	법궤 재앙	다곤 신전에 안치된 언약궤 거듭된 재앙으로 언약궤를 두려워하는 블레셋
6장	법궤 반환	언약궤를 돌려보내려는 블레셋의 회의 벧세메스로 돌아오는 언약궤 속건제물을 드리는 블레셋 사람들 벧세메스 사람들이 당한 재앙
7장	미스바대성회	아비나답의 집에 안치된 언약궤 사무엘이 우상숭배 근절을 명령하다 에벤에셀 하나님(여기까지 도우셨다) (12) 사무엘이 돌을 취하여 미스바와 센 사이에 세워 이르되 여호와께서 여기까지 우리를 도우셨다 하고 그 이름을 에벤에셀이라 하니라

지도로 보는 블레셋과의 전쟁에서 언약궤 이동로

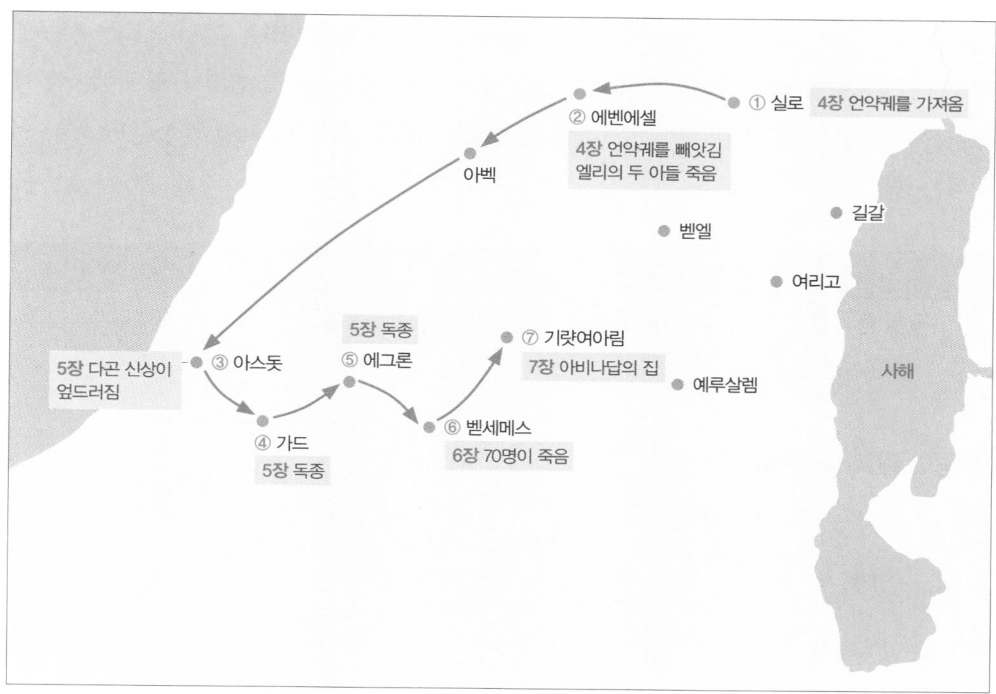

번호	①	②		③	④	⑤	⑥	⑦
지명	실로	에벤에셀	아벡	아스돗	가드	에그론	벧세메스	기럇여아림
장	4	4	4	5	5	5	6	6–7
주요 사건	언약궤를 가져옴	이스라엘의 진	블레셋의 진	다곤 신상, 종기	독종	독종	70명 죽음	아비나답의 집

① 실로 : 언약궤가 있던 곳(4:3).

② 에벤에셀 : 이스라엘이 진 친 곳. 실로에서 궤를 이곳으로 가져옴(4:1-4).
아벡 : 블레셋이 진 친 곳. 이스라엘이 블레셋과 싸워 패하고 언약궤를 빼앗김(4:1,11).

③ 아스돗 : 언약궤를 다곤 신전에 둠. 다곤의 신상이 부러지고 아스돗 지역에 독한 종기의 재앙이 내림(5:1-6).

④ 가드 : 언약궤를 아스돗에서 가드로 보냄. 가드에 독한 종기의 재앙이 내림(5:7-9).

⑤ 에그론 : 언약궤를 가드에서 에그론으로 보냄. 성읍에 독한 종기의 재앙이 내림(5:10-12).

⑥ 벧세메스 : 블레셋 사람들이 수레에 언약궤를 실어 벧세메스로 보냄. 벧세메스 사람들이 궤를 들여다보고 70명이 죽임을 당함(6:10-19).

⑦ 기럇여아림 : 언약궤가 벧세메스에서 기럇여아림에 있는 아비나답의 집으로 옮겨져 20년 동안 있게 됨(6:20-7:2).

2. 사울(삼상 8–31장)

이스라엘이 왕을 요구하자 하나님은 초대 왕으로 사울을 선택하셨다. 그러나 그는 사무엘을 통해 불순종을 책망하시는 하나님의 말씀에 회개하기보다는, 늘 변명과 핑계 대기에 바빴다. 결국 하나님께 버림받고, 후계자로 선택받은 다윗을 좇는 데 자기 열정을 다 쏟는 어리석은 종말을 맞게 된다.

사울시대 – 왕국의 시작			
왕이 된 사울	사울의 전쟁	다윗을 쫓음	블레셋과의 마지막 전쟁
8–10장	11–17장	18–27장	28–31장

(1) 왕이 된 사울(8–10장)

8장	왕정 요구	왕을 요구하는 백성 (7) 여호와께서 사무엘에게 이르시되 백성이 네게 한 말을 다 들으라 이는 그들이 너를 버림이 아니요 나를 버려 자기들의 왕이 되지 못하게 함이니라 하나님이 백성들에게 들으라고 명하시다 이스라엘 왕정 제도의 설명
9장	사울의 등장	사울이 아버지의 심부름을 가다 사울이 사무엘을 만나 이스라엘 왕으로 선택되다
10장	사울 즉위	사울이 이스라엘 왕으로 기름부음 받다 사울이 선지자들 가운데서 예언하다 사울이 미스바에서 왕이 되다(BC 1050)

(2) 사울의 전쟁(11–17장)

11장	왕권 확립	사울이 암몬족속을 물리치다 사울이 길갈에서 나라를 새롭게 하다
12장	사무엘의 훈계	사무엘의 마지막 설교 (23) 나는 너희를 위하여 기도하기를 쉬는 죄를 여호와 앞에 결단코 범하지 아니하고 선하고 의로운 길을 너희에게 가르칠 것인즉
13장	사울의 교만	사울이 블레셋과 전쟁을 준비하다 사울이 사무엘을 기다리지 않고 제사를 드리다
14장	요나단의 승리	요나단의 습격으로 자멸하는 블레셋 사울의 어리석은 금식령을 어긴 요나단 사울의 승리
15장	버림받는 사울	하나님이 사울을 버리시다 사무엘이 사울을 책망하다

15장	버림받는 사울	(22-23) 사무엘이 이르되 여호와께서 번제와 다른 제사를 그의 목소리를 청종하는 것을 좋아하심같이 좋아하시겠나이까 순종이 제사보다 낫고 듣는 것이 숫양의 기름보다 나으니 이는 거역하는 것은 점치는 죄와 같고 완고한 것은 사신 우상에게 절하는 죄와 같음이라 왕이 여호와의 말씀을 버렸으므로 여호와께서도 왕을 버려 왕이 되지 못하게 하셨나이다 하니
16장	다윗의 기름부음	하나님이 사울을 대신하여 다윗을 선택하시다(BC 1025) 다윗이 사울 앞에서 수금을 타다
17장	다윗과 골리앗	다윗이 골리앗을 물리치다(BC 1020) (45) 다윗이 블레셋 사람에게 이르되 너는 칼과 창과 단창으로 내게 나아오거니와 나는 만군의 여호와의 이름 곧 네가 모욕하는 이스라엘 군대의 하나님의 이름으로 네게 나아가노라

(3) 다윗을 쫓음(18-27장)

18장	다윗과 요나단	다윗과 요나단이 서로 사랑하다 사울이 다윗을 시기해 죽이려 하다
19장	사울의 핍박	사울이 다윗에게 창을 던지다 다윗이 라마로 도망하다
20장	요나단의 보호	다윗이 요나단에게 사울이 죽이려 함을 알리다 사울의 살해 의도를 확인하고 다윗에게 알리는 요나단
21장	다윗의 도피	다윗이 놉으로 도망하다 다윗이 가드 왕 아기스에게로 가다
22장	제사장 학살	다윗이 아둘람 굴에 숨다 다윗이 모압 미스베로 가서 부모를 맡기다 사울이 아히멜렉과 놉의 제사장들을 죽이다 다윗에게 피신한 아히멜렉의 아들 아비아달
23장	사울의 추격	다윗이 블레셋을 치고 그일라를 구하다 사울이 다윗을 추격하다 다윗이 십 광야로 피신하다
24장	다윗의 관용 1	다윗이 사울을 살려주다 사울이 자기 행동을 반성하다
25장	나발과 아비가일	사무엘의 죽음(BC 1017) 나발을 치려는 다윗과 지혜롭게 만류하는 아비가일 다윗이 아비가일을 아내로 맞이하다
26장	다윗의 관용 2	다윗이 다시 사울을 살려주다 사울이 다시 자기 행동을 반성하다
27장	다윗의 망명	다윗이 아기스에게 시글락을 얻다

지도로 보는 다윗의 도피 여정

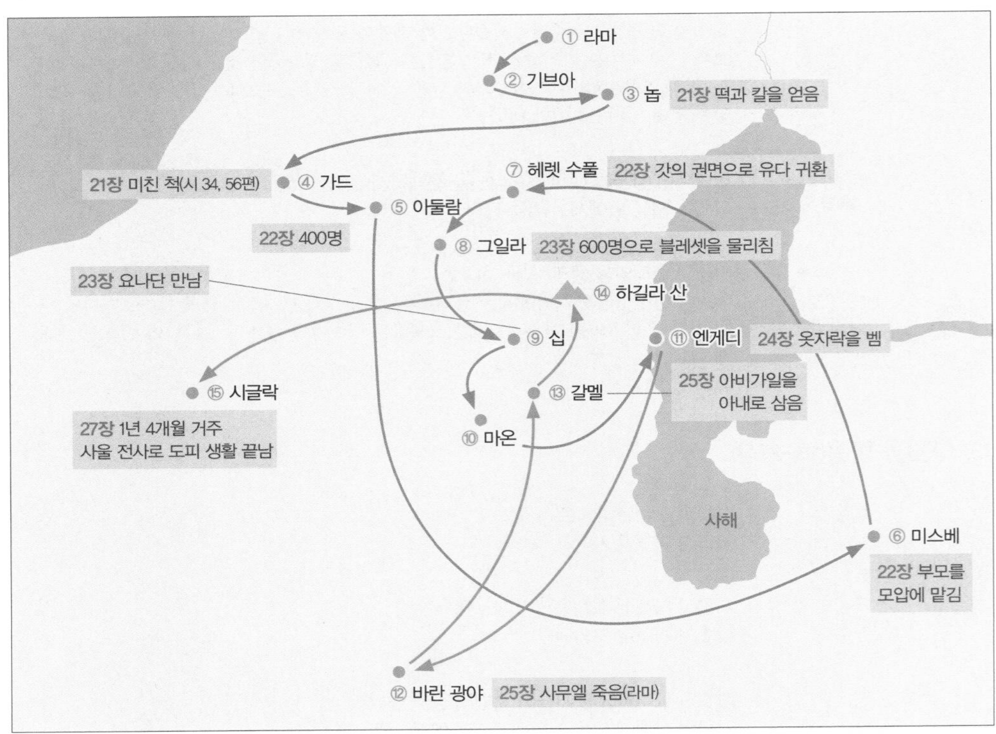

* 지도의 화살표는 겹치는 부분에서 독자의 혼선을 막기 위해 두 가지 색을 사용했다.

번호	①	②	③	④	⑤	⑥	⑦	⑧
지명	라마	기브아	놉	가드	아둘람	미스베	헤렛수풀	그일라
장	19	20	21	21	22	22	22	23
주요 사건	사무엘을 만남	요나단의 화살 신호	떡과 골리앗의 칼	미친 척하고 도망	가족이 찾아옴	부모맡김	갓의 권면	블레셋을 물리침
번호	⑨	⑩	⑪	⑫	⑬	⑭	⑮	
지명	십	마온	엔게디	바란광야	갈멜	하길라산	시글락	
장	23	23	24	25	25	26	27	
주요 사건	요나단을 만남	사울의 추격	옷자락 벰	사무엘 부고	나발과 아비가일	창과 물병	도피를 끝냄	

① 라마 : 도피한 다윗이 라마로 가서 사무엘을 만나 라마 나욧으로 감(19:18).

② 기브아 : 요나단이 다윗을 죽이려는 사울의 뜻을 다윗에게 알림.

③ 놉 : 다윗이 제사장 아히멜렉에게 떡과 골리앗의 칼을 얻음.

④ 가드 : 다윗이 가드 왕 아기스에게 갔으나 신하들의 의심에 미친 체하고 도망침(시 34,56편).

⑤ 아둘람 : 아둘람 굴로 도망한 다윗에게 가족들과 환난 당한 자, 빚진 자, 원통한 자들 400여 명이 모여 옴(22:1-2).

⑥ 미스베 : 모압 미스베로 가서 모압 왕에게 부모를 맡김(22:4).

⑦ 헤렛 수풀 : 선지가 갓이 유다 땅으로 들어가라고 권면(22:5).

⑧ 그일라 : 600명을 데리고 블레셋을 물리치고 그일라를 구함(23:13).

⑨ 십 : 십 광야 수풀에 숨은 다윗에게 요나단이 찾아와 만남(23:15-18).

⑩ 마온 : 십 사람들의 밀고로 사울이 뒤쫓아 오자 마온 황무지로 피함(23:19-24). 추격하던 사울은 블레셋의 침입으로 되돌아감(23:25-28).

⑪ 엔게디 : 사울이 떠나자 엔게디 요새로 올라감(23:29). 다시 쫓아오던 사울을 옷자락만 베고 살려줌(24:4).

⑫ 바란광야 : 사무엘이 죽은 후 다윗이 바란광야로 감.

⑬ 갈멜 : 나발의 양 떼를 지켜줌. 아비가일을 아내로 삼음(25:42).

⑭ 하길라 산 : 사울의 진영에서 창과 물병을 가져옴(26:11).

⑮ 시글락 : 블레셋으로 도망하니 가드 왕 아기스가 시글락을 줌(27장). 1년 4개월을 지내고 사울이 블레셋과의 전투 중 길보아 산에서 죽자 도피 생활이 끝남.

(4) 블레셋과의 마지막 전쟁(28-31장)

28장	사울과 무녀	이스라엘에 전쟁을 일으킨 블레셋 사울이 엔돌의 신접한 여인을 찾아가다
29장	의심받는 다윗	다윗을 의심하는 블레셋 방백
30장	아말렉 전쟁	다윗이 아말렉을 치고 전리품을 나누다
31장	사울의 죽음	사울과 요나단이 전사하다(BC 1010)

3. 다윗(삼하 1–24장)

이 시대를 보여주는 성경

사무엘하(2 Samuel)				
명칭	기록자	기록 연대	기록 장소	장수
히브리어 : 세페르 쉐무엘 헬라어 : 바실레온	사무엘 추정	BC 930 이후	불분명	24장
핵심 주제	기록 목적		구성과 계시	
순종하고 회개하는 다윗 왕	하나님은 그분을 신뢰하고 순동하는 자와 함께 일하시고 그를 축복하신다		순종하는 다윗을 통해 하나님이 섭리하시는 다윗 왕국의 역사는 미래의 메시아 왕국의 예표이다	

명칭과 저자

사무엘하는 사무엘상과 마찬가지로, 사무엘서의 명칭은 사무엘상의 첫 부분에 등장하는 중심인물인 사무엘에서 연유한 것으로 본다. 사무엘서는 이스라엘 역사에서 정복시대(사사시대) 말기부터 왕국시대의 초기(약 BC 1050-1000년경)에 걸쳐 활약한 선지자이자 사실상 마지막 사사인 사무엘이 쓴 것으로 알려졌다.

헬라어 제목인 '바실레온'은 '왕들, 열왕(列王)'이라는 뜻이다. 사무엘서는 원래 하나의 책이었는데 헬라어 70인역을 작성한 번역가들이 이를 열왕기와 함께 네 권의 책으로 나누어 번역한 후 '열국기'(Books of Kingdoms) 1,2권으로 분류하면서 상권과 하권으로 나뉘었다. 그 후 벌게잇역에서 이들은 총 4권의 '열왕기'로 바뀌었으며, 그 후 킹제임스 성경과 이후 버전 등에서 1,2권은 사무엘상·하로, 3,4권은 열왕기상·하로 번역되었다.

내용

사무엘하는 통일왕국시대 - 다윗 왕의 이야기이다. 앞서 사무엘상에서 사울의 불순종으로 하나님은 다윗을 부르셨다(삼상 16장). 다윗은 초대 왕 사울과 여러 면에서 비교되는 인물이었다. 그는 간음하고 살인을 교사한 가증한 죄악을 짓기도 했으나, 죄에 대해 핑계를 대던 사울과 달리, 죄악을 지적받으면 즉시 그리고 철저하게 회개한 사람이었다.

또 그가 이스라엘 최고의 성군으로 추앙받았던 이유 중 특별한 것은 그가 원수에게 직접 복수하지 않고 하나님을 의지했다는 점이다. 그는 왕이었으나 늘 하나님을 의식했던, 하나님의 마음에 합한 사람이었다.

사무엘하로 살펴보는 다윗시대 하나님의 섭리와 교훈

백성들이 왕이신 하나님을 버리고 인간 왕을 요구해 이스라엘에 왕국이 시작되었지만 하나님은 순종하는 종 다윗 왕을 통해 이스라엘을 구원하고 섭리하신다. 순종하는 종으로서 하나님의 전적인 축복을 받은 다윗이라도 불순종에는 단호한 징계를 받았다. 성경은 순종의 복과 불순종에 대한 징계를 통해서 하나님은 공의로우시며, 선민의 삶은 하나님을 떠나서는 징벌이 있다는 것을 분명히 보여준다.

사무엘하는 이러한 과정을 통해 선택과 축복, 심판이라는 하나님의 섭리를 알려주며 이스라엘의 역사를 이끌어 가시는 하나님의 구원 사역을 교훈해준다. 또한 이스라엘 왕국이 인간의 통치가 아니라 하나님을 대리하여 통치하는 것이라는 사실을 보여주며, 미래에 완성될 메시아 왕국에 관해 계시해준다.

구조

사무엘하의 구조는 크게 다윗 왕국의 부흥기(1-10장)와 재난기(11-24장)로 분류한다. 세부적으로는 다윗이 즉위하기까지의 과정(1-5장), 다윗의 업적(6-10장), 다윗의 범죄(11-13장), 이로 인해 다윗 집안에 풍파가 소용돌이치는 다윗의 말년(14-24장)으로 이루어진다.

시대	통일왕국 – 다윗 왕국			
장	1–10		11–24	
주제	다윗 왕국의 부흥기		다윗 왕국의 재난기	
소분류	1–5	6–10	11–13	14–24
소주제	다윗의 즉위	다윗의 업적	다윗의 범죄	다윗의 말년

연표로 보는 다윗시대

연도(BC)	주요 사건
1003	다윗의 통일왕국(삼하 5:5), 예루살렘 천도(삼하 5:9 ; 대상 11:7)
991	다윗의 간음죄(삼하 11:1–21), 범죄 후 망명 전(시 5,6,32,38–41,51,55,64편)
990	솔로몬의 출생(삼하 12:24)
979	압살롬의 반란(삼하 15:10–12)
973	블레셋의 침입(대상 20:4), 다윗의 인구 조사 범죄(삼하 24:1–7 ; 대상 21:1)
970	다윗의 죽음(왕상 2:10 ; 대상 28:11–21), 솔로몬의 즉위(왕상 2:12)

(1) 다윗의 즉위(1–5장)

1장	다윗의 애가	다윗이 사울과 요나단의 전사 소식을 듣고 옷을 찢다 다윗의 애가
2장	다윗의 기도	다윗이 유다의 왕이 되다 이스라엘 왕이 된 이스보셋 이스라엘과 유다의 전쟁
3장	다윗의 번영	다윗이 헤브론에서 낳은 여섯 아들 이스보셋을 배반한 아브넬과 그를 살해한 요압 다윗이 아브넬의 죽음을 슬퍼하다
4장	이스보셋의 죽음	이스보셋을 죽인 레갑과 바아나 다윗이 레갑과 바아나를 처형하다
5장	다윗의 즉위	다윗이 통일왕국의 왕이 되다 다윗이 시온산성을 빼앗다 다윗을 돕는 두로 왕 히람 다윗이 예루살렘에서 낳은 열한 아들 다윗이 블레셋을 공격하다

(2) 다윗의 업적(6–10장)

6장	법궤 이동	다윗이 언약궤를 옮기다(BC 1003) 베레스 웃사의 죽음 다윗이 언약궤를 다시 옮기다 다윗이 조롱하는 미갈을 책망하다
7장	다윗 언약	다윗이 성전을 세우려 하다 하나님이 다윗과 언약을 맺으시다 다윗의 기도
8장	영토 확장	하나님께서 다윗을 이기게 하시다 다윗의 신하들
9장	므비보셋	다윗이 요나단의 아들 므비보셋을 보살피고 사울의 집을 회복시키다
10장	암몬 정복	다윗이 사신을 모욕한 암몬과 싸워 이기다 다윗이 아람을 무찌르자 아람이 화친하다

(3) 다윗의 범죄(11–13장)

11장	간음과 살인죄	다윗이 밧세바와 간음하고 우리아를 죽게 하다 다윗이 밧세바를 부르다
12장	다윗의 회개	나단 선지자의 책망과 다윗의 회개 솔로몬 출생(BC 990)

13장	암논의 죄와 죽음	다말을 강간한 암논 암논을 죽이고 도주한 압살롬

(4) 다윗의 말년(14-24장)

14장	압살롬 귀환	요압의 계략으로 돌아온 압살롬
15장	압살롬 반역	압살롬의 반역(BC 979)과 다윗의 피난
16장	다윗의 도피	므비보셋을 모략하는 시바 다윗을 저주하는 시므이 압살롬의 예루살렘 입성
17장	후새의 모략	아히도벨의 모략과 후새의 모략
18장	압살롬의 죽음	압살롬의 패배와 죽음 다윗이 압살롬의 죽음을 애통해하다
19장	다윗의 환궁	다윗의 애통을 그치게 하는 요압 다윗이 궁으로 돌아오다
20장	세바의 반란	다윗을 대항한 세바가 살해됨 다윗의 신하들
21장	3년 기근	사울의 죄로 인한 3년 기근 다윗이 사울의 자손들을 처형하여 기브온의 원한을 풀다 다윗의 충신들의 공적
22장	승전의 노래	다윗의 시편 (2-3) 이르되 여호와는 나의 반석이시요 나의 요새시요 나를 위하여 나를 건지시는 자시오 내가 피할 나의 반석의 하나님이시요 나의 방패시요 나의 구원의 뿔이시요 나의 높은 망대시요 그에게 피할 나의 피난처시요 나의 구원자시라 나를 폭력에서 구원하셨도다
23장	다윗의 용사들	다윗이 마지막 말을 남기다 다윗의 용사들
24장	역병	다윗의 인구 조사로 내려진 재앙 다윗이 오르난의 타작 마당에서 제사를 드리다

4. 솔로몬(왕상 1-11장)

이 시대를 보여주는 성경

열왕기상(1 Kings)				
명칭	기록자	기록 연대	기록 장소	장수
히브리어 : 세페르 믈라킴 헬라어 : 바실레온	미상	BC 561-537	불분명	22장
핵심 주제	기록 목적		구성과 계시	
멸망으로 달려가는 왕국의 죄악	불순종의 결국은 멸망이라는 것을 교훈함		솔로몬 왕의 통치시대, 그의 불순종으로 솔로몬 이후 하나님께서 남북으로 나누시는 분열왕국시대의 이야기가 선한 왕조와 악한 왕조의 대조를 이루며 이어진다	

명칭과 저자

히브리어 제목인 '세페르 믈라킴'은 '왕들(믈라킴)에 관한 문서, 기록(세페르)'이라는 뜻이다. 원래 타나크(히브리 성경)에서는 한 권이었지만, 구약성경에서는 상·하 두 권으로 나뉘어있다. 유대교 전승에서는 저자를 예레미야 선지자로 보고 있지만 확실하지는 않다.

내용

솔로몬은 하나님께 특별한 은총을 입고 세상 최고의 지혜를 선물로 받았지만, 초심을 잃고 하나님 없이 자기 자신의 힘으로 나라를 치리하다가 결국은 말년에 이르러 모든 것이 헛되다고 고백한다. 결국 솔로몬의 강압 통치는 분열의 단초를 제공하였고, 이후 이스라엘은 남북으로 갈라져 처절한 주도권 싸움을 벌이게 되었다.

열왕기는 통일왕국이던 이스라엘이 북이스라엘과 남유다로 분열되고, 그 후 북이스라엘은 앗수르에, 남유다는 바벨론에 망하게 되기까지의 과정을 기록하였다. 그중 열왕기상은 솔로몬의 즉위로 시작하여 11장까지 솔로몬 왕의 통치 시대를 기록하였으며, 12-22장에서는 솔로몬 사후 분열된 남북 왕국의 역사 중 남유다는 여호사밧 왕이 죽고 그 아들 여호람(요람)이, 북이스라엘은 아합이 죽고 그 아들 아하시야가 왕이 되는 것까지 서술하고 있다.

열왕기상으로 살펴보는 솔로몬시대 하나님의 섭리와 교훈

열왕기상은 위대한 지혜자 솔로몬 왕 시대에 일어난 국가의 흥왕과 영적인 타락, 솔로몬 말기의 죄악으로 인한 남북 분열을 다루고 있으며, 이어서 열왕들의 치리와 엘리야의 사역을 기록하였다. 솔로몬은 하나님의 특별한 은총과 사랑을 받은 자로서 위대한 삶을 살아갈 모든 조건과 지혜를 가졌으나 그의 지혜는 정치, 국방, 외교, 문화의 치리로서만 빛을 발한다. 결국 그의 치세에서 솔로몬은 하나님을 망각하고 수많은 이방 여인을 처첩으로 두어 우상숭배를 방치하는 죄를 지었으며 후회와 회한의 말년을 보내게 된다.

열왕기상은 솔로몬 왕국과 남북 분열왕국시대 동안 순종하는 왕의 형통과 불순종하는 왕(또는 왕조)에 주어진 징벌을 기록하였다. 왕국과 왕들의 흥망성쇠가 하나님의 섭리 안에서 이루어지는 모습은 열왕들의 시대에도 왕국의 실제적인 통치는 하나님께서 섭리하신다는 것을 보여준다.

구조

열왕기상은 통일왕국의 솔로몬시대부터 분열왕국시대 일부까지 기록하고 있다. 열왕기상의 이 두 시대와 그 중 솔로몬 왕국시대를 도표로 나타내면 다음과 같다.

시대	통일왕국 – 솔로몬 왕국		분열왕국	
장	1–11		12–22	
주제	솔로몬의 통치	솔로몬의 타락	왕국의 분열	남북의 열왕
소분류	1–9	10–11	12–14	15–22

▼

시대	통일왕국 – 솔로몬 왕국			
장	1–9			10–11
주제	솔로몬의 통치			솔로몬의 타락
소분류	1–2	3–4	5–9	10–11
소주제	왕권 강화	솔로몬의 지혜	성전과 왕궁 건축	범죄와 타락

연표로 보는 솔로몬시대

연도(BC)	주요 사건
966	성전 기공(왕상 6:1 ; 대하 3–4장)
965	아가 기록
959	성전 완공(왕상 6:38)
930	솔로몬의 죽음(왕상 11:43 ; 대하 9:31), 왕국 분열(왕상 11:43–12:20)

(1) 왕권 강화(1-2장)

1장	왕위계승 갈등	노쇠한 다윗 왕이 되려 한 아도니야 솔로몬이 왕이 되다
2장	유언의 실행	다윗의 유언과 죽음(BC 970) 아도니야의 소청과 죽음 시므이의 처결

(2) 솔로몬의 지혜(3-4장)

3장	지혜를 구함	솔로몬이 일천 번제를 드리다 솔로몬이 지혜를 구하다 (9) 누가 주의 이 많은 백성을 재판할 수 있사오리이까 듣는 마음을 종에게 주사 주의 백성을 재판하여 선악을 분별하게 하옵소서 솔로몬이 지혜롭게 판결하다
4장	솔로몬의 번영	솔로몬의 신하들과 열두 관장 이스라엘의 태평성대 솔로몬의 지혜

(3) 성전과 왕궁 건축(5-9장)

5장	성전 건축 준비	솔로몬이 히람에게 도움을 요청하다 솔로몬과 히람의 교역 성전 건축을 위한 일꾼 준비
6장	성전 건축	솔로몬이 성전을 기공하다(BC 966) 하나님의 약속 성전의 완성(BC 959)
7장	성전의 기구들	솔로몬의 왕궁과 건축 기술자 히람의 초청 성전 기둥, 놋바다, 물두멍과 받침 제작
8장	성전 봉헌	성전으로 언약궤를 옮기다 성전에 임한 하나님의 영광 솔로몬의 감사와 찬양, 기도 (27) 하나님이 참으로 땅에 거하시리이까 하늘과 하늘들의 하늘이라도 주를 용납하지 못하겠거든 하물며 내가 건축한 이 성전이오리이까 성전 봉헌식과 솔로몬의 감사 제사
9장	하나님의 언약	하나님이 솔로몬의 기도에 응답하시다 솔로몬과 히람의 교역 솔로몬의 건축 사업과 제사, 무역

(4) 범죄와 타락(10–11장)

10장	스바 여왕	솔로몬을 방문한 스바의 여왕 솔로몬의 재산과 지혜, 병거
11장	솔로몬의 죽음	혼인으로 인한 솔로몬의 우상숭배 하나님이 솔로몬에게 진노하시다 솔로몬을 대적한 하닷과 르손 여로보암의 반역 솔로몬이 죽다(BC 931)

이 시대를 함께 이해하는 성경

통일왕국시대에 쓰인 성경으로는 다섯 편의 시가서 중 욥기(태초 - 족장시대)를 제외한 시편, 잠언, 전도서, 아가가 있다.

시편은 전체 150편 중 약 절반에 달하는 70여 편이 다윗에 의해 쓰였다고 알려져 있다. 잠언, 전도서, 아가는 솔로몬이 쓴 것으로, 쓰인 시기로 보면 아가, 잠언, 전도서 순이다.

시편(Psalms)				
명칭	기록자	기록 연대	기록 장소	장수
히브리어 : 테힐림 헬라어 : 프살모이	다윗 外	BC 1490–444	광야 이스라엘	150편
핵심 주제	기록 목적		구성과 계시	
찬양과 경배와 기쁨과 영광의 노래	찬양의 노래로 하나님을 경외하고 가르치려 함		150편의 찬양시를 인간의 기원, 구속, 거룩, 하나님의 통치, 하나님의 말씀이라는 각각의 주제에 따라 다섯 권으로 구성함	

명칭과 저자

시편의 히브리어 명칭인 '테힐림'은 '찬가, 찬송'이라는 뜻이며, 주요 헬라어 역본들은 이것을 '미즈모르'(mizmor), 곧 '노래'라는 또 다른 히브리어 단어로 번역한다. 헬라어 70인역에서는 '현악기에 맞추어 부르는 노래'란 뜻으로 시편에서 모두 57회나 사용된 히브리어 '미즈모르'의 헬라어 복수 형태인 '프살모이'란 제목을 사용하였다.

'시편'이라는 제목으로 보면 시집(詩集)으로 생각할 수 있으나, 히브리어와 헬라어 명칭에서 알 수 있듯이 이 책은 찬양집이다. 성경에서 유일하게 각 장을 '장'이 아닌 '편'이라고 부른다. 많은 시편에 그 시의 저자와 시를 쓸 때의 상황을 간략히 나타낸 표제가 있다. 이 표제에 따르면 전체 150편 중 다윗의 저작은 73편이며, 그 외 시편에 직접 언급된 저자로는 아삽

(12편), 고라 자손(10편), 솔로몬(2편), 모세(1편), 헤만(1편), 에단(1편)이 있다. 저자 미상은 50여 편인데 그중 몇 편은 히스기야, 에스라의 저작으로 추정되기도 한다.

가장 많은 시편을 지은 다윗은 사울에게 쫓겨 광야를 도망다니며 하나님께 그의 마음을 토로했고, 순종하는 자였지만 우리아의 일로 하나님 앞에 범죄했을 때 나단 선지자를 통해 하나님의 책망을 듣고는 처절하게 눈물로 회개했다. 그는 그러한 과정들을 찬양과 회개의 시들로 노래했다.

내용

시편은 하나님의 백성들이 하나님을 예배하는 찬양과 경배와 간구이다. 하나님의 은혜에 대한 찬양과 메시아에 관한 예언적 내용, 신앙과 삶의 전 영역에 걸쳐 나타나는 경배와 감사, 간구와 탄식이 담겼다. 즉 기쁠 때나 슬플 때나 괴로울 때나 고난당할 때나 승리할 때나 늘 함께하시며 다스리고 인도하시는 하나님의 섭리를 노래하는 찬양과 기도와 예배자로서의 고백으로 하나님을 향한 신앙의 모습을 조명하고 있으며, 또한 시편에는 성도들을 향한 하나님의 사랑과 긍휼, 자비와 은혜의 메시지가 담겨있다.

시편 기자의 눈으로 보는 하나님의 섭리

시편 제1권의 1편은 시편으로의 초대이며 2편과 함께 이스라엘 신앙을 핵심적으로 언급한다. 시편은 보통 신앙 공동체의 시, 개인적인 신앙고백의 시, 찬양의 시, 왕의 시(Royal Psalm)라는 네 가지의 유형 및 그 밖의 것들로 구성된다.

제4권(90-106편)은 하나님의 우주적인 통치를 찬양하는 시편이 많으며 특히 95-100편 사이에는 선민 이스라엘 역사를 중심으로 하나님이 이 땅의 전 역사를, 나아가 전 우주를 다스리심을 찬양, 선포하는 신정시(절대 주권자이신 하나님이 구속사를 근간으로 하여 창조자와 구속자로서 우주와 역사에 대해 베푸시는 경륜과 섭리와 관련된 신정 사상을 노래하는 시. 20,47, 89,93,101,132,144편도 신정시에 포함된다)들이 연속된다. 시편의 기자들은 우주와 역사를 당신의 거룩한 성품과 공의에 따라 선하게 섭리하시고, 이스라엘을 택하여 구속사를 전개하는 통로로 삼고 메시아를 보내어 구속하시며, 장차 세계 모든 열방을 하나님의 백성 삼으시는 하나님의 구속 경륜을 노래한다.

또한 구속주와 심판주로서 갖는 사랑과 공의의 품성, 은혜와 구원을 보여주는 역사 및 공의와 심판을 보여주는 역사를 노래하면서 하나님의 절대성과 초월성, 거룩성과 공의성, 사랑과 은혜 등 그분의 성품을 보여준다. 그 하나님 앞에서 우리는 감정과 생각을 정직하게 토설하고, 죄를 깨닫고 씻어주시기를 간구할 수 있으며, 힘과 도움이 되시는 하나님을 의지하여 일어나 찬양할 수 있게 된다.

구조

시편은 BC 1490년부터 BC 444년에 이르기까지 약 천 년에 걸쳐 기록되었으며, 여러 차례에 걸쳐 편집되었다. 시편은 5권의 형태로 구성되어 있다. 유대인들은 그들의 전통적인 개념 안에서 모세오경의 주제에 맞추어 이스라엘의 고전인 시편 150편을 다섯 권의 맥락으로 나누어 다섯 권의 송영가로서 구분한다.

즉, 다섯 권의 구분을 통하여 시편이 모세오경과 상응하는 책으로서 새로운 하나님의 말씀이라는 점을 시사한다. 그래서 유대교 전통에서는 "모세는 이스라엘에게 다섯 권의 책을 주었고 다윗은 이스라엘에게 다섯 권의 시편을 주었다"라고 말한다. 모세오경에 비교되는 시편의 다섯 권 구조는 시편의 지위를 정경의 일부로 확립하거나 확인시키려는 의도를 가지고 있었다고 볼 수 있다.

제1권(1-41편)은 사랑과 창조, 제2권(42-72편)은 해방과 구속, 제3권(73-89편)은 성소와 예배, 제4권(90-106편)은 방랑과 고난, 제5권(107-150편)은 율법과 찬양을 노래한다. 학자들 간에 이견은 있으나 보편적으로는 시편 제1권은 다윗 사후 솔로몬에 의해, 제2권은 고라 자손에 의해, 제3권은 히스기야 시대에 아삽에 의해, 제4권과 5권은 바벨론 포로시대 이후 에스라와 느헤미야에 의해 정리되어 오늘날과 같은 형태를 갖추게 되었다고 보고 있다. 시편의 구조를 도표로 보면 다음과 같다.

시편(1-150편)의 구조					
BC 1490(모세시대) ←→ BC 444(에스라시대)					
시대분류	포로기 이전			포로기	포로기 이후
대분류(권)	제1권(총 41편)	제2권(총 31편)	제3권(총 17편)	제4권(총 17편)	제5권(총 44편)
대분류(편)	1-41편	42-72편	73-89편	90-106편	107-150편
모세오경	창세기	출애굽기	레위기	민수기	신명기
	인간의 기원	구속	거룩	하나님의 통치	하나님의 말씀
주제	사랑과 창조	해방과 구속	성소와 예배	방랑과 고난	율법과 찬양
핵심	시 41:13	시 72:18-19	시 89:52	시 106:48	시 150:1-6
유대인들은 이스라엘의 고전인 시편 150편을 그들의 전통적인 개념 안에서 모세오경의 주제에 맞춰 5권의 맥락으로 나누어 5권의 송영가로서 구분한다.					

시편의 저자별 분류						
기자	편수	저자별 시편				
		제1권	제2권	제3권	제4권	제5권
다윗	73	3-9, 11-32, 34-41	51-65, 68-70	86	101, 103	108-110, 122, 124, 131, 133, 138-145
아삽	12		50	73-83		
고라 자손	10		42, 44-49	84, 85, 87		
솔로몬	2		72			127
에단	1			89		
헤만	1			88		
모세	1				90	
저자 미상	50	1, 2, 10, 33	43, 66, 67, 71		91-100, 102, 104-106	107, 111-121, 123, 125, 126, 128-130, 132, 134-137, 146-150
시편 기자 중 아삽, 헤만, 에단은 왕국시대 성전 성가대 지휘자였을 것으로 추정한다.						

시편 19편으로 보는 시편 119편 *				
주제	성경적		기능적	
	주제	실제	주제	실제
여호와의 율법	완전함	초자연성	영혼을 소성시킴	영혼을 거듭나게 함
여호와의 증거	확실함	오류 없음	우둔한 자를 지혜롭게	거듭난 자를 진리로 가르침
여호와의 교훈	정직함	바름과 곧음	마음을 기쁘게	정죄감에서 해방된 기쁨
여호와의 계명	순결함	빛남	눈을 밝게	인생의 길을 환하게 밝혀줌
여호와를 경외	정결함	부패하지 않음	영원까지 이르게	변함없이 함께하심
여호와의 법도	진실함	참됨	의로움	도덕적 기반과 영원한 삶의 지표

* 시편 19편은 시편 119편을 요약했다고 할 수 있을 만큼 그 내용이 압축되어 있다.

메시아에 관한 시편의 기록과 신약에서의 성취	
시편의 예언	신약의 성취
2:7 하나님의 아들	마 3:17 하늘로부터 소리가 있어 말씀하시되 이는 내 사랑하는 아들이요 내 기뻐하는 자라 하시니라
8:2 자녀들에게 찬양받으심	마 21:15-16 대제사장들과 서기관들이 예수께서 하시는 이상한 일과 또 성전에서 소리 질러 호산나 다윗의 자손이여 하는 어린이들을 보고 노하여 예수께 말하되 그들이 하는 말을 듣느냐 예수께서 이르시되 그렇다 어린 아기와 젖먹이들의 입에서 나오는 찬미를 온전하게 하셨나이다 함을 너희가 읽어 본 일이 없느냐 하시고
8:6 만유의 통치자	히 2:8 만물을 그 발 아래에 복종하게 하셨느니라 하였으니 만물로 그에게 복종하게 하셨은즉 복종하지 않은 것이 하나도 없어야 하겠으나 지금 우리가 만물이 아직 그에게 복종하고 있는 것을 보지 못하고
16:10 죽음에서 부활하심	마 28:7 또 빨리 가서 그의 제자들에게 이르되 그가 죽은 자 가운데서 살아나셨고 너희보다 먼저 갈릴리로 가시나니 거기서 너희가 뵈오리라 하라 보라 내가 너희에게 일렀느니라 하거늘
22:1 하나님께 버림받으심	마 27:46 제구시쯤에 예수께서 크게 소리 질러 이르시되 엘리 엘리 라마 사박다니 하시니 이는 곧 나의 하나님, 나의 하나님, 어찌하여 나를 버리셨나이까 하는 뜻이라
22:7-8 대적에게 조롱당하심	눅 23:35 백성은 서서 구경하는데 관리들은 비웃어 이르되 저가 남을 구원하였으니 만일 하나님이 택하신 자 그리스도이면 자신도 구원할지어다 하고
22:16 손과 발에 못 박히심	요 20:27 도마에게 이르시되 네 손가락을 이리 내밀어 내 손을 보고 네 손을 내밀어 내 옆구리에 넣어보라 그리하여 믿음 없는 자가 되지 말고 믿는 자가 되라
22:18 옷을 제비 뽑음	마 27:35-36 그들이 예수를 십자가에 못 박은 후에 그 옷을 제비 뽑아 나누고 거기 앉아 지키더라
34:20 뼈가 꺾이지 않음	요 19:32,33,36 군인들이 가서 예수와 함께 못 박힌 첫째 사람과 또 그 다른 사람의 다리를 꺾고 예수께 이르러서는 이미 죽으신 것을 보고 다리를 꺾지 아니하고 … 이 일이 일어난 것은 그 뼈가 하나도 꺾이지 아니하리라 한 성경을 응하게 하려 함이라
35:11 거짓 증인들에게 고소당하심	막 14:57 어떤 사람들이 일어나 예수를 쳐서 거짓 증언 하여 이르되
35:19 연고 없이 미움받으심	요 15:25 그러나 이는 그들의 율법에 기록된 바 그들이 이유 없이 나를 미워하였다 한 말을 응하게 하려 함이라
40:7-8 하나님의 뜻을 즐거워하심	히 10:7 이에 내가 말하기를 하나님이여 보시옵소서 두루마리 책에 나를 가리켜 기록된 것과 같이 하나님의 뜻을 행하러 왔나이다 하셨느니라

41:9 친구에게 배반당하심	눅 22:47 말씀하실 때에 한 무리가 오는데 열둘 중의 하나인 유다라 하는 자가 그들을 앞장서 와서
45:6 영원한 왕	히 1:8 아들에 관하여는 하나님이여 주의 보좌는 영영하며 주의 나라의 규는 공평한 규이니이다
68:18 하늘로 올리우심	행 1:9-11 이 말씀을 마치시고 그들이 보는데 올려져 가시니 구름이 그를 가리어 보이지 않게 하더라 올라가실 때에 제자들이 자세히 하늘을 쳐다보고 있는데 흰 옷 입은 두 사람이 그들 곁에 서서 이르되 갈릴리 사람들아 어찌하여 서서 하늘을 쳐다보느냐 너희 가운데서 하늘로 올려지신 이 예수는 하늘로 가심을 본 그대로 오시리라 하였느니라
69:9 하나님의 전을 사모하는 열심	요 2:17 제자들이 성경 말씀에 주의 전을 사모하는 열심이 나를 삼키리라 한 것을 기억하더라
69:21 쓸개 탄 포도주를 맛보심	마 27:34 쓸개 탄 포도주를 예수께 주어 마시게 하려 하였더니 예수께서 맛보시고 마시고자 하지 아니하시더라
109:4 대적을 위해 기도하심	눅 23:34 이에 예수께서 이르시되 아버지 저들을 사하여주옵소서 자기들이 하는 것을 알지 못함이니이다 하시더라 그들이 그의 옷을 나눠 제비 뽑을새
109:8 배신자의 자리를 채움	행 1:20 시편에 기록하였으되 그의 거처를 황폐하게 하시며 거기 거하는 자가 없게 하소서 하였고 또 일렀으되 그의 직분을 타인이 취하게 하소서 하였도다
110:1 대적 위에 다스리심	마 22:44 주께서 내 주께 이르시되 내가 네 원수를 네 발 아래에 둘 때까지 내 우편에 앉아있으라 하셨도다 하였느냐
110:4 영원한 제사장	히 5:6 또한 이와 같이 다른 데서 말씀하시되 네가 영원히 멜기세덱의 반차를 따르는 제사장이라 하셨으니
118:22 하나님의 건물의 모퉁잇돌	마 21:42 예수께서 이르시되 너희가 성경에 건축자들이 버린 돌이 모퉁이의 머릿돌이 되었나니 이것은 주로 말미암아 된 것이요 우리 눈에 기이하도다 함을 읽어 본 일이 없느냐
118:26 주의 이름으로 오심	마 21:9 앞에서 가고 뒤에서 따르는 무리가 소리 높여 이르되 호산나 다윗의 자손이여 찬송하리로다 주의 이름으로 오시는 이여 가장 높은 곳에서 호산나 하더라
132:12 다윗의 영원한 왕위의 계승자	눅 1:32 그가 큰 자가 되고 지극히 높으신 이의 아들이라 일컬어질 것이요 주 하나님께서 그 조상 다윗의 왕위를 그에게 주시리니

1. 제1권 사랑과 창조(1–41편)

편	저자	주제	내용
1편	미상	의인의 길	하나님의 말씀을 기뻐하는 자 (1-2) 복 있는 사람은 악인들의 꾀를 따르지 아니하며 죄인들의 길에 서지 아니하며 오만한 자들의 자리에 앉지 아니하고 오직 여호와의 율법을 즐거워하여 그의 율법을 주야로 묵상하는도다
2편	미상	시온의 왕	장차 오실 메시아
3편	다윗	나의 도움	무서운 환난 중에(압살롬을 피할 때 지은 시)
4편	다윗	저녁의 기도	고난의 밤에 하나님을 신뢰하는 기도
5편	다윗	아침의 기도	악인으로부터 보호를 간구하는 아침 기도
6편	다윗	긍휼을 요청	회개하며 자비를 구하는 자의 슬픈 노래
7편	다윗	신뢰의 기도	핍박 중에서 구원을 바라는 슬픈 노래
8편	다윗	성호를 찬양	하나님의 창조와 영광과 사랑
9편	다윗	공의를 찬양	원수를 이기게 하신 하나님의 공의
10편	미상	탄원의 기도	악인의 멸망을 구하는 기도
11편	다윗	믿음의 승리	성전에 계신 여호와
12편	다윗	말씀의 위로	타락한 세대
13편	다윗	고통을 간구	오랜 환난 가운데서 탄식하는 노래(버림받은 내 영혼)
14편	다윗	어리석은 자	하나님이 없다고 하는 어리석은 인생
15편	다윗	시온의 시민	주의 성산에 거할 자
16편	다윗	은총을 간구	복의 근원 여호와
17편	다윗	구원을 기도	압제자로부터 보호를 구하는 기도
18편	다윗	구원에 감사	구원에 대한 감사의 노래
19편	다윗	계시의 교훈	하나님의 창조물에 나타난 하나님의 영광 (4) 그의 소리가 온 땅에 통하고 그의 말씀이 세상 끝까지 이르도다 하나님이 해를 위하여 하늘에 장막을 베푸셨도다

20편	다윗	승리를 기원	위로의 노래
21편	다윗	승리에 감사	승리에 대한 감사
22편	다윗	고난의 시	십자가를 진 메시아의 슬픈 노래
23편	다윗	선한 목자	나의 목자 되신 여호와 (1) 여호와는 나의 목자시니 내게 부족함이 없으리로다
24편	다윗	영광의 왕	영광의 왕의 입성
25편	다윗	보호를 간구	환난 중에 인도와 보호를 구하는 기도
26편	다윗	시험과 단련	주님의 긍휼을 바라는 무죄한 자의 탄원
27편	다윗	신뢰의 고백	빛이요 구원이신 여호와를 통해 얻은 승리의 확신
28편	다윗	도움을 간구	도움을 바라는 기도와 그 응답에 대한 감사
29편	다윗	주의 위엄	여호와의 소리와 능력
30편	다윗	치유에 감사	병을 고치심에 대한 감사
31편	다윗	고난을 호소	주께 피하는 자의 기도(환난 중의 신뢰)
32편	다윗	사죄의 기쁨	회개와 용서의 기쁨
33편	미상	은택을 찬송	찬양과 감사
34편	다윗	의인을 보호	여호와를 찾으시는 자를 건져주시는 하나님
35편	다윗	기도 응답	대적으로부터 구원을 바라는 기도
36편	다윗	의인과 악인 1	변함없으신 주의 인자
37편	다윗	온전한 신뢰	일시적인 악인의 행복과 영원한 의인의 복
38편	다윗	참회의 시	질병과 고난 중에 죄를 회개하는 마음의 기도
39편	다윗	참된 소망	인생무상
40편	다윗	환난과 구원	도움을 구하는 기도와 응답에 대한 찬송
41편	다윗	빈약한 자 권고	병마 중에 기도

2. 제2권 해방과 구속(42–72편)

편	저자	주제	내 용
42편	고라 자손	주님 사모	하나님을 사모하는 자 (1) 하나님이여 사슴이 시냇물을 찾기에 갈급함같이 내 영혼이 주를 찾기에 갈급하니이다
43편	미상	성전을 앙모	불의한 자로부터 보호를 구하는 기도
44편	고라 자손	도움 호소	인도하심에 대한 회상과 현재의 고난으로부터의 구원 간구
45편	고라 자손	왕의 혼인	왕의 결혼 축혼가
46편	고라 자손	큰 피난처	피난처요 힘이신 하나님
47편	고라 자손	온 땅의 왕	왕 중의 왕 하나님 찬양
48편	고라 자손	시온산성	하나님의 성 시온의 영광
49편	고라 자손	헛된 세상	세상 부귀의 헛됨과 참되신 하나님
50편	아삽	참된 제사	공의로우신 하나님께 드릴 참된 예배 (15) 환난 날에 나를 부르라 내가 너를 건지리니 네가 나를 영화롭게 하리로다
51편	다윗	회개의 시	참회의 기도 (10) 하나님이여 내 속에 정한 마음을 창조하시고 내 안에 정직한 영을 새롭게 하소서 (17) 하나님께서 구하시는 제사는 상한 심령이라 하나님이여 상하고 통회하는 마음을 주께서 멸시하지 아니하시리이다
52편	다윗	의인과 악인 2	간사한 혀와 강포자의 결국과 그 교훈
53편	다윗	우매한 자	어리석은 무신론자
54편	다윗	구원을 확신	환난 중에서 원수에 대한 보응과 주의 도움을 구하는 기도
55편	다윗	고난의 시	친구로부터 배신당한 고난 중에서 하나님을 신뢰하는 기도
56편	다윗	주 의지하는 자	하나님의 도움을 바라는 기도
57편	다윗	승리의 찬송	환난 때에 주는 안전한 피난처
58편	다윗	공의의 승리	공의를 굽게 하는 악인의 형벌
59편	다윗	나의 산성	환난 날에 피난처 되시는 하나님
60편	다윗	회복을 간구	패배 후에 드리는 승전 기원

61편	다윗	주를 의뢰함	망대와 피난처가 되시는 하나님
62편	다윗	소망의 길	반석이요 구원이신 하나님만 바라는 신앙
63편	다윗	주를 앙모함	주를 갈망하는 갈급한 영혼을 채워주시는 하나님
64편	다윗	악인 심판	행악을 계획하는 자의 멸망
65편	다윗	주를 찬송	승리와 풍성한 추수로 인한 감사
66편	미상	와서 보라	시련에서 구원하신 크신 주님의 역사
67편	미상	통치 기원	추수감사
68편	다윗	찬송 선포	구원을 완성한 승리의 노래
69편	다윗	고난의 노래	고난당하는 자의 기도
70편	다윗	간절한 구원	긴급한 구원 기도
71편	미상	노년의 기도	도움을 바라는 노인의 기도
72편	솔로몬	왕의 아들	장차 올 메시아 왕국 찬양

3. 제3권 성소와 예배(73-89편)

편	저 자	주 제	내 용
73편	아삽	의인의 고민	악인의 번성에 대한 문제
74편	아삽	구속 탄원	민족 구원을 위한 기도
75편	아삽	의로운 재판장	의로운 재판장이신 하나님
76편	아삽	권능 찬미	원수의 군사는 망하고 하나님은 승리하신다
77편	아삽	도움 간구	고난의 슬픔 중에 하나님의 도우심의 은혜를 생각하고 위로를 얻음
78편	아삽	역사의 교훈	이스라엘의 불신과 하나님의 구원(출애굽, 다윗 언급)
79편	아삽	비탄의 시	성전을 훼손한 이방인들의 멸망을 위한 기도
80편	아삽	회복을 기도	이스라엘 회복을 바라는 기도
81편	아삽	유월절 시	순종자에 대한 축복

82편	아삽	공의 갈망	부정 재판에 대한 심판과 공의로운 재판을 위한 기도
83편	아삽	끊임없는 도움	열국 원수들이 두려워서 원수들의 멸망을 위한 기도
84편	고라 자손	성전 사모	주의 장막에 거하는 자의 복 (1-2) 만군의 여호와여 주의 장막이 어찌 그리 사랑스러운지요 내 영혼이 여호와의 궁정을 사모하여 쇠약함이여 내 마음과 육체가 살아 계시는 하나님께 부르짖나이다 (10) 주의 궁정에서의 한 날이 다른 곳에서의 천 날보다 나은즉 악인의 장막에 사는 것보다 내 하나님의 성전 문지기로 있는 것이 좋사오니
85편	고라 자손	구원의 주	포로에서 돌아온 자들의 기도
86편	다윗	은총 표징	고난 중에 하나님의 보호를 구하는 기도
87편	고라 자손	시온의 영광	시온의 영광
88편	헤만	슬픈 노래	고난에 처한 신앙인의 슬픈 노래
89편	에단	주의 성실	약속에 신실하신 주의 인자

4. 제4권 방랑과 고난(90-106편)

편	저 자	주 제	내 용
90편	모세	인생무상	인생무상에 대한 탄식 (12) 우리에게 우리 날 계수함을 가르치사 지혜로운 마음을 얻게 하소서
91편	미상	나의 의뢰	피난처요 요새이신 하나님(위로의 시)
92편	미상	안식일 의식	안식일에 주의 인자하심을 찬양
93편	미상	영원한 통치자	영원한 능력과 권세의 통치자 하나님
94편	미상	심판의 주	세계를 공평하게 심판하시는 하나님
95편	미상	찬양과 경배	모든 것의 주인
96편	미상	합당한 영광	온 땅이여 여호와를 찬송하라
97편	미상	통치 찬양	모든 신들 위에 초월하신 엄위하신 하나님
98편	미상	구원 찬양	온 땅에 충만한 주의 기사(이스라엘을 구원하신 하나님 찬양)
99편	미상	거룩하신 주	공평으로 통치하시는 하나님(하나님의 왕권 찬송)

100편	미상	감사의 시	기쁨으로 여호와를 찬송하라(감사시) (4) 감사함으로 그의 문에 들어가며 찬송함으로 그의 궁정에 들어가서 그에게 감사하며 그의 이름을 송축할지어다
101편	다윗	왕의 서약	통치자의 자세(거룩한 삶을 향한 결심)
102편	미상	근심 토로	슬픈 자의 기도(예루살렘 회복을 위한 기도)
103편	다윗	근심 찬양	전 우주적 찬양(여호와의 인자에 대한 감사 찬송) (1) 내 영혼아 여호와를 송축하라 내 속에 있는 것들아 다 그의 거룩한 이름을 송축하라
104편	미상	창조주 찬양	창조주 하나님의 섭리(피조물을 보호하시는 하나님)
105편	미상	영원한 언약	이스라엘을 향한 하나님의 사랑
106편	미상	주의 신실함	하나님의 사랑을 거역한 이스라엘의 죄

5. 제5권 율법과 찬양(107-150편)

편	저 자	주 제	내 용
107편	미상	구속 감사	인생에게 행하신 하나님의 기이하신 사랑의 구원
108편	다윗	인자 찬송	하나님의 구원을 바라며 승리의 기원과 확신
109편	다윗	악인 보복	악한 자가 당할 보복을 위한 기도
110편	다윗	메시아 예언	예수 그리스도에 대한 예언시 (4) 여호와는 맹세하고 변하지 아니하시리라 이르시기를 너는 멜기세덱의 서열을 따라 영원한 제사장이라 하셨도다
111편	미상	주의 행사	크신 여호와의 행사에 대한 찬양
112편	미상	의인의 복	여호와를 경외하는 자가 받을 복
113편	미상	주의 겸손	하나님의 자비를 찬양함
114편	미상	유다의 회복	출애굽 때 자연계에 나타난 하나님의 권능
115편	미상	주께 영광	참 신과 거짓 신을 분별하고 여호와를 의뢰하라
116편	미상	감사 서원	성도의 죽음

117편	미상	찬양 권고	영원하신 여호와의 인자와 진실 (1-2) 너희 모든 나라들아 여호와를 찬양하며 너희 모든 백성들아 그를 찬송할지어다 우리에게 향하신 여호와의 인자하심이 크시고 여호와의 진실하심이 영원함이로다 할렐루야 성경 전체의 중심이 되는 장
118편	미상	보호 찬송	우리를 도우시는 하나님 (8) 여호와께 피하는 것이 사람을 신뢰하는 것보다 나으며 성경 전체의 중심구절
119편	미상	말씀 찬송	율법을 찬송(8절씩 22부로 구성) (9) 청년이 무엇으로 그의 행실을 깨끗하게 하리이까 주의 말씀만 지킬 따름이니이다 (103) 주의 말씀의 맛이 내게 어찌 그리 단지요 내 입에 꿀보다 더 다니이다 (105) 주의 말씀은 내 발에 등이요 내 길에 빛이니이다
120편	미상	화평 간구	거짓된 입술에서 구원받기를 원하는 기도
121편	미상	도움의 근원	영원까지 도우시는 하나님 (1-2) 내가 산을 향하여 눈을 들리라 나의 도움이 어디서 올까 나의 도움은 천지를 지으신 여호와에게서로다
122편	다윗	평강 찬송	예루살렘의 평화를 위한 기도
123편	미상	긍휼 기대	긍휼을 바라는 기도
124편	다윗	도움 은혜	대적에게서 극적으로 구원하심에 감사
125편	미상	영원 보호	여호와를 의뢰하는 자의 안전
126편	미상	귀환 찬송	눈물의 씨와 기쁨의 단
127편	솔로몬	섭리 신뢰	여호와께서 집을 세우지 아니하시면 (1) 여호와께서 집을 세우지 아니하시면 세우는 자의 수고가 헛되며 여호와께서 성을 지키지 아니하시면 파수꾼의 깨어있음이 헛되도다
128편	미상	경외의 복	여호와를 경외하는 가정의 복
129편	미상	악인의 종말	이스라엘을 보호하시는 여호와와 시온을 미워하는 자의 결국
130편	미상	회개 소망	여호와를 기다리는 나의 영혼
131편	다윗	겸손 평안	겸손히 여호와를 신뢰하면
132편	미상	법궤 안치	성전 건축의 기쁨

133편	다윗	형제 연합	형제애의 기쁨 (1) 보라 형제가 연합하여 동거함이 어찌 그리 선하고 아름다운고
134편	미상	성도 찬송	밤에 봉사하는 하나님의 종들의 노래
135편	미상	주님만이 참 신	여호와의 관대하심과 우상의 공허성
136편	미상	감사하라	과거와 현재에 주신 여호와의 축복을 찬양
137편	미상	포로의 애가	바벨론 포로 생활의 슬픔
138편	다윗	완전한 인도	만물 위에 뛰어나신 주님
139편	다윗	감찰하시는 주	하나님의 전지전능하심을 의지한 기도
140편	다윗	풀무 구원	적의 음모와 하나님의 구원
141편	다윗	재난 중의 기도	고난 가운데 도움을 구하는 기도 (2) 나의 기도가 주의 앞에 분향함과 같이 되며 나의 손 드는 것이 저녁 제사같이 되게 하소서
142편	다윗	원통함 호소	피난처이신 여호와
143편	다윗	구원 염원	고난에 처한 영혼의 기도
144편	다윗	백성들의 복	거룩한 백성의 복
145편	다윗	광대하신 주	여호와의 크신 덕 찬송 (21) 내 입이 여호와의 영예를 말하며 모든 육체가 그의 거룩하신 이름을 영원히 송축할지로다
146편	미상	참된 도움	내 영혼아 여호와를 찬양하라
147편	미상	시온 회복	광대하시고 능력이 많으신 하나님
148편	미상	만물의 찬양	천지 만물이 주를 찬송
149편	미상	성도의 영광	성도들의 찬양
150편	미상	만민의 찬양	호흡이 있는 자마다 주를 찬양하라

아가(Song of Songs)				
명칭	기록자	기록 연대	기록 장소	장수
히브리어 : 쉬르 핫시림 헬라어 : 아즈마 아즈마톤	솔로몬	BC 970-960	예루살렘	8장
핵심 주제	기록 목적		구성과 계시	
그리스도와 교회의 사랑 고백	하나님이 창조하신 남녀의 순수하고 진실한 사랑을 알게 하기 위해		하나님의 형상대로 창조된 남자와 여자의 사랑이 하나님과 우리의 관계를 보여준다	

명칭과 저자

히브리어 제목인 '쉬르 핫시림'은 '노래 중의 노래', '최고의 노래'라는 뜻이며 '가장 아름다운 솔로몬의 노래'라는 별칭이 붙어있다. 헬라어 70인역에서도 같은 의미로 번역하였다.

아가는 8장으로 된 짧은 시가서이며 룻기, 예레미야애가, 전도서, 에스더서와 더불어 축제 오경에 속하는 성경이다. 유대교에서는 유월절 기간 중 안식일에 아가를 읽는다고 한다. 아가를 하나님과 유대인들의 관계를 비유한 것으로 보기 때문이다.

저자는 솔로몬으로 알려졌으며, 비교적 청년기인 솔로몬의 통치 초기에 기록한 것으로 보인다. 그는 이스라엘의 제3대 왕으로, 이스라엘 왕국을 다스리며 나라의 전성기를 이끌었다. 지혜가 탁월했으며, 문학에도 뛰어나 이스라엘 문학의 시조라 일컬어진다. 그러나 이방 여인들과의 결혼으로 우상숭배를 들여오게 되었고, 과중한 세금과 사치스러운 생활로 이스라엘 왕국 분열의 원인을 가져왔다. '솔로몬'(쉘로모, 히)이라는 이름은 '평화'라는 뜻이다.

내용

이스라엘 왕 솔로몬과 술람미의 포도원지기인 한 여인의 아름답고 순결한 사랑을 주제로 담고 있는 연가(戀歌) 형식의 시가서이다. 아가를 객관적으로 보면, 남녀 간 또는 부부간의 사랑 이야기가 분명하다. 더구나 아가는 남녀 간의 사랑을 매우 구체적이고 공개적으로 표현하고 있다. 그것이 거룩한 삶을 추구하는 사람에게는 매우 도전적인 메시지일 수 있으나 하나님이 허락하신 부부 안에서는 매우 아름다운 사랑의 이야기이다. 모세 율법에서는 결혼 관계 외의 모든 성관계를 간음으로 규정해 투석형에 처하도록 하고 있다. 그런 의미에서 이 책은, 상당히 적나라한 표현을 사용하고는 있으나 고대 사회에서 정식 예식을 통해 왕의 부인 중 하나가 된 술람미 여인과의 애정 관계를 묘사한 것이기에 '부부관계에서는 서로를 소중히 여기며 마음껏 즐기라'라는 교훈적인 의미에서 성경에 포함된 것으로 보인다.

아가를 통해서 살펴보는 하나님의 섭리

본서는 기본적으로 남녀 간의 육체적이고 성적인 사랑을 찬양한다. 사회가 성을 우상화하고 교회가 성을 금기시하는 것은 결국 둘 다 성을 타락시키는 것이다. 결혼이라는 틀 속에서 성은 하나님께서 주신 선물이다. 솔로몬과 술람미 여인 사이의 친밀함은 아담과 그 아내 두 사람이 벌거벗었으나 부끄러워하지 않았던 에덴동산에서의 모습을 연상시킨다. 이러한 모습을 통해 아가는 인간의 사랑이 타락 이전의 축복의 상태로 회복된 것을 그리고 있다.

더 나아가 본서는 우리와 하나님의 관계에 대해서 말해준다. 비록 본문에 하나님은 전혀 언급되지 않지만 '결혼'은 구약에서 하나님과 우리의 관계를 설명하는 데 자주 사용되는 비유적 표현이다. 하나님은 결혼 언약과 아주 유사한 관계를 자기 백성들과 맺으셨다. 결혼한 사람은 배우자 외에는 누구에게도 이러한 사랑을 열지 않는다.

기독교에서는 아가를 그리스도와 그분의 신부인 교회의 사랑을 남녀의 순결한 사랑에 비유하여 시적 언어로 묘사한 것으로 본다. 그들의 순결한 사랑은 그리스도와 교회가 참사랑의 아름다운 관계임을 나타내며, 사랑하는 사람을 위해서 어떠한 희생도 감수하는 사랑은 성도를 위해 십자가에서 죽으신 그리스도의 사랑을 보여준다. 그러한 사랑과 은혜에 대해 성도들 또한 그리스도를 향한 순결한 사랑과 순교를 개의치 않는 강인한 사랑으로 나아가게 되는 것이다. 요한계시록 3장 20절의 "볼지어다 내가 문밖에 서서 두드리노니…"라는 말씀은 사랑하는 신부를 찾으며 문을 두드리는(아 5:2) 신랑의 음성으로 들려진다.

구조

1–2장	3–4장	5–6장	7–8장
사랑의 고백	사랑의 노래	사랑의 갈등	성숙한 사랑

1. 사랑의 고백(1–2장)

1장	사랑의 시작	포도주보다 더 진한 신랑의 사랑 자기 외모를 변호하는 신부의 호소 사랑하는 신부를 초대하는 신랑 신부가 느끼는 사랑의 향기와 생명
2장	신부의 노래	신랑의 사랑에 감동한 신부의 고백 신부를 자랑스러워 하는 신랑 신랑을 향한 신부의 기쁨과 노래

2. 사랑의 노래(3–4장)

3장	사랑의 결실	신랑을 찾아 나선 신부의 사랑

3장	사랑의 결실	예루살렘 여자들이 본 결혼 행렬 혼인잔치의 기쁨으로 초대하는 신부
4장	신부의 찬미	신부를 향한 신랑의 기쁨 신부에게 마음을 빼앗긴 신랑의 고백 자신을 향한 신부의 마음을 기뻐하는 신랑

3. 사랑의 갈등(5–6장)

5장	사랑의 시련	신부를 향한 신랑의 기쁨 신랑이 문을 두드려도 신부가 일어나지 못함 떠나버린 신랑을 찾아 나선 신부의 애통함 신랑에 대한 예루살렘 여인들의 질문 신랑의 아름다움을 고백하는 신부
6장	사랑의 회복	신부와 함께 신랑을 찾는 예루살렘 여인들 신부를 향한 신랑의 노래 신랑을 찾아 나선 신부 신부를 부르는 예루살렘 여인들 신랑이 예루살렘 여인들을 책망함

4. 성숙한 사랑(7–8장)

7장	사랑의 성숙	돌아온 신부를 기뻐하는 신랑 신랑을 사모하는 신부의 고백 신랑을 위해 신부가 준비한 것들
8장	사랑의 완성	신랑과 신부의 영원한 생활 죽음같이 강하고 불길같이 거센 사랑 누이를 향한 신부 형제들의 고백 신랑과 신부를 위해 일하는 자의 상급 자신의 품 안으로 초대하는 신랑의 호소

<table>
<tr><th colspan="5">잠언(Proverbs)</th></tr>
<tr><th>명칭</th><th>기록자</th><th>기록 연대</th><th>기록 장소</th><th>장수</th></tr>
<tr><td>히브리어 : 미쉴레 쉘로모
헬라어 : 파로이미아이</td><td>솔로몬 外</td><td>BC 959–700</td><td>예루살렘</td><td>31장</td></tr>
<tr><th>핵심 주제</th><th colspan="2">기록 목적</th><th colspan="2">구성과 계시</th></tr>
<tr><td>지혜의 근본은 하나님이시다</td><td colspan="2">하나님의 말씀에 순종하는 것이 지혜임을 알게 하려고</td><td colspan="2">대구법(對句法) 형식으로 이루어져 있으며 비교·대조·부연을 통해 메시지를 강조하고 있다. 하나님의 뜻과 진리에 순종하고 자신의 지식을 고집하지 않는 것이 지혜임을 전해준다</td></tr>
</table>

명칭과 저자

이 책의 히브리어 제목인 '미쉴레 쉘로모'는 '솔로몬의 잠언들'이라는 의미로, '미쉴레'는 '잠언들', '속담들'을 가리킨다. '미쉴레'는 '들을 줄 아는 자세'라는 뜻을 가지고 있으므로, 지혜의 자세가 곧 겸손과 경청이라고도 가르치는 잠언의 내용과 밀접한 연관을 갖는다.

본서의 1장 1절은 "다윗의 아들 이스라엘 왕 솔로몬의 잠언이라"라고 밝히고 있으며, 대부분을 솔로몬이 직접 지었거나 편집했다고 알려져 있다. 그 외에 익명의 '지혜로운 자', 야게의 아들 아굴(30:1), 르무엘 왕의 모친(31:1)의 잠언도 일부를 차지한다. 25장에서 "이것도 솔로몬의 잠언이요 유다 왕 히스기야의 신하들이 편집한 것"(25:1)이라고 밝히고 있어 25-29장은 남유다 왕국 히스기야 왕의 서기관이 수집·편집한 것으로 보인다.

내용과 교훈

잠언은 구약성경에서 신성과 덕에 대한 현자의 말이나 지혜에 대한 내용을 담은 지혜문학으로 분류된다. 솔로몬은 "내가 네 말대로 하여 네게 지혜롭고 총명한 마음을 주노니 네 앞에도 너와 같은 자가 없었거니와 네 뒤에도 너와 같은 자가 일어남이 없으리라"(왕상 3:12)라는 말씀과 같이 하나님께서 보증하신 전무후무한 지혜자였다. 그의 지혜는 세상을 살아가는 처세로서의 지혜인 것 같으나 실상은 하나님의 말씀대로 살아가는 지혜이다.

짧은 구절로 지혜로운 원리들을 요약한 잠언은 삶의 다양한 가치 및 어떻게 살아야 하는지, 무엇이 옳은 행동이고 삶의 방식인지에 대한 가르침을 기록하고 있다. 이를 위해서 하나님과의 관계, 사람들과의 관계에 대해서 말하지만 결국 참된 지혜는 하나님을 경외하는 것이라는 진리를 전하려는 목적을 지녔다. 1장에서 저자를 밝힌 1절 이후 2-4절에서 다음과 같은 구절로 그 목적을 분명히 밝히고 있다.

> 이는 지혜와 훈계를 알게 하며 명철의 말씀을 깨닫게 하며 지혜롭게, 공의롭게, 정의롭게, 정직하게 행할 일에 대하여 훈계를 받게 하며 어리석은 자를 슬기롭게 하며 젊은 자에게 지식과 근신함을 주기 위한 것이니 잠 1:2-4

잠언을 통해서 살펴보는 하나님의 섭리

시편과 마찬가지로 잠언의 내용과 주제는 매우 다양하지만 그 중심 주제는 항상 하나님과 관련되어 있다. 지혜를 가르치면서 여호와를 경외하는 것이 지식의 근본(1:7)이요 지혜의 근본(9:10)임을 말하고, 미련한 것은 학문이나 배움이 없는 것이 아니라 여호와의 훈계를 멸시하는 것이라 가르친다(1:7). 또 하나님의 백성이 지켜야 할 법도를 이야기하면서 부정직하고 패역함(3:32), 부정직한 거래(11:1, 20:10), 악한 꾀(15:26), 교만(16:5) 등이 옳지 않고 이를 버려야 하는 이유는 이런 것이 '여호와께서 미워하시는 것'이기 때문이라고 가르친다. 반대로 정직과 공의, 공평함 등을 따라야 하는 것은 이런 것을 '여호와께서 기뻐하시'기 때문이라고 말한다.

이와 같이 모든 선함과 악함, 행할 것과 하지 말아야 할 것 등을 판단하는 근거는 여호와 하나님이 기준이 된다. 잠언이 다루는 다양한 내용과 주제는 결국 하나님의 백성이 하나님 앞에서 하나님을 경외하고 그분이 기뻐하시는 선하고 바른길로 살아가며 그러한 삶을 나타내기를 권면한다.

구조

1–9장	10–29장	30–31장
보편적인 지혜	지혜의 구체화	아굴과 르무엘 왕 어머니의 잠언

1. 보편적인 지혜(1–9장)

1장	지혜의 근본 여호와를 경외	지혜의 근본 (7) 여호와를 경외하는 것이 지식의 근본이거늘 미련한 자는 지혜와 훈계를 멸시하느니라 아비의 훈계와 어미의 법을 떠나지 말라 죄의 유혹 지혜의 탄식 – 지혜를 거부하는 어리석음
2장	지혜의 유익	지혜를 따르는 유익
3장	지혜의 가치	인자와 진리로 행하고 여호와를 의지하라 (5–6) 너는 마음을 다하여 여호와를 신뢰하고 네 명철을 의지하지 말라 너는 범사에 그를 인정하라 그리하면 네 길을 지도하시리라 첫 소산물로 여호와를 공경하라 여호와의 징계를 경히 여기지 말라 완전한 지혜와 근신을 지키라 이웃을 박대하지 말고, 해하거나 다투려고 하지 말라 포악한 자를 부러워 말라 악인의 집에는 저주, 의인의 집에는 복이 있으리라
4장	아비의 훈계	솔로몬이 아들에게 주는 아비의 훈계 내 말에 주의하고 귀를 기울이라
5장	순결한 결혼	음녀의 유혹을 조심하고 아내를 사랑하며 즐거워하라 내 입의 말을 버리지 말라 사람의 길은 여호와께 있다
6장	7가지 금령	보증을 서지 말고 게으른 자가 되지 말라 불량한 자의 행위 여호와께서 미워하시는 것 7가지

6장	7가지 금령	부모의 가르침을 따르고, 간음하지 말라
7장	음녀를 경계	지혜의 계명을 지키라 음녀의 유혹을 경계하라
8장	지혜의 부르짖음	지혜와 명철의 부름 여호와를 경외하는 지혜와 순종의 복 아들들에게 전하는 지혜
9장	지혜의 초청	지혜의 초청, 명철의 길 거만의 경계 여호와를 경외하는 지혜의 근본 (10) 여호와를 경외하는 것이 지혜의 근본이요 거룩하신 자를 아는 것이 명철이니라 지혜를 거절하는 어리석은 여자를 경계하라

2. 지혜의 구체화(10-29장)

10장	지혜의 근본	지혜 있는 자와 어리석은 자 불의의 재물은 무익하나 공의는 죽음에서 건진다 악인과 의인의 입 여호와를 경외하는 자의 생명 악인은 두려워하던 것이 임하고, 의인은 원하는 것을 이룬다 여호와를 경외하라 악인의 소망과 의인의 소망
11장	행위가 완전한 자	정직한 자와 사특한 자 평안을 누리는 비결 유덕한 여자와 근면한 남자 악인의 삯과 공의의 상 구제하는 자와 재물을 의지하는 자 의인은 사람을 얻는다
12장	공의로운 길이 생명과 사망	훈계를 좋아하는 자와 싫어하는 자 선인은 은총을, 악인은 정죄를 당하리라 의인의 생각과 악인의 생각 성실한 자의 실속 악인의 입술은 그물에 걸리나 의인은 환난에서 벗어난다 진실된 혀와 거짓된 혀 근면한 자와 나태한 자
13장	지혜로운 아들	지혜로운 자와 거만한 자 말씀을 멸시하는 자의 패망, 계명을 두려워하는 자의 상
14장	지혜로운 여인	지혜로운 자와 미련한 자 악인과 선인 여호와를 경외하라
15장	하나님의 감찰 악인과 선인	부드러운 말과 거친 말 여호와께서 미워하시는 것과 기뻐하시는 것

15장	하나님의 감찰 악인과 선인	교만한 자의 집을 허시고 악한 꾀를 미워하심 여호와를 경외하라
16장	하나님께 맡긴 삶	응답은 하나님이 하신다 (1) 마음의 경영은 사람에게 있어도 말의 응답은 여호와께로서 나오느니라 사람이 자기 길을 계획해도 인도하시는 이는 하나님이시다 의로운 입술과 정직한 말 교만에 대한 경계 (18) 교만은 패망의 선봉이요 거만한 마음은 넘어짐의 앞잡이니라 사람이 보기에 바르나 사망의 길 자기 마음을 다스리는 자 (32) 노하기를 더디하는 자는 용사보다 낫고 자기의 마음을 다스리는 자는 성을 빼앗는 자보다 나으니라
17장	마음을 연단	화목의 중요성 허물을 덮어주는 가치 지혜는 값으로 살 수 없다 다툼을 좋아하는 자 마음의 즐거움과 심령의 근심 말을 아끼는 자들이 받는 평가
18장	혀의 힘	선하지 못한 일들 주의 이름은 견고한 망대 혀의 힘
19장	행실의 결과	가난해도 떳떳이 살라 미련한 아들은 아비의 재앙 여호와를 경외하라
20장	여호와의 구원	정직한 거래와 속이고 취한 것 보복하지 말고 여호와를 기다려라
21장	마음의 감찰	악한 자의 특징 지혜자가 생각할 것들 탐하는 자가 많으나 의인은 아끼지 않고 베푼다 지혜로도 명철로도 여호와를 당할 수 없다
22장	악의 재앙	금은보다 명예를 택하라 지혜의 가치 약하고 곤고한 자를 압제하지 말라 노를 품는 자와 사귀지 말고 분을 품은 자와 동행하지 말라 남의 빚에 보증을 서지 말라
23장	어리석은 부자	맛있는 음식을 탐하지 말라 부자가 되려고 애쓰지 말라 악인의 음심을 탐하지 말라 지계석을 옮기지 말라 죄인의 형통을 부러워하지 말라 술에 대한 경계 아비를 청종하고 어미를 경히 여기지 말라 음녀의 함정에 빠지지 말라

24장	악인의 형통	악인의 형통을 부러워하지 말라 죽어가는 자를 외면하지 말라 지혜의 유익 의인의 집을 엿보지 말라 원수가 넘어질 때 기뻐하지 말라 여호와를 경외하라 이웃을 치지 말고 속이지 말라 게으른 자에 대한 경계
25장	마음을 제어	하나님의 영화와 왕의 영화 다투더라도 변론만 하고 은밀한 일은 누설하지 말라 히스기야가 편집한 금언들 (13) 충성된 사자는 그를 보낸 이에게 마치 추수하는 날에 얼음 냉수 같아서 능히 그 주인의 마음을 시원하게 하느니라
26장	미련은 미련을 낳는다	미련한 자에게는 막대기니라 미련한 자를 다루는 법 게으른 자와 거짓된 혀 이웃을 대하는 태도 속에 품은 악은 감출 수 없다
27장	자랑하지 말라	내일 일을 자랑하지 말라 유리하는 사람 다투는 여자 만족함이 없는 사람 네 양떼를 부지런히 살피고 네 소떼에 마음을 두라
28장	마음의 허실	죄가 많은 나라는 주관자가 많아진다 여호와를 경외하라 악한 관원 충성된 자는 부하고, 부하고자 하는 자는 형벌을 받는다
29장	의인의 복	의인이 통치하는 나라는 기쁘다

3. 아굴과 르무엘 왕 어머니의 잠언(30-31장)

30장	아굴의 잠언	하나님의 말씀은 의지하는 자의 방패 부하게도 마시고 가난하게도 마시옵소서 종을 그의 상전에게 비방하지 말라 아비와 어미를 저주하지 말라 족한 줄을 알라
30장	아굴의 잠언	아비를 조롱하고 순종하지 않는 자의 벌 이상히 여기고 깨닫지 못하는 것 서넛 견딜 수 없게 하는 것 서넛 작고도 지혜로운 것 넷 위풍당당한 것 서넛 스스로 높은 체하였거나 악한 일을 도모했거든 입을 막으라

31장	왕을 위한 잠언	힘을 여자에게 쓰지 말고, 반역하지 말라 포도주와 독주를 삼가라 고독한 자와 궁핍한 자를 신원하라 현숙한 여인을 찾으라 (30) 고운 것도 거짓되고 아름다운 것도 헛되나 오직 여호와를 경외하는 여자는 칭찬을 받을 것이라

잠언의 12가지 주제		
주제	교훈의 내용	관련본문
지혜와 우매함	지혜의 근본은 우주와 역사의 주권자이신 하나님을 그가 참으로 깨닫고 경외하는 데 달려 있다. 지혜의 가치는 다른 무엇보다 뛰어나 결국 영원한 생명을 얻는 구원에 이르게 한다. 반면 우매함은 하나님께로부터 멀어지게 하여 점점 멸망으로 빠져들게 한다. 따라서 구원을 희구하는 모든 성도에게는 하나님 안에서 그를 경외하는 삶을 살 때에만 얻을 수 있는 참 지혜가 요청된다.	1:7, 3:13-14, 4:7, 9:10, 12:15, 15:14, 16:16, 24:9, 28:26
하나님께 대한 경배	하나님은 지혜의 근본이시며 모든 축복과 승리를 주관하시는 분이다. 또는 인간의 마음을 아시며 심판하시는 창조주로서 마땅히 우리 인간이 악에서 떠난 상태에서 인정하고 공경해야 할 분이시다.	2:5-6, 3:6-11, 19:21, 20:10, 21:3,31, 28:25, 29:25
선과 악	선은 하나님을 따라 행하는 것이며 악은 하나님을 미워하는 것이다. 따라서 선을 행하는 의인에게는 하나님의 구원과 온갖 축복이 임하는 반면 악을 행하는 자는 정죄함을 당하여 결국 망하게 될 것임을 경고한다.	10:6-7, 11:6-11, 12:2-3, 13:5-6, 14:9,11, 20:7, 24:15-16, 28:1, 29:2
생명과 죽음	살고 죽는 것은 창조주이시며 만물의 섭리자이신 하나님의 손에 달려있기에 온전한 생명을 얻는 길은 생명의 주관자이신 하나님 안에 거하며 그분에게서 비롯된 의와 진리를 좇는 것이다. 그러나 하나님을 떠나 악을 행하는 자는 음부로 내려가는 사망에 처할 수밖에 없다.	4:10, 7:27, 8:35, 9:6,11, 10:11, 11:30, 13:12,14, 15:4, 16:22, 19:23, 21:21
언어생활	지혜롭고 의로운 말은 생명을 살리기도 하고, 우매하고 악한 말은 죽음과 징벌을 초래하기도 할 만큼 말의 위력은 엄청나다. 따라서 영생을 추구하는 의로운 자는 자신의 입술을 통해 의로운 말을 하고 그 혀를 잘 제어하려는 노력이 반드시 필요하다.	10:18-21, 12:6,13-14, 14:5,25, 17:4-7, 19:5, 20:19, 21:6, 28:23
가정생활	가정은 모든 인간에게 가장 중요하고 근본적인 곳으로서 그 가치를 지속시키기 위해서는 그 구성원인 가족 간에 반드시 지켜야 할 의무가 있다. 자녀의 부모 공경, 부부간의 신실한 사랑, 부모의 올바른 자녀 교육과 징계 등은 모든 시대를 막론하고 행복한 가정을 영위하기 위해 지켜야 할 하나님의 규례이다.	1:8, 5:18-19, 13:1, 19:13, 22:6, 23:13-16, 30:17
성실과 게으름	사람의 생활은 심는 대로 거두는 원리가 적용 되는 바 성실히 수고한 자에게는 풍족함이 찾아 들고 게으른 자에게는 궁핍과 빈곤이 찾아들 것임을 경고함으로써 더욱 이 세상에서 성실한 삶을 살 것을 요청한다.	6:9-11, 12:11, 14:23, 20:4,13, 28:19

이웃	인간은 하나님과의 수직적 관계뿐 아니라 인간끼리의 수평적 관계 속에서도 살아가는 존재이다. 또한 이웃도 나와 함께 하나님이 지으신 피조물로서 창조주 하나님을 대하듯 선하게 대해야 한다. 그리고 인간은 이웃에게 행한 대로 보응받게 된다.	3:29, 14:21, 17:9, 25:8-10, 26:18-19, 27:10, 29:5
부와 가난	진정한 부는 재물의 풍족함만을 의미하지는 않는다. 이것은 영적, 심적인 모든 면에서 판단되는 것이다. 따라서 지혜로운 자는 외적인 부를 얻기 위한 재물에 연연함을 버리고 진정한 부에 대해 이해함은 물론 바람직한 부의 축적 과정과 올바른 사용을 더 중시해야 한다.	10:15, 11:3-4, 19:4,7, 20:15, 21:6, 22:1-2, 23:4-5, 28:3,6, 30:8-9
겸손과 교만	겸손은 하나님이 기뻐하시는 미덕이나 교만은 하나님이 미워하시는 죄이다. 겸손은 높아지고 존귀히 여김 받게 하지만 교만은 낮아지고 멸망하게 됨을 교훈한다.	11:2, 15:25, 16:18-19, 18:12, 21:4, 22:4, 29:23
성공과 패망	성공은 하나님의 말씀을 순종하는 삶 자체에 따르는 것이며 패망은 말씀을 거역하고 죄를 저지른 모든 자에게 임한다. 이러한 패망의 원인은 악행, 악독한 말, 재물을 의지함, 말씀 멸시, 교만, 거짓 증거, 아첨, 완고함 등이다.	6:12,15, 10:8,10, 11:28, 13:6,13, 16:18, 21:28, 26:28
현숙한 아내	온전한 부부 관계의 성립은 매우 중요하다. 그중 특히 현숙한 아내의 역할은 매우 크다. 현숙한 여인은 지혜로움과 부지런함을 갖춘 신뢰할 만한 아내요 어머니를 일컫는다.	14:1, 31:10-11,13

전도서(Ecclesiastes)				
명칭	기록자	기록 연대	기록 장소	장수
히브리어 : 디브레 코헬렛 헬라어 : 에클레시아스테스	솔로몬 外	BC 935	예루살렘	12장
핵심 주제	기록 목적		구성과 계시	
해 아래서 하는 것들이 헛되다	하나님을 경외하고 그에게 순종하는 것이 인간의 본분임을 알게 하기 위하여		전도서의 교사와 목자는 지혜의 근원이신 그리스도를 비유한 것이다	

명칭과 저자

본서의 저자는 자신을 "다윗의 아들 예루살렘 왕 전도자(코헬렛)"(전 1:1)라 밝히고 있으며, 책의 제목은 여기에서 나온 것으로 '전도자의 말씀'이라는 뜻이다. 코헬렛의 어근인 '카할'은 '모으다'라는 의미이며, 따라서 코헬렛은 '불러 모으는 사람', '전도자', '집회를 주관하는 자' 등의 의미를 갖는다. 문맥상으로 코헬렛이 모으는 것은 격언이거나, 지혜를 구하는 회중이 될 수 있다. 헬라어 제목인 '에클레시아스테스'는 히브리어로 된 미상의 저자 '코헬렛'을 70인역이 번역한 것으로, '불러 모으는', '회중의 소집자'라는 뜻이다. 마르틴 루터(Martin Luther)는 본서의 '전도자'를 일컬어 '설교자'로도 번역하였다.

학자들은 전도서를 솔로몬이 그의 말년에 기록한 것으로 보고 있다. 전도서는 "다윗의 아들 예루살렘 왕 전도자의 말씀이라 전도자가 이르되 헛되고 헛되며 헛되고 헛되니 모든 것이 헛되도다"(1:1-2)라는 말씀으로 시작된다. 이 고백처럼 그는 하나님이 주신 지혜로 모든 부귀와 영화를 누리며 살아가다가 그의 말년에 이러한 것들이 다 헛되다고 고백하는 것으로 보인다.

내용과 교훈

하나님을 믿는 믿음을 힘입어 역경 속에서도 좌절하지 않고 소망을 품고 살아가도록 격려하는 기독교의 성경에 허무주의적 냄새가 물씬 나는 전도서가 정경으로 수록된 것은 놀라운 일이다. 더욱이 이러한 책이 5대 성문서의 하나로서 유대인의 즐거운 절기인 장막절에 낭독하는 두루마리 책이라는 것은 역설적으로 보이기도 한다.

그러나 저자는 인간 자신의 허무를 절감한 것이지 하나님과 그분의 능력, 하나님에 대한 신앙 자체를 헛되다고 말한 것이 아니다. 지혜로운 스승으로서 저자는 인생의 실존적인 문제들과 씨름하며 생의 비극과 비참과 허무함을 대면하였고 그 과정에서 통찰한 내용을 통해 헛된 인생을 가치있게 살아가기 위한 지혜를 본서에 담았다.

본서에 담긴 중요한 교훈을 몇 가지로 정리해보면, 첫째, 인간의 일과 계획과 힘은 유한하며 상대적이고, 둘째, 하나님이 주시는 삶을 단순하게 받아들이고 순종하면 거기에 가치 있는 삶이 있으며, 셋째, 현실의 삶에는 모순과 고통이 많은 것 같으나 그 배후를 깊이 꿰뚫어 보면 거기에 하나님의 섭리가 있고, 넷째, 결국 최고의 삶은 하나님의 명령을 따라 사는 삶이라는 것이다.

전도서를 통해서 살펴보는 하나님의 섭리

전도서에서 가장 많이 언급되는 단어가 사람(47회), 헛됨(37회), 수고(36회) 등이다 보니 본서가 일견 인생무상만을 반복하며 말하는 것 같다. 그러나 사실 본서는 사람이 살아가는 모든 일이 다 헛된 수고라는 강한 부정을 통해서 하나님을 떠나 '해 아래서' 살아가는 인생의 현주소가 바로 헛된 수고와 허무함임을 지적한 후, 이런 허망하고 무가치한 인생을 가치 있고 복되게 바꾸는 비결은 바로 '하나님을 경외하고 그분의 명령을 지키는 것'(12:13)이라는 교훈을 분명하게 제시하고 있다.

전도서 기자는 하나님 없이 세상 최고의 지혜로 살아온 그의 인생이 행한 것마다 헛된 것이었다고 고백한 후, 마지막 장인 12장에서 세상의 부귀영화는 다 헛되고, 하나님을 경외하며 그분의 명령들을 지키는 것이 인간의 본분이라고 결론 내리면서 이렇게 살 것을 당부한다.

> 너는 청년의 때에 너의 창조주를 기억하라 … 일의 결국을 다 들었으니 하나님을 경외하고 그의

명령들을 지킬지어다 이것이 모든 사람의 본분이니라 하나님은 모든 행위와 모든 은밀한 일을 선악 간에 심판하시리라 전 12:1,13,14

'창조주를 기억하고 그분을 경외하라'라는 당부가 본서를 통해 하나님께서 주시는 중심 메시지이자 핵심이다. 그것을 잊고 하나님을 떠나 '해 아래서' 살아간다면 아무리 노력하고 심지어 좋은 것을 누린다 할지라도 그 인생은 결국 헛되고 무의미할 수밖에 없다. 하나님은 하나님 없이는 헛된 삶을 살 수밖에 없는 인생들에게 본서를 통해 세상을 살며 헛되지 않은 영원함, 즉 천국의 삶을 추구하라는 당부와 소망을 들려주신다.

구조

1장	2-6장	7-12장
허무한 것들	허무한 인생	솔로몬의 고백

1. 허무한 것들(1장)

1장	헛된 세상	궁극적인 질문 (2-3) 전도자가 이르되 헛되고 헛되며 헛되고 헛되니 모든 것이 헛되도다 해 아래에서 수고하는 모든 수고가 사람에게 무엇이 유익한가 인생은 돌고 돈다 인간의 지혜도 다 헛되다

2. 허무한 인생(2-6장)

2장	쾌락의 허무함	모든 희락도 다 헛되다 세상의 모든 성취도 헛되다 우매자와 지혜자도 다 유한하다 모든 일이 다 헛되다
3장	기한과 때	인생의 목적과 균형 짐승이나 인간은 다 유한하다
4장	이기적인 수고의 헛됨	억압을 받거나 억압하거나 다 헛되다 나누지 못하는 소유는 다 헛되다 나누지 못한 삶도 다 헛되다 가난한 자가 왕이 된 것도 다 헛되다
5장	서원을 지키라	거짓 예배하는 것은 다 헛되다 재물을 모으는 것도 다 헛되다
6장	생의 유한함	물질의 부요함도 다 헛되다 인생의 낙을 알지 못하니 다 헛되다

3. 솔로몬의 고백(7–12장)

7장	지혜자의 지혜	지혜자의 마음 (4) 지혜자의 마음은 초상집에 있으되 우매한 자의 마음은 혼인집에 있느니라 형통한 날과 곤고한 날 너무 의롭거나 슬기롭게도 살지 말라 진정으로 선한 사람이 되기는 어렵다 지혜를 구하지 않은 사람들
8장	하나님의 일	지혜의 풍요로움 권위에 대한 반항, 사악한 것, 불공평한 것도 다 헛되다 악인과 죄 지은 사람을 칭찬하는 사람도 있다 인생은 불가사의다
9장	하나님의 경영	의인도 악인도 다 유한하다 현재가 중요하다 죽음은 예정이 없다 힘이 센 것도 다 헛되다
10장	지혜와 어리석음	지혜가 어리석음보다 나으니 지혜롭게 살라 사람을 저주하지 말며 게으르지 않게 살라
11장	불확실한 인생	사람은 하나님의 일을 알지 못한다 젊을 때 하나님을 바르게 섬겨야 한다
12장	경외와 순종	청년들에게 주는 충고 (1) 너는 청년의 때에 너의 창조주를 기억하라 곧 곤고한 날이 이르기 전에, 나는 아무 낙이 없다고 할 해들이 가깝기 전에 하나님을 경외하고 계명을 지키며 사는 것이 사람의 본분 (13–14) 일의 결국을 다 들었으니 하나님을 경외하고 그의 명령들을 지킬지어다 이것이 모든 사람의 본분이니라 하나님은 모든 행위와 모든 은밀한 일을 선악 간에 심판하시리라

통일왕국시대의 교훈 (!)

1) 죄를 짓고도 변명하는 사울 : 선택받았으나 버림받은 일꾼

2) 죄를 지었으나 회개하는 다윗 : 선택받고 끝까지 쓰임받은 일꾼

3) 타락한 지혜자 솔로몬 : 끝까지 순종하지 못한 인간 최고의 지혜자

4) 능력이 아니라 회개와 순종 : 교회에 주시는 교훈

통일왕국시대의 역사적 연대표(삼상 1-왕상 11장)	
초대 왕 사울시대(BC 1050-1010) - 재위 40년	
1050	통일왕국시대 사울 치하(삼상 10:24)
1040	다윗의 출생
1025	다윗 기름부음(삼상 16:13)
1020	골리앗을 물리침(삼상 17:1-58)
1017	사무엘의 죽음(삼상 25:1) 다윗이 시글락에 거주(삼상 27:5-7) - 1년 4개월(삼상 27:7) 다윗이 블레셋과 이스라엘의 전쟁에 참전(삼상 28:1-2) 다윗이 참전 제외로 시글락 귀환, 아말렉 진멸(삼상 30-31장)
1010	길보아 전투에서 사울 전사(삼상 31:1-13)
2대 왕 다윗시대(BC 1010-970) - 재위 40년, 이스라엘의 성군(聖君)	
1010	다윗 왕 즉위(삼하 2:1-4) - 헤브론에서 7년 통치
1005	사울 왕가와 다윗의 기브온 전투(삼하 2:8-3:1) 왕정 초기(다윗의 시 8,9,15,16,18-21,24,26,29,36,58,60,68,101,108,110편)
1003	다윗이 통일왕국 수립(삼하 5:1-5) - 예루살렘에서 33년 통치 다윗의 예루살렘 성 정복 및 다윗궁 건축(삼하 5:6-12) 다윗의 블레셋 정벌(삼하 5:17-25) 다윗의 법궤 운반(삼하 6:1-19) 다윗의 성전 건축 계획(삼하 7:1-17) 다윗의 정복 사업(삼하 8:1-14)
991	다윗의 범죄 - 간음과 살인(삼하 11:1-12:23) 범죄 후 망명 전쟁(시 5,6,32,38-41,51,55,64편)
990	솔로몬의 출생(삼하 12:24-25) 암논의 다말 강간과 압살롬의 복수(삼하 13:1-33)
986	압살롬의 도주(삼하 13:34-39) - 그술에 3년 거주 압살롬의 반역과 다윗 왕의 도피(삼하 15:7-18)
979	압살롬의 예루살렘 장악(삼하 15:37) 후새와 아히도벨의 모략(삼하 17:1-22) 요압이 압살롬을 죽임(삼하 18:9-15) 다윗의 예루살렘 귀환(삼하 19:1-43) 세바의 반역(삼하 20:1-22) 기브온 족속의 원한과 3년 기근(삼하 21:1-14)
973	블레셋의 침입(대상 20:4)
973	다윗의 인구 조사 범죄, 대재난(삼하 24:1-25 ; 대상 21:1)
971	성전 건축에 대한 다윗의 유언(대상 28:1-10) 아도니야의 반역(왕상 1:5-10)

3대 왕 솔로몬시대(BC 970-930) – 재위 40년, 이스라엘의 지혜의 왕	
970	솔로몬의 즉위(왕상 1:32-49) – 40년 통치(왕상 11:42)
970	다윗의 죽음과 아도니야 처형(왕상 2:1-25) 솔로몬의 일천 번제, 지혜를 구함(왕상 3:4-15) 솔로몬의 지혜로운 재판(왕상 3:16-28)
966	솔로몬의 성전 건축(왕상 5:1-6:1) – 출애굽 후 489년 솔로몬 재위 4년
965	아가 기록
959	성전 건축 완공(왕상 6:37-38) – 7년간 성전 건축
959	솔로몬의 왕궁 건축(왕상 7:1-8) 13년간 건축
959	성전 봉헌식(왕상 8:1-66) 솔로몬의 잠언(잠 1-9장, 10:1-22, 16:25-29, 31장) 스바 여왕의 방문(왕상 10:1-13) 아굴의 잠언(잠 30장)
938	솔로몬의 우상숭배, 하닷과 르손의 침입(왕상 11:1-25)
931	여로보암의 대적과 애굽 도피(왕상 11:26-40)

통일왕국시대 이후 성경의 역사는 분열왕국시대로 이어진다.

08

CHAPTER

분열왕국시대

THE OLD TESTAMENT

시대 훑어보기

1) 분열왕국시대의 위치와 구조

시대	인간(왕국) 시대																		
순서	7				8			9			10		11			12			
시대	통일왕국시대				분열왕국시대			유다왕국시대			포로시대		귀환시대			침묵시대			
주제	사무엘	사울	다윗	솔로몬	왕국의 분열	남북의 열왕들	북이스라엘의 멸망	히스기야의 치적	요시야의 개혁	유다의 멸망	다니엘	에스더	1차귀환	2차귀환	3차귀환	바사	헬라	독립유다왕국	로마
성경	삼상 1–왕상 11				왕상 12–왕하 17			왕하 18–25			단 1–12, 에 1–10		스 1–10 느 1–13			•			
추가			시	아, 잠, 전		욜	욘, 암, 호	사, 미	나, 렘, 습	합, 겔, 애, 옵, 대상, 대하			학, 슥		말				

▼

8. 분열왕국시대(왕상 12–왕하 17)				
왕국의 분열	남북의 열왕들			북왕국의 멸망
왕상 12–14장	왕상 15 – 왕하 16장			왕하 17장
	남북의 열왕 I	엘리야와 엘리사	남북의 열왕 II	
	왕상 15–22	왕하 1–8	왕하 9–16	

2) 분열왕국시대 개관

- 시기 : 르호보암의 즉위-북이스라엘의 멸망
- 성경에 언급된 범위 : 열왕기상 12-22장, 열왕기하 1-17장
- 주제 : 솔로몬의 불순종이 왕국의 분열로 이어지나, 남북 모두 하나님의 통치 아래서 순종할 때 평안하고 불순종할 때 징계가 온다.
- 개요 : 솔로몬의 아들 르호보암이 즉위한 후 유다와 베냐민 지파를 제외한 북쪽의 열 지파가 여로보암을 왕으로 세워 나라가 남유다와 북이스라엘의 두 왕국으로 분열된다. 이는 솔로몬의 강압 통치와 새 왕 르호보암의 강압적인 응대가 빌미가 된 것이었으나, 그 이전에 솔로몬의 범죄로 하나님께서 열 지파를 분리하신 것이다.

지도로 보는 분열왕국시대의 국경선

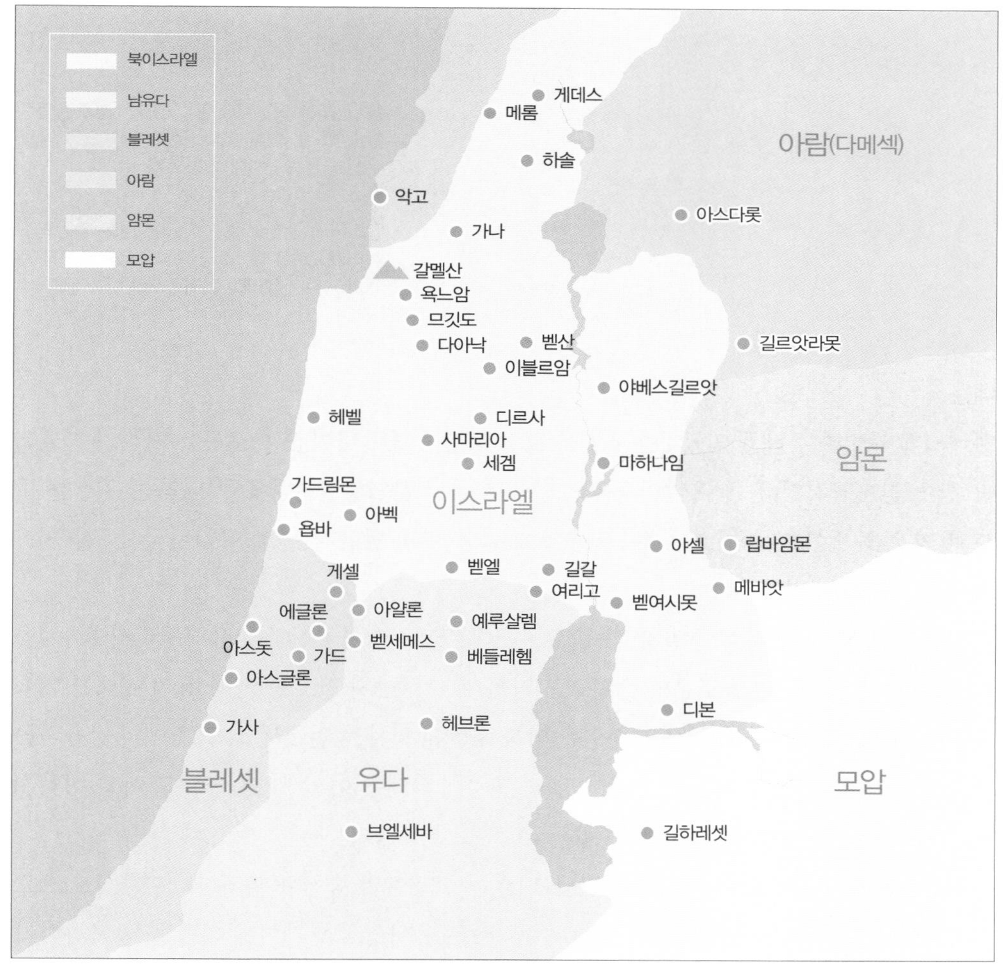

📖 이 시대를 보여주는 성경

분열왕국시대는 열왕기상·하, 이 두 권의 성경이 보여주고 있다. 열왕기상은 통일왕국시대의 솔로몬 왕이 즉위한 때부터 시작되어 이스라엘이 통일왕국시대에서 분열왕국으로 넘어가는 과정과 남북의 두 왕국이 어떤 길을 걸어가는지를 보여준다. 남유다는 여호사밧 왕의 아들 여호람, 북이스라엘은 오므리 왕조의 마지막 왕인 아하시야의 즉위로 열왕기상이 마무리된다. 앞서 통일왕국시대-솔로몬시대에서 열왕기상의 개관을 살펴보았다.

* 열왕기상 : 통일왕국시대 – 4. 솔로몬, 162쪽을 보라.

<table>
<tr><th colspan="5">열왕기(Kings)</th></tr>
<tr><th>명칭</th><th>기록자</th><th>기록 연대</th><th>기록 장소</th><th>장수</th></tr>
<tr><td>히브리어 : 세페르 믈라킴
헬라어 : 바실레온</td><td>미상</td><td>BC 561–537</td><td>불분명</td><td>왕상 22장
왕하 25장</td></tr>
<tr><th>핵심 주제</th><th colspan="2">기록 목적</th><th colspan="2">구성과 계시</th></tr>
<tr><td>상
하</td><td>멸망으로 달려가는 왕국의 죄악</td><td colspan="2">불순종의 결국은 멸망이라는 것을 교훈하기 위해</td><td>상: 통일왕국의 솔로몬 왕 시대와, 솔로몬의 불순종으로 이후 하나님께서 남북으로 나누신 분열왕국시대의 이야기
하: 엘리야의 승천으로 시작되어 남북 열왕의 시대가 펼쳐지며, 결국 죄악으로 북이스라엘과 남유다 왕국이 차례로 멸망하게 된다</td></tr>
</table>

내용

하나님께 특별한 은혜를 입었지만 초심을 잃고 우상숭배로 나아간 솔로몬은 나라가 분열되는 단초를 제공하였다. 남유다와 북이스라엘로 나뉜 분열왕국시대에 두 나라는 처절한 주도권 싸움을 벌이고, 북이스라엘이 앗수르에 멸망한 후 남유다 홀로 유다왕국시대를 지속하다가 바벨론에 멸망한다.

열왕기는 상·하에 걸쳐 통일왕국 - 솔로몬시대부터 분열왕국시대와 유다왕국시대까지를 아우른다. 열왕기상은 솔로몬의 즉위로 시작하여 11장까지 솔로몬 왕의 통치 시대를 기록하였다. 12장부터는 솔로몬 사후 분열된 남북 왕국의 역사를 언급하고, 22장에서 남유다는 여호사밧 왕이 죽고 그 아들 여호람(요람)이, 북이스라엘은 아합 왕이 죽고 그 아들 아하시야가 왕이 되면서 열왕기상은 마무리된다.

열왕기하는 아하시야와 엘리야의 만남(1장) 후 엘리야의 승천과 엘리사의 계승(2장)으로 시작하여 북이스라엘이 멸망하고(17장), 이후 남은 유다왕국이 개혁과 타락을 반복하다가 멸망(25장)하기까지의 역사를 다룬다.

하나님께 순종하는 왕의 형통과 불순종하는 왕 또는 왕조에 주어진 징벌을 통해, 많은 왕이 있었지만 실제적인 통치자는 인간 왕들이 아니라 하나님이시라는 사실을 보여주고 있다.

열왕기상·하로 살펴보는 분열왕국시대 하나님의 섭리와 교훈

열왕기상은 솔로몬 왕 시대의 흥왕과 솔로몬 말기의 영적 타락 및 죄악으로 인한 남북분열(통일왕국시대), 열왕의 치리와 엘리야의 사역(분열왕국시대)을 기록하였다. 하나님의 특별한 은총과 사랑을 받은 솔로몬은 점차 하나님을 잊고 우상숭배를 나라에 들였으며 결국 후회와 회한의 말년을 보내게 된다.

열왕기하는 남북왕국의 다툼과 북이스라엘의 멸망(분열왕국시대, 1-17장), 이후 약 136년간 개혁과 타락을 거듭하던 남유다왕국의 역사와 멸망(유다왕국시대, 18-25장)을 기록하였다.

통일왕국에 3명, 분열왕국 및 유다왕국시대에는 북왕국에 19명, 남왕국에 20명의 왕이 있었다. 그중에는 다윗과 같은 성군도 있었으나 결국은 군왕이나 백성의 소견대로 살아가는 불완전한 시대였다. 그 가운데 선지자 엘리야와 엘리사의 사역은 왕들의 권세를 초월하는 하나님의 통치를 드러내었다.

왕과 국가의 흥망성쇠는 하나님의 섭리 안에서 이루어져, 하나님의 말씀에 순종하는 왕은 승리하고 형통했고 하나님을 떠나 우상숭배한 왕과 왕조는 쇠퇴하고 어려움을 겪었다. 열왕기는 이러한 역사의 기록을 통해, 왕국의 흥망성쇠가 경제적인 부나 군사력에 있지 않으며, 많은 왕이 있을지라도 국가의 흥망과 역사를 다스리는 진정한 통치자는 인간 왕들이 아니라 하나님이시라는 사실을 보여준다.

구조

열왕기상·하는 통일왕국부터 분열왕국시대를 거쳐 유다왕국시대까지이다.

시대	통일왕국		분열왕국			유다왕국	
장	왕상 1–11		왕상 12–왕하 17			왕하 18–25	
주제	솔로몬의 통치	솔로몬의 타락	왕국의 분열	남북의 열왕	북왕국의 멸망	남유다의 열왕	남왕국의 멸망

그중 열왕기상에 나타난 시대는 통일왕국의 솔로몬시대부터 분열왕국시대(아합 왕 시대)까지이다. 열왕기상의 이 두 시대와 그중 분열왕국시대를 도표로 나타내면 다음과 같다.

시대	통일왕국 – 솔로몬 왕국		분열왕국			유다왕국	
장	왕상 1–11		왕상 12–왕하 17			왕하 18–25	
주제	솔로몬의 통치	솔로몬의 타락	왕국의 분열	남북의 열왕	북왕국의 멸망	남유다의 열왕	남왕국의 멸망
소분류	1–9	10–11	12–14	왕상 15–22, 왕하 1–16	17	18–24	25

열왕기하에 나타난 시대는 분열왕국시대(일부)부터 유다왕국시대까지이다.

시대	통일왕국 – 솔로몬 왕국		분열왕국			유다왕국	
장	1–11		왕상 12–왕하 17			18–25	
주제	솔로몬의 통치	솔로몬의 타락	왕국의 분열	남북의 열왕	북왕국의 멸망	남유다의 열왕	남왕국의 멸망
소분류	1–9	10–11	12–14	왕상 15–22, 왕하 1–16	17	18–24	25

분열왕국시대(BC 931–722) 남북의 왕들																																	
	열왕기상(12–22장)												열왕기하(1–17장)																				
북왕국왕 ※선지자		여로보암			나답	바아사	엘라	시므리	오므리	아합	※엘리야		아하시야	요람(여호람)	※엘리사			예후			여호아하스	요아스		여로보암2세		스가랴	살룸	므나헴	브가히야	베가			호세아
남유다왕	르호보암		아비얌	아사								여호사밧				여호람	아하시야		아달랴	요아스			아마샤		웃시야						요담	아하스	
성경	왕상 12–14	왕상 12–14	왕상 15	왕상 15	왕상 15	왕상 15	왕상 16	왕상 16	왕상 16	왕상 16–22	왕상 17–왕하 2	왕상 22	왕상 22–왕하 1	왕하 1–2	왕하 3–8	왕하 8	왕하 8	왕하 9–10	왕하 11	왕하 12	왕하 13	왕하 13	왕하 14	왕하 14	왕하 15	왕하 15	왕하 15	왕하 15	왕하 15	왕하 15	왕하 15	왕하 16	왕하 17
추가성경																				욜				욘, 암, 호									

엘리야와 엘리사는 왕이 아니지만 열왕기상·하에서 왕들보다 더 중요한 비중을 차지하는 인물들로서 왕상 17장–왕하 8장은 두 선지자의 사역을 기록하고 있다.

1. 왕국의 분열(왕상 12–14장)

솔로몬이 죽은 후 왕위를 이어받은 아들 르호보암은 백성들의 요구를 어리석게도 압제 정치로 대응한다. 이에 북쪽의 열 지파 백성들이 여로보암을 왕으로 세워 결국, 이스라엘은 르호보암이 다스리는 남유다와 여로보암의 북이스라엘로 갈라지고 분열왕국시대가 시작된다.

분열왕국의 시작	여로보암의 죄
12장	13–14장

(1) 분열왕국의 시작(12장)

12장	이스라엘 분단	즉위한 르호보암이 압제 정치를 택하다 여로보암이 북이스라엘 왕이 되다 스마야가 여호와의 말씀을 전하다 여로보암이 벧엘에 금송아지 단을 세우다

(2) 여로보암의 죄(13–14장)

13장	벧엘제단의 저주	여로보암에게 경고한 유다 선지자 사자에게 물려 죽은 유다 선지자
14장	여로보암	여로보암에 대한 아히야 선지자의 예언
	르호보암	르호보암이 유다를 통치하다 애굽 왕 시삭의 예루살렘 약탈(BC 926)

2. 남북의 열왕들 I(왕상 15–22장)

바아사 왕가를 진멸한 오므리 왕조가 시작된다. 이어서 오므리의 아들 아합이 왕이 되어 저지른 악으로 하나님께서 엘리야를 통해 가뭄을 예언하신다. 가뭄 끝에 엘리야는 갈멜산에서 바알 선지자들과 대결하여 이기고 바알과 아세라 선지자들을 진멸한다. 그 후 아합은 전쟁 중 전사한다.

아사와 바아사	오므리 왕조의 시작	아합 왕과 엘리야	아합의 악행과 전사
15장	16장	17–20장	21–22장

(1) 아사와 아비얌(15장)

15장	아비얌	아비얌이 유다 왕이 되다
	아사	아사가 유다 왕이 되다(BC 910) 아사가 벤하닷과 동맹하다
	나답	나답이 북이스라엘 왕이 되다
	바아사	바아사가 북이스라엘 왕이 되다

(2) 오므리 왕조의 시작(16장)

16장	바아사	바아사를 꾸짖는 선지자 예후
	엘라	엘라가 북이스라엘의 왕이 되다
	시므리	시므리가 엘라를 죽이고 북이스라엘 왕이 되다(BC 885)
	오므리	오므리가 북이스라엘 왕이 되다(BC 885)
	아합	아합이 북이스라엘 왕이 되다(BC 874) 아합이 바알숭배자인 이세벨과 혼인하다

(3) 아합 왕과 엘리야(17–20장)

17장	엘리야와 사르밧 과부	엘리야가 가뭄을 예언하다 엘리야에게 까마귀가 음식을 공급하다 엘리야가 사르밧 과부의 집에서 지내다 엘리야가 사르밧 과부의 아들을 살리다
18장	갈멜산의 엘리야	엘리야와 오바댜를 만나다 갈멜산의 대결 (21) 엘리야가 모든 백성에게 가까이 나아가 이르되 너희가 어느 때까지 둘 사이에서 머뭇머뭇 하려느냐 여호와가 만일 하나님이면 그를 따르고 바알이 만일 하나님이면 그를 따를지니라 하니 백성이 말 한마디도 대답하지 아니하는지라 엘리야의 기도 후 비가 내리다
19장	엘리사의 소명	엘리야가 호렙산으로 피하다 하나님께서 엘리야에게 임하시다 엘리야가 엘리사를 부르다
20장	아합과 벤하닷	사마리아를 포위한 벤하닷 이스라엘이 벤하닷을 물리침 벤하닷을 살려준 아합이 선지자를 통해 저주받다

(4) 아합의 악행과 전사(21–22장)

21장	나봇의 포도원	아합이 나봇의 포도원을 탐내자 이세벨이 음모로 나봇을 죽이다 엘리야가 아합의 멸망을 예언하다
22장	거짓 선지자와 아합	아합이 거짓 선지자들의 말을 듣고 전쟁에 나서다 아합이 미가야의 예언대로 전사하다 여호사밧이 유다 왕이 되다 아하시야가 북이스라엘 왕이 되다

3. 엘리야와 엘리사(왕하 1–8장)

엘리야 선지자의 말기 사역으로 북이스라엘 아하시야 왕이 자기 병을 바알세붑에게 묻는 것을 꾸짖고 그가 죽을 것을 예언하자 그대로 된다. 이후 엘리야는 회오리바람을 타고 하늘로 올라가고, 엘리사가 그의 사역을 이어간다.

엘리야의 마지막 사역과 승천	엘리사의 사역
1–2장	2–8장

(1) 엘리야의 마지막 사역과 승천(1–2장)

1장	아하시야 – 여호람	엘리야가 북이스라엘 왕 아하시야의 죽음을 예언하다 엘리야의 말대로 하늘의 불이 오십 인을 사르다 여호람이 북이스라엘의 왕이 되다
2장	엘리야의 승천	엘리야가 승천하다

엘리야의 사역 중 특이점은 하늘에서 불이 내려온 것이다. 갈멜산 대결 때 하늘에서 불이 내려 제물을 살랐고, 아하시야 왕이 오십 부장과 군사 오십 명을 보냈을 때 두 번씩이나 하늘의 불이 내려와 이들을 불살랐다. 이는 인간의 왕국시대에도 모든 통치권이 하나님께 있음을 보여준다.

지도로 보는 엘리야의 사역

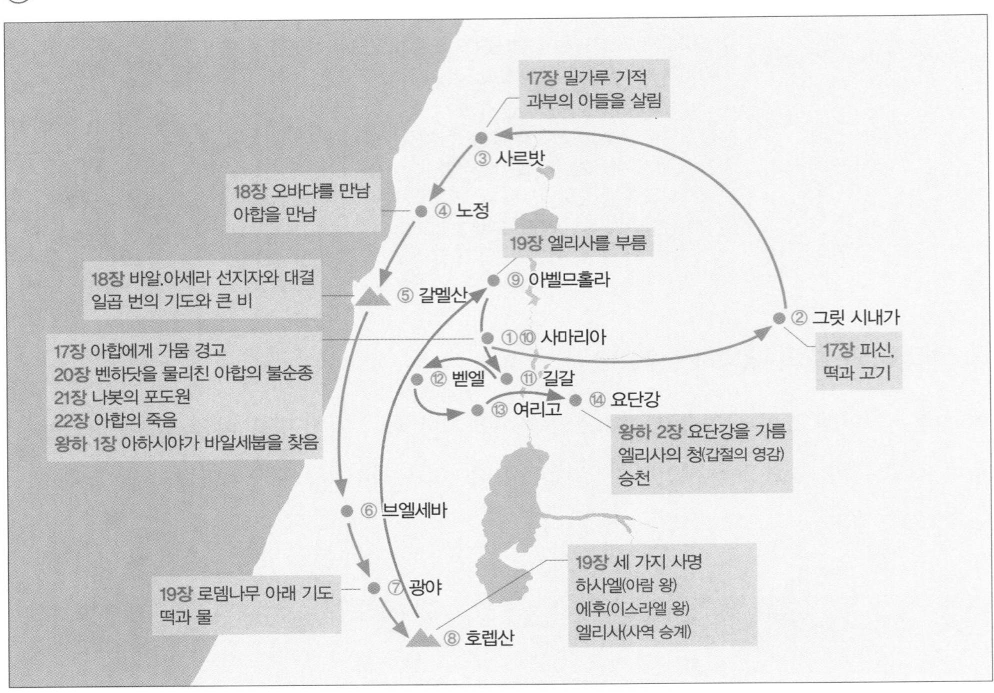

번호	①	②	③	④	⑤	⑥	⑦	⑧	⑨	⑩	⑪	⑫	⑬	⑭
지명	사마리아	그릿 시내가	사르밧	노정	갈멜산	브엘세바	광야	호렙산	아벨므홀라	사마리아	길갈	벧엘	여리고	요단강
장	17:1	17:3	17:9	18:3	18:20	19:3	19:4	19:8	19:19	21:18	2:1	2:2	2:4	2:6
주요 사건	가뭄 경고	떡과 고기	떡과 기름	오바댜 만남	대결	도망	로뎀나무 피신	주님의 음성	엘리사	나봇의 포도원				승천

① 사마리아 : 엘리야가 아합에게 기근을 경고함(17:1).

② 그릿 시냇가 : 까마귀들이 공급하는 떡과 고기를 먹으며 숨어 지냄(17:3-6).

③ 사르밧 : 시돈 땅 사르밧 과부의 집에서 머묾. 과부의 아들을 살림(17:9-24).

④ 노정 : 아합을 만나러 가는 길에 오바댜를 만나 아합에게 인도됨(18:7-16).

⑤ 갈멜산 : 바알과 아세라 선지자 850명과 대결하여 승리. 비를 예고하고 일곱 번 기도함(18:20-43).

⑥ 브엘세바 : 이세벨을 피해 도망. 브엘세바에 사환을 머물게 함(19:3)

⑦ 광야 : 로뎀나무 아래에서 하나님께 호소함. 천사가 떡과 물을 전해줌(19:4-6).

⑧ 호렙산 : 하나님의 세미한 음성을 듣고 세 가지 사역을 명령받음(19:8-18).

⑨ 아벨므홀라 : 엘리사를 부름(19:19-21).

⑩ 사마리아 : 나봇을 죽이고 포도원을 차지한 아합에게 하나님의 심판을 예언함(21:17-24).

⑪ 길갈 : 엘리사와 길갈에서 나감(왕하 2:1).

⑫ 벧엘 : 엘리사와 벧엘로 감(2:2).

⑬ 여리고 : 엘리사와 여리고로 감(2:4).

⑭ 요단강 : 요단강 물을 가르고 건너감. 엘리사가 갑절의 역사를 구함. 불수레와 불말이 나타나고 엘리야가 회오리바람을 타고 승천함(2:6-11).

(2) 엘리사의 사역(2–8장)

2장	엘리사의 계승	엘리사가 사역을 시작하다(BC 848) 엘리사가 요단강물을 가르다 엘리사가 여리고 물을 고치다
3장	모압과 전쟁	여호람이 바알의 주상을 제거하다 여호람이 남유다 왕 여호사밧과 동맹을 맺다 엘리사가 샘을 파게 하고 북이스라엘과 남유다 연합군이 모압을 물리치다
4장	엘리사의 기적	엘리사가 과부의 기름병을 채우게 하다 엘리사가 수넴 여인의 아들을 살리다 엘리사가 국에 든 독을 제거하다 엘리사가 보리떡 20개로 백 명을 먹이다
5장	나아만의 치료	엘리사가 나아만의 나병을 고치다 몰래 나아만에게 선물을 받고 나병에 걸린 게하시
6장	엘리사의 기적	엘리사가 물에 빠진 도끼를 건지다 엘리사가 아람 왕의 작전을 미리 알다 엘리사가 아람 군대의 눈을 멀게 하다 아람 왕의 포위로 아들을 잡아먹는 사마리아의 여인들
7장	도망친 아람군	아람 진영에 간 나병환자들이 아람 군대 퇴각을 알고 사마리아성에 기쁜 소식을 알림
8장	엘리사의 기적	엘리사가 아들을 살려준 수넴 여인이 땅을 되찾다 하사엘이 아람의 왕이 되다 여호람이 유다 왕이 되다/아하시야가 유다 왕이 되다

엘리사의 사역 중 그를 대머리라 놀리던 아이들 42명이 죽는 사건(왕하 2장)은 우리를 놀라게 한다. 하지만 하나님의 선지자를 조롱한 것은 하나님을 경외하지 않는 행동이고, 곰들이 그들을 찢은 것은 그런 당시 세대에 대한 하나님의 징벌로 보아야 할 것이다. 또 하나님이 아람 왕 벤하닷을 대신해 하사엘을 세우신(왕상 19:15 ; 왕하 8:13) 것은 하나님의 통치가 남북 왕국을 넘어 세상 모든 나라에 미치며, 그 흥망성쇠를 주관하신다는 것을 보여준다.

지도로 보는 엘리사의 사역

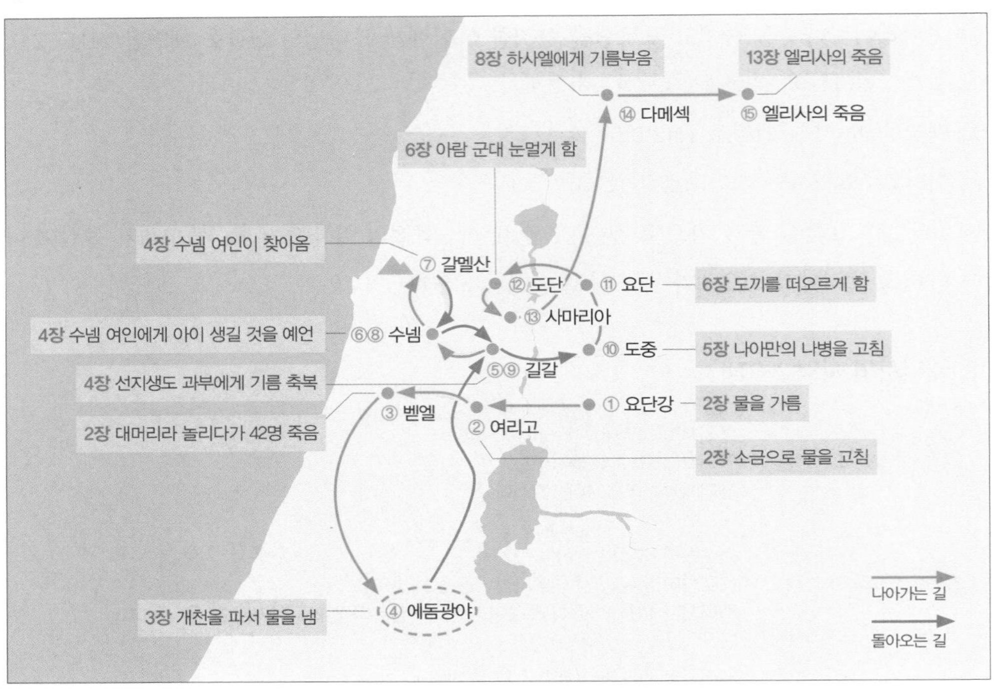

번호	①	②	③	④	⑤	⑥	⑦	⑧	⑨	⑩	⑪	⑫	⑬	⑭	⑮
지명	요단강	여리고	벧엘	에돔 광야	길갈	수넴	갈멜산	수넴	길갈	도중	요단	도단	사마리아	다메섹	?
장	2:14	2:15	2:23	3:13	4:1	4:8	4:25	4:32	4:38	5:9	6:4	6:13	7:1	8:7	13:14
주요 사건	요단 건넘	선지자 학교	불곰 살상	개천을 파라	과부의 기름	여인과 아들	여인이 찾아옴	아이를 살림	국의 독 제거	나아만 치유	도끼를 찾다	아람 군대	아람 군의 퇴각	하사엘에게 예언	엘리사 죽음

① 요단강 : 엘리야의 겉옷을 가지고 요단강 물을 가르고 건너 돌아옴(2:14).

② 여리고 : 여리고의 제자들이 엘리야의 시신 찾기를 청함. 여리고의 물을 고침(2:15-22).

③ 벧엘 : 엘리야의 대머리를 놀리는 아이들을 저주함. 곰이 나와 그중 42명을 찢음(2:23-24).

④ 에돔광야 : 이스라엘·유다·에돔 왕에게 개천을 파게 하고 승리를 예언(3:13-20).

⑤ 길갈 : 기름 기적으로 선지자의 제자의 과부 가족을 도움(4:1-7).

⑥ 수넴 : 공궤하는 수넴 여인에게 아들 얻을 것을 예언함(4:8-16).

⑦ 갈멜산 : 수넴 여인의 아들이 죽자 여인이 갈멜산으로 엘리사를 찾아옴(4:25).

⑧ 수넴 : 수넴 여인의 아들을 살림(4:32-37).

⑨ 길갈 : 들호박국의 독을 제하여 선지자의 제자들을 살림. 보리떡 20개와 채소를 무리에게

나눠 그들이 먹고도 남음(4:38-44).

⑩ 도중 : 나아만의 나병을 고침. 엘리사의 집(5:9)이 어디인지는 확실치 않다(5:1-14).

⑪ 요단 : 한 제자가 물에 떨어뜨린 도끼를 찾아줌(6:4-7).

⑫ 도단 : 엘리사를 잡으려 성을 포위한 아람 군대를 생포함(6:13-19).

⑬ 사마리아 : 아람 군대를 왕에게 데려감(6:20-22). 아람 군대의 퇴각과 물가 안정을 예언함(7:1).

⑭ 다메섹 : 하사엘에게 왕이 될 것을 예언함(8:13).

⑮ 엘리사의 죽음 : 사망 장소와 무덤의 위치는 알 수 없음(13:20).

4. 남북의 열왕들 II(왕하 9–16장)

하나님께서 아합 왕의 죄악에 대하여 예후를 통해 아합의 씨를 진멸하실 것을 경고하셨고(왕하 9:7-8) 그 말씀대로 예후가 아합의 가문을 진멸하고 왕이 된다. 한편, 이 사건으로 남유다에서는 아하시야 왕이 살해되고 아합의 딸인 악한 여인 아달랴가 왕이 된다. 그러나 7년 만에 제사장 여호야다에 의해 요아스가 왕이 되어 다윗 가문을 이어가지만, 북이스라엘은 끝없는 정변으로 왕조가 바뀌는 혼란이 거듭된다.

9장	이스라엘 왕 예후	예후가 왕이 된다는 선지자의 예언 예후가 북이스라엘 왕 요람을 살해하다 예후가 남유다 아하시야 왕을 살해하다
10장	예후의 숙청	예후가 아합의 집을 진멸하다 예후가 바알 지지자들을 진멸하다 예후가 북이스라엘 왕이 되다(BC 841)
11장	아달랴의 종말	유다의 정권을 잡은 아달랴 요아스를 왕으로 세운 제사장 여호야다
12장	요아스의 통치	요아스가 남유다를 통치하다 요아스가 성전을 수리하게 하다
13장	이스라엘 회복	여호아하스가 북이스라엘 왕이 되다 요아스가 북이스라엘의 왕이 되다
	엘리사의 죽음	엘리사의 유언과 죽음(BC 797) 엘리사의 뼈에 닿은 시체가 살아나다
14장	아마샤	아마샤가 유다 왕이 되다 아마샤가 북이스라엘 요아스와 전쟁에서 패하다

14장	여로보암	여로보암 2세가 북이스라엘 왕이 되다(BC 793)
15장	유다의 왕들	웃시야가 남유다 왕이 되다 요담이 남유다 왕이 되다
	이스라엘의 왕들	스가랴가 북이스라엘 왕이 되다 살룸이 스가랴를 죽이고 북이스라엘 왕이 되다 므나헴이 살룸을 죽이고 북이스라엘 왕이 되다 브가히야가 북이스라엘 왕이 되다 베가가 브가히야를 죽이고 북이스라엘 왕이 되다
16장	아하스의 행적	아하스가 남유다 왕이 되다 아람과 북이스라엘 연합군이 남유다를 침공하다

5. 북왕국의 멸망(왕하 17장)

17장	북이스라엘의 멸망	호세아가 북이스라엘 왕이 되다(BC 732) 북이스라엘이 앗수르의 3차 침입으로 멸망하다(BC 724) 북이스라엘 멸망의 원인(BC 722)

이 시대를 함께 이해하는 성경

요엘서(Joel)				
명칭	기록자	기록 연대	기록 장소	장수
요엘 : 여호와는 하나님이시다	요엘	BC 835–796	유다	3장
핵심 주제	기록 목적		구성과 계시	
모든 육체에 성령을 부어주실 것이다	남유다의 심판을 경고하고 여호와의 심판의 날에 대한 경각심을 주기 위해		죄를 범하고도 회개하지 않는 자들에게는 심판을, 뉘우치는 자에게는 용서와 회복을 강조하신다	

명칭과 저자

구약성경의 소선지서 12권 가운데 두 번째 책. 본서는 "브두엘의 아들 요엘에게 임한 여호와의 말씀이라"라는 1장 1절 말씀을 통해 저자가 요엘임을 밝히고 있다. '요엘'이라는 이름은 '여호와는 하나님이시다'라는 뜻이다.

아버지의 이름 외에는 가문이나 지파, 직업 등 요엘에 관해 알려진 것이 없으며, 따라서 기록 시기 또한 추정이 어렵고 여러 가지 주장이 있다. 다만, 요엘서에 왕에 대한 언급이 없고 제사장 중심으로 기록된 것(1:9,13)으로 보아 대제사장 여호야다가 아달랴를 몰아내고 어린 요아스 왕을 옹립한 후 그를 대신하여 섭정(왕하 11:1-21 ; 대하 23-24장)한 시대에 쓰여진 것으로 보인다. 여호사밧 왕이 에돔 연합군을 물리친 여호사밧 골짜기를 상기하면서 하나님께 간구(3:2,12)하는 것으로 보아 여호사밧 시대 이후로 추정되고, 블레셋, 애굽, 에돔, 베니게가 대적으로 언급되지만(3:4) 앗수르나 바벨론에 대한 언급이 없는 것도 본서가 요아스 왕(BC 835-796년경)때 기록된 것으로 보는 견해를 뒷받침한다.

내용과 교훈

요엘서에는 유대 땅을 습격한 메뚜기 떼의 재해가 하나님의 심판임을 밝히고 회개를 권장하는 내용이 기록되어 있다. 두렵고 무서운 메뚜기 떼의 재앙을 통해 하나님의 준엄한 심판을 경고하고, 무서운 심판의 날인 '여호와의 날'을 준비하기 위해, 즉 회개하여 하나님이 주실 영적 축복을 체험하도록 준비하기 위하여 기록되었다.

하나님께서 이 민족을 벌하시는 이유는 죄 때문이었다. 백성이 하나님께 순종하는 한 하나님은 비를 보내고 추수하게 하실 것이다. 그러나 만일 이들이 하나님에게서 등을 돌리면 그분은 하늘을 놋처럼 되게 하시고 그들의 밭을 망쳐놓으실 것이다.

이스라엘의 선민의식은 하나님의 은혜가 그들과 함께하신다는 강한 종교적 배타주의로 이어졌다. 그러나 요엘은 하나님을 찾고 순종하는 신실한 자들만 구원을 받을 것이라고 강조하며, 회개하고 하나님의 회복케 하심을 받으라고 전했다.

요엘서를 통해서 보는 하나님의 섭리

자연 재앙은 우연히 임하는 것이 아니다. 우주 만물의 운행과 질서의 주관자가 하나님이심을 깨닫는다면 메뚜기 재앙에 담긴 하나님의 섭리는 더욱 분명해진다. 요엘은 메뚜기 재앙이 범죄하는 백성들을 향한 하나님의 경고와 심판임을 상기시키며 회개를 요청하고(1:1-2:11), 북방의 거대한 군대가 이러한 메뚜기 떼처럼 땅을 황폐하게 할 미래를 내다보며 두려운 심판과 이 재앙의 날을 '여호와의 날'(2:11)로 묘사한다.

그러나 다른 한편으로 '여호와의 날'은 신실하고 의로운 자들에게는 도리어 구원의 날이기도 하다. 하나님은 채찍으로 때리실 뿐만 아니라 상처 입은 자를 싸매고 위로하시며, 마음을 찢고 회개하는 자(2:13)를 용서하고 더 크고 풍성한 것으로 채워주시는 분이다. 그래서 회개하여 죄 사함을 받은 자에게는 하나님의 영(성령)이 충만하게 임하는 더없이 복된 은총의 날이기도 하다(2:28-32).

요엘 선지자는 이와 같이 재앙의 날이 구원의 날이 될 수 있음을 일깨우면서 죄악에서 돌이켜 회개할 것을 촉구하였다. 요엘서 2장 28-29절은 하나님의 영을 만민에게 부어주신다는 약속을 기록하였는데 이 약속은 신약 당시 마가의 다락방에서 성취되어(행 2장) 베드로의 설교에서도 인용되었다. 그리고 성령의 임재와 내주의 그 큰 복은 오늘 우리에게도 동일하다.

구조

요엘서는 세 장으로 이루어졌다. 1장에서는 황폐한 메뚜기 재앙을 경고하며 회개를 요구하고, 2장 앞부분(2:1-27)에서는 계속해서 하나님의 심판 앞에서 회개하여 하나님의 축복을 경험할 것을 요청하며, 마지막 부분(2:28-32)에서는 하나님의 영을 부어주셔서 하나님을 찾는 모든 자에게 구원을 베푸실 것을 선포한다. 3장에서는 유다의 회복을 이야기한다. 요엘서의 구조를 도표로 보면 아래와 같다.

1장	2장	3장
황폐한 재앙 예고	하나님의 신을 부어주심	유다의 회복

1장	부르짖으라	재앙과 황폐해짐을 예고
2장	내 영을 만민에게	심판의 예고 (13–14) 너희는 옷을 찢지 말고 마음을 찢고 너희 하나님 여호와께로 돌아올지어다 그는 은혜로우시며 자비로우시며 노하기를 더디하시며 인애가 크시사 뜻을 돌이켜 재앙을 내리지 아니하시나니 주께서 혹시 마음과 뜻을 돌이키시고 그 뒤에 복을 내리사 너희 하나님 여호와께 소제와 전제를 드리게 하지 아니하실는지 누가 알겠느냐 하나님의 영을 부어주심 (28–29) 그 후에 내가 내 영을 만민에게 부어주리니 너희 자녀들이 장래 일을 말할 것이며 너희 늙은이는 꿈을 꾸며 너희 젊은이는 이상을 볼 것이며 그때에 내가 또 내 영을 남종과 여종에게 부어줄 것이며
3장	심판과 위로	심판과 위로 유다의 회복

요나서(Jonah)				
명칭	기록자	기록 연대	기록 장소	장수
요나 : 비둘기	요나	BC 793–753	니느웨	4장
핵심 주제	기록 목적		구성과 계시	
하나님은 이방 나라도 긍휼히 여기신다	이방인에게도 동일하게 긍휼을 베푸시는 하나님의 사랑을 알려주기 위해		선지자의 행적 및 하나님의 대화를 통해 이방을 향한 하나님의 인애를 보여준다	

명칭과 저자

구약성경의 소선지서 12권 가운데 다섯 번째 책.

본서의 1장 1절은 “여호와의 말씀이 아밋대의 아들 요나에게 임하니라 이르시되”라는 말씀을 통해 본서의 저자가 요나임을 밝히고 있다. 요나는 북이스라엘의 가드헤벨 출신으로 여로보암 2세(BC 793-753) 때에 활동하였으며, 여로보암 2세가 하맛 어귀에서부터 아라바 바다까지 이스라엘 영토를 회복할 것을 예언하였다(왕하 14:25).

내용과 교훈

요나 선지자가 앗수르의 수도 니느웨에 가서 심판을 선포하라는 하나님의 명을 어기고 다른 곳으로 도망하다가 배가 폭풍을 만나자 자기 탓이라며 바다에 몸을 던진다. 그러나 큰 물고기의 배 속에 사흘간 있다가 결국 니느웨에 가서 심판을 외치고, 니느웨 사람들이 회개하여 심판을 면하자 하나님께 불평한다. 이에 하나님은 요나에게 그분의 마음을 깨우쳐주신다.

구약성경의 대부분이 선민 이스라엘 중심의 구속 역사를 기술하고 있는데 그중 요나서는 독특하게도 이방 나라, 그것도 이스라엘과 원수지간인 앗수르의 수도 니느웨의 구원을 중심으로 전개된다. 훗날 사도 바울이 로마 교회를 향해 “하나님은 다만 유대인의 하나님이시냐 또한 이방인의 하나님은 아니시냐 진실로 이방인의 하나님도 되시느니라”(롬 3:29)라고 가르쳤는데 이는 요나서에 나타난 하나님의 만민 구원 의지를 가장 잘 표현한 말일 것이다. 이렇게 하나님이 선민 이스라엘 백성만이 아니라 이방인들의 하나님도 되심을, 즉 온 천하 만민의 하나님이심을 보여준다는 측면에서 요나서는 가히 ‘구약의 복음서’라 할 수 있을 것이다.

요나서를 통해서 보는 하나님의 섭리

요나서에서는 당시 유대인만이 하나님의 백성이라고 생각하던 이스라엘의 편협한 선민의식과 하나님의 폭넓은 사랑과 긍휼을 대비시키고 있다. 니느웨는 앗수르의 수도였고 이스라엘을 괴롭히는 앗수르는 요나에게 원수와 같은 나라였으므로, 비록 이스라엘 백성들이 배타적이라 해도, 요나가 니느웨에 구원의 회개를 선포하는 것은 결코 쉽지 않았을 것이다. 그러나 하나님은 요나를 결국 니느웨로 보내시고, 회개하는 니느웨의 멸망을 면하여주심으로 선민 이스라엘뿐 아니라 모든 민족을 긍휼히 여기고 누구든지 자신의 죄를 회개하면 사죄와 구원을 베푸시는 무한한 인애를 보여주신다.

또한 요나는 예수님이 언급하신 구약의 네 선지자(엘리야, 마 17:10-12 ; 엘리사, 눅 4:27 ; 이사야, 마 15:7) 가운데 한 명(마 12:41 ; 눅 11:32)인데, 특히 큰 물고기 배 속에서 3일 만에 살아 나온 요나의 일화는 그리스도의 죽음과 부활의 예표로 여겨진다.

구조

요나서의 구조는 크게 요나의 사명과 선교로 나뉜다. 좀 더 세부적으로 보면 사명을 받은 요나의 불순종(1장)과 회개(2장), 니느웨에서 회개를 선포한 요나의 선교(3장)와 불평(4장)으로 구분할 수 있을 것이다. 요나서의 구조를 도표로 정리하면 다음과 같다.

장	1–2장		3–4장	
주제	요나의 사명		요나의 선교	
소분류	1	2	3	4
소주제	요나의 불순종	요나의 회개	니느웨의 회개	하나님의 속성

1장	요나의 불순종	요나가 사명을 받고 다시스로 도망가다 요나가 물고기 배 속에 들어가다
2장	요나의 회개	요나가 물고기 배 속에서 회개하다 요나가 육지로 토해지다
3장	니느웨의 회개	요나가 순종하여 니느웨로 가다 니느웨 백성과 왕과 지도자들이 회개하다 하나님이 재앙을 내리지 않으시다
4장	하나님의 속성	요나가 용서하시는 하나님을 불평하다 멸망을 원치 않으시는 하나님의 마음을 가르치시다 (10–11) 여호와께서 이르시되 네가 수고도 아니하였고 재배도 아니하였고 하룻밤에 났다가 하룻밤에 말라 버린 이 박넝쿨을 아꼈거든 하물며 이 큰 성읍 니느웨에는 좌우를 분변하지 못하는 자가 십이만여 명이요 가축도 많이 있나니 내가 어찌 아끼지 아니하겠느냐 하시니라

아모스서(Amos)				
명칭	기록자	기록 연대	기록 장소	장수
아모스 : 짐, 짐을 지는 자	아모스	BC 760–755	벧엘 추정	9장
핵심 주제	기록 목적		구성과 계시	
하나님의 정의와 공의를 실천하라	종교적·사회적으로 죄악을 범하는 이스라엘을 책망하기 위해서		간결하고 힘찬 수사(修辭)로 시의 형식을 따라 쓰였다. 이스라엘은 죄로 멸망하지만 회개하고 남은 자들은 약속된 복을 받게 하신다	

저자와 시대배경

구약성경의 소선지서 12권 가운데 세 번째 책.

아모스서는 이사야서, 예레미야서, 에스겔서와 함께 후예언서에 속하는 소선지서 중 세 번째 책이며 선지자가 직접 기록을 남긴 최초의 예언서다. 아모스서 1장 1절은 "유다 왕 웃시야의 시대 곧 이스라엘 왕 요아스의 아들 여로보암의 시대 지진 전 이 년에 드고아 목자 중 아모스가 이스라엘에 대하여 이상으로 받은 말씀이라"라고 기록하고 있다.

저자 아모스는 유다 왕 웃시야와 이스라엘 왕 여로보암 2세가 통치하던 BC 750년경에 활동했으며 호세아, 이사야 선지자와 동시대에 예언의 말씀을 선포했다. 그는 선지자나 선지자 집안 출신이 아니라 "목자요 뽕나무를 재배하는 자"(암 7:14)로서 예언의 사명을 받았고, 남유다 드고아 출신이나 북이스라엘로 파송되어 공의의 메시지를 전했다.

그의 이름인 '아모스'는 히브리어로 '짐' 또는 '짐을 지는 자'라는 의미이다. 남유다 사람으로서 패역한 북이스라엘 민족의 죄악과 그 죄악으로 인한 하나님의 심판을 선포하는 사역이 그에게는 실로 그의 이름과 같이 무거운 짐과 고뇌였을 것이다.

내용과 교훈

아모스 선지자가 활동하던 시대, 여로보암 2세가 다스리던 북이스라엘은 솔로몬 이후 최고의 황금기를 누리고 있었으나 외적 번영은 오히려 영적 빈곤을 불러왔다. 불의와 불법이 성행하고, 우상숭배로 인한 불신앙이 만연하였다. 사치와 향락으로 성적·도덕적 타락은 극에 달했고, 빈부 격차로 소외 계층이 늘어났지만 지도자들은 그들을 돌보기는커녕 오히려 자신들의 신분을 이용하여 가난한 자들을 수탈하며 치부하기에 바빴다.

하나님은 이런 북이스라엘로 남유다의 선지자 아모스를 보내어 회개를 촉구하며 하나님의 선민 공동체답게 정의로운 사회를 이루도록 강하게 명령하신다. 이에 따라 아모스는 가난한 자들을 수탈하고 짓밟는 엘리트 부유층에 대해 하나님의 심판을 선고하고, 하나님께 드리는 제사는 있으나 예언자적인 설교가 없는 형식적 예배를 책망하였다.

"오직 정의를 물같이, 공의를 마르지 않는 강같이 흐르게 할지어다"(5:24)라는 아모스 선지자의 외침은 하나님께서 북이스라엘을 향해 말씀하고자 하신 메시지를 단적으로 보여준다. 이스라엘의 범죄에 대한 하나님의 의로운 노여움과 종말에 대한 경고를 기록한 아모스서는 주의 백성이 세상에서 어떻게 살아가는 것이 하나님의 뜻인지를 발견하고 싶어 하는 자에게 가장 분명한 해답을 제시해줄 것이다.

아모스서를 통해서 보는 하나님의 섭리

아모스서의 관점은 하나님의 '공의'이다. 이스라엘은 선민의식을 지녔고 자신들은 무조건 구원을 받는다고 믿었다. 그러나 공의로우신 하나님은 비록 선택한 백성이라도 그들의 죄에 대해서는 반드시 징계하시므로, 비록 선민의 나라라도 사회적으로나 종교적으로나 정의가 수반되어야 한다. 아모스서는 하나님의 공의라는 관점에서 하나님의 공의는 선민이라도 타락하면 심판을 피할 수 없다는 것을 환상을 통해 경고하고, 그럼에도 하나님의 긍휼은 심판 후에라도 다시 회복하실 것을 예고한다. 동시대에 활동한 호세아 선지자는 하나님의 사랑을 선포하는데, 바로 이 점에서 호세아서의 사랑과 아모스서의 공의는 조화를 이룬다.

구조

아모스 선지자는 먼저 이스라엘 주변 민족들의 죄를 열거(1-2장)하고 이스라엘의 죄를 지적(3-6장)한 후 환상을 통해 심판과 회복을 예언(7-9장)한다. 아모스서의 구조를 도표로 보면 다음과 같다.

1–2장	3–6장	7–9장
민족들의 죄	이스라엘의 죄	환상을 통한 심판과 회복

1. 민족들의 죄(1–2장)

1장	5개국 심판	다메섹, 가사, 두로, 에돔, 암몬에 대한 심판의 예언
2장	3개국 심판	모압, 유다, 이스라엘을 향한 심판의 예언

2. 이스라엘의 죄(3–6장)

3장	이스라엘 심판	이스라엘 자손들의 죄악에 대한 책망 (7–8) 주 여호와께서는 자기의 비밀을 그 종 선지자들에게 보이지 아니하시고는 결코 행하심이 없으시리라 사자가 부르짖은즉 누가 두려워하지 아니하겠느냐 주 여호와께서 말씀하신즉 누가 예언하지 아니하겠느냐 사마리아에 대한 심판의 예언
4장	이스라엘의 부패	사마리아의 부패함에 대한 책망 이스라엘의 우상숭배에 대한 책망 하나님께서 이스라엘을 심판하실 것이다
5장	이스라엘에 대한 권고	이스라엘 백성을 위한 애가 이스라엘 백성이 살아날 수 있는 길 여호와의 날을 사모하는 자들의 화 헛된 제사 (24) 오직 정의를 물같이, 공의를 마르지 않는 강같이 흐르게 할지어다
6장	안일을 책망	사치와 향락과 불의에 대한 심판

3. 환상을 통한 심판과 회복(7–9장)

7장	아모스의 이상	메뚜기로 징계하심 타는 불로 징계하심 다림줄로 심판하심 제사장 아마샤가 선지자 아모스에게 예언하지 못하게 함
8장	과일 광주리	하나님이 보이신 과일 광주리의 이상 긴박한 심판 영적 기근을 보내실 것 (11) 주 여호와의 말씀이니라 보라 날이 이를지라 내가 기근을 땅에 보내리니 양식이 없어 주림이 아니며 물이 없어 갈함이 아니요 여호와의 말씀을 듣지 못한 기갈이라
9장	멸망과 회복	피할 수 없는 심판 회복 예고 (11) 그 날에 내가 다윗의 무너진 장막을 일으키고 그것들의 틈을 막으며 그 허물어진 것을 일으켜서 옛적과 같이 세우고

호세아서(Hosea)				
명칭	기록자	기록 연대	기록 장소	장수
호세아 : 여호와는 구원하신다	호세아	BC 746–724	불분명	14장
핵심 주제	기록 목적		구성과 계시	
삶으로 보여주는 하나님의 사랑	음란한 고멜을 통해서 이스라엘을 향한 하나님의 사랑을 나타내심		저자의 결혼 체험을 통해 백성에 대한 하나님의 사랑과 고뇌를 전한다. 하나님은 우상숭배로 멸망이 임박한 이스라엘을 회복시키고 회개와 용서에 의한 새로운 길을 준비하고자 하신다	

저자와 시대배경

구약성경의 소선지서 12권 가운데 첫 번째 책.

호세아서는 "브에리의 아들 호세아"(호 1:1)가 쓴 것으로 기록되어 있다. 아버지의 이름 외에는 알려진 바가 없으며, 북이스라엘의 여로보암 2세가 다스리던 BC 8세기에 활동한 선지자이다. 아모스 선지자의 사역 직후에 대략 40여 년간 활동한 것으로 보이며, 본서 5장 8절부터의 내용에 앗수르에 의해 북이스라엘이 몰락하게 된 전쟁을 언급하고 있어, 그가 자신의 활동 무대였던 이스라엘이 몰락할 무렵(BC 721년)까지 활동했음을 짐작할 수 있다.

호세아가 활동하던 시기에 북이스라엘은 여로보암 2세의 통치 아래 정치적, 경제적 안정을 누렸으나 이런 경제적 안정을 바탕으로 부유한 자들은 점점 타락의 길을 걸었고, 가난한 자들은 사회적 지위와 권리마저 박탈당하고 소외되었다. 왕과 지도층은 백성들이 모세 율법에서 벗어나 바알 등 가나안 지역의 토속신에게 경배하도록 종용했으며, 나라 안에 성적 문란, 살인, 도둑질, 거짓 등의 죄악이 널리 퍼졌다. 호세아 선지자는 그들이 회개하지 않으면, 하나님은 이스라엘을 멸망하게 하실 것이며 백성들은 전부 앗수르에 포로로 끌려가게 된다고(9:3, 11:5) 경고했다.

내용과 교훈

호세아서는 선지자 호세아와 부정한 아내 고멜의 이야기이다. 호세아는 하나님의 명령에 따라 음란한 여인 고멜과 결혼하고, 자녀를 낳고도 계속 음행을 일삼는 아내를 다시 데려와 가정을 이룬다. 이러한 가정적 비극은 사실 하나님과 이스라엘의 이야기를 전하고 있다. 이스라엘은 끊임없이 우상을 숭배하며 하나님께 죄를 짓지만 하나님은 이스라엘과 맺었던 언약을 기억하며 끝까지 사랑하시고, 회개한 자에 대해 속죄를 약속하신다.

호세아서는 하나님과 이스라엘의 계약관계를 결혼관계에 비유하여 이스라엘의 영적 간음을 드러낸다. 그러므로 호세아서를 바르게 이해하기 위해서는, 호세아는 하나님을 의미하고 음란한 아내 고멜은 하나님께 신실하지 못한 이스라엘 백성을 의미한다는 관점으로 보아야 할 것이다. 결국 하나님은 선지자를 통해서, 타락한 이스라엘을 품고 싸매시는 하나님의 은혜와 사랑을 교훈하시는 것이다. 호세아서에 나타난 사랑의 하나님은 동시대에 기록된 아모스서의 공의의 하나님과 함께 하나님의 특성에 대해 조화를 이룬다.

호세아서를 통해서 보는 하나님의 섭리

호세아 가정의 모습은 이스라엘이 유일하신 하나님 여호와를 저버리고 가나안 땅의 이방종교(다신교)와 '음란한' 관계를 맺는 것을 비유하고 있다. 호세아의 세 자녀에게 주어진 '이스르엘', '로루하마', '로암미'라는 이름은 각기 '흩어지다', '자비를 얻지 못한 자', '내 백성이 아니라'라는 뜻으로, 하나님을 저버린 이스라엘 민족의 상징으로서 언급되며, 하나님의 사랑을 거부하고 범죄한 자들에게 임할 하나님의 공의롭고 준엄한 심판을 보여준다. 그러나 결국 하나님의 징계를 받고 회개하며 돌아오는 자를 향해 베푸시는 하나님의 인애와 사랑을 상징적으로 보여주며, 이를 통해 범죄한 백성에 대한 하나님의 징계와 매질조차도 택하신 백성을 향한 하나님의 변함없고 신실한 사랑의 일환임을 확신하게 해준다.

구조

호세아서는 크게 두 부분으로 나뉜다. 앞부분(1-3장)에서는 호세아의 가정을 통해 하나님의 교훈을 보이고, 뒷부분(4-14장)에서는 이스라엘의 범죄와 심판, 그리고 회복을 다룬다. 호세아서의 구조를 도표로 정리하면 다음과 같다.

1–3장	4–13장	14장
이스라엘의 죄와 하나님의 사랑	이스라엘의 죄와 심판	이스라엘의 회복

1. 이스라엘의 죄와 하나님의 사랑(1–3장)

1장	음부 고멜	호세아의 결혼과 자녀들 미래에 대한 소망
2장	징계와 은총	이스라엘의 죄와 하나님의 징벌 하나님의 용서와 회복
3장	고멜 속량	호세아가 고멜을 다시 받아들이다 이스라엘의 구원

2. 이스라엘의 죄와 심판(4–13장)

4장	심판 경고	이스라엘에 대한 책망 (1) 이스라엘 자손들아 여호와의 말씀을 들으라 여호와께서 이 땅 주민과 논쟁하시나니 이 땅에는 진실도 없고 인애도 없고 하나님을 아는 지식도 없고 제사장들의 범죄 우상숭배의 죄악
5장	회개 촉구	이스라엘 왕들과 제사장들에게 선포되는 심판
6장	약속과 권면	회개의 권고 (1–3) 오라 우리가 여호와께로 돌아가자 여호와께서 우리를 찢으셨으나 도로 낫게 하실 것이요 우리를 치셨으나 싸매어 주실 것임이라 여호와께서 이틀 후에 우리를 살리시며 셋째 날에 우리를 일으키시리니 우리가 그의 앞에서 살리라 그러므로 우리가 여호와를 알자 힘써 여호와를 알자 그의 나타나심은 새벽 빛같이 어김없나니 비와 같이, 땅을 적시는 늦은 비와 같이 우리에게 임하시리라 하니라 (6) 나는 인애를 원하고 제사를 원하지 아니하며 번제보다 하나님을 아는 것을 원하노라
7장	부패와 배반	에브라임의 죄, 사마리아의 악 에브라임과 이방민족의 혼합
8장	우상숭배	우상숭배에 대한 책망
9장	죄악의 결과	이스라엘의 형벌의 날
10장	우상의 파멸	두 마음을 품은 이스라엘과 포로 생활의 예언
11장	사랑의 줄	이스라엘에 대한 아버지의 사랑 이스라엘과 에브라임의 죄

12장	인애와 공의	에브라임의 죄 – 하나님을 격노케 한 이스라엘
13장	배반과 심판	하나님의 진노 이스라엘의 멸망

3. 이스라엘의 회복(14장)

14장	축복 언약	여호와께로 돌아오라 하나님의 긍휼하심 여호와의 도

분열왕국시대의 교훈
1) 하나님이 인정하지 않는 나라 북이스라엘 : 8번의 쿠데타, 19명의 왕, 선한 왕이 없음
2) 하나님이 인정한 나라 남유다 : 다윗 단일 왕조를 이루어감(아달랴의 정변 제외)
3) 현대 교회에 주시는 교훈 ① 인간의 생각대로 운영되어가는 바벨탑 교회
② 하나님의 뜻(말씀)을 따라 치리되는 하나님의 교회

분열왕국시대 연대표(왕상 12–왕하 17장)

남유다	(BC)	북이스라엘
르호보암 즉위(왕상 11:43) – 17년간 악정	930	
열 지파 반란(왕상 12:1–19)	930	여로보암 즉위(왕상 12:20) – 22년간 악정
애굽왕 시삭 침공(왕상 14:25) – 르호보암 제5년	926	여로보암의 우상숭배(왕상 12:25)
아비얌 즉위(왕상 15:1–2) – 3년간 악정	913	남왕국 아비얌 침입(대하 13:2–19) – 여로보암 제18년
제1차 남북전쟁(왕상 15:7–9) – 아비얌 제1년	913	
아사 즉위(왕상 15:8–15) – 41년간 선정	910	
	909	나답 즉위(왕상 15:25) – 2년간 악정
	908	바아사 즉위(왕상 15:28,33) – 24년간 악정
	908	여로보암 왕가 몰락(왕상 15:29) – 바아사 제1년
구스 세라 침입(대하 14:9–14) – 아사 제10년	901	
북왕국 바아사 침입(왕상 15:17)	895	제2차 남북전쟁(대하 16:1) – 바아사 제14년
	886	엘라 즉위(왕상 16:8) – 2년간 악정

	885	시므리 모반(왕상 16:16) – 7일간 악정
	885	오므리 즉위(왕상 16:23) – 12년간 악정
하나니 선지자 활동(880 – ?)	874	아합 즉위(왕상 16:29) – 22년간 악정
	875	엘리야 사역(왕상 17:1–24) – 3년간 기근
여호사밧 즉위(왕상 22:42) – 25년간 선정	869	
	856	갈멜 산상 대결(왕상 18:20–46) – 기근 해갈
여호사밧과 아합 동맹(왕상 22:1–4)	853	아람왕 벤하닷 침입(왕상 20:1–34)
	853	아합의 죽음(왕상 22:37)
	853	아하시야 즉위(왕상 22:51) – 2년간 악정
	852	여호람(요람) 즉위(왕하 3:1) – 12년간 악정
	851	엘리야 승천 (왕하 2:1–11)
	851	엘리사 사역 개시(왕하 2:2–14)
	850	모압의 배반(왕하 3:5–27) – 여호람 제3년
여호람 즉위(왕하 8:16) – 8년간 악정	848	나아만 장군의 치유(왕하 5:1–27)
에돔과 립나의 배반(왕하 8:20,22)	845	아람왕 벤하닷의 침입(왕하 6:24)
블레셋과 아라비아의 침입(대하 21:16)	842	
아하시야 즉위(왕하 8:25) – 1년간 악정	841	예후 즉위(왕하 9:1–10) – 28년간 악정
아달랴 섭정(왕하 11:1–3)	841	아합 집안 멸망(왕하 10:1–7) – 예후 제1년
제사장 여호야다 의거(왕하 11:4–16)	835	
요아스 즉위(왕하 12:1–2) – 40년간 선정 요엘 선지자 활동(835–796)	835	예후의 바알 숭배자 진멸(왕하 10:18)
	814	여호아하스 즉위(왕하 13:1) – 17년간 악정
	798	요아스 즉위(왕하 13:10) – 16년간 악정
	798	아람 정복(왕하 13:25)
아마샤 즉위(왕하 14:1–2) – 29년간 선정	796	
	793	요나 선지자 활동(793–753)
	790	남왕국 아마샤 침입(왕하 14:8–14)) – 요아스 제8년
	782	여로보암2세 즉위(왕하 14:23) – 41년간 악정
아사랴(웃시야) 즉위(왕하 15:1–2) – 52년간 선정	767	

유다	연도	북이스라엘
	760	아모스 선지자 활동(760–755)
	752	스가랴 즉위(왕하 15:8–9) – 6개월간 악정
	752	살룸 즉위(왕하 15:10) – 1개월간 악정
	752	므나헴 즉위(왕하 15:17) – 10년간 악정
요담 섭정(추정)	748	앗수르 침입(왕하 15:19) – 므나헴 제5년
	746	호세아 선지자 활동(746–724)
	742	브가히야 즉위(왕하 15:23) – 2년간 악정
요담 즉위(왕하 15:34) – 16년간 선정	740	베가 즉위(왕하 15:27) – 20년간 악정
이사야 선지자 활동(739–680)	739	앗수르 제1차 침입(왕하 15:29, 16:9)
암몬 정복(대하 27:5) – 요담 제14년	738	
미가 선지자 활동(737–680)	737	
북왕국 베가 침입(왕하 16:5–9) – 아하스 제8년	733	제4차 남북전쟁(왕하 16:5–9) – 베가 제19년
아하스 즉위(왕하 16:1–2) – 16년간 악정	732	호세아 즉위(왕하 17:1–2) – 9년간 악정
히스기야 섭정	729	
	725	앗수르 제2차 침입(왕하 17:5–6)
	722	북왕국 이스라엘 멸망(왕하 17:6) 호세아 제9년
히스기야 즉위(왕하 18:1–8) – 29년간 선정	715	

* 북이스라엘 베가의 경우, 열왕기하 15장 27절에 따르면 "유다의 왕 아사랴 제오십이년"에 왕이 되어 사마리아에서 이십 년간 다스렸다고 하였으므로 재위 기간을 BC 740–721년으로 보아야 한다. 그러나 30, 32절과 함께 살펴보면 재위 기간과 사망 연도에 혼선이 생기는데 이유는 알 수 없다.

북이스라엘의 멸망 후 성경의 역사는 잔존한 유다왕국시대로 이어진다.

09
CHAPTER

유다왕국시대

THE OLD TESTAMENT

시대 훑어보기

1) 유다왕국시대의 위치와 구조

시대	인간(왕국) 시대																			
순서	7				8			9				10		11			12			
시대	통일왕국시대				분열왕국시대			유다왕국시대				포로시대		귀환시대			침묵시대			
주제	사무엘	사울	다윗	솔로몬	왕국의 분열	남북의 열왕들	북이스라엘의 멸망	히스기야의 치적	멸망의 원인	요시야의 개혁	유다의 멸망	다니엘	에스더	1차 귀환	2차 귀환	3차 귀환	바사	헬라	독립유다왕국	로마
성경	삼상 1–왕상 11				왕상 12–왕하 17			왕하 18–25				단 1–12, 에 1–10		스 1–10 느 1–13			•			
추가			시	아, 잠, 전		욥	욘, 암, 호	사, 미		나, 렘, 습	합, 겔, 애, 옵, 대상, 대하			학, 슥		말				

▼

9. 유다왕국시대(왕하 18–25)			
히스기야의 치적	멸망의 원인이 된 왕들	요시야의 개혁	유다의 멸망
왕하 18–20장	21장	왕하 22–23장	왕하 23–25장

2) 유다왕국시대 개관

- 시기 : 북이스라엘의 멸망-남유다의 멸망
- 성경에 언급된 범위 : 열왕기하 18-25장
- 주제 : 택하신 선민이라도 불순종의 결국은 멸망이다.
- 개요 : BC 722년, 북이스라엘이 앗수르에 멸망한 후 분열왕국시대는 종결되고 유다왕국시대로 들어서게 된다. 유다왕국은 선한 왕 히스기야의 시대에는 하나님을 경외하는 나라였으나, 그의 아들 므낫세와 므낫세의 아들 아몬의 시대에는 우상을 섬기는 악한 통치로 말미암아 멸망을 자초하게 되었다. 그 뒤를 이은 요시야 왕이 종교개혁을 하고 선정을 베풀었으나, 이후에 다시 악한 왕들의 통치 하에서 유다 왕국은 바벨론에 멸망(BC 586)하며 약 136년간의 역사를 마감한다. 성경은 남유다의 멸망은 므낫세 왕이 저지른 죄악으로 인한 것이라고 분명하게 말씀한다(왕하 23:26).

이 시대를 보여주는 성경

유다왕국시대는 열왕기하 18-25장에서 다루고 있으며 역대하 29-36장에서도 언급된다. 유다왕국시대 및 열왕기하에 관한 자세한 사항은 앞서 분열왕국시대 개관을 참조하라.

* 열왕기 : 분열왕국시대 – 196쪽을 보라.

열왕기하(2 Kings)				
명칭	기록자	기록 연대	기록 장소	장수
히브리어 : 세페르 믈라킴 헬라어 : 바실레온	미상	BC 561–537	불분명	25장
핵심 주제	기록 목적		구성과 계시	
멸망으로 달려가는 왕국의 죄악	불순종의 결국은 멸망이라는 것을 교훈하기 위해		엘리야의 승천으로 시작되어 남북 열왕의 시대가 펼쳐지며, 결국 죄악으로 북이스라엘과 남유다왕국이 차례로 멸망하게 된다	

열왕기하로 살펴보는 유다왕국시대 하나님의 섭리와 교훈

분열왕국시대를 거쳐 북이스라엘은 호세아왕 때인 BC 722년 앗수르에 의해 멸망하고, 약 136년 후인 BC 586년에 남유다도 멸망하게 된다. 열왕기는 남북왕국을 통해서, 인간은 자기 왕국과 왕이 있어도 하나님 없이는 결코 살아갈 수 없는 연약한 존재라는 사실을 전해주며, 이것은 인간이 '창조 목적'(인간은 하나님과 함께 살고, 하나님께 순종하며 살도록 지음받았다)을 따라 살아가야 한다는 귀중한 교훈을 다시 한번 깨닫게 해준다.

또한 하나님께서 자기 백성을 돌이키시려고 그들을 바벨론에 포로가 되게 하시는 모습을 통해서 징벌의 목적이 멸망 아닌 회개와 회복에 있다는 것을 보게 된다.

구조

열왕기하에 나타난 시대는 분열왕국 - 유다왕국의 두 시대이다. 열왕기하의 이 두 시대와 그 중 유다왕국시대를 도표로 나타내면 다음과 같다.

시대	분열왕국			유다왕국	
장	1-17			18-25	
주제	엘리야와 엘리사	남북의 열왕 II	북왕국의 멸망	남유다의 왕들	남왕국의 멸망

▼

시대	유다왕국				
장	18-23			23-25	
주제	남유다의 왕들			남왕국의 멸망	
소분류	18-20	21	22-23	23-24	25
소주제	히스기야의 치적	멸망의 원인이 된 왕들	요시야의 개혁	멸망으로 가는 왕들	남유다의 멸망

1. 남유다의 왕들(왕하 18-23장)

유다왕국은 히스기야 왕의 즉위 약 4년 후, 북이스라엘의 멸망과 함께 시작된다. 히스기야 왕은 남북 왕국을 통틀어서도 선군으로 인정받았으며, 죽게 되었을 때 하나님께 간절히 기도하여 15년 동안 생명을 연장받았으나 교만으로 바벨론 사신들에게 유다의 모든 보물창고를 보여 침공의 빌미를 제공한다. 므낫세는 남유다에서 가장 악한 왕이라는 오명을 남기고 유다 멸망의 원인이 된다. 성경은 하나님께서 므낫세의 죄악(왕하 23:26)으로 유다를 향한 진노를 돌이키지 않으셨다고 말씀한다. 요시야 왕은 성전을 수리하던 중 율법서를 발견하고 종교개혁운동을 일으켰으며 선한 왕으로 하나님께 인정받았으나 므낫세의 죄악으로 인한 하나님의 진노를 돌이킬 수 없었고, 애굽왕 바로에 의해 전사함으로써 하나님의 말씀대로 멸망을 보지 않게 되었다.

히스기야의 치적	멸망의 원인이 된 왕들	요시야의 치적
18-20장	21장	22-23장

(1) 히스기야의 치적(18–20장)

18장	히스기야의 행적	히스기야의 종교 개혁(BC 728) 산헤립의 침략
19장	히스기야의 기도	히스기야가 산헤립의 편지를 펼쳐놓고 기도드리다 산헤립의 자멸
20장	히스기야의 회복	수명이 연장된 히스기야 (3) 여호와여 구하오니 내가 진실과 전심으로 주 앞에 행하며 주께서 보시기에 선하게 행한 것을 기억하옵소서 하고 히스기야가 심히 통곡하더라 히스기야가 바벨론 사절단에게 성전의 보고를 공개하다 히스기야가 죽다

(2) 멸망의 원인이 된 왕들(21장)

21장	멸망의 원인	므낫세의 즉위 므낫세의 우상숭배 하나님께서 선지자를 통해 므낫세의 죄를 경고하시다 아몬의 즉위, 므낫세의 악한 길을 감

(3) 요시야의 개혁(22–23장)

22장	율법책 발견	요시야의 선정(BC 640) 요시야가 성전 수리를 명하다 성전에서 발견된 율법서(BC 612) (13)너희는 가서 나와 백성과 온 유다를 위하여 이 발견한 책의 말씀에 대하여 여호와께 물으라 우리 조상들이 이 책의 말씀을 듣지 아니하며 이 책에 우리를 위하여 기록된 모든 것을 준행치 아니하였으므로 여호와께서 우리에게 내리신 진노가 크도다 여선지 훌다의 유다 멸망 예언
23장 (1–28)	요시야의 개혁	율법서를 낭독 요시야의 종교개혁(BC 622) – 유월절 준수, 우상 타파 (25)요시야와 같이 마음을 다하며 뜻을 다하며 힘을 다하여 모세의 모든 율법을 따라 여호와께로 돌이킨 왕은 요시야 전에도 없었고 후에도 그와 같은 자가 없었더라 거듭되는 유다의 멸망 예고

2. 남왕국의 멸망(왕하 23–25장)

멸망으로 가는 왕들	남유다의 멸망
23–24장	25장

유다왕국의 마지막 선한 왕 요시야가 죽자 그의 아들 여호아하스가 백성들의 추대로 왕이 되지만 애굽왕 바로 느고에 의해 폐위되고 그의 형 여호야김이 왕이 된다. 여호야김 왕 때 바

벨론이 1차 침공을 하고, 그의 아들 여호야긴 왕 때 바벨론이 2차 침공하여 여호야긴이 포로가 된다. 바벨론은 시드기야를 왕으로 세우지만 시드기야가 바벨론을 배반하고 애굽을 의지하자 3차 침공을 한다. 시드기야는 애굽 군대를 기다렸지만 애굽은 돕지 않았고 결국 남유다도 멸망하게 된다.

(1) 멸망으로 가는 왕들(23–24장)

23장 (29–37)	요시야 사후	요시야가 전사하다(BC 609) 여호아하스가 즉위 3개월 만에 애굽으로 끌려가다 여호야김이 유다 왕이 되다
24장	여호야김	바벨론에 함락된 예루살렘 - 1차 포로(BC 605)
	여호야긴	여호야긴의 즉위 3개월 후 바벨론의 2차 침입 - 2차 포로(BC 597)
	시드기야	시드기야가 즉위하다

(2) 남유다의 멸망(25장)

25장	유다의 멸망	바벨론의 3차 침입 시드기야가 포로로 잡혀가다 예루살렘 함락(BC 586)과 유다 백성의 살육 유다 방백 그달리야의 통치와 죽음 긍휼을 입은 여호야긴

남북 왕조의 멸망과 포로 유배

순서		연대(BC.)	이스라엘 왕	정복국의 왕	포로로 끌려간 사람들	관련 성경
북왕국	1차	739–732년	베가	디글랏빌레셀3세	포로자의 수나 유배지를 알 수 없음	왕하 15:29; 16:9
	2차	725–722년	호세아	살만에셀 5세 사르곤 2세	남자만 27,290명이 포로되어 감	왕하 17:5–6
남왕국	1차	605년	여호야김	느부갓네살	다니엘을 포함한 왕족과 귀족 계급	왕하 24:1 ; 단 1:6
	2차	598년	여호야긴	느부갓네살	야호야긴 왕과 방백들, 군사 1만, 많은 기술자	왕하 24:10–17
	3차	586년	시드기야	느부갓네살	시드기야 왕과 왕자들, 빈천한 자들을 제외한 모든 백성	왕하 25:1–25 ; 렘 25:9–11

지도로 보는 느부갓네살의 유다 정복(BC 586)

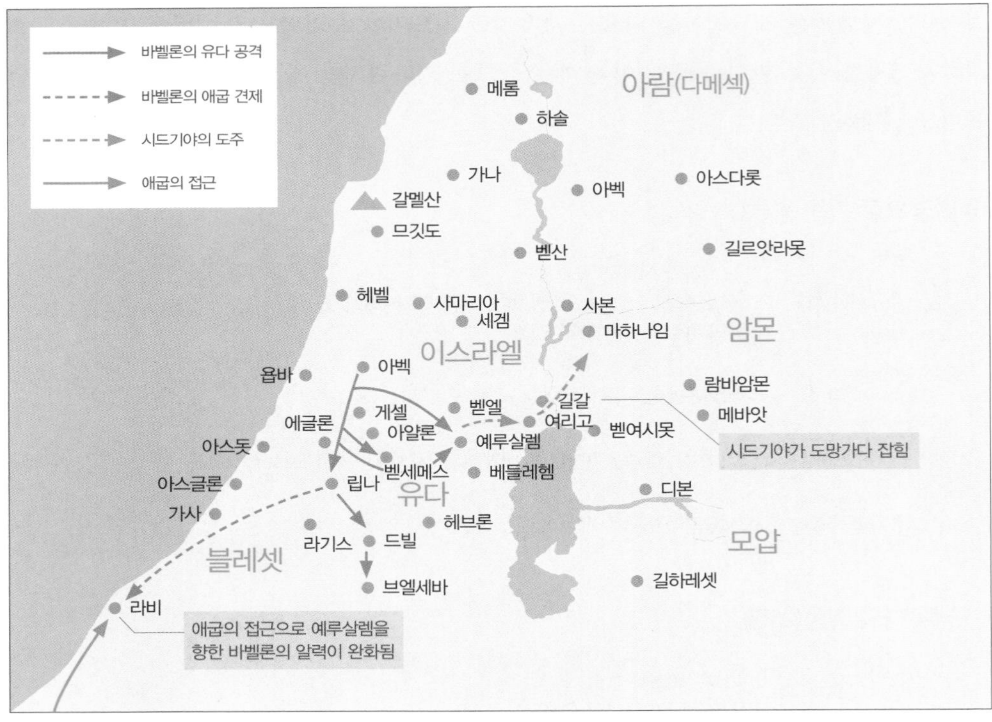

유다왕국시대 말기에 유다 왕들은 전통적 강자인 애굽을 의지하며, 하나님께서 선지자 예레미야를 통해 바벨론에 항복하라고 하신 말씀을 거역하였다. 이에 따라 당시의 실제적인 강국 바벨론을 배반한 결과로 세 차례의 바벨론 침입을 자초하였다. 위 지도는 바벨론의 세 번째 침입을 나타낸 것으로, 유다는 유린되고 성전은 파괴되었으며, 시드기야 왕은 성벽 사이로 도망하다 포로가 되어 눈이 뽑히게 된다. 그러나 그가 그토록 의지했던 애굽의 지원군은 바벨론의 견제에 막히고 그 위세에 눌려 끝까지 오지 않았다.

유다의 멸망은 이미 요시야 왕 시대에 예언되었고, 예언대로 요시야 왕이 애굽과의 전쟁에서 전사하고 유다는 멸망을 향해 달려간다. 요시야 왕의 사후 즉위한 여호아하스 왕은 바벨론과 전쟁을 마치고 돌아가던 애굽의 침입으로 3개월 만에 폐위되었고, 여호야김 왕부터 시드기야 왕의 통치 기간에는 바벨론의 침략 및 바벨론의 사주를 받은 주변 속국들의 침략을 포함해서 총 다섯 차례에 걸쳐 외세의 침략을 당한다. 바벨론의 직접적인 침입은 세 차례로, 제3차 침입으로 유다는 성전이 파괴되고 멸망하고 만다.

이 시대를 함께 이해하는 성경

이사야서(Isaiah)				
명칭	기록자	기록 연대	기록 장소	장수
이사야후 : 하나님의 구원	이사야	BC 739–681	예루살렘	66장
핵심 주제	기록 목적		구성과 계시	
남은 자를 구원하실 메시아	유다의 심판을 경고하고 회개하고 하나님을 섬기게 하기 위해서		온 세계를 통치하시며 타락한 인간에게 메시아를 보내시고 인류 구원을 이루신다	

저자와 시대배경

구약성경의 대선지서 5권 가운데 첫 번째에 위치하며, 많은 분량만큼이나 신학적 깊이가 있는 예언서로 사랑받아왔다. 이사야서는 "…아모스의 아들 이사야가 유다와 예루살렘에 관하여 본 계시라"(사 1:1)라는 말씀으로 시작함으로써 저자가 이사야 선지자임을 밝히고 있으며, 본서의 명칭은 저자의 이름을 따라 정한 것이다. '이사야'라는 이름은 "여호와는 구원이시다"라는 의미를 지니고 있는데, 이는 본서의 전체 주제인 동시에 예언서 전체의 주제이기도 하다.

이사야서는 1-39장과 40-66장의 양식 및 역사적 정황의 차이점 때문에 이사야를 포함한 2명 또는 3명의 저자가 썼다는 2저작설과 3저작설이 제기되기도 하였다. 2저작설은 1-39장과 40-66장을, 3저작설은 1-39장, 40-55장, 56-66장을 각각 다른 저자가 썼다는 주장이다. 그러나 유대인의 전승, 외경, 사해사본, 초대교회 당시 문헌들, 초대교회 당시 교부들이 하나같이 본서를 이사야 저작으로 인정하며, 신약성경이 본서를 21회나 인용하면서 모두 이사야의 글이라고 말한다(마3:3, 8:17, 12:17-21 ; 눅 3:4-6 ; 요 12:37-41 ; 행 8:32-33 ; 롬 9:27-33, 10:16-21). 신학자들은 이사야서의 내용이 한 권의 통일된 책으로 보아도 무리가 없다고 본다. 한 예로 그리스도에 대한 예언은 이사야가 죽은 지 약 750여 년이 지난 후에 일어난 일이지만, 특히 53장에 나타난 '고난받는 종'의 묘사는 당대에 일어난 일처럼 생생하게 묘사되어 있다.

이사야 선지자는 유다의 웃시야, 요담, 아하스, 히스기야, 므낫세 왕 등 5명의 왕이 통치하던 시기에 선지자 사명을 감당하였다. 이 시기에 북이스라엘에서는 7명의 왕이 교체되고 호세아 왕 때 북이스라엘은 마침내 앗수르에게 멸망한다(BC 722년경). 북이스라엘의 멸망은 앗수르 왕 디글랏빌레셀의 뒤를 이은 살만에셀 5세의 서진 정책의 결과였다. 국제 질서가 급격히 재편되고 국내외적으로 혼란한 상황에서 이사야 선지자는 남유다와 북이스라엘, 그리고 주변 이방 나라들을 향해 하나님의 거룩한 뜻을 선포하였다.

내용과 교훈

총 66장(章)으로 기록된 이사야서는 66권으로 기록된 성경의 축소판, 축도(縮圖)로 불리기도 하는데, 권수와 장수의 유사성 때문만이 아니라, 마치 성경이 구약은 39권으로 끝나고 40권째부터 신약이 시작되듯, 이사야서 또한 40장부터는 메시지, 문체, 분위기, 신학적 관점이 전반부와 확연히 달라지기 때문이다. 역사적으로도 39장 8절과 40장 1절 사이에 예루살렘이 무너져 있었던 200년이라는 시간의 간격이 있다. 1-39장은 앗수르를 시대 배경으로 하여 이스라엘과 열방을 향한 심판의 메시지와 예언이 주를 이루는 가운데, 점차 커지는 앗수르의 위협 속에도 하나님의 궁극적인 승리와 구원을 선포했다. 40장부터는 바벨론이 배경이 되어 바벨론 포로생활, 미래의 구원과 해방(포로 귀환), 예루살렘을 중심으로 한 왕국 건설의 메시지, 새 하늘과 새 땅의 창조를 예언했다.

이사야서는 유일하신 여호와 하나님과 그분의 거룩하심을 말씀하며 어떤 시대적 위기에도 변함없이 하나님만을 신뢰할 것을 강조했다(7:9). 이 메시지는 모든 '남은 자'들에게 소망이 되나, 이를 무시한 사람들은 '여호와의 날'에 임할 심판을 벗어날 수 없을 것이다.

이사야서를 통해서 보는 하나님의 섭리

선지서의 전후반부를 통해 흐르는 두 개의 주제는 심판과 구원이다. 하나님께 범죄하는 자는 결코 하나님의 준엄한 심판을 피하지 못하며 이는 하나님의 택한 백성도 예외일 수 없다. 유다를 비롯하여 유다 주변 열방, 그리고 궁극적으로는 온 세계에 이르기까지 부도덕하고 우상숭배에 빠진 모든 민족을 하나님은 반드시 심판하신다. 그러나 하나님께서 선지자를 보내 죄를 지적하고 경고하시는 궁극적 이유는 심판이 아니라 그분께 돌이켜 구원받게 하시려는 것이다. 본서는 줄기차게 이 두 주제를 이어가고 있다.

이 주제를 담은 이사야 선지자의 예언은 1차적으로는 그가 활동하던 당시의 사람들을 대상으로 하지만 신약시대를 살아가는 우리에게도 적용된다. 특히 40장 이후 암울한 상황 속에 메시아가 오실 것과 메시아에 의해 구현될 새로운 세상이 예언되고 있는데, 이는 선지자의 예언이 궁극적으로는 메시아의 초림과 더 나아가 세상 마지막 날 재림하실 메시아가 수행하실 심판과 구원으로 향하고 있음을 보여준다. 이사야 선지자는 예수 그리스도의 탄생 약 700년 전에 "처녀가 잉태하여 아들을 낳았고 그 이름을 임마누엘이라 할 것"(7:14)이라며 동정녀를 통해 오실 메시아의 초림을 예언하였고, 그로부터 2,800여 년을 넘어 세상 종말에 도래하실 메시아의 심판과 구원 사역을 내다보고 교훈하고 있다.

구조

이사야서는 66장에 이르는 그 방대한 분량만큼이나 많은 이야기를 담고 있다. 구성은 크게 두 부분(1-39장과 40-66장)으로 나누기도 하지만 이 책에서는 다음과 같이 세 부분으로 나누어 살펴보고자 한다.

전반부(1-24장)는 북이스라엘이 멸망하는 등 당시의 혼탁한 세대와 그들 세대의 죄악에 대한 하나님의 심판, 중반부(25-48장)는 이스라엘의 회복을 말하고, 후반부(49-66장)는 미래에 오실 메시아에 대해 예언하고 있다. 이사야서는 공의의 하나님께서 죄에 대한 분명한 심판과 자비하신 하나님의 회복, 그리고 메시아의 통치 시대를 예언하면서 죄와 심판에서 회복으로, 회복에서 메시아의 통치를 통한 구원으로의 점진적인 소망의 메시지를 우리에게 전해준다. 이사야서의 구조를 도표로 보면 다음과 같다.

장	1–24장		25–48장		49–66장	
주제	심판과 경고		유다의 회복과 구원		메시아의 고난과 구원	
소분류	1–12	13–24	25–39	40–48	49–57	58–66
소주제	유다에 대한 심판과 경고	열방에 대한 심판과 경고	앗수르의 멸망과 유다의 구원	바벨론의 멸망과 유다의 귀환	메시아의 고난	하나님의 구원 약속

1. 심판과 경고(사 1–24장)

하나님의 '심판과 경고'는 두 부분으로 나뉜다. 전반부인 1-12장에서는 먼저 유다에 대한 것으로, 유다에 대한 책망과 심판과 회복을 말씀한다. 이어지는 후반부의 13-24장은 열방에 대한 심판으로, 바벨론과 앗수르, 모압, 다메섹, 애굽 및 기타 나라들에 대한 심판에 관해 기록하였다.

유다에 대한 심판과 경고	열방에 대한 심판과 경고
1–12장	13–24장

(1) 유다에 대한 심판과 경고(1–12장)

1장	유다와 예루살렘에 대한 계시	배은망덕한 유다는 망한다 (3) 소는 그 임자를 알고 나귀는 그 주인의 구유를 알건마는 이스라엘은 알지 못하고 나의 백성은 깨닫지 못하는도다 하셨도다 형식적 종교 책망과 회개의 촉구 심판 후의 구속
2장	여호와의 날	장차 올 왕국에 대한 약속 주님 오실 때 있을 교만한 자 심판

3장	하나님의 심판	예루살렘과 시온의 멸망 예언
4장	청결케 하심	미래에 있을 예루살렘의 영광스런 회복
5장	포도원의 노래	포도원의 노래 불신앙으로 심판받은 예루살렘의 참상
6장	이사야의 소명	이스라엘의 비전 (8) 내가 또 주의 목소리를 들으니 주께서 이르시되 내가 누구를 보내며 누가 우리를 위하여 갈꼬 하시니 그 때에 내가 이르되 내가 여기 있나이다 나를 보내소서 하였더니 이사야의 소명
7장	임마누엘 탄생	아하스에게 경고하는 이사야 임마누엘의 예언 (14) 그러므로 주께서 친히 징조를 너희에게 주실 것이라 보라 처녀가 잉태하여 아들을 낳을 것이요 그의 이름을 임마누엘이라 하리라 임박한 앗수르 침공
8장	다메섹 사마리아 멸망	다메섹과 사마리아의 멸망 예고 유다 심판과 구원에 대한 약속 – 임마누엘
9장	평강의 왕에 관한 약속	메시아의 탄생과 통치 (6) 이는 한 아기가 우리에게 났고 한 아들을 우리에게 주신 바 되었는데 그의 어깨에는 정사를 메었고 그의 이름은 기묘자라, 모사라, 전능하신 하나님이라, 영존하시는 아버지라, 평강의 왕이라 할 것임이라 사마리아의 죄와 벌
10장	하나님의 막대기 앗수르	앗수르의 교만을 치시는 주의 손 이스라엘의 남은 자 앗수르의 멸망 예고
11장	하나님나라의 회복	이새의 줄기에서 날 싹 이새의 뿌리가 세울 왕국
12장	감사와 찬송	감사 찬송 (2) 보라 하나님은 나의 구원이시라 내가 신뢰하고 두려움이 없으리니 주 여호와는 나의 힘이시며 나의 노래시며 나의 구원이심이라

(2) 열방에 대한 심판과 경고(13–24장)

13장	바벨론에 대한 경고	임박한 바벨론 멸망 메대에 패망하는 바벨론
14장	바벨론과 앗수르의 멸망	이스라엘 회복 예언 조롱당하는 바벨론 계명성 앗수르와 블레셋의 멸망

15장	모압에 대한 경고	모암을 황폐하게 하시리라
16장		모압의 죄와 벌
17장	다메섹에 대한 경고	다메섹과 사마리아에 대한 경고
18장		구스의 멸망과 회개
19장	애굽에 대한 경고	애굽 멸망(장망성) 복 받을 세 나라(이스라엘, 애굽, 앗수르)
20장		앗수르에 애굽과 구스 멸망
21장	기타 지역에 대한 경고	바벨론 멸망과 파괴되는 우상들 에돔의 패배와 이스라엘의 승리 게달 멸망
22장		예루살렘 내리신 책망 – 이상골짜기 셉나를 이은 엘리아김 패망
23장		시돈과 두로에 내릴 심판
24장	세상의 심판	하나님께서 세상을 심판하신다 남은 자의 즐거움 심판 날에 있을 대환란

2. 유다의 회복과 구원(사 25–48장)

39장까지는 앗수르를 시대 배경으로 하여 앗수르의 멸망과 유다의 구원을 기록하였다. 40-48장은 바벨론을 배경으로 하여 고레스에 의한 바벨론의 멸망과 유다의 귀환에 관한 예언을 기록하였다. 특히 40장부터 48장까지 아홉 장 216개 절(節)에서 115개 절이 하나님의 위엄과 능력을 노래하고 있다.

앗수르의 멸망과 유다의 구원	바벨론의 멸망과 유다의 귀환
25–39장	40–48장

(1) 앗수르의 멸망과 유다의 구원 (25–39장)

25장	유다의 회복 약속	구원자이시며 위로자이신 여호와에 대한 찬양
26장		신실한 민족이 부를 노래

27장	유다의 회복 약속	주의 포도원을 노래함
28장		농부에게 배워라
29장	여호와의 통치 약속	겸손해진 이스라엘과 파멸되는 원수들 징계의 원인은 깨닫지 못했기 때문 하나님을 섬기는 것은 사람의 도리
30장		애굽에게 도움을 청하는 것은 헛일이다 주가 다시 보살피신다 앗수르는 멸망한다
31장		애굽은 멸망한다 시온은 구원받고 앗수르는 망한다
32장		장차 올 정의의 나라 안일한 여인들이 받을 벌 정의와 평화를 내리시는 주
33장		하나님을 신뢰하는 자는 구원을 받는다 주께서 일어나신다 영광스런 내일이 온다
34장	에돔의 최후	에돔의 최후
35장	하나님의 구원	택함 받은 백성이 누릴 구원의 복 (10) 여호와의 속량함을 받은 자들이 돌아오되 노래하며 시온에 이르러 그들의 머리 위에 영영한 희락을 띠고 기쁨과 즐거움을 얻으리니 슬픔과 탄식이 사라지리로다
36장	앗수르의 침공	산헤립의 1,2차 침공
37장	앗수르의 멸망 예언	히스기야의 중보 요청과 하나님의 약속 앗수르의 불경한 도전 성전에서 기도하는 히스기야 하나님의 두 번째 응답 산헤립의 최후
38장	히스기야의 기도	병에서 회복된 히스기야 히스기야의 감사 찬양
39장	히스기야에 대한 책망	바벨론 사자에게 보물창고를 공개한 히스기야 하나님의 책망

(2) 바벨론의 멸망과 유다의 귀환(40–48장)

40장	여호와를 앙망하는 자 새 힘	광복의 기쁜 소식을 외쳐라 (8) 풀은 마르고 꽃은 시드나 우리 하나님의 말씀은 영원히 서리라 하라 하나님의 힘과 사랑

40장	여호와를 앙망하는 자 새 힘	주를 앙모하는 자에 대한 축복의 약속 (31) 오직 여호와를 앙망하는 자는 새 힘을 얻으리니 독수리가 날개치며 올라감 같을 것이요 달음박질하여도 곤비하지 아니하겠고 걸어가도 피곤하지 아니하리로다
41장	하나님의 도우심	하나님의 도구 고레스 복된 광복의 길 (10) 두려워하지 말라 내가 너와 함께함이라 놀라지 말라 나는 네 하나님이 됨이라 내가 너를 굳세게 하리라 참으로 너를 도와주리라 참으로 나의 의로운 오른손으로 너를 붙들리라
41장	하나님의 도우심	(14) 버러지 같은 너 야곱아, 너희 이스라엘 사람들아 두려워하지 말라 나 여호와가 말하노니 내가 너를 도울 것이라 네 구속자는 이스라엘의 거룩한 이이니라 우상은 아무것도 아님
42장	새 노래로 찬송	주의 종의 노래 I (여호와의 종 고레스) (3) 상한 갈대를 꺾지 아니하며 꺼져가는 등불을 끄지 아니하고 진실로 정의를 시행할 것이며 인류의 새 노래 눈멀고 귀먹은 이스라엘
43장	하나님의 구원	이스라엘의 구속과 회복 바벨론에서 풀려난 이스라엘
44장	다른 신은 없다	어리석은 우상숭배 포로들의 귀환 이스라엘 재건을 명령받은 고레스
45장	하나님의 도구 고레스	하나님의 도구 고레스 토기장이 하나님 이스라엘의 영원한 구원 구원에 초청된 열방
46장	하나님의 성취	몰락하는 바벨론 신들
47장	바벨론 심판	하루아침에 망하는 바벨론
48장	새 일의 약속	책망받은 이스라엘의 새 일을 약속하시는 하나님

3. 메시아의 고난과 구원(사 49–66장)

유다의 회복과 구원은 메시아가 오심으로 완성되며(49-57장) 자신의 죄를 회개하고 메시아를 믿는 자에게는 구원의 은혜가 주어질 것이다(58-66장). 전반부는 특히 메시아의 고난에 관해 기록하는데, 특히 53장은 그분의 고난을 곁에서 지켜본 것처럼 생생하게 묘사하였다. 후반부는 하나님의 구원 약속에 관해 기록했는데 특히 61장에서 그리스도인의 소망인 '새 하늘'에 관하여 기록하였고, 궁극적으로 종말론적인 하나님나라의 완성을 보여주며 끝을 맺는다.

메시아의 고난	하나님의 구원 약속
49–57장	58–66장

(1) 메시아의 고난(49–57장)

49장	시온의 재건	주의 종의 노래 II (시온을 재건하는 이스라엘)
50장	고난받는 종	주의 종의 노래 III (고난받는 여호와의 종)
51장	남은 자의 위로	남은 자에 대한 위로 분노의 잔을 마신 예루살렘아 깨어라
52장	예루살렘 구속	포로에서 돌아올 시온 해방의 희소식 (7) 좋은 소식을 전하며 평화를 공포하며 복된 좋은 소식을 가져오며 구원을 공포하며 시온을 향하여 이르기를 네 하나님이 통치하신다 하는 자의 산을 넘는 발이 어찌 그리 아름다운가 주의 종의 노래IV
53장	그리스도의 고난	주의 종의 노래IV 계속 (4–6) 그는 실로 우리의 질고를 지고 우리의 슬픔을 당하였거늘 우리는 생각하기를 그는 징벌을 받아 하나님께 맞으며 고난을 당한다 하였노라 그가 찔림은 우리의 허물 때문이요 그가 상함은 우리의 죄악 때문이라 그가 징계를 받으므로 우리는 평화를 누리고 그가 채찍에 맞으므로 우리는 나음을 받았도다 우리는 다 양 같아서 그릇 행하여 각기 제 길로 갔거늘 여호와께서는 우리 모두의 죄악을 그에게 담당시키셨도다
54장	영원한 자비	예루살렘이 다시 흥한다 새 예루살렘
55장	주를 찾으라	회개하는 자에게 내리시는 값없는 은혜
56장	이방인들의 축복	회복된 공동체 – 이방인도 함께 예배드릴 수 있다 이스라엘의 탐욕과 태만의 지도자들
57장	여호와의 치료	의인이 고난당하는 혼란기 우상숭배와 행음의 신당들 비천한 자를 향한 위로와 약속

(2) 하나님의 구원 약속(58–66장)

58장	구원의 약속	하나님이 기뻐하시는 참된 금식 안식일을 거룩히 지키는 자의 복
59장	구속자 임재	이스라엘의 죄와 벌 여호와께서 베푸신 구원
60장	빛을 발하라	예루살렘이 받을 영광

61장	은혜와 구원	메시아 예고 (1-3) 주 여호와의 영이 내게 내리셨으니 이는 여호와께서 내게 기름을 부으사 가난한 자에게 아름다운 소식을 전하게 하려 하심이라 나를 보내사 마음이 상한 자를 고치며 포로된 자에게 자유를, 갇힌 자에게 놓임을 선포하며 여호와의 은혜의 해와 우리 하나님의 보복의 날을 선포하여 모든 슬픈 자를 위로하되 무릇 시온에서 슬퍼하는 자에게 화관을 주어 그 재를 대신하며 기쁨의 기름으로 그 슬픔을 대신하며 찬송의 옷으로 그 근심을 대신하시고 그들이 의의 나무 곧 여호와께서 심으신 그 영광을 나타낼 자라 일컬음을 받게 하려 하심이라 새 예루살렘의 생활상 시온의 감사 찬양
62장	상급과 보응	시온의 구원을 촉구하는 예언자
63장	은총과 회개	에돔의 심판 날이 왔다 이스라엘은 은총을 돌이켜 생각하고 회개하라
64장	사랑을 구하라	남은 자를 위한 기도
65장	새 하늘과 새 땅	하나님의 대답 처벌과 보상 남아 있는 의인들의 구원 (17) 보라 내가 새 하늘과 새 땅을 창조하나니 이전 것은 기억되거나 마음에 생각나지 아니할 것이라
66장	하나님 앞에서	그릇된 예배를 심판하시는 하나님 시온에 주신 위로의 말씀 (13) 어머니가 자식을 위로함같이 내가 너희를 위로할 것인즉 너희가 예루살렘에서 위로를 받으리니 악한 자는 망한다 만방에 동터 올 새 시대 (22) 내가 지을 새 하늘과 새 땅이 내 앞에 항상 있는 것같이 너희 자손과 너희 이름이 항상 있으리라 여호와의 말이니라

메시아에 관한 이사야의 예언

주제	내용		의미
임마누엘	7:14	그러므로 주께서 친히 징조를 너희에게 주실 것이라 보라 처녀가 잉태하여 아들을 낳을 것이요 그의 이름을 임마누엘이라 하리라	처녀가 아이를 낳음
메시아의 탄생	11:1	이새의 줄기에서 한 싹이 나며 그 뿌리에서 한 가지가 나서 결실할 것이요	이새의 줄기에서 나심
그리스도의 생애	11:2	그의 위에 여호와의 영 곧 지혜와 총명의 영이요 모략과 재능의 영이요 지식과 여호와를 경외하는 영이 강림하시리니	여호와의 영
버림당하는 슬픔	53:3	…그는 멸시를 받아 사람들에게 버림받았으며 간고를 많이 겪었으며 질고를 아는 자라 마치 사람들이 그에게서 얼굴을 가리는 것같이 멸시를 당하였고 우리도 그를 귀히 여기지 아니하였도다	고난의 종

시제로 보는 이사야의 예언		
이사야 생전에 성취된 예언	이사야 사후에 성취된 예언	미래에 성취될 예언
유다의 구원 사 7:4,16	유다와 이스라엘의 심판 3:1–8	대환란이 있을 것 2:10–22, 13:6–13, 24:1–23 26:20–21, 34:1–10, 51:6
아람과 이스라엘의 멸망 사 8:4, 17:1–14	바벨론이 고레스에게 멸망 13:17–22, 14:1–23	아마겟돈 전쟁이 있을 것 34:1–10, 42:13–14, 63:1–6 66:15–16
앗수르의 유다 침입 사 8:7	고레스의 정복 41:2–3	
앗수르에게서 예루살렘의 구원 사 37:33–35	고레스의 칙령과 예루살렘 중건 44:28, 45:13	천년왕국 2:2–4, 4:2–6, 11:6–9
앗수르에 의해 모압이 심판 사 15,16장	돌아온 남은 자들의 기쁨 48:20	
애굽과 구스가 앗수르에 복속 사 18–20장	두로의 회복 23:13–18	
히스기야의 목숨 연장 사 38:5	에돔의 영원한 멸망 34:5–17	
앗수르가 심판받음 사 10:5–34	예수 그리스도의 탄생과 고난 7:14–15, 9:1–2,6, 11:1–2, 35:5–6, 42:1–3, 50:4–6, 52:13– 15, 53:2,10–12, 61:1–2	
	세례 요한의 사역 40:3–5	

미가서(Micah)				
명칭	기록자	기록 연대	기록 장소	장수
미가야후 : 여호와와 같으신 이가 누구인가	미가	BC 737–690	유다	7장
핵심 주제	기록 목적		구성과 계시	
형벌의 때가 지나 메시아가 오시고 회복될 것이다	유다에 임박한 심판을 경고하기 위해서		징벌하고 회복시키고 구원의 메시아를 보내실 것이다	

저자와 시대배경

구약성경의 소선지서 12권 가운데 여섯 번째 책.

유다왕국의 선지자인 미가가 기록한 것으로 전해지며, 본서의 명칭도 저자인 '미가'의 이름을 따라 붙였다. '미가'라는 이름은 "여호와와 같으신 이가 누구인가?"라는 뜻의 '미가야후'

의 축약형이다.

미가는 이사야와 같은 시대의 예언자로 남유다의 요담 왕, 아하스 왕, 히스기야 왕이 통치하던 시대(미 1:1)에 활동했으며, 남유다와 북이스라엘의 부자들을 꾸짖고 북이스라엘의 수도 사마리아의 멸망을 예언했다. 미가가 활동한 기원전 8세기 무렵은 남북 이스라엘의 주변 정세가 급변하던 때였다. 그는 아람의 멸망(BC 732)과 북이스라엘의 멸망(BC 722)을 보았으며, 디글랏 빌레셀 3세, 살만에셀 5세, 산헤립 등의 통치 아래 앗수르 제국이 강대해지면서 주변 국가들을 정복하려는 시도가 시작되는 것을 목격했다. 산헤립의 침입으로 한때 남유다도 위기를 맞았으나 이사야와 미가의 사역을 통해 히스기야 왕이 회개하고 간구함으로써 무사히 위기를 넘길 수 있었다. 히스기야 사후 멸망의 길로 걷던 유다왕국은 결국 미가의 예언대로 멸망(BC 586)하게 되나 미가는 이들이 다시 귀환할 것을 예언(미 7:15)했다.

내용과 교훈

미가서는 두 주제를 가지고 있다. 첫 번째는 죄와 이로 인한 심판이다. 그 당시의 불법과 혼란상은 우상숭배로 인한 종교적 타락의 결과였다. 그래서 선지자는 막강한 권세를 휘두르며 불의를 저지르는 지도층에게는 공의의 법을 선포하고, 피차 반목하고 질시하는 백성들에게는 자비와 사랑의 실천을 촉구하며, 무엇보다 지위 고하를 막론하고 모든 사람이 겸손하게 회개하고 우상에서 떠나 하나님과 동행할 것을 호소한다. 두 번째 주제는 그리스도의 의(義)에 대한 소망이다. 선지자는 죄를 지적하고 임박한 심판을 선포하지만 그것으로 끝나지 않는다. 선지자는 간절히 하나님을 소망하며 그분이 응답하실 것을 확신하였다. 그리고 죄를 철저히 고백하되(미 7:9) "그의 의"를 통해, 즉 죄에 대해 신원하시고 심판에서 건지실 것을 또한 고백하였다.

결국 본서를 통해 미가 선지자는 죄악에 물든 백성에 대한 하나님의 분노와 심판, 선택받은 백성에 대한 하나님의 무한하신 사랑을 이야기하고, 타락한 세상의 근본적인 구원을 위해 메시아가 오심으로 하나님의 위대하신 계획이 실현될 것을 예언한다.

미가서의 가장 대표적인 말씀은 예수 그리스도의 탄생을 예고한 "베들레헴 에브라다야 너는 유다 족속 중에 작을지라도 이스라엘을 다스릴 자가 네게서 내게로 나올 것이라 그의 근본은 상고에, 영원에 있느니라"(미 5:2)라는 말씀이다. 그러므로 미가서를 이해하기 위해 이 땅에 오신 그리스도의 관점으로 묵상하는 것이 매우 유익할 것이다.

미가서를 통해서 보는 하나님의 섭리

본서에서 하나님의 섭리를 가장 잘 보여주는 말씀은 6장 8절 말씀이다.

사람아 주께서 선한 것이 무엇임을 네게 보이셨나니 여호와께서 네게 구하시는 것은 오직 정의를 행하며 인자를 사랑하며 겸손하게 네 하나님과 함께 행하는 것이 아니냐 미 6:8

당시 불의와 불법이 성행하고 가난한 자들은 소외되는 유다와 이스라엘에 대하여 선지자는 이 말씀을 거역하는 자에게 임할 심판과 순종하는 자에게 주어질 구원을 상기시켰다. 그리고 또한 이 말씀은 우리 인간을 향한 그리스도의 마음을 발견할 수 있다. 이는 범죄한 인간을 향한 하나님의 끊임없는 사랑과 긍휼로서, 인간이 하나님께 돌아와 그분의 명령에 순종함으로써 창세기 1장에 기록된 대로 그 창조와 존재의 목적을 회복하게 하기 위한 부르심이라고 할 수 있다.

구조

미가서의 주제가 심판과 구원의 소망이듯이 구조 또한 심판과 구원으로 이루어진다.

전반부 1-3장에서는 이스라엘을 향해 지도자들의 죄와 그로 인한 심판을 기록하고, 후반부 4-7장에서는 메시아의 도래와 회복에 관해 기록하고 있다.

1–3장	4–7장
지도자들의 죄와 심판	메시아의 오심과 회복

1. 지도자들의 죄와 심판(미 1–3장)

선지자는 남유다와 북이스라엘의 부자들을 꾸짖고, 북이스라엘의 수도 사마리아의 멸망을 예언하며 이는 부자들의 강탈과 정치 및 종교 지도자들의 범죄 때문이라고 지적한다.

1장	남북에 관한 죄와 멸망	심판하시는 하나님 이스라엘에 대한 징계 예고 유다에 대한 징계 예고
2장	악한 자들의 강탈과 멸망	악을 꾀하고 강탈하는 자들의 재앙 멸망당할 자들에 대한 애가 선지자들의 말을 듣지 않는 자들의 재앙 남은 자들을 모으고 인도하실 것이다
3장	지도자들의 타락과 멸망	지도자들의 압제에 대한 경고 백성을 유혹하는 거짓선지자들에 대한 경고 정치적·종교적 지도자들의 범죄와 심판

2. 메시아의 오심과 회복(미 4–7장)

선지자는 메시아 시대의 도래, 즉 예수 그리스도의 탄생과 회복을 전한다. 또 하나님이 원하시는 삶 및 하나님을 바라보는 삶의 소망을 기록한다.

4장	천년왕국	말일에 임할 그리스도의 왕국 고난받는 하나님의 백성들을 구원할 것임 적국의 심판과 시온의 건설 (6–7) 여호와께서 말씀하시되 그 날에는 내가 저는 자를 모으며 쫓겨난 자와 내가 환난 받게 한 자를 모아 발을 저는 자는 남은 백성이 되게 하며 멀리 쫓겨났던 자들이 강한 나라가 되게 하고 나 여호와가 시온 산에서 이제부터 영원까지 그들을 다스리리라 하셨나니
5장	그리스도의 탄생	이스라엘의 수난 그리스도의 베들레헴 탄생 (2) 베들레헴 에브라다야 너는 유다 족속 중에 작을지라도 이스라엘을 다스릴 자가 네게서 내게로 나올 것이라 그의 근본은 상고에, 영원에 있느니라 그리스도의 승리와 왕국 건설 복술자들과 우상들이 사라질 것이다
6장	하나님께서 구하시는 것	하나님의 구원을 기억하라 하나님이 구하시는 것 공의와 사랑과 하나님과 동행 (8) 사람아 주께서 선한 것이 무엇임을 네게 보이셨나니 여호와께서 네게 구하시는 것은 오직 정의를 행하며 인자를 사랑하며 겸손하게 네 하나님과 함께 행하는 것이 아니냐 악인을 징벌하실 것이다
7장	하나님을 바라보라	경건한 자가 끊어지고 세상이 악해질 것이다 여호와를 바라는 자들에게 소망이 있다 (7) 오직 나는 여호와를 우러러보며 나를 구원하시는 하나님을 바라보나니 나의 하나님이 나에게 귀를 기울이시리로다 출애굽 때와 같은 이적을 보이리라 자기 백성에게 성실과 은혜를 베푸시는 하나님

하나님나라에 관한 미가의 예언			
주제	내용		의미
천년왕국	4:6–7	여호와께서 말씀하시되 그 날에는 내가 저는 자를 모으며 쫓겨난 자와 내가 환난 받게 한 자를 모아 발을 저는 자는 남은 백성이 되게 하며 멀리 쫓겨났던 자들이 강한 나라가 되게 하고 나 여호와가 시온 산에서 이제부터 영원까지 그들을 다스리리라 하셨나니	평화의 나라
그리스도의 탄생	5:2	베들레헴 에브라다야 너는 유다 족속 중에 작을지라도 이스라엘을 다스릴 자가 네게서 내게로 나올 것이라 그의 근본은 상고에, 영원에 있느니라	그리스도의 통치

하나님께서 구하시는 것	6:8	사람아 주께서 선한 것이 무엇임을 네게 보이셨나니 여호와께서 네게 구하시는 것은 오직 정의를 행하며 인자를 사랑하며 겸손하게 네 하나님과 함께 행하는 것이 아니냐	정의와 인자, 사람과 겸손
구원자 하나님을 바라보라	7:7	오직 나는 여호와를 우러러보며 나를 구원하시는 하나님을 바라보나니 나의 하나님이 나에게 귀를 기울이시리로다	여호와를 우러러보는 자

나훔서(Nahum)				
명칭	기록자	기록 연대	기록 장소	장수
나훔 : 위로	나훔	BC 664-612	유다(엘고스)	3장
핵심 주제	기록 목적		구성과 계시	
다시 범죄한 나라의 멸망	니느웨의 심판을 통해 하나님의 공의를 알게 하려고		하나님을 거역하는 죄인에게 형벌을 순종하는 의인에게 복을 내리심으로 하나님의 뜻을 나타내신다	

저자와 시대배경

구약성경의 소선지서 12권 가운데 일곱 번째 책.

"엘고스 사람"(나 1:1) 나훔 선지자의 예언을 기록한 책이며, 본서의 명칭도 저자인 '나훔'의 이름을 따라 붙였다. 나훔이라는 이름의 뜻은 "위로"이다. 나훔의 고향으로 언급된 '엘고스'가 어디인지는 분명하게 알려지지 않아서 몇 가지 학설이 제기된 바 있다.

본서의 기록 시기는 BC 7세기경, 3장 8-10절에 언급된 노아몬의 멸망(BC 663) 후부터 니느웨가 멸망하기 전(나 1:8-9,15,3:17-18에 예언됨. 니느웨는 BC 612 멸망)의 어느 시기로 추측된다. 노아몬은 함락된 후 10년 뒤에 재건되었는데 이에 대한 언급은 없는 것으로 보아 BC 663-654년경에 기록되었을 것이라는 주장도 있다.

나훔 선지자가 활동하던 당시 앗수르는 북이스라엘을 멸망시킨(BC 722) 후 남유다까지 위협하고, 애굽의 노아몬을 함락시키고(BC 663) 패권을 장악하여 동쪽으로는 페르시아만, 서쪽으로는 소아시아, 남쪽으로는 애굽, 북쪽으로는 카스피해에 이르는 대제국을 이루고 있었다.

내용과 교훈

앗수르가 당시의 패권을 장악하고 최강의 국력을 자랑하고 있을 때 나훔 선지자는 하나님의 말씀대로 니느웨(앗수르의 수도)에 대한 하나님의 심판과 멸망을 예언하고 있다.

여호와는 질투하시며 보복하시는 하나님이시니라 여호와는 보복하시며 진노하시되 자기를 거스르는 자에게 여호와는 보복하시며 자기를 대적하는 자에게 진노를 품으시며 나 1:2

이는 선지자로 부름 받은 나훔의 첫 번째 선언이다. 선지자는 메시지 서두에서부터 니느웨의 멸망을 강하게 선포한다. 그것이 바로 하나님의 거룩한 뜻이기 때문이다. 본서는 니느웨에 대한 하나님의 공의의 심판이 얼마나 철저한 것인가를 보여주며, 나아가 하나님의 우주적 주권을 선포함으로써 유다 백성들을 위로하고 유다의 구원을 선포한다. 즉, 포악한 앗수르(니느웨)에 억압받던 유다 백성이 앗수르의 멸망을 통해 하나님의 공의의 성취를 알고, 앗수르의 멸망이 하나님의 계획인 것을 보고 하나님의 우주적 주권을 깨달아 소망을 얻게 하려는 것이다. '위로'라는 의미를 지닌 선지자의 이름처럼, 본서는 니느웨의 멸망을 통한 하나님의 위로와 해방의 기쁜 소식을 예언의 말씀으로 전하고 있다.

나훔서를 통해서 보는 하나님의 섭리

하나님은 본서에 앞서 약 1세기 전에 선지자 요나를 니느웨로 보내시고, 회개하는 니느웨를 용서해주셨다. 그런데 왜 니느웨를 멸망시키기로 작정하셨겠는가? 요나서 1장 2절에 따르면 니느웨가 하나님의 뜻을 거스르고 하나님을 대적했기 때문이다. 예수님도 "성령을 모독하는 자는 사하심을 받지 못하리라"(눅 12:10)라고 분명하게 말씀하셨듯, 하나님을 거스르는 자는 결단코 하나님의 은총을 입을 수 없다. 요나 선지자가 심판을 선포할 때 니느웨 사람들이 회개하여 하나님의 은혜를 입고 구원받았지만, 그들이 다시 교만하여 범죄했을 때 하나님의 공의의 심판이 임하게 되었다. 이는 "우리가 진리를 아는 지식을 받은 후 짐짓 죄를 범한즉 다시 속죄하는 제사가 없고"(히 10:26)라는 말씀의 교훈을 생각나게 한다.

구조

나훔서는 1장에서 니느웨의 멸망을 선포하고, 2장에서 니느웨의 멸망을 생생하게 묘사하며, 3장에서는 그들이 멸망한 원인을 이야기한다.

1장	2장	3장
니느웨의 멸망 선포	니느웨의 멸망	니느웨의 멸망 원인

1장	니느웨의 멸망 선포	피난처 하나님 (7) 여호와는 선하시며 환난 날에 산성이시라 그는 자기에게 피하는 자들을 아시느니라 니느웨에 대한 하나님의 진노 니느웨가 다시는 유다를 괴롭히지 않을 것이다

2장	니느웨 멸망	니느웨는 하나님의 심판으로 멸망한다
3장	멸망의 원인	니느웨의 멸망 원인은 잔학

예레미야서(Jeremiah)				
명칭	기록자	기록 연대	기록 장소	장수
이르메야후 : 여호와께서 세우시다	예레미야	BC 627–580	예루살렘	52장
핵심 주제	기록 목적		구성과 계시	
죄악을 회개하고 회복을 믿으라	하나님의 심판을 깨닫고 회개하도록 하기 위해서		하나님은 창조주이시며, 존경받으실 모든 민족의 하나님이시다	

저자와 시대배경

구약성경의 대선지서 5권 가운데 두 번째 책.

예레미야서의 명칭은 저자인 선지자 예레미야의 이름을 따서 붙여진 것이다. 히브리어 성경은 본서의 주사역자인 예레미야 선지자의 이름을 인용하여 그 제목을 "이르메야후"로 정하였으며, 헬라어 역본인 칠십인역에서도 '히에레미아스'라는 명칭을 사용하였다. 히브리어 "이르메야후"(Yirmeyah 또는 Yirmeyahu)는 문자적으로 '여호와께서 던지시다'라는 뜻을 가지고 있는데, 이는 '기초를 놓는다'라는 의미이다. 다른 말로 하면 '여호와께서 세우신다, 지정하신다 또는 보내신다'라는 의미일 것이다.

예레미야 선지자는 "베냐민 땅 아나돗의 제사장들 중 힐기야의 아들"(렘 1:1)이다. 아나돗은 베냐민 지파의 성읍 중 제사장과 레위인들을 위해 주어진 곳이다(수 21:18). 엘리 대제사장의 자손이며 다윗 왕 때 대제사장이었던 아비아달이 아도니야를 지지했다가 솔로몬이 즉위한 후 고향 아나돗으로 추방된 바 있다(왕상 2:26-27).

"아몬의 아들 유다 왕 요시야가 다스린 지 십삼 년에 여호와의 말씀이 예레미야에게 임하였고 요시야의 아들 유다의 왕 여호야김 시대부터 요시야의 아들 유다의 왕 시드기야의 십일 년 말까지 곧 오월에 예루살렘이 사로잡혀 가기까지 임하니라"(렘 1:2-3)라는 말씀에 따르면 그는 유다 왕 요시야 13년(BC 626)부터 시드기야 왕 11년(BC 587)까지 사역하였다.

예레미야 선지자가 활동하던 시대적 배경은 열왕기하 21-25장과 역대하 33-36장에 기록되어 있다. 당시 앗수르 제국의 멸망 과정에서 전통적인 강대국 애굽과 신흥 세력 바벨론의 세력 다툼이 있었고, 결국 갈그미스 전투(BC 605)에서 승리한 바벨론이 애굽을 누르고 패권을 차지한다. 유다는 요시야 왕이 애굽의 느고에게 죽임을 당한(BC 609) 후 그 뒤를 이은 왕들이 애굽과 바벨론 사이를 오가며 살길을 도모하다가 결국 BC 586년에 여호야김이 바벨론에 반기를 든 대가로 바벨론에 의해 멸망당하고 말았다. 예레미야는 이렇게 유다가 주변 국가들의 패권 다툼 속에서 살아남으려 애쓰는 격동의 시절을 목도하였다.

또한 요시야 왕 때 유다에서는 성전에서 발견된 율법책을 따라 종교개혁이 일어났으나, 삶 속에 뿌리박힌 혼합주의적 신앙은 쉽게 바뀌지 않아서 백성들은 여전히 우상을 숭배하며 불의를 행했고, 그러면서도 택함받은 선민은 결코 멸망하지 않는다고 믿었다. 선한 왕 요시야의 사후, 왕위를 계승한 왕들 또한 "하나님 여호와 보시기에 악을 행"(대하 36:5, 12)하고 하나님의 말씀을 듣지 않았다(렘 36:23-25).

내용과 교훈

본서는 바벨론이 예루살렘을 침략하던 시기에 행한 예레미야의 활동과 예언, 그 안에 담긴 하나님의 공의 및 사랑에 의한 구원의 희망을 기록하고 있다.

예레미야는 '눈물의 예언자', '수난의 예언자'라 불리기도 한다. '바벨론의 침략을 통한 하나님의 심판'이라는 강력하고도 충격적인 메시지가 유다 백성의 반감을 사서 그는 하나님의 말씀을 전하는 내내 동족에게 멸시와 박해를 받았다. 제사장과 예언자들에게 소송당하고(렘 26:10-16), 매국노로 몰리고(렘 27:1-11), 거짓 예언자들과 맞서고(렘 26-29장), 여러 차례 투옥당했다. 더욱이 자기 백성을 벌하지 않을 수 없으신 하나님과 깨닫지 못하는 백성 사이에 서서 자기 민족이 받을 심판을 전하며 너무도 비통하여 눈물 흘릴 수밖에 없었던 것이다.

그러나 '눈물의 예언자'라고 해서 그의 예언이 섬세하고 유약했던 것은 아니다. 오히려 예레미야는 설교와 표적들을 통해, 하나님을 거역하는 유다 백성을 예리하게 비판하고 그들의 잘못된 선민신앙(그들이 타락했을지라도 선민은 결코 멸망하지 않는다는 그들만의 신념)과 성전신앙(예루살렘 성전을 불멸의 존재로 여기며, 하나님께서 자신들과 함께 계시기 때문에 안전하다는 생각)이라는 잘못된 통념에 맞섰다.

그는 다른 어떤 선지자보다도 가혹하고 처절하게 유다 백성의 파멸을 선포하며 유다의 회개를 촉구했는데, 그만큼 유다 백성의 죄악이 극에 달하여 멸망이 임박했기 때문이었다. 그러나 그는 또한 하나님의 뜻에 복종하는 것만이 심판을 피할 수 있는 유일한 길이며 하나님은 심판하시되 다시 회복해주시는 분임을 역설했다.

예레미야서를 통해서 보는 하나님의 섭리

오랜 기간에 걸쳐 타락하고 부패하였으며, 하나님께 범죄한 유다 백성의 심판은 이제 피할 수 없는 현실이었다. 회개 외에는 심판을 피할 길이 없었지만, 선지자의 간절한 호소를 외면한 유다 백성은 회개를 거부하고 파멸을 선택했던 것이다.

예레미야서의 “돌아오라”라는 메시지를 하나님의 마음과 선지자의 마음으로 보며 이해해야 할 것이다. 특히 하나님은 바벨론에 항복하라고 명령하셨고 이는 순종(항복)이냐 불순종(성전신앙을 지키며 항거)의 문제였다. 예레미야는 하나님께서 출애굽시대에 이스라엘을 광야에서 하나님의 백성으로 훈련시키셨던 것처럼, 타락한 유다를 바벨론 포로기를 통해서 새롭게 하실 것이라고 전파한다.

하나님은 택한 백성일지라도 범죄 하는 자는 반드시 엄하게 벌하신다. 그러나 하나님의 징벌은 멸망 그 자체에 목적이 있는 것이 아니라 회개하고 새롭게 변화되어 다시 하나님의 백성으로서 온전하고 합당하게 만드시려는, 갱신을 위한 징벌이다.

구조

예레미야서의 주제 또한 크게 심판과 회복의 두 가지로 나타난다. 본서의 구조를 보면, 전반부(1-25장)에서는 죄를 책망하고 심판을 경고한다. 중반부(26-45장)에는 멸망이 임박한 가운데 우왕좌왕하는 왕, 거짓된 예언으로 예레미야와 논쟁하는 거짓 선지자들, 예레미야를 죽이려는 사람들, 하나님의 말씀을 거절하고 계속 우상숭배를 하는 백성 등 함락 직전의 유다 상황이, 후반부(46-52장)에는 열방의 멸망에 관한 예언 및 유다에 대해서 바벨론을 섬기라는 권고와 70년 후에는 포로된 땅에서 다시 돌아오리라는 예언이 언급된다. 예레미야서에서 포로의 길은 심판이 아니라 회복이라는 메시지이다. 이러한 예레미야서의 구조를 도표로 정리하면 다음과 같다.

장	1–25장					26–45장			46–52장	
주제	유다의 죄와 멸망의 경고					함락 직전 유다의 상황			열방의 멸망과 유다의 바벨론 유수	
소분류	1	2–10	11–17	18–20	21–25	26–29	30–33	34–45	46–51	52
소주제	예레미야의 소명	유다의 죄악	돌아오라	하나님의 주권	유다의 멸망과 포로	거짓 선지자들과의 논쟁	회복의 메시지	함락 직전의 상황	열방에 대한 경고	예루살렘 멸망과 바벨론 유수

1. 유다의 죄와 멸망의 경고(렘 1–25장)

예레미야서의 전반부인 1-25장은 유다의 죄와 멸망을 기록하고 있다. 선지자가 하나님을 배신한 이스라엘을 꾸짖고 책망하지만 유다는 하나님의 경고와 책망의 의미를 깨닫지 못하고 멸망으로 달려간다.

예레미야의 소명	유다의 죄악	돌아오라	하나님의 주권	유다의 멸망과 포로
1장	2–10장	11–17장	18–20장	21–25장

(1) 예레미야의 소명(1장)

1장	예레미야의 소명	여호와의 말씀이 예레미야에게 임하다 (5) 내가 너를 모태에 짓기 전에 너를 알았고 네가 배에서 나오기 전에 너를 성별하였고 너를 여러 나라의 선지자로 세웠노라 하시기로 예레미야가 본 환상 – 살구나무와 끓는 가마

(2) 유다의 죄악(2–10장)

2장	백성의 죄악	처음 사랑을 버린 것에 대한 책망 두 가지 악과 징계 (13) 내 백성이 두 가지 악을 행하였나니 곧 그들이 생수의 근원되는 나를 버린 것과 스스로 웅덩이를 판 것인데 그것은 그 물을 가두지 못할 터진 웅덩이들이니라 우상을 의지하는 자들이 당할 수치
3장	유다의 배역	깨닫지 못하는 유다 음란한 두 자매(북 이스라엘과, 유다) 이스라엘의 회개 촉구
4장	이스라엘 심판	가시덤불을 불사름 언약 인한 회개 촉구 북쪽에서 적들이 쳐들어올 것이다 피할 수 없는 형벌
5장	심판의 원인	의인을 찾을 수 없음 거짓된 자기 안전 허물과 죄가 좋은 것을 막음 빈민을 착취하는 부자들
6장	예루살렘의 벌	유다는 멸망한다 탐욕이 충만한 유다 쇠찌꺼기 같은 유다
7장	불순종의 죄	거짓 예배 순종이 제사보다 낫다 살인 골짜기
8장	유다의 죄	백성을 오도하는 성직자들
9장	하나님의연단	사람이 살 수 없도록 타락한 땅 남북 왕국이 함께 망할 것이다
10장	우상을버리라	여호와와 세상 잡신들 지도층의 잘못

(3) 돌아오라(11–17장)

11장	언약을 따르라	깨진 언약 예레미야를 살해하려는 음모
12장	하나님의 분노	악인이 잘되는 것에 대한 예레미야의 하소연 하나님의 대답
13장	교만하지 말라	썩어 버린 아마포 띠 포도주 항아리들이 부딪힐 것이다 간절한 최후의 경고
14장	백성의 간구	가뭄과 기근과 칼 백성을 위해 더 기도하지 말라 백성의 죄를 대신 고백하는 예레미야
15장	하나님의 징벌	돌이킬 수 없는 심판 예레미야의 탄식과 하나님의 대답
16장	악과 죄 징벌	임박한 유다의 포로 생활 처벌과 그 이후의 회복
17장	죄와 형벌	여호와를 버린 죄와 벌 여호와를 신뢰할 때 오는 복 안식일을 거룩하게 지켜라

(4) 하나님의 주권(18–20장)

18장	토기장이	토기장이의 비유 반역 암살 음모와 예레미야의 간청
19장	깨진 옹기	깨진 옹기병 바알에게 바친 자녀 희생
20장	예레미야의 사정	예레미야를 때린 바스훌 전파하는 것을 멈출 수 없는 예레미야 (9) 내가 다시는 여호와를 선포하지 아니하며 그의 이름으로 말하지 아니하리라 하면 나의 마음이 불붙는 것 같아서 골수에 사무치니 답답하여 견딜 수 없나이다 예레미야의 하소연

(5) 유다의 멸망과 포로(21–25장)

21장	생명과 사망의 길	예레미야에게 기도를 간청한 시드기야 바벨론에 항복하라는 답 백성이 생명과 죽음 중에서 선택해야 하다

22장	왕들에게 하신 말씀	회개 촉구 살룸, 여호야김, 여고니야에 대한 소식
23장	새로운 왕의 정의와 공의	의로운 다윗의 가지로 인한 회복 거짓 선지자들의 정죄
23장	새로운 왕의 정의와 공의	여호와의 짐
24장	무화과나무	환상 – 두 광주리의 무화과(좋은 무화과, 나쁜 무화과)
25장	바벨론 70년	70년 포로 생활의 예언 바벨론과 열방 멸망 예언 피할 수 없는 재앙

2. 함락 직전 유다의 상황(렘 26–45장)

멸망의 경고를 듣고도 거짓 선지자들은 멸망하지 않을 것을 장담하며 예레미야와 맞선다. 그러나 예레미야는 30-33장에서 포로 이후 회복의 메시지를 전한다. 이는 유다를 향한 하나님의 긍휼로서 유다의 멸망은 죄에 대한 심판과 징벌이 목적이 아니라 회복이 목적이라는 것을 보여준다. 그러나 노예 해방을 번복한 유다 왕 시드기야의 불순종 등으로 유다는 멸망으로 달려가게 된다.

거짓 선지자들과의 논쟁	회복의 메시지	함락 직전의 상황
26–29장	30–33장	34–45장

(1) 거짓 선지자들과의 논쟁(26–29장)

26장	성전 뜰에서 말씀 증거	회개 촉구 예레미야를 죽이려는 종교지도자들의 음모 예레미야를 변호하는 장로들
27장	바벨론을 섬길 나라들	바벨론의 줄과 멍에 시드기야여 거짓 예언에 속지 말라
28장	하나냐의 거짓 예언	거짓 평화를 예언하는 하나냐 예레미야의 멍에를 꺾어버린 하나냐의 죽음
29장	포로에게 보내는 편지	유다 포로를 위로하는 하나님의 말씀 (13) 너희가 온 마음으로 나를 구하면 나를 찾을 것이요 나를 만나리라 스마야의 거짓 예언

(2) 회복의 메시지(30-33장)

30장	귀환을 예언	포로 귀환 예언
31장	새 언약	구원 성취 및 회복과 번영의 새 언약 (31) 여호와의 말씀이니라 보라 날이 이르리니 내가 이스라엘 집과 유다 집에 새 언약을 맺으리라 (33) 그러나 그 날 후에 내가 이스라엘 집과 맺을 언약은 이러하니 곧 내가 나의 법을 그들의 속에 두며 그들의 마음에 기록하여 나는 그들의 하나님이 되고 그들은 내 백성이 될 것이라 여호와의 말씀이니라
32장	밭을 사다	밭을 산 예레미야 예레미야의 기도와 여호와의 대답
33장	다윗의 공의로운 가지	포로들이 돌아오고 성읍이 재건되리라는 약속 (3) 너는 내게 부르짖으라 내가 네게 응답하겠고 네가 알지 못하는 크고 은밀한 일을 네게 보이리라 다윗의 집에서 의로운 가지가 날 것이다

(3) 함락 직전의 상황(34-45장)

34장	시드기야의 언약	시드기야에게 전해진 심판의 소식 노예 해방 약속을 번복한 시드기야에 대한 징벌
35장	레갑 족속	선조의 명령을 굳게 지키는 레갑 족속
36장	두루마리 책	말씀을 적은 두루마리를 태우는 여호야김 새로운 두루마리에 다시 말씀을 기록하다
37장	예레미야 수감	예레미야가 옥에 갇히다 예레미야를 만난 시드기야
38장	예레미야 구출	구덩이에 던져진 예레미야 예레미야를 구한 에벳멜렉
39장	예루살렘 함락	예루살렘 함락 도망치다 붙잡힌 시드기야
39장	예루살렘 함락	예레미야와 에벳멜렉의 안전
40장	그다랴 총독	예레미야를 풀어준 느부사라단 총독으로 임명된 그다랴
41장	그다랴 피살	그다랴 총독이 피살되다
42장	애굽으로 가지 말라	예레미야에게 인도를 구하는 기도를 부탁한 백성들 여호와께서 애굽으로 가지 말라고 말씀하시다

43장	애굽으로 가다	예레미야를 애굽으로 끌고 간 요하난 애굽 멸망을 예언한 예레미야
44장	애굽행 경고	애굽의 유대인에게 닥칠 재앙의 예언 하나님의 경고를 배척하고 하늘 여왕을 숭배한 백성들
45장	바룩의 구원	슬퍼하는 바룩

3. 열방의 멸망과 유다의 바벨론 유수(렘 46–52장)

예레미야서의 후반부인 46-52장은 유다의 멸망 후에 열방들도 멸망하며, 언젠가는 바벨론마저 멸망할 것이라고 예언한다. 또한 유다 백성은 바벨론에 끌려가 포로로 살아가겠지만 70년 후에는 돌아오고 이스라엘이 회복될 것이라고 선포한다.

열방에 대한 경고	예루살렘 멸망과 바벨론 유수
46–51장	52장

(1) 열방에 대한 경고(46–51장)

46장	애굽의 재난	애굽은 느부갓넷살에게 망한다
47장	블레셋 멸망	블레셋은 망한다
48장	모압의 멸망	모압은 망한다
49장	각국의 심판	열방(암몬, 에돔, 다메섹, 게달, 하솔, 엘람)은 망한다
50장	바벨론 심판	바벨론은 망한다
51장	바벨론 멸망	바벨론은 메대에 망하고 이스라엘은 회복된다

(2) 예루살렘 멸망과 바벨론 유수(52장)

52장	유다의 최후	시드기야의 반역과 예루살렘의 멸망 백성이 바벨론으로 유배되다 여호야긴이 감옥에서 풀려나다

예레미야의 예언						
주제	예레미야의 소명	유다의 패망과 포로와 귀환 예언			열방의 심판	유다의 멸망 바벨론 유수
의미	예언의 신적 권위	선민과 열방의 죄에 대한 심판과 무조건적 은혜에 의한 선민 회복			이방 10개국의 심판	예언의 신실성
성구	1:1–19	2:1–25:38	26:1–33:26	34:1–45:5	46:1–51:64	52:1–34
	저자 표기와 선지자 소명 시의 두 환상	유다에 대한 12편의 단편 예언집	바벨론 제4차 침입 전후의 주요 사건과 관련 예언	예루살렘 함락 전후의 주요 사건과 관련 예언	이방 10개국의 심판 예언	예루살렘 함락과 바벨론 유수 상황
지역	예루살렘	예루살렘 함락 이전의 유다 지역			이방 10개국 심판	바벨론 유수

스바냐서(Zephaniah)				
명칭	기록자	기록 연대	기록 장소	장수
체판야 : 하나님이 보호하셨다	스바냐	BC 640–609	예루살렘	3장
핵심 주제	기록 목적		구성과 계시	
끝까지 남은 자들의 영광	'여호와의 날'을 선포하여 백성을 돌이키고, '남은 자'들이 얻게 될 미래의 영광에 대한 약속을 전하기 위해		불순종하는 유다와 모든 민족이 여호와의 심판을 받을 날이 오지만 남은 자들에게는 영광이 날이 온다고 전한다	

저자와 시대배경

구약성경의 소선지서 12권 가운데 아홉 번째 책.

본서의 명칭은 저자인 스바냐 선지자의 이름을 따라 지어졌다. 스바냐(체판야)는 '여호와께서 숨기시다, 비축해두시다, 보호하시다'라는 뜻이다. 그는 "히스기야의 현손이요 아마랴의 증손이요 그다랴의 손자요 구시의 아들"(습 1:1)로 자신의 출신을 밝히고 있다. 저자가 큰 종교개혁을 일으킨 왕 히스기야의 현손으로 유다 왕족 출신이고, 예루살렘의 지리에 밝은 점(1:10 참조)으로 미루어, 예루살렘을 중심으로 사역하고 집필한 것으로 추정된다.

스바냐서 1장 1절은 저자가 "아몬의 아들 유다 왕 요시야의 시대"(1:1)에 활동하였다고 밝히고 있다. 선지자가 활동할 무렵 앗수르 제국은 앗수르바니팔(BC 669-633)의 통치 아래 막강한 위용을 자랑하다가 BC 626년 신흥 강대국 바벨론의 공격을 받고, BC 612년에 멸망했다. 이 시기에 유다 왕국에서는 므낫세, 아몬이 통치하였고, 뒤를 이은 요시야가 종교개혁(BC 622)을 일으켜 우상을 철폐하고 신앙 회복에 힘썼다.

기록 연대를 특정할만한 단서는 없으나 본문에 우상숭배의 모습이 남아 있어(1:4-5) 요시야 왕의 종교개혁이 있기 전에 기록된 것으로 보인다. 유다 왕국이 멸망(BC 586)한 후에 쓰였다는 견해도 존재한다.

내용과 교훈

먼저 유다와 예루살렘을 향하여 하나님의 진노가 쏟아질 크고 두려운 '여호와의 날'이 임박했음을 알린다. 심판의 경고는 유다의 주변 나라인 블레셋, 모압과 암몬, 구스, 앗수르에도 내려지고 그 후 다시 예루살렘을 향하는데, 이는 유다 백성들이 여호와의 명령을 듣지 않고 하나님께 가까이 나아가기를 거부한 채 "부지런히 그들의 모든 행위를 더럽게 하였"(3:7)기 때문이다. 심판 후에는 여러 백성의 회심과 흩어진 유다 백성의 귀환, 신실한 남은 자에 대한 보호하심을 노래하며 소망의 메시지로 끝맺는다.

스바냐 선지자가 활동하던 요시야 왕의 통치 초기는 조부 므낫세의 55년 통치와 부왕 아몬의 2년 통치 시기 동안 우상숭배와 도덕적 타락이 계속되면서 사회는 매우 혼란하고 부패가 만연했고, 이런 상황에서 요시야 왕의 개혁은 결코 쉬운 일이 아니었다. 그런 시기에 스바냐 선지자는 범죄하고 회개하지 않는 자들이 필연적으로 당하게 될 심판을 선포(1:14-18)하는 동시에, 죄로 물든 세상 가운데서도 하나님을 두려워하며 참고 인내하는 자들은 반드시 구원을 얻게 된다는 소망의 메시지를 선포(3:9-20)하였다.

본서는 특히 '여호와의 날' 과 '남은 자' 사상을 강조하는데 스바냐서의 이해는 이 "여호와의 날"(1:7)의 의미를 아는 데서 출발해야 할 것이다. 그날은 유대인이든 이방인이든 차별이 없이, 하나님을 떠나 불순종하는 자들에게는 '심판의 날'이지만 하나님을 찾고 순종하는 자에게는 두려운 날로만 그치는 것이 아니라 구원을 선포하는 '소망의 날'이 되기 때문이다.

스바냐서를 통해서 보는 하나님의 섭리

> 수치를 모르는 백성아 모일지어다 모일지어다 … 여호와의 규례를 지키는 세상의 모든 겸손한 자들아 너희는 여호와를 찾으며 공의와 겸손을 구하라 너희가 혹시 여호와의 분노의 날에 숨김을 얻으리라 습 2:1,3

"여호와를 찾으며 공의와 겸손을 구하라"라는 말씀은 "사람아 주께서 선한 것이 무엇임을 네게 보이셨나니 여호와께서 네게 구하시는 것은 오직 정의를 행하며 인자를 사랑하며 겸손하게 네 하나님과 함께 행하는 것이 아니냐"라는 미가서 말씀(미 6:8)을 연상케 한다.

또한 하나님은 '여호와께서 숨겨주신다'라는 의미를 지닌 이름의 스바냐 선지자를 통해서 "'여호와의 분노의 날'에 모이기를 힘쓰는 자, 여호와의 규례를 지키는 자, 세상의 모든 겸손한 자, 여호와를 찾는 자, 겸손과 공의를 구하는 자들이 '숨김'을 얻으리라"라는 메시지를 전해주셨다.

구조

스바냐서는 유다의 멸망에 관한 선포, 이웃 나라들과 예루살렘이 받을 심판, 열방과 이스라엘의 구원 및 기쁨의 찬양으로 구성되어 있다. 스바냐서의 구조를 도표로 정리하면 다음과 같다.

1장	2장	3장
유다의 멸망	이웃 나라들의 벌	예루살렘의 회복

1장	여호와의 날	유다를 멸절하시는 하나님 여호와의 심판의 날이 다가오고 있다
2장	이웃 나라들의 벌	하나님의 규례를 지키는 겸손한 사람들은 모일지어다 (3) 여호와의 규례를 지키는 세상의 모든 겸손한 자들아 너희는 여호와를 찾으며 공의와 겸손을 구하라 너희가 혹시 여호와의 분노의 날에 숨김을 얻으리라 주변 국가들의 멸망(블레셋, 모압, 암몬, 구스, 앗수르)
3장	남은 자의 구원	예루살렘의 심판 예고 정화된 이스라엘의 남은 자들 시온의 기쁜 노래 (17) 너의 하나님 여호와가 너의 가운데에 계시니 그는 구원을 베푸실 전능자이시라 그가 너로 말미암아 기쁨을 이기지 못하시며 너를 잠잠히 사랑하시며 너로 말미암아 즐거이 부르며 기뻐하시리라 하리라

하박국서(Habakkuk)				
명칭	기록자	기록 연대	기록 장소	장수
하바쿠크 : 포옹하다, 껴안다	스바냐	BC 609-600	예루살렘	3장
핵심 주제	기록 목적		구성과 계시	
의인은 믿음으로 산다	악인이 승리하는 것 같아도 세상을 다스리고 역사를 주관하는 분은 하나님이심을 알고 끝까지 믿음으로 살아가게 하려고		선지자의 질문과 하나님의 응답으로 이루어진 대화와 선지자의 기도와 찬양으로 구성. 하나님은 주권적으로 통치하시고 인간은 믿음으로 살아가는 것을 가르쳐주신다	

저자와 시대배경

구약성경의 소선지서 12권 가운데 여덟 번째 책.

하박국서는 하박국이 쓴 대화 형식의 예언서로, 책의 명칭은 "선지자 하박국이 묵시로 받은 경고라"(합 1:1)라는 말씀에 나타난 대로 저자의 이름을 따서 지어졌다. '하박국'의 의미는 '포용하다', '껴안다'이다. 이는 그가 자신의 신앙문제로 하나님께 매달리는 모습을 잘 묘사한 것으로 보여진다.

하박국 선지자에 관해서는 별로 알려진 것이 없으며 활동 시기와 기록 연대도 정확히 알기 어렵다. 1-2장과 달리 시 형식으로 된 3장을 통해 그가 레위 지파 출신의 성전 찬양대원이었을 것으로 보는 견해가 지배적이다. 또한 1장 5-11절은 앗수르가 이미 멸망하고 갈대아(바벨론)가 중근동을 제패하여 이웃 나라를 정복해가는 과정의 묘사로 보인다. 이에 따라 BC 7세기 후반, 요시야 말기부터 여호야김 초기에 기록된 것으로 추정하며, 하박국은 예레미야, 스바냐, 나훔, 요엘 등과 동시대인으로 볼 수 있을 것이다.

역사적으로 볼 때 바벨론이 BC 612년에 앗수르를 멸망시키고, BC 605년에는 애굽의 느고를 갈그미스에서 격파하여 신흥 강대국으로 급부상하였다. 이때 유다 왕국은 당대의 최고 선왕으로까지 꼽히던 요시야 왕이 종교개혁을 통해 무너진 신앙을 회복하려 하지만 애굽의 느고와 싸우다 전사하고(BC 609), 여호아하스, 여호야김이 외세에 의해 왕으로 옹립되면서 나라는 혼란스러웠다. 또한 율법은 무너지고 사회에 우상숭배와 불의가 만연하는 등 국내외 정세는 갈수록 악화되고 있었다.

이런 상황에서 어찌하여 의인이 잘못되고 악인이 득세하는지 고뇌하던 선지자는 이런 신앙의 갈등을 하나님께 묻고, 하나님으로부터 궁극적으로 악인은 심판당하고 의인은 그 믿음으로 말미암아 구원을 얻게 되리라는 놀랍고 신비한 해답을 얻게 된다.

내용과 교훈

일반적으로 예언서들은 백성들에게 하나님의 말씀을 선포하며 전달하는데 본서는 특이하게도 선지자 자신이 하나님께 불평하는 것으로 시작하며, 신앙의 갈등과 고뇌를 가지고 하나님께 묻고 대화하며, 그 속에서 하나님께 받은 답변을 전하고 있다.

정치도 종교도 타락하고 백성들도 타락하여 불의와 불법이 난무하는 시대, 하박국 선지자는 악인이 잘되고 의인이 고통받는 부조리한 상황을 한탄하며 왜 하나님께서 방관하고 침묵하시는지 불평한다. 이에 하나님은 갈대아인을 일으켜 유다의 악인을 벌하겠다고 말씀하신다. 그러나 이는 기존의 악을 다른 악으로 대체하는 것일 뿐, 세상의 불의와 악인의 번성에 대한 답은 아니었다.

왜 유다보다 악한 바벨론이 심판자가 될 수 있느냐고 묻고 기다리는 선지자에게 하나님은 "바벨론은 심판의 도구일 뿐 심판자가 아니며 결국 바벨론도 심판할 것이고 이러한 역사의 원칙은 계속될 것이다. 그러나 타락한 시대에도 의인은 오직 믿음으로 말미암아 살 것이다"라는 답을 주신다.

그 메시지를 담은 "… 의인은 그의 믿음으로 말미암아 살리라"(2:4)라는 말씀은 본서를 대표하는 구절로 꼽히며 훗날 바울 신학의 기초가 되었으며 루터의 종교개혁에 단초를 제공했다.

또한 말씀을 들은 선지자는 그의 초점을 타락한 세상에서 하나님께로 옮겨 천지의 주재이신 하나님을 묵상하면서, 비록 바벨론이 치러 오는 소식에 떨리고, 상황과 처지는 어려울지라도 자신은 구원의 하나님으로 말미암아 즐거워하며 기뻐하겠다고 고백(3:16-18)하게 된다.

> 비록 무화과나무가 무성하지 못하며 포도나무에 열매가 없으며 감람나무에 소출이 없으며 밭에 먹을 것이 없으며 우리에 양이 없으며 외양간에 소가 없을지라도 나는 여호와로 말미암아 즐거워하며 나의 구원의 하나님으로 말미암아 기뻐하리로다 합 3:17–18

선지자는 타락한 세상에 대해 분노하기보다 하나님의 역사를 믿음으로 하나님의 구원을 기다리라는 권고와 하나님을 신뢰할 때 임하는 평안의 고백을 기록하면서, 결국 타락한 세상을 살아가는 성도는 타락한 세상보다 그 타락한 세상 가운데서도 일하시는 하나님을 바라보며 그분을 굳게 믿는 믿음으로 살아가야 함을 교훈하고 있다.

하박국서를 통해서 보는 하나님의 섭리

하나님은 불의한 세상에 분노하는 하박국 선지자에게 "지금은 악이 번성하는 것처럼 보일지라도 종국에는 내가 그들을 심판할 것이다. 그러나 타락한 시대에도 의인은 오직 믿음으로 살 것"이라고 말씀하셨다.

우리는 보이지 않는 하나님이 이 세상의 불의와 부조리에도 침묵하신다고 느낄 때가 많지만, 하나님은 죄를 미워하고 죄에 대해 반드시 벌을 내리는 공의로우신 분이고, 이 세상과 열국을 통치하며 역사를 주관하시는 분이다. 따라서 선민이라 해도 죄를 지으면 반드시 심판과 벌을 받게 되며, 그 어떤 나라라도 하나님의 손에서 심판의 도구로 사용될 수 있고, 심판의 도구로서 득세하는 것처럼 보일지라도 역할을 마치면 그들은 그들의 죄로 심판을 받게 된다. 하나님의 뜻하심은 그분의 때에 반드시 성취되므로 믿음으로 참고 기다리면 하나님의 뜻이 이루어지는 것을 볼 것이다.

또한 하박국서는 불의의 문제로 고통하는 선지자가 하나님의 계시를 통해 문제를 해결하는 모습을 보여준다. 이를 통해 하나님은 그분의 사랑하시는 자와 대화를 나누며 교제하시고, 특히 신앙의 혼란과 갈등에도 꾸짖지 아니하고 대답해주시는 인격적인 분이심을 보면서 우리의 갈등과 고뇌를 얼마든지 하나님 앞에 가지고 나아가 기도로 묻고 교제할 수 있다는 격려를 받게 된다.

구조

하박국서는 하박국이 드리는 두 번의 질문, 하나님이 주시는 두 번의 대답, 하박국이 기도하다가 하나님의 놀라운 은총을 깨닫고 하나님을 찬양하는 내용으로 구성된다. 하박국서의 구조를 도표로 정리하면 다음과 같다.

구분	첫 번째 대화		두 번째 대화		하박국의 찬양		
내용	첫 번째 질문	첫 번째 대답	두 번째 질문	두 번째 대답	하박국의 기도	하나님의 능력	하박국의 노래
구절	1:1–4	1:5–11	1:12–17	2장	3:1–2	3:3–16	3:17–19

1장	하박국의 항변	첫 번째 질문 – 왜 불의한 자가 잘됩니까? 두 번째 질문 – 왜 더 악한 자로 주의 백성을 징벌하십니까?
2장	반드시 응하리라	의인은 믿음으로 살리라 (4) 보라 그의 마음은 교만하며 그 속에서 정직하지 못하나 의인은 그의 믿음으로 말미암아 살리라
	저주	바벨론의 죄들(침략, 탐욕 강포, 우상숭배)
3장	하박국의 기쁨	하박국의 기도 (17,18) 비록 무화과나무가 무성하지 못하며 포도나무에 열매가 없으며 감람나무에 소출이 없으며 밭에 먹을 것이 없으며 우리에 양이 없으며 외양간에 소가 없을지라도 나는 여호와로 말미암아 즐거워하며 나의 구원의 하나님으로 말미암아 기뻐하리로다

에스겔서(Ezekiel)				
명칭	기록자	기록 연대	기록 장소	장수
예헤즈겔 : 하나님의 강하심	에스겔	BC 593–570	바벨론(델아빕)	48장
핵심 주제	기록 목적		구성과 계시	
다시 살아나리라	포로생활은 불순종의 결과이고 하나님의 징계임을 깨닫게 하기 위해서		하나님은 죄를 미워하시지만 구원을 이루시는 분이다	

저자와 시대배경

구약성경의 대선지서 5권 가운데 네 번째 책.

에스겔서는 "부시의 아들 제사장"(겔 1:3)인 에스겔이 기록하였으며, 저자의 이름을 책의 제목으로 삼았다. 에스겔(예헤즈겔)이라는 이름은 '강하게 하다'라는 뜻의 '하자크'와 '하나님'을 뜻하는 '엘'의 합성어로 '하나님께서 강하게 하신다'라는 뜻이다. 실로 에스겔은 자신이 부름받은 목적인 예언자의 사명을 위해 하나님으로부터 힘을 얻었다(3:8-9).

그는 사독 계열의 제사장으로, BC 597년 바벨론의 2차 침입으로 여호야긴 왕과 더불어 포로가 되어 바벨론으로 끌려왔으며, 이후 바벨론의 그발 강가에서 선지자의 소명을 받고 사역하였다. 본서에는 여호야긴 왕이 포로 된 때를 기준으로 많은 연대가 나타난다. 이를 근거로 에스겔의 활동 시기를 추정해보면 그는 요시야 왕 때 출생하여(BC 622년경) 바벨론 2차 침입 때 여호야긴 왕과 더불어 바벨론에 포로가 되었으며(25세), 포로 된 지 5년째(여호야긴 5년, BC 593년경) 선지자로서 소명을 받고(30세) 바벨론에서 22년간 사역(29:17, BC 570년경)하였다. 본서는 그의 활동 후반기 때 기록된 것으로 보인다.

비슷한 시기의 대표적 선지자로는 예레미야(BC 627-580년경 사역), 다니엘(BC 605-530년경 사역)이 있다. 예레미야는 유다 땅에서, 다니엘은 바벨론 왕궁에서 사역하였으며, 에스겔은 바벨론 그발 강가의 델아빕(3:15)에서 살며 포로로 잡혀간 유대인들 사이에 설교자로 활약하였다. 다니엘은 BC 605년, 바벨론의 1차 침입 때 바벨론 포로가 되었는데, 에스겔은 2차 침입 때인 BC 597년에 25세로 포로가 되었으므로 BC 605년에는 17세였고 결국 이 두 사람의 연배는 비슷하다고 추측할 수 있다. 에스겔이 바벨론에 왔을 때 다니엘은 이미 널리 알려져 있었고, 그의 이름은 에스겔의 예언에 3번에 걸쳐 언급되었다(14:14,20, 28:3).

내용과 교훈

본서는 바벨론에 포로가 된 유다 백성들에게 여호와 하나님은 이스라엘뿐만 아니라 온 열방의 하나님이 되심을 가르치고, 유다의 멸망과 현재의 포로 생활이 하나님의 말씀에 대한 불순종과 우상숭배의 결과임을 깨우치기 위하여, 그리고 그들에게 하나님께서 다시 그들을 살리고 회복하시리라는 소망을 주기 위하여 기록되었다. 이에 따라 그는 예루살렘의 함락과 구세주의 출현, 이스라엘의 회복과 평화 등을 기록했으며, 여호와의 심판과 은혜에 의한 이스라엘의 구원을 설파하여 고대 유대교의 기초를 닦았다.

선지자는 유다의 멸망이 범죄의 결과임을 알려주려 했다. 언약 백성이 포로로 잡힌 것은 죄로 인해 벌어진 당연한 상황임을 역설하고(18:25, 33:17, 20), 하나님의 징계를 받아들이도록 촉구했다. 아울러 조기 귀환의 거짓 희망을 불식시키고, 하나님께서 허락하신 기간에 믿음으로 바벨론에서 지내도록 권유하였다. 그러나 그는 또한 새롭게 회복될 언약 백성의 영광스러운 비전(새 예루살렘)을 밝히 보여줌으로 하나님의 회복과 사랑을 전했다. 에스겔은 시종일관 하나님께서 현재 이스라엘 백성을 심판하실지라도 최종적으로는 본토 귀환과 왕국의 완성이 이루어짐을 전달하려 애썼다. 동시대에 사역한 예레미야가 예루살렘에서 멸망을 선포하는 동안, 에스겔은 멸망의 필연성과 함께 하나님의 미래의 구원 계획을 전달함으로써, 마른 뼈와 같이 소망을 잃은 포로 백성들을 위로하고 그들에게 용기를 주었다.

에스겔서를 통해서 보는 하나님의 섭리

본서에서는 전체 48장 중 6장부터 39장까지 대부분의 장에 "내가 여호와인 줄을 너희가 알리라" 또는 "내가 여호와인 줄을 그들이 알리라"라는 표현이 약 60차례에 걸쳐 나타난다. 이는 하나님께서 에스겔 선지자를 불러 소명과 메시지를 주신 목적이 포로 된 유다 백성에게 하나님이 어떤 분이신지를 알리기 위함임을 분명하게 보여준다.

유다 백성은 하나님의 선민은 결코 이방인들에게 멸망하지 않으며, 하나님의 지상 임재 처소가 있는 예루살렘은 이방인들의 말발굽에 짓밟히지 않을 것이라 확신하였다. 그들은 선민이라도 하나님께 범죄하고 회개치 않으면 멸망하리라는 것을 까맣게 잊고 있었고, 하나님에 대한 이런 무지와 오해 때문에 결국 나라를 잃고 이방의 포로가 되었다. 그러나 진실로 하나님은 그분의 백성이 그분의 거룩하고 선하심을 본받아 신앙의 정결을 지키고 순결하게 살기를 원하신다. 이런 사실을 깨우치기 위해 하나님께서는 선지자에게 새 예루살렘의 환상을 보여주시고 거기에 합당한 자로서 자격을 갖추도록 권면하신다.

에스겔서에는 몇 가지 주의 깊게 살펴볼 특징적인 단어 또는 사상이 있다.

하나님의 영광 에스겔은 예언자로서 소명을 받는 상황에서 여호와의 영광을 드러내는 형상을 보고 이를 기록했다(1:28). 그는 여호와가 단순히 이스라엘의 부족이나 국가에 국한된 신이 아니라 모든 피조 세계를 다스리는 절대적인 통치자이심을 드러낸다. 하나님을 북방에서부터 온 구름과 불로, 신의 보좌의 바퀴 형상으로 묘사하며, 그분의 영광의 형상을 통해 하나님은 전능하고 무소부재하시며, 전지하고 무한하신 분이심을 보여준다. 이러한 영광의 체험은 바벨론에서(3:23), 예루살렘 성전에서(8:3-6), 성전 문지방에서(9:3, 10:4), 회복된 성읍과 성전에서(43:2-7, 44:4) 계속적으로 드러난다.

인간의 자유와 책임 당시 이스라엘의 전통은 '공동체의 공동 책임'을 강조하고 있었는데 본서는 과감하게도 하나님 앞에서 개인은 자신의 행위에 책임을 지게 된다고 강조한다(14:13, 18, 20). 에스겔은 부모에게서 오는 죄악이나 어떤 사람의 죄가 회개한 죄인에게 내리는 하나님의 은혜를 결코 막지 못한다는 점을 분명히 전하고 있다(18장).

성전과 하나님나라의 도래 본서 40-48장에는 '에스겔 성전'이라 불리는 성전의 환상이 기록되어 있다. 장차 회복될 거룩한 성전의 청사진을 통해 새 성전의 찬란한 모습과 참 예배의 신령한 모습을 제시함으로써, 바벨론에 의한 성전 파괴로 신앙의 구심점을 잃고 깊은 실의에 빠져 있던 포로 백성들에게 소망과 인내의 근거를 마련해주고 있다. 이 환상 속의 에스겔 성전은 훗날 초대 교회 당시 로마 제국 치하에서 환난을 겪고 있던 성도들을 위로하고, 더 나아가 고통 중에 있는 모든 세대의 성도들에게 소망을 주시기 위해 하나님께서 사도 요한에게 환상으로 보여주신 영광스런 새 예루살렘 성과 상통한다고 하겠다(계 21:9-27).

한편, 포로기간 동안 하나님은 신실한 신앙인들의 실제 성전이 되셨다(11:16-20). 그분은 건물이나 장식물들에 제한받지 않으시며 하나님 백성들에게 '한 마음, 새 영, 부드러운 마음'(11:19)을 허락하신다. 하나님나라의 궁극적인 도래와 실현은 구속받은 자들이 오직 하나님과 개인적인 교제를 수립할 때 가능해진다. 그러므로 본서는 "그날 후로는 그 성읍의 이름을 여호와 삼마(여호와께서 거기 계시다)라 하리라"(48:35)라는 말씀으로 맺는다. 완성된 하나님나라에서는 중앙에 성전이 재건되고, 살아계신 하나님께 완전한 예배를 드리며, 모든 백성이 본래의 모습으로 치료되고 회복될 것이다.

구조

에스겔서의 구조는 죄와 심판, 그리고 회복의 두 가지 주제를 따라 크게 두 부분으로 나뉜다. 죄와 심판을 다루는 전반부(1-35장)는 에스겔의 소명(1-3장), 유다의 죄와 심판(4-24장), 열방들의 죄와 심판(25-35장)으로, 회복을 다루는 후반부(36-48장)는 유다의 회복(36-39장), 새 성전과 새 이스라엘(40-48장)로 세분된다.

장	1–35장			36–48장	
주제	죄와 심판			회복과 새 성전	
소분류	1–3	4–24	25–35	36–39	40–48
소주제	에스겔의 소명	유다의 죄와 심판	열방의 죄와 심판	유다의 회복과 소망	회복될 성읍과 새 성전

1. 죄와 심판(겔 1–35장)

1-3장은 에스겔이 본 환상과 파수꾼으로 부름받은 그의 사명을 언급한다. 4-24장은 환상과 비유, 상징을 통해 유다의 죄를 언급하고 심판을 예언했다. 이어서 25-35장은 암몬, 모압, 에돔, 블레셋, 두로, 애굽 등 주변 열방의 죄와 심판을 기록했다.

에스겔의 소명	유다의 죄와 심판	열방의 죄와 심판
1–3장	4–24장	25–35장

(1) 에스겔의 소명(1–3장)

1장	하나님의 보좌	에스겔에게 여호와의 말씀이 임하다 환상 – 네 생물과 병거, 네 바퀴, 빛나는 궁창

2장	에스겔의 소명	에스겔을 선지자로 부르시다 에스겔이 두루마리 책을 보다
3장	이스라엘의 파수꾼	에스겔이 두루마리 책을 먹다 파수꾼의 사명과 책임

(2) 유다의 죄와 심판(4-24장)

4장	예루살렘 예언1	행동으로 선포하는 메시지 상징 – 토판(예루살렘의 함락) 상징 – 옆으로 누워 범죄의 날수대로 민족의 죄를 담당 상징 – 인분으로 구운 떡과 불(궁핍한 포로생활)
5장	예루살렘 예언2	상징 – 수염과 머리털로 보여주는 세 가지 멸망(기근, 전염병, 전쟁)
6장	우상숭배 심판	이스라엘에 대한 심판 예언
7장	유다의 멸망	임박한 유다 멸망
8장	우상숭배	환상 – 성전에서 벌어진 우상숭배의 모습들
9장	예루살렘의 살육	환상 – 탄식하는 자의 표, 나머지 사람들의 살육
10장	하나님의 그룹	환상 – 여호와의 영광이 성전을 떠나심
11장	심판과 회복	환상 – 여호와의 영광이 예루살렘을 떠나심
12장	묵시가 사라짐	상징 – 포로의 행장으로 끌려가는 모습을 하라 상징 – 떨고 근심하며 먹고 마셔라(기근 예고) 묵시에 응험이 없다는 백성들
13장	거짓 선지자	거짓으로 예언하는 자들의 죄와 벌
14장	의인의 구원	우상숭배하는 백성에 대한 심판의 경고 자기의 의로 자기만 건짐
15장	이스라엘의 무익함	예루살렘 주민을 쓸모없는 포도나무를 불사르듯 하겠다
16장	가증한 일	비유 – 부정한 아내 같은 예루살렘 이스라엘의 배은
17장	독수리와 백향목 비유	비유 – 독수리와 백향목 : 바벨론에 항복하라

18장	책임과 회개	심판과 개인의 책임 (23) 주 여호와의 말씀이니라 내가 어찌 악인이 죽는 것을 조금인들 기뻐하랴 그가 돌이켜 그 길에서 떠나 사는 것을 어찌 기뻐하지 아니하겠느냐
19장	애가를 부르라	비유-사로잡힌 사자(여호아하스, 여호야긴) 비유-불 탄 포도나무 가지(시드기야)
20장	가증한 기도	가증한 기도를 거절하심
21장	여호와의 칼	칼(바벨론)을 빼어 의인과 악인을 끊겠다고 하시다 상징-허리가 끊어지듯 울라(큰 재앙의 임박) 상징-바벨론 왕이 올 두 갈래 길(예루살렘과 암몬 멸망)
22장	만국의 조롱거리	예루살렘의 가증한 죄악상 찌꺼기 같은 이스라엘 지도자와 백성들의 죄
23장	유다와 사마리아의 음행	비유-오홀라(사마리아)와 오홀리바마(예루살렘)의 행음
24장	에스겔 아내의 죽음	비유-녹슨 가마(예루살렘)와 고기(백성들) 상징-에스겔 아내의 죽음에 슬퍼하지 못하게 하시다(심판과 재앙에 울지도 못하고 탄식하는 모습)

(3) 열방의 죄와 심판(25-35장)

25장	이방 4국 심판 예언	암몬에 대한 심판 모압과 세일에 대한 심판 에돔과 블레셋에 대한 심판
26장	두로 심판	두로에 대한 심판
27장	두로 애가	두로를 위한 애가
28장	두로 왕 심판	두로 왕에 대한 심판 시돈에 대한 심판
29장	애굽의 심판	애굽에 대한 심판
30장	동맹국 심판	애굽의 동맹자도 망하리라는 예언
31장	애굽 왕에게	애굽에 교훈 되는 앗수르의 멸망
32장	애굽 애가	음부에 떨어진 애굽
33장	파수꾼	파수꾼의 역할과 책임 공평하신 하나님 예루살렘의 함락 소식

34장	목자에 대한 책망	거짓 목자와 참 목자 한 목자(다윗 혈통)를 세워 양 떼를 먹이겠다 (23-24) 내가 한 목자를 그들 위에 세워 먹이게 하리니 그는 내 종 다윗이라 그가 그들을 먹이고 그들의 목자가 될지라 나 여호와는 그들의 하나님이 되고 내 종 다윗은 그들 중에 왕이 되리라 나 여호와의 말이니라
35장	에돔의 심판	세일산과 에돔이 황폐할 것이다

2. 회복과 새 성전(겔 36-48장)

전반부인 36-39장에서는 유다의 회복과 침략자들의 멸망이 예언되었다. 이어서 40-48장에서는 에스겔 선지자가 환상에서 본 새로운 성전의 모습과 크기, 미래의 새 이스라엘 땅과 규례 등의 모습을 기록하였다. 이사야서와 내용은 상이하지만 기록 순서는 유사하다.

유다의 회복과 소망	회복될 성읍과 새 성전
36-39장	40-48장

(1) 유다의 회복과 소망(36-39장)

36장	새 영을 주리라	이스라엘은 회복될 것이다 (26-27) 또 새 영을 너희 속에 두고 새 마음을 너희에게 주되 너희 육신에서 굳은 마음을 제거하고 부드러운 마음을 줄 것이며 또 내 영을 너희 속에 두어 너희로 내 율례를 행하게 하리니 너희가 내 규례를 지켜 행할지라
37장	마른 뼈 환상	환상 - 큰 군대를 이룬 마른 뼈 환상(이스라엘의 소생) 상징 - 두 막대기가 하나가 됨(이스라엘의 재연합)
38장	곡에 대한 예언	마곡 왕 곡에게 하시는 심판의 예언
39장	곡의 멸망	침략자 곡의 멸망 이스라엘의 회복

(2) 회복될 성읍과 새 성전(40-48장)

40장	새 성전의 환상	환상 - 성읍과 성전의 측량
41장	성전 내부	성전 내부 구조와 측량
42장	성전 외부	제사장의 방들 성전 사방의 담과 측량

43장	번제단 규례	성전에 가득한 여호와의 영광 번제단의 크기와 제사법
44장	성전 출입 규례	성전과 제사장에 대한 규례
45장	성전 규례들	여호와께 예물 드릴 거룩한 땅 예물에 대한 규례
46장	제사와 제물	제사 규례 왕이 지킬 규례 제물을 다루는 부엌
47장	성전의 물	성문 밑에서 흘러나오는 생명수
48장	지파별 분배	각 지파에 분배될 땅 여호와 삼마

에스겔서에는 여호와의 말씀이 선포된 연대가 비교적 자세히 언급되었으나 그 말씀들이 연대순으로 배열된 것은 아니다. 도표에서 볼 수 있듯이 BC 592년부터 570년까지 20여 년간 주어졌으며, 한 장에 기록된 두 예언 사이에 17년의 간격이 있기도 하다.

여호와의 말씀이 임한 시기

장 범위	성경의 날짜 기록	연대 환산	내용
1:1–3:15	서른째 해 넷째 달 초닷새…여호야긴 왕이 사로잡힌 지 오 년 그 달 초닷새(1:1,2)	BC 592년 4월 5일 *	네 생물과 병거 두루마리 환상
3:16–7장	칠 일 후(3:16)	BC 592년 4월 12일	파수꾼의 사명
8–19장	여섯째 해 여섯째 달 초닷새(8:1)	BC 591년 6월 5일	성전에서 벌어진 우상숭배의 모습들
20–23장	일곱째 해 다섯째 달 열째 날(20:1)	BC 590년 5월 10일	가증한 기도
24–25장	아홉째 해 열째 달 열째 날(24:1)	BC 588년 10월 10일	녹슨 가마 환상 아내의 죽음 예고
26–28장	열한째 해 첫째 달 첫째 날(26:1)	BC 586년 1월 1일	두로에 대한 예언
29:1–16	열째 해 열째 달 열두째 날(29:1)	BC 587년 10월 12일	애굽에 대한 예언
29:17– 30:19	스물일곱째 해 첫째 달 첫째 날(29:17)	BC 570년 1월 1일	애굽이 바벨론에 멸망할 것을 예언
30:20–26	열한째 해 첫째 달 일곱째 날(30:20)	BC 586년 1월 7일	애굽의 멸망 예언
31장	열한째 해 셋째 달 첫째 날(31:1)	BC 586년 3월 1일	앗수르의 멸망 예언
32:1–16	열두째 해 열두째 달 첫째 날(32:1)	BC 585년 12월 1일	애굽의 멸망 예언

32:17–32	열두째 해 열두째 달 열다섯째 날(32:17)	BC 585년 12월 15일	애굽의 멸망 예언
33:1–20	여호와의 말씀이 내게 임하여 이르시되(33:1)	미상	파수꾼의 역할과 책임
33:21–33(또는 39장까지)	열두째 해 열째 달 다섯째 날(33:21)	BC 585년 10월 5일	예루살렘 함락 후 주신 말씀
40–48장	사로잡힌 지 스물다섯째 해, 성이 함락된 후 열넷째 해 첫째 달 열째 날(40:1)	BC 572년 1월 10일**	새 성전의 환상

* 여호야긴 왕이 사로잡힌 지 오 년 그 달 초닷새(1:2) : 에스겔이 포로로 잡혀 온 BC 597년에서 5년 후이므로 BC 592년이다.
** 사로잡힌 지 스물다섯째 해, 성이 함락된 후 열넷째 해 첫째 달 열째 날(40:1) : 에스겔이 포로로 잡혀 온 BC 597년에서 25년 후이자 예루살렘 성이 함락되고 성전이 파괴된 BC 586년에서 14년 후이므로 BC 572년이다.

주제별로 본 에스겔의 환상										
하나님의 현현 (1:4–28)			예루살렘 멸망 (8–11장)		마른 뼈 (37장)		새 성전 (40–43장)		성전의 물 (47–48장)	
유배 54년(BC 592)			유배 6년(BC 591)		연도 미상		유배 25년(BC 572)			
여호와께서 북쪽하늘로부터 현현하심			여호와께서 예루살렘 성 파괴 후 동쪽으로 떠나심		마른 뼈 환상 이스라엘의 통일		새 성전의 구조를 둘러보게 하심		성전의 물 새 땅의 분배	
4–14	15–21	22–28	8장	9–11장	37:1–14	37:15–28	40–42장	43장	47장	48장
네 생물과 병거	네 바퀴	궁창과 보좌, 하나님의 현현	심판 선언	환상의 결말	마른 뼈 환상	이스라엘의 통일	성전 측량 완료	성전에 가득한 하나님의 영광	성전에서 흘러 나오는 생명수	각 지파에 분배될 땅
여호와의 영광의 형상과 음성			성전은 오직 여호와의 영광		내가 다시 살게 하리라		성전은 천국의 열쇠		예수 그리스도의 은혜	

예레미야애가(Lamentations)				
명칭	기록자	기록 연대	기록 장소	장수
히브리어 : 에카 헬라어 : 트레노이 (슬픈 노래)	예레미야	BC 586–580	예루살렘	5장
핵심 주제	기록 목적		구성과 계시	
멸망의 애통과 탄원	심판이 합당한 백성들이지만 불쌍히 여겨달라고 하나님께 은혜와 자비를 간구함		1–4장은 두운시(acrostic poem) 형식으로 구성된다. 공의의 심판으로 황폐한 나라에 대한 애통함이 하나님을 향한 간절한 간구로 나타난다	

명칭과 시대배경

구약성경의 대선지서 5권 가운데 세 번째 책. 분량으로는 다섯 장밖에 되지 않지만 70인역에서 '예레미야애가'로 불리면서 두 번째 책인 예레미야서의 뒤에 놓이게 되었다.

책의 첫 글자를 제목으로 삼았던 유대인들의 습관에 따라 히브리어 성경에서 예레미야애가는 본서 1장, 2장, 4장의 첫 단어인 히브리어 '에카'라는 이름으로 불렸다. 히브리어 '에카'는 '아!', '얼마나', '어찌하여' 등 비통과 놀람을 표하는 감탄사인데, 일반적으로는 슬픈 노래로 해석하고 있다. 한편 헬라어로 번역한 70인역에서는 '소리 높여 울다'의 의미인 '트레노이'라고 불렸고, 후기 랍비들은 '애가'(哀歌)라는 뜻의 '키노트'라고 불렀다. 벌게잇역에서 '예레미야애가(哀歌)'라는 제목이 사용되었으며 한글성경은 이 제목을 따랐다.

본서에는 저자가 명시되지 않지만 70인역을 거치면서 저자가 예레미야라는 설이 확립되었고, 그가 애가를 자주 지었다는 점(대하 35:25), 본서 저자가 예루살렘의 멸망을 직접 목격했다는 점, 예레미야서와 유사한 표현들이 자주 등장하는 점, 본서에 예레미야가 아니면 실토할 수 없는 기록이 있는 점 등을 통해서 예레미야를 저자로 보고 있다.

예루살렘 멸망에 대한 생생한 묘사가 언급된 것으로 보아 예루살렘 멸망 직후 기록된 것으로 추측된다(BC 586년경). 앗수르 제국의 수도 니느웨를 함락시키고 신흥 강대국으로 부상한 바벨론은 전통적 강대국인 애굽마저 갈그미스에서 패퇴시킨다. 애굽을 의지하여 바벨론을 대적했던 유다 왕국은 세 차례에 걸친 바벨론의 공격을 받고 마침내 멸망하기에 이른다. 이런 상황에서 예레미야 선지자는 망국의 슬픔을 애가로 부르며, 징계하시는 가운데서도 긍휼을 잊지 않으시는 하나님의 구원을 사모한다. 히브리 경전에서는 성문서로, 유대인들은 BC 586년에 예루살렘 성전이 파괴된 사건과 AD 70년 로마인들에 의해 제2성전이 파괴된 사건을 기념해서 이 애가를 읽는다고 한다.

내용과 교훈

예레미야애가는 아름답던 하나님의 도성 예루살렘이 참담하게 파괴되고 멸망 당한 현실을 슬퍼하며 눈물로 노래한, 다섯 장의 짧은 시 형식으로 이루어진 조가(弔歌)이다. 동시에 하나님이 살아계신다면 과연 하나님의 지상 임재 처소인 성전이 이방인에게 짓밟힐 수 있는가에 대한 신앙적 회의와 의문에 대한 변증시라 할 수 있다.

죄로 인한 예루살렘의 멸망 앞에서 비통한 감정과 그 원인이 된 유다의 범죄를 언급하고 이를 책망한다. 그러나 본서는 단순히 예루살렘의 비극적인 멸망을 탄식하기 위해서가 아니라 하나님께서 준엄하게 심판하신 근본 목적이 무엇인지를 밝히기 위해, 그래서 유다 백성들이 과거의 뼈저린 과오를 되돌아봄으로써 어떤 상황에 처하더라도 여호와 신앙을 버리지 않게끔 하기 위해 기록되었다. 따라서 단지 슬픔만을 묘사하는 것이 아니라 자기 백성을 회복시킬 하나님의 자비를 이야기하고 궁극적으로 성취될 하나님의 새 언약을 제시함으로써 폐허 속에서도 미래의 회복과 구원의 희망을 준다.

본서는 "에카!"(슬프다)라는 절망의 탄식으로 시작되지만 3장에 이르러 그 탄식은 구원에 대한 희망으로 바뀌고 마지막 5장에 가서는 구원에 대한 확신에 이른다. 이런 시의 구성을 통해 우리는 하나님께서 범죄하는 자를 징계하시지만, 동시에 철저하게 뉘우치고 회개하는 자는 감싸고 위로하며 치유해주시는 분이심을 깨닫게 된다. 하나님은 치유하시되 단순히 원상 복구 차원이 아니라 이전보다 더욱 아름답고 온전한 상태로 영화롭게 해주신다. 비록 매를 맞는 것같이 힘들고 절망적인 상황에 처해 있을지라도, 돌이키는 자에게 은혜를 베푸시는 하나님의 사랑과 자비의 성품을 발견하는 자는 그 믿음에 근거하여 소망을 바라보며 하나님께 나아가 돌이키고 다시 한번 회복을 간구할 수 있을 것이다.

예레미야애가를 통해서 보는 하나님의 섭리

본서의 근간을 이루는 첫 번째 주제는 '예루살렘의 멸망'이다. 예레미야의 예언대로 예루살렘은 바벨론에 멸망하였다. 이런 상황에서 예레미야는 유다의 곤고한 처지를 목도하고 억누를 길 없는 비탄의 심경을 노래한다. 그러나 예루살렘 멸망에 대한 예레미야의 탄식은 슬픔에만 머무르지 않고 새로운 소망의 확신으로 전환된다. 예레미야가 바라보는 '하나님의 자비'와 그로 인한 소망이 본서의 두 번째 주제이다.

유다의 멸망과 백성들의 고통은 그들이 저지른 범죄에 대한 하나님의 공의로운 심판인 동시에 백성들의 갱신을 통해 더 큰 뜻을 성취하시려는 하나님의 자비에 근거한 구속사적 섭리의 결과였다. 예레미야 역시 민족적, 개인적 재난에 직면하여 한때는 심각한 고뇌와 의문에 사로잡히기도 했지만, 결국 인간의 한계를 초월하신 하나님의 높고 깊으신 지혜와 섭리 앞에 겸허히 복종할 수밖에 없었다.

구조

예레미야애가는 총 5장으로 이루어져 있는데, 각 장이 한 편의 시로서 다섯 편의 시로 구성되어 있다. 1-4장은 전통적인 만가(輓歌. 죽은 이를 애도하는 시)이며, 답관체의 형식을 띠고 있다. '답관체'는 각 연의 첫 글자가 히브리 알파벳의 순서대로 되게 하는 시의 작법(詩-作法)으로, 각 장이 22연으로 되어 있다. 히브리어 알파벳은 22개로, 3장은 알파벳이 3번씩 반복되어 66절로 이루어져 있다. 마지막 5장은 1-4장의 형식을 따르지 않은 기도시이다.

1-2장은 황폐한 예루살렘의 탄식, 3장은 애통하는 예레미야, 4장은 거짓 선지자와 제사장들의 죄악, 5장은 예레미야의 기도로 나누어 볼 수 있다.

1–2장	3장	4장	5장
첫 번째 애가	두 번째 애가	세 번째 애가	네 번째 애가
황폐한 예루살렘 탄식	회개와 소망	멸망 후의 예루살렘	긍휼의 간구

장	주제	내용
1장	황폐한 예루살렘 탄식	황폐한 예루살렘으로 인한 탄식과 애곡
2장		예루살렘의 참상 거짓 예언자들의 잘못된 예언에 대한 탄식 하나님의 말씀이 이루어졌음을 인정
3장	회개와 소망	예레미야의 애통 하나님의 긍휼과 사랑을 회상하고 소망을 품음 (22–23) 여호와의 인자와 긍휼이 무궁하시므로 우리가 진멸되지 아니함이니이다 이것들이 아침마다 새로우니 주의 성실하심이 크시도소이다 우리의 고난을 기억하고 구원의 소망을 갖게 해달라는 간구 하나님께 돌아가자는 권면과 회개의 촉구
4장	멸망 후의 예루살렘	예루살렘의 비참한 현실에 대한 탄식 진노의 원인인 거짓 선지자와 제사장들의 죄
5장	긍휼의 간구	비참한 유다 백성의 처지에 관한 탄원 회복과 구원을 간구하는 예레미야의 기도

오바댜서(Obadiah)				
명칭	기록자	기록 연대	기록 장소	장수
오바드야(오바디아): 하나님의 종	오바댜	BC 586–580	불분명	1장
핵심 주제	기록 목적		구성과 계시	
형제의 멸망을 기뻐한 자의 말로	하나님과 이스라엘을 대적하는 에돔을 정죄하기 위해		하나님과 형제를 대적하는 에돔에 대한 심판을 선언하심으로 섭리하심	

저자와 시대배경

구약성경의 소선지서 12권 가운데 네 번째 책.

본서의 제목은 다른 선지서들과 마찬가지로 저자의 이름에서 유래되었다. 본서의 저자인 오바댜(오바디아)의 이름은 '여호와의 종', '여호와를 경배하는 자'라는 뜻이다. "오바댜의 묵시라"(옵 1:1)로 시작되는 본서의 기록에 근거하여 본서의 저자를 오바댜 선지자로 보는 데는 이견이 없다. 그러나 성경에는 11명의 동명이인(同名異人)이 있고 본서에도 출신지나 가족 관계 등에 관한 기록은 없어서 저자에 대해 구체적으로 알기는 어렵고, 그가 유다 왕국 출신이라는 것을 짐작할 뿐이다. 우상숭배가 극심했던 북이스라엘 왕 아합 때(BC 874-853년) 하나님의 선지자들을 몰래 보살핀 궁내대신 오바댜(왕상 18:3-16)나 여호사밧 때 전국을 돌며 백성들에게 율법을 가르친 오바댜(대하 17:7)로 보기도 하나 정확하지는 않다.

저작 연대는 예루살렘 성의 함락과 관계가 있다(1:11-12, 14). 즉 에돔인들의 도움을 받았을 것으로 추측되는 이방 군대가 예루살렘을 점령한 사건이 반영되어 있는 것이다. 그러므로 본서의 기록 연대를 정확히 알 수는 없으나, 예루살렘이 멸망한 BC 586년 전후로 볼 수 있다. 본서는 유다와 가장 가까운 나라인 에돔 족속을 향한 심판을 예언하고, 택한 백성인 이스라엘을 향한 하나님의 회복을 선포하고 있다.

내용과 교훈

하나님의 백성이자 형제 나라인 유다가 어려울 때 돕기는커녕 오히려 기뻐하고 약탈에 앞장선(11-14절) 에돔(에서의 후손)에 대한 심판을 예언한다. 이를 통해 우리는 형제와 이웃을 어떻게 대해야 할지 다시금 깨닫게 된다. 그런데 에돔의 멸망 원인은 이웃이자 형제 나라에 대한 포악함 때문만이 아니다. 그들은 자기 힘만 믿고 교만했으며(1-4절) 자기들의 지혜만 의지하고 자랑했다(8절). 오바댜 선지자는 하나님의 백성을 멸시하고 인간적인 힘만을 의지하는 교만한 행동은 반드시 멸망으로 향하게 됨을 이야기한다.

본서는 구약에서 가장 짧은 21절의 분량으로 구성되어 분량도 적고 예언 내용은 매우 간결하나 담긴 의미는 심오하다. 오바댜의 예언에서 핵심적인 내용은 이방인에 대한 하나님의 공정한 심판과 이스라엘의 회복이다. 하나님의 심판은 에돔 족속에 한정되지 않고 전 우주적인 심판으로 확대되고, 그 후에 이스라엘의 회복, 하나님의 통치, 하나님나라의 완성이 이어진다. 남은 자가 땅을 회복한다는 것은 하나님의 언약에 대한 갱신이다. 결국 에돔으로 대표되는 불신 세력은 반드시 멸망하고 하나님은 그분의 백성과 나라를 더욱 공고하게 세우신다는 것이 본서의 중심주제라 할 수 있다(1:17-21).

오바댜서를 통해서 보는 하나님의 섭리

오바댜 선지자는 에돔의 심판을 통해 교만하고 시기하는 자들을 심판하시는 하나님의 공의를 드러내고, 모든 민족을 다스리시는 하나님의 위엄을 선포한다. 이스라엘은 자신들의 죄악 때문에 주변국의 침입을 받고 멸시와 천대를 당하며 형제 나라에도 배반당했지만, 하나님은 택하신 백성을 대적한 에돔의 포악을 책망하시며 에돔을 보수하여 야곱 족속을 구원하고 회복시킬 것을 약속하심으로써, 이스라엘의 고난은 하나님이 그들을 사랑하지 않아서가 아님을 보여주셨다.

선지자는 비록 야곱 족속이 에돔에게 어려움을 당하나 하나님께서 이들을 회복시키시고 친히 왕이 되셔서 택한 백성을 다스리실 것이라 말한다(19-20절). 메시아께서 대적들을 심판하시고 만국을 벌할 자로 임하시고, 시온산에 강림하여 새로운 왕국을 건설하시리라는 예언은 그리스도가 구원자이며 왕국의 소유자이심을 밝힌다.

구조

오바댜서는 크게 세 부분으로 1)에돔의 멸망과 죄, 2)열방의 심판, 3)이스라엘의 회복으로 구성되어 있다. 이를 좀 더 자세히 살펴보면, 전반부(1-9절)에서는 사탄적 삶을 사는 에돔의 오만에 대한 하나님의 징벌의 선포(1-4절)와 이 선포의 성취 역사(5-7절)가 언급되며, 이를 바탕으로 미래의 종말론적 심판이 예고된다(8-9절). 중반부(10-15절)에서는 에돔이 저지른 죄악의 역사적 실례를 통하여 에돔의 지혜의 부정적 실체를 고발하며, 에돔을 포함한 모든 민족이 그들이 저지른 죄악 때문에 징벌을 받을 심판의 날이 가까이 왔음을 선포한다. 후반부(16-21절)에서는 에돔의 악함과 무지와 죄악에 대한 하나님의 징벌, 선민 이스라엘의 승리와 회복, 공의의 하나님 여호와의 주권 선포와 하나님의 통치 등을 함축적으로 전개하며 삼단 양식을 마감한다. 오바댜서의 구조를 도표로 나타내면 다음과 같다.

에돔의 멸망과 죄	열방의 심판	이스라엘의 회복
1:1–14	1:15–16	1:17–21

1장	에돔의 심판	에돔 멸망 예고 에돔의 죄 하나님이 열방을 벌하실 것이다 (15) 여호와께서 만국을 벌할 날이 가까웠나니 네가 행한 대로 너도 받을 것인즉 네가 행한 것이 네 머리로 돌아갈 것이라 시온은 회복될 것이다

역대기(Chronicles)					
명칭		기록자	기록 연대	기록 장소	장수
히 : 디브레이 하이야밈 헬 : 파랄레이포메논		에스라	BC 450년경	예루살렘	역대상 29장 역대하 36장
핵심 주제		기록 목적		구성과 계시	
상	선민 이스라엘의 영광	선민의 기원과 영광스러운 다윗 왕조		선민으로 택하시고 부르심을 통해 그들의 영광스러운 하나님이심을 교훈	
하	선민의 분열과 남유다 왕들의 역사	불순종의 역사에서 그 결과를 배우라		순종과 불순종하는 열왕(列王)을 통해 교훈	

명칭

히브리어 원전에서 역대기의 명칭은 '디브레이 하이야밈'으로, '그날에 생긴 일들'이라는 의미이다. 헬라어 70인역에서는 '파랄레이포메논'(생략된 것들)이라는 이름을 붙였는데, 이는 사무엘상·하와 열왕기상·하에서 생략된 왕들에 관한 내용을 보충하는 '부록'의 역할을 한다고 보았기 때문이다. 벌게잇역을 번역한 교부 제롬은 본서를 'chronicon toitus historioe divinoe'(chronicle of the whole of sacred history), 즉 '거룩한 역사 전반에 걸친 연대기'라고 했는데, 영어번역 성경이나 한글 성경은 모두 이를 따라 본서를 '역대기'라 부르고 있다.

저자

역대기는 원래 상·하 두 권이 아니라 한 권의 책이었고 상·하로 분리된 것은 70인역부터였다. 역대하의 끝부분과 에스라서의 첫 부분은 고레스의 유다 포로 본토 귀환령을 동일하게 반복 사용되어 문맥의 흐름이 연결되고 있다. 이는 역대기와 에스라서의 저자가 동일인물임을 말해주며, 이에 따라 역대기의 저자는 에스라서의 저자인 학사 에스라(스 7:6)라는 것이 정설이다.

> 바사의 고레스 왕 원년에 여호와께서 예레미야의 입으로 하신 말씀을 이루시려고 여호와께서 바사의 고레스 왕의 마음을 감동시키시매 그가 온 나라에 공포도 하고 조서도 내려 이르되 바사 왕 고레스가 이같이 말하노니 하늘의 신 여호와께서 세상 만국을 내게 주셨고 나에게 명령하여 유다 예루살렘에 성전을 건축하라 하셨나니 너희 중에 그의 백성 된 자는 다 올라갈지어다 너희 하나님 여호와께서 함께하시기를 원하노라 하였더라 대하 36:22-23

> 바사 왕 고레스 원년에 여호와께서 예레미야의 입을 통하여 하신 말씀을 이루게 하시려고 바사 왕 고레스의 마음을 감동시키시매 그가 온 나라에 공포도 하고 조서도 내려 이르되 바사 왕 고레스는 말하노니 하늘의 하나님 여호와께서 세상 모든 나라를 내게 주셨고 나에게 명령하사 유다 예루살렘에 성전을 건축하라 하셨나니 이스라엘의 하나님은 참 신이시라 너희 중에 그의 백성 된 자는 다 유다 예루살렘으로 올라가서 이스라엘의 하나님 여호와의 성전을 건축하라 그는 예루살렘에 계신 하나님이시라 스 1:1-3

에스라는 대제사장 아론의 16대손으로, 바벨론 포로시대에 성경을 연구한 학사이자 유대인의 제2차 귀환을 이끈 지도자였으며, 오랜 생활을 마치고 본토로 귀환한 뒤 대대적인 종교개혁을 이끌었다. 그는 백성들에게 모세 율법을 들려주고 그에 맞춰 살아야 한다고 가르쳤다. 그래서 유대인들은 율법을 쇄신한 에스라를 또 한 명의 모세라고 여긴다.

기록 연대와 시대적 위치

역대기는 유다민족의 제2차 귀환시대에 학사겸 제사장 에스라가 유다민족의 신앙회복을 위해 기록했다는 것이 정설이다. 본서는 BC 538년경 바사 왕 고레스의 유다인 귀환 칙령이 기록되었다는 점(대하 36:22), BC 537년경에 있었던 제1차 포로 귀환의 지도자 스룹바벨(대상 3:19)과 그 손자들인 블라댜와 여사야의 이름이 언급되고 있다는 점(대상 3:21), 제2차 포로 귀환의 지도자인 에스라의 활동 시기에 기록되었다는 점 등으로 미루어 BC 450-400년경에 기록되었을 것으로 보인다. 유대인 전승에 따르면 모든 구약성경 중 가장 나중에 완성되었기에 유대인 성경인 타나크 기준으로 가장 뒤에 온다.

역대기의 연대기적 위치는 귀환시대에 속하지만, 그 내용이 대부분 사무엘하, 열왕기 상·하와 겹치므로 역대기가 보여주는 시대는 귀환시대가 아닌 왕국시대이다. 그러므로 왕국시대가 종결되는 유다왕국의 멸망기에 배치하여 왕국시대를 다시 한번 정리하고 복기해보는 의미로 공부하고자 한다.

귀환시대 역대기의 위치

주요 사건	1차 귀환	에스더	역대기				2차 귀환	3차 귀환	
성경	스 1-6	에 1-10	상 1-9	상 10-29	하 1-9	하 10-36	스 7-10	느 1-2	느 3-7
	귀환과 성전 건축	유대인의 구원	창조-귀환 족보	다윗의 통치와 다윗 언약	솔로몬의 통치 회복 약속	유다 왕들의 통치	귀환과 신앙개혁	귀환과 성벽 재건	언약갱신
지도자	스룹바벨	에스더	하나님 백성	다윗왕조의 성전 건축		예배갱신	에스라	느헤미야	에스라, 느헤미야
바사왕	고레스	아하수에로	이스라엘의 역사				아닥사스다	아닥사스다, 다리오	

기록 목적과 내용

학사 겸 제사장 에스라는 "여호와의 율법을 연구하여 준행하며 율례와 규례를 이스라엘에게 가르치기로 결심"하고(스 7:10) BC 458년에 바벨론에서 귀환한다. 그는 성전의 제사를 회복하고(7:19-23, 27, 8:33-34), 이방인들과의 결혼을 금한다(9,10장). 그는 신정 정치(The Theocracy)를 재건하고, 포로 귀환 후 많은 어려움 가운데 낙담한 백성들이 역사를 통해 신앙을 회복하고 소망을 품도록 격려하기 위해 본서를 기록하였다.

본서는 인류의 조상 아담으로부터 이스라엘의 조상 아브라함까지의 계보로 시작하여 바벨론 포로시대까지의 신정(神政)의 역사를 기록했다. 아담부터 다윗까지의 계보, 다윗과 솔로몬 왕의 치세(治世), 르호보암 즉위 후 여로보암의 북이스라엘 반란에서 BC 587년의 예루살렘 멸망까지 유다왕국과 왕들의 역사를 3부로 나누어 서술하고 있다.

역대상 아담부터 시작되어 주요 인물들을 기록한 이스라엘의 족보(1-9장)가 나오고, 사울의 죽음부터 솔로몬의 즉위까지 다윗 왕의 통치 시대를 기록했다. 사무엘하의 내용이 반복된다. 다윗을 중심으로 한 역사가 기술되므로 다윗의 행적과 관련된 지역들, 즉 헤브론이나 시글락, 예루살렘 등이 중심 무대가 된다.

역대하 솔로몬 왕의 즉위부터 이후의 업적, 르호보암 즉위 후 이스라엘 왕국의 분열, 유다왕국 멸망까지의 역사를 다루고 있으며 열왕기의 내용이 반복된다. 솔로몬과 남북 분열 기간 중 남유다 역사에 치중하므로 예루살렘과 남유다 왕국이 중심 무대가 된다.

특징과 관점

방대한 자료의 활용 학사 에스라는 모세의 율법에 능한 사람으로, 방대한 자료들을 분석, 인용하면서 본서를 기록하였다. 본서의 기록은 부분적으로 창세기부터 사무엘하, 열왕기 상·하의 상당 부분을 인용하여 재서술하고 있다.

성전과 제의 강조 사무엘서와 열왕기의 상당 부분을 인용하면서도 예루살렘 성전과 그 제사, 제의에 무관한 사건은 일체 무시된 반면, 성전과 예배에 관한 기사와 다윗의 치세 중에서도 성전 건축 준비, 솔로몬의 치세와 성전 건축 및 그 구조는 자세히 기술되어 있다. 이는 예루살렘 성전과 이스라엘의 예배 의식을 강조하려는 저자의 의도에서 비롯된 것으로 보인다.

역대기 전반적으로 성전 예배가 무게 중심을 이루고 있다. 그런 맥락에서 성전을 더럽히는 자는 악한 왕으로, 성전을 정결케 하고 성전 예배를 복원하는 자는 선한 왕으로 평가받는다. 결국 예배를 통해 하나님과의 바른 관계를 갖는 것이 하나님의 백성에게 요구되는 제일되는 자세임을 교훈하는 데 본서의 초점이 있다 하겠다.

남유다 중심 열왕기가 주로 북이스라엘 왕국의 입장에서 선지자적 관점으로 북이스라엘 왕국과 남유다 왕국 모두를 서술했다면, 역대기는 북이스라엘의 역사는 거의 생략하고 주로 남유다 왕국의 입장에서 제사장적 관점으로 남유다 왕국의 역사를 정리하면서 이스라엘의 역사를 교훈적으로 기록하였다. 왕을 평가할 때 열왕기는 그 왕의 실제적인 행동이 율법을 따르는가, 선한가를 보았으나 역대기에서는 제사와 우상과 관련하여 판단하였고 “다윗의 처음 길”(대하 17:3)을 강조하였다.

저자는 역사를 신앙적으로 해석하여 종교적 교훈을 주기 위해 역대기에서 의도적으로 북이스라엘 왕들의 행적을 배제한 것으로 보인다. 다윗의 밧세바 사건 등이 언급되지 않은 것도 선민으로서의 신앙심과 종교적 자긍심 회복을 위한 저자의 취사선택으로 판단된다. 그러므로 역대기 내용은 열왕기와 유사하지만, 긍정적인 면을 더 부각했다고 할 수 있다.

다윗 언약 역대기의 중심에는 성전 중심주의와 더불어 다윗 언약(삼하 7:8-16)이 있다. 하나님께 겸손히 순종하고 하나님의 언약을 기억하는 나라와 백성은 대대로 영원하며 형통하게 된다는 사실이 역대기에 담긴 역사의 전면에 스며 있다. 저자는 우상숭배에 반대하고 하나님의 말씀에 순종한 아사, 여호사밧, 히스기야, 요시야 왕의 행적을 찬양하고, 왕과 백성들이 하나님께 순종할 때 얻은 위대한 승리를 회고(대하 13, 14, 20, 25장)한다.

역대기를 통해서 보는 하나님의 섭리

본서는 하나님의 언약을 기억하고 하나님의 말씀에 순종하는 자들에게 주신 하나님의 축복을 강조하되 실패와 타락의 어두운 부분을 숨기지 않는다. 특히 유다 왕국의 패망과 바벨론 유배는 하나님의 말씀에 대한 불순종 때문이라고 이 둘 사이의 인과 관계를 밝힌다.
그러나 하나님은 그런 백성도 경고하고 징계하여 다시 그분의 백성 삼아주신다. 남유다 백성도 바벨론 포로로 연단의 기간을 거친 후 다시 본토로 돌려보내 회복시켜주셨다.

본서는 마지막 부분(대하 36:22-23)에 "남은 자"(remnant)가 예루살렘으로 돌아오게 한 고레스의 조서를 기록함으로써 마무리된다. 이를 통하여 저자는, 바벨론 포로 생활은 유다 왕국의 종말이 아니라 하나님의 백성으로 회복되는 연단 기간이었음을 알려주고, 하나님은 선지자들의 입과 기록을 통하여 그분의 택한 백성에게 언약하신 말씀을 반드시 성취하시는 은혜롭고 진실하신 분임을 강조한다(대하 36:20,21).

구조

역대기는 내용상 크게 세 부분으로 구성된다. 그중 역대상은 아담에서 사울 왕까지의 족보(1-10장)와 다윗 왕의 통치시대(11-29장)를, 역대하는 솔로몬 왕의 통치와 단일왕국 시대 후기(1-9장), 왕국의 분열에서 바벨론 유수까지의 역사(10-36장)를 다룬다.

역대기(상 · 하)의 구조			
족보	다윗 왕	솔로몬 왕	남유다의 왕들
대상 1–10장	11–29장	대하 1–9장	10–36장

역대상(1–29장)의 구조									
1–10장							11–29장		
아담부터 사울 왕까지의 족보							다윗 왕		
아담–야곱	유다와 시므온	요단 동편 지파	레위 지파	요단 서편 지파	귀환한 예루살렘 거민	사울의 가문	다윗 즉위	다윗 통치	다윗 말년
1	2–4	5	6	7–8	9	10	11–12	13–27	28–29

역대하(1-36장)의 구조			
1-9장		10-36장	
솔로몬 왕		남유다의 왕들	
성전 건축	황금기	왕국 분열	유다 열왕과 멸망
1-7	8-9	10	11-36

1. 역대상(1-29장)

이스라엘의 신앙회복을 목적으로 기록된 역대기는 창세기의 아담에서 선민시대의 족장들, 다윗과 솔로몬, 포로에서 귀환한 자들, 성전을 재건한 공동체에 이르는 긴 족보를 소개함으로써 시작한다. 이는 귀환공동체의 백성들과 그 후손이 하나님나라 백성으로서의 정체성을 확립하게 하려는 것이었다. 역대상 1-10장은 아담부터 사울 왕까지의 족보를, 이어지는 11-29장은 이스라엘의 성군인 다윗 왕의 이야기를 기록하였다.

(1) 아담부터 사울 왕까지의 족보(1-10장)

장	구분	내용
1장	이스라엘 민족의 조상들	아담부터 야곱까지의 족보
2장	유다와 시므온 지파	유다의 자손들
3장		다윗의 자손들 솔로몬의 자손들
4장		유다의 자손 시므온의 자손
5장	요단 동편 지파	르우벤, 갓, 므낫세 반 지파의 족보
6장	레위 지파	레위 지파 성가대 아론 자손들
7장	요단 서편 지파	잇사갈, 베냐민, 납달리, 므낫세, 에브라임, 아셀 지파의 족보
8장		베냐민 지파 사울의 자손들
9장	예루살렘 거민	포로기 후 귀환한 예루살렘 주민
10장	사울의 가문	사울의 패망

(2) 다윗 왕(11–29장)

11장	다윗의 즉위	다윗 왕국 시온산성을 빼앗은 다윗 명장들의 업적 부하들의 피 같은 베들레헴 샘물
12장		다윗의 용사들 왕으로 추대된 다윗
13장	다윗의 통치	법궤를 모셔오는 다윗
14장		다윗 궁 건축 뽕나무 꼭대기에서 들린 발소리
15장		예루살렘으로 모셔온 법궤
16장		법궤 운반과 다윗의 감사시 레위인에게 궤를 섬기게 하는 다윗
17장		나단의 예언 다윗 언약과 감사기도
18장		세력을 넓히는 다윗 다윗의 대신들
19장		암몬에게 모욕당한 다윗의 사절단 암몬을 물리침 아람을 물리침
20장		다윗의 암몬 정복
21장		인구 조사와 징계
22장		솔로몬에게 성전 건축을 위임하는 다윗
23장		솔로몬을 왕으로 세움 성전 예배를 위한 준비 레위 자손의 직무 배정
24장		제사장을 24반차로 나누다
25장		찬양대를 24반차로 나누다
26장		성전 문지기, 창고 관리, 재판관의 직무
27장		다윗의 군, 행정, 재무

28장		솔로몬에게 성전 설계도를 넘겨준 다윗
29장	다윗의 말년	성전 건축을 위한 예물들 다윗의 감사기도 (11) 여호와여 위대하심과 권능과 영광과 승리와 위엄이 다 주께 속하였사오니 천지에 있는 것이 다 주의 것이로소이다 여호와여 주권도 주께 속하였사오니 주는 높으사 만물의 머리이심이니이다 솔로몬의 즉위와 다윗의 죽음

2. 역대하(1–36장)

역대기는 원래 한 권의 책이다. 전반부(역대상)에서는 아담에서 시작된 이스라엘의 족보와 다윗 왕의 이야기를 기록하였고 후반부(역대하)는 자연스럽게 솔로몬 왕의 이야기로 이어진다. 역대기의 직접적인 독자는 무너진 성전을 재건한 귀환공동체였다. 이들에게 성전 예배의 회복이 중요했던 만큼 역대기에서 이스라엘의 선민의 구심점이 되는 성전의 건축은 매우 중요한 주제였다. 따라서 솔로몬 왕의 이야기를 기록한 1-9장 중 성전 건축은 3분의 2에 달하는 여섯 장(2-7장)에 걸쳐 언급되며, 성전을 봉헌할 때 솔로몬이 드린 기도와 이에 대해 하나님께서 그들에게 주신 용서와 회복의 언약은 역대기의 핵심이라 하겠다. 이후 10-36장은 남유다의 왕들을 중심으로 한 유다의 역사, 멸망, 그리고 고레스의 칙령까지를 기록하고 있다.

(1) 솔로몬 왕(1–9장)

1장	성전 건축	솔로몬의 일천번제 지혜를 구한 솔로몬
2장		성전 건축 준비 솔로몬을 돕는 후람 왕
3장		성전 건축 착공 지성소, 그룹, 기둥(야긴과 보아스)
4장		성전의 성구들
5장		성전 완공 언약궤를 지성소로 옮김
6장		성전 봉헌 솔로몬의 봉헌 기도 (20) 주께서 전에 말씀하시기를 내 이름을 거기에 두리라 하신 곳 이 성전을 향하여 주의 눈이 주야로 보시오며 종이 이 곳을 향하여 비는 기도를 들으시옵소서

7장		성전에 가득 찬 여호와의 영광 성전에서 베푼 첫 잔치 솔로몬과 맺은 하나님의 언약 (14-16) 내 이름으로 일컫는 내 백성이 그들의 악한 길에서 떠나 스스로 낮추고 기도하여 내 얼굴을 찾으면 내가 하늘에서 듣고 그들의 죄를 사하고 그들의 땅을 고칠지라 이제 이 곳에서 하는 기도에 내가 눈을 들고 귀를 기울이리니 이는 내가 이미 이 성전을 택하고 거룩하게 하여 내 이름을 여기에 영원히 있게 하였음이라 내 눈과 내 마음이 항상 여기에 있으리라
8장	황금기	솔로몬의 업적들
9장		솔로몬을 찾아온 스바 여왕 솔로몬이 죽고 르호보암이 왕이 되다

(2) 남유다의 왕들(10-36장)

10장	왕국의 분열	고역을 가볍게 해달라고 청한 백성들 르호보암의 어리석은 대답 분열되는 왕국
11장	르호보암	전쟁을 막은 스마야 여호와를 거절하는 북왕국 여로보암 르호보암의 아내들과 자녀들
12장		여호와를 버린 남왕국 르호보암 애굽 왕 시삭의 공격
13장	아비야	남유다의 아비야가 여로보암과 전쟁하다 하나님의 도우심으로 승리한 아비야
14장		아사의 선정으로 인한 평안 구스 사람 세라를 물리친 아사
15장	아사	선지자 아사랴가 하나님의 말씀을 전하다 아사의 종교개혁
16장		북이스라엘 바아사가 침공하자 아람과 동맹한 아사 꾸짖는 하나니 선지자를 투옥한 아사 (9) 여호와의 눈은 온 땅을 두루 감찰하사 전심으로 자기에게 향하는 자들을 위하여 능력을 베푸시나니 아사가 발에 병이 들어 죽다

17장	여호사밧	남왕국 여호사밧의 종교개혁 유다에 조공을 바치는 블레셋과 아라비아
18장		여호사밧과 아합의 동맹 아합의 거짓 선지자들과 참된 선지자 미가야 길르앗라못에서 전사한 아합
19장		여호사밧을 책망하는 선견자 예후 여호사밧이 올바르게 재판하도록 명하다
20장		유다를 침공한 모압과 암몬 주의 말씀이 임하여 승리를 예언한 야하시엘 여호사밧의 승전 (12) 우리 하나님이여 그들을 징벌하지 아니하시나이까 우리를 치러 오는 이 큰 무리를 우리가 대적할 능력이 없고 어떻게 할 줄도 알지 못하옵고 오직 주만 바라보나이다 하고
21장	여호람	아합의 딸과 혼인하고 악행을 저지른 남왕국 여호람 반역하여 유다의 지배를 벗어난 에돔 엘리야가 여호람 가문의 재앙을 예언하다 창자가 빠지는 병으로 죽은 여호람
22장	아하시야 아달랴	남왕국 아하시야가 악을 행하다 예후에게 죽임당한 아하시야와 신하들 아달랴가 왕족을 죽이는 가운데 살아남은 요아스
23장	요아스	제사장 여호야다가 요아스를 왕으로 추대하다 아달랴의 죽음
24장		요아스의 성전 수리 여호야다가 죽자 우상을 섬기고 스가랴를 죽인 요아스 아람 군대가 남유다를 징벌하다 요아스의 죽음
25장	아마샤	북왕국 용병을 고용한 남왕국 아마샤가 선지자의 말을 듣고 돌려보내다 아마샤가 에돔을 치고 돌아와 그들의 우상에게 경배하다 북왕국 요아스에게 패하고 반란으로 살해된 아마샤
26장	웃시야	남왕국 웃시야의 강성 웃시야가 교만으로 나병에 걸림
27장	요담	남왕국 요담의 선정 요담이 암몬에 승리해 조공을 받다
28장	아하스	바알을 섬기고 이방 풍속을 따른 남왕국 아하스 아람과 북왕국의 침공으로 12만 명이 살육당한 남왕국 유다인을 잡아오는 북이스라엘 군대를 꾸짖은 선지자 오뎃 앗수르에 도움을 청하고 아람의 신을 섬긴 아하스

29장	히스기야	남왕국의 히스기야가 성전 정화를 명하다 레위인과 제사장이 성전을 깨끗하게 하다
30장		히스기야와 백성이 유월절과 무교절을 지키다
31장		히스기야의 종교개혁
32장		산헤립의 침공에 물 근원을 막고 성벽을 보수한 히스기야 기도로 산헤립을 물리친 히스기야 기도로 병 고침 받은 히스기야
33장	므낫세 아몬	남왕국 므낫세의 악정과 회개 아몬의 악정
34장	요시야	요시야의 종교개혁 율법책의 발견과 여선지자 훌다의 예언 율법책을 백성에게 읽어주고 말씀 지킬 것을 백성과 언약하다
35장	요시야	유월절과 무교절을 지킨 요시야 요시야의 전사
36장	남유다의 멸망	여호아하스, 여호야김, 여호야긴, 시드기야 유다의 멸망 고레스의 칙령

유다왕국시대의 교훈 !
1) 오래 참으시는 하나님
2) 죄악을 끊임없이 경고하시는 하나님
3) 징계를 선언하시는 하나님
4) 현대 교회에 주시는 교훈 ① 잘못된 교회를 향해 탄식하시는 하나님
② 교회여, 하나님께서 기회를 주실 때 회개하라

유다왕국시대의 연대표(열왕기하 18-25장)	
(BC) 729	히스기야 즉위(왕하 18:1)*- 29년간 선정
715	앗수르 제1, 2차 침입(왕하 18:13-19:37)
697	므낫세 즉위해 55년간 악정(왕하 21:1-17)
650	앗수르 제2차 침입(대하 33:11)
642	아몬 즉위(왕하 21:19)-2년간 악정
640	요시야 즉위(왕하 22:1-2)-31년간 선정

640	나훔 선지자 활동(BC 640–630)
630	스바냐 선지자 활동(BC 630)
627	예레미야 선지자 활동(BC 627–586)
623	성전 수리 및 종교개혁(왕하 22:3 이하) – 요시야 제18년
612	앗수르 멸망(습 2:13–15)
609	애굽의 침입(왕하 23:29)으로 요시야 전사 여호아하스 즉위(왕하 23:30) – 3개월간 악정 여호아하스가 애굽으로 잡혀감(왕하 23:33–34) 애굽과 바벨론 전쟁 여호야김 즉위(애굽의 옹립)(왕하 23:34,36) – 11년간 악정
608	하박국 선지자 활동(BC 608–597) 갈그미스 전투(왕하 24:1) – 애굽 패배
605	바벨론의 1차 침입과 1차 포로(단 1:1–6) – 여호야김 제3년 다니엘 선지자 활동(BC 605–536)
604	왕이 율법 두루마리를 태움(렘 36:9,20–32) 여호야김 제5년
602	여호야김의 바벨론 배반(왕하 24:1)
598	여호야긴 즉위(왕하 24:6–8) – 3개월간 악정
597	바벨론 2차 침입과 2차 포로(왕하 24:10–16) – 여호야긴 제1년
597	시드기야 즉위(왕하 24:18) – 11년간 악정 시드기야의 바벨론 배반(왕하 24:20)
593	에스겔 선지자 활동(BC 593–570)
589	바벨론 3차 침입(왕하 25:1–7)
586	남유다왕국 멸망(왕하 25:8–21) – 시드기야 제11년

* 히스기야는 호세아 제3년(왕하 18:1)인 BC 729년부터 부왕과 공동 섭정을 하다가 BC 715년부터 단독 통치를 시작한 것으로 보인다.

유다왕국의 멸망 후 성경의 역사는 바벨론 포로시대로 이어진다.

10
CHAPTER

포로시대

THE OLD TESTAMENT

시대 훑어보기

1) 포로시대의 위치와 구조

<table>
<tr><td>시대</td><td colspan="19">인간(왕국) 시대</td></tr>
<tr><td>순서</td><td colspan="4">7</td><td colspan="3">8</td><td colspan="3">9</td><td colspan="2">10</td><td colspan="3">11</td><td colspan="4">12</td></tr>
<tr><td>시대</td><td colspan="4">통일왕국시대</td><td colspan="3">분열왕국시대</td><td colspan="3">유다왕국시대</td><td colspan="2">포로시대</td><td colspan="3">귀환시대</td><td colspan="4">침묵시대</td></tr>
<tr><td>주제</td><td>사무엘</td><td>사울</td><td>다윗</td><td>솔로몬</td><td>왕국의 분열</td><td>남북의 열왕들</td><td>북이스라엘의 멸망</td><td>히스기야의 치적</td><td>요시야의 개혁</td><td>유다의 멸망</td><td>다니엘</td><td>에스더</td><td>1차귀환</td><td>2차귀환</td><td>3차귀환</td><td>바사</td><td>헬라</td><td>독립유다왕국</td><td>로마</td></tr>
<tr><td>성경</td><td colspan="4">삼상 1–왕상 11</td><td colspan="3">왕상 12–왕하 17</td><td colspan="3">왕하 18–25</td><td colspan="2">단 1–12,
에 1–10</td><td colspan="3">스 1–10,
느 1–13</td><td colspan="4">•</td></tr>
<tr><td>추가</td><td></td><td></td><td>시</td><td>아,
잠,
전</td><td></td><td>욜</td><td>욘,
암,
호</td><td>사,
미</td><td>나,
렘,
습</td><td>합,
겔,
애,
옵,
대상,
대하</td><td colspan="2"></td><td>학,
슥</td><td></td><td>말</td><td colspan="4"></td></tr>
</table>

▼

10. 포로시대(BC 605–537)	
다니엘	에스더
단 1–12장	에 1–10장
바벨론 느부갓네살 – 바사 다리오	바사 아하수에로

2) 포로시대 개관

- 시기 : 1차 포로 유배(BC 605) - 제1차 포로 귀환 이전
- 성경에 언급된 범위 : 다니엘서, 에스더서
- 주제 : 하나님은 포로 된 땅에서라도 전심으로 그분을 찾는 자를 구원하신다.
- 개요 : 남유다왕국은 바벨론 3차 침입으로 멸망(BC 586)했으나 1차 침입(BC 605) 때부터 이미 수많은 사람이 바벨론에 포로로 끌려갔다. 열왕기나 역대기와 같이 이 시기를 기술한 성경의 역사서는 없으나 이 시대를 엿볼 수 있는 기록으로 다니엘서와 에스더서가 있다. 다니엘서는 바벨론 포로생활 중에도 충성된 사람이 하나님께 영광을 돌리는 이야기이며, 에스더서는 멸망의 기로에서 전심으로 하나님을 찾는 유다 백성을 구원하시는 이야기이다. 이는 신명기 30장에서 말씀하신 바와 같이 "쫓겨간 모든 나라 가운데서 … 여호와께로 돌아와 … 여호와의 말씀을 청종하면"(신 30:1-2) 그분을 찾는 자들을 구원하시는 하나님을 보게 한다.

이 시대를 보여주는 성경

앞의 시대들은 한 권 이상의 성경(역사서)에서 그 시대 자체를 연속적으로 보여주었으나, 포로시대(BC 605년 1차 포로 유배부터 BC 538년 고레스의 귀환 명령으로 제1차 포로 귀환이 이루어지기 전까지)를 전체적으로 보여주는 성경은 없다. 다니엘서와 에스더서에서 부분적으로 언급되고 있는데, 이 두 권의 성경은 그 내용이 포로 생활에 관한 기록으로, 시대를 떠나 동시대를 이해하고 공감할 수 있다.

한편, 이 시대와 관련된 책으로 에스겔서가 언급되기도 한다. 에스겔은 바벨론의 2차 침입 때(BC 597) 포로로 끌려가 5년 후에 만 30세가 되어 제사장이 되었고(겔 1:1-2) 바벨론에 포로로 끌려온 유다 백성들이 주로 모여 살던 델아빕에서 그들에게 사역하였으므로 에스겔의 활동 시기는 포로시대가 확실하다. 그러나 그의 환상과 하나님께서 주시는 교훈의 대상은 왕국시대 유다 백성이다. 역대기가 귀환시대에 저술되었으나 이스라엘의 왕국시대(단일-유다 왕국)를 보여주듯, 에스겔서 또한 포로시대에 저술되었으나 유다왕국시대를 보여주는 책이라 하겠다. 따라서 에스겔서는 앞서 유다왕국시대로 배치(253쪽)하였다.

다니엘서(Daniel)				
명칭	기록자	기록 연대	기록 장소	장수
다니엘 : 하나님은 나의 심판자	다니엘	BC 605–530년경	바사 바벨론	12장
핵심 주제	기록 목적		구성과 계시	
삶으로 드러낸 하나님의 영광	열강들의 멸망과 하나님의 나라에 대한 소망을 갖게 하기 위해서		세계 열강들을 통치하시는 하나님의 절대 주권적인 섭리를 기록하고 있다	

저자와 시대배경

다니엘서는 BC 6세기에 살았던 선지자 다니엘의 행적과 예언을 기록한 선지서이다. 본문에서 서술자를 1인칭 단수 "나 다니엘"로 지칭한 부분이 많이 나타나며, 탈무드 등 유대 전승과 초대 교회 문헌들의 뒷받침으로 다니엘의 저작이라는 견해가 정통적으로 인정되어 왔다.

'다니엘'이라는 이름의 의미는 '하나님은 나의 심판자'이다. 바벨론에 거주할 때 바벨론의 환관장 아스부나스는 '벨이여 그의 생명을 지켜주옵소서'라는 의미의 '벨드사살'이라는 바벨론식 이름을 붙여주었다(1:7).

다니엘은 BC 605년에 유대 민족이 바빌론에 1차 포로로 잡혀갈 때 잡혀갔다. 비록 포로의 몸이었으나 경건함과 지혜로움으로 신앙의 길을 걸었고, 이교의 박해와 싸워 유대의 종교적 전통을 잘 지키며 포로시대에 걸출한 신앙 영웅으로 활약하였다.

내용과 교훈

본서는 크게 두 부분으로 나뉜다. 전반부(1-6장)에서는 다니엘과 연관된 사건들을 기술하는데, 바벨론에서도 경건한 신앙을 지킨 다니엘이 하나님께 특별한 지혜를 얻어 고위 관료로 발탁되고 느부갓네살 왕의 두 꿈을 해석했으며, 바사의 다리오 왕 시대까지 왕의 조언자로 일하며 나라를 형통하게 했다는 이야기이다. 후반부(7-12장)에서는 다니엘이 받은 꿈과 환상을 기록한다. 이스라엘을 중심으로 한 주변 제국들의 번성기를 예언하는데 그 가운데 BC 160연대에 일어날 셀레쿠스 왕조(Seleucids)의 안티오쿠스 4세에 의한 유대인 핍박이 부각된다. 이런 예언들이 주어진 목적은 하나님의 백성으로 하여금 앞으로 닥칠 여러 신앙적 시련을 믿음으로 극복할 수 있도록 하기 위함이었다.

본서는 묵시(默示) 문학으로서 신약성경에 많은 영향을 끼쳤다. 에스겔서나 신약성경의 요한계시록에서 자주 볼 수 있는 이상과 꿈을 포함한 비유적인 표현들과 상징적인 표상들을 풍부하게 나타내며, 이로 하여금 굳건히 신앙의 길을 지켜나가야 한다는 좋은 교훈을 주기에 다니엘서는 성경의 계시문학 양식 중에서 가장 훌륭한 본보기로 평가받고 있다.

다니엘서를 통해서 보는 하나님의 섭리

다니엘은 바벨론의 힘없는 이방 포로였지만 하나님에 대한 신앙과 경건함을 지킬 때 그의 삶은 형통했다. 하나님은 믿음의 용사들을 세상에서뿐만 아니라 장차 영원한 하나님의 나라에서도 존귀한 자리에 오르게 하신다(12:2-3). 이러한 하나님의 약속은 다니엘 시대만이 아니라 오늘날 우리 시대에도 여전히 유효하며, 하나님은 우리가 다니엘의 형통하는 삶을 봄으로써 언약에 신실하신 하나님을 의지하기를 바라신다.

다니엘의 생애와 그의 예언을 통해, 아무리 세상 권력이 막강할지라도 세상 군주들은 하나님의 절대 주권 아래 놓여 있음을 보게 된다. 벨사살 왕이 잔치를 베풀 때 왕궁의 벽에 손가락이 나타나 바벨론 제국의 멸망을 선언한 사건(5장)이 이를 여실히 보여준다. 선민 이스라엘이 패망하고 포로 신세가 된 것은 하나님이 그들을 버리셨거나 이방의 신들보다 무능해서가 아니었으며, 이는 단지 일시적 징계였다. 하나님은 유다가 멸망한 후에도 인류의 구원을 위한 그분의 위대한 계획을 여전히 전개해 나가시며, 다니엘에게 환상을 통해 대제국의 흥망사를 중심으로 종말론적 역사가 전개되어가는 과정을 보여주심으로, 하나님께서 온 세상과 모든 역사의 통치자와 주관자 되심을 밝히신다.

구조

다니엘서는 크게 역사적 사실(다니엘에게 일어난 일)과 예언(다니엘이 본 환상)의 두 부분으로 구성되므로 역사와 예언의 두 관점으로 나누어서 보아야 한다. 다니엘서의 구조를 도표로 보면 다음과 같다.

장	1–6			7–12
주제	역사적 사건			환상과 예언
소분류	1–3	4–5	6	7–12
소주제	다니엘과 세 친구의 신앙	꿈을 해석하는 다니엘	총리가 된 다니엘	다니엘의 환상

1. 다니엘의 역사적 사건(단 1–6장)

다니엘서 1-6장은 다니엘의 바벨론 포로 생활 중에 일어났던 일들을 기록하고 있다. 다니엘은 우상의 고기를 먹지 않으려고 채식을 선택하며, 바벨론 왕 느부갓네살이 꾼 두 번의 꿈을 해석해주고, 벨사살 왕의 연회 시 벽에 쓰인 글자를 해석해준다. 이어서 바벨론을 정복한 메대와 바사의 왕 다리오에게도 총애를 받아 총리가 되지만 대신들의 모함으로 사자 굴에 던져졌다가 살아난다.

(1) 다니엘과 세 친구의 신앙(1–3장)

1장	다니엘의 유배와 채식	바벨론 유배와 환경 다니엘과 세 친구의 신앙 다니엘의 지혜와 평판
2장	신상의 꿈	느부갓네살이 꾼 큰 신상의 꿈 하나님이 다니엘에게 꿈을 계시하시다 꿈을 해석하는 다니엘
3장	다니엘의 세 친구	느부갓네살이 만든 금 신상 다니엘의 신앙의 승리 풀무 불에서 살아난 다니엘의 세 친구(BC 580) 세 친구의 신앙의 승리

느부갓네살의 신상의 꿈과 해석(2장)

꿈의 내용	구성된 재료	상징하는 나라	다니엘의 해석	역사적 성취
머리	금	바벨론	바벨론 왕국	신 바벨론 제국(BC 605–539)
가슴과 팔	은	바사	보다 열등한 한 나라	메대 바사 제국(BC 539–331)
배와 넓적다리	놋쇠	헬라	온 땅을 다스리게 될 대제국	그리스 제국(BC 331– 63)
종아리	쇠	로마	철같이 강한 왕국, 뭇 나라들을 쳐부수고 정복함	로마 제국(BC 63 – A.D 476)
발	쇠와 진흙	로마 제국 이후	왕국의 분열, 강대국들과 약소국의 공존	로마 제국 이후에 일어나는 모든 나라들(AD 476 – 현재)

(2) 꿈을 해석하는 다니엘(4–5장)

4장	큰 나무의 꿈	느부갓네살의 조서 다니엘이 큰 나무에 관한 느부갓네살의 꿈을 해석하다 해몽대로 성취된 예언 느부갓네살의 회복과 찬양
5장	벨사살의 최후	벨사살의 신성모독 왕궁 벽에 나타난 손과 글씨 벨사살의 부름으로 다니엘이 벽의 글을 해석하다 바벨론의 멸망(BC 539)

참고자료 벨사살(벨사루슬, Belscharusur)에 대해

느부갓네살	아멜말둑	네르갈사레셀	라바시 말둑	나보니더스	벨사루슬
BC 605–562	(에윌므로닥,렘 52:31) BC 562–560	BC 560–556	BC 556	BC 556–539	BC 550–538

다니엘서에는 느부갓네살과 벨사살이라는 두 명의 바벨론 왕이 언급된다. 5장에 등장하는 벨사살은 바벨론의 마지막 왕인 벨사루슬과 동일인이다. 그와 선왕 나보니더스의 통치 기간이 중복되는 것은 나보니더스가 BC 550년경 중앙 아라비아의 테마(Tema)로 원정을 떠나며 그 아들 벨사살에게 주요한 행정권을 넘겨주었기 때문이다. 그가 나보니더스의 아들이라는 것과 바벨론의 통치 체제에 대한 암시적인 내용이 무그하일(Mugheir) 비문에 나타나 있다.

(3) 총리가 된 다니엘(6장)

6장	사자 굴에 던져진 다니엘	다니엘이 총리가 되다(BC 538) 다니엘이 음모로 신앙의 위기를 맞다 다니엘이 사자 굴에서 살아나고 신앙의 승리를 얻다 다리오 왕의 조서 (27) 그는 구원도 하시며 건져내기도 하시며 하늘에서든지 땅에서든지 이적과 기사를 행하시는 이로서 다니엘을 구원하여 사자의 입에서 벗어나게 하셨음이라 하였더라

2. 다니엘의 환상과 예언(단 7–12장)

다니엘서 1-6장이 실제적인 다니엘의 이야기였다면, 7-12장은 다니엘이 본 환상과 예언에 대한 이야기이다. 7-12장의 다니엘의 환상과 예언에 관해서는 이후 나타난 역사와의 관련 내용을 정리한 비교도표를 참조하라.

7장	네 짐승의 환상	다니엘이 본 네 짐승 환상(BC 550) 심판의 보좌와 주님의 재림 (13–14) 내가 또 밤 환상 중에 보니 인자 같은 이가 하늘 구름을 타고 와서 옛적부터 항상 계신 이에게 나아가 그 앞으로 인도되매 그에게 권세와 영광과 나라를 주고 모든 백성과 나라들과 다른 언어를 말하는 모든 자들이 그를 섬기게 하였으니 그의 권세는 소멸되지 아니하는 영원한 권세요 그의 나라는 멸망하지 아니할 것이니라 네 짐승의 해석과 그들의 종말
8장	두 왕국의 이상	숫양과 숫염소의 환상 작은 뿔의 환상 환상의 해석

9장	70이레	70년 환난을 깨닫다 다니엘의 중보기도 가브리엘 천사를 통한 응답 70이레에 관한 해석
10장	천상의 전쟁	큰 전쟁에 관한 깨달음 다니엘이 세 이레 동안 근신 주님의 환상에 힘이 빠져 잠이 듦 다니엘을 일으키고 응답의 과정 설명 입술을 열어 말하게 하심
11장	남방 왕과 북방 왕	바사(페르시아)의 통치 헬라 제국의 발흥과 분열(알렉산더의 정복과 죽음) 남방 왕들의 전쟁(시리아와 애굽의 전쟁) 북방 왕의 득세 북방 왕의 핍박(안티오쿠스 에피파네스) 북방 왕의 권세와 멸망
12장	대환란과 의인의 구원	종말의 대환란과 생명책 말세의 영생과 영벌 (3) 지혜 있는 자는 궁창의 빛과 같이 빛날 것이요 많은 사람을 옳은 데로 돌아오게 한 자는 별과 같이 영원토록 빛나리라 종말에 대한 질문과 결론

다니엘이 본 이상의 해석				
네 짐승(7:1–8)				
짐승	사자	곰	표범	넷째 짐승
출처	7:4	7:5	7:6	7:7
모습	독수리 날개	앞발을 들고 세 갈비대를 묾	날개 넷, 머리 넷	열 뿔
상징하는 존재	바벨론(렘 49:19)	메대 바사	헬라	로마의 열 왕

숫양과 숫염소(8:5–9)				
이상	두 뿔을 가진 숫양	두 눈 사이에 현저한 뿔을 가진 숫염소	현저한 뿔이 꺽이고 현저한 작은 뿔 넷	네 뿔 사이의 작은 뿔
출처	8:3–4	8:5–7	8:8	8:9
상징하는 존재	메대와 바사	헬라 (알렉산더)	헬라의 네 장군	안티오쿠스 에피파네스
의미	나중 난 뿔이 더 길다 (바사 왕 고레스)	메대와 바사를 빠르게 정복	알렉산더 사후 4장군의 분할 통치	예루살렘 성전에 가증한 것을 세움

참고자료 이상 중의 '뿔'이 가리키는 사람들

1. 알렉산더대왕

7장 네 짐승의 이상 중 '큰 뿔'(7:8)과 숫염소 이상 중 "현저한 뿔"(8:5)은 마케도니아의 알렉산더대왕을 가리킨다. 알렉산드로스 3세라고도 한다. 그는 그리스 · 페르시아 · 인도에 이르는 대제국을 건설하여 그리스 문화와 오리엔트 문화를 융합시킨 새로운 왕으로 헬레니즘 문화를 이룩했다.

2. 헬라의 네 장군과 안티오쿠스 4세

8장 숫양과 숫염소의 이상 중 숫염소의 큰 뿔이 꺾인 후 대신 난 "현저한 뿔 넷"(8:8)은 알렉산더 사후 헬라 제국을 분할 통치한 4명의 장군인 셀레쿠스, 프톨레미, 카산더, 리시마쿠스를 가리킨다. 9절의 "그 중 한 뿔"은 분할된 네 왕조 중 셀레쿠스 왕조를 가리키며, 또 거기서 난 '작은 뿔'은 그 왕조를 계승한 안티오쿠스 에피파네스(Antiochus Epiphanes, 재위 BC 175–164)를 가리킨다.
이후 11장에 언급된 "그의 왕위를 이을…한 비천한 사람"(11:21) 역시 셀레쿠스 4세에 이어 왕위에 오른 안티오쿠스 4세 에피파네스로, 21–39절은 그의 등장 및 그의 사악한 범죄와 유대 민족 박해 사건에 대한 예언으로 본다.

3. 고레스

8장 숫양과 숫염소의 이상 중 숫양의 "두 뿔"(8:3)은 메대와 바사를, 그중 나중에 더 길게 난 뿔은 바사 제국이자 바사 왕 고레스를 가리킨다. 10장 1절에도 등장하는 이 바사 왕 고레스는 옛 바사 지역의 왕 캄비세스 1세(Cambyses I, BC 600–559)와 메대 왕 아스투아게스(Astyages)의 딸 만데인(Mandane) 사이에서 태어나 메대와 바사 제국을 통합해 강력한 페르시아 제국을 건립한 고레스 2세(Cyrus II, BC 559–529)이다.

다니엘이 발견한 이스라엘 회복의 예언		
바벨론에 포로로 잡혀 와서 (BC 605년)	다리오 원년(BC 539)에 예레미야의 글을 읽다가	67년 만에 예루살렘의 황폐함이 70년임을 발견
9:1	9:2	9:2

70이레에 관한 성경(단 9장)의 근거		
7이레(단 9:25)	62이레	1이레(단 11:20–45)
성전 건축 명령 : BC 537 성전 완공한 해 : BC 516	기름부음을 받은 자 : 메시아 기름부음 받은 자가 끊어져 없어짐 : 메시아의 죽음	에피파네스의 예루살렘 핍박 : 7년
9:25	9:26	9:27

70이레의 주석과 해석			
7이레(49일)	62이레(434일)	1이레(7일)	
49년	434년	7년	
겔 4:6 근거 – 1일을 1년으로 계산		3년 반	3년 반
유대교 신흥 시대	유대교 세계 발전시대	예수 전도	제자 전도
단 9:25	단 9:26	계 11:3(1260일)	계 12:6(1260일)

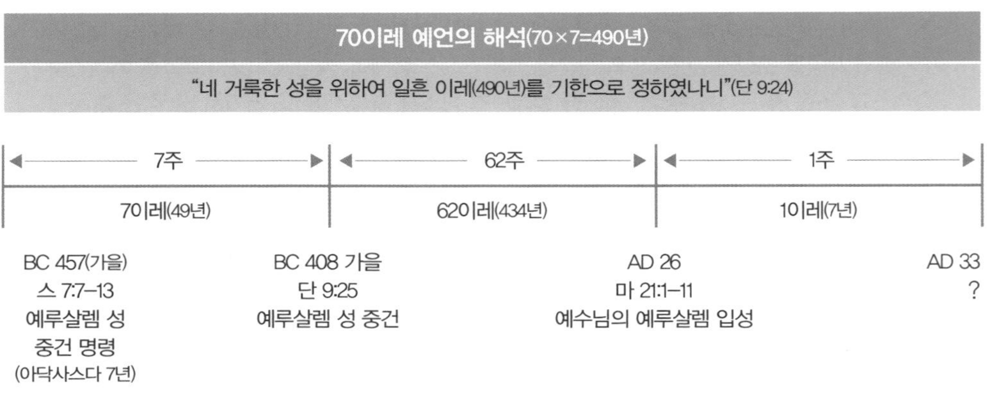

70이레(490년)의 계산법
① 7주 = 7 × 7 = 49일(49년) 예루살렘 성을 재건하는 기간 ① = 49년(단위 : 1일 = 1년) ② 62주 = 62 × 7일 = 434일(434년) 메시아를 기다리는 준비기간 ①+② = 434년 ③ 69주 = 7주 + 62주 = 7주 × 69주 = 483년 예수님의 입성 ①+②+③ = 483년 ④ 1주 = 알 수 없는 기간 혹은 예수 전도(3년 반) + 제자 전도(3년 반) = 7년 ① + ② + ③ + ④ = 총 490년

다니엘서 12장과 계시록의 비교				
다니엘서			계시록	
① 단 12:11	② 단 12:12상	③ 단 12:12하	① 계 11:3	② 계 12:6
1290일 (계 11:3 + 단 6:12)	기다림 45일	1335일	1260(3년 반)	1260(3년 반)
①계 11:3의 1260일(3년 반) + 단 6:12의 30일(시험기간) = 1290일 ① 1290일 + ② 45일 = ③ 1335일			① + ② = 2520일 = 7년	
※ 예수님의 재림 : 7년 환난의 중간인 1260일에서 30일과 45일을 지난 1335일 후에 재림하시는 것으로 본다.				

* 휴거와 재림에 관하여는 정확한 정설은 없고 다양한 설이 있다. 본서는 그 가운데 신빙성을 근거로 〈호크마주석〉 중 이병규 박사의 주석을 참조하여 정리한 것이니 참고사항으로만 읽어주기 바란다.

에스더서(Ester)				
명칭	기록자	기록 연대	기록 장소	장수
에스텔 : 별	미상	BC 436-435년경	바사국 수산	10장
핵심주제	기록 목적		구성과 계시	
멸망 직전에서 백성을 구원하심	택하신 백성의 기도를 들으시고 구원하시는 하나님을 알게 하기 위해서		멸망 직전인 이스라엘 백성(1-4장)과 하나님의 구원, 부림절의 기원(5-10장)을 기록하고 있다	

명칭

본서의 명칭은 본서의 여주인공인 에스더의 이름을 따서 정해졌으며, 저자는 알 수 없다. 히브리어 성경에서는 '성문서'(Writings)에 속하며, 특히 유대인의 절기마다 낭독이 되는 오축(다섯 두루마리-아가, 룻기, 예레미야애가, 전도서, 에스더서)으로 분류된다.

기록 목적과 내용

에스더서는 아비하일의 딸로 바벨론에 포로로 끌려간 유대인의 후손인 에스더라는 여인이 유대 민족을 큰 위기에서 구해낸 이야기로, 유대인의 축제인 부림절의 기원을 기록하며, 하나님이 유대 민족을 지키고 인도하신다는 사실을 상기시키기 위해 기록되었다.

페르시아 왕 아하수에로(보통 크세르크세스 1세와 동일시됨, 재위 BC 486-465년)의 재위 중에 총신(寵臣) 하만이 페르시아에 거주하는 유대인들을 몰살하고자 하였다. 이때 왕비로 있던 에스더가 사촌오빠인 모르드개와 협력하여 하만의 음모에서 동족을 구해내고, 하만을 대신 처형당하게 함으로써 이스라엘 민족의 영웅이 되었다. 유대인들은 이날의 승리를 기념하여 매년 부림절을 지킨다.

에스더서를 통해서 보는 하나님의 섭리

에스더서는 이스라엘 민족이 하나님의 은혜를 기념하는 부림절의 유래를 기록하고 있지만, 정작 본문에는 하나님의 이름이 한 번도 등장하지 않는다. 그럼에도 독자들은 누구든지 본서가 하나님의 역사를 말하고 있다는 것을 공감하게 된다. 본서는 하나님의 이름이 전혀 등장하지 않지만 어떻게 하나님의 섭리가 온 땅을 다스리는지를 보여주며, 또한 이방나라에서도 하나님의 백성은 하나님의 손길 아래 있다는 것을 보여준다. 이렇게 하나님의 구원을 강력하게 드러내는 본서의 특징은 중심인물들의 활동이 너무나 유대적이고 신앙적이고 성경적인 데 있을 것이다. 탈무드는 본서에서 하나님의 이름이 한 번도 언급되지 않는 이유를 다음과 같이 말한다.

'하나님께서 바벨론에 포로로 끌려간 유다 백성에게 당신의 거룩한 성호를 드러내지 않으신 것은 그들이 범한 죄악 때문이다. 그렇다고 해서 하나님이 포로로 끌려간 당신의 백성에게 무관심하거나 그들을 잊어버린 것은 아니다. 당신의 얼굴을 드러내지 않으셨지만 하나님은 여전히 당신의 백성을 기억하고 지켜주셨다.'

하나님은 유다 민족을 멸절 위기 가운데서 극적으로 구원하심으로써 당신의 백성을 지키시고 당신의 영광을 드러내셨던 것이다. 비록 오늘날에도 하나님의 모습도 이름도 드러나지 않는 불신적 요소와 환경이 세상 도처에 있다 하더라도 하나님은 그 가운데서도 그분의 백성을 기억하시고 지키심으로써 그분의 선한 뜻과 섭리를 이루어가신다.

구조

에스더서의 구조를 유대 민족의 입장으로 보면 위기와 구원, 크게 두 부분으로 나뉜다. 전반부인 1-4장이 유대 민족의 위기, 후반부인 5-10장이 유대 민족의 구원을 나타낸다. 다른 시각으로는 세 번의 잔치로 나누어볼 수 있다. 전반부 1-2장은 왕(아하수에로)의 잔치, 중반부(3-7장)는 왕후 에스더의 잔치, 후반부(8-10장)은 유대 민족의 잔치인 부림절이다. 에스더서의 구조를 도표로 나타내면 다음과 같다.

장	1–4		5–10	
주제	위기		구원	
소분류	1–2	3–4	5–7	8–10
소주제	왕비가 된 에스더	유대 민족의 위기	하만의 몰락	유대 민족의 구원과 부림절
잔치	왕의 잔치	에스더의 잔치		유대 민족의 잔치(부림절)

1. 위기(에 1–4장)

포로로 끌려온 유대 민족의 에스더가 페르시아 제국 아하수에로 왕의 왕비로 간택된다. 이어진 유대 민족의 위기는 모르드개의 개인적인 행동에서 연유한 것으로 비춰진다. 유대 민족은 돌이킬 수 없는 진멸의 위기 앞에 놓이게 된다.

(1) 왕비가 된 에스더(1–2장)

1장	와스디 폐위	아하수에로 왕이 잔치를 베풀다 왕후 와스디가 폐위되다

2장	왕비가 된 에스더	에스더가 왕비로 간택되다(BC 479) 모르드개가 쿠데타 음모를 막아내다

(2) 유대 민족의 위기(3–4장)

3장	하만의 음모	절하지 않는 모르드개에게 앙심을 품는 하만 유대 민족을 죽이려는 하만의 음모와 조서(BC 474)
4장	유대인의 금식	금식하는 유대인들 모르드개가 에스더에게 유대 민족의 위기를 알리다 (14) 이 때에 네가 만일 잠잠하여 말이 없으면 유다인은 다른 데로 말미암아 놓임과 구원을 얻으려니와 너와 네 아버지 집은 멸망하리라 네가 왕후의 자리를 얻은 것이 이 때를 위함이 아닌지 누가 알겠느냐 하니 에스더가 유대 민족에게 금식을 명하다 (15–16) 에스더가 모르드개에게 회답하여 이르되 당신은 가서 수산에 있는 유다인을 다 모으고 나를 위하여 금식하되 밤낮 삼 일을 먹지도 말고 마시지도 마소서 나도 나의 시녀와 더불어 이렇게 금식한 후에 규례를 어기고 왕에게 나아가리니 죽으면 죽으리이다 하니

2. 구원(에 5–10장)

유대 민족이 진멸의 위기 앞에서 금식하고 기도한다. 그러나 하나님은 이미 그들의 구원을 예비하시어 에스더를 왕비로 세우셨고, 유대 민족의 진멸 음모를 통해서 하나님이 이스라엘의 하나님이며 온 천하의 통치자이심을 선포하시는 섭리를 보이신다.

(1) 하만의 몰락(5–7장)

5장	하만의 잔치	연회를 베푼 에스더 모르드개를 달려고 장대를 세운 하만
6장	하만의 굴욕	왕이 모르드개의 공을 알게 되다 모르드개를 높이는 역할을 하게 된 하만
7장	하만의 처형	두 번째 연회에서 에스더가 왕에게 동족의 구원을 청하다 왕이 하만의 음모를 알고 처형을 명하다

(2) 유대 민족의 구원과 부림절(8–10장)

8장	유다의 구원	왕이 에스더에게 하만의 재산을 주다 유대 민족을 살리기 위한 조서를 쓰는 모르드개
9장	부림절	유대 민족이 대적을 죽이다 부림절 제정(BC 473)

10장	존귀해진 모르드개	칭송받는 모르드개

포로시대의 교훈 !
1) 징계하시는 하나님(새롭게 하시기 위해)
2) 징계 중에서도 자기 백성을 돌아보심(다니엘·에스더서의 구원)
3) 현대 교회에 주시는 교훈 - 고난의 중심에서도 끝까지 하나님을 의뢰하라

포로시대의 역사적 연대표(성경에 언급된 내용)	
(BC) 586	바벨론 포로가 됨(3차 포로. 왕하 25:8 ; 대하 36:17) 하박국의 예언 성취(합 1:5–11), 스바냐의 예언 성취(습 1:8–18) 예레미야의 사역 종결(렘 39:1–18), 오바댜의 사역 시작 그달리야 총독의 유다 통치(왕하 25:22–24) 이스마엘의 반역(왕하 25:25)과 그달리야의 죽음
585(추정)	예루살렘 성 함락에 대한 에스겔의 슬픔(겔 33:21–33) 예루살렘 성 함락 후 에스겔의 예언 활동(겔 33:21–39:29)
583	오바댜의 사역 종결
581	유다 민족의 제4차 포로(렘 52:30) – 시위대장 느부사라단이 남아 있던 유대인을 잡아감
580	다니엘의 세 친구가 풀무불에서 살아남(단 3:19–25)
573	성전과 유다 민족의 회복에 관한 에스겔의 이상(겔 40:1–48:35)
572	바벨론의 애굽 침입(겔 29:19)
570	느부갓네살의 꿈과 다니엘의 해석(단 4:4–27) 에스겔의 사역 종결
562	느부갓네살 사망 에윌므로닥 즉위(약 3년 통치)
561	여호야긴 왕 출옥(왕하 25:27)
559	바사의 고레스 왕 즉위
550	벨사살 왕 즉위(단 7:1) 다니엘의 이상과 해석(단 7:1–8:27) – 네 짐승 및 숫염소와 숫양의 이상
539	벨사살 왕의 잔치와 하나님의 손 나타나심, 바벨론 멸망(단 5:1–31) 고레스의 바벨론 점령(단 5:30)

포로시대 이후 성경의 역사는 귀환시대로 이어진다.

11

CHAPTER

귀환시대

THE OLD TESTAMENT

📖 시대 훑어보기

1) 귀환시대의 위치와 구조

시대	인간(왕국) 시대																		
순서	7				8			9			10		11			12			
시대	통일왕국시대				분열왕국시대			유다왕국시대			포로시대		귀환시대			침묵시대			
주제	사무엘	사울	다윗	솔로몬	왕국의 분열	남북의 열왕들	북이스라엘의 멸망	히스기야의 치적	요시야의 개혁	유다의 멸망	다니엘	에스더	1차귀환	2차귀환	3차귀환	바사	헬라	독립유다왕국	로마
성경	삼상 1–왕상 11				왕상 12–왕하 17			왕하 18–25			단 1–12, 에 1–10		스 1–10 느 1–13			•			
추가			시	아, 잠, 전		욜	욘, 암, 호	사, 미	나, 렘, 습	합, 겔, 애, 옵, 대상, 대하			학, 슥		말				

▼

11. 귀환시대(스 1–느 13)		
1차 귀환	2차 귀환	3차 귀환
스 1– 6 장	스 7–10	느 1–13장

2) 귀환시대 개관

- 시기 : 제1차 포로 귀환-느헤미야의 2차 귀국
- 성경에 언급된 범위 : 에스라서 1-10장, 느헤미야서 1-13장
- 주제 : 하나님은 회개하는 자기 백성을 땅 끝에서도 이끌어 오신다.
- 개요 : 바벨론으로 끌려간 이스라엘 백성들은 BC 537년 바사 왕 고레스의 칙령이 내려짐에 따라 이스라엘 땅으로 돌아오게 된다. 스룹바벨을 중심으로 한 1차 귀환(BC 537)을 시작으로, 에스라와 함께한 2차 귀환(BC 458)과 느헤미야의 총독 부임에 따른 3차 귀환(BC 444)이 이어진다. 1차 귀환한 백성들은 성전을 재건했다. 2차 귀환 후에는 에스라의 영도로 종교개혁이, 3차 귀환 후에는 성벽 재건과 언약의 갱신 및 실천이 이루어졌다. 느헤미야가 돌아와 예루살렘 성벽을 재건한 후 바사로 돌아갔다가 2차로 귀국한 시점까지를 귀환시대로 분류한다. 1-3차 귀환 과정을 도표로 정리하면 다음과 같다.

귀환시대(BC 537-432)			
순서	1차 귀환	2차 귀환	3차 귀환
연대	BC 537년	BC 458년	BC 444년
바사 왕	고레스	아닥사스다 1세	아닥사스다 1세
지도자	스룹바벨, 예수아	에스라	느헤미야
사명	성전 재건	신앙부흥	성벽 재건
관련 성경	에스라서		느헤미야서
	1-6장	7-10장	1-13장
조서 내용	자원자 귀환, 성전 재건 허용, 성전 기명 반환, 성전 건축의 국고 지원	지원자 귀환, 국고 추가 지원, 이스라엘 문관 허용	성벽 재건 허용, 건축 재료 지원
귀환자 수	일반회중 : 42,360명 노비 : 7,337명 노래하는 자 : 200명 도합 : 49,897명 (스 2:1-70)	남자 : 1,496명 레위인 : 38명 수종자 : 220명 도합 : 1,754명 (스 8:1-20)	통계자료 없음
관련사건	성전 공사 시작, 사마리아인의 방해로 BC 520년까지 중단, BC 516년에 완공 장막절 준수와 각종 제사 드림 (스 1:1-6:22)	신앙 개혁 운동이 일어남. 이로 인해 유대인들의 이방인과 통혼 문제 해결 (스 7:1-10:44)	산발랏, 도비야 등의 방해, 52일 만에 성벽 재건, 율법 낭독 (느 1:1-13:31)
기록된 책	학개서, 스가랴서	역대상, 역대하	말라기서

북이스라엘 왕국 멸망부터 침묵시대까지 이스라엘과 주변의 근황	
BC 722	북이스라엘왕국 멸망
BC 607	앗수르 멸망
BC 586	남유다왕국 멸망
BC 536	바벨론 멸망
BC 539	바사 왕 고레스의 바벨론 정복(바사의 통치시대 : BC 539–331)
BC 537	포로 1차 귀환 – 스룹바벨이 49,897명을 거느리고 예루살렘에 귀환(스 2:64, 65) 7월에 제단을 쌓고 제사를 드림(스 3:1, 2)
BC 536	성전 건축을 시작했다가 중단(스 4장)
BC 520	학개와 스가랴에 의해 성전 건축 재개(스 5:1)
BC 516	성전 완공 및 봉헌식(스 6:14–16)
BC 478	에스더가 바사의 왕비가 됨(에 2:16–17)
BC 458	포로 2차 귀환 – 에스라가 1,754명을 거느리고 예루살렘에 귀환(스 8장)
BC 444	포로 3차 귀환 – 총독 느헤미야가 귀환해 성벽을 재건(느 6:15, 7:4)
BC 432	느헤미야가 바벨론에서 다시 돌아옴(느 13:6–7)
BC 400	말라기(이후는 선지자가 없음)
BC 359	마케도니아 왕 필립포스 즉위
BC 339	필립포스 사망, 아들 알렉산더 즉위
BC 334	알렉산더가 바사 공격 시작

* 중요한 두 기간
① BC 536–516의 20년 : 총독 스룹바벨과 제사장 예수아의 지도하에 성전 재건
② BC 444–432의 52일 : 총독 느헤미야와 제사장 에스라의 지도하에 성벽 재건 및 개혁
– 에스라서는 1,2차 귀환의 두 기간의 기록에 ①과 ② 두 기간의 일들을 다 기록했다.
느헤미야서는 3차 귀환 기간을 기록하면서 ②의 기간에 있었던 일들을 기록했으며,
에스더서는 ①과 ② 사이에 있었던 일을 기록했다.

이 시대를 보여주는 성경

이 시대를 기록한 책으로는 에스라서와 느헤미야서가 있다. 에스라서는 스룹바벨과 1차 귀환한 백성들의 성전 재건, 2차 귀환 후 에스라와 백성들의 신앙개혁 및 부흥을 기록하였으며, 느헤미야서는 3차 귀환 후 느헤미야와 백성들이 52일 만에 성벽을 재건한 과정 및 언약의 갱신과 실천을 기록하였다. 이 두 권의 성경은 하나님께서 이사야와 예레미야 선지자를 통해 주신 예언이 어떻게 성취되었는지를 보여주며, 다니엘서의 예언을 역사적으로 적용하는 데 매

우 귀중한 정보를 제공해준다.

이 시대에 기록된 예언서로는 학개서, 스가랴서, 말라기서가 있다. 학개서와 스가랴서는 1차 귀환 후 의욕적으로 진행되던 성전 건축이 대적의 방해로 중단된 채 약 14년이 흐른 후 학개와 스가랴 선지자가 나타나 성전 건축을 독려하고, 성전 재건의 축복 및 나아가 온 인류를 위한 속죄 제물이 되어 제사(예배) 및 하나님과의 교제를 회복하게 하심으로써 진정한 성전이 되시는 메시아가 오실 것을 예언한 내용을 담고 있다.

학개와 스가랴 선지자 이후 약 100년이 지나도록 메시아가 오시지 않고 삶도 어려운 가운데 백성들의 신앙은 다시 타락해 갔다. 말라기서는 이 시기에 쓰인 마지막 예언서로, 도래할 메시아 시대를 스가랴의 예언보다 더 구체적으로 예언하고 있다.

귀환시대와 관련된 성경으로는 역대기(상·하)도 있다. 역대기는 이 시대에 신앙부흥을 위해 에스라가 기록한 선민 이스라엘의 역사로, 사무엘서(상·하), 열왕기(상·하)에 기술된 내용과 유사하여 귀환시대 당대가 아닌 분열왕국 - 유다왕국시대를 보여주고 있으므로 역대기의 책 소개는 유다왕국시대의 멸망기에 배치하였다(266쪽을 보라).

에스라서(Ezra)				
명칭	기록자	기록 연대	기록 장소	장수
에스라 : 도우심	에스라	BC 537–444	예루살렘	10장
핵심 주제	기록 목적		구성과 계시	
성전 재건과 신앙의 부흥	성전 재건을 통해 하나님의 통치와 하나님 백성으로서의 신앙 회복		스룹바벨 인도의 1차 귀환(1–6장) 및 성전 재건, 에스라 인도의 2차 귀환(7–10장) 및 신앙 개혁을 통한 신앙 회복을 기록하였다	

저자와 시대배경

에스라서는 전통적으로 "율례 학자요 학자 겸 제사장인 에스라"(스 7:11)가 기록한 것으로 알려졌다. 유대인들의 전승을 집대성한 탈무드(Talmud)에서 본서의 저자를 에스라로 분명히 밝히고 있으며 본서에서 에스라가 자신을 1인칭으로 자주 언급한다(7:28-9:15). 6장까지는 에스라의 이름이 등장하지 않다가 7장에서 3인칭으로 나오고 8장에서 1인칭 주어 시점으로 전환되는데 문장의 작가적 시점이 바뀌는 경우는 저자가 1인일 때도 종종 나타나며(다니엘서도 1-7장은 3인칭 주어, 8장부터 1인칭 주어로 기록됨), 본서에 자주 나타나는 제사 제도나 율법과 관련된 상세한 기록들은 모세 율법에 정통하며 학사요 제사장(7:6)인 에스라의 저작으로 보기에 충분하다.

그의 이름 '에스라'는 '여호와가 도우신다'라는 의미이다. 그는 대제사장 아론의 16대손으로 스라야의 아들이며 역대기의 일부분도 집필했다고 전해진다. 에스라서의 일부(4:8-6:18, 7:12-26)는 아람어로, 그 외 대부분은 히브리어로 기록되었는데, 에스라는 두 언어에 다 능숙했다.

이스라엘이 멸망한 지 70년이 지난 후 바사 왕 고레스의 정책으로 많은 유대인이 예루살렘에 돌아왔다. 이들 1차 귀환자들은 대적의 방해로 재건 공사가 중단되는 어려움을 겪으면서도 폐허가 된 성전을 다시 건축하였다. 그 후에 바사 왕 아닥사스다(아르타 크세르크세스 1세)는 조서(7:11-26)를 내려 하나님의 율법을 모르는 사람들에게 하나님의 율법을 가르치도록 에스라를 예루살렘으로 보냈다. 에스라(BC 480-440)는 아닥사스다 왕 7년(BC 457)에 2차 귀환자로서 이스라엘 백성의 신앙 회복이라는 사명을 품고 예루살렘으로 돌아왔다. 그는 먼저 그곳에 돌아와 있던 유대인들이 이방 여인들과 통혼했다는 것을 알게 되자 자신의 옷을 찢고 하나님 앞에서 이스라엘의 죄를 고백하였고, 일부의 반대를 무릅쓰고 동족의 죄 많은 결혼 생활을 해소함으로써 공동체를 정화하려 하는 등 백성들의 신앙 회복과 종교개혁을 이끌었다.

명칭

히브리어 성경에서 본서와 느헤미야서는 본래 하나의 두루마리로 엮인 한 개의 문서로서 '에즈라', 곧 '에스라서'로 불렸다. 이 두 권은 바벨론 포로에서 살아남은 자들이 예루살렘으로 귀환하여 나라와 성전을 재건하는 내용을 공통적으로 다루고 있기 때문이다. 70인역 역시 에스라서와 느헤미야서를 한 권의 책으로 보아 '제2에스드라스'(에스드라스 베타)라 불렀다 (당시 70인역에는 위경 '에스라'가 있었는데, 이를 '제1에스드라스'로 불렀다).

이후 벌게잇역은 에스라서를 제1에스라, 느헤미야서를 제2에스라로 명명하였으며(참고로 위경 '에스라'는 제3에스라, 에스라의 작품으로 잘못 알려진 또 한 권의 묵시록이 있었는데 이를 제4에스라로 불렀다), 1517-1518년에 쓰인 현대 히브리어 성경에서 비로소 '에스라서'와 '느헤미야서'가 나뉘어 각각의 이름을 갖게 되었다. 에스라서 2장의 내용이 느헤미야서 7장에서 반복되며, 이 두 책이 각각의 특징을 지닌다는 점을 고려해 볼 때 이 두 책은 별개로 기록되었을 것으로 보인다.

주제와 특징

에스라서는 이스라엘 백성이 성전을 건축하기 위해 포로에서 돌아온 때부터 느헤미야서의 시작 부분에서 다루는 사건인 아닥사스다의 법령이 선포될 때까지를 다룬다. 즉, 고레스 왕의 칙령에 의한 스룹바벨의 1차 귀환(BC 537) 후 예루살렘 성전 재건(1:1-6:22), 아닥사스다 왕의 칙령에 의한 에스라의 2차 귀환(BC 458) 및 이후의 신앙개혁운동(7:1-10:44)을 기록하였다. 이스라엘 백성의 참회와 나아갈 길을 위해 기록한 것으로 전해지며, 본서의 특징적 진리는 하나님 백성의 순결성이다. 에스라서는 다음과 같은 몇 가지 특징을 지녔다.

제사장적 관점 에스라서는 역대기와 비슷한 문체 및 제사장적 관점으로 기록되었다고 평가받으며. 이스라엘의 전통적인 종교의식과 관계되는 용어가 많이 등장하여 역대기, 느헤미야서와 더불어 제사장 문서로 불리기도 한다.

세세한 명단 흩어진 하나님의 백성들이 부름받아 다시 모이면서 하나님의 질서를 회복하는 모습과 그 과정을 다루면서 귀환한 사람들의 명단과 그들의 출신 지파를 일일이 열거한다. 이는 역대기에 맞먹는 수준으로, 정치 지도자였다면 행정적 편의의 관점에서 정리할 수도 있었을 텐데 이같이 방대한 계보를 기록한 것은 제사장으로서 아론의 후손 중 일부에게 제사장직을 회복시켜 주기 위한 노력과, 언약의 성취에 함께한 사람들을 귀히 여기는 종교 지도자의 시선이 느껴지는 부분이다.

언약 백성인 이스라엘 백성들의 보존과 부흥에 관한 이러한 기록은 언약의 주인이신 여호와께서 택하신 백성을 영원히 지켜 보호해주실 것을 강조하며, 하나님께서는 인간의 지혜나 세력으로가 아니라 비록 소수일지라도 하나님을 의지하는 사람들을 통해 일하시고 역사를 이루신다는 사실을 증거한다.

예언 성취 증명 에스라서의 핵심 주제는 예언이 반드시 성취된다는 것이다. 저자는 선지자들을 통해 예언된 하나님 말씀이 말씀 그대로 성취됐음을 증언하고자 하였고, 이 에스라서의 기록으로도 수많은 선지자가 예언했던 말씀 그대로 이스라엘의 패망과 회복이 이루어졌으며 그 가운데 포로 귀환과 성전 재건도 성취되었다는 사실을 확인할 수 있다.

고레스 왕에 대한 예언과 성취	
예언	사 45:1-4 여호와께서 그의 기름 부음을 받은 고레스에게 이같이 말씀하시되 내가 그의 오른손을 붙들고 그 앞에 열국을 항복하게 하며 내가 왕들의 허리를 풀어 그 앞에 문들을 열고 성문들이 닫히지 못하게 하리라 내가 너보다 앞서 가서 험한 곳을 평탄하게 하며 놋문을 쳐서 부수며 쇠빗장을 꺾고 네게 흑암 중의 보화와 은밀한 곳에 숨은 재물을 주어 네 이름을 부르는 자가 나 여호와 이스라엘의 하나님인 줄을 네가 알게 하리라 내가 나의 종 야곱, 내가 택한 자 이스라엘을 위하여 네 이름을 불러 너는 나를 알지 못하였을지라도 네게 칭호를 주었노라
	대하 36:22-23 바사의 고레스 왕 원년에 여호와께서 예레미야의 입으로 하신 말씀을 이루시려고 여호와께서 바사의 고레스 왕의 마음을 감동시키시매 그가 온 나라에 공포도 하고 조서도 내려 이르되 바사 왕 고레스가 이같이 말하노니 하늘의 신 여호와께서 세상 만국을 내게 주셨고 나에게 명령하여 유다 예루살렘에 성전을 건축하라 하셨나니 너희 중에 그의 백성 된 자는 다 올라갈지어다 너희 하나님 여호와께서 함께 하시기를 원하노라 하였더라.

성취	스 1:1-4 바사 왕 고레스 원년에 여호와께서 예레미야의 입을 통하여 하신 말씀을 이루게 하시려고 바사 왕 고레스의 마음을 감동시키시매 그가 온 나라에 공포도 하고 조서도 내려 이르되 바사 왕 고레스는 말하노니 하늘의 하나님 여호와께서 세상 모든 나라를 내게 주셨고 나에게 명령하사 유다 예루살렘에 성전을 건축하라 하셨나니 이스라엘의 하나님은 참 신이시라 너희 중에 그의 백성 된 자는 다 유다 예루살렘으로 올라가서 이스라엘의 하나님 여호와의 성전을 건축하라 그는 예루살렘에 계신 하나님이시라 그 남아 있는 백성이 어느 곳에 머물러 살든지 그 곳 사람들이 마땅히 은과 금과 그 밖의 물건과 짐승으로 도와주고 그 외에도 예루살렘에 세울 하나님의 성전을 위하여 예물을 기쁘게 드릴지니라 하였더라

에스라서로 살펴보는 귀환시대 하나님의 섭리와 교훈

같은 저자가 쓴 역대하 후반부가 바벨론 왕 느부갓네살에 의한 남유다의 패망을 기술한 반면, 에스라서는 또 다른 바사 왕 고레스가 바벨론에서 포로 생활하던 유다 백성들을 돌려보내기 위해 내린 '포로 귀환령'이라는 복음으로 시작된다. 나라를 잃고 타국에서 포로로 산 지 70년이 흘렀지만 하나님은 택한 백성에게 주신 언약을 잊지 않으시고, 연단의 기간이 끝나자 마침내 그들을 본토로 돌아가게 하심으로써 유다를 회복시켜 주신다. 이러한 사실을 통해 본서는 택한 백성을 향한 하나님의 사랑, 그리고 말씀하신 언약을 지키시는 하나님의 신실하심을 보여준다.

본토로 귀환한 유다 백성이 스룹바벨의 영도 하에 성전을 재건하고, 학사 에스라의 주도로 과거의 죄를 철저하게 회개하며 올바른 예배를 복원하는 심령 대부흥 운동의 모습을 통해 하나님과의 올바른 관계는 올바른 예배 자세의 정립에 있음도 배우게 된다.

예루살렘의 성전을 재건하는 것과 같이, 하나님은 그분의 백성이 무너지고 흩어진 자리에서 돌아와 주를 다시 섬기도록 그의 삶을 고치고 다시 세우는 일을 도우신다.

구조

본서는 크게 1-6장의 전반부와 7-10장의 후반부로 나뉜다. 전반부는 스룹바벨의 첫 번째 귀환과 성전 재건. 후반부는 에스라의 2차 귀환 및 그의 사역으로 이루어진 회개와 종교개혁을 다루고 있다. 에스라서의 구조를 도표로 나타내면 다음과 같다.

장	1-6장		7-10장	
주제	1차 포로 귀환		2차 포로 귀환	
소분류	1-2	3-6	7-8	9-10
소주제	1차 귀환	성전 건축	2차 귀환	종교개혁

참고자료 70년의 포로시대 계산법

1) 포로기 관점	2) 성전의 관점
다니엘이 포로가 된 시기(BC 605) –1차 귀환(BC 537)	예루살렘 성전 파괴(BC 586) –스룹바벨의 성전 재건(BC 516)

예레미야 선지자는 이스라엘이 70년 동안 바벨론 왕을 섬기고 그 70년이 끝나면 바벨론이 심판받을 것이라는 하나님의 말씀을 예언했다(렘 25:11). 이스라엘 민족의 포로 생활과 귀환은 말씀대로 이루어졌다. 그런데 이 70년을 계산하는 데에는 두 가지 설이 있다.
하나는 바벨론의 1차 침공으로 다니엘과 귀족들이 처음 포로로 끌려간 때(BC 605)로부터 제1차 귀환이 이루어진 BC 537년까지의 70년이다. 또 하나는 바벨론의 3차 침입으로 예루살렘 성전이 파괴된 BC 586년부터 1차 귀환 후 스룹바벨 성전이 재건된 BC 516년까지의 70년이다.
놀랍게도 이 두 가지 계산법 모두 70년으로 하나님의 정확한 시간과 섭리하심을 보여준다.

1. 1차 포로 귀환(스 1–6장)

바사 왕 고레스가 바벨론 포로로 살던 유다 백성이 고국으로 돌아가 성전을 건축하도록 칙령을 내리고 성전 기명을 내어준다. 스룹바벨을 지도자로 42,360명이 귀환하여 성전 재건을 시작한다. 이를 방해하는 대적의 방해로 역사(役事)가 잠시 중단되기도 했으나 백성들은 이를 이겨내고 결국 성전을 완성한다.

(1) 1차 귀환(1–2장)

1장	고레스의 칙령	고레스의 성전 중건령(BC 537) (3) 이스라엘의 하나님은 참 신이시라 너희 중에 그의 백성 된 자는 다 유다 예루살렘으로 올라가서 이스라엘의 하나님 여호와의 성전을 건축하라 그는 예루살렘에 계신 하나님이시라 고레스가 성전의 기명을 내어줌
2장	돌아온 사람들	1차 귀환자의 수와 명단

(2) 성전 건축(3–6장)

3장	재건 착수	여호와께 번제를 드림 성전 재건을 시작해 기초를 놓음(BC 536)

4장	재건 중단	대적의 건축 방해와 상소 아닥사스다 왕의 조서로 성전 건축 중지
5장	성전 건축 재개	선지자 학개와 스가랴의 독려로 성전 건축 재개(BC 520) 다시 왕에게 상소를 올린 대적들
6장	재건의 완성	다리오가 성전 건축을 재개하도록 조서를 내림 성전 재건을 마치고 봉헌식을 행함 유월절을 지킴

* 2차 포로 귀환(스 7–10장)은 [이 시대에 쓰인 성경] – 학개서 · 스가랴서 이후에 언급된다.

이 시대를 함께 이해하는 성경

학개서(Haggai)				
명칭	기록자	기록 연대	기록 장소	장수
학개 : 축제, 절기	학개	BC 520–519	예루살렘	2장
핵심 주제	기록 목적		구성과 계시	
성전 재건과 참신앙의 회복	백성을 격려하여 중단된 성전 건축을 완성하고 하나님 우선의 신앙을 권면하기 위하여		성전공사가 생존의 염려와 정치적인 어려움으로 중단되자 총독 스룹바벨과 대제사장 여호수아를 강조하며 성전 재건을 격려한다	

저자와 시대배경

학개서는 다리오 왕 2년(BC 520) 여섯째 달 1일(학 1:1), 일곱째 달 21일(학 2:1), 아홉째 달 24일(학 2:10)까지 약 3개월 동안 학개 선지자를 통해 주어진 네 개의 예언을 서른여덟 절에 담고 있다. 본서의 명칭은 히브리 성경의 표제명인 '하깨이'를 따른 것으로서, 1장 1절 말씀이 밝힌 바와 같이 저자인 선지자 학개의 이름을 붙인 것이다.

"다리오 왕 제이년 여섯째 달 곧 그 달 초하루에 여호와의 말씀이 선지자 학개로 말미암아 스알디엘의 아들 유다 총독 스룹바벨과 여호사닥의 아들 대제사장 여호수아에게 임하니라 이르시되"(학 1:1)

'학개'(하깨이)라는 이름은 '축제', '절기'를 의미하는 히브리어 단어에서 파생되었다.

BC 537년, 고레스 왕의 칙령이 내려오자 바벨론에서 포로로 살던 백성들은 유다 왕국과 성전 재건의 큰 희망을 안고 예루살렘으로 돌아왔다. 그들은 귀환 후 가장 먼저 성전 재건에 나서서 힘썼으나 주변의 반대와 방해로 공사가 중단되고 결과는 실망적이었다. 성전 재건이 14년간 중단되고 백성들도 포기하여 영적 무관심에 빠져 있을 때 다리오 왕 제2년인 BC

520년에 학개와 스가랴라는 두 위대한 예언자가 나타난다. 그들은 유다의 지도자들(스룹바벨 총독과 대제사장 여호수아)과 백성들에게 나태함에서 일어나 여호와의 전을 건축하라는 내용을 중심으로 한 메시지를 전하며 성전 재건을 촉구하였다. 말라기 선지자도 귀환시대에 활동했는데 이들 세 명 모두 성전 재건과 성전 예배의 회복에 같은 관심을 보였다.

내용과 교훈

학개 선지자가 사역을 시작했을 때 백성들은 성전공사가 오랫동안 중단된 것과 각박한 삶의 어려움으로 낙담해 있었다. 그들은 자신들이 하나님의 뜻을 제쳐놓고 자신들의 이기적 욕망을 앞세웠기 때문에 어려움을 겪고 있다는 것을 알지 못했다.

학개 선지자는 지난 14년간을 회고하면서 성전 건축을 촉구하면서도 과거 잘못된 예배와 부정한 삶을 지적하고 바른 예배를 회복하도록 권고했다(2:10-19). 하나님 중심의 삶만이 자기 백성을 지키는 일이며, 하나님과 그분의 성전, 그리고 올바른 예배를 우선순위에 둔다면 현재의 가난과 기근은 끝나고 복된 번영의 축복을 받을 것이라고 역설했다.

그렇게 저자는 중단되었던 성전 재건축을 완성하도록 백성들을 독려할 뿐만 아니라 나태한 신앙과 무기력으로 헤매고 있는 백성들이 이기적인 욕심을 제거하고, 순종과 정결한 생활을 하며 하나님의 일을 우선순위로 힘써서 하는 바른 신앙을 갖도록 교훈한다.

학개서를 통해 살펴보는 하나님의 섭리

"너희는 산에 올라가서 나무를 가져다가 성전을 건축하라 그리하면 내가 그것으로 말미암아 기뻐하고 또 영광을 얻으리라 여호와가 말하였느니라"(1:8).

하나님은 포로에서 돌아온 유다 백성에게 성전 재건을 명하셨다. 이는 물론 파괴된 성전을 다시 지으라는 명령임에 틀림없다. 하지만 성전 재건은 건물로서의 성전 건축 그 자체만을 의미하는 것이 아니다. 단절된 하나님과의 관계를 회복하는 것이며, 동시에 하나님 중심적 삶으로 복귀하는 것을 의미한다.

하나님의 선민이 나라와 예배 처소를 잃고 다른 나라의 포로가 되어 끌려갔던 것은 그들의 죄로 인하여 하나님과의 관계가 깨어지고 단절됐기 때문이었다. 그러므로 이제 다시 고향으로 돌아온 백성들에게 가장 중요한 것은 하나님과의 관계를 회복하는 일이었다. 그러기 위해 선결할 과업은 성전의 재건이었으나 그것은 단순히 건물을 짓는 재건이 아니었다. 과거 그들에게는 화려하고 웅장한 솔로몬 성전이 있었지만 범죄한 손으로 잘못된 제사들이 드려진 끝에 그곳은 결국 훼파되었다. 하나님과의 관계는 바른 예배가 회복될 때 회복되며, 성전은 바른 예배가 드려질 때에야 성전으로서 진정한 의미와 참된 가치를 지니게 된다.

스룹바벨 성전의 기초가 놓였을 때 솔로몬 성전을 본 사람들은 대성통곡하였으나(스

3:12) 하나님께는 규모와 외양이 중요하지 않았다. 하나님은 "이 성전의 이전 영광을 본 자가 누구냐 이제 이것이 너희에게 어떻게 보이느냐 이것이 너희 눈에 보잘것없지 아니하냐 … 이 성전의 나중 영광이 이전 영광보다 크리라 만군의 여호와의 말이니라"(2:3,9)라고 말씀하셨다.

또한 성전 재건이 중단된 것은 밖으로는 대적의 방해 때문이었으나 안으로는 백성들이 생활의 염려로 하나님의 성전을 제쳐두고 자기 집을 짓고 살 궁리를 먼저 하는 등 신앙의 우선순위가 뒤바뀐 채 자기중심적으로 살았기 때문이었다. 하나님은 선지자를 통해 "너희는 너희의 행위를 살필지니라"(1:5,7)라고 거듭 말씀하시며 하나님이 우선되지 않으면 모든 수고가 헛됨을 깨우치신다. 이는 신약시대에 "그런즉 너희는 먼저 그의 나라와 그의 의를 구하라 그리하면 이 모든 것을 너희에게 더하시리라"(마 6:33)라는 예수님의 말씀과도 이어진다.

구조

학개서는 크게는 성전 건축에 대한 독려(1장)와 성전 건축의 축복(2장)으로 구분되고, 세부적으로는 네 번의 설교로 구성되었다. 학개서의 구조를 도표로 나타내면 다음과 같다.

장	1장		2장	
주제	성전 건축의 독려		성전 건축의 축복	
소분류	1:1-15	2:1-9	2:10-19	2:20-23
소주제	첫 번째 설교	두 번째 설교	세 번째 설교	네 번째 설교

1장	성전 건축의 독려	예언 1(여섯째 달 초하루) - 성전에 무관심한 백성에 대한 책망 가난과 기근의 이유 성전 재건 격려 백성들이 성전 공사를 재개함
2장	성전 건축의 축복	예언 2(일곱째 달 21일) - 새 성전과 하나님의 영광 (9) 이 성전의 나중 영광이 이전 영광보다 크리라 만군의 여호와의 말이니라 내가 이 곳에 평강을 주리라 만군의 여호와의 말이니라 예언 3(아홉째 달 24일) - 바른 예배의 촉구 예언 4(아홉째 달 24일) - 스룹바벨에게 주시는 하나님의 약속

스가랴서(Zechariah)				
명칭	기록자	기록 연대	기록 장소	장수
스가랴 : 여호와께서 기억하셨다	스가랴	BC 520-470	예루살렘	14장
핵심 주제	기록 목적		구성과 계시	
성전 재건 및 메시아 초림과 재림의 소망	중단된 성전 재건을 독려하고 낙담하는 백성에게 메시아의 소망을 전하기 위해서		문체가 다양하며 상징적 환상과 메시아 예언이 많이 등장한다. 전반부는 성전 재건을 독려하고 후반부는 진정한 성전이신 메시아의 오심을 예언한다	

저자와 시대배경

스가랴서의 명칭은 본서의 저자인 선지자 스가랴의 이름을 딴 것으로, 본서의 1장 1절과 7절은 스가랴를 "잇도의 손자 베레갸의 아들"로 소개한다. 잇도는 바벨론에서 여호수아, 스룹바벨과 함께 귀환한 제사장들 중 한 명이다(느 12:4). 그러므로 그의 손자인 스가랴는 제사장이면서 동시에 선지자였을 것이다. 스가랴는 바벨론에서 태어나 가문과 함께 예루살렘으로 돌아왔으며 BC 520년 성전 재건이 시작된 후 학개와 동시대에 사역했다. 히브리어로 '제카르야'인 그의 이름은 "여호와께서 기억하셨다"라는 뜻이다. 70인역에서는 자카리아스로 음역하였다.

바벨론 제국이 바사 제국에 멸망한 후 바사의 고레스 왕은 바벨론 포로였던 유대인들의 예루살렘 귀환 및 성전 건축을 허락했다. 이에 5만 명의 유대인이 대제사장 여호수아와 총독 스룹바벨의 인솔하에 이스라엘로 돌아왔다. 귀환 2년에 다시 성전의 기초가 놓였으나 외부의 방해와 핍박으로 14년간 성전 재건의 역사는 정지되었다. 다리오 왕 2년에 선지자 학개가 유다 백성에게 성전 재건을 촉구하였고, 그가 첫 번째 메시지를 전한 지 2개월 후 스가랴가 예언 사역을 시작하였다.

스가랴서는 전반부(1-8장)와 후반부(9-14장)로 나뉘는데 전반부는 학개 시대와 동일하다. 스가랴는 후반부(사역 후반기)에 이스라엘의 미래에 이루어질 메시아의 초림과 재림에 관해서도 예언했는데 당시의 시대적 배경이 언급되지 않아 연대는 분명하지 않다. 9장 13절에 "헬라"가 언급된 것으로 보아 수십 년이 지난 BC 480-470년경(다리오 1세가 물러나고 아하수에로 왕이 통치하던 시대)에 기록된 것으로 보인다.

내용과 교훈

스가랴서는 크게 성전 재건에 관한 예언(1-8장)과 성전 완공 이후의 예언(9-14장)의 두 부분으로 나누어 볼 수 있다.

전반부(1-8장)는 스가랴 생애 초기의 역사적 내용으로 주로 산문으로 되어 있고 성전 재건에 초점을 맞추어 기록되었다. 스가랴가 처음 계시를 받은 다리오 왕 2년 8월 (BC 520년, 슥 1:1)로부터 4년 9월(BC 518년, 슥 7:1) 사이에 기록된 것으로 보인다. 귀환한 백성들을 하나님께 돌이키게 하고, 성전 재건을 중단한 백성들을 위로하기 위해(1:13) 하나님의 말씀을 전달한다. 선지자는 여러 가지 이상을 통해, 외부의 여러 방해와 어려움이 있을지라도 스룹바벨의 손에 의해 성전이 완성될 것이고, 이는 사람의 힘이나 능력이 아니라 오직 하나님의 신으로 될 것이라고 강조하며 성전 재건을 격려하였다.

후반부(9-14장)는 문체나 역사적 기술이 전반부와 확연히 달라지는데, 성전이 재건된 후의 일로 메시아의 초림과 재림 등 미래의 일을 기록하였으며 묵시적 성격을 띤다. 기록 시기 또한 스가랴 말년인 것으로 보인다. 선지자는 메시아의 초림과 재림으로 예루살렘과 시온의 영광이 회복되고 메시아 왕국의 승리와 영광이 실현될 것을 예언함으로써 남은 자들에게 소망을 주고자 하였다.

이와 같이 선지자는 하나님의 임재를 상징하는 성전의 재건(1차 포로 귀환자들의 성전 건축)을 성공적으로 완수하도록 권면하면서, 초림으로 하나님의 나라를 시작하고, 재림으로 하나님나라를 완성하실 메시아의 구속사역과 공의로우신 통치를 예언한다.

스가랴서를 통해 살펴보는 하나님의 섭리

스가랴서의 특징 중 한 가지는 '만군의 여호와'라는 표현이 많이 등장한다는 것이다. 두 장에 불과한 학개서에도 이 표현이 10회 등장하는데 스가랴서에서도 비슷한 빈도로 열네 장에 47회 등장한다. 이는 현실적인 어려움에 낙심하여 성전 건축을 포기하고, 하나님 아닌 자신을 삶의 우선순위에 둔 채 믿음 없이 살아가는 백성들에게 하나님이 역사와 삶의 주인 되시고, 사람의 힘으로는 불가능한 일도 하나님의 신과 능력으로 이루어짐을 일깨우며 소망을 주고 그들을 격려한다.

또한 스가랴서는 이사야서 다음으로 많은 메시아 예언을 기록하고 있다. 본서의 전반부에서 성전 재건을 독려하는데 이는 건물로서의 성전 재건뿐만이 아니라 메시아를 대망하고 메시아의 강림을 준비하는 차원에서의 성전 재건이기도 하다. 이런 사실은 특히 후반부가 메시아에 집중되고 있다는 사실에서도 분명하게 나타난다. 선지자는 메시아의 초림부터 재림, 세상 종말과 새 예루살렘에 이르기까지 장래의 모든 인류 역사가 장차 메시아와 그분의 왕국을 중심으로 전개될 것을 분명하게 보여준다. 신약시대에 성자 예수님은 "너희가 이 성전을 헐라 내가 사흘 동안에 일으키리라"(요 2:19)라고 말씀하심으로 하나님과 백성이 만나고 온전히 관계가 회복되는 진정한 성전은 예수님 자신임을 알려주셨다.

구조

스가랴서는 크게 성전 재건 중과 이후의 두 부분으로 구성된다. 성전 재건과 관련된 전반부는 8가지 환상(1-6장), 금식과 예루살렘의 회복(7-8장), 성전 재건 후와 관련된 후반부는 메시아의 도래와 회복(9-11장), 예루살렘의 해방과 이방의 결국(12-14장)에 관해 기록하고 있다. 스가랴서의 구조를 도표로 나타내면 다음과 같다.

장	1–8장		9–14장	
주제	성전 재건		성전 재건 후의 시대	
소분류	1–6	7–8	9–11	12–14
소주제	8가지 환상	금식과 이스라엘의 회복	메시아의 도래	메시아의 통치

1. 성전 재건(슥 1–8장)

1-6장에서는 8개의 환상을 통해서 외부의 여러 방해와 어려움이 있을지라도 스룹바벨에 의해 성전이 완성될 것이며, 이는 사람의 힘이나 능력이 아니라 오직 하나님의 신으로 될 것(슥 4:6)이라고 강조하면서 성전 재건을 격려한다. 7-8장에서는 불성실한 금식을 책망하고 순종을 강조한다.

(1) 8가지 환상(1–6장)

1장	회개 촉구와 위로의 환상	악한 길에서 돌아오라 첫 번째 환상 – 화석류나무에 선 자 두 번째 환상 – 네 개의 뿔과 대장장이 네 명
2장	예루살렘 재건의 환상	세 번째 환상 – 예루살렘을 측량하는 천사
3장	여호수아 환상	네 번째 환상 – 대제사장 여호수아의 더러움을 제하심 여호와의 종 '싹'(순)을 나게 하리라는 약속 일곱 눈이 있는 돌
4장	오직 주의 영으로	다섯 번째 환상 – 순금 등잔대와 두 감람나무 (6) 그가 내게 대답하여 이르되 여호와께서 스룹바벨에게 하신 말씀이 이러하니라 만군의 여호와께서 말씀하시되 이는 힘으로 되지 아니하며 능력으로 되지 아니하고 오직 나의 영으로 되느니라
5장	심판받을 저주와 악	여섯 번째 환상 – 날아가는 두루마리 일곱 번째 환상 – 에바 가운데 있는 여인

6장	병거의 환상과 면류관	여덟 번째 환상 – 네 병거 대제사장 여호수아에게 씌우는 면류관 싹이라 이름하는 사람이 여호와의 전을 건축하고 다스리리라

(2) 금식과 이스라엘의 회복(7–8장)

7장	금식보다 순종	불성실한 금식 책망
8장	두려워 말라	예루살렘의 회복과 성전 재건

2. 성전 재건 후의 시대(슥 9–14장)

9-14장은 성전이 재건된 후 장래 일어날 일로 메시아의 초림과 재림 등을 기록하였으며 묵시적 성격을 띤다. 9-11장에서는 이웃 나라들은 멸망하나 이스라엘은 보호를 받으며 대적을 이기고 영광을 누린다는 것(9장), 메시아께서 시온에 임하심(9장), 메시아의 축복(10장~11:3), 배척받는 메시아((11:4-17)를 언급한다. 12-14장에서는 메시아의 예루살렘 구원(12장), 메시아의 죽으심(13장)과 통치(14장)을 이야기한다,

(1) 메시아의 도래(9–11장)

9장	시온의 왕이 임하시리라	이웃 나라들의 멸망 나귀 타고 시온에 입성하실 메시아 (9) 시온의 딸아 크게 기뻐할지어다 예루살렘의 딸아 즐거이 부를지어다 보라 네 왕이 네게 임하시나니 그는 공의로우시며 구원을 베푸시며 겸손하여서 나귀를 타시나니 나귀의 작은 것 곧 나귀 새끼니라
10장	이스라엘의 구원	유다와 이스라엘의 온전한 회복 백성들을 다시금 모으실 하나님
11장	거짓 목자들에 대한 경고	예루살렘의 멸망 양 떼를 버리는 거짓 목자들 은 삼십에 팔리실 메시아 우매한 목자에 대한 경고

(2) 메시아의 통치(12–14장)

12장	예루살렘의 구원	유다와 예루살렘을 도우심 예루살렘을 치러 오는 나라들을 멸하심 예루살렘에 은총과 간구하는 심령을 부어주심

13장	예루살렘의 정화	죄를 씻는 샘 메시아의 죽음 우상을 섬기던 자들의 멸망
14장	여호와의 날에	심판의 날 예루살렘의 함락 예루살렘의 회복과 이방 나라들의 재앙 이방 나라의 남은 자가 함께 초막절을 지킴

참고자료 이스라엘의 세 성전

솔로몬 성전

BC 959년, 예루살렘의 모리아산에 수십 년의 준비와 7년의 공사로 이스라엘 역사상 제1 성전인 솔로몬 성전이 준공되었다(왕상 6:1-38).
이 성전은 BC 586년 바벨론의 느부갓네살의 제3차 침공 때 완전히 훼파되고, 성전의 금, 은, 놋 기명과 보물들은 모두 바벨론으로 옮겨졌다.

스룹바벨의 성전

언약궤도 성물도 영광의 구름이 임재함도 없었으며 대제사장은 우림과 둠밈을 소유하지 못한, 솔로몬 성전을 본 노인들은 대성통곡한 성전이다.
그러나 여호와께서는 스룹바벨 성전을 통하여 솔로몬 성전보다 더 큰 영광을 받으신다고 하셨다(슥 4:10).
BC 63년경에 로마 장군 폼페이우스가 파괴했다.

헤롯 성전

예수님 당시의 성전은 헤롯 왕이 유대인의 환심을 사기 위해 BC 9년경 시공하여 그가 죽은 후 AD 64년경에 완공했다.
예수님이 "이 성전을 헐라 내가 사흘 동안에 일으키리라"(요 2:19)라고 말씀하신 것은 AD 27년경 주님의 공생애 초반이었다.

2. 2차 포로 귀환(스 7–10장)

하나님의 율법에 익숙한 제사장 겸 학사 에스라가 아닥사스다 왕의 조서를 가지고 돌아온다. 여호와의 율법을 가르칠 것을 결심한 에스라는 율법을 선포하고 이방과의 잡혼을 금지하는 등 신앙부흥운동을 주도한다.

장	**1–6장**		**7–10장**	
주제	1차 포로 귀환		2차 포로 귀환	
소분류	1–2	3–6	7–8	9–10
소주제	1차 귀환	성전 건축	2차 귀환	종교개혁

(1) 2차 귀환(7–8장)

7장	2차 귀환	에스라의 예루살렘 귀환(BC 458, 2차 포로 귀환) 에스라의 사명(하나님의 율법 교육) 에스라가 하나님을 송축하다 에스라가 아닥사스다의 조서를 가지고 귀국하다
8장	에스라 귀국	아닥사스다 왕 때 에스라와 함께 돌아온 족장들과 계보 성전에서 일할 레위 사람의 등록 아하와 강변의 금식 기도 에스라가 예루살렘에 돌아와 번제를 드리다

(2) 종교개혁(9–10장)

9장	이방과의 결혼 회개	에스라가 방백들에게 이방과의 통혼에 관해 듣다 에스라의 회개 기도 (6) 말하기를 나의 하나님이여 내가 부끄러워 낯이 뜨거워서 감히 나의 하나님을 향하여 얼굴을 들지 못하오니 이는 우리 죄악이 많아 정수리에 넘치고 우리 허물이 커서 하늘에 미침이니이다
10장	에스라의 종교개혁	백성이 죄를 고백하고 이방인 아내와 자식을 내쫓기로 하다 이방인과 통혼한 사람들의 명단

3. 3차 귀환(느 1-13장)

바사 제국 아닥사스다 왕의 술관원이던 느헤미야가 예루살렘 성벽의 재건을 간청하여 왕의 허락을 받아 예루살렘으로 돌아옴으로써 제3차 귀환이 이루어진다. 그는 예루살렘 주변에 거주하던 대적들의 심한 방해를 받았으나 하나님의 선하신 도우심으로 52일 만에 성벽을 재건하고 봉헌한다.

이 시대를 보여주는 성경

느헤미야서(Nehemiah)				
명칭	기록자	기록 연대	기록 장소	장수
느헤미야 : 여호와의 위로	느헤미야	BC 445-420	예루살렘	13장
핵심 주제	기록 목적		구성과 계시	
성벽의 재건과 신앙의 부흥	성벽 재건을 통해 하나님나라와 하나님의 백성으로서의 신앙을 회복하기 위해서		느헤미야를 포함한 3차 귀환(1-2장), 성벽 재건(3-6장), 신앙부흥(7-13장)을 통해 하나님나라의 회복을 기록하고 있다	

저자와 시대배경

느헤미야서의 명칭은 본서의 저자 느헤미야의 이름을 따른 것이다. 70인역은 본서를 에스라의 저작으로 보아 에스라서와 함께 '제2에스드라스'라는 한 권의 책으로 불렀다. 그러나 유대의 여러 전승이 본서를 느헤미야가 기록했다고 증언하고 있으며, 본문 곳곳에서 느헤미야가 1인칭 단수로 지칭되며 저자의 경험을 생생하게 묘사하고 있다는 점에서 본서는 전통적으로 느헤미야의 저작으로 인정받고 있다. 히브리어로 '느헤미야'라는 이름은 '여호와의 위로', '주님께 위로받는다'라는 뜻을 지녔다.

바사 왕 고레스의 칙령으로 1차 귀환한 사람들이 예루살렘 성전의 건축을 시작했으나 성전은 14년간 공사가 중단되는 등 많은 어려움 끝에 완공되었다. 그 후 학사 에스라가 성회를 열어 부흥을 일으켰으나 아직 예루살렘에는 성벽이 없었다. 당시 바사 왕 아닥사스다 1세의 술 관원으로 있던 느헤미야는 이러한 예루살렘의 어려운 상황을 듣고 고심하며 기도한 끝에 왕에게 간청하여 유대 지방의 총독으로 부임한다. 그는 안팎의 어려움을 딛고 예루살렘 성벽을 재건하고, 당시 종교개혁에 박차를 가한 학사이자 제사장 에스라와 더불어 백성들의 신앙 회복에도 힘썼으며, 정치·군사적으로 유다의 국가적 기틀을 마련하고 안정을 꾀하기 위해 사심 없이 혼신의 노력을 다하였다.

내용과 교훈

바사 제국의 고위관리였던 느헤미야가 유다 백성들과 함께 '하나님의 도성' 예루살렘의 성벽을 52일 만에 재건한 이야기를 담은 기록이다. 느헤미야가 유다 총독으로 왕의 임명을 받아 장교들과 기병부대를 이끌고 예루살렘으로 부임한다(3차 귀환). 백성들과 구역을 나누어 성벽을 재건하기 시작하는데 사마리아인, 암몬 족속, 호론 족속이 훼방하며 느헤미야를 매도하고 암살 시도까지 했고, 내부에서는 관리들의 부패와 착취로 백성들이 어려움을 겪고 있었다. 느헤미야는 이러한 어려움을 극복하며 52일 만에 성벽을 재건하여 성벽 봉헌식을 거행하고 그 이후 에스라와 뜻을 모아 성회를 열어 백성들이 하나님께 마음을 돌이키도록 한다.

그는 12년간 재직한 후 다시 바사로 돌아갔다가(BC 433년경) 이듬해 다시 예루살렘으로 귀환한다(BC 432년경). 앞서 재임 시에는 예루살렘 성곽 재건 등 외적 문제에 치중했으나 다시 돌아온 후에는 잘못된 성전 사용, 안식일 준수 문제, 이방 여인과의 잡혼 문제, 중단된 레위인의 급여 문제 등 신앙적으로 잘못된 부분들을 시정한다.

느헤미야서를 통해서 본 하나님의 섭리

본서는 하나님은 포로로 끌려간 이스라엘 백성을 약속대로 구원하시며, 이방의 왕들도 그분의 뜻을 이루는 수단으로 사용하시고, 세우신 자들을 통해 그분의 뜻을 이루신다는 것을 보여준다. 특히 본서의 주요 인물인 느헤미야는 바벨론 포로의 후손이면서도 바사의 고위관리로 성공한 인물이었지만, 자신의 부귀영화보다는 하나님의 일을 더 중요하게 여기며 이를 위해 고난도 마다하지 않았다. 하나님은 이러한 충성스러운 일꾼과 동역하기를 기뻐하신다.

또한 성벽 재건의 역사(役事)는 영적 전쟁의 과정을 보여준다. 성벽 재건을 통한 예루살렘의 재건을 산발랏 일당이 방해하듯 사탄은 우리가 성령이 내주하시는 성전이 되어가는 것, 교회 등 신앙의 공동체가 세워지는 것을 대적하고, 조롱과 위협, 음해, 내부의 갈등 등 다양한 방법으로 훼방한다. 하나님은 느헤미야서를 통해 기도, 공동체의 분담과 협력, 방비와 작업의 병행, 율법과 규례를 제대로 알기 등 영적 전쟁에 임하고 승리하는 방법을 알려주신다.

구조

장	1–6		7–13	
주제	성벽의 재건		언약의 갱신	
소분류	1–2	3–6	7–10	11–13
소주제	느헤미야의 귀환	성벽 재건과 완성	율법의 준수	느헤미야의 개혁

1. 성벽의 재건(1–6장)

(1) 느헤미야의 귀환(1–2장)

1장	느헤미야의 기도	예루살렘을 위한 느헤미야의 기도(BC 444) (5–7) 이르되 하늘의 하나님 여호와 크고 두려우신 하나님이여 주를 사랑하고 주의 계명을 지키는 자에게 언약을 지키시며 긍휼을 베푸시는 주여 간구하나이다 이제 종이 주의 종들인 이스라엘 자손을 위하여 주야로 기도하오며 우리 이스라엘 자손이 주께 범죄한 죄들을 자복하오니 주는 귀를 기울이시며 눈을 여시사 종의 기도를 들으시옵소서 나와 내 아버지의 집이 범죄하여 주를 향하여 크게 악을 행하여 주께서 주의 종 모세에게 명령하신 계명과 율례와 규례를 지키지 아니하였나이다
2장	3차 귀환	예루살렘으로 돌아온 느헤미야(BC 445) 성벽 재건 공사의 시작 산발랏과 도비야와 게셈의 비방

(2) 성벽 재건과 완성(3–6장)

3장	성벽의 재건	백성들이 각각 구역을 맡아 성벽을 보수하고 재건하다 예루살렘 성벽의 보수와 재건을 맡은 사람들의 명단
4장	적의 방해와 무장	산발랏과 그 일당의 성벽 중수 방해 적들의 방해로 무장하고 성벽을 쌓다
5장	빈부격차 해소	가난한 백성들의 불평과 원망 느헤미야가 동족을 착취하는 귀족과 부자들을 꾸짖다 (8) 그들에게 이르기를 우리는 이방인의 손에 팔린 우리 형제 유다 사람들을 우리의 힘을 다하여 도로 찾았거늘 너희는 너희 형제를 팔고자 하느냐 더구나 우리의 손에 팔리게 하겠느냐 하매 그들이 잠잠하여 말이 없기로
6장	성벽의 완성	산발랏 일당과 스마야의 느헤미야 암살 시도 대적들의 방해에도 52일 만에 성벽이 완성되다

2. 언약의 갱신(7–13장)

(1) 율법의 준수(7–10장)

7장	성벽 문짝의 중수	문짝을 달고 예루살렘의 우두머리를 세움 스룹바벨과 함께 돌아온 유대인 계보 등록
8장	율법책 낭독	학사 에스라의 율법서 낭독과 율법 준수 촉구 일주일간 초막절을 지킴

9장	백성들의 자복	금식하며 통회하고 말씀을 듣는 백성들 죄를 자백하고 언약하고 인봉한 백성들
10장	언약과 인봉	언약을 세우고 백성들이 서명함 언약의 인봉 내용과 인봉한 사람들 명단

(2) 느헤미야의 개혁(11–13장)

11장	주변 거주자	지도자들과 백성의 10분의 1이 예루살렘에 거주하게 됨 예루살렘에 거주하게 된 사람들과 그 인원
12장	성벽 봉헌식	스룹바벨과 함께 돌아왔던 레위인과 제사장들의 명단 느헤미야가 성벽을 봉헌하다 제사장과 레위인들에게 필요한 몫을 줌
13장	느헤미야의 개혁	율법에 의해 외국인을 쫓아보내다 바사에서 돌아온 느헤미야가 도비야가 차지한 성전 방을 치우다 성전을 돌보지 않은 관리, 안식일을 지키지 않는 사람들 책망 이방인과 통혼한 자의 징계/제사장과 레위인에게 임무를 맡김

이 시대를 함께 이해하는 성경

말라기서(Malachi)				
명칭	기록자	기록 연대	기록 장소	장수
말라키 : 나의 사자	말라기	BC 435–425	예루살렘	4장
핵심 주제	기록 목적		구성과 계시	
나태함에서 돌이켜 메시아를 대망하라	학개, 스가랴의 예언 100년 이후의 영적 나태함을 책망하기 위해		눈먼 희생물(1–2장), 메시아의 도래(3–4장)를 여섯 가지 논쟁형식으로 예언자가 주장하면 대상자가 이의를 제기하고 예언자가 예언, 예배, 윤리에 대한 근거를 분명하게 강조한다	

저자와 시대배경

구약성경의 소선지서 12권 가운데 마지막 예언서이자 구약성경의 마지막 책.

전통적으로 본서의 저자는 "여호와께서 말라기를 통하여 이스라엘에게 말씀하신 경고라"라는 1장 1절에 따라 구약성경의 마지막 선지자인 말라기로 본다. 히브리어 '말라키'는 '나의 사자', '나의 천사'라는 뜻이다.

말라기는 스가랴 선지자(BC 520년경)보다 거의 1세기 뒤(BC 430년경)에 활동하였다. 이 시기는 총독 느헤미야가 예루살렘 성곽을 완공하고 예루살렘을 다스리던 시대로, 느헤미야가 바사로 갔다가 다시 예루살렘으로 돌아오기까지의 공백기(BC 433-425년경)에 말라기 선지자가 활동한 것으로 보기도 한다.

바벨론에서 본토로 귀환한 유다 백성은 많은 어려움 가운데서도 성전을 건축하고 신앙 회복을 위해 노력하였다. 그러나 성전을 재건하면 메시아 왕국이 올 것이라는 학개와 스가랴 선지자의 예언이 재건 후 거의 100년이 지나도록 성취되지 않고 여전히 바사 제국의 통치하에 있는 데다 삶의 형편도 나아질 기미를 보이지 않자 종교적인 나태와 형식주의와 부패가 나타났다. 선지자는 본서를 통해 영적 나태에 빠진 이스라엘 백성에게 회개를 촉구하고 메시아 대망 사상을 선포한다.

내용과 교훈

말라기서는 선지자를 통한 하나님의 책망 - 백성의 반박 - 책망의 전개 - 결론적 제안의 순서로 구성되는 6개의 논쟁과 이에 대한 하나님의 답을 기록하였으며, 그 내용은 부패하고 잘못된 신앙생활 및 율례를 지키지도 않으면서 자비를 구하는 행태에 대한 비판 등이다.

말라기서의 내용은 느헤미야가 예루살렘을 두 번째 방문했을 때의 기록과 유사성을 보이는데, 선지자는 온전하지 못한 십일조와 제물, 이혼 및 이방인과의 잡혼에 관한 백성들의 죄를 책망하고, 그 해결책으로 회개를 통해 하나님과의 언약을 회복하고 제사 규정과 십일조 등 율례를 거룩하고 온전하게 이행할 것을 권면한다. 마지막으로 그는 메시아의 강림을 준비할 하나님의 사자(세례 요한)가 출현하리라는 예언을 전한다(4:5).

말라기서를 통해서 본 하나님의 섭리

선민시대부터 언약으로 주어진 순종의 복과 불순종의 벌은 정착시대와 왕국시대 내내 이스라엘의 역사 가운데 나타났다. 말라기 선지자는 앞 시대들 동안 선포된 언약적 복과 저주를 동일하게 전하며 하나님과의 언약을 상기시킨다.

> 레위와 세운 나의 언약은 생명과 평강의 언약이라… 말 2:5

> 너희는 내가 호렙에서 온 이스라엘을 위하여 내 종 모세에게 명령한 법 곧 율례와 법도를 기억하라 말 4:4

하나님을 경외하는 백성들의 말은 하나님의 기념책에 영원히 기록되고 하나님은 그들을 친히 아끼실 것이다(3:16-18). 그 가운데 특히 "만군의 여호와가 이르노라 나는 내가 정한 날에 그들을 나의 특별한 소유로 삼을 것이요"(3:17)라는 말씀은 시내산에서 하나님께서 이스라엘에게 하신 "너희가 내 말을 잘 듣고 내 언약을 지키면 너희는 모든 민족 중에서 내 소유가 되겠고"(출 19:5)라는 말씀을 상기시킨다.

또한 말라기서는 십일조와 헌물에 관한 새로운 시각을 열어준다. 십일조의 규정은 제사법 쪽에 들어있고 그동안 십일조는 제사장과 레위인의 분깃이며(민 18:20-32) 그들과 나그네, 고아, 과부 등이 먹도록 한(신 14:28-29, 26:12) 일종의 사회보장제도였다. 그런데 본서에서 하나님은 십일조와 봉헌물을 "하나님의 것"(3:8)이라 말씀하신다. 하나님은 백성들이 '율례와 법도'를 기억하고 그들의 삶과 예배를 온전히 '돌이'킴으로써 하나님과의 바른 관계를 정립하고 하나님의 백성답게 살아가기를 바라신다.

말라기 선지자는 하나님께서 엘리야를 보내신다고 했는데(4:5), 이 '엘리야'는 신약과 연결고리가 된다. 신약에서는 예수님의 말씀을 통해 엘리야를 세례 요한으로 이해하고 있기 때문이다(마 11:14, 17:12). 결국 말라기서는 메시아가 예언대로 반드시 오실 것이니 하나님의 주인되심을 인정하고 올바른 예배와 헌물, 공의와 선행으로 여호와 신앙과 하나님과의 관계를 회복할 것을 촉구하고 있다.

구조

말라기서는 크게 하나님의 사랑(1:1-5), 하나님의 진노와 책망(1:6-3:18), 하나님의 약속(4:1-6)으로 나뉘며 장별로 분류하면 제사장과 백성들의 죄(1장), 제사장들에 대한 책망과 경고(2장), 임박한 심판과 십일조(3장), 회복과 약속(4장)으로 정리할 수 있다. 말라기서의 구조를 도표로 나타내면 다음과 같다.

장	1–2장		3–4장	
주제	하나님의 사랑과 책망		하나님의 심판과 약속	
소분류	하나님의 사랑	하나님의 책망	하나님의 심판	하나님의 약속
소주제	1	2	3	4

▼

장	1장		2장		3장		4장
주제	하나님의 사랑		하나님의 책망		하나님의 심판		하나님의 약속
소분류	1:1–5	1:6–2:9	2:10–16/17	2:17/3:1–3:5	3:6–12	3:13–4:3	4:4–6
소주제	첫 번째 계시	두 번째 계시	세 번째 계시	네 번째 계시	다섯 번째 계시	여섯 번째 계시	결론
	하나님의 사랑	제사장의 죄악	이혼과 잡혼 책망	다가올 심판	십일조와 헌물	악인 징벌과 의인 보호	명령과 약속

1장	하나님의 사랑	논쟁 / 계시 / 예언 1 – 이스라엘에 대한 하나님의 사랑 2 – 제사장들의 죄
2장	하나님의 책망	제사장들에 대한 경고 3 – 이혼 및 이방인과의 잡혼에 대한 책망
3장	하나님의 심판	4 – 여호와의 날에 내 사자를 보내리라 임박한 연단과 심판 5 – 온전치 못한 십일조와 헌물 책망 온전한 십일조의 복에 관한 약속 (10) 만군의 여호와가 이르노라 너희의 온전한 십일조를 창고에 들여 나의 집에 양식이 있게 하고 그것으로 나를 시험하여 내가 하늘 문을 열고 너희에게 복을 쌓을 곳이 없도록 붓지 아니하나 보라 6 – 악한 자에 대한 징벌
4장	하나님의 약속	의로운 자에 대한 보호의 약속 (2) 내 이름을 경외하는 너희에게는 공의로운 해가 떠올라서 치료하는 광선을 비추리니 너희가 나가서 외양간에서 나온 송아지같이 뛰리라 모세에게 명한 율례와 법도를 기억하라 엘리야를 보내리라

귀환시대의 교훈
1) 하나님의 뜻은 징계가 아니라 회복이다(고레스를 예비하심)
2) 하나님은 이미 고레스들 통한 귀환을 예비하셨다(사 45:1–5 ; 대하 36:22–23 ; 스 1:1–4)
3) 하나님은 이스라엘 성전의 재건을 기뻐하셨다
4) 현대 교회에 주시는 교훈 : 징계와 회복은 오직 하나님의 뜻대로 이루어가신다

귀환시대의 역사적 연대표(에스라서 · 느헤미야서)	
1차 포로 귀환	
(BC)	바벨론 정복 후 분봉왕 다리오 임명(단 5:31)
539	고레스의 포로 귀환 칙령(스 1:1–4)
537	유대인의 제1차 포로 귀환(스 2:1–67) 스룹바벨을 지도자로 귀환
536	성전 재건 착공(스 3:8–13) 사마리아인의 방해로 성전 재건 중단(스 4:1–24) – BC 520년까지 중단
530	고레스 사망 다니엘의 사망
522	다리오 1세의 바사 왕 즉위 – 38년 통치
520	학개·스가랴 선지자의 사역(학 1:1 ; 슥 1:1)
516	성전 건축 재개와 완공(스 6:13–15) – 다리오 제6년

486	아하수에로의 바사 통치
483	아하스에로 왕의 잔치(에 1:3–22), 왕후 와스디의 폐위
480	헬라의 바사 침공
479	왕후로 간택된 에스더(에 2:1–18)
478	아하스에로 암살 음모(에 2:1–23) – 모르드개가 알림
475	스가랴의 사역 종결
474	하만의 유대인 말살 음모와 실패(에 3:1–7:10) – 태양력 4–5월
473	모르드개에 의한 부림절 제정(에 9:20–32) – 태양력 3월
	2차 포로 귀환
464	아닥사스다 1세의 바사 통치 – 41년 통치
458	아닥사스다 왕의 포로 귀환 조서 유대인의 제2차 포로 귀환 – 에스라의 인도 예루살렘 성벽 재건과 방해 공작, 사마리아인들의 방해 예루살렘 성벽 재건 중단 에스라의 개혁 운동
	3차 포로 귀환
444	아닥사스다의 포로 귀환 조서(느 1:4–2:9) 유대인의 제3차 포로 귀환(느 2:10–11) – 느헤미야의 인도 예루살렘 성벽 중건 재개(느 3:1–32) – 52일 만에 완공 예루살렘 성벽의 완공(느 6:15) 느헤미야의 인구 조사(느 7:5–69) – 회중 42,360명, 노비 7,337명, 노래하는 남녀 245명 예루살렘 성벽 낙성식(느 12:27–47)
435	말라기 선지자 활동(느 13:6–31) – 약 10년 사역
433	바벨론으로 돌아간 느헤미야(느 13:6)
432	느헤미야의 2차 귀국 개혁 운동

귀환시대 이후 성경의 역사는 묵시가 없는 침묵시대로 이어진다.

12
CHAPTER

침묵시대

THE OLD TESTAMENT

시대 훑어보기

1) 침묵시대의 위치와 구조

시대	인간(왕국) 시대																		
순서	7				8			9			10		11			12			
시대	통일왕국시대				분열왕국시대			유다왕국시대			포로시대		귀환시대			침묵시대			
주제	사무엘	사울	다윗	솔로몬	왕국의 분열	남북의 열왕들	북이스라엘의 멸망	히스기야의 치적	요시야의 개혁	유다의 멸망	다니엘	에스더	1차 귀환	2차 귀환	3차 귀환	바사	헬라	독립유다왕국	로마
성경	삼상 1–왕상 11				왕상 12–왕하 17			왕하 18–25			단 1–12, 에 1–10		스 1–10, 느 1–13			·			
추가			시	아, 잠, 전		욥	욘, 암, 호	사, 미	나, 렘, 습	합, 겔, 애, 옵, 대상, 대하			학, 슥		말				

▼

12. 침묵시대			
바사	헬라	독립유다	로마
BC 432–331	BC 331–167	BC 166–63	BC 63–4

2) 침묵시대 개관

- 시기 : 느헤미야의 2차 귀국-예수 그리스도의 탄생 이전
- 성경에 언급된 범위 : 성경에 언급되지 않고 공인된 선지자들의 활동도 없어 암흑시대라 불리기도 한다.
- 주제 : 하나님께서 임마누엘 예수 그리스도의 시대를 준비하셨다.
- 개요 : 느헤미야가 2차 귀국한 BC 432년부터 예수님이 탄생하신 BC 4년까지 약 400여 년에 달하는 구약의 마지막 시기는 성경에 기록이 남아 있지 않아 침묵시대로 불린다(침묵시대 각 제국의 연대는 침묵시대 안에서의 연도로 한했다). 바사 제국 말기와 헬라 제국 시대에 언어·문화·정치적 통일이 이루어지게 된다. 유다가 짧은 하스몬 왕조 시대를 지나 다시 로마 제국의 통치 시대로 이어지는 동안 성자(복음) 시대가 준비되고 있었다.

이 시대를 보여주는 성경

이 시대를 기록한 성경은 없다. 많은 그리스도인과 신학자들은 이 침묵시대를 선지자가 없는 암흑기라고 말하고, 또 때로는 하나님의 사역이 없는 중간시대로 분류하기도 한다. 그러나 성경에서 하나님께서 침묵하신 시기를 '하나님의 역사가 없는 시대'라고 말할 수 없다.

침묵시대는 복음시대를 준비하시는 하나님의 시간

이 시대에 앞서서 구약에 또 한 번의 침묵 시기가 있었다. 창세기에서 출애굽기로 넘어가는 시간, 야곱의 자손이 애굽에서 지내던 430년이다. 이 침묵 시기는 "너로 큰 민족을 이루고"(창 12:2)라는 약속이 성취된 시간, 즉 애굽으로 올 때 70명이던 이스라엘의 자손을 200만의 백성으로 번성하도록 하나님께서 역사하신 시간이었다. 마찬가지로 침묵시대는 신구약을 떠도는 중간시대가 아니라 변함없이 신실하신 하나님의 시간이었다는 사실을 기억해야 한다.

하나님은 범죄한 인류에게 끊임없이 메시아를 약속하셨다. 구약성경에서 메시아에 관한 언급은 약 350개에 달한다. 여자의 후손(창 3:15)으로 오신다는 것을 비롯해, "네 몸에서 날 네 씨"(삼하 7:12), "내가 너를 낳았도다"(시 2:7), "네 몸의 소생을 네 왕위에 둘지라"(시 132:11), "처녀가 잉태하여 아들을 낳을 것이요 그 이름을 임마누엘이라 하리라"(사 7:14), "기묘자라, 모사라, 전능하신 하나님이라, 영존하시는 아버지라, 평강의 왕이라"(사 9:6,7), "베들레헴 에브라다야"(미 5:2), "다윗에게 한 의로운 가지를 일으킬 것이라"(렘 23:5), "내가 한 목자를 그들 위에 세워"(겔 34:23), "영원히 그들의 왕이 되리라"(겔 37:25) 등, 하나님은 성경에 수없이 반복하여 메시아를 약속하셨다.

결국 포로 생활에서 돌아오게 하신 이후 침묵의 시간은 이미 예언된 메시아시대에 대한 하나님의 시간이라 볼 수 있다. 실제로 이 시대에는 여러 주변국을 통해 '오실 메시아', 즉 복음시대가 예비 되는 과정이 발견된다. 바사의 고레스를 통해서 유다의 백성을 귀환하게 하시고, 헬라를 통해서 언어와 문화의 통일을 이루게 하시고, 로마를 정치적·군사적·문화적으로 팍스 로마나(Pax Romana. 로마의 지배에 의한 평화)를 구가하는 거대한 한 나라가 되게 하셨다. 이는 주님의 시대와 사도들의 시대에 국경과 언어의 장벽이 없는 복음 증거의 길을 활짝 열어 놓으신 것이라고 볼 수 있다. 이러한 관점으로 볼 때 이 시대는 정체된 침묵시대가 아니라 복음시대를 예비하시는 하나님의 시간이었음을 깨닫게 된다.

· 말라기와 마태복음 사이 약 430년간(BC 432-4)은 공인된 선지자가 없었기 때문에 '침묵기'로 불리지만 이 '침묵기'에는 영적으로 중요한 활동이 있었다.
· 하나님은 이때에도 인간의 역사를 주관하셨으며, 구세주의 도래를 준비하셨다. 침묵기는 바로 '그리스도를 준비하는 시기'였다.
· 말라기 이후 하나님의 선지자는 세례 요한이다.

이 시기에 등장하는 로마와 헤롯 왕조는 예수님의 탄생에 따라 신약시대로 이어지게 된다. 따라서 시기적으로는 로마와 헤롯 왕조 일부를 신약시대에 언급하는 것이 옳을 것이다. 그러나 이 시기가 신약성경의 배경이 되고 침묵시대는 '그리스도를 준비하는 시기'인 만큼 이 장에서 미리 전체적으로 살펴보고 신약시대에는 예수님에게 집중하고자 한다.

침묵기에 이루어진 일들			
국가	헬라	로마	이스라엘
주제	정치, 문화, 언어의 통일	군사, 도로 통일	메시아의 소망
1세기 결과	3개 대륙 의사소통 구약성경(헬라어번역 : 70인역)	세계여행 가능 (왕의 대로)	메시아와 그의 왕국을 소망
침묵은 또 다른 준비의 시간이다			

침묵기의 연대표		
시대 구분	연대	주 요 사 건
바사시대	BC 432–331	알렉산더 대제에게 함락됨

시대	구분	연대	내용
헬라 시대	알렉산더 대제	BC 336–323	소아시아 시리아 정복(BC 333) 이집트 정복(BC 332) 바사 정복((BC 331) 인도 정복(BC 326) 33세로 알렉산더 사망(BC 323)
	4장군 분할통치	BC 323–301	알렉산더 사후 4명의 장군이 제국을 분할 점령
	프톨레미 왕조	BC 301–201	프톨레미의 팔레스틴 지배
	셀레쿠스 왕조	BC 198–167	헬라 잔존세력 간의 정변 끝에 셀레쿠스 왕조의 안티오쿠스 3세가 팔레스틴 차지(BC 201) 안티오쿠스 4세의 성전 모독 및 약탈
독립 유다 시대	마카비 항거	BC 166–143	마카비 가문이 주도한 헬라화 반대 혁명 성공과 성전 복원
	하스몬 왕조	BC 142–63	로마의 유대 독립권 인정 다윗 시대의 영토 회복, 바리새인의 대반란
로마시대		BC 63–4	로마 장군 폼페이우스의 예루살렘 점령 이두매 출신 헤롯 가문의 유대 통치 시작 예루살렘 함락(AD 70) 유대인 강제추방 정책(AD 130년경) 후 제국 말기까지 계속됨

1. 바사(페르시아) 제국의 통치 시대

바벨론을 정복한 바사의 고레스 왕은 바벨론 제국의 통치전략이었던 중앙 집중화 정책 대신 지방분권화 정책을 택하고 바벨론 제국이 여러 나라에서 끌어왔던 포로들을 돌려보내는 정책을 펼쳤다. 광활한 제국을 통치하기 위해서는 각 지역의 경제를 활성화하여 많은 세금을 거두어들이는 것이 더 효율적이라고 판단했기 때문이었다.

바사(페르시아) 시대의 성경적 배경

- 아하수에로 왕(4대, 크세르크세스)은 바사제국 역사상 가장 넓은 영토를 다스린다.
- 아하수에로 왕은 살라미스 해전(BC 480)에서 헬라(그리스)에 패배한다.
- 아하수에로 왕은 4년간의 그리스 원정 후인 재위 7년째에 에스더를 왕비로 맞이한다.
- 아닥사스다 왕(5대, 아르타 크세르크세스)은 BC 444년, 느헤미야를 유대 총독으로 임명한다.

1. 바사(페르시아) 제국의 통치 시기			
고레스 이전의 바사 왕들			
1대	아케메네스	BC 680–655	왕조의 시조
2대	테이스페스	BC 655–640	
3대	키루스 1세	BC 640–580	

4대	캄비세스 1세	BC 580–559	프톨레미 왕조
5대	키루스 2세	BC 559–530	에스라서(1:1)의 '바사 왕 고레스'
	대하 36:22–23 ; 스 1:1–3 ; 사 45:1–6 ; 단 1:21, 10:1에서 '바사 왕 고레스'로 언급됨		
	메대 정복 – 메대와 연합해 앗수르를 정복한 후 메대를 정복 리디아 정복 – 리디아 정복 후 BC 550년경 왕조로 건국함 바벨론 정복 – 단 5:30 벨사살 왕 때 정복함 1차 포로 귀환 명령(BC 537) – 귀환 후 성전 재건 시작됨(BC 536, 스 3:8) 재건 방해 중단(스 4:4–23)		
6대	캄비세스 2세	BC 530–522	에스라서(4:23)의 '아닥사스다 왕'
	1차 귀환자들의 성전 재건공사를 중단시킴		
7대	다리우스 1세	BC 522–486	에스라서(4:24, 5:6, 6:1)의 '바사 왕 다리오'
	중단된 성전공사의 재개 및 재정 지원을 명함, 성전 완공(BC 516, 스 6:15) 영토 확장 및 왕의 길을 건설하는 등 교통망 구축 – 조로아스터교 장려 1,2차 그리스 침공 – 마라톤전투 패배(BC 490) 후 사망(BC 486)		
8대	크세르크세스 1세	BC 486–465	에스더서(1:1)의 '아하수에로 왕'
	부림절 제정(BC 473, 에 9:28)		
	바벨론과 이집트 반란 제압 페르시아 전쟁(3차 침공) – 480년 침공 479년 패배 후 완전 철수 정치적 혼란 – 크세르크세스 1세가 암살당함		
9대	아르타 크세르크세스 1세	BC 465–424	에스라서(7:1)와 느헤미야서(1:1)의 '아닥사스다 왕'
	에스라서(7:1)와 느헤미야서(1:1)의 '아닥사스다 왕'과 동일 인물이며, 성전 재건을 중단시킨 아닥사스다 왕(스 4:23, 역사적으로는 롱기마누스 왕으로도 알려져 있다)과는 다른 인물이다. 아닥사스다의 히브리어 '아르타 흐솨스타'는 한 개인의 이름이라기보다는 바사 왕의 칭호로 보는 것이 합당하다.		
	2차 포로 귀환(BC 458, 스 7:11–26) 3차 포로 귀환(BC 444, 느 2:5–8) – 느헤미야 귀국. 말라기의 사역이 이 시기에 있었다(BC 435) 느헤미야가 바사로 돌아갔다가(BC 433) 2차 귀국(BC 432)		
10대	크세르크세스 2세	BC 424	
11대	소그디아누스	BC 424–423	
12대	다리우스 2세	BC 423–404	
13대	아르타 크세르크세스 2세	BC 404–358	
14대	아르타 크세르크세스 3세	BC 358–338	
15대	아르타 크세르크세스 4세	BC 338–336	
16대	다리우스 3세	BC 336–330	아케메네스 왕조의 마지막 군주
–	베소스	BC 330–329	비정통 군주

2. 헬라(그리스) 제국의 통치 시대

바사와 그리스, 최후 승자는 마케도니아

BC 9세기 무렵 오늘날의 그리스 지역에 고대 그리스의 도시 국가(폴리스)가 출현하였다. 바사의 7대 왕 다리우스 1세는 2번에 걸쳐 그리스 정복 전쟁에 나섰으나 1차 전투(BC 492)에서는 폭풍으로 제대로 공격도 못 해본 채 퇴각하고, 2차 전투(BC 490)는 마라톤에서 그리스에 패배함으로써 모두 실패로 돌아갔다.

각각의 폴리스는 독립적이었으나 바사와의 전쟁 이후 바사를 견제하기 위해 강력한 폴리스를 중심으로 동맹을 맺기도 했는데 아테네를 중심으로 한 델로스 동맹과 스파르타 중심의 펠로폰네소스 동맹이 대립하면서 펠로폰네소스 전쟁(BC 431)이 일어났고, 이로 인해 고대 그리스 전체가 약화되었다. BC 335년, 알렉산더(Alexander) 3세의 마케도니아에 반란을 일으킨 테베가 파괴되고 아테네는 항복하면서 고대 그리스의 시대는 저물었다. 알렉산더 3세는 BC 331년, 다리우스 3세를 무찌르고 바사를 정복하여 대제국을 통치하게 된다.

알렉산더 대제의 헬레니즘 제국

본서에서 '헬라 제국'은 알렉산더 3세, 즉 알렉산더 대제가 발전시킨 헬레니즘 제국, 마케도니아 제국을 가리킨다. 알렉산더 대제가 바사를 정복한 BC 331년부터, 알렉산더 사후 제국이 4개로 분할되고 그중 셀레쿠스 왕조의 지배를 받던 팔레스틴에서 마카비 항거(BC 166)가 일어나기까지 약 165년간을 헬라 제국의 통치 시대로 본다.

알렉산더 대제는 넓은 영토를 지배할 권력만을 추구한 것이 아니었다. 그는 모든 사람의 마음까지 정복하려고 하였고, 그 집념 때문에 무력정치를 펴지 않고 선량하게 문화정치에 힘썼다. 그의 치하에 사는 모든 백성이 헬라 문화의 혜택을 입게 하려고 선의의 문화정치로 감화력 있는 정치를 펼쳤으며, 이를 위해 대제국을 헬라 문화와 헬라어로 통일시켰다.

헬라 시대의 정치적 배경

- 마케도니아의 알렉산더 3세(알렉산더 대제)가 다리우스(다리오) 3세를 물리치고 바사 제국을 정복한다.
- 헬라 시대 알렉산더는 약 70여 개의 도시(알렉산드로스)를 세운다.
- 알렉산더는 이 도시들을 중심으로 정치와 문화와 언어를 통일한다.
- 알렉산더의 갑작스러운 죽음으로 4명의 장군이 헬라 제국을 분할 통치하게 된다.

2. 헬라 제국의 통치 시기
알렉산더 대제 시대
1) 정치적 통일 – 아르벨라 전투(BC 331)에서 바사의 다리오 3세를 물리치고 바사 정복 2) 문화적 통일 – 각 민족의 종교와 전통 보장, 헬라 문화, 희랍어 통용(건물, 극장, 경기장 등) 3) 언어의 통일 – 헬라어의 세계화 : 헬라어는 예수님 당시에 거의 세계적인 언어가 되었다. 헬라어는 복음서의 용어에서 훨씬 더 정교한 기술적 표현들을 가능케 했다.
알렉산더 이후
1) 제국의 분열(BC 323) : 알렉산더의 죽음으로 4명의 장군 분할 통치 · 셀레쿠스 – 수리아, 바벨론 · 프톨레미 – 이집트, 팔레스틴 · 리시마쿠스 – 트라키아, 소아시아 · 카산더 – 마케도니아, 그리스
2) 프톨레미 왕조의 팔레스틴 통치(BC 301) · 셀레쿠스와 통치권 분쟁 · 유대인의 종교와 내정에 자주권 보장, 대제사장이 의장인 산헤드린을 통한 국가운영체제 인정 · 성경 번역(70인역) – 프톨레마이오스 2세가 구약성경(히브리어)을 헬라어로 번역하게 함 – 70여 명의 유대인 성경학자와 공동번역하여 '70인역'이라 명명
3) 셀레쿠스 왕조의 팔레스틴 통치(BC 198) · 처음에는 유대인과 호의적으로 지냄 · 이후 안티오쿠스 4세의 강력한 헬라화 정책으로 유대인 항거의 단초가 됨

3. 독립유다 : 마카비 항거와 하스몬 왕조

프톨레미 왕조에서 셀레쿠스 왕조의 통치로

유대 땅인 팔레스틴 지역은 바사 제국과 헬라 제국에 이어 분할 통치 왕조 중 하나인 이집트의 프톨레미 왕조에 지배를 받았다. 프톨레미 왕조는 종교 관용 정책을 베풀며 이집트의 알렉산드리아에 유대인을 안주시켰다. 프톨레마이오스 2세는 70여 명의 유대인 성경학자와 함께 히브리어로 되어 있는 구약성경을 헬라어로 번역하기도 하였다(70인역).

BC 200년, 시리아 셀레쿠스 왕조의 안티오쿠스 3세(마그누스 대왕)가 싸움의 길목에 있는 유대 지역(팔레스틴)을 차지하기 위해 전쟁을 일으켰고, 결국 프톨레미 왕조로부터 시리아 남부와 팔레스틴 지역을 빼앗아왔다(BC 198). 이때 유대인들은 안티오쿠스의 군대에 필요한 물자를 공급한 대가로 유다의 종교 자유권을 허락받아 이후 31년간 대제사장과 공회를 유지하며 비교적 평온하게 살아갈 수 있었다.

안티오쿠스 4세의 성전 모독

안티오쿠스 3세를 이은 안티오쿠스 4세(에피파네스)는 대제사장 오니아스 3세를 해임하고 헬라 경향이 강한 그의 형제 야손을, 이어서 대제사장 가문 출신이 아닌 메넬라우스를 대제사장에 임명한다. 그는 왕의 신격화를 기도하여 자신을 '에피파네스', 즉 '신의 현현(顯現)'(Theos Epiphanes)이라 칭했으며 왕국 내에서 공통신앙을 갖도록 제우스 신에 대한 종교적인 통일정책을 폈다.

이집트 원정에 실패하고 돌아온 BC 168년에는 실추된 정치적 위신과 경제적 부담을 해결하기 위해 팔레스틴에 헬라화 정책을 발표하고 문화・종교적 강압 정책을 구사하였다. 이 정책에는 성경 사본을 불사르고 성소 안에서 번제나 희생제물을 드리지 못하게 할 것, 안식일과 할례를 금할 것, 예루살렘 성전에 제우스 신상을 만들어 숭배하고 돼지고기를 먹을 것, 율법을 버리고 모든 규칙을 바꾸며 헬라법을 준수할 것, 각종 음란과 모독 행위로 자신을 더럽힐 것 등의 명령이 포함되어 있었으며 이 모든 명령을 지키지 않는 자는 사형에 처한다고 하였다.

이러한 정책으로 예루살렘의 개방적인 헬라주의자들은 그리스 문화와 사상에 심취하여 자신들의 고유한 율법 전통과 관습을 저버리기도 하였지만, 경건하고 율법에 충실한 전통적인 유대인들은 적개심을 품고 심하게 반발하였다.

하스몬 가문의 항거와 독립 쟁취

안티오쿠스 4세의 강압 정책에 대한 유대인의 반발은 급기야는 '마카비 항쟁'이라는 항거 운동으로 이어졌다. 이 저항은 특히 제사장 맛다디아와 그의 다섯 아들에 의해 조직적으로 시작되었다.

맛다디아가 죽은 후 셋째 아들 유다가 지휘관이 되었다. 그는 '망치, 망치질하는 자'라는 뜻의 '마카비'라는 별명으로도 불렸는데, 별명답게 뛰어난 군사적 역량으로 전쟁을 주도했다. 여러 전투에서 큰 승리를 거두고 성전을 정화한 후 희생제사를 부활시켰는데 이것이 성전 봉헌일인 하누카의 기원이다. 유다의 전사 후 지도자가 된 막냇동생 요나단이 스스로 대제사장이 됨으로써 마카비 일가의 힘은 강해졌으나 사독 가문이 대제사장이 되는 전통을 무너뜨리면서 또다른 분열을 야기했다.

요나단이 처형된 후 그 뒤를 이은 시몬은 지도력을 발휘하여 위기를 극복해나갔고 데메트리우스 2세와 동맹을 맺어 유대인의 대제사장이자 사령관, 지도자로 등극하면서 사실상 이스라엘의 독립을 선언하였다. 이는 예루살렘 멸망(BC 587) 후 444년 만에 세워진 독립 국가로, 이들 가문의 조상 하스몬의 이름을 따서 하스몬(하스모니안) 왕조라 불린다.

마카비 시대의 성경적 배경

- BC 143/2년(BC 143 혹은 142년), 맛다디아의 아들이자 유다 마카비의 형제인 시몬이 대제사장이 된다.
- BC 141/0년에 그는 유대의 대제사장 겸 통치자가 되어 셀레쿠스 왕조로부터 독립한다.
- 그는 하스몬 왕조의 첫 번째 왕이 되었고 그의 왕위는 세습되어 아리스토불로스 2세까지 이른다.

3. 유대민족의 독립전쟁
마카비 항쟁
안티오쿠스 4세의 만행에 맞서 제사장 맛다디아가 항거운동 시작 그의 아들 유다-요나단에 이어 시몬이 하스몬 왕조를 세움(BC 166) · 맛다디아(BC 166–165) 제사장 · 유다 마카비(BC 166–160) 맛다디아의 셋째 아들 · 요나단(BC 160–142) 맛다디아의 막내아들이자 유다의 동생
하스몬 왕조
초대 시몬 마카비(재위 BC 142–134) 맛다디아의 둘째 아들 2대 요한 힐카누스(재위 BC 135–104) 시몬의 아들. 이두매인들을 개종시킴 3대 아리스토불로스 1세(재위 BC 104–103) 힐카누스의 장남 4대 알렉산더 얀네우스(재위 BC 103–76) 힐카누스의 차남. 형을 이어 왕이 됨. 다윗의 영토 회복
5대 살로메 알렉산더(재위 BC 76–67) 얀네우스의 아내. 장남 힐카누스 2세는 제사장이 됨 6대 아리스토불로스 2세(재위 BC 67–63) 살로메가 죽자 형 힐카누스를 제치고 왕과 제사장이 됨

형제의 전쟁

5대 살로메 알렉산더 여왕이 장남 힐카누스 2세에게 왕위를 물려주자 차남 아리스토불로스 2세가 반기를 들어 4년간 내란이 이어진다. 힐카누스 2세가 동생에게 왕위를 양도함으로써 일단락되지만, 이두매(에돔)의 총독 안티파터 2세는 힐카누스 2세를 부추기고 요단 동편의 나바테안 왕국을 끌어들여 아리스토불로스 2세를 공격하게 한다.

로마의 개입

로마의 폼페이우스 장군이 유대 땅 내란의 조정자로 개입한다. 아리스토불로스 2세의 결정적인 실수로 분노한 폼페이우스는 예루살렘을 공격해 함락시킨다(BC 63). 이때 주민 1만 2천 명이 학살당했으며 아리스토불로스 2세는 가족과 함께 로마로 끌려간다(후에 그의 아들 안티고누스가 왕조의 재건을 시도하지만 실패하고 오히려 헤롯이 유대의 왕이 된다).

로마의 지배, 안티파터의 통치

맛다디아의 아들 요나단이 대제사장이 된 이후로 하스몬 왕조는 왕이 대제사장을 겸하였으나(여왕인 살로메 알렉산더는 제외) 폼페이우스는 힐카누스 2세를 대제사장으로 임명하되 왕으로서의 권력은 허용하지 않고 유대 땅을 시리아의 로마 행정관이 직접 다스리게 한다. 이로써 하스몬 왕조는 막을 내리고, 로마의 주둔이 장기화되면서 팔레스틴은 로마의 지배하에 들어간다.

또한 이두매 총독이자 형제의 전쟁을 부추긴 안티파터 2세를 유대 총독으로 삼고 다스리게 함으로써 로마시대에 유대를 헤롯 왕조가 통치하게 되는 빌미를 제공한다.

4. 로마제국의 통치 시대

BC 8세기경 작은 도시 국가로 창건된 로마는 AD 476년에 멸망하기까지 약 1,230년간 존속한 제국이다. 6세기인 BC 510년경 에트루리아인(이탈리아 서부에 거하던 고대 민족)의 왕정에서 벗어나 인근 민족들(라틴, 사비니 등)을 통합하고 내부적으로는 공화정을 이루어 이탈리아 반도를 통일하였다.

로마시대에 장차 복음시대를 위해 준비된 환경들

- 로마 중심의 군사 도로 건설 : 로마는 모든 길이 로마로 향하게 하는 군사 도로를 건설한다. 이 도로는 훗날 주의 제자들과 바울 등 복음의 군사들이 복음을 전하는 길이 된다.
- 제국 동질성 형성 : 제국 내의 정치적 통일에 이어, 각 나라의 문화와 종교를 인정하는 포용정책과 경제적 교역과 교류의 원활화로 제국의 동질성을 형성하게 된다.
- 팍스 로마나 : 로마는 헬라적 바탕 위에 로마 제국 안에서의 평화를 추구하였고, 당시 그 통치 내에서는 반목하는 도시나 민족이 없이 평화와 번영을 누렸다. 로마의 통치는 여러 세기 동안에 투쟁과 연단의 결정체로 등장한 영광스러운 제국의 결정체로서 온 세계에 팍스 로마나를 자랑했다.

로마 제국의 황제				
	이름(성경 표기)	재위 연도	성경	비고
1	아우구스투스(아구스도)	BC 27–AD 14	눅 2:1	옥타비아누스, 예수 탄생 시 호적령을 내림
2	티베리우스(디베료)	AD 14–37	눅 3:1	예수 십자가 처형 당시의 황제
3	칼리굴라	AD 37–41		성전에 자기 조각상을 세우려 함

4	클라우디우스(글라우디오)	AD 41–54	행 18:2	로마에서 유대인 추방(브리스길라와 아굴라)
5	네로	AD 54–68	행 25:10–11	바울이 상소한 황제
6	갈바	AD 68		68년 네로의 자살로 황제가 됨
7	오토	AD 68		갈바를 살해하고 왕이 됨
8	비텔리우스	AD 68		오토와의 싸움에서 승리하고 황제가 됨
9	베스파시아누스	AD 69–79		비텔리우스를 제거하고 황제가 됨
10	티투스	AD 79–81		베스파시아누스의 아들
11	도미티아누스	AD 81–96		티투스의 동생, 기독교 박해
12	네르바	AD 96–98		
13	트라야누스	AD 117–138		최전성기의 황제
14	하드리아누스	AD 139–161		
15	파우스	AD 161–180		
16	아우렐리우스	AD 161–180		

로마 시대의 유대 통치

로마와 유대의 조우는 로마의 천 년 역사상 가장 치열했던 격랑의 세기, 로마가 공화정에서 제정으로 넘어가는 BC 1세기 무렵에 이루어졌다. BC 63년, 동방 원정 총사령관으로 폰토스 왕국과 수리아의 셀레쿠스 왕국을 정복한 로마의 장군 폼페이우스가 예루살렘을 함락시키고 독립유다의 하스몬 왕조를 무너뜨린 후 유대를 로마의 속주로 편입시킨 것이다.

그런 가운데 노련한 외교술로 로마를 뒤에 업은 헤롯 왕조가 등장해, 로마의 속국이 된 유대를 다스린다. 이두매 사람 안티파터로 시작한 헤롯 왕조는 BC 63년부터 AD 93년까지 156년간 이스라엘을 통치한다. 그중 예수님 탄생 당시 유대를 통치하던 헤롯왕(헤롯 대왕)부터 신약에 등장한다.

(1) 하스몬 왕조와 안티파터

하스몬 왕조의 2대 왕 요한 힐카누스는 사마리아를 정복해 그리심산의 사마리아 성전을 파괴하고, 에돔을 정복한 후 에돔 사람(이두매인)들을 유대교로 개종시켰다. 그의 차남인 4대 알렉산더 얀네우스는 이두매인 안티파터(1세)를 이두매의 통치자로 임명한다.

알렉산더 얀네우스의 장남 힐카누스 2세가 어머니 살로메 알렉산더(5대)를 이어 왕이 되자 차남 아리스토불로스 2세가 반란을 일으킨다. 힐카누스 2세의 왕위 양도로 원만히 수습되는 듯했으나 힐카누스 2세와 교분이 있던 이두매 출신의 안티파터 2세가 그를 계속 자극하고 나바테안 왕국을 끌어들여 형제의 싸움이 계속된다.

(2) 로마의 통치 – 대리통치자 안티파터 2세

형제의 전쟁에 개입한 로마의 장군 폼페이우스는 아리스토불로스 2세를 로마로 압송하고 힐카누스 2세를 대제사장으로만 임명하되 왕위와 통치권은 주지 않았고, 이로써 하스몬 왕조는 막을 내린다. 수혜자는 오히려 안티파터 2세로, 폼페이우스는 그를 유대 속주의 행정관으로 삼아 통치하게 했다.

로마에서 1차 삼두정치를 거쳐 카이사르가 폼페이우스를 누르고 패권을 차지하자 정치적 위기를 만난 안티파터 2세는 이집트와의 전쟁에서 위험에 빠진 카이사르를 지원하고 전폭적인 신임을 얻어 유대의 총독으로 임명된다.

(3) 헤롯 1세 – 유대의 왕이 되다

BC 44년, 카이사르가 암살되고 안티파터 2세 역시 독살되자 그의 차남인 헤롯이 로마의 새로운 권력자 안토니우스의 신임을 업고 정권을 잡는다. BC 40년, 안티고누스(아리스토불로스 2세의 아들)가 사두개파의 지지 속에 헤롯을 몰아내고 하스몬 왕조의 재건을 시도하였으나, 로마를 등에 업은 헤롯이 3년의 전쟁 끝에 승리하고 유대의 새로운 왕이 되어 헤롯 왕조 시대가 시작된다.

이두매 출신(에돔 족속)이자 로마의 앞잡이로 유대인의 지지를 얻지 못한 헤롯은 하스몬 왕가의 공주 마리암네(1세)와 결혼해 하스몬 가의 왕통을 이은 후계자로서의 명분을 얻었고, 34년간 유대를 통치하면서 성전을 건축하는 등 업적을 남겼다. 헤롯 대왕 또는 대헤롯으로도 불린다. 헤롯 1세의 통치 시기에 예수님이 탄생하며 신약시대가 시작되었다.

(4) 헤롯의 아들들 – 아켈라오, 안디바, 빌립

헤롯 1세 사후 그의 아들 중 아켈라오, 안디바, 빌립이 유대, 갈릴리, 이두레와 드라고닛 지역을 나누어 통치한다. 헤롯 1세와 세 아들의 통치는 신약 4복음서의 시대 배경이 된다.

이중 유대의 분봉왕이 된 아켈라오는 헤롯 1세가 죽은 유월절 기간에 예루살렘에서 반란이 일어나자 이를 진압하며 3,000명을 죽였다. 애굽으로 피난했던 예수님의 가족은 이 소식을 듣고 예루살렘으로 가기를 두려워하여 갈릴리 나사렛으로 향하게 된다(마 2:22).

지도로 보는 헤롯 왕조의 분할 통치

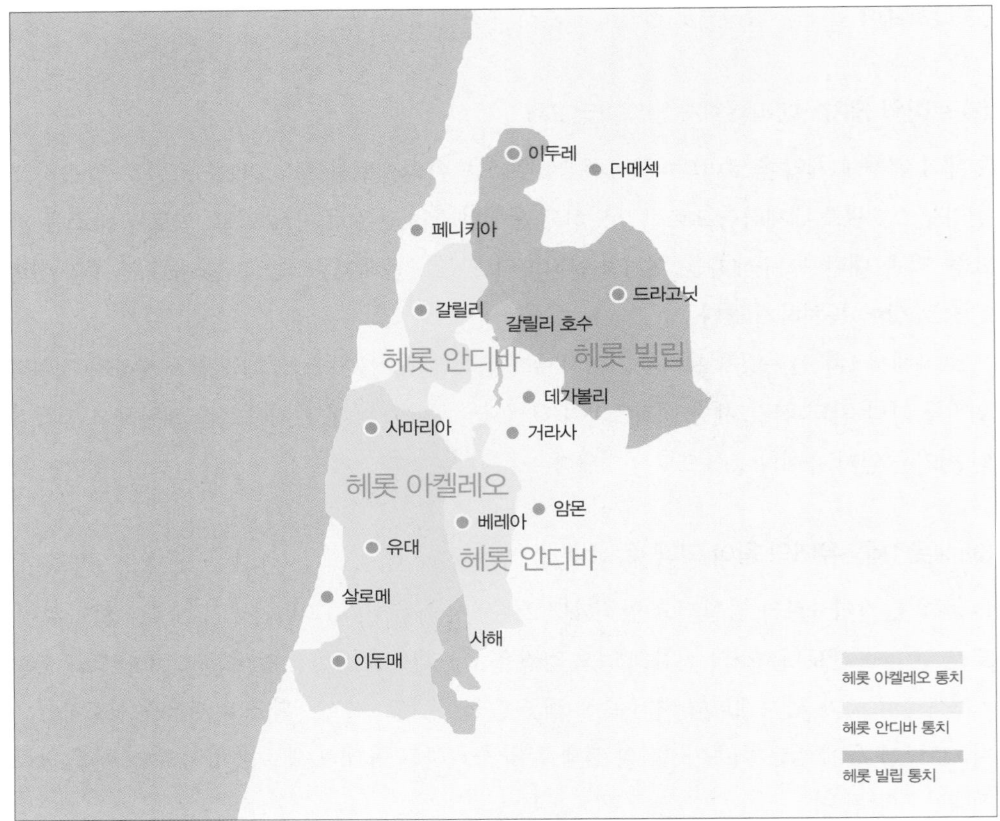

(5) 1차 총독 시기

헤롯의 세 아들 중 유대를 다스린 분봉왕 아켈라오가 폭정으로 파면되자 로마는 총독을 파견해 유대를 직접 통치했다. 이를 1차 총독 시기라 하며, 아그립바 1세(헤롯왕, 행 12:1)가 즉위할 때까지 7명의 총독이 부임했는데, 그중 5번째는 예수님을 십자가에 못 박도록 판결한 폰티우스 필라투스(본디오 빌라도) 총독이다.

(6) 아그립바 1세 – 헤롯의 손자

헤롯 1세의 손자로, 유대와 사마리아의 왕이 되어 다스렸다. 사도행전에서 야고보를 처형하고 베드로를 투옥했던 왕이다. 성경에는 '헤롯왕'(행 12:1)으로 나와 있다.

(7) 2차 총독 시기와 아그립바 2세

헤롯 왕조의 마지막 통치자. 아버지 아그립바 1세가 죽었을 때(행 12:23) 그는 17세의 미성년자였으므로 글라우디오 황제는 유대에 다시 총독을 파견했다. 이를 2차 총독 시기라 하며, 7명의 총독이 파견되었다. 그중 성경에는 벨릭스와 베스도 총독이 언급된다. 이후 아그립바 2세는 헤롯 빌립의 영토와 갈릴리 땅을 차례로 넘겨받았으며, 네로부터 티투스까지 로마의 황제들에게 충성을 맹세하며 영토를 보전하고, 총독들과도 친분을 유지했다. 사도행전 25-26장에서 누이 버니게와 함께 베스도를 문안하고 바울을 접견한 아그립바 왕이다. 그의 또다른 누이 드루실라는 벨릭스 총독의 아내(행 24:24)가 되었다.

헤롯 왕조의 가계도

(1) 안티파터 1세(Antipater)
이두매의 장군. 에돔 종족. BC 70년 사망
(2) 안티파터 2세(Antipater)
안티파터 1세의 아들. BC 43년 사망 폼페이우스를 도와 유대 총독으로 임명받고(BC 47) 하스몬 왕조를 무너뜨린다
(3) 헤롯 1세(헤롯 대왕, Herod the Great) : 헤롯왕 / 마 2:1,19
안티파터 2세의 차남 갈릴리 통치 임명받음(BC 47) 수리아 팔레스틴의 통치자가 된 안토니우스가 하스몬 왕조의 마지막 왕 안티고누스를 처형하고 헤롯을 유대의 왕으로 임명(BC 37) 예수 탄생 시 유다를 통치(BC 37–BC 4)하며 두 살 아래 유아 학살 예루살렘 성전 재건(요 2:20, 36년간 건축) 가이사랴 건축, 수도로 만듦 하스몬 왕가의 마리암네와 결혼해 명목상 유대인이 되었으나 말년에 아내, 장모, 두 아들을 죽임 헤롯 대왕이 BC 4년에 죽은 후 세 아들이 분할통치

(4) 헤롯 안디바(BC 4 – AD 39) : 분봉왕 헤롯 / 마 14:1 ; 막 6:14 ; 눅 13:32
헤롯 대왕의 아들. 빌립(1세)의 아내 헤로디아(헤롯 1세의 손녀이자 아그립바 1세의 누이)와 결혼하고 세례 요한을 죽임(마 14:1–12) 갈릴리 분봉왕(BC 4–AD 39) 디베랴를 수도로 건축(요 6:1, 23, 12:1) 예수님이 '여우'라 하심(눅 13:32) 예수님을 심문(눅 23:8)
(4) 헤롯 빌립(BC 4 – AD 34) : 분봉왕 빌립 / 눅 3:1
헤롯 빌립 2세. 헤롯 대왕의 아들 이두레, 드라고닛의 분봉왕 가이사랴 빌립보 건축(막 8:27), 벳새다 재건
(4) 헤롯 아켈라오 : 아켈라오 / 마 2:22
헤롯 대왕의 아들. 헤롯 안디바의 동생 유대, 사마리아, 이두매의 분봉왕(BC 4 – AD 6) 예루살렘 반란으로 3,000명 죽임(마 2:22) 악한 왕의 등극으로 애굽에서 귀환하던 예수님 가족이 나사렛으로 가시게 됨 폭정으로 폐위된 후 로마 총독이 직접 통치하게 된다

(5) 로마 총독의 유대 통치(AD 6–AD 41)	
1	코포니우스(AD 6–9)
2	마루쿠스 암비불루스(AD 9–12)
3	안나우스 루푸스(AD 12–15)
4	발레리우스 그라투스(AD 15–26)
5	폰티우스 필라투스(AD 26–36) – 본디오 빌라도
6	마르켈리우스(AD 36–37)
7	마를루스(AD 37–41)

(6) 헤롯 아그립바 1세(AD 37 – 44) : 헤롯왕 / 행 12:1–23
헤롯 대왕의 손자, 헤롯 안디바의 조카 유대와 사마리아 통치 야고보 처형(행12:2), 베드로 투옥(행12:3) 벌레에 먹혀 죽음(행12:23)
(7) 헤롯 아그립바 2세(AD 50 – 70) : 아그립바왕 / 행 25:13
헤롯 아그립바 1세의 아들. 벨릭스(벨릭스의 처 드루실라가 그의 누이), 베스도와 친분이 두터움 바울의 심문 때 누이 버니게와 함께 자리함(행 25:13–26장) 헤롯 왕조의 마지막 통치자. AD 70년, 로마 장국 티투스에 의해 유대가 멸망할 때까지 다스림

유대의 종교 및 정치적 분파

바벨론에서 귀환한 유대인들이 헬레니즘 문화로 세속화될 때 안타까워하며 하나님의 말씀을 따라 경건과 충절을 지키려던 사람들이 있었다. 세속을 멀리하고 엄격한 율법주의적 생활을 추구했으며, 메시아 대망 사상을 가진 이들을 '경건한 사람들'이라는 뜻의 '하시딤'(Hasidim)이라 부른다.

안티오쿠스 4세의 헬라화 정책에 맞선 마카비 반란 때 하시딤들은 종교적 자유를 위해 마카비 가문을 도와 힘써 싸웠다. 그러나 마카비 가문이 하스몬 왕조를 세우면서 사독 가문이 아닌 시몬이 왕과 대제사장직을 겸하는 것을 보고 크게 실망한다. 사두개파는 하스몬 왕조에 동조했으나, 시몬의 대제사장직을 받아들이지 못한 바리새파 그룹은 요한 힐카누스(시몬 마카비의 아들)와 대립하여 쫓겨난다. 바리새파 중 일부는 세속을 떠나 사해 서쪽에 자리잡고 종말을 대망하며 살았던 에세네파가 된 것으로 여겨진다. 결국 하시딤이 마카비 가문과 뜻을 달리하면서 유대인은 세속적인 사두개파, 율법주의·형식주의적인 바리새파, 신비주의·금욕주의적인 엣세네파의 세 부류로 나뉘게 되었다.

복음서에 자주 등장하는 '서기관'과 '헤롯당'은 유대교 분파 중 하나로 보이기도 하나 독립된 분파는 아니었다. 서기관은 '랍비'라 불리기도 했는데 이들 중에는 바리새파 출신도 있었고 에세네파 출신도 있었다. 헤롯당은 친로마 계열의 정치적 당파에 속했다.

(1) 종교적 분파

1) 사두개파 : 모세오경만을 인정, 현실주의자
솔로몬 왕 때 제사장 사독에 근거 예수 당시 유대 사회를 지배하던 일꾼들이었다(왕상 2:35 ; 겔 40:46, 44:15, 48:11) 하스몬 왕가에 협조한 제사장의 후손들이다. 내부적으로 이스라엘의 실제적인 정치권력자 집단
율법의 글자 자체를 고집하고 구전을 무시. 천사와 사탄의 존재를 인정하지 않고(행 23:8) 부활을 믿지 않았다(막 12:18).
2) 바리새파 : 뜻은 구별자, 구전된 전승을 모세오경과 함께 지킴, 근본주의
하나님의 율법을 지키고자 마카비 전쟁에 가담했으나, 후에 정권에 눈이 먼 하스몬 왕가와 결별한 하시딤의 한 분파이다. 사회 속에서 살면서 경건과 기도와 금식을 통하여 하나님의 변혁을 준비하고자 했다. 요세프는 당시에 바리새파는 약 6,000명이었다고 한다.
율법을 정확하게 지키고 정결과 십일조 계명을 엄격하게 지키려 했다. 죽은 자의 부활을 믿었고, 메시아가 다윗의 후손으로 오실 것을 믿었다. 율법주의 · 형식주의적

3) 에세네파 : 자신들만의 공동체 생활, 경건주의자

하나님의 율법을 지키고자 마카비 전쟁에 가담했으나, 후에 정권에 눈이 먼 하스몬 왕가와 결별한 하시딤의 한 분파로, 세속을 등지고 은둔의 길을 택했다.
쿰란 지역의 동굴에 은둔함으로써 일상생활과 종교생활의 부패를 피하려고 했다.

1947년에 사해사본이 발견된 후에 유명해진 유대인의 종파이며 고립주의의 극단론자들
신비주의 금욕주의적

※ 서기관들 : 성경을 필사, 보존, 해석하고 회당에서 가르침

모세의 율법을 가르치며 실생활에 적용을 설명. 당시 매우 중요한 영향력 행사
율법에 능통하였기에 랍비라 불림
유명한 랍비로 힐렐과 삼마이 – 힐렐의 가르침은 온유하고, 삼마이의 가르침은 엄격했다.
힐렐의 제자는 가말리엘 – 바울(행 22:3)

(2) 정치적 당파

1) 헤롯당 : 헤롯 가문의 권력 유지에 전념하던 유대인 정치세력

예수님을 정치적 반동주의자로 여김

2) 열혈(셀롯)당 : 애국(국수)적 무장 독립 단체

AD 6년 아켈레오가 유배되었을 때 로마 총독이 세금징수를 목적으로 호적을 명하자 이에 반발해 세움
로마황제 통치에 복종하는 것과 황제를 퀴리오스(주, 주님)라고 부르는 것을 거절
폭력을 불사하며 적극적 행동으로 변혁을 확신함
항상 예리한 단검(시카리)을 감추고 다니면서 로마 군인이나 매국노를 죽이기도 함(행 5:37 참조)

예수님의 제자 중 가나나인 시몬(마 10:4)은 열심당원이었다. 그의 이름을 수식하는 가나나인은 시몬 베드로와 구별하기 위한 것이었지만, 가나나인의 원어적 의미는 가나 사람이 아니라 히브리어의 '카나' 즉 '열심인'이라는 의미로서, 성경에서도 그를 열심당원으로 기록하고 있다(눅 6:15 ; 행 1:13).
열심당은 마카비시대부터 시작된 것으로 추정되는 열광적인 애국자들이었다. 그처럼 열광적이었던 시몬은 소아시아, 북아프리카, 흑해, 바벨론 등에서 복음을 전했던 것으로 추정되며, 어떤 이야기에서는 그가 페르시아에서 폭도들에 의해 순교했다고 주장한다. 어찌 되었든지 그는 애국을 위해 살의가 가득한 채 복수의 칼을 품고 다니던 사람이었지만, 주님을 만나고 십자가의 사랑을 체험하고 나서는 그 사랑을 증거하는 사도로 변화되었던 것이다.

침묵시대 유대교의 특징	
1) 예언 → 묵시	묵시 : 유다인들이 남긴 기록(에녹서, 모세의 승천기, 에스라4서, 바룩의 묵시록, 12족장의 유언)등 주전 2–1세기에 나타나는데 헬라사상의 영향을 받았다.
2) 성전 → 회당	성전파괴와 흩어짐으로 제사를 드릴 수 없게 된 디아스포라 유대인들이 세운 기도, 예배, 말씀 연구의 장소
3) 말씀 선포 → 말씀 기록과 연구	이 시대에는 구약의 선포된 말씀을 기록, 수집, 보존, 정리, 연구하였다.

침묵시대에는 예언이 그치고 그 대신 묵시문학이 나타났다. 묵시문학은 구약을 그 뿌리로 하며, 침묵시대에 전성기를 이루었다. 이는 모든 생명이 정지된 것 같은 한겨울에 봄날이 준비되듯이 구약의 예언이 묵시문학으로 준비되고 결국 신약성경에 접목되어 가는 과정이었다

고 할 수 있다.

또 이 시대에는 예루살렘 성전 중심의 신앙에서 디아스포라 유대인들이 세운 회당 중심으로 전환되어 가는 과도기적 현대 교회의 모습이 나타났으며, 또한 선포된 구약의 말씀이 기록되고 수집·보존되며 정리·연구되어 교회시대로 이어지는 귀중한 가교 역할을 하였다.

이러한 특징들을 보이는 침묵시대는 구약의 시대가 저무는 가운데 그 침묵 속에서 복음 시대를 준비하는 역동적인 시대였다고 볼 수 있다.

북이스라엘의 멸망 이후 주변 열강 및 팔레스틴의 통치자		
국가	기간	주요 인물
앗수르	BC 883–612	사르곤 2세 : 북이스라엘왕국을 멸망시킴
		산헤립 : 하나님의 천사들에 의해 전염병으로 패배함
바벨론	BC 612–539	느부갓네살 : 남유다왕국을 멸망시킴
		벨사살 : 메대–바사에 멸망됨
바사	BC 537	고레스 : 1차 포로 귀환(스룹바벨 인도)
	BC 458	아닥사스다 1세 : 2차 포로 귀환(학사 에스라 인도)
	BC 444–331	아닥사스다 1세 : 3차 포로 귀환(느헤미야 인도)
헬라	BC 331–167	알렉산더 대왕 : 세계를 정복함
		안티오쿠스 에피파네스 : 성전을 더럽힘
독립유다	BC 166–63	하스몬 왕조 : 반란군을 인도한 유대인의 왕조
		마카비 : 유다 하스몬의 별명
로마	BC 63–4	아구스도 황제 : 그리스도의 탄생
		디베료 황제 : 그리스도가 십자가에 못 박힘

침묵 시대의 교훈 (!)
구원 시대(복음 시대)를 예비하고 준비하심
1) 언어적 통일(헬라어)
2) 정치적 통일(헬라, 로마)
3) 도로의 통일(군사, 도로)–훗날 바울의 선교사역이 나아가는 길이 됨
4) 현대 교회에 주시는 교훈–지상명령(마 28:18–20)의 길을 예비하신 하나님

침묵시대의 역사적 연대표	
(본 도표의 연대는 모두 주전(BC))	
	바사 시대(BC 432–331)
465–424	아르타 크세르크세스 1세
424	크세르크세스 2세
424–423	소그디아누스
423–404	다리우스 2세
404–358	아르타 크세르크세스 2세
358–338	아르타 크세르크세스 3세
338–336	아르타 크세르크세스 4세 아르세스
336–330	다리우스 3세(아케메네스 왕조의 마지막 군주)
	헬라 시대 (BC 331–167)
	알렉산더(BC 336–323) 대제
331–	페르시아 정복, 대제사장에 의한 유다 식민 통치
	1) 정치적 통일 2) 문화적 통일 3) 언어의 통일 : 헬라어의 세계화로 헬라어는 예수님 시절 세계적인 언어가 됨
323	알렉산더 사망으로 제국 분열
	프톨레미 왕조(BC 301–201)
301	알렉산더 사후 네 장군이 제국 분할 통치
282	프톨레미 2세 즉위
	–히브리어 성경을 헬라어로 번역(70인역)
	셀레쿠스 왕조 (BC 198–167)
198	헬라 잔존세력 간의 권력다툼 끝에 셀레쿠스 왕조의 안티오쿠스 3세가 팔레스틴 차지
	–유대인에 호의적
167	안티오쿠스 4세의 유대인 탄압(단 8:9–14)
	–성전의 집기 약탈, 할례와 안식일 금지, 성전에 제우스 제단 세움, 돼지 피를 제단에 뿌림
	–유대인 항거의 원인이 됨
	독립유다 시대(BC 166–63)
	마카비 항거(BC 166)
166	안티오쿠스 4세의 만행에 항거해 제사장 맛다디아가 저항운동 시작
	–헬라화 정책 반대 투쟁, 마카비 혁명의 시초

166	맛다디아의 아들 유다(마카비)에 의해 혁명 본격화
하스몬 왕조(BC 166–63)	
142	맛다디아의 아들 요나단과 시몬이 하스몬 왕가 세움
	로마의 유대 독립권 인정
103	다윗 시대의 영토 회복
	알렉산더 얀네우스 즉위
94	바리새인 6천 명 학살로 대반란
로마 시대(BC 63–4)	
63	로마장군 폼페이우스의 예루살렘 점령으로 로마의 지배에 들어감
37	헤롯의 유다 왕 즉위
20–	헤롯의 예루살렘 성전 건축
헤롯 왕조 시대(BC 37–4)	
37	헤롯 1세(BC 37–AD 4)의 유다 왕 즉위
20–	헤롯의 예루살렘 성전 건축
4–	헤롯 사후 세 아들이 분할 통치
	유대 – 헤롯 아켈라오(BC 4–AD 6) : 폭정으로 유배되고 로마 총독 부임(AD 6)
	이두레 – 헤롯 빌립(BC 4–AD 34)
	갈릴리 – 헤롯 안디바(BC 4–AD 39)
AD 37	헤롯 아그립바 1세(AD 37–44)의 즉위
AD 50	헤롯 아그립바 2세(AD 50–70)의 즉위

* 바사 제국은 바사가 바벨론을 함락시킨 BC 539년부터 시작되었고, 로마 제국과 헤롯 왕조는 예수 탄생 이후에도 계속되었다. 그러나 이 강에서는 각 시대를 귀환시대 안에서의 연도로 한하여 표기하였다.

침묵시대를 끝으로 성부시대인 구약시대가 끝나고, 이후 예수 그리스도의 성자(복음) 시대로 이어지며 새롭게 신약시대의 막이 열린다.

신약시대, 신약성경

성경의 시대는 예수님의 탄생을 기점으로 이전을 구약시대, 이후를 신약시대로 구분한다. 그러므로 신약시대는 BC 4년 예수님의 탄생을 기점으로 현재 우리가 살아가는 현재를 지나, 주님이 재림하시는 때까지를 의미한다고 할 수 있다.

우리는 일반적으로 구약은 성부시대, 신약은 성자(예수님) 시대로 신구약이 분리된다고 생각한다. 그러나 기독교 신앙은 구약과 신약으로 분리될 수 없는 전적인 하나님의 사역으로, 삼위 하나님의 연합 사역이다. 그 근거로 구약의 시작인 창세기에서 창조의 사역은 1장 1절에서 성부 하나님이, 2절은 성령 하나님이, 3절은 말씀이신 성자 예수님이 함께 그 사역을 시작하시는 모습으로 언급된다. 마찬가지로 신약시대에도 성자 예수님이 공생애를 시작하시기 위해 세례 요한에게 세례를 받으실 때, 성령께서 비둘기같이 예수님께 임하시고, 하늘에서는 성부 하나님께서 친히 "이는 내 사랑하는 아들이요 내 기뻐하는 자라"라고 말씀하신다. 즉 주님의 공생애도 삼위 하나님께서 함께 시작하셨다는 사실이다(마 3:16-17 ; 막 1:10-11).

예수님은 요한복음 5장 17절과 19절에서 자신이 성부 하나님과 함께 일하심을 분명하게 말씀하셨다.

> 예수께서 그들에게 이르시되 내 아버지께서 이제까지 일하시니 나도 일한다 하시매 … 내가 진실로 진실로 너희에게 이르노니 아들이 아버지께서 하시는 일을 보지 않고는 아무것도 스스로 할

수 없나니 아버지께서 행하시는 그것을 아들도 그와 같이 행하느니라 요 5:17,19

또한 요한복음 16장에서는 성령님도 성자 예수님의 말씀을 따라 일하신다고 말씀하셨다.

그러나 진리의 성령이 오시면 그가 너희를 모든 진리 가운데로 인도하시리니 그가 스스로 말하지 않고 오직 들은 것을 말하며 장래 일을 너희에게 알리시리라 그가 내 영광을 나타내리니 내 것을 가지고 너희에게 알리시겠음이라 요 16:13-14

즉 구약시대에도 삼위 하나님께서 일하셨고, 신약시대에도 삼위 하나님께서 함께 일하신다. 다만 삼위 하나님의 사역적 특성으로 보면 성부 하나님은 말씀을 선포하신 분, 성자 예수님은 말씀이 육신이 되어 말씀을 성취하신 분, 성령 하나님은 이 말씀을 증거하는 분이라는 사역적 특성을 따라 그와 같은 개념으로 정리되는 것뿐이다. 결국 구약과 신약은 분리되지 않으며, 삼위 하나님께서 하나님의 말씀인 성경을 통해서 말씀하신 분, 말씀이신 분, 증거하시는 분으로서 함께 일하신다는 사실을 기억해야 할 것이다.

구약성경과 신약성경

유대인들의 바벨론 귀환 후 말라기 선지자의 사역을 끝으로 묵시가 없었던 약 430년간을 침묵시대라 한다. 이 시대는 대정복 제국인 바사, 헬라를 거쳐 로마에 이르며 수많은 민족의 사회, 종교, 문화가 융합되어 유대교와 헬레니즘, 로마제국주의의 문화적 배경을 지니고 있었다. 유대교는 세상과 인간의 삶을 오직 하나님의 통치로 설명하려는 유일신앙인 반면, 헬레니즘은 오직 이성을 통해서 신을 찾아내고 삶을 통해서 신을 설명하려 했으므로 당시 유대인들에게 이 시대는 하나님의 말씀과 메시아의 도래에 목마른 시대였을 것이다.

그러나 정작 예수 그리스도께서 이 땅에 오셨을 때 유대인들은 배척하였고, 이방인들이 복음을 받아들였다. 이것은 하나님께서 유대인을 선택하신 것이 그들만을 위한 것이 아니라, 그들을 통해서 모든 민족을 구원하시려는 하나님의 뜻을 이루려 하신 것이다. 그러므로 예수 그리스도의 복음은 모든 자에게 차별 없이 주어진 것이었지만, 복음을 받아들이는 자들만이 예수 그리스도를 믿었고, 끝까지 주를 따르고 순종하는 자들이 결국은 구원에 이르는 점진적인 성화의 모습이라고 할 수 있다.

구약과 신약은 인간의 구원을 위해 주신 하나님의 메시지로서 근본적으로 동일하다. 구약은 오실 메시아, 신약은 오신 메시아에 관한 기록으로 각각 약속과 성취를 나타내며, 구원의 성취를 위한 최종목적은 동일하다. 그러므로 신구약은 단절이 아니라 점진적으로 구원의 완성을 이루어가시는 하나님의 섭리로 이해할 수 있다.

구속사적으로 보는 신구약 성경의 비교표			
구약		신약	
예언의 대망 시대	창 3:15	예언의 성취시대	마 1:18–25 ; 요 1:45
창조	창 1:1	재 창조	고후 5:17
위엄의 하나님	출 19:18	자비하신 아버지	마 5:45, 6:9
태초	창 1:1	종말	벧후 3:10
영적 미명	시 8:25	영적인 빛	요 8:12
사탄의 득세	창 3:6	사탄의 멸망	계 20:10
죄의 저주	창 3:17–19	죄의 용서	눅 23:34 ; 엡 1:7
사망의 세력	창 3:19 ; 롬 5:17	영생	요 5:24 ; 롬 5:17
유월절 속죄 제물	출 12:3–7	속죄양 그리스도	요 1:29 ; 고전 5:7
율법의 요구	출 20:1–17	은혜의 수여	요 1:17
모형과 그림자	히 8:5, 10:1	실체	히 10:5–10
외형적 의식	히 9:10	내적 체험	눅 24:32 ; 롬 2:28–29
의문의 법	롬 7:6 ; 고후 3:6	생명의 법	롬 8:2 ; 고후 3:6
메시아	말 3:1	주	마 16:16 ; 눅 2:11
하나님과 함께하신 말씀	창 1:1 ; 요 1:1	육신으로 우리와 함께하신 말씀	요 1:14, 49
만나	출 16:13–31	생명의 떡	요 6:32–58
돌판 위에 쓴 하나님의 말씀	출 34:1, 27–29	마음판에 쓴 하나님의 말씀	고후 3:1–3 ; 약 1:21

하나님의 종인 신자들	갈 4:1, 3	하나님의 아들인 신자들	요 20:17 ; 갈 4:5-7
수많은 일시적인 대제사장	출 28:1, 29:29	한 분의 영원한 대제사장	히 7:20-25, 8:4
계속 반복되는 제사	출 20:10 ; 레 16:34	단번의 영원한 제사	히 9:25-28, 10:11-12
홍수로 멸망	창 6:17, 7:1-8:19	불로 멸망	벧후 3:5-13
성부로 시작	창 1:1	성자로 시작	마 1:1
저주로 끝남	말 4:6	축복으로 끝남	계 22:21
시내 산	출 19:1-2	시온 산	계 14:1
이스라엘에 초점	창 17:7 ; 출 3:6-9	세계에 초점	마 28:19 ; 행 1:8
첫 번째 아담	창 3:19-20	둘째 아담	롬 5:14 ; 고전 15:44,47
이스라엘	창 32:28 ; 출 1:7	교회	마 16:18 ; 엡 2:12-22
선지자의 중재	삿 6:8	아들의 중재	마 1:23

신약성경의 구조

예수 그리스도께서 승천하신 이후 거의 20년 동안은 신약의 어느 책도 기록되지 않았다. 그리고 신약성경의 마지막 책이 기록되기까지 약 65년이 경과하였다. 이 기간에 초대 교회는 유일한 성서로 구약성경을 소유하고 있었다. 예수께서 세상에 계실 때 자서전을 기록하지 않으셨고 제자들에게 부탁하신 적도 없으며 다만 천국 복음을 전파하라고 부탁하셨다. 그리고 주님이 승천하신 후 제자들은 주님에 대한 기억이 생생하였고, 예수 그리스도의 재림이 임박했다고 생각했기에 특별히 예수님의 생애나 이적을 기록할 필요를 느끼지 못했다. 그러다가 예수님의 행적과 교훈을 직접 받았던 사람들이 하나둘 세상을 떠나면서 근거 없는 전설이 생겨나고 이단 사상이 일어나자 예수님의 정확한 생애와 교훈을 글로 남길 필요성이 대두되었다. 그러므로 실제적으로 복음서보다 서신서들이 먼저 기록되게 되었다.

27권의 신약성경 가운데 성자시대와 성령시대 역사를 구성하는 성경은 총 5권으로 4권의 복음서(마태·마가·누가·요한복음)와 1권의 역사서(사도행전)이다. 여기에 바울이 쓴 바울서신 13권과 기타 사도들이 쓴 일반서신 8권, 신약의 유일한 예언서인 요한계시록이 추가 성경으로서 성령시대를 함께 보여준다.

신약성경의 구성과 연대기적 위치

복음서(4권)				역사서(1권)						예언서(1권)
마태복음	마가복음	누가복음	요한복음	사도행전						계시록
AD 60–70	AD 65–68	AD 63	AD 85–90	AD 61–63						AD 95–96
28장	16장	24장	21장	1–12장	13–14장	15장	16–18장	19–21장	22–28장	22장
				초대 교회	1차 선교	종교 회의	2차 선교	3차 선교	체포, 로마행	
				베드로	바울	예루살렘	바울	바울	바울 (1차 구금)	
					바울서신서(13권)					
일반서신(8권)					갈라디아서(6장) AD 49		살전(5장) AD 51–52	고전(16장) AD 55	빌레몬서(1장) AD 61–62	
히브리서(13장) AD 60							살후(3장) AD 51–52	고후(13장) AD 56	에베소서(6장) AD 62	
야고보서(5장) AD 62								롬(16장) AD 57	골로새서(4장) AD 63	
베드로전서(5장) AD 64–66									빌립보서(4장) AD 63	
베드로후서(3장) AD 66–68									잠시 석방	
유다서(1장) AD 70–80									딤전(6장) AD 63–65	
요한일서(5장) AD 90–95									디도서 (3장) AD 63–65	
요한이서(1장) AD 90–95									바울 (2차 구금)	
요한삼서(1장) AD 90–95									딤후(4장) AD 67	

신약성경의 주제와 중심내용				
책이름	기록연대(AD)	교리	신학적 주제(수신자)	중심내용
마태복음	60–70	복음서	왕으로 오신 예수(유대인)	약속된 메시아(슥 9:9)
마가복음	65–68	복음서	종으로 오신 예수(로마인)	순종과 희생의 종(사 42:1)
누가복음	63년경	복음서	사람으로 오신 예수(헬라인)	흠없는 인자(슥 6:12)
요한복음	85–90	복음서	성자로 오신 예수(모든 사람)	성육신하신 성자(사 40:9)
사도행전	61–63	역사서	성령에 의한 교회 역사	성령의 임하심과 교회의 탄생
갈라디아서	49년경	구원론	믿음으로 말미암는 칭의	복음으로 말미암는 자유
데살로니가전서	51–52	종말론	종말과 재림의 중요성	그리스도의 재림의 의미
데살로니가후서	51–52	종말론	종말과 재림의 본질	그리스도의 재림을 입증
고린도전서	55년경	교회론	그리스도인 신앙생활의 문제들	교회의 문제점
고린도후서	56년경	교회론	그리스도인 사역의 본질	바울 사역의 변증
로마서	57년경	구원론	구원은 오직 믿음으로	구원 교리에 대한 설명
에베소서	62년경	기독론	교회의 주인 되신 그리스도	그리스도 안에서 그리스도인의 위치
빌립보서	63년경	기독론	그리스도 안에 있는 기쁨	그리스도 안에서 신자의 태도
골로새서	63년경	기독론	온 세계의 주인 되신 그리스도	그리스도 안에서 신자의 완전함
빌레몬서	61–62	개인서	그리스도 안에서 용서와 형제애	회심한 종에 대한 관용 당부
디모데전서	63–65	교회론	교회의 목양적 돌봄	하나님 집에서의 행함을 밝힘
디도서	63–65	교회론	교회에 있어야 할 교리와 선행	견고한 교리와 선행 언급
디모데후서	67년경	교회론	그리스도의 좋은 군사로 살라	바울 사역의 증언과 디모데에 대한 권고
히브리서	60년경	기독론 구원론	영원한 대제사장 예수 그리스도	그리스도의 제사장직과 구원의 뛰어남
야고보서	62년경	구원론	행위로 나타나는 구원	참믿음의 증거로서 선행을 요구
베드로전서	64–66	종말론	그리스도인의 고난과 산 소망	고난 중에 신자의 행함과 기뻐함
베드로후서	66–68	종말론	지켜야 할 보배로운 믿음	복음의 확실성과 주의 날
요한일서	90–95	구원론	개인적 구원의 확신	거짓된 가현설을 논증함
요한이서	90–95	구원론	거짓 교훈에 대한 경고	육체로 오신 예수 그리스도
요한삼서	90–95	개인서	교회 안의 선생들을 책망	방랑선교사들을 존중하라
유다서	70–80	종말론	신앙을 위한 투쟁	주님의 다시 오심을 바라는 믿음의 논증
요한계시록	95–96	종말론	죄악과 세상을 이긴 교회와 그리스도인	하늘 보좌와 신앙과 불신앙의 결국

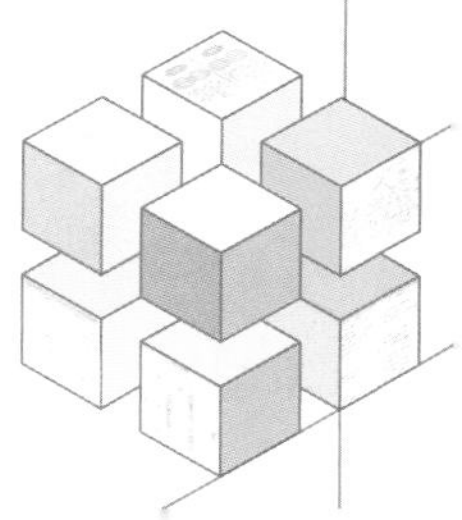

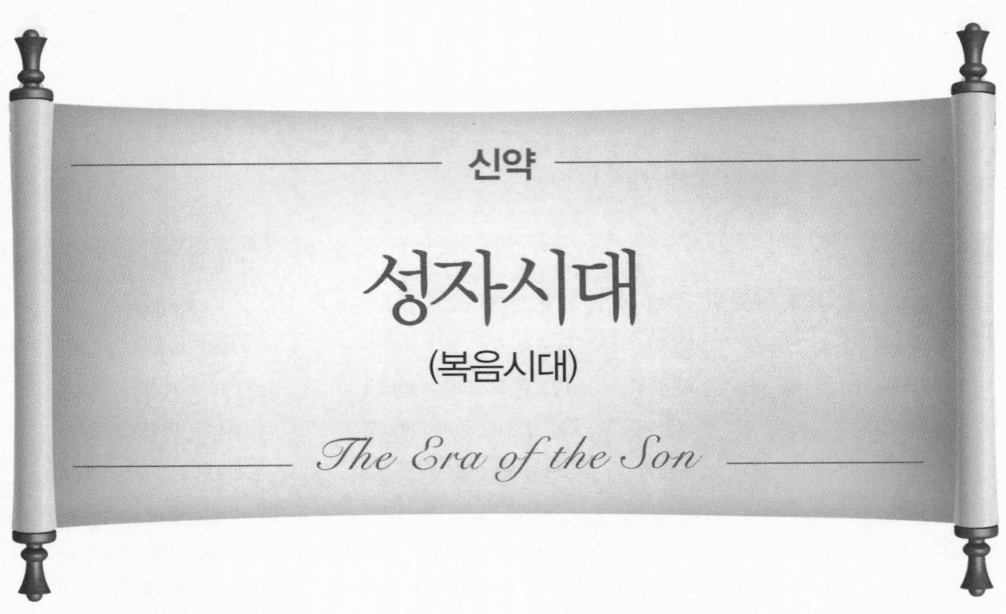

예수님이 이 땅에서 사역하신 성자(복음) 시대는 예수님이 탄생하신 BC 4년에서, 죽으시고 부활하시고 승천하신 AD 약 30년경까지를 의미한다. 신약 역시 그 흐름이 구약과 마찬가지로, 하나님의 뜻을 따라 창조된 두 가지 목적, 즉 하나님과 함께 살아가는 것(에덴)과 하나님께서 주신 사명(말씀)에 순종하는 것을 기본으로 한다. 창세기에서 선포된 이 두 가지 목적은 아담의 범죄 후 레위기에서 하나님께 나아가는 길(1-17장)과 하나님과 함께 살아가는 방법(18-27장)을 통해 제시된 바 있다. 신약시대에 예수님은 열두 제자를 부르시는데 그 목적은 그분과 함께 있게 하시는 것과 내보내어 전도도 하게 하시는 것이었다.

이에 열둘을 세우셨으니 이는 자기와 함께 있게 하시고 또 보내사 전도도 하며 막 3:14

즉 복음은 하나님을 떠난 자들이 하나님께 돌아오는 것, 그리고 하나님의 뜻과 말씀에 순종하는 것이며 결국 이 두 가지가 신구약을 초월하여 하나님께서 우리에게 주시는 변함없는 메시지인 것이다.

1. 성자(복음) 시대의 위치와 구조

성경(하나님)																							
구약												신약											
성부(창조) 시대						인간(왕국) 시대						성자(복음) 시대						성령(선교) 시대					
창		출	민	수	삿	삼상 삼하 왕상	왕상 왕하	왕하	단, 에	스, 느	·	마, 막, 눅, 요						사도행전					·
1	2	3	4	5	6	7	8	9	10	11	12	13	14	15	16	17	18	19	20	21	22	23	24
태초시대	선민시대	출애굽시대	광야시대	정복시대	정착시대	통일왕국시대	분열왕국시대	유다왕국시대	포로시대	귀환시대	침묵시대	탄생과 성장	공생애 시작	초기사역	중기사역	말기사역	십자가 / 부활승천	예루살렘 / 유대 사마리아	1차선교	2차선교	3차선교	옥중선교	기타사도 / 계시록
																			땅끝				

▼

신약												
시대	성자(복음) 시대						성령(선교) 시대					
순서	13	14	15	16	17	18	19	20	21	22	23	24
세부 시대	탄생과 성장	공생애 시작	초기 사역	중기 사역	말기 사역	십자가 / 부활승천	예루살렘 / 유대 사마리아	1 차선교	2 차선교	3 차선교	옥중선교	기타사도 / 계시록
								땅끝				
성경 언급 범위	마태복음 왕으로 오심 마가복음 종으로 오심 누가복음 인자로 오심 요한복음 하나님의 아들						사도행전					
							1–12	13–15	16–18	19–21	22–28	
연도	BC 4–AD 26	26	26–27	27–28	28–29	29–30	AD 30–46	47–49	49–52	53–58	58–63	30–100
추가 성경								갈	살전, 살후	고전, 고후, 롬	엡, 빌, 골, 몬, 딤전, 딛, 딤후	히, 약, 벧전, 벧후, 유, 요1·2·3, 계

신약시대는 성자 예수님의 복음시대(예수님의 탄생-승천)와 성령님의 선교시대(예수님의 승천-재림)로 나뉘며, 이들 시대 역시 각각 여섯 시기로 분류할 수 있다.

2. 시대 개관 및 시기 구분

시대	성자(복음) 시대					
순서	13	14	15	16	17	18
주제	탄생과 성장	공생애 시작	초기사역	중기사역	말기사역	십자가·부활·승천
	공생애 이전	공생애				마지막 주간 / 부활과 승천

성자(복음) 시대를 예수님의 생애를 따라 여섯 시기로 나누면 다음과 같다.

(1) 탄생과 성장 : 예수님이 탄생하신 후 성장하시기까지 BC 4년-AD 26년
(2) 공생애 시작 : 공생애 시작(세례) 후 첫 유월절 이전까지의 약 6개월
(3) 초기사역 : 공생애 시작 후 첫 번째 유월절-두 번째 유월절 이전의 1년
(4) 중기사역 : 공생애 시작 후 두 번째 유월절-세 번째 유월절 이전의 1년
(5) 말기사역 : 공생애 시작 후 두 번째 유월절-네 번째 유월절 이전의 1년
(6) 십자가·부활·승천 : 예루살렘에 입성하신 주일부터의 마지막 주간 및 부활과 승천

예수님의 생애는 탄생에서 성장 기간에 해당하는 공생애 이전과 공생애의 두 시기로 크게 나뉘며, 공생애가 시작되는 분기점은 세례 요한에게 세례를 받으신 사건이다. 공생애는 일반적으로 유월절을 기준으로 하여 초기·중기·말기 사역으로 나눈다. 공생애 기간에 예루살렘을 방문하신 행적을 유월절의 근거로 하여 첫 번째 유월절(요 2:12-13), 두 번째 유월절(요 6:4), 세 번째 유월절(요 11:55), 마지막 유월절(마 26:17 ; 눅 22:7)로 분류한다.

예수님의 공생애 기간 분류와 분기점(유월절)						
13	14	15	16	17	18	
탄생과 성장	공생애 시작	초기사역	중기사역	말기사역	십자가 · 부활 · 승천	
공생애 이전	공생애				마지막 주간	부활과 승천
30년	첫 6개월	초기사역 (1년)	중기사역 (1년)	말기사역 (1년)	1주일	40일
탄생	세례	공생애 첫 유월절	두 번째 유월절	세 번째 유월절	네 번째 유월절	

3. 성자(복음) 시대를 기록한 책들

성자시대를 구성하는 책은 사복음서라 불리는 마태복음, 마가복음, 누가복음, 요한복음이다. 각 책의 저자들은 이 땅에 오셔서 인간으로 사셨던 성자 예수님의 생애를 각자의 관점으로 바라보면서 그분의 행적과 가르침을 기록자 고유의 문체와 서술 방식을 따라 기록했다. 앞서 시대 개관에서 성자(복음) 시대를 여섯 시기로 나누었다. 이 시기들을 연대기적 순서를 따라 한 강(講)씩 차례로 살펴본 후 네 편의 복음서를 종합적으로 살펴볼 예정이다.

이 시대를 보여주는 성경	
4복음서	주제
마태복음	왕으로 오심
마가복음	종으로 오심
누가복음	인자로 오심
요한복음	하나님의 아들

4. 성자(복음) 시대의 지리적 배경

예수님이 이 땅에서 사역하신 성자(복음) 시대를 공부할 때, 유대와 사마리아 등 당시 행정구역과 도시 위치를 파악하는 것이 예수님의 사역과 이동 상황을 쉽고 바르게 이해하는 데 도움을 준다.

요단강 서편은 북쪽부터 남으로 갈릴리, 사마리아, 유대가 있고 사해 아래쪽에 이두매가 있다. 요단강 동편에는 북쪽으로 데가볼리와 남쪽으로 베뢰아가 있다.

* 헤롯 왕조의 분봉왕들이 각 지역을 분할 통치한 내용은 328쪽의 지도를 참조하라.

① 갈릴리

요단강 서편 북부지역. 예수님은 베들레헴에서 출생하셨지만 애굽으로 피신하신 후 갈릴리 지방의 나사렛으로 귀환하여 성장하셨다. 나사렛 사람들의 박해로 주된 사역지를 갈릴리호수 북쪽 가버나움으로 옮기셨으나 갈릴리는 예수님의 성장과 사역의 주된 무대였다고 할 수 있다. 예수님이 사역을 시작하신 곳도 갈릴리 나사렛이었고 첫 이적을 행하신 곳도 갈릴리 가나였다. 예수님을 배신한 가룟 유다를 제외한 주님의 제자들도 다 갈릴리 출신이었다.

갈릴리는 이스르엘 평야를 품고 있으며 강우량이 많고 갈릴리호수가 있고 샘이 많은 지역이다. 그러나 유대 예루살렘지역에 사는 사람들은 갈릴리 사람들을 무식하고 신앙심이 깊지 않은 사람으로 보았다.

② 사마리아

요단강 서편 중부지역. 사마리아는 북이스라엘의 수도였으며 BC 722년에 북이스라엘의 마지막 호세아 왕 때 앗수르의 공격으로 멸망하였다(왕하 17:3-6, 18:9-10).

북이스라엘이 멸망한 후 앗수르의 혼혈정책으로 지도층은 앗수르와 메대 지방으로 끌려가 분산되고, 북이스라엘인 사마리아 지역에는 앗수르 사람들이 들어와 살게 되는 이주 정책으로 이방인들과의 잡혼이 이루어졌다. 그러므로 유대인들은 이 지방 사람들을 이방인으로 취급하였다. 예수님 당시에도 유대 사람들이 갈릴리에 가거나 갈릴리 사람들이 예루살렘으로 갈 때는 사마리아를 거치지 않고 요단강 쪽으로 우회하였다고 한다. 그러나 예수님은 사마리아에 찾아가 복음을 전하셨고, 주님이 승천하신 후 예루살렘에 핍박이 있었을 때 빌립 집사 및 사도 베드로와 요한을 통하여 교회들이 세워지게 되었다(행 8:1-25, 9:31, 15:3).

③ 유대

요단강 서편 남부지역. 고대 이스라엘(통일왕국)이 남북으로 갈리게 되었을 때 남왕국은 유다왕국으로 불렸고 수도는 예루살렘이었다. 유다왕국이 바벨론에 의해 멸망한 후 많은 사람이 바벨론으로 끌려가 포로생활을 하였으나, 이후 바벨론을 정복한 바사 제국이 유대민족의 귀환을 허락하고 유대인 출신의 관리(총독)를 세워 대리 통치하였다(학 1:14, 2:2). 이어서 헬라통치 시대를 거쳐 BC 63년경 로마 통치시대를 시작으로 예루살렘이 완전히 멸망(AD 70년)할 때까지 헤롯 가문의 분봉왕들과 로마 제국의 총독들에 의해 통치되었다. 예수님은 대 헤롯이 왕으로 있을 때 태어나셨고, 로마 총독 빌라도가 재임할 때 십자가에서 죽으셨다. 예수님은 로마 제국의 통치하에서도 인간의 진정한 나라-하나님의 나라를 전파하셨다.

④ 데가볼리

갈릴리호수와 요단강의 동쪽에 있는 지역. 데가볼리는 그리스어로 숫자 열(10)을 뜻하는 '데카'(deca)와 도시를 뜻하는 '폴리스'(polis)가 합쳐진 말로 '열 개의 도시'라는 뜻이며, 헬라의 알렉산더 대왕에 의해 정복된 10개 도시를 가리킨다. 헬라적 성격이 강해 유대인들은 이 지역 주민들을 배척하기도 하였으나 예수님은 이곳에서도 천국 복음을 전파하셨다(마 4:25; 막 7:31). 스키토폴리스(Scythopolis)를 제외한 나머지 도시는 모두 요단강 동편에 있는데 구약의 길르앗 지방에 해당한다.

지도로 보는 예수님 시대 행정구역과 지명

⑤ 베뢰아

요단 동편 데가볼리 남쪽의 땅으로 '건너편의 땅'이라는 뜻을 지니고 있다. 예수께서 예루살렘에 입성하시고 십자가를 지시기 전에 마지막으로 가셨던 곳이라는 점에서 중요성을 갖는다. 신약성경에는 '베다니'라는 지명이 두 군데 등장한다. 하나는 예루살렘 근처에 있으며 나사로, 마르다, 마리아 남매가 살던 곳이다. 또 한 곳은 세례 요한이 사역한 요단강 동편 마을(요 1:28)로 예수께서 요한에게 세례를 받으신 곳이기도 하다(정확한 위치는 알려지지 않고 있다). 이 요단강 동편의 베다니가 베뢰아의 한 성읍이다.

⑥ 이두매(에돔)

사해 남단에 위치한 지역. 이삭의 아들 에서가 정착했던 땅으로, 에서의 별명 '에돔'(붉다는 뜻)을 헬라식으로 부른 이름이다. 예수님 시대의 헤롯이 이곳 출신으로, 헤롯왕조 때 이두매 사람들은 왕실 핵심 세력으로 왕실의 친위대 역할을 했다. 예수님의 사역을 듣고 큰 무리가 따를 때 이두매에서도 사람들이 예수께 나아왔다(막 3:8).

5. 신약성경에 나타난 예수님의 사역

사역지	사생애	공생애 시작–유월절 이전	유월절1	유월절2	유월절3	초막절	수전절 유월절4
	30년	6월	1년	2년	3년		승천
갈릴리 사역	예수 탄생 예고 (눅 16:26–38) 12살 소년 예수 (눅 2:41–51)	가나 혼인잔치 (요 2:1–11)	갈릴리 사역 시작 (눅 4:14–15) 고향에서 배척 (눅 4:16–30) 전파하심 (마 4:17)	산상수훈 (마 5–7장) 백부장의 종 치유 (눅 7:1–10) 바리새인들의 저항 (마 12:23–37) 천국 비유 (마 13:1–52)	베드로의 신앙고백 (마 16:13–20) 1차 수난 예고 (마 16:21–28) 변화산 사건 (마 17:1–13)		
사마리아 사역			사마리아 여인 (요 4:1–42)		열 명의 나병환자 치유 (눅 17:11–19)		
유대지역 사역	목자들의 경배 (눅 2:8–20)	세례를 받으심 (마 3:13–17) 광야의 시험 (마 4:1–11) 제자선택 (요 1:35–51)	성전 정화 (요 2:12–22) 니고데모와 대화 (요 3:1–21)	38년된 병자 치유 (요 5:1–18)	초막절 이후 수전절 사이의 사건 예루살렘에서 배척 (요 10:22–42) 나사로의 소생 (요 11:1–44)		고난주간 두 번째 성전 정화 (막 11:15–19) 감람산 종말 설교 (마 24–25장) 세족식 (요 13:1–20) 빌라도 2차 심문 (눅 23:13–25) 부활 (요 20:1–31) 승천 (행 1:6–11)

4복음서에는 예수님이 행하신 37건의 기적이 기록되어 있고 사도 요한은 요한복음에 '완전'의 의미로 7개의 기적만을 기록했지만 "예수께서 행하신 일이 이 외에도 많으니 만일 낱낱이 기록된다면 이 세상이라도 이 기록된 책을 두기에 부족할 줄 아노라"(요 21:25)라고 하였다. 예수님이 이 땅에서 행하신 일이 많지만 그분의 사역은 3가지로 요약, 정리할 수 있다. 그것은 가르치심(teaching), 천국 복음을 전파하심(preaching), 약하고 병을 앓는 자와 귀신들린 자를 고치심(healing)이다. 예수 그리스도의 공생애 3대 사역은 하나님나라의 복음 전

파, 가르침, 치유이며 그분의 몸 된 교회 공동체는 이 세 가지 사역을 사명으로 부여받았다.

> 예수께서 온 갈릴리에 두루 다니사 그들의 회당에서 가르치시며 천국 복음을 전파하시며 백성 중의 모든 병과 모든 약한 것을 고치시니 마 4:23

(1) 가르치심(teaching)

예수님은 회당을 두루 다니며 하나님나라에 관해 강론하셨고 산상수훈을 통해 천국백성의 삶을 가르쳐주셨다. 구약성경을 막힘없이 인용하시며 메시아이신 그분 자신에 대한 구약성경의 증언, 율법과 복음을 가르치셨다. 오실 성령과 교회, 세상의 종말에 관해서도 가르치셨다. 그리고 지상대명령 가운데 "모든 민족을 제자로 삼아 … 내가 너희에게 분부한 모든 것을 가르쳐 지키게 하라"(마 28:19-20)라고 말씀하셨다.

(2) 전파하심(preaching)

예수님이 공생애를 시작하고 처음으로 하신 사역이 하나님나라의 복음을 선포한 것이었다. 세례를 받고 광야에서 시험받으신 후 "요한이 잡혔음을 들으시고 갈릴리로 물러가셨다가 … 이 때부터 예수께서 비로소 전파하여 이르시되 회개하라 천국이 가까이 왔느니라"(마 4:12,17)라고 하셨다고 마태복음은 기록하고 있다(막 1:14-15 참조). 예수님은 "우리가 다른 가까운 마을들로 가자 거기서도 전도하리니 내가 이를 위하여 왔노라"(막 1:38)라고 하시며 자신의 사명이 전도에 있다고 말씀하셨다. 그분 자신도 온 갈릴리지역을 다니며 복음을 전파하셨고, 열두 제자와 칠십 인을 파송하여 전도하게 하셨으며 승천하시기 전 "오직 성령이 너희에게 임하시면 너희가 권능을 받고 예루살렘과 온 유대와 사마리아와 땅끝까지 이르러 내 증인이 되리라"(행 1:8) 하시며 제자들에게 전도의 사명을 주셨다.

(3) 고치심(healing)

예수님은 자연을 다스리고 귀신을 내어쫓으셨으며 아프고 약한 자를 치유하고 죽은 자를 살리셨다. 이러한 이적과 표적을 통해 물질세계와 영적세계를 통치하시는 하나님나라의 능력을 보여주셨다. 이는 죄와 사망의 문제를 해결하시고 마귀의 매임에서 벗어나 자유를 얻게 하신 것이다. 예수님에게 파송받은 제자들은 각 마을에 두루 다니며 곳곳에 복음을 전하며 병을 고쳤고(눅 9:6) 예수님은 제자들 및 그들로 인하여 예수님을 믿게 될 사람들에 대하여 "내가 진실로 진실로 너희에게 이르노니 나를 믿는 자는 내가 하는 일을 그도 할 것이요 또한 그보다 큰 일도 하리니"(요 14:12)라고 말씀하셨다.

6. 신약성경에 나타난 예수 그리스도의 생애

1. 그리스도의 탄생과 성장						
연도	지역	주제	마태	마가	누가	요한
BC 5	나사렛	마리아에게 수태고지			눅 1:26–38	
BC 4	베들레헴	예수님 탄생			눅 2:1–7	
	베들레헴	목자들의 경배			눅 2:8–20	
	예루살렘	성전 결례, 시므온과 안나			눅 2:22–38	
	베들레헴	동방 박사들 방문과 경배	마 2:1–12			
	애굽	애굽 피신(헤롯의 유아 학살)	마 2:13–18			
	나사렛	나사렛으로 귀환	마 2:19–23		눅 2:39	
AD 8	예루살렘	12세 유월절에 예루살렘 성전에 가심			눅 2:41–50	
	나사렛	귀향 후 성장			눅 2:51–52	

2. 공생애 시작 후 6개월						
AD 27	베다니(요)	세례 요한의 사역	마 3:1–12	막 1:1–8	눅 3:1–18	
		요한에게 세례 받으심	마 3:13–17	막 1:9–11	눅 3:21–22	
	유대 광야	시험받으심	마 4:1–11	막 1:12–13	눅 4:1–13	
	베다니(요)	세례 요한의 증거				요 1:15–34
		다섯 제자(안드레, 요한, 베드로, 빌립, 나다나엘)		막 1:16–20		요 1:35–51
	가나	가나의 혼인잔치				요 2:1–11
	가버나움	가버나움 방문				요 2:12

3. 공생애 초기(공생에 첫 유월절 후 1년)						
AD 28	예루살렘	성전 정화				요 2:13–21
		니고데모				요 3:1–21
	수가성	우물가의 여인				요 4:4–42
	가나	왕의 신하의 아들				요 4:46–54
	나사렛	배척을 당하심	마 13:53–58	막 6:1–6	눅 4:16–30	

		베드로를 부르심	마 4:18–22	막 1:16–20	눅 5:1–11	
	가버나움	병자를 고치심	마 8:1–17	막 1:38–2:12	눅 5:12–26	
		마태를 부르심	마 9:9–17	막 2:13–22	눅 5:27–39	
4. 공생애 중기(공생에 두 번째 유월절 후 1년)						
AD 29	예루살렘	38년 된 병자				요 5:1–18
	가버나움	① 안식일 논쟁	마 12:1–8	막 2:23–28	눅 6:1–5	
		② 손 마른 자	마 12:9–13	막 3:1–5	눅 6:6–11	
		③ 12제자 선택	마 10:1–42	막 3:13–19	눅 6:12–16	
		④ 산상수훈	마 5–7장			
		⑤ 백부장의 종	마 8:5–13		눅 7:1–10	
	나인성	과부의 아들을 살리심			눅 7:11–17	
	가버나움	① 세례 요한의 질문			눅 7:18–30	
		② 옥합을 깨뜨린 여인			눅 7:36–50	
		③ 바알세불 논쟁	마 12:22–37	막 3:20–30	눅 11:14–23	
AD 29	갈릴리바다	바다를 잠잠케 하심	마 8:23–27	막 4:35–41	눅 8:22–25	
	거라사	군대귀신 들린 자를 고치심	마 8:28–34			
	가버나움	① 혈루증 여인	마 9:20–22	막 5:25–34	눅 8:43–48	
		② 야이로의 딸	마 9:18–26	막 5:22–43	눅 8:40–56	
		③ 표적을 구하는 바리새인	마 12:38–45, 16:1–4	막 8:11–13	눅 11:29–32	
5. 공생애 말기(공생에 세 번째 유월절 후 1년)						
AD 30	벳새다	오병이어	마 14:13–21	막 6:30–44	눅 9:10–17	요 6:1–15
	갈릴리호수	물 위로 걸으심	마 14:22–33	막 6:45–52		요 6:16–21
	가버나움	생명의 떡				요 6:24–71
	게네사렛	장로의 전통	마 15:1–20	막 7:1–23		
	두로, 시돈	수로보니게 여인	마 15:21–28	막 7:24–30		
	데가볼리	① 에바다		막 7:31–37		

AD 30	데가볼리	② 칠병이어	마 15:32-39	막 8:1-9		
	마가단 막달라	표적을 구하는 바리새인	마 15:39, 16:1-12	막 8:10-21		
	가이사랴 빌립보	베드로 고백, 자기 십자가	마 16:13-28	막 8:27-9:1	눅 9:18-27	
	변화산	모세, 엘리야, 예수님	마 17:1-13	막 9:2-13	눅 9:28-36	
	변화산 아래	간질병자와 제자들	마 17:14-20	막 9:14-29	눅 9:37-45	
	벳새다	소경을 고치심		막 8:22-26		
	가버나움	제자 훈련(큰 자 논쟁 등)	마 17:24-18:35	막 9:33-37	눅 9:46-50	
	사마리아	배척			눅 9:51-56	
	노정	70인 파송			눅10:1-20	
	예루살렘	① 초막절 설교				요 7:14-8장
		② 소경치료와 논쟁				요 9장
	베다니(예)	마리아와 마르다			눅 10:38-42	
	예루살렘	수전절 설교				요 10:22-38
	베다니(요)	요단강 건너로 피하심				요 10:40-42
	베다니(예)	나사로를 살리심				요 11:1-44
	베뢰아	3개월간 제자 양육			눅 13-16장	
	여리고	삭개오를 부르심			눅 19:1-10	
	베다니(예)	마리아가 향유를 부음	마 26:6-13	막 14:3-9		요 12:1-8

6. 예수님의 공생애 마지막 1주일					
1) 주일(첫째 날, 종려주일)					
예루살렘	예루살렘 입성	마 21:1-11	막 11:1-11	눅 19:29-44	요 12:12-19
2) 월요일(둘째 날)					
예루살렘 성전	성전을 정화하심	마 21:12-13	막 11:15-17	눅 19:45-46	
	성전에서 병자를 고치심	마 21:14			
베다니 가는 길	무화과나무를 저주하심	마 21:18-20	막 11:12-14		

3) 화요일(셋째 날)					
성전	예수님의 권위 문제	마 21:23–27	막 11:27–33	눅 20:1–8	
	과부의 연보		막 12:41–44	눅 21:1–4	
	헬라인들의 방문				요 12:20–36
성전	종말에 관한 강화	마 24:1–42	막 13:1–37	눅 21:5–36	
	유대인의 모의	마 26:1–5	막 14:1–2	눅 22:1–2	
	가룟 유다의 배반	마 26:14–16	막 14:10–11	눅 22:3–6	
4) 수요일(넷째 날) – 복음서에 이날의 행적에 관한 기록은 나타나지 않음					
시몬의 집	여인이 향유를 부음 (이날의 사건인지는 확실치 않다)	마 26:6–13	막 14:3–11		요 12: 1–8
5) 목요일(다섯째 날, 공생애 네 번째 유월절)					
다락방	세족식, 유월절 만찬	마 26:17–19	막 14:12–18	눅 22:7–18	요 13:3–17
	유다의 배반 예고	마 26:21–25	막 14:18–21	눅 22:21–23	요 13:18–30
	성만찬 제정	마 26:26–29	막 14:22–25	눅 22:19–20	
	고별사와 기도				요 14–17장
감람산	겟세마네 동산 기도	마 26:36–46	막 14:32–42	눅 22:40–46	요 18:1
	유다의 반역과 체포	마 26:47–56	막 14:43–52	눅 22:47–53	요 18:3–13
가야바의 집	공회 앞에서 재판	마 27:1	막 14:53	눅 22:66–71	
6) 금요일(여섯째 날, 유월절 어린 양을 잡는 날)					
〈새벽〉 십자가형을 받으심					
가야바의 집	베드로의 부인	마 26:58, 26:69–75	막 14:54, 14:66–72	눅 22:54–62	요 18:15–18, 18:25–27
빌라도 관저	빌라도 심문	마 27:1–2, 11–14	막 15:1–5	눅 23:1–5	요 18:28–38
헤롯 궁전	헤롯 심문			눅 23:6–12	
	유다의 자살	마 27:3–10			
빌라도 관저	빌라도의 선고	마 27:15–26	막 15:6–15	눅 23:13–25	요 19:1–16

〈오전〉 십자가에 달리심					
빌라도 관저	로마 병정의 희롱	마 27:27–30	막 15:16–19		
십자가 도상	구레네 시몬	마 27:32	막 15:20–21	눅 23:26	
골고다 언덕	십자가에 달리심	마 27:33–38	막 15:25–26	눅 23:33–38	요 19:17–22
〈오후〉 운명 후 장사되심					
골고다 언덕	유대인들의 조롱	마 27:39–43	막 15:29–32	눅 23:35–37	
	옷을 제비뽑음				요 19:23–24
	운명하심	마 27:50	막 15:33–37	눅 23:46	요 19:28–30
	휘장이 찢어짐	마 27:51–53	막 15:38–39	눅 23:44–45	
	장사되심	마 27:59–60	막 15:46–47	눅 23:53	요 19:38–42

7. 예수님의 부활						
AD 30	부활 : 안식 후 첫날(당시 안식일인 토요일을 지나 일요일)					
4/9 새벽	무덤	무덤을 찾은 여인들에게	마 28:1–7	막 16:1–5	눅 24:1–2	요 20:1
		막달라 마리아에게		막 16:9		요 20:11–17
		막달라 마리아, 다른 마리아	마 28:8–10			
	돌아오는 길	베드로에게			눅 24:34	
4/9 저녁	엠마오 도상	엠마오로 가는 두 제자에게		막 16:12–13	눅 24:13–35	
	마가 다락방	도마 외 열 제자에게		막 16:14–18	눅 24:33–49	요 20:19–25
4/16 저녁		도마 포함 열한 제자에게				요 20:26–29
5/4 경	디베랴	고기 잡는 일곱 제자에게				요 21:1–19
5월 초순	갈릴리	500여 형제에게	고전 15:6			
5월 상순	예루살렘	예수님의 동생 야고보에게	고전 15:7			
5/18(목)	감람산	감람산에서 승천하심	마 28:16–20	막 16:19–20	눅 24:50–53	

8. 승천 후 예수님의 나타나심			
	예루살렘	스데반에게 보이심	행 7:55
	다메섹	다메섹으로 가는 바울에게	행 9:3–7
	예루살렘	예루살렘에서 바울에게	행 23:11
	밧모섬	사도 요한에게	계 1:13

13

CHAPTER

탄생과 성장

THE NEW TESTAMENT

시대 훑어보기

1) 이 시기의 위치와 구조

시대	성자(복음) 시대						
순서	13	14	15	16	17	18	
주제	탄생과 성장	공생애 시작	초기사역	중기사역	말기사역	십자가 · 부활 · 승천	
	공생애 이전	공생애				마지막 주간	부활과 승천
기간	30년	첫 6개월	초기사역 (1년)	중기사역 (1년)	말기사역 (1년)	1주일	40일
분기점	탄생 / 세례	공생애 첫 유월절	두 번째 유월절	세 번째 유월절	네 번째 유월절		

2) 시대 개관

예수님의 생애는 탄생에서 성장 기간에 해당하는 공생애 이전과 공생애의 두 시기로 크게 나뉘며, 공생애가 시작되는 분기점은 세례 요한에게 세례를 받으신 사건이다. 본 13강은 예수님이 세례를 받으시기 전까지, 즉 예수님의 생애에서 유일하게 공생애 이전의 시기를 다룬다. 이 시기와 관련하여 성경에는 예수님의 탄생에 관한 여러 상황적 배경과 베들레헴에서의 탄생하심, 목자들의 경배와 동방 박사들의 경배, 이어서 애굽으로 피신하심과 나사렛으로의 귀환, 예수께서 12세 때 예루살렘 성전을 방문하셨을 때 성전에서 선생들과 듣기도 하고 묻기도 하신 일 등이 언급되었다. 그러나 이후로 공생애를 시작하시기 전까지의 행적은 성경에 드러나지 않는다.

이 땅에 오신 예수 그리스도에 대한 우리의 관심은 일반적으로 그분의 공생애에 그 초점이 모아지며, 그 핵심에는 그리스도의 십자가가 있다. 반면에 인간으로서 예수님의 출생과 성장에 대한 감동은 크지 않다. 물론 구원의 길을 완성하신 그리스도의 십자가는 신약성경에서 본질적인 의미를 지니고 있으며 그 중요성은 두말할 필요도 없다. 그러나 예수 그리스도의 출생과 성장의 과정은 우리 그리스도인들이 신앙의 본으로 삼아 따르고 본받아야 할 감동적인 지향 목적과 목표이다. 히브리서 4장 15절은 " … 모든 일에 우리와 똑같은 시험을 받으신 이로되 죄는 없으시니라"라고 기록되었다. 즉 인간으로서 단 한 번의 악한 마음도 품지 않으셨다는 사실이다. 로마서 8장 29절에는 " … 그 아들의 형상을 본받게 하기 위하여 미리 정하셨으니"라고 기록되었다. 성경은 신앙생활의 본질이 주님을 닮는 것, 즉 완전한 인간이셨지만 죄를 짓지 않으신 우리 주님을 닮아가는 것이라고 말씀한다.

지도로 보는 예수님의 탄생과 성장

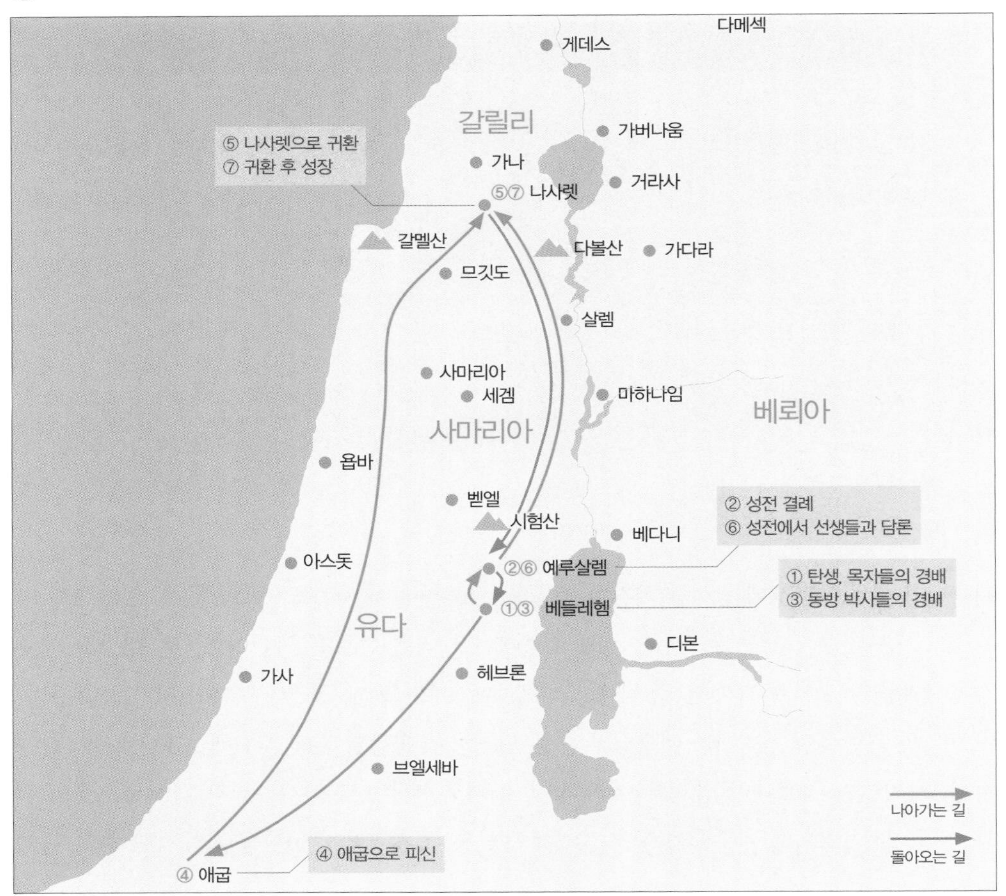

번호	⓪	①		②	③	④	⑤	⑥	⑦
지역	나사렛	베들레헴	베들레헴	예루살렘	베들레헴	애굽	나사렛	예루살렘	나사렛
주제	수태고지 (마리아)	예수님 탄생	목자들의 경배	성전 결례.	동방 박사들의 경배	애굽 피신 (유아 학살)	나사렛으로 귀환	예루살렘 성전 (유월절)	귀향 후 성장
연도	BC 5	BC 4	BC 4	BC 4	BC 4	BC 4		AD 8	
마태					마 2: 1–12	마 2: 13–18	마 2: 19–23		
누가	눅 1: 26–38	눅 2:1–7	눅 2:8–20	눅 2: 22–38			눅 2:39	눅 2: 41–50	눅 2: 51–52

① 베들레헴 : 베들레헴에서 예수 탄생(나사렛에서 수태고지가 있었음). 목자들이 찾아와 경배함.

② 예루살렘 : 성전에서 정결예식을 행하고 시므온과 안나를 만남.

③ 베들레헴 : 동방 박사들이 찾아와 경배하고 예물을 드림. 예수님의 애굽 피신 후 헤롯이 베들레헴과 그 모든 지경 안에 있는 2살 아래의 유아(남자아이)들을 살해함.

④ 애굽 : 동방 박사들이 떠난 후 예수님 일가가 애굽으로 피신함.

⑤ 나사렛 : 이스라엘로 돌아온 요셉이 꿈에 지시하심을 받아 나사렛으로 감.

⑥ 예루살렘 : 유월절 관례를 따라 가족과 성전에 가심(12세). 선생들과 담론.

⑦ 나사렛 : 성전에서 나사렛으로 돌아와 성장하심.

공생애 이전의 역사적 연대표

연도	지역	주제	마태	마가	누가	요한
BC 5	나사렛	마리아에게 수태고지			눅 1:26–38	
BC 4	베들레헴	예수님 탄생			눅 2:1–7	
	베들레헴	목자들의 경배			눅 2:8–20	
	예루살렘	성전 결례, 시므온과 안나			눅 2:22–38	
	베들레헴	동방 박사들 방문과 경배	마 2:1–12			
	애굽	애굽 피신(헤롯의 유아 학살)	마 2:13–18			
	나사렛	나사렛으로 귀환	마 2:19–23		눅 2:39	
AD 8	예루살렘	12세 유월절에 예루살렘 성전에 가심			눅 2:41–50	
	나사렛	귀향 후 성장			눅 2:51–52	

이후 공생애가 시작되어 6개월간의 사역이 이어진다.

14

CHAPTER

공생애 시작

THE NEW TESTAMENT

시대 훑어보기

1) 이 시기의 위치와 구조

시대	성자(복음) 시대						
순서	13	14	15	16	17	18	
주제	탄생과 성장	공생애 시작	초기사역	중기사역	말기사역	십자가 · 부활 · 승천	
	공생애 이전	공생애				마지막 주간	부활과 승천
기간	30년	첫 6개월	초기사역 (1년)	중기사역 (1년)	말기사역 (1년)	1주일	40일
분기점	탄생	세례	공생애 첫 유월절	두 번째 유월절	세 번째 유월절	네 번째 유월절	

2) 시대 개관

예수님은 세례를 받으신 후 하나님나라의 복음을 선포하심으로 메시아의 공생애를 시작하셨다. 이에 따라 세례를 받으신 때부터를 공생애의 시작으로 보며 이는 십자가에 달려 죽으실 때까지 3년 6개월간이다. 예수님의 공생애를 분류하는 기준점은 유월절이다. 예수님이 세례를 받으신 후 6개월 후 첫 번째 유월절을 맞이했고, 이후 공생애는 유월절을 분기점으로 초기, 중기, 말기 사역으로 나뉜다.

공생애 기간에 예루살렘을 방문하신 행적을 통해서 그 첫 번째 유월절(요 2:12-13), 두 번째 유월절(요 6:4), 세 번째 유월절(요 11:55), 마지막 유월절 (마 26:17; 눅 22:7)을 유월절의 근거로 분류한다.

세례

예수님이 세례를 받으심으로 공생애를 시작하시는 모습은 참으로 감동적이다. 이 사건은 인류를 위한 공생애를 본격적으로 시작하시는 출발점이면서 완전한 인간으로 살아오신 삶의 종결점이라 할 수 있다. 그런데 이 장면을 찬찬히 들여다보자.

> 예수께서 세례를 받으시고 곧 물에서 올라오실새 하늘이 열리고 하나님의 성령이 비둘기같이 내려 자기 위에 임하심을 보시더니 하늘로부터 소리가 있어 말씀하시되 이는 내 사랑하는 아들이요 내 기뻐하는 자라 하시니라 마 3:16–17

세례를 받으시는 예수님, 비둘기같이 내려오신 성령님, 하늘에서 "이는 내 사랑하는 아들이요 내 기뻐하는 자라"라고 음성을 들려주시는 하나님. 공생애의 시작에 삼위 하나님의 함께하심을 보는 것은 또 다른 감동이다. 이는 창세기 1장 1-3절에서 삼위 하나님께서 함께 세상을 창조하셨던 것처럼, 복음 사역도 함께 이루어 가신다는 의미라고 하겠다. 그러므로 성경의 역사는 말씀을 선포하신 하나님, 말씀을 성취하시는 예수님, 말씀을 증거하시는 성령님의 일하심이 두드러지는 시대로 구분할 수 있지만, 삼위 하나님께서 성경의 모든 시대 가운데에서 선포된 말씀을 항상 함께 이루어 가신다는 사실을 새삼 확인하게 된다.

세례 후 공생애 첫 6개월

예수님은 요단강에서 세례 요한에게 세례를 받으신 후 유대지역의 광야에서 40일 금식기도를 하셨고 갈릴리지역으로 가셔서 6개월간 사역하셨다. 이곳에서 다섯 제자(안드레, 요한, 베드로, 빌립, 나다나엘)를 만나셨고 가나의 혼인잔치에서 첫 번째 기적을 베푸셨으며 가버나움에서 사역을 시작하셨다.

지도로 보는 예수님의 공생애 첫 6개월

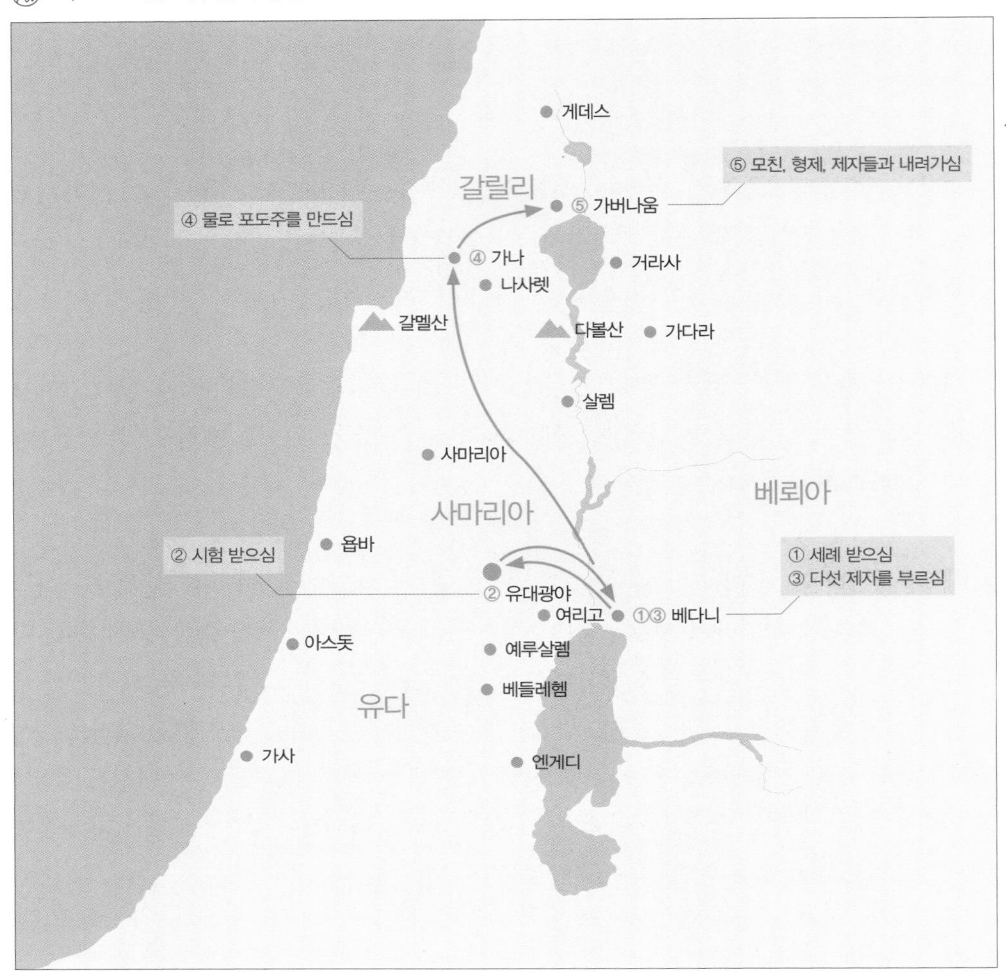

번호	①		②	③		④	⑤
지역	베다니(요)		유대 광야	베다니(요)		가나	가나
주제	세례 요한의 사역	요한에게 세례받으심	예수님의 시험	세례 요한의 증언	다섯 제자	가나의 혼인잔치	가버나움 방문
마태	마 3:1–12	마 3:13–17	마 4:1–11				
마가	막 1:1–8	막 1:9–11	막 1:12–13		막 1:16–20		
누가	눅 3:1–18	눅 3:21–22	눅 4:1–13				
요한				요 1:15–34	요 1:35–51	요 2:1–11	요 2:12

① 요단강 베다니 : 세례 요한이 회개의 메시지를 외치고 사람들에게 세례를 줌. 예수님이 요한에게 세례를 받으시고 성령이 내려오심.

* 성경에는 두 곳의 '베다니'가 등장한다. 하나는 요단 동편에 있고 예수님이 요한에게 세례를 받으신 곳이다. 다른 한 곳은 예루살렘에서 동쪽 여리고로 가는 길목, 감람산 남동 기슭의 작은 마을로 나사로와 마르다, 마리아 세 남매가 살았던 곳이다. 지도 설명 도표에서는 요단 동편의 베다니를 '베다니(요)', 예루살렘 부근의 베다니를 '베다니(예)'로 표기했다.

② 유대 광야 : 40일 금식 후 성령에 이끌려 광야로 가심. 광야, 예루살렘 성전, 높은 산(성경에는 지명이 나와 있지 않으나 이스라엘 현지에서는 '시험산'으로 알려짐)에서 세 가지 시험을 받고 말씀으로 승리하심(누가복음에는 시험의 순서가 마태복음과 달리 광야, 높은 산, 예루살렘 성전으로 나타나 있다).

③ 요단강 베다니 : 세례 요한이 예수님을 "나보다 앞선 이, 하나님의 어린양, 성령으로 세례를 베푸는 이"라 증언함. 다섯 제자(안드레, 요한, 베드로, 빌립, 나다나엘)가 예수께 나아옴.

④ 가나 : 혼인잔치에서 물로 포도주를 만드심.

⑤ 가버나움 : 어머니와 형제들, 제자들과 가버나움에 내려가심.

공생애 시작 후 6개월 사역 연대표						
AD 27	베다니(요)	세례 요한의 사역	마 3:1–12	막 1:1–8	눅 3:1–18	
		요한에게 세례 받으심	마 3:13–17	막 1:9–11	눅 3:21–22	
	유대 광야	시험받으심	마 4:1–11	막 1:12–13	눅 4:1–13	
	베다니(요)	세례 요한의 증거				요 1:15–34
		다섯 제자(안드레, 요한, 베드로, 빌립, 나다나엘)		막 1:16–20		요 1:35–51
	가나	가나의 혼인잔치				요 2:1–11
	가버나움	가버나움 방문				요 2:12

이후 공생애 시작 후 첫 유월절부터 제1년의 사역이 시작된다.

15
CHAPTER
초기사역

THE NEW TESTAMENT

시대 훑어보기

1) 이 시기의 위치와 구조

시대	성자(복음) 시대						
순서	13	14	15	16	17	18	
주제	탄생과 성장	공생애 시작	초기사역	중기사역	말기사역	십자가 · 부활 · 승천	
	공생애 이전	공생애				마지막 주간	부활과 승천
기간	30년	첫 6개월	초기사역 (1년)	중기사역 (1년)	말기사역 (1년)	1주일	40일
분기점	탄생	세례	공생애 첫 유월절	두 번째 유월절	세 번째 유월절	네 번째 유월절	

2) 시대 개관

공생애 첫 유월절 후 1년

공생애가 시작되고 6개월이 지난 후 첫 유월절을 맞아 예수님이 예루살렘으로 올라가신다. 공생애 시작 후 이 첫 번째 유월절부터 두 번째 유월절 직전까지를 '공생애 1년' 또는 '공생애 초기사역'이라 부른다. 이 기간에 예수님은 약 8개월간 유대지역에서 사역하시고 이후 4개월은 갈릴리지역에서 사역하셨다.

예루살렘에 올라가신 예수님은 첫 번째로 성전을 청결히 하시고 니고데모와 대화 후 사마리아를 지나며 수가성 여인을 만나신다. 나사렛에 도착하셨으나 배척을 당하시고 가버나움으로 사역지를 옮기신다. 가버나움에서 베드로와 안드레, 야고보와 요한을 부르시고, 이후 세리 마태 또한 제자로 부르셨다. 안식일에 회당에서 귀신을 쫓으셨으며 베드로의 장모 등 많은 사람을 고치셨다.

이 시대를 시작하면서 예수님은 유월절에 예루살렘 성전을 정화하시는 일을 통해서 하나님의 성전에 대한 교훈을 주시고, 우물가에서 사마리아 여인과의 만남을 통해 복음이 유대인을 넘어 이방인에게로, 그래서 온 땅으로 확산되는 하나님의 섭리를 보여주셨다. 이어서 제자들을 부르셨는데 곧 그물과 배를 두고 주님을 따르는 제자들의 모습을 통해서 부름받은 자의 자세와 결단을 교훈하신다.

지도로 보는 예수님의 초기사역

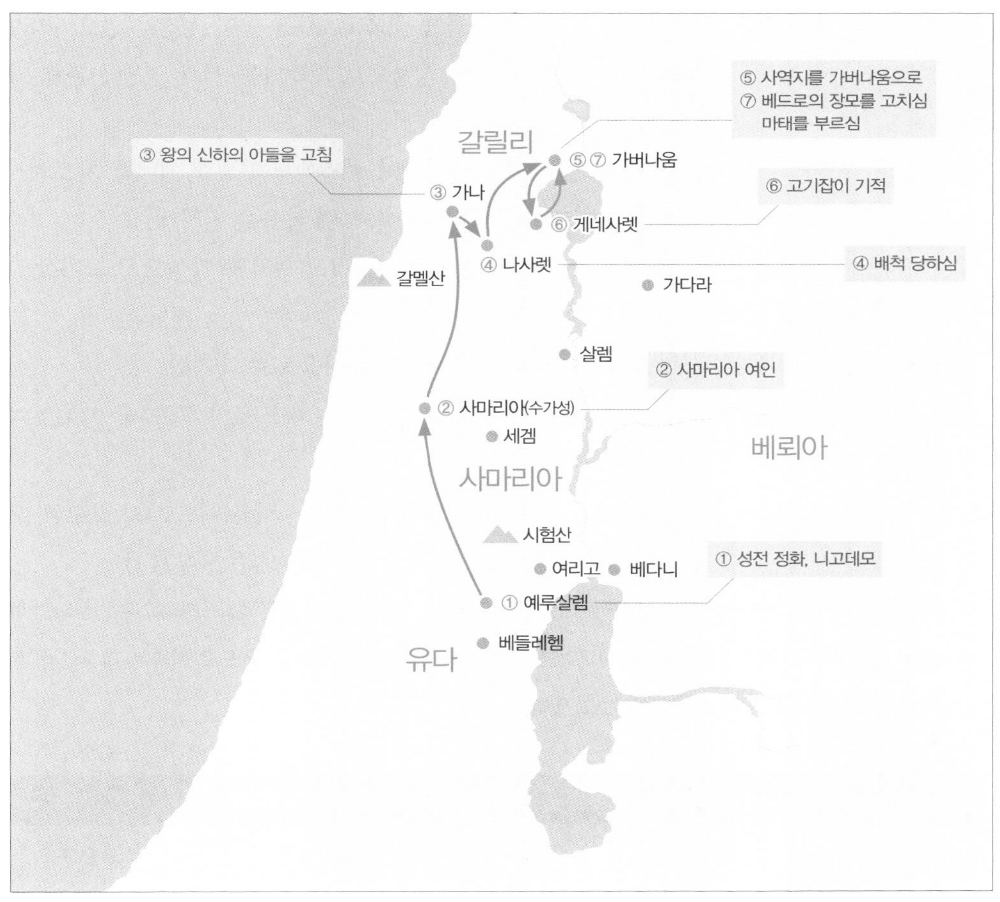

번호	①	②	③	④	⑤	⑥	⑦
지역	예루살렘	수가성	가나	나사렛	가버나움	게네사렛	가버나움
주제	첫 번째 유월절 ⓐ성전 정화 ⓑ니고데모	우물가의 여인	왕의 신하의 아들	배척당하심	가버나움으로 옮기심	ⓐ고기잡이 기적 ⓑ베드로와 네 제자를 부르심	ⓐ병자를 고치심 ⓑ마태를 부르심
마태				마 13:53–58	마 4:13–17	ⓑ마 4:18–22	ⓐ마 8:1–17 ⓑ마 9:9–17
마가				막 6:1–6	막 1:21–22	ⓑ막 1:16–20	ⓐ막 1:38–2:12 ⓑ막 2:13–22
누가				눅 4:16–30	눅 4:31–32	눅 5:1–11	ⓐ눅 5:12–26 ⓑ눅 5:27–39
요한	ⓐ요 2:13–21 ⓑ요 3:1–21	요 4:4–42	요 4:46–54				

① 예루살렘 : 유월절에 성전에서 장사하는 사람들을 내쫓고, 사흘 동안 성전을 일으키리라 말씀하심. 예수님을 찾아온 니고데모에게 물과 성령으로 거듭나는 것과 영생에 관해 가르치심.

② 수가성 : 사마리아 수가성 야곱의 우물에서 사마리아 여인에게 영생과 예배를 가르치시고, 자신이 메시아임을 알리심. 사마리아에서 이틀을 유하며 복음을 전하심.

③ 가나 : 왕의 신하가 가버나움에 있는 아들의 병을 고쳐달라고 청하자 말씀으로 고치심.

④ 나사렛 : 회당에서 가르치심. 예수님의 가족을 아는 사람들이 예수님을 배척함.

⑤ 가버나움 : 나사렛에서 사람들의 배척으로 사역지를 가버나움으로 옮기심.

⑥ 게네사렛 : 갈릴리호숫가에서 고기잡이의 기적을 일으키심. 베드로와 안드레, 야고보와 요한을 부르심.

⑦ 가버나움 : 회당에서 귀신 들린 자를, 시몬의 집에서 열병 앓는 시몬(베드로)의 장모를 고치심. 찾아온 많은 병자를 고치심. 세관에 앉아 있는 세리 마태(레위)를 부르심.

* 많은 학자들은 성경에서 지명이 명확하지 않고 '온 갈릴리', '갈릴리 여러 회당' 등 포괄적으로 언급되던 예수님의 갈릴리지역 사역을 갈릴리 1차 선교여행(마 4:23–25 ; 막 1:35–39 ; 눅 4:42–44)으로 칭하며, 그 시기를 본 도표 ⑥게네사렛과 ⑦가버나움 사이로 보고 있다.

공생애 시작 후 첫 번째 유월절부터 1년간의 사역 연대표						
AD 28	예루살렘	성전 정화				요 2:13–21
		니고데모				요 3:1–21
	수가성	우물가의 여인				요 4:4–42

	가나	왕의 신하의 아들				요 4:46-54
	나사렛	배척을 당하심	마 13:53-58	막 6:1-6	눅 4:16-30	
	가버나움	베드로를 부르심	마 4:18-22	막 1:16-20	눅 5:1-11	
		병자를 고치심	마 8:1-17	막 1:38-2:12	눅 5:12-26	
		마태를 부르심	마 9:9-17	막 2:13-22	눅 5:27-39	

이후 공생애 시작 후 두 번째 유월절부터 제2년째의 사역이 이어진다.

16

CHAPTER

중기사역

THE NEW TESTAMENT

시대 훑어보기

1) 이 시기의 위치와 구조

시대	성자(복음) 시대						
순서	13	14	15	16	17	18	
주제	탄생과 성장	공생애 시작	초기사역	중기사역	말기사역	십자가 · 부활 · 승천	
	공생애 이전	공생애				마지막 주간	부활과 승천
기간	30년	첫 6개월	초기사역 (1년)	중기사역 (1년)	말기사역 (1년)	1주일	40일
분기점	탄생	세례	공생애 첫 유월절	두 번째 유월절	세 번째 유월절	네 번째 유월절	

2) 시대 개관

공생애 두 번째 유월절 후 1년

베데스다 연못가에서 38년 된 중풍병자를 고쳐주신 것 외에는 1년 내내 갈릴리지역을 다니시며 이 지역에서 집중적으로 사역하셨다.

예수님을 따르던 자들 중에서 열두 제자를 선택하여 부르시고 그들을 양육하셨다. 산상수훈을 베푸시고, 귀 있는 자들이 듣도록 비유로 말씀하셨다. 갈릴리바다 건너편으로 가다가 광풍을 만났을 때 풍랑을 잠잠하게 하심으로 자연을 다스리는 그분의 신성을 보여주셨다. 나인성 과부의 죽은 아들과 회당장 야이로의 딸을 살리셨고, 백부장의 종과 12년간 혈루증 앓던 여인, 귀신 들린 사람 등을 고치셨다.

이렇게 이 시기에는 예수님이 예루살렘에서 38년 된 병자를 고치시는 내용을 시작으로 수많은 치유 사역이 기록되었다. 그러나 이 시기의 또다른 중요한 특징은 안식일 논쟁에서 안식일의 주인이 그분 자신이라 말씀하심으로 자신의 정체성을 알려주신 것, 그리고 산상수훈 등 복음시대 이후를 살아가는 변화된 삶을 위한 귀중한 교훈을 베풀어주신 점이라 하겠다.

지도로 보는 예수님의 중기사역

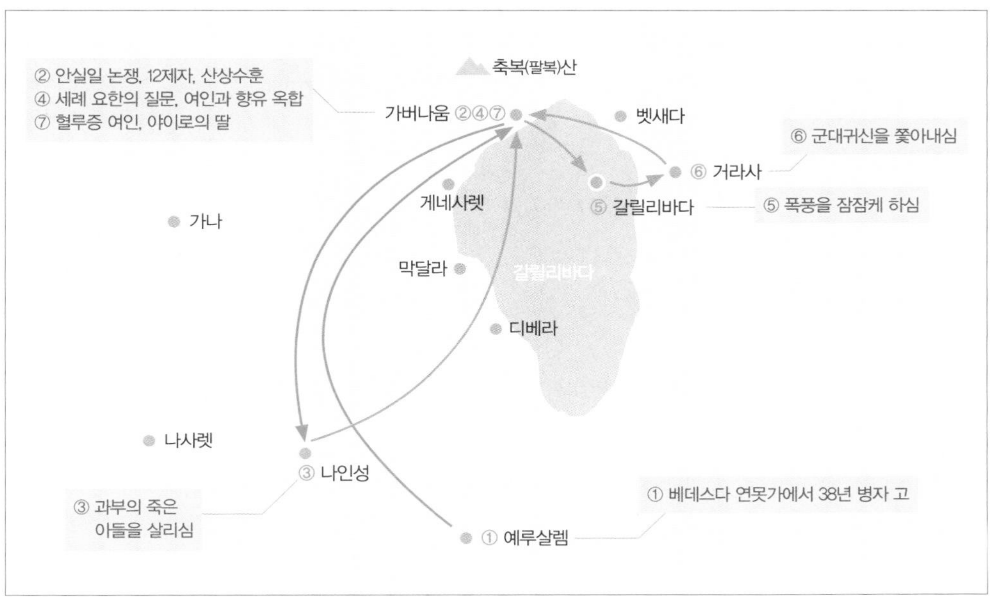

* 갈릴리호수 : 이스라엘 북쪽에 있는 담수호로 이 호수를 바라보는 방향에 따라 디베랴바다, 갈릴리바다, 긴네롯바다, 게네사렛호수 등 여러 이름으로 불린다. '긴네롯'(히, 하프)은 호수 모양이 하프를 닮아 붙여진 이름이다. 호수의 둘레는 약 53킬로미터이고, 남북으로 21킬로미터, 동서로 11킬로미터이며 면적은 대략 166제곱킬로미터에 이른다. 이 책에서는 구절에 따라 성경의 표기와 같게 '갈릴리바다'와 혼용했다.

순서	①	②	③	④	⑤	⑥	⑦
장소	예루살렘	가버나움	나인성	가버나움	갈릴리바다	거라사	가버나움
주제	두 번째 유월절 38년 된 병자	ⓐ 안식일 논쟁 ⓑ 손 마른 자 ⓒ 12제자 선택 ⓓ 산상수훈 ⓔ 백부장의 종	과부의 아들을 살리심	ⓐ 세례 요한의 질문 ⓑ 옥합을 깨뜨린 여인 ⓒ 바알세불 논쟁	풍랑을 잠잠케 하심	군대귀신 들린 자를 고치심	ⓐ 혈루증 여인 ⓑ 야이로의 딸 ⓒ 표적을 구하는 바리새인
마태		ⓐ 마 12:1–8 ⓑ 마 12:9–13 ⓒ 마 10:1–42 ⓓ 마 5–7장 ⓔ 마 8:5–13		ⓒ 마 12:22–37	마 8:23–27	마 8:28–34	ⓐ 마 9:20–22 ⓑ 마 9:18–26 ⓒ 마 12:38–45, 16:1–4
마가		ⓐ 막 2:23–28 ⓑ 막 3:1–5 ⓒ 막 3:13–19		ⓒ 막 3:20–30	막 4:35–41		ⓐ 막 5:25–34 ⓑ 막 5:22–43 ⓒ 막 8:11–13
누가		ⓐ 눅 6:1–5 ⓑ 눅 6:6–11 ⓒ 눅 6:12–16 ⓔ 눅 7:1–10	눅 7:11–17	ⓐ 눅 7:18–30 ⓑ 눅 7:36–50 ⓒ 눅 11:14–23	눅 8:22–25		ⓐ 눅 8:43–48 ⓑ 눅 8:40–56 ⓒ 눅 11:29–32
요한	요 5:1–18						

① 예루살렘 : 유월절에 예루살렘으로 올라가심. 안식일에 양문 곁 베데스다 못가에서 38년 된 병자를 고치심.

② 가버나움 : 안식일에 제자들이 밀이삭을 잘라 먹은 일과 예수께서 회당에서 손 마른 사람을 고치신 일로 바리새인과 안식일 논쟁이 일어남. 산에서 기도하고 열두 제자를 택하여 사도라 칭하심. 산상수훈을 가르치심. 백부장의 종을 말씀으로 고치심.

③ 나인성 : 과부의 아들을 살리심.

④ 가버나움 : 세례 요한이 두 제자를 보내 예수님이 메시아이신지 질문함. 예수님이 그 세대를 '피리 불어도 춤추지 않는 사람'으로 비유하심. 바리새인 시몬의 집에서 식사하실 때 한 여인이 옥합을 깨뜨려 예수님에게 향유를 부음. 바리새인들이 바알세불 논쟁을 일으킴.

⑤ 갈릴리바다 : 큰 풍랑이 일자 예수께서 바람과 바다를 잔잔하게 하심.

⑥ 거라사(가다라) : 군대귀신 들린 두 사람을 고치심.

⑦ 가버나움 : 야이로의 집으로 가는 길에 혈루증 앓던 여인이 예수님의 옷을 만져 치유받음. 야이로의 죽은 딸을 살리심. 귀신 들려 말 못 하는 사람을 고치심. 표적을 구하는 바리새인에게 요나의 표적밖에 보일 것이 없다고 하심.

산상수훈

마태복음 5-7장에 기록된 예수님의 산상설교이다. '그리스도교의 대헌장', '기독교 윤리의 근본'으로도 불린다. 율법적이고 외적인 행위보다 그 행위 뒤에 숨은 동기와 정신에 초점을 맞추고 있으며 천국 백성에 걸맞은 고도의 윤리, 도덕적 수준의 실천적 교훈을 제시하고 있다.

5장은 변화된 삶의 지침, 6장은 구제, 기도, 금식 등 신앙생활의 지침을 제시한다. 7장에서는 이웃과 하나님에 대한 태도, 삶의 자세 등에 관해 주의할 지침을 언급한다.

5장 (변화된 삶의 지침)										
적용	자세	삶의 지침								
주제	팔복	소금, 빛	율법	살인	화해	간음	이혼	맹세	대적	사랑
내용	심령이 변화되는 팔복	세상의 소금과 빛이다	율법의 완성	살인하지 말라	서로 화해하라	간음하지 말라	도무지 이혼하지 말라	도무지 맹세하지 말라	누구도 대적하지 말라	원수라도 사랑하라
절	1–12	13–15	17–20	21–22	23–26	27–30	31–32	33–37	38–42	43–48

6장 (신앙적인 지침)						
적용	신앙의 자세				실천 목표	
주제	구제	기도		금식	구제	염려
내용	구제를 은밀히	기도를 은밀히	주기도문	금식을 은밀히	재물은 천국에 쌓으라	하나님의 나라를 구하라
절	1–4	5–8	9–15	16–18	19–24	25–34

7장 (주의할 지침)						
주제	비판	가치	열심	대접	천국	행함
내용	비판하지 말라	가치를 모르는 자에게 귀한 것을 주지 말라	구하라 찾으라 두드리라	남을 대접하라	천국의 조건 아버지의 뜻대로 행하는 자	말씀대로 사는 자
절	1–5	6	7–11	12–14	15–23	24–29

공생애 중기사역 중 예수님이 비유로 말씀해주신 교훈은 13가지이다. 마태복음을 중심으로 살펴보면 이 비유들은 12장의 바알세불 논쟁부터 14장 폭풍을 잔잔케 하시기까지 그 사이에 집중적으로 나타난다. 그중 마태복음 13장에 나타난 7개의 비유는 '천국 비유'로도 알려져 있다. 천국 비유 중 마지막 세 가지는 무리에게 공개적으로 말씀하지 않으시고 제자들에게만 은밀히 알려주셨다.

예수님의 비유와 교훈(사역 2년차)	
1. 사하심을 받지 못하는 죄(성령훼방죄)	마 12:31-37 ; 막 3:28-30
2. 표적을 구하는 자의 비유	마 12:38-45 ; 눅 11:16, 24-32
3. 하나님나라의 영적 가족관계	마 12:46-50 ; 막 3:31-35 ; 눅 8:19-21
4. 바리새인을 책망하심	눅 11:37-42
5. 어리석은 부자의 비유	눅 12:16-20
6. 제자들을 위로하심(새와 백합화 비유)	눅 12:22-32
7. 혼인 잔치의 비유	눅 12:36-38
8. 지혜로운 청지기 비유	눅 12:42-48
9. 열매 없는 무화과나무 비유	눅 13:6-9
10. 씨뿌리는 자의 비유	마 13:3-9 ; 막 4:3-20 ; 눅 8:4-15
11. 알곡과 가라지 비유	마 13:24-30
12. 겨자씨 비유	마 13:31-32 ; 막 4:31-32 ; 눅 13:18-19
13. 누룩 비유	마 13:33 ; 눅 13:20-21
14. 감추인 보화 비유	마 13:44
15. 값진 진주 비유	마 13:45-46
16. 그물 비유	마 13:47-51

공생애 두 번째 유월절 이후 1년의 사역 연대표						
AD 29	예루살렘	38년 된 병자				요 5:1-18
	가버나움	① 안식일 논쟁	마 12:1-8	막 2:23-28	눅 6:1-5	
		② 손 마른 자	마 12:9-13	막 3:1-5	눅 6:6-11	
		③ 12제자 선택	마 10:1-42	막 3:13-19	눅 6:12-16	
		④ 산상수훈	마 5-7장			
		⑤ 백부장의 종	마 8:5-13		눅 7:1-10	
	나인성	과부의 아들을 살리심			눅 7:11-17	
	가버나움	① 세례 요한의 질문			눅 7:18-30	
		② 옥합을 깨뜨린 여인			눅 7:36-50	
		③ 바알세불 논쟁	마 12:22-37	막 3:20-30	눅 11:14-23	

AD 29	갈릴리바다	바다를 잠잠케 하심	마 8:23-27	막 4:35-41	눅 8:22-25	
	거라사	군대귀신 들린 자를 고치심	마 8:28-34			
	가버나움	① 혈루증 여인	마 9:20-22	막 5:25-34	눅 8:43-48	
		② 야이로의 딸	마 9:18-26	막 5:22-43	눅 8:40-56	
		③ 표적을 구하는 바리새인	마 12:38-45, 16:1-4	막 8:11-13	눅 11:29-32	

이후 공생애 시작 후 세 번째 유월절부터 제3년째의 사역이 이어진다.

17

CHAPTER

말기사역

THE NEW TESTAMENT

시대 훑어보기

1) 이 시기의 위치와 구조

시대	성자(복음) 시대						
순서	13	14	15	16	17	18	
주제	탄생과 성장	공생애 시작	초기사역	중기사역	말기사역	십자가 · 부활 · 승천	
	공생애 이전	공생애				마지막 주간	부활과 승천
기간	30년	첫 6개월	초기사역 (1년)	중기사역 (1년)	말기사역 (1년)	1주일	40일
분기점	탄생	세례	공생애 첫 유월절	두 번째 유월절	세 번째 유월절	네 번째 유월절	

2) 시대 개관

공생애 세 번째 유월절 후 1년

예수님이 공생애를 시작하신 후 약 2년 6개월에서 3년 6개월 사이, 즉 공생애 세 번째 유월절부터 1년간의 사역이다.

예수님의 공생애 말기사역의 특징은 사역이 가장 활발하게 이루어졌으며 그 양이 많고 지경도 넓다는 점이다. 전반기 6개월은 갈릴리지역에서, 후반기 6개월은 유대 및 베뢰아 지역에서 사역하셨다. 전반기 갈릴리 사역에서 변화산 사건으로 예수님의 신적 권위와 영적인 세계에 대한 섭리를 보여주시고, 유대 및 베뢰아 지역의 사역에서는 잃어버린 드라크마, 잃어버린 양, 탕자의 비유를 통해서 잃어버린 영혼에 대한 하나님의 마음을 교훈하신다.

이 시기는 사역이 활발했던 만큼 그 행적을 기록한 내용 또한 가장 많으므로 한 지도에 예수님의 이동 루트를 다 수용하기 어렵다. 이에 이 두 시기를 나누어 그 행적을 살펴보고자 한다.

1. 공생애 3년 전반기(세 번째 유월절 후 약 6개월)

세 번째 유월절에 예수님은 예루살렘에 가지 않고 계속 갈릴리지역에서 사역하셨다. 이 시기의 대표적인 행적으로는 오병이어와 칠병이어의 기적, 폭풍우 이는 바다 위를 걸으신 것, 북부지방을 이동하시면서 가나안 여인 및 이방인을 도우신 것, 변화산 사건 등이 있다.

바다 위를 걸으시고 물에 빠진 베드로를 구해주신 후와 변화산 아래에서 귀신 들린 아이를 고치실 때 믿음을 강조하셨다. 오병이어의 이적 후 예수님을 임금 삼으려고 따르는 사람들에게 그분 자신이 생명의 떡이라 말씀하시자 많은 제자가 떠나갔다.

예수님과 제자들이 장로들의 전통(유대 전통)을 지키지 않는다고 꼬투리를 잡는 바리새인과 서기관들에 대해서는 그들의 외식을 지적하셨다. 이후 갈릴리지역을 벗어나 두로와 시돈지방에 가서 수로보니게 여인의 딸을 고치시고 멀리 데가볼리로 가셔서 맹인의 눈을 고치고 칠병이어의 이적을 베푸셨으나 마가단 지경에서 다시 바리새인들이 와서 표적을 보이라며 예수님을 시험했다. 예수님은 요나의 표적밖에 보여줄 것이 없다며 거절하시고 제자들에게 바리새인과 사두개인의 누룩(교훈)을 주의하도록 경계하셨다. 당시 종교지도자 계층이던 바리새인들과의 갈등이 심화되는 시기였다.

이 시기에 예수님은 특히 제자 양육에 집중하셨다. "주는 그리스도이시오 살아계신 하나님의 아들"이라는 베드로의 신앙고백도 이 시기에 있었다.

지도로 보는 예수님의 말기사역 전반기

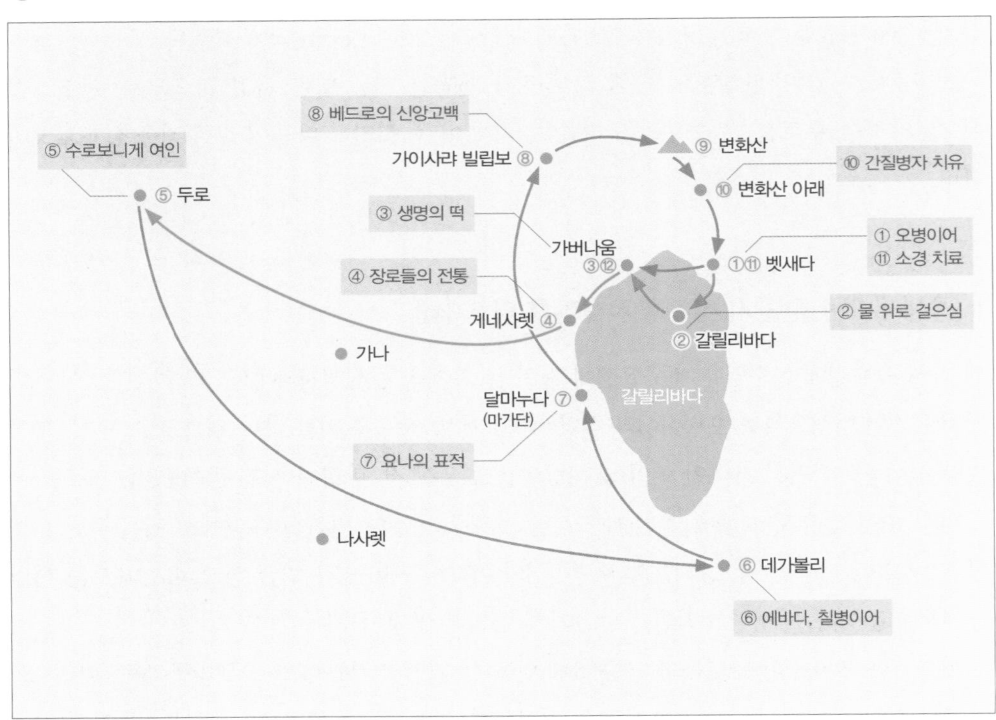

순서	①	②	③	④	⑤	⑥	⑦	⑧	⑨	⑩	⑪	⑫
장소	벳새다	갈릴리 바다	가버나움 (회당)	게네사렛	두로 시돈	데가볼리	달마누다(마가단 지경)	가이사랴 빌립보	변화산	변화산 아래	벳새다	가버나움
주제	오병이어	물 위로 걸으심	생명의 떡	장로들의 전통	수로보니게 여인	ⓐ 에바다 ⓑ 칠병이어	요나의 표적	베드로의 고백, 자기 십자가	모세 엘리야 예수님	간질병자와 제자들	소경을 고치심	ⓐ 성전세 ⓑ 큰 자 논쟁
마태	마 14:13–21	마 14:22–33		마 15:1–20	마 15:21–28	ⓑ 마 15:32–39	마 15:39, 16:1–12	마 16:13–28	마 17:1–13	마 17:14–20		ⓐ 마 17:24–27 ⓑ 마 18:1–11
마가	막 6:30–44	막 6:45–52		막 7:1–23	막 7:24–30	ⓐ 막 7:31–37 ⓑ 막 8:1–9	막 8:10–21	막 8:27–9:1	막 9:2–13	막 9:14–29	막 8:22–26	ⓑ 막 9:33–37
누가	눅 9:10–17							눅 9:18–27	눅 9:28–36	눅 9:37–45		ⓑ 눅 9:46–50
요한	요 6:1–15	요 6:16–21	요 6:24–71									

① 벳새다 : 빈 들에서 오병이어로 수많은 사람을 먹이심.

② 갈릴리바다 : 제자들을 배 태워 보내고 산에서 기도하시다가 밤 사경쯤 풍랑 이는 바다 위를 걸어 제자들이 탄 배로 오심.

③ 가버나움 : 오병이어 기적 후 예수님을 찾는 사람들에게 자신이 하늘에서 온 생명의 떡이라 하심. 많은 사람이 떠나감.

④ 게네사렛 : 병자들을 고치심. 제자들이 장로들의 전통을 지키지 않는다고 바리새인들이 항의하자 이사야서 말씀으로 답하심.

⑤ 두로, 시돈 : 수로보니게 여인의 귀신 들린 딸을 고쳐주심.

⑥ 데가볼리 : 귀 먹고 말 더듬는 자를 "에바다"라 하며 치유하심. 광야에서 칠병이어로 사람들을 먹이시고 남은 것을 일곱 광주리에 거두심.

⑦ 달마누다 지방(마가단 지경) : 표적을 청하는 바리새인과 사두개인에게 요나의 표적밖에 보일 것이 없다고 하심.

⑧ 가이사랴 빌립보 : "너희는 나를 누구라 하느냐" 물으시자 베드로가 "주는 그리스도"라고 고백함. 인자가 받을 고난과 부활을 제자들에게 말씀하시고 항변하는 베드로를 꾸짖으심. 자기 부인과 자기 십자가 질 것을 말씀하심.

⑨ 변화산 : 산 위에서 빛나는 형상으로 변화하시고 모세와 엘리야를 만나 대화하심.

⑩ 변화산 아래 : 산 아래 있던 제자들이 못 고친 귀신 들린 아이를 고치심.

⑪ 벳새다 : 맹인의 눈을 고치심.

* 마가복음에서 이어지는 구절들을 보면 ⑦과 ⑧ 사이의 일로 보이기도 한다. 이렇게 성경의 언급이 이어지는 문맥과 다른 시기의 일로 보이는 것은 비단 이 사건뿐만 아니라 복음서들을 종합하여 예수님의 행적을 따라가 보는 과정 속에 종종 일어나는 사례이다. 예수님의 행적에 대한 정확한 학술적인 정설은 없으며 여러 정황과 과정을 통해 가장 합당하게 여겨지는 경로와 여정으로 추측해볼 뿐이다.

⑫ 가버나움 : 베드로에게 고기를 잡아 그 입에서 한 세겔을 얻어 예수님과 베드로의 성전세를 내게 하심. 제자들이 누가 크냐는 문제로 다투자 섬김과 영접에 관해 말씀하심.

2. 공생애 3년 후반기

세 번째 유월절이 지난 후 맞은 초막절부터 네 번째 유월절 1주일 전까지의 사역이다. 예수님은 초막절을 지키러 예루살렘에 가신 후 계속 유대지역에서 사역하다가 나사로를 살리신 일로 잡히게 되자 예루살렘을 떠나 베뢰아 지역에서 사역하셨다.

이 시기에는 초막절과 수전절에 성전에서 가르치셨고 70인의 제자들을 둘씩 짝지어 파송하셨으며 여리고에서 삭개오를 만나주셨다. 안식일에 병 고치신 일(소경, 18년간 귀신 들려 꼬부라진 여인, 수종병 든 자)로 종교지도자들과 대립하는 일이 여러 번 있었다. 예수님은 선한 사마리아인, 불의한 청지기, 부자와 나사로 등의 비유로 그들을 질책하셨다. 이들과의 갈등은 죽은 나사로를 살리신 일로 최고조에 달해 이때부터 예수를 죽이려는 모의가 시작되었고, 예수님은 다시 유대인 가운데 드러나게 다니지 않으셨다.

지도로 보는 예수님의 말기사역 후반기

① 사마리아 : 한 마을에서 예수님을 배척하자 야고보와 요한이 불을 내려 멸하기를 원함.

② 노정 : 다른 마을로 가실 때 한 사람이 예수님을 따르겠다 하였으나 예수님이 "인자는 머리 둘 곳이 없다"라고 하심. 다른 두 사람은 예수님을 따르라는 부르심에 가족을 핑계로 거절함. 70인을 각 동네와 지역으로 둘씩 보내 하나님나라를 전파하게 하심. 예루살렘으로 가실 때 사마리아와 갈릴리 사이 한 마을에서 나병환자 10명을 고치심.

* 사마리아로 가는 중에 유대 지경에 가까이 갔을 때(마 19:1 참고) ⓐ 이혼 논쟁(마 19:1–12 ; 막 10:1–12), ⓑ 어린 아이 축복(마 19:13–15 ; 막 10:13–16 ; 눅 18:15–17), ⓒ 재물이 많은 사람(마 19:16–30 ; 막 10:17–31 ; 눅 18:18–30)에 관한 교훈을 하신 것으로 보인다.

③ 예루살렘 : 초막절 중간에 성전에 올라가 가르치심. 간음한 여인을 용서하고 보내심. 맹인의 눈에 흙을 바르고 실로암 못에서 씻게 하여 고치심.

④ 베다니(예) : (요단 동편이 아닌 예루살렘 감람산 부근의 베다니. 나사로와 마르다, 마리아 세 남매가 살았던 곳) 마리아 때문에 불평하는 마르다에게 권고하심.

⑤ 예루살렘 : 성전 안 솔로몬 행각에서 유대인들에게 답하며 "나와 아버지는 하나"라고 하

심. 수전절 설교 후 사람들이 예수님을 잡으려 함.

⑥ 베다니(요) : 수전절 설교 후 사람들이 예수님을 잡으려 하자 요단 동편 베다니로 가서 거하심(요 10:39-42). 그곳에서 많은 사람이 예수님을 믿음. 나사로가 병들었다는 소식을 듣고 이틀을 더 유하심.

⑦ 베다니(예) : 죽은 나사로를 살리심. 이 일로 대제사장들과 바리새인들이 공회를 모으고 예수를 죽이려 함.

⑧ 베뢰아 : 안식일에 18년 간 귀신 들려 꼬부라진 여자, 수종병 든 사람을 고치심. 세리와 죄인들과 교제하시는 것을 보고 바리새인과 서기관들이 비난하자 비유로 가르치심. 약 3개월간 머물며 사람들을 가르치시고 사역을 마무리하심.

⑨ 여리고 : 삭개오를 부르심.

⑩ 베다니(예) : 나사로의 집에서 잔치할 때 마리아가 예수님께 향유를 부음.

순서	①	②	③	④	⑤	⑥	⑦	⑧	⑨	⑩
장소	사마리아	노정	예루살렘	베다니(예)	예루살렘	베다니(요)	베다니(예)	베뢰아	여리고	베다니(예)
주제	배척	ⓐ 쟁기를 잡고 뒤돌아보는 자 ⓑ 70인 파송 ⓒ 나병 환자 10명	ⓐ 초막절 설교 ⓑ 소경 치료와 논쟁	마르다와 마리아	수전절 설교	요단강 건너로 피하심	나사로를 살리심	3개월 제자 양육	삭개오를 부르심	마리아 향유
마태										마 26:6–13
마가										막 14:3–9
누가	눅 9: 51–56	ⓐ 눅 9:57–62 ⓑ 눅 10:1–20 ⓒ 눅 17:11–19		눅 10: 38–42				눅 13–16장	눅 19:1–10	
요한			ⓐ 요 7:14–8장 ⓑ 요 9장		요 10:22–38	요 10:40–42	요 11:1–44			요 12:1–8

예수님의 설교(사역 3년차)		
③	⑤	⑧
초막절 설교	수전절 설교	베뢰아 3개월
요 7:16-17 주님의 교훈	요 10:24-25 불신	눅 13:10-17 해방
요 7:37-38 성령(생수)	요 10:26-28 청종	눅 14:1-6 안식일
요 8:1-11 용서(간음한 여인)	요 10:29-30 아버지와 하나	눅 14:7-24 겸손
요 8:12-20 세상의 빛	요 10:32-36 신성모독	눅 14:25-35 제자의 길
요 8:31-43 진리를 알지니	요 10:37-39 믿음이란	눅 15:1-32 한 영혼
요 8:44-47 너희 아비는 마귀		눅 16:1-8 관계에 충성
요 10:1-6 양의 우리		눅 16:13 한 마음
요 10:7-10 양의 문		눅 16:19-26 천국은
요 10:11-15 선한목자		눅 16:27-31 믿음의 기회

③ 초막절 설교의 교훈									
주제	주님의 교훈	성령	용서	세상의 빛	진리	마귀	양의 우리	양의 문	선한 목자
내용	나를 보내신 이의 것	배에서 흘러나는 생수의 강	간음 중 잡혀 온 여인	생명의 빛을 얻으리라	진리가 너희를 자유케 하리라	마귀에서 난 자는 진리를 불신함	양들이 그의 음성을 안다	나로 말미암아 구원을 받고	양들을 위해 목숨을 버린다
성경	요 7:14-24	요 7:37-44	요 8:1-11	요 8:12-20	요 8:31-43	요 8:44-47	요 10:1-6	요 10:7-10	요 10:11-15

⑤ 수전절 설교의 교훈					
주제	불신	청종	하나	신성모독	믿음이란
내용	내 양이 아니므로 믿지 않음	내 양은 내 음성을 듣는다	아버지와 아들	하나님의 아들	아버지께서 내 안에 내가 아버지 안에
성경	요 10:24-25	요 10:26-28	요 10:29-30	요 10:32-36	요 10:37-39

⑧ 베뢰아에서의 가르침									
주제	해방	안식일	겸손	제자의 길	한 영혼	관계에 충성	한 마음	천국은	믿음의 기회
내용	해방선언(18년간 꼬부라진 여인)	안식일에 수종병자 치료	끝자리에 앉으라, 갚을 것이 없는 자들을 청하라, 큰 잔치 비유	자기 목숨까지 미워하고 자기 십자가를 지는 자	잃은 양, 한 드라크마, 돌아온 탕자	불의한 청지기, 불의한 재물에도 충성	두 주인을 섬길 수 없다	부자와 나사로	모세와 선지자에게 듣지 않는 자
성경	눅 13:10-17	눅 14:1-6	눅 14:7-24	눅 14:25-35	눅 15:1-32	눅 16:1-8	눅 16:13	눅 16:19-26	눅 16:27-31

예수님의 비유와 교훈(사역 3년차)	
1. 꼬부라진 여인 – 안식일의 치유에 관한 가르침	눅 13:10–17
2. 좁은 문 비유	눅 13:23–30
3. 수종병자 – 안식일의 치유에 관한 가르침	눅 14:1–6
4. 큰 잔치의 비유	눅 14:15–24
5. 제자가 되는 어려움	눅 14:25–33
6. 잃은 양의 비유	눅 15:1–7
7. 열 드라크마 비유	눅 15:8–10
8. 돌아온 탕자의 비유	눅 15:11–32
9. 불의한 청지기 비유	눅 16:1–13
10. 부자와 나사로 비유	눅 16:19–31
11. 용서에 대하여	눅 17:1–4
12. 종의 의무 비유	눅 17:5–10
13. 주님의 재림에 대해서	눅 17:20–37
14. 불의한 재판관의 비유	눅 18:1–8
15. 바리새인과 세리의 기도	눅 18:9–14
16. 이혼에 대한 말씀	마 19:3–12 ; 막 10:2–12
17. 어린아이를 축복하심	마 19:13–15 ; 막 10:13–16 ; 눅 18:15–17
18. 포도원 품꾼의 비유	마 20:1–16
19. 므나의 비유	눅 19:11–27

공생애 세 번째 유월절 이후 1년의 사역 연대표						
	벳새다	오병이어	마 14:13–21	막 6:30–44	눅 9:10–17	요 6:1–15
	갈릴리바다	물 위로 걸으심	마 14:22–33	막 6:45–52		요 6:16–21
	가버나움	생명의 떡				요 6:24–71
	게네사렛	장로의 전통	마 15:1–20	막 7:1–23		
	두로, 시돈	수로보니게 여인	마 15:21–28	막 7:24–30		
	데가볼리	① 에바다		막 7:31–37		
		② 칠병이어	마 15:32–39	막 8:1–9		

AD 30	마가단 막달라	표적을 구하는 바리새인	마 15:39, 16:1-12	막 8:10-21		
	가이사랴 빌립보	베드로 고백, 자기 십자가	마 16:13-28	막 8:27-9:1	눅 9:18-27	
	변화산	모세, 엘리야, 예수님	마 17:1-13	막 9:2-13	눅 9:28-36	
	변화산 아래	간질병자와 제자들	마 17:14-20	막 9:14-29	눅 9:37-45	
	벳새다	소경을 고치심		막 8:22-26		
	가버나움	제자 훈련(성전세, 큰 자 논쟁)	마 17:24-18:35	막 9:33-37	눅 9:46-50	
	사마리아	배척			눅 9:51-56	
	노정	70인 파송			눅10:1-20	
	예루살렘	① 초막절 설교				요 7:14-8장
		② 소경치료와 논쟁				요 9장
	베다니	마리아와 마르다			눅 10:38-42	
	예루살렘	수전절 설교				요 10:22-38
	베다니(요)	요단강 건너로 피하심				요 10:40-42
	베다니	나사로를 살리심				요 11:1-44
	베뢰아	3개월간 제자 양육			눅 13-16장	
	여리고	삭개오를 부르심			눅 19:1-10	
	베다니(예)	마리아가 향유를 부음	마 26:6-13	막 14:3-9		요 12:1-8

이후 공생애 시작 후 네 번째 유월절을 전후로 한 마지막 한 주간이 이어진다.

18
CHAPTER

십자가·부활·승천

THE NEW TESTAMENT

시대 훑어보기

1) 이 시기의 위치와 구조

시대	성자(복음) 시대						
순서	13	14	15	16	17	18	
주제	탄생과 성장	공생애 시작	초기사역	중기사역	말기사역	십자가 · 부활 · 승천	
	공생애 이전	공생애				마지막 주간	부활과 승천
기간	30년	첫 6개월	초기사역(1년)	중기사역(1년)	말기사역(1년)	1주일	40일
분기점	탄생	세례	공생애 첫 유월절	두 번째 유월절	세 번째 유월절	네 번째 유월절	

2) 시대 개관

공생애 네 번째 유월절을 맞는 1주일과 승천하시기까지

예루살렘 입성부터 십자가 사건, 부활, 승천으로 이어지는 약 50일의 이 시기는 예수님의 공생애 말기에 속하지만 이 짧은 기간 동안 일어난 사건이 많으며 또한 매우 중요한 주제인 만큼 공생애 말기와 분리해 살펴보기로 한다.

1. 공생애 사역 마지막 1주일

예수님은 나귀를 타고 예루살렘에 입성하심으로 하나님의 계시를 성취하면서 공생애의 마지막 한 주를 시작하셨다. 이어서 성전을 깨끗하게 하시고 감람산 설교를 통해 말세의 징조 등을 교훈하셨다. 유월절 밤에는 성만찬을 하며 제자들을 교훈하고 그들을 위해 기도하셨다. 겟세마네 동산에서 간절히 기도하신 후 체포되어 십자가에 달려 운명하셨다.

- 첫째 날(일요일) : 어린 나귀를 타고 예루살렘에 입성하심.
- 둘째 날(월요일) : 성전을 청결하게 하심(두 번째 성전 정화 사건).
- 셋째 날(화요일) : 종교지도자들의 질문. 감람산에서 설교하시고 예루살렘을 보며 우심. 말세의 징조에 관해 설교하심.
- 넷째 날(수요일) : 성경에 이날에 관한 기록은 나타나지 않는다.
- 다섯째 날(목요일) : 유월절 만찬. 겟세마네동산에서 기도하심. 체포되어 밤새 재판받으심. 베드로가 예수님을 세 번 부인할 것을 말씀하심.
- 여섯째 날(금요일) : 빌라도와 헤롯을 오가는 3번의 심문. 채찍에 맞으시고 십자가에 달려 죽으심.

1) 주일 (첫째 날, 종려주일)					
장소	주제	마태	마가	누가	요한
예루살렘	예루살렘 입성	마 21:1-11	막 11:1-11	눅 19:29-44	요 12:12-19
예루살렘	죽으실 것을 예언				요 12:20-36

(마 21:7-9) 나귀와 나귀 새끼를 끌고 와서 자기들의 겉옷을 그 위에 얹으매 예수께서 그 위에 타시니 무리의 대다수는 그들의 겉옷을 길에 펴고 다른 이들은 나뭇가지를 베어 길에 펴고 앞에서 가고 뒤에서 따르는 무리가 소리 높여 이르되 호산나 다윗의 자손이여 찬송하리로다 주의 이름으로 오시는 이여 가장 높은 곳에서 호산나 하더라

2) 월요일 (둘째 날)					
장소	주제	마태	마가	누가	요한
예루살렘 성전	성전을 정화하심	마 21:12-13	막 11:15-17	눅 19:45-46	
예루살렘 성전	병자를 고치심	마 21:14			
베다니 가는 길	무화과나무를 저주하심	마 21:18-20	막 11:12-14		

3) 화요일 (셋째 날)					
장소	주제	마태	마가	누가	요한
성전	예수님의 권위 문제	마 21:23-27	막 11:27-33	눅 20:1-8	

성전	과부의 연보		막 12:41–44	눅 21:1–4	
성전	헬라인들의 방문				요 12:20–36
성전	종말에 관한 강화(講話)	마 24:1–42	막 13:1–37	눅 21:5–36	
성전	유대인의 모의	마 26:1–5	막 14:1–2	눅 22:1–2	
	가룟 유다의 배반	마 26:14–16	막 14:10–11	눅 22:3–6	

마지막 화요일 예수님의 비유와 교훈

비유	마태	마가	누가	요한
두 아들의 비유	마 21:28–32			
악한 농부의 비유	마 21:33–41	막 12:1–9	눅 20:9–16	
혼인 잔치의 비유	마 22:1–14		눅 14:15–24	
납세 문제에 관해서	마 22:15–22	막 12:13–17	눅 20:20–26	
부활의 문제	마 22:23–33	막 12:18–27	눅 20:27–40	
불신앙에 관한 대화				요 12:37–50
징조와 장래의 일들	마 24:15–42	막 13:14–37	눅 21:20–36	

4) 수요일 (넷째 날)

예수님의 마지막 주간 중 수요일에 관한 기록은 성경에서 그 내용을 찾을 수 없다. 이에 많은 신학자들은 예수님이 십자가를 지시기 전 베다니에서 조용히 침묵하신 것으로 추측한다. 혹자는 여인이 옥합을 깨뜨려 예수님에게 부은 향유 사건(마 26:6–13 ; 막 14:3–11 ; 요 12:1–8)을 수요일에 있었던 일로 보기도 하나 확실치는 않다.

5) 목요일 (다섯째 날, 공생애 네 번째 유월절)

장소	주제	마태	마가	누가	요한
다락방	세족식 유월절 만찬	마 26:17–19	막 14:12–18	눅 22:7–18	요 13:3–17
다락방	유다의 배반 예고	마 26:21–25	막 14:18–21	눅 22:21–23	요 13:18–30
다락방	성만찬 제정	마 26:26–29	막 14:22–25	눅 22:19–20	
다락방	고별사와 기도				요 14–17장
감람산	겟세마네 동산 기도	마 26:36–46	막 14:32–42	눅 22:40–46	요 18:1
감람산	유다의 반역과 체포	마 26:47–56	막 14:43–52	눅 22:47–53	요 18:3–13
가야바의 집	공회 앞에서 재판	마 27:1	막 14:53	눅 22:66–71	

* 예수님이 성만찬을 제정하신 날은 유월절(1월 14일 목요일 저녁)이며 십자가에서 운명하신 날은 무교절(15일 금요

일)이다. 이날을 마태복음(26:17)은 "무교절 첫날", 마가복음(14:12)은 "유월절 양 잡는 날", 누가복음(22:7)은 "유월절 양을 잡을 무교절날"로 기록하였다. 그런데 요한복음 19장 14절은 "이날은 유월절의 준비일이요 때는 제육시라 빌라도가 유대인들에게 이르되 보라 너희 왕이로다"라고 기록되어 있다. 이 말씀에서 "이날"은 예수께서 빌라도의 관정에서 재판을 받은 날인데 "유월절의 준비일"이라니 무슨 의미일까? 유월절 주간의 예비일(Παρασκευή, 파라스큐에)은 근본안식일 예비일을 가리키는 단어로, 요한복음 19장 31절에 "이날은 준비일(금요일)이라 유대인들은 그 안식일이 큰 날이므로…"라고 한 것은 유월절 주간의 안식일(토요일)의 예비일, 즉 금요일이라는 뜻이다.

마태복음 26장 17절 "무교절의 첫날에"에 대하여 호크마주석은 다음과 같이 정리하고 있다.

"니산월 14일인 유월절 저녁부터(출 12:6) 무교병을 먹는 바 흔히 유월절과 무교절이란 말을 상호 교호적(交互的)으로 사용하였다(출 12:18). 그리고 그들은 이 절기를 지키기 위해 13일경부터 집안의 모든 누룩을 제거하였는데 이날을 준비일로 본다. 여기서 가리키는 '무교절의 첫날'이란 '유월절', 곧 '양 잡는 날'(출 12:6)이 아니라 하루 전날인 니산월 13일의 준비일을 의미한다고 볼 수 있다. … 니산월 14일 오후에 당신이 친히 십자가라는 유월절 식탁에 오를 예정이었던 것이다."

6) 금요일(여섯째 날, 유월절 어린 양을 잡는 날)					
장소	주제	마태	마가	누가	요한
〈새벽〉 십자가형을 받으심					
가야바의 집	베드로의 부인	마 26:58, 69–75	막 14:54, 66–72	눅 22:54–62	요 18:15–18, 25–27
빌라도 관저	빌라도 심문	마 27:1–2,11–14	막 15:1–5	눅 23:1–5	요 18:28–38
헤롯 궁전	헤롯 심문			눅 23:6–12	
	유다 자살	마 27:3–10			
빌라도 관저	빌라도 선고	마 27:15–26	막 15:6–15	눅 23:13–25	요 19:1–16
〈오전〉 십자가에 달리심					
빌라도 관저	로마 병정의 희롱	마 27:27–30	막 15:16–19		
십자가 도상	구레네 시몬	마 27:32	막 15:20–21	눅 23:26	
골고다 언덕	십자가에 달리심	마 27:33–38	막 15:25–26	눅 23:33–38	요 19:17–22
〈오후〉 운명 후 장사되심					
십자가 아래	유대인들의 조롱	마 27:39–43	막 15:29–32	눅 23:35–37	
십자가 아래	예수님의 옷을 제비뽑음				요 19:23–24
십자가	운명하심	마 27:50	막 15:33–37	눅 23:46	요 19:28–30

성전	휘장이 찢어짐	마 27:51–53	막 15:38–39	눅 23:44–45	
무덤	장사되심	마 27:59–60	막 15:46–47	눅 23:53	요 19:38–42
여섯째 날 금요일 예수님의 가상칠언(架上七言)					
말씀		마태	마가	누가	요한
아버지 저들을 사하여 주옵소서				눅 23:34	
낙원에 있으리라				눅 23:43	
보라 네 어머니라					요 19:27
엘리 엘리 라마 사박다니		마 27:46	막 15:34		
내가 목마르다					요 19:28
다 이루었다					요 19:30
내 영혼을 아버지 손에 부탁하나이다				눅 23:46	

지도로 보는 예수님의 마지막 목, 금요일

번호	①	②	③	④	⑤	⑥	⑦	⑧	⑨	⑩	⑪
장소	다락방	겟세마네	가야바의 집	빌라도 관저	헤롯 궁전	빌라도 관저		노상	골고다		동산 묘지
사건	유월절 만찬(성만찬)	겟세마네 기도, 체포	공회 앞에 서심	빌라도 심문	헤롯 심문	빌라도의 사형 언도	로마 병정의 희롱	구레네 시몬	십자가에 달리심	운명(성전 휘장)	무덤에 장사되심
마태	마 26:17–29	마 26:36–56	마 27:1	마 27:2,11–14		마 27:15–26	마 27:27–31	마 27:32	마 27:33–38	마 27:45–53	마 27:57–61
마가	막 14:12–25	막 14:32–49	막 14:53, 55–65	막 15:1–5		막 15:6–15	막 15:16–19	막 15:20–21	막 15:25–27	막 15:33–39	막 15:43–47
누가	눅 22:7–23	눅 22:39–53	눅 22:66–71	눅 23:1–5	눅 23:6–12	눅 23:13–25		눅 23:26	눅 23:33–38	눅 23:39–46	눅 23:50–56
요한	요 13–17장	요 18:1–13	요 18:19–24	요 18:28–38		요 19:1–16			요 19:17–24	요 19:25–37	요 19:38–42

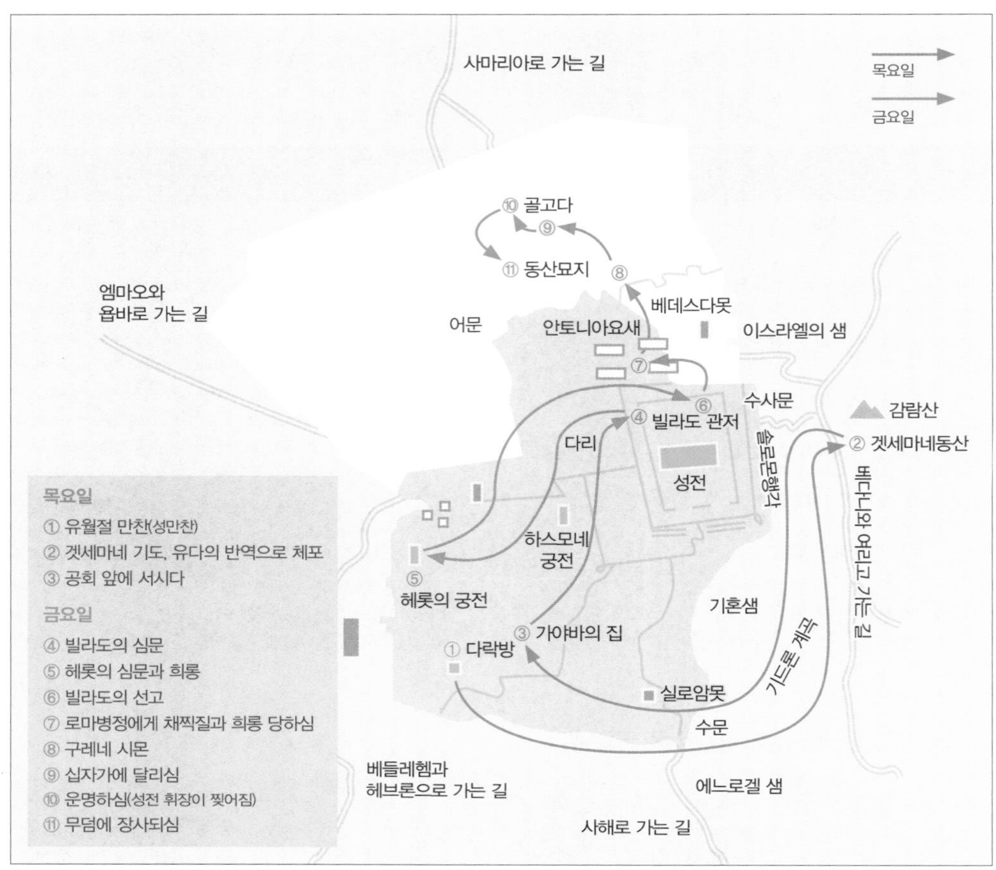

① 다락방 : 유월절 만찬을 함께하심. 제자들의 발을 씻기고 떡과 포도주를 나누심. 가룟 유다의 배반과 베드로의 부인을 예고하심.

② 겟세마네 : 기도하심. 유다의 배반으로 체포되심. 대제사장의 종 말고의 귀를 고치심.

③ 대제사장의 집 : 베드로가 예수님을 3번 부인함. 사람들이 예수님을 희롱하고 때리며 공회 앞에 세우고 거짓 증언을 함.

④ 빌라도 관저 : 빌라도에게 심문받으심.

⑤ 헤롯 궁전 : 헤롯에게 심문에 대답하지 않으심. 헤롯이 군인들과 함께 예수님을 희롱함.

⑥ 빌라도 관저 : 군중이 예수 대신 바라바를 놔달라고 요구함. 빌라도가 사형을 언도함.

⑦ 빌라도 관저 : 브라이도리온이라는 뜰에서 총독의 군병들이 예수님을 채찍질하고 희롱함.

⑧ 노상 : 골고다로 가는 길에 구레네 사람 시몬에게 예수님의 십자가를 지게 함.

⑨ 골고다 : 예수님을 십자가에 못 박고 죄패를 붙여 두 강도 사이에 세움. 군인들이 예수님의 옷을 제비 뽑아 나눔.

⑩ 골고다 : 가상칠언을 남기고 운명하심. 성소 휘장이 찢어지고 땅이 진동하며 무덤들이 열림. 한 군인이 예수님의 다리를 꺾는 대신 창으로 옆구리를 찌르니 피와 물이 나옴.

⑪ 동산 묘지 : 아리마대 요셉과 니고데모가 동산 새 무덤에 예수님을 장사지냄. 여인들이 무덤 위치를 봄.

예수님의 부활과 나타나심					
장소	대상	마태	마가	누가	요한
1) 부활 후 나타나심					
무덤	무덤을 찾은 여인들에게	마 28:1–7	막 16:1–5	눅 24:1–2	요 20:1
	막달라 마리아에게		막 16:9		요 20:11–17
	막달라 마리아와 다른 마리아에게	마 28:8–10			
돌아오는 길	베드로에게			눅 24:34	
엠마오 도상	엠마오로 가는 두 제자에게		막 16:12–13	눅 24:13–35	
마가 다락방	도마 외 열 제자에게		막 16:14–18	눅 24:33–49	요 20:19–25
	도마 포함 열한 제자에게				요 20:26–29
디베랴	고기 잡는 일곱 제자에게				요 21:1–19
갈릴리	500여 형제에게	고전 15:6			
예루살렘	예수님의 동생 야고보에게	고전 15:7			
감람산	감람산에서 승천 하심	마 28:16–20	막 16:19–20	눅 24:50–53	
2) 승천 후 나타나심					
예루살렘	스데반에게 보이심	행 7:55			
다메섹	다메섹으로 가는 바울에게	행 9:3–7			
예루살렘	예루살렘에서 바울에게	행 23:11			
밧모섬	사도 요한에게	계 1:13			

예수님의 공생애 마지막 1주일의 사역 연대표					
예수님의 사역 마지막 일주일 (약 1주일)					
1) 주일(첫째 날, 종려주일)					
예루살렘	예루살렘 입성	마 21:1–11	막 11:1–11	눅 19:29–44	요 12:12–19
2) 월요일(둘째 날)					
예루살렘 성전	성전을 정화하심	마 21:12–13	막 11:15–17	눅 19:45–46	
	병자를 고치심	마 21:14			
베다니 가는 길	무화과나무를 저주하심	마 21:18–20	막 11:12–14		
3) 화요일(셋째 날)					
성전	예수님의 권위 문제	마 21:23–27	막 11:27–33	눅 20:1–8	
	과부의 연보		막 12:41–44	눅 21:1–4	
	헬라인들의 방문				요 12:20–36
	종말에 관한 강화	마 24:1–42	막 13:1–37	눅 21:5–36	
성전	유대인의 모의	마 26:1–5	막 14:1–2	눅 22:1–2	
	가룟 유다의 배반	마 26:14–16	막 14:10–11	눅 22:3–6	
4) 수요일(넷째 날) – 복음서에 이날의 행적에 관한 기록은 나타나지 않음					
시몬의 집	여인이 향유를 부음 (이날의 사건인지는 확실치 않다)	마 26:6–13	막 14:3–11		요 12:1–8
5) 목요일(다섯째 날, 공생애 네 번째 유월절)					
다락방	세족식, 유월절 만찬	마 26:17–19	막 14:12–18	눅 22:7–18	요 13:3–17
	유다의 배반 예고	마 26:21–25	막 14:18–21	눅 22:21–23	요 13:18–30
	성만찬 제정	마 26:26–29	막 14:22–25	눅 22:19–20	
	고별사와 기도				요 14–17장
감람산	겟세마네 동산 기도	마 26:36–46	막 14:32–42	눅 22:40–46	요 18:1
	유다의 반역과 체포	마 26:47–56	막 14:43–52	눅 22:47–53	요 18:3–13
가야바의 집	공회 앞에서 재판	마 27:1	막 14:53	눅 22:66–71	

6) 금요일(여섯째 날, 유월절 어린 양을 잡는 날)					
〈새벽〉 십자가형을 받으심					
가야바의 집	베드로의 부인	마 26:58, 69–75	막 14:54, 66–72	눅 22:54–62	요 18:15–18, 25–27
빌라도 관저	빌라도 심문	마 27:1–2, 11–14	막 15:1–5	눅 23:1–5	요 18:28–38
헤롯 궁전	헤롯 심문			눅 23:6–12	
	유다의 자살	마 27:3–10			
빌라도 관저	빌라도의 선고	마 27:15–26	막 15:6–15	눅 23:13–25	요 19:1–16
〈오전〉 십자가에 달리심					
빌라도 관저	로마 병정의 희롱	마 27:27–30	막 15:16–19		
십자가 도상	구레네 시몬	마 27:32	막 15:20–21	눅 23:26	
골고다 언덕	십자가에 달리심	마 27:33–38	막 15:25–26	눅 23:33–38	요 19:17–22
〈오후〉 운명 후 장사되심					
골고다 언덕	유대인들의 조롱	마 27:39–43	막 15:29–32	눅 23:35–37	
	예수님의 옷을 제비뽑음				요 19:23–24
골고다 언덕	운명하심	마 27:50	막 15:33–37	눅 23:46	요 19:28–30
	성전의 휘장이 찢어짐	마 27:51–53	막 15:38–39	눅 23:44–45	
	장사되심	마 27:59–60	막 15:46–47	눅 23:53	요 19:38–42

복음시대의 교훈(요 1:1,14)

인간의 육신을 입고 성육신하신 하나님(임마누엘 하나님)

1) 완전한 인간으로 오심 – 대속을 위한(공의와 사랑의 완성)

2) 구원으로의 부르심 – 유일한 구원의 조건(회개하라)

3) 완전한 구원의 길 – 길이요 진리요 생명의 길

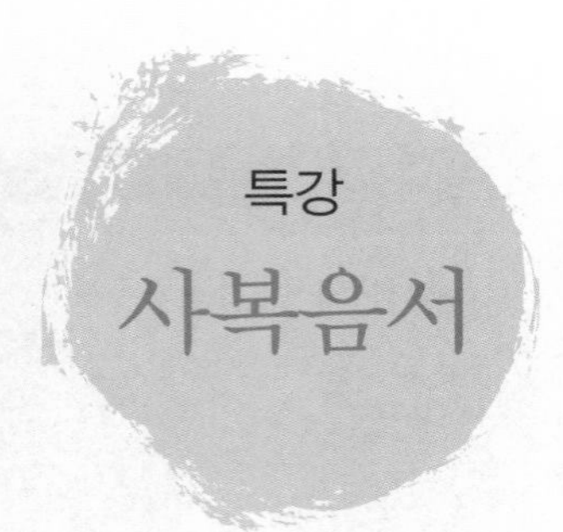

사복음서의 비교				
복음서	마태복음	마가복음	누가복음	요한복음
저자의 직업	세관원(세리)	부유한 집안 출신의 선교사	의사 출신의 선교사	어부
대상	유대인	로마인	헬라인	온 세상
예수를 보는 시각	약속된 메시아 (슥 9:9)	순종과 희생의 종 (사 42:1)	흠 없는 인자 (슥 6:12)	성육신하신 성자 (사 40:9)
그리스도의 사역	천국을 설립하여 통치자가 되시기 위해 왕으로 오심	죄인인 인간을 섬기고 구속 사역을 성취하기 위해 종으로 오심	창조 당시의 완전한 인간을 회복하기 위해 인간으로 오심	구원을 계시하고 성취하기 위해 성자로 오심
주제	그리스도가 약속된 하나님 나라를 도래시킴	그리스도가 하나님 아버지께 순종하여 세상을 섬김	그리스도는 하나님과 인간 사이에서 완전한 인간의 모습을 회복하여 중보자가 되심	그리스도의 신성과 그에 대한 믿음의 당위성
최후진술	지상명령 복음 증거의 대사명	영광 속에 승천	남겨둔 자들에게 성령을 약속	진리의 말씀 진실한 증인
신학적 강조점	새 율법	예수의 능력	예수의 은혜	예수의 영광
특징	구약의 예언 성취를 강조함	주님의 행적을 강조하는 가장 짧은 복음서	사건 자체를 자세히 설명한 가장 긴 복음서	사건 안에 담긴 교리 해설에 초점을 맞춤
문체	설교	영웅담	역사서	교리서
성격	예언적(계시적)	실제적(현실적)	역사적(사실적)	영적
주요 시제	과거	현재	미래	영원
핵심 단어	"이루어진"(15회)	"곧"(40회)	"인자"(26회)	"믿음"(98회)
공통(고유) 내용 비율	58%(42%)	93%(7%)	41%(59%)	8%(92%)
핵심 구절	5:17 내가 율법이나 선지자를 폐하러 온 줄로 생각하지 말라 폐하러 온 것이 아니요 완전하게 하려 함이라	10:45 인자가 온 것은 섬김을 받으려 함이 아니라 도리어 섬기려 하고 자기 목숨을 많은 사람의 대속물로 주려 함이니라	19:10 인자가 온 것은 잃어버린 자를 찾아 구원하려 함이니라	20:31 오직 이것을 기록함은 너희로 예수께서 하나님의 아들 그리스도이심을 믿게 하려 함이요 또 너희로 믿고 그 이름을 힘입어 생명을 얻게 하려 함이니라

마태복음(Matthew)				
기록자	기록 연대	대상	기록 장소	장수
마태	AD 60–70년	유대인	수리아 안디옥	28장
예수를 보는 시각	주요 시제	기록 목적	특징과 성격	
왕으로 오신 메시아	과거	예수님이 구약의 선지자들이 예언한 메시아이심을 알림	구약의 예언(계시)의 성취를 강조	

기록 목적과 배경

· 예수가 구약에 예언된 그 메시아이심을 증명하고 알리기 위하여

· 다시 율법으로 돌아가려는 팔레스타인의 그리스도인을 위하여

· 예수를 직접 목격한 복음의 첫 세대가 예수의 행적을 분명한 기록으로 남기기 위하여

저자

본서의 저자는 예수님의 열두 제자 중 하나인 마태(마 9:9-13)라는 것이 전통적 의견이다. 그는 알패오의 아들로 '레위'라고도 불렸다. 세관에 앉아 사무를 보는 세리였으며 가버나움에서 일했다(눅 5:27-28). 그는 예수님의 부름을 받자 즉시 모든 것을 버리고 따랐으며, 곧 잔치를 베풀고 자신의 동료였던 세리들과 죄인들을 청하여 대접함으로써 그들에게 예수를 소개하였다.

내용

신약의 첫 관문인 본서가 첫 장에서 예수 그리스도의 족보를 기록한 이유는 무엇일까? 예수님으로부터 역사를 거슬러 올라가면서 족보를 살펴보면 그 족보는 다윗 왕에 이르고, 이스라엘 민족의 조상이며 믿음의 조상인 아브라함에까지 도달한다. 이는 곧 '왕의 족보'로, 마태는 예수께서 유대인의 왕으로서 세상에 오셨음을 분명하게 보여주려 한 것이다.

하지만 유대인의 왕 예수는 하나님의 아들(3:17, 16:16, 17:5, 27:54)이며, 궁극적으로는 세상 만왕의 왕이시다. 마태는 본서의 맨 끝에 예수님의 지상 대명령(28:19-20)을 기술하기 전, 예수께서 하늘과 땅의 모든 권세를 하나님으로부터 받으셨다고 말한다(28:18). 유대인의 왕이며 만왕의 왕이신 주님께서 수천 년 전에 약속된 것(예언)을 좇아 마침내 세상에 오셨다는 것이 본서의 핵심 주제이다. 인간 세상에 많은 통치자와 지도자가 있지만, 과거에도 현세에도, 그리고 내세에 이르기까지 우리의 유일무이하신 왕은 예수 그리스도 한 분뿐이시다.

특징

마태복음에는 "이루려 하심이라"라는 말이 많이 나타난다. 예수의 동정녀 탄생(1:23 ; 사 7:14), 베들레헴에서의 탄생(2:6 ; 미 5:2), 갈릴리에서 사심(4:15 ; 사 9:1-2), 병을 고치심(8:17 ; 사 53:4), 예루살렘 입성(21:5 ; 슥 9:9), 은 30냥에 팔리심(27:9-10 ; 슥 11:1-13) 등 이 모두가 예언된 그대로 이루어졌음을 강조함으로써 예수께서 구약에서 약속된 메시아 되심을 알려준다. 또한 이 복음은 하나님의 구원의 경륜이 임기응변의 방책이 아니라 장구한 계획으로서 예수님의 탄생과 죽으심과 부활로 성취한 것임을 보여준다.

마태복음의 중심 사상은 예수님을 왕으로 모시는 천국이다. 예수님은 천국의 복음을 전파하시고 그 법률을 선포하셨다. 천국이 어떠한 것임을 우리에게 가르쳐주셨고, 천국 백성의 자격을 일러주셨다. 천국은 머지않아 임할 것이며, 우리 위에 있으며, 우리 안에 있는 것이다. 또한 천국은 영적인 것이고 영원한 것이며, 유대인뿐 아니라 이방인도 참여할 수 있는 곳이다. 천국에 들어갈 조건은 왕이신 예수님을 믿고 회개하고 거듭나고 모든 것을 왕께 맡기고 그의 뜻을 겸손하게 순종하는 것이다.

마태복음에서 인용된 구약성경

신약	내용	구약
마 1:23	예수의 동정녀 탄생	사 7:14
마 2:6	베들레헴에서의 예수 탄생	미 5:2
마 2:15	자기 아들을 애굽에서 불러내심	호 11:1
마 2:18	라마에서 울며 통곡하는 소리	렘 31:15
마 2:23	나사렛 사람, 이새의 줄기	사 11:1
마 3:3	광야에서 외치는 자의 소리	사 40:3
마 4:4	사람이 떡으로만 살 것이 아니요	신 8:3
마 4:6	어디를 가든지 천사들이 보호하리라	시 91:11–12
마 4:7	주 너의 하나님을 시험치 말라	신 6:16
마 4:10	하나님 그분만을 섬기라	신 6:13
마 4:15	이방의 갈릴리여, 영광이 가득 찰 것이다	사 9:1–2
마 5:21	살인하지 말라	출 20:13 ; 신 5:17
마 5:27	간음하지 말라	출 20:14 ; 신 5:18
마 5:31	이혼 증서를 써주라	신 24:1,3
마 5:33	주께 맹세한 것을 지키라	레 19:12 ; 민 30:2 ; 신 23:21

마 5:38	눈은 눈으로 갚으라	출 21:24 ; 레 24:20 ; 신 19:21
마 5:43	네 이웃을 네 몸과 같이 사랑하라	레 19:18
마 8:4	나병이 나은 후의 규례	레 14:2 이하
마 8:17	주가 우리의 연약함을 대신 담당하신다	사 53:4
마 9:13	나는 제사가 아닌 자비를 원하노라	호 6:6
마 10:35	자기 집안 식구끼리 불화케 되리라	미 7:6
마 11:10	내 사자를 네 앞에 보내리라	말 3:1
마 12:3	다윗 일행이 진설병을 먹은 일	삼상 21:6
마 12:5	안식일에 제사장 직무의 허용	민 28:9–10
마 12:7	제사가 아니라 자비를 원하노라	호 6:6
마 12:18–21	하나님이 택하신 종	사 42:1–4
마 12:40	사흘 동안 물고기 배 속에 있었던 요나	욘 1:17
마 13:14–15	너희가 보아도 그 의미를 알지 못하리라	사 6:9–10
마 13:35	비유로 말씀하시리라	시 78:2
마 15:4	네 부모를 공경하라	출 20:12 ; 신 5:16
마 15:4	부모를 훼방하는 자	출 21:17 ; 레 20:9
마 15:8	위선된 경배는 쓸모없는 일	사 29:13
마 16:27	하나님은 공정한 재판장	시 7:11
마 17:10–11	메시아가 오기 전에 엘리야가 오다	말 4:5–6
마 18:16	두세 사람의 증언으로 확증케 하라	신 19:15
마 19:4	하나님이 인간을 창조하시다	창 1:27, 5:2
마 19:5	하나님의 결혼 제정	창 2:24
마 19:7	모세의 이혼 증서	신 24:1,3
마 19:18	살인, 간음, 도둑질, 거짓 증언 금지	출 20:12–16 ; 신 5:16–20
마 19:19	네 이웃을 네 몸과 같이 사랑하라	레 19:18
마 21:5	나귀 새끼를 타고 오시는 왕	슥 9:9
마 21:9	주의 이름으로 오시는 이를 찬송하라	시 118:26
마 21:13	내 집은 기도하는 집이라	사 56:7
마 21:13	내 집을 강도의 소굴로 만들지 말라	렘 7:11
마 21:15–16	어린이와 젖먹이들의 찬미	시 8:2

마 21:42	쓸모없다고 버려진 모퉁이 돌	시 118:22–23
마 22:24	형의 미망인과의 결혼	신 25:5
마 22:32	산 자의 하나님	출 3:6
마 22:37	하나님을 사랑하라	신 6:5
마 22:39	네 이웃을 네 몸과 같이 사랑하라	레 19:18
마 22:44	하나님의 오른편에 앉으리라	시 110:1
마 23:39	주의 이름으로 오시는 이를 찬송하라	시 118:26
마 24:15	멸망의 가증한 것이 성전에 서리라	단 9:27, 11:31
마 24:29	메시아가 오시는 날	사 13:10, 34:4
마 24:30	인자(人子)가 오시리라	단 7:13–14
마 26:31	양 떼가 흩어지리라	슥 13:7
마 26:64	인자(人子)가 오시리라	단 7:13–14
마 27:9–10	그의 몸값이 은 삼십	슥 11:13
마 27:35	예수의 옷을 제비뽑아 나누다	시 22:18
마 27:46	나의 하나님 어찌하여 나를 버리시나이까	시 22:1

구조

본서는 예수 그리스도의 탄생지 베들레헴, 예수께서 어린 시절을 보내신 나사렛, 공생애의 중심지인 갈릴리지방, 북방 사역의 중심지인 두로, 제자들을 훈련하신 북방 가이사랴 빌립보, 그리고 십자가에 달려 돌아가심으로써 인류 구원의 대업을 완수하신 예루살렘 등이 중심 무대를 이룬다. 연대기적으로는 메시아의 등장(족보, 탄생과 어린 시절), 사역(공생애 시작과 사역), 수난(고난주간과 십자가), 승리(부활과 승천)의 순서를 따라 구성된다.

내용상으로는 ①예언대로 오심(1-4:11), ②선지자로 오심(4:12-16:12), ③왕으로 오심(16:13-25장), ④제사장으로 오심(26-28장)의 4단계로 구성된다. 예언대로 오셨다는 것은 "또 유대 땅 베들레헴아 너는 유대 고을 중에서 가장 작지 아니하도다 네게서 한 다스리는 자가 나와서 내 백성 이스라엘의 목자가 되리라 하였음이니이다"(마 2:6)와 같이 선지자들의 예언대로 오신 것을 뜻한다. 마태복음 5-7장의 산상수훈은 선지자로서의 예수님의 말씀 선포에서 핵심이라 할 수 있을 것이다. 마태복음 16장 28절 "진실로 너희에게 이르노니 여기 서 있는 사람 중에 죽기 전에 인자가 그 왕권을 가지고 오는 것을 볼 자들도 있느니라"라는 말씀은 왕으로 오신 예수님을 말해준다. 또한 예수님은 어린양으로서 자기 몸을 드려 우리의 죄를 대신 지시고, 대제사장이 되어 우리의 죄를 속량하셨다.

주제	메시아의 등장	메시아의 사역		메시아의 수난		메시아의 승리
장	1–2장	3장–4:16	4:17–20장	21–25장	26–27장	28장
내용	탄생과 어린 시절	공생애 시작 (6개월)	공생애 사역	마지막 7일	십자가 죽음	부활과 지상명령

장	1–4:11	4:12–16:12	16:13–25	26–28
구분	예언대로 오신 예수	선지자로 오심	왕으로 오심	제사장으로 오심

(1) 메시아의 등장

1장	그리스도의 계보	예수 그리스도의 계보 (1) 아브라함과 다윗의 자손 예수 그리스도의 계보라 –아브라함에서 이새까지의 계보 –다윗부터 바벨론 유수 전까지 계보 –바벨론 유수 이후부터의 계보 마리아의 잉태 요셉의 고민과 천사의 현몽 예수 그리스도의 탄생
2장	동방 박사	동방 박사들의 방문과 헤롯의 궤계 동방 박사들의 경배와 귀국 예수님 일가의 애굽 피신 헤롯의 유아 학살 애굽에서 나사렛으로 돌아오시다

마태복음에 나타난 그리스도의 계보(마 1:1–17)

	1	2	3	4	5	6	7	8	9	10	11	12	13	14
이름	아브 라함	이삭	야곱	유다	베레 스	헤스 론	람	아미 나답	나손	살몬	보아 스	오벳	이새	다윗
아내				다말						라합	룻			
	15	16	17	18	19	20	21	22	23	24	25	26	27	28
이름	다윗 부터	솔로 몬	르호 보암	아비 야	아사	여호 사밧	요람	웃시 야	요담	아하 스	히스 기야	므낫 세	아몬	요시 야
아내	밧세 바													
	29	30	31	32	33	34	35	36	37	38	39	40	41	42
이름	여고 냐	스알 디엘	스룹 바벨	아비 훗	엘리 아김	아소 르	사독	아킴	엘리 웃	엘르 아살	맛단	야곱	요셉	예수
아내													마리 아	

* 마태복음은 수신자가 유대인이므로 그리스도의 계보가 아브라함부터 시작된다. 또한 마태복음의 세 시대를 각각 열네 대라고 분류한 것은 상징적인 의미라고 할 수 있다. 그러나 누가복음은 그 수신자가 헬라인, 즉 이방인이므로 족보의 시작이 아담부터 시작된다. 마태복음의 계보에는 수혼 등이 언급되지만 학자들은 생물학적인 실제적 부친의 계보를 따른 것으로 본다.

(2) 메시아의 사역

3장	세례 요한	세례 요한의 선포와 사역 예수께서 세례 요한에게 세례를 받으시다 (17) 하늘로부터 소리가 있어 말씀하시되 이는 내 사랑하는 아들이요 내 기뻐하는 자라 하시니라
4장	광야의 시험	광야에서 사탄에게 시험을 받으시다 (4) 예수께서 대답하여 이르시되 기록되었으되 사람이 떡으로만 살 것이 아니요 하나님의 입으로부터 나오는 모든 말씀으로 살 것이라 하였느니라 하시니 시험을 이기신 예수 그리스도
	사역의 시작	천국을 전파하시다 (17) 이때부터 예수께서 비로소 전파하여 이르시되 회개하라 천국이 가까이 왔느니라 하시더라 제자를 부르시다 – 베드로, 안드레, 야고보, 요한 (19–20) 말씀하시되 나를 따라오라 내가 너희를 사람을 낚는 어부가 되게 하리라 하시니 그들이 곧 그물을 버려두고 예수를 따르니라 갈릴리에서 사역을 시작하시다
5장	산상수훈	복 있는 사람 소금과 빛 율법의 완성 노하지 말라 간음하지 말라 맹세하지 말라 악한 자를 대적하지 말고 원수를 사랑하라 (44) 나는 너희에게 이르노니 너희 원수를 사랑하며 너희를 박해하는 자를 위하여 기도하라
6장		은밀하게 구제하라 은밀하게 기도하라 주기도문 은밀하게 금식하라
		보물을 하늘에 쌓아두라 하나님의 나라와 의를 구하라 (33–34) 그런즉 너희는 먼저 그의 나라와 그의 의를 구하라 그리하면 이 모든 것을 너희에게 더하시리라 그러므로 내일 일을 위하여 염려하지 말라 내일 일은 내일이 염려할 것이요 한 날의 괴로움은 그 날로 족하니라
7장		비판하지 말라 (1) 비판을 받지 아니하려거든 비판하지 말라 구하고 찾고 두드리라

7장	산상수훈	(7) 구하라 그리하면 너희에게 주실 것이요 찾으라 그리하면 찾아낼 것이요 문을 두드리라 그리하면 너희에게 열릴 것이니 좁은 문으로 들어가라 (13) 좁은 문으로 들어가라 멸망으로 인도하는 문은 크고 그 길이 넓어 그리로 들어가는 자가 많고 거짓 선지자를 삼가라 말씀을 듣고 행하라
8장	신유 사역	나병환자를 깨끗하게 하시다 백부장의 하인을 말씀으로 고치시다 베드로의 장모 및 많은 사람을 고치시다 죽은 자를 두고 나를 따르라고 말씀하시다 바람과 바다를 잔잔하게 하시다 가다라 지방에서 귀신 들린 두 사람을 고치시다
9장	마태를 부르심	중풍병자를 고치시다 마태를 부르시다 (13) 너희는 가서 내가 긍휼을 원하고 제사를 원하지 아니하노라 하신 뜻이 무엇인지 배우라 나는 의인을 부르러 온 것이 아니요 죄인을 부르러 왔노라 하시니라 요한의 제자들에게 금식에 관해 답하시다 혈루증 여인을 고치시다 야이로의 딸을 살리시다 두 맹인의 눈을 뜨게 하고 귀신 들린 벙어리를 고치시다 목자 없는 양 같은 무리를 불쌍히 여기시다
10장	열두 제자	열두 제자를 불러 권능을 주시고 파송하시다 제자들에게 전도하다가 박해와 미움을 받으리라 말씀하시다 박해가 아니라 하나님을 두려워하라고 말씀하시다 세상에 검을 주러 왔다고 말씀하시다 상을 받을 사람들에 관해 말씀하시다
11장	세례요한의 질문	세례 요한의 질문 예수께서 세례 요한에 관해 말씀하시다 회개하지 않는 도시들(고라신, 벳새다, 가버나움)을 책망하시다 수고하고 무거운 짐 진 자들을 부르시다 (28-30) 수고하고 무거운 짐 진 자들아 다 내게로 오라 내가 너희를 쉬게 하리라 나는 마음이 온유하고 겸손하니 나의 멍에를 메고 내게 배우라 그리하면 너희 마음이 쉼을 얻으리니 이는 내 멍에는 쉽고 내 짐은 가벼움이라 하시니라
12장	안식일의 의미	안식일에 이삭을 자른 일로 바리새인과 논쟁하시다 안식일에 손 마른 사람을 고치시다 바리새인들에게 바알세불을 설명하시다 (28) 그러나 내가 하나님의 성령을 힘입어 귀신을 쫓아내는 것이면 하나님의 나라가 이미 너희에게 임하였느니라 표적을 구하는 악한 세대에게 요나의 표적을 말씀하시다 누가 진정한 가족인지 말씀하시다
13장	천국의 비유	씨 뿌리는 비유(네 가지 땅)와 설명 가라지 비유와 설명 천국 비유 – 겨자씨, 누룩, 밭에 감추인 보화, 진주, 그물 고향에서 배척을 받으시다

14장	오병이어	세례 요한의 죽음 떡 다섯 개와 물고기 두 마리로 오천 명을 먹이시다 물 위를 걸으시다 게네사렛에서 병자들을 고치시다
15장	장로들의 유전 논쟁	장로들의 전통에 대해 바리새인과 서기관들을 책망하시다 가나안 여인의 믿음을 칭찬하고 그녀의 귀신 들린 딸을 고치시다 갈릴리호숫가 산에서 많은 병자를 고치시다 떡 일곱 개와 물고기 몇 마리로 사천 명을 먹이시다
16장	베드로의 신앙고백	악한 세대가 표적을 구함 바리새인과 사두개인들의 누룩을 조심하라고 말씀하시다 베드로의 신앙고백 (16) 시몬 베드로가 대답하여 이르되 주는 그리스도시요 살아계신 하나님의 아들이시니이다 죽으심과 부활을 처음으로 알리시다 자기 십자가를 지고 주님을 따르라고 말씀하시다 (24) 이에 예수께서 제자들에게 이르시되 누구든지 나를 따라오려거든 자기를 부인하고 자기 십자가를 지고 나를 따를 것이니라
17장	변화산의 만남	예수님의 모습이 변화되어 엘리야와 모세를 만나시다 귀신 들린 아이를 고치시다 죽음과 부활을 다시 이르시다 성전세를 내시다
18장	겸손과 용서	어린아이를 통해 천국에서 큰 자를 말씀하시다 죄에 대해 단호할 것을 말씀하시다 잃어버린 양에 대한 비유 형제의 죄 용서에 관해 교훈하시다 만 달란트 탕감받은 자의 비유
19장	부자 청년	이혼에 관해 말씀하시다 어린아이들에게 안수하시다 영생에 대한 부자 청년의 질문과 근심 부자가 하늘나라에 가는 것이 어렵다고 말씀하시다
20장	포도원의 비유	천국 비유 – 포도원 품꾼과 주인 죽음과 부활을 세 번째로 이르시다 천국에서 아들들의 자리를 구한 세베대의 아내 큰 자와 섬기는 자에 대해 교훈하시다 여리고에서 두 맹인을 고치시다

(3) 메시아의 수난

21장	예루살렘 입성	예루살렘에 입성하시다 성전을 정화하시다 열매 없는 무화과나무를 마르게 하시다 예수님의 권위에 관해 말씀하시다 불순종한 맏아들과 뉘우친 둘째 아들의 비유 포도원과 농부들의 비유로 대제사장과 바리새인을 비판하시다

22장	혼인 잔치의 비유	천국 비유－혼인 잔치를 베푼 임금 가이사의 것과 하나님의 것 부활 논쟁
22장	혼인 잔치의 비유	가장 큰 계명을 말씀하시다 (37-40) 예수께서 이르시되 네 마음을 다하고 목숨을 다하고 뜻을 다하여 주 너의 하나님을 사랑하라 하셨으니 이것이 크고 첫째 되는 계명이요 둘째도 그와 같으니 네 이웃을 네 자신 같이 사랑하라 하셨으니 이 두 계명이 온 율법과 선지자의 강령이니라 그리스도와 다윗의 자손에 관해 말씀하시다
23장	외식을 책망	서기관들과 바리새인들을 꾸짖으시다 예루살렘에 대해 한탄하시다
24장	종말 예언	성전이 무너질 것을 예언하시다 마지막 때 재난의 징조를 말씀하시다 가장 큰 환란을 말씀하시다 인자의 재림을 말씀하시다 무화과나무의 교훈을 통해 마지막 때를 알라고 하시다 충성된 종과 악한 종의 비유
25장	종말의 비유	등을 들고 신랑을 맞으러 간 열 처녀 비유 달란트 비유 인자가 올 때 양과 염소의 구분
26장	성만찬	예수를 죽일 방도를 찾는 대제사장과 서기관들 시몬의 집에서 예수님의 머리에 향유를 부은 여인 가룟 유다의 배반 제자들과 함께 유월절을 지키시다 베드로가 부인할 것을 예언하시다 겟세마네에서 기도하시다 예수께서 잡히시다
	공회 앞에 서심	공회 앞에 서시다 예수님을 세 번 부인한 베드로
27장	십자가의 고난	가룟 유다가 목매어 죽다 빌라도가 예수를 심문하고 십자가에 못 박히게 넘기다 군병들이 예수를 희롱하다 예수께서 십자가에 못 박히시고 십자가 상에서 운명하시다 아리마대 요셉이 예수의 시체를 무덤에 넣다

(4) 메시아의 승리

28장	부활과 지상 대명령	예수께서 부활하시다 경비병의 보고 제자들에게 지상명령(至上命令)을 말씀하시다 (19-20) 그러므로 너희는 가서 모든 민족을 제자로 삼아 아버지와 아들과 성령의 이름으로 세례를 베풀고 내가 너희에게 분부한 모든 것을 가르쳐 지키게 하라 볼지어다 내가 세상 끝날까지 너희와 항상 함께 있으리라 하시니라

마가복음(Mark)				
기록자	기록 연대	대상	기록 장소	장수
마가 요한	AD 65-68년	로마 교회와 이방인 성도들	로마	16장
예수를 보는 시각	주요 시제	기록 목적	특징과 성격	
종으로 오신 메시아	현재	그리스도의 고난을 전하여 핍박받는 이방 교회(특히 로마 교회)를 격려함	'구원의 복음'과 성도의 구원이 이루어지는 과정을 설명한다. 이를 위해 마가복음의 절반 가량이 예수 그리스도의 고난과 박해, 십자가의 죽으심을 다룬다.	

기록 목적과 배경

· 예수 그리스도의 고난을 기록함으로써, 박해받는 이방(특히 로마 교회)의 성도들을 격려하기 위하여

· 예수 그리스도의 지상 행적을 기록으로 후대에 남기기 위하여

저자

본서에서 저자의 이름을 밝히지는 않지만 초대 교부들은 만장일치로 마가가 저자라고 증언하였다. 본래 유대식 이름은 요한이지만 마가라는 로마식 이름으로 더 잘 알려진 그는 예루살렘의 부유한 레위인 가정에서 태어나 일찍이 아버지를 잃고 편모 슬하에서 성장했다. 신실한 신앙인이었던 어머니 마리아는 집을 가정 기도회의 자리로 제공하였고(행 12:12), 그의 집을 방문한 사도들과 교제하는 가운데 마가의 마음에는 신앙이 자연스럽게 뿌리내리기 시작했다고 알려졌다,

그는 바나바의 생질(골 4:10)로, 사도 바울의 1차 선교여행에 동참했다가 중도에 포기하고 버가에서 되돌아왔다. 이 일로 2차 전도여행에서 바나바와 바울이 갈라지게 되었고 마가 또한 한동안 바울과의 관계가 원만하지 못했던 것으로 보이나 후에는 바울의 신실한 조력자가 되었고(몬 1:24) 바울이 옥에 갇혔을 때 돌아보았다(딤후 4:11). 마가는 사도 베드로의 통역자로도 활동하며(벧전 5:13) 함께 전도하고, 베드로가 순교한 후에는 알렉산드리아에서 전도하다가 순교하였다고 전해진다.

내용

본서는 "하나님의 아들 예수 그리스도의 복음의 시작이라"(막 1:1)라는 선언으로 시작된다. 마가는 '구원의 복음'이 무엇이며, 성도의 구원이 어떻게 이루어지는지 그 과정을 설명한다. 이를 위해서 그는 마가복음의 삼분의 일 가량을 예수 그리스도의 고난과 박해, 십자가 죽으

심에 관해 다루고 있다. 즉 구원은 예수 그리스도의 십자가 죽음으로 시작되었으며 고난과 죽음이 없이는 결코 부활의 영화로움이 있을 수 없다는 것을 교훈하려는 것이었다.

교부들은 마가가 바울과 베드로가 순교한 뒤 로마에서 본서를 기록한 것으로 보았다(Clement, Irenaeus). 만일 그렇다면 마가는 당시 네로 황제의 무시무시한 기독교 박해를 몸소 체험했을 것이며, 수많은 성도가 순교를 당하고 예수님의 제자들도 한 사람씩 순교해 가는 과정을 목도했을 것이다. 이런 두려운 상황 속에서 마가는 큰 두려움에 떨고 있을 성도들에게 주님이 몸소 겪으신 고난과 십자가 죽음을 기록으로 전하며, 마지막 날 햇빛보다 더 밝고 찬란한 면류관(상급)이 주어질 것을 바라보면서 끝까지 승리할 것을 격려했다.

특징

사복음서 중 가장 먼저 기록된 책으로 추정된다. 마가복음은 예수님의 가르침보다 예수님의 행동을 강조하며, 한 사건에서 다른 사건으로 빠르게 옮겨가면서 간략하게 기록한다. 예수님이 세례를 받으시고 갈릴리에서 공생애를 시작하신 후 열두 제자 중 처음 네 명을 부르신다. 그다음으로 이어지는 내용이 예수님의 삶과 죽음, 부활이다.

마가는 예수님을 '종으로 오신 메시아'로 제시하면서(막 10:45) 메시아의 수난을 중심으로 기록해 나갔다. 또한 예수님이 고난받는 하나님의 종으로서 우리를 섬기고 우리 죄를 위해 희생제물로 오신 분임을 알리면서, 우리도 그분처럼 겸손과 헌신으로 다른 사람들을 섬기고 고난을 감당하도록 권면하고 있다.

마가복음은 베드로의 복음이라고도 한다. 전설에 의하면 마가는 베드로에게서 예수의 생애에 관한 이야기를 듣고 이 복음을 기록했다고 하기 때문이다. 마가는 이방인 특히 기독교로 개종한 로마인을 위해서 기록한 것 같다. 읽을 사람들이 유대인이 아니라 이방인이었기 때문에 마태복음처럼 구약의 말씀을 자주 인용하지 않았고, 유대인의 계보 대신 예수님의 지상 사역을 시작하는 세례로 시작한다. 또한 "보아너게 곧 우레의 아들"(막 3:17)과 같이 이방인이 알기 어려운 말이나 "명절이 되면 백성들이 요구하는 대로 죄수 한 사람을 놓아주는 전례"(막 15:6) 등 유대 풍속을 설명하고 있다.

마가복음에서 인용된 구약성경

신약	내용	구약
막 1:2	내 사자를 네 앞에 보내리라	말 3:1
막 1:3	광야에서 외치는 자의 소리	사 40:3
막 1:44	나병이 나은 후의 규례	레 14:2 이하

막 2:25	다윗 일행이 진설병을 먹은 일	삼상 21:6
막 4:12	너희가 보아도 그 의미를 알지 못하리라	사 6:9–10
막 7:6	위선된 경배는 쓸모없는 일이다	사 29:13
막 7:10	네 부모를 공경하라(5계명)	출 20:12 ; 신 5:16
막 7:10	부모를 저주하는 자	출 21:17 ; 레 20:9
막 9:48	지옥의 꺼지지 않는 불	사 66:24
막 10:4	모세의 이혼 증서	신 24:1,3
막 10:6	하나님이 인간을 창조하시다	창 1:27
막 10:7	하나님의 결혼 제정	창 2:24
막 10:19	살인, 간음, 도둑질, 거짓 증언 금지	출 20:13–16 ; 신 5:17–20
막 11:9	주의 이름으로 오시는 이를 찬송하라	시 118:25–26
막 11:17	내 집은 기도하는 집이라	사 56:7
막 11:17	내 집을 강도의 소굴로 만들지 말라	렘 7:11
막 12:10–11	쓸모없다 버려진 모퉁이 돌	시 118:22–23
막 12:19	형의 미망인과의 결혼	신 25:5
막 12:26	산 자의 하나님	출 3:6
막 12:29	유일하신 하나님	신 6:4
막 12:30,33	주 너의 하나님을 사랑하라	신 6:5
막 12:31	네 이웃을 네 몸과 같이 사랑하라	레 19:18
막 12:32	하나님 외에 다른 신은 없다	신 4:35
막 12:36	하나님의 오른편에 앉으리라	시 110:1
막 13:14	멸망의 가증한 것이 성전에 서리라	단 9:27, 11:31
막 14:27	양 떼가 흩어지리라	슥 13:7
막 14:62	인자(人子)가 오시리라	단 7:13–14
막 15:34	나의 하나님 어찌하여 나를 버리시나이까	시 22:1

구조

본서는 예수님의 세례로 시작하며, 계속해서 갈릴리 사역, 두로와 시돈, 데가볼리, 가이사랴 빌립보 등 북방 사역, 베뢰아 등 요단 동편 사역, 예루살렘 입성, 수난과 십자가 죽음 순으로 예수님의 공생애를 소개한다.

주제	사역 준비	복음 사역			십자가 수난		부활 승천
장	1장(1-13절)	1:14-6:29	6:30-9:50	10장	11-13장	14-15장	16장
내용	세례	갈릴리 사역	북방 사역	베뢰아 사역	예루살렘 입성	수난과 죽음	부활과 지상명령

(1) 사역 준비와 복음 사역

1장	복음의 시작	예수 그리스도의 복음의 선포 (1) 하나님의 아들 예수 그리스도의 복음의 시작이라 선구자 세례 요한이 회개를 선포하다 예수께서 세례 요한에게 세례를 받으시다 (11) 하늘로부터 소리가 나기를 너는 내 사랑하는 아들이라 내가 너를 기뻐하노라 하시니라 예수께서 광야에서 사탄에게 시험을 받으시다
	사역의 시작	갈릴리에서 사역을 시작하시다 (14-15) 요한이 잡힌 후 예수께서 갈릴리에 오셔서 하나님의 복음을 전파하여 이르시되 때가 찼고 하나님의 나라가 가까이 왔으니 회개하고 복음을 믿으라 하시더라 어부인 네 제자를 부르시다 - 시몬(베드로), 안드레, 야고보, 요한 가버나움 회당에서 가르치시고 더러운 귀신 들린 사람을 고치시다 베드로의 장모와 많은 병자를 고쳐주시다 갈릴리 전 지역으로 전도를 다니시다 한 나병환자를 고치시다
2장	중풍병자	중풍병자를 고치시다 레위 마태를 부르시고 죄인들과 식사하시다 (17) 예수께서 … 이르시되 건강한 자에게는 의사가 쓸 데 없고 병든 자에게라야 쓸 데 있느니라 나는 의인을 부르러 온 것이 아니요 죄인을 부르러 왔노라 하시니라 금식 논쟁(레위가 잔치한 날이 금식일이었음) 생베 조각과 포도주 부대를 비유하시다 안식일에 제자들이 이삭을 자른 일로 바리새인과 논쟁하시다 (27-28) 또 이르시되 안식일이 사람을 위하여 있는 것이요 사람이 안식일을 위하여 있는 것이 아니니 이러므로 인자는 안식일에도 주인이니라
3장	열두 제자	안식일에 손 마른 사람을 고치시다 더러운 귀신을 쫓아내고 경고하시다 열두 제자를 세우시다 서기관들에게 바알세불을 설명하시다 누가 진정한 가족인지 말씀하시다
4장	천국의 비유	네 가지 땅에 떨어진 씨앗 비유 천국 비유 - 씨의 뿌림과 자람 천국 비유 - 겨자씨 바람과 바다를 잔잔하게 하시다
5장	달리다 굼	거라사 지방에서 군대 귀신 들린 사람을 고치시다 혈루증 여인을 고치시다 야이로의 딸을 살리시다

6장	오병이어	고향에서 배척받으시다 열두 제자를 둘씩 보내시다 예수님의 소문을 들은 헤롯과 예전 세례 요한의 죽음 떡 다섯 개와 물고기 두 마리로 오천 명을 먹이시다 바다 위를 걸으시다 게네사렛에서 병자들을 고치시다
7장	수로보니게 여인의 믿음	장로들의 전통에 대해 바리새인과 서기관들을 책망하시다 수로보니게 여인의 귀신 들린 딸을 고치시다 귀 먹고 말 더듬는 사람을 고치시다
8장	베드로의 신앙고백	떡 일곱 개와 물고기 두어 마리로 사천 명을 먹이시다 표적을 구하는 바리새인들 바리새인과 헤롯의 누룩을 조심하라고 말씀하시다 벳새다에서 맹인을 고치시다 베드로의 신앙고백 (29) 또 물으시되 너희는 나를 누구라 하느냐 베드로가 대답하여 이르되 주는 그리스도시니이다 하매 죽으심과 부활을 처음으로 알리시다 자기 십자가를 지고 주님을 따르라고 말씀하시다 (35) 누구든지 자기 목숨을 구원하고자 하면 잃을 것이요 누구든지 나와 복음을 위하여 자기 목숨을 잃으면 구원하리라
9장	영광스러운 변화	예수님의 모습이 변화되어 엘리야와 모세를 만나시다 귀신 들린 아이를 고치시다 죽음과 부활을 다시 이르시다 누가 크냐고 쟁론한 제자들에게 섬김을 가르치시다 천국의 상에 대해 말씀하시다 죄에 대해 단호할 것과 지옥, 화목에 관해 말씀하시다
10장	부자 청년	이혼에 관해 말씀하시다 어린아이들에게 안수하시다 영생에 대한 부자 청년의 질문과 근심 부자와 하늘나라에 관해 말씀하시다 죽음과 부활을 세 번째로 이르시다 천국의 자리를 구한 야고보와 요한 큰 자와 섬기는 자에 대해 교훈하시다 (45) 인자가 온 것은 섬김을 받으려 함이 아니라 도리어 섬기려 하고 자기 목숨을 많은 사람의 대속물로 주려 함이니라 여리고에서 맹인 바디매오를 고치시다

(2) 십자가 수난

11장	예루살렘 입성	예루살렘에 입성하시다 열매 없는 무화과나무를 저주하시다 성전을 정화하시다 믿음과 용서에 관해 말씀하시다 예수의 권위에 관한 논쟁

12장	포도원 농부의 비유	비유 – 상속자를 죽인 포도원 농부들 가이사의 것과 하나님의 것 부활 논쟁 가장 큰 계명을 말씀하시다 그리스도와 다윗의 자손에 관해 말씀하시다 서기관의 외식에 관해 말씀하시다 가난한 과부의 헌금을 말씀하시다
13장	종말 예언	성전이 무너질 것을 예언하시다 마지막 때 재난의 징조를 말씀하시다 가장 큰 환란을 말씀하시다 인자의 재림을 말씀하시다 깨어 있는 종이 되라고 말씀하시다
14장	최후의 만찬	예수를 죽일 방도를 찾는 대제사장과 서기관들 시몬의 집에서 예수님의 머리에 향유를 부은 여인 가룟 유다의 배반 제자들과 함께 유월절 만찬을 드시다 (22-24) 그들이 먹을 때에 예수께서 떡을 가지사 축복하시고 떼어 제자들에게 주시며 이르시되 받으라 이것은 내 몸이니라 하시고 또 잔을 가지사 감사 기도 하시고 그들에게 주시니 다 이를 마시매 이르시되 이것은 많은 사람을 위하여 흘리는 나의 피 곧 언약의 피니라 베드로가 부인할 것을 예언하시다 겟세마네에서 기도하시다 예수께서 잡히시다 벗은 몸으로 달아난 한 청년
	공회 앞에 서심	공회 앞에 서시다 예수님을 세 번 부인한 베드로
15장	십자가의 고난	빌라도가 예수를 심문하고 십자가에 못 박히게 넘기다 군인들이 예수를 희롱하다 십자가에 못 박히시고 십자가 상에서 운명하시다 성소 휘장이 찢어지다 아리마대 요셉이 예수의 시체를 무덤에 넣다

(3) 부활과 승천

16장	예수님의 부활	무덤에서 예수 부활 소식을 들은 세 여인 막달라 마리아에게 보이시다 두 제자에게 나타나시다 열한 제자를 꾸짖으시고 만민에게 복음을 전파하라고 명하시다 하늘로 오르시다

누가복음(Luke)				
기록자	기록 연대	대상	기록 장소	장수
누가	AD 63년경	헬라인	로마로 추정	24장
예수를 보는 시각	주요 시제(시각)	기록 목적	특징과 성격	
인자로 오신 메시아	미래	로마의 관리 데오빌로의 믿음을 굳게 하기 위하여	역사적(사실적). 예수님의 일대기를 자세히 서술해 역사적 실존성을 강조	

기록 목적과 배경

· "예수께서 행하시며 가르치시기를 시작하심부터 승천하신 날까지의 일"을 차례대로 저술(행 1:1-2)하여 데오빌로가 아는 바를 확실하게 하기 위하여
· 데오빌로와 같은 모든 성도에게 그리스도의 올바른 모습을 깨우쳐주기 위하여

저자

누가복음은 저자를 밝히지 않으나 교회 초기부터의 전통에 따르면 의사이자 사도 바울의 가까운 동반자였던 누가가 누가복음과 사도행전을 저술했다고 한다(골 4:14 ; 딤후 4:11). 누가복음 1장 1-4절과 사도행전 1장 1-3절은 둘 다 로마 고관이던 "데오빌로 각하"를 지명하고 있으므로 누가복음과 사도행전의 저자는 동일인물임이 분명하다. 누가에 관해 성경에 기록된 내용과 교회사가들의 증언 및 전승에 따르면, 그는 수리아의 안디옥 출신이며 이방인(헬라인) 개종자이다. 또한 그는 신약성경의 저자들 가운데 유일하게 유대인이 아닌 이방인으로, 이는 누가복음의 저술에 독특성을 부여하였다.

본서는 사도행전보다 전에 기록되었다(행 1:1). 사도행전 마지막 부분에는 바울이 로마 감옥에 투옥되었다가 잠깐 풀려났다는 내용이 나오는데 네로에 의한 박해나 바울의 2차 투옥부터 순교(AD 64-67년)에 관한 언급은 보이지 않는다. 따라서 사도행전은 대략 AD 63년경, 그리고 사도행전보다 먼저 기록된 본서는 이와 비슷하거나 조금 앞선 시기에 기록되었을 것으로 추정된다.

내용

복음서 중 아름다운 문체와 고유한 단어로 예수님의 생애를 가장 생생하게 기록하였다. 소외된 자들과 이방인들에게 많은 관심을 보이며, 성령과 기도를 강조하고 감사와 찬양을 많이 언급하고 있다. 본서는 성령의 복음서라고도 불릴 만큼 예수님의 출생부터 세례, 광야의 시험, 사역 전반에서 성령의 역할을 강조함으로써 하나님의 구속 사역은 성령의 능력으로만

이루어진다는 것을 보여주고 있다. 또한 기도에 대한 많은 언급과 교훈이 나오는데 사복음서 전체에서 예수께서 기도하시는 모습이 15번 나오는데 그중 11번이 누가복음에 나오고 그중 7번은 누가복음에만 나온다.

특징

인자로 오신 그리스도 성령의 권능을 통하여 인자로서 완전하고 대표적인 삶을 산 예수를 중심 개념으로 하고 있으며 예수 그리스도의 인성에 대해 가장 많이 강조한다. 예수가 역사적으로 실존한 인물임을 강조하기 위해 그분을 인자의 모습으로 뚜렷하게 부각시켰고, 그 한 예로 예수님의 탄생과 유년 시절 및 성장 과정을 네 복음서 중 가장 자세히 서술했다.

종합적·포괄적 역사 기록 '세상에서 가장 아름다운 책'이라고 할 만큼 사복음서 중 가장 세련되고 유식한 문장으로 기록되었다. 저자인 누가는 예수님의 생애를 직접 목격한 사람이 아니었으므로 예수님의 행적을 곁에서 보이는 대로 기록한 것이 아니라 "모든 일을 근원부터 자세히 미루어" 살피고 다른 증인들의 증언과 기록들을 연구, 종합하여 "차례대로" 저술했다(눅 1:3). 예수 그리스도의 일생을 잉태 전부터 부활, 승천까지 철저히 추적해 연대기적 순서로 기록했고 그러면서도 사건이 일어난 시기를 밝힐 수 있을 때는 되도록 정확히 밝히려고 하였는데(2:1-2, 3:1-2 참조), 이것은 그가 얼마나 주의하여 복음을 기록하였는가를 보여준다.

사복음서를 비교해볼 때 예수님의 어떤 말씀이나 사건, 행적이 한 곳에만 기록된 경우가 종종 있는데 누가복음은 사복음서 중 예수님의 행적을 가장 포괄적으로 다루며, 누가복음의 내용 중 약 60퍼센트는 다른 복음서에 나오지 않는 고유한 내용이다.

세계적 관점 누가복음은 저자(누가)와 수신자(데오빌로) 모두 헬레니즘 세계에 속한 것으로 추정된다. 사건의 시간적 배경을 "디베료 황제가 통치한 지 열다섯 해"(눅 3:1)와 같이 당시 로마 황제와 그 연대로 기록했고, 히브리어를 기록할 때는 그 명칭을 반드시 헬라어로 표기해 헬라인들의 이해를 도왔다. 예수님에 대해 '랍비' 대신 '선생'이라는 뜻의 헬라어를 사용하고, 히브리어 '골고다' 대신 헬라어 '크라니온'으로 쓰면서 "해골이라 하는 곳"(눅 23:33)이라고 설명하는 것 등이 그 예이다. 또한 2장의 아구스도(아우구스투스), 구레뇨(퀴리니우스), 3장의 디베료(티베리우스) 등 당대의 로마인들에 대한 언급이 다른 복음서에 비해 많은 편이다. 이는 누가가 이방인으로서 이방인을 보는 눈이 넓게 열려 있었고, 다른 복음서에 비해 헬레니즘 세계에 속한 엘리트 계층 독자들을 더 염두에 두고 썼으며, 특히 예수의 생애를 세계사적 맥락에서 보려 했기 때문인 것으로 보인다.

보편적 복음 누가는 예수님의 탄생을 "온 백성에게 미칠 큰 기쁨의 좋은 소식"(2:10)이라고 말한다. 그래서 마태가 예수님의 족보를 다윗과 아브라함에게 연결시킨 반면(마 1:1) 누가는 아담에게까지 연결(눅 3:38)함으로써 복음이 세계적이며 보편적임을 강조했다.

누가복음에는 '이방인의 복음'이라는 별명이 붙어 있다. 의원이요 이방인인 누가는 유대인들이 배척하던 이방인 및 소외된 자, 가난한 자, 어린이, 여자 등 사회적 약자에게 많은 관심을 보였다. 본서는 '여자의 복음'이라 불릴 만큼 많은 여인들이 예수님을 섬긴 것을 기록했고, 예수님의 사마리아 복음 사역(9:51-52), 선한 사마리아인의 비유(10:25-37), 10명의 나병환자 중 유일하게 주님께 돌아와 감사드린 사마리아 사람(17:11-19) 등 사마리아에 대해서도 많이 언급한다. 사렙다 과부와 나아만, 로마인 백부장에 관한 예수님의 칭찬과 사람들이 "동서남북으로부터 와서 하나님의 나라 잔치에 참여할 것"(13:29)이라는 말씀을 기록한 것은 복음이 만민을 위한 보편적인 것임을 보여준다.

누가복음에서 인용된 구약성경

구약성경의 언급은 마태복음보다 상대적으로 적으며, 구약 인용의 대부분은 누가의 서술보다는 예수님의 말씀 안에 담겨 있다.

신약	내용	구약
눅 2:22	출산 후 정결례	레 12:2–6
눅 2:23	초태생을 드림	출 13:2,12
눅 2:24	가난한 자를 위한 희생제물	레 5:11, 12:8
눅 3:4–6	광야에서 외치는 자의 소리	사 40:3–5
눅 4:4	사람이 떡으로만 살 것이 아니요	신 8:3
눅 4:8	주 너의 하나님만 섬기라	신 6:13
눅 4:10–11	어디를 가든지 천사들이 보호하리라	시 91:11–12
눅 4:12	주 너의 하나님을 시험하지 말라	신 6:16
눅 4:18,19	내게 성령이 임하셨다	사 61:1–2
눅 5:14	나병이 나은 후의 규례	레 14:2 이하
눅 6:3	다윗 일행이 진설병을 먹은 일	삼상 21:6
눅 7:27	사자를 네 앞에 보내리라	말 3:1
눅 8:10	너희가 보고도 그 의미를 알지 못하리라	사 6:9–10
눅 10:27	주 너의 하나님을 사랑하라	신 6:5
눅 10:27	네 이웃을 네 몸과 같이 사랑하라	레 19:18
눅 12:53	집안 식구끼리 불화하게 되리라	미 7:6
눅 13:35, 19:38	주의 이름으로 오시는 이를 찬송하라	시 118:26

눅 18:20	살인, 간음, 도둑질, 거짓 증언 금지	출 20:13–16 ; 신 5:17–20
눅 19:46	내 집은 기도하는 집이라	사 56:7
눅 19:46	내 집을 강도의 소굴로 만들지 말라	렘 7:11
눅 20:17	쓸모없다 버려진 모퉁이 돌	시 118:22
눅 20:28	형의 미망인과의 결혼	신 25:5
눅 20:37	산 자의 하나님	출 3:6
눅 20:42–43	하나님의 오른편에 앉으리라	시 110:1
눅 21:27	인자(人子)가 오시리라	단 7:13–14
눅 22:37	불법자의 동류로 여겨짐	사 53:12
눅 23:30	산이여, 우리 위에 무너지라	호 10:8
눅 23:46	내 영혼을 아버지께 맡기나이다	시 31:5

구조

주제	공생애 이전	공생애 사역			공생애 말기		
장	1–4:13	4:14–6:11	6:12–9:50	9:51–19:27	19:28–21:38	22–23장	24장
내용	탄생에서 세례까지	전반부	후반부	배척 당하심	예루살렘 사역	십자가 죽음	부활과 승천

(1) 공생애 이전(1장–4:13)

1장	요한의 출생	데오빌로 각하에게 세례 요한의 탄생 예고 예수님의 탄생 예고 엘리사벳을 방문한 마리아 마리아의 찬가 세례 요한 출생 사가랴의 찬가
2장	예수 탄생	예수 그리스도의 탄생 천사들의 찬송 목자들의 경배 예수님의 할례와 정결예식 시므온의 찬송과 안나의 예언 예수님이 12살에 성전에 가시다
3장	세례 요한	세례 요한의 사역과 세례 예수께서 세례 요한에게 세례를 받으시다 예수님의 계보

누가복음의 그리스도의 계보 (눅 3:23-38)																			
1	2	3	4	5	6	7	8	9	10	11	12	13	14	15	16	17	18	19	20
하나님	아담	셋	에노스	가이난	마할랄렐	야렛	에녹	므두셀라	레멕	노아	셈	아박삿	가이난	살라	헤버	벨렉	르우	스룩	나홀
21	22	23	24	25	26	27	28	29	30	31	32	33	34	35	36	37	38	39	40
데라	아브라함	이삭	야곱	유다	베레스	헤스론	아니	아미나답	나손	살몬	보아스	오벳	이새	다윗	나단	맛다다	멘나	멜레아	엘리아김
41	42	43	44	45	46	47	48	49	50	51	52	53	54	55	56	57	58	59	60
요남	요셉	유다	시므온	레위	맛닷	요림	엘리에서	예수	에르	엘마담	고삼	앗디	멜기	네리	스알디엘	스룹바벨	레사	요아난	요다
61	62	63	64	65	66	67	68	69	70	71	72	73	74	75	76	77			
요섹	서머인	맛다디아	마앗	낙개	에슬리	나훔	아모스	맛다디아	요셉	얀나	멜기	레위	맛닷	헬리	요셉	예수			

* 마태복음과 누가복음의 족보가 다른 이유에 대해 현대 성서학자들은 마태는 요셉의 계보를 기록하고, 누가는 마리아의 계보를 기록한 것이라는 견해를 취하고 있다. 또한 마태복음은 유대인이 대상이기 때문에 족보가 아브라함부터 시작하지만 누가복음은 그 수신자가 헬라인, 즉 모든 이방인이기 때문에 족보가 아담부터 시작된다는 것이다. 보라색은 마태복음의 계보와 일치하는 인물이다.

(2) 공생애 사역(4:14-19:27)

4장	광야의 시험	예수께서 광야에서 사탄에게 시험을 받으시다 갈릴리 전도를 시작하시다 (18-19) 주의 성령이 내게 임하셨으니 이는 가난한 자에게 복음을 전하게 하시려고 내게 기름을 부으시고 나를 보내사 포로 된 자에게 자유를, 눈 먼 자에게 다시 보게 함을 전파하며 눌린 자를 자유롭게 하고 주의 은혜의 해를 전파하게 하려 하심이라 하였더라 나사렛에서 배척을 받으시다 가버나움에서 귀신들린 자를 고치시다 시몬의 장모와 많은 병자를 고치시다
5장	그물을 깊은 곳에	갈릴리의 어부들을 제자로 부르시다 나병환자와 중풍병자를 고치시다 레위를 부르시다 바리새인과 서기관들에게 금식에 관해 답하시다 비유 - 의복과 포도주 부대

6장	산상설교	안식일 논쟁 열두 제자를 사도로 세우시다 복 있는 사람과 화 있는 사람 원수를 사랑하라 비판하지 말라 눈 속에 있는 들보를 빼라 나무를 보면 열매를 알 수 있다 반석 위에 집 짓는 자와 흙 위에 집 짓는 자
7장	백부장의 믿음	백부장의 종을 고치시다 나인성 과부의 아들을 살리시다 세례 요한의 질문 예수께서 세례 요한에 관해 말씀하시다 시몬의 집에서 예수님의 머리에 향유를 부은 여인
8장	씨 뿌리는 비유	예수를 섬긴 여인들 씨 뿌리는 비유(네 가지 땅)와 설명 누가 진정한 가족인지 말씀하시다 바람과 바다를 잔잔하게 하시다 거라사 지방에서 군대 귀신 들린 사람을 고치시다 혈루증 여인을 고치시다 야이로의 딸을 살리시다
9장	오병이어	열두 제자를 보내 복음을 전하게 하시다 예수님의 소문을 들은 헤롯 떡 다섯 개와 물고기 두 마리로 오천 명을 먹이시다 베드로의 신앙고백 후 죽으심과 부활을 처음으로 알리시다 자기 십자가를 지고 주님을 따르라고 말씀하시다 예수님의 모습이 변화되어 엘리야와 모세를 만나시다 귀신 들린 아이를 고치시다 수난을 두 번째로 이르시다 누가 크냐고 쟁론한 제자들을 교훈하시다 사마리아에서 배척받으시다 예수님의 부르심을 거절한 자들
10장	70인의 파송	70인을 둘씩 파송하시다 회개하지 않는 도시들을 책망하시다 – 고라신, 벳새다, 가버나움 비유 – 선한 사마리아인 마르다와 마리아
11장	주기도문	기도를 가르쳐주시다(주기도문) 예수와 바알세불 (20) 그러나 내가 만일 하나님의 손을 힘입어 귀신을 쫓아낸다면 하나님의 나라가 이미 너희에게 임하였느니라 말씀을 듣고 지키는 복 있는 자 악한 세대가 표적을 구하다 눈은 몸의 등불 화 있을 진저 바리새인과 율법교사

12장	미련한 부자	바리새인들의 외식을 주의하라 두려워해야 할 분은 하나님뿐이다 나를 시인하면 아버지를 시인하는 것이다 어리석은 부자의 비유 먼저 그의 나라를 구하라 재물을 하늘에 쌓으라 항상 깨어 준비하고 있으라 불을 던지러 왔다 시대를 분별하라
13장	천국의 비유	회개하지 않으면 모두 망한다 열매 맺지 못하는 무화과나무 안식일에 귀신 들려 꼬부라진 여자를 고치시다 겨자씨 비유를 말씀하시다 누룩 비유를 말씀하시다 좁은 문으로 들어가기를 힘쓰라고 말씀하시다 여우 헤롯 예루살렘을 보고 슬퍼하시다
14장	잔치 자리 비유	안식일에 수종병자를 고치시다 자신을 낮추라고 가르치시다 소외 계층을 대접하라 비유 – 큰 잔치에 초대받은 자(초청을 거절하는 자들) 제자가 되는 길을 말씀하시다 맛 잃은 소금
15장	탕자의 비유	죄인과 함께 먹는다고 예수님을 비난한 바리새인들 (1-2) 모든 세리와 죄인들이 말씀을 들으러 가까이 나아오니 바리새인과 서기관들이 수군거려 이르되 이 사람이 죄인을 영접하고 음식을 같이 먹는다 하더라 비유 – 잃은 양 한 마리를 찾은 목자, 잃은 드라크마를 찾은 여인, 돌아온 탕자
16장	부자와 나사로	비유 – 불의한 청지기, 부자와 나사로 율법과 복음을 말씀하시다
17장	열 명의 나병환자	죄짓고 회개하는 사람은 용서하라 겨자씨 믿음 열 명의 나병환자를 고치시다 재림의 징조
18장	불의한 재판관	비유 – 과부와 재판장, 바리새인과 세리의 기도 어린아이들을 금하지 말라 영생에 관해 질문한 부자 청년 세 번째로 수난을 예고하시다 소리치는 맹인을 고치시다

(3) 공생애 말기(19:28–24장)

19장	예루살렘 입성	삭개오를 부르시다 비유 – 열 므나 성전에 들어가 성이 무너질 것을 예언하시다 성전을 정화하시다
20장	부활의 논쟁	예수의 권위에 대한 유대 지도자들의 시비 비유 – 포도원과 소작인 농부 가이사의 것은 가이사에게 사두개인의 부활 논쟁 다윗의 자손과 다윗의 주 외식하는 서기관
21장	종말을 예언	과부의 두 렙돈 성전이 무너질 것을 말씀하시이다 환난의 징조와 예루살렘의 멸망, 재림을 말씀하시다 무화과나무에서 배울 교훈 항상 기도하며 깨어 있으라
22장	최후의 만찬	유다의 배반 제자들의 유월절 준비 마지막 만찬 누가 크냐는 논쟁 베드로의 부인을 예고하시다 전대와 배낭과 검을 준비하라고 하시다 감람산에서 기도하시다 체포되시다 예수님을 부인하는 베드로 사람들에게 조롱 당하시다 공회 앞에서 하나님의 아들임을 말씀하시다
23장	십자가의 고난	빌라도의 심문 헤롯의 심문 십자가형 판결을 받으시다 강도와 함께 십자가에 못 박히시다 (43) 예수께서 이르시되 내가 진실로 네게 이르노니 오늘 네가 나와 함께 낙원에 있으리라 하시니라 운명하시다 아리마대 요셉이 장사하다
24장	예수님의 부활	예수님의 부활을 제자들에게 알리는 여인들 엠마오로 가는 제자들에게 나타나시다 열한 제자에게 나타나시다 승천하시다

요한복음(John)				
기록자	기록 연대	대상	기록 장소	장수
사도 요한	AD 85–90년	그리스도인	에베소	21장
예수를 보는 시각	주요 시제(시각)	기록 목적	특징과 성격	
하나님의 아들로 오신 메시아	영원	하나님의 아들을 믿고 영생을 얻게 하기 위해	신앙적. 예수 그리스도의 신성과 인성을 분명하게 가르치고 동시에 예수님이 하나님의 아들이요 그리스도이심을 증거	

기록 목적과 배경

· 예수가 하나님의 아들이심을 믿어 영생을 얻게 하기 위하여

· '가현설'(假現說)과 같이 당시에 만연했던 영지주의의 그릇된 논리를 반박하기 위하여

저자가 본서를 기록한 의도는 "이것을 기록함은 너희로 예수께서 하나님의 아들 그리스도이심을 믿게 하려 함이요 또 너희도 믿고 그 이름을 힘입어 생명을 얻게 하려 함이니라"(요 20:31)라는 말씀에 분명히 나타나 있다. 사도 요한이 에베소에서 본서를 기록할 당시 소아시아 일대에는 영지주의가 만연해 있었다. 이는 헬라 철학과 동양의 이교 사상, 애굽과 인도, 페르시아의 이원론적 우주론에 유대교까지 가미된 그야말로 혼합주의적인 종교인데 여기에 심지어는 기독교적 색채까지 가미되어 새로운 종교체계를 갖추고 있었다. 이들은 영은 선하고 물질은 악하다며 영과 육신을 분리하는 이원론을 주장하였고, 예수 그리스도 역시 신으로서의 존재는 인정하지만 성육신 자체는 부인하였다. 이런 사조로 인해 당시 교회들은 많은 혼란에 빠져 있었다.

이런 배경에서 사도 요한은 예수 그리스도의 신성과 인성을 분명하게 가르치고, 예수님이 하나님의 아들이요 그리스도이심을 증거하여 성도들이 이단 사설에 미혹되지 않고 영생을 얻게 하기 위해 본서를 기록하였다. 다른 복음서들과 비교하면 마태·마가·누가복음은 예수님의 행적과 '하나님나라의 선포'에 초점을 맞추고, 비신자들이 읽고 그리스도인이 되게 하려는 의도에서 집필되었으나 요한복음은 처음부터 '예수는 어떤 분이신가?'에 초점을 맞추고, 이미 믿음을 가진 사람들이 신앙의 지침으로 삼을 수 있도록 집필되었다.

참고로, 요한복음 20장 30-31절은 책의 기록을 종결하는 인사로 보인다. 그러나 이어진 21장은 다른 복음서에 없는 두 가지 특별한 사실을 기록한다. 예수께서 베드로를 회복시키시는 내용(요 21:15-19)과 요한의 장래에 대한 언급(221:20-25)이다. 일설에 의하면 기록 당시 ①베드로는 예수를 세 번 부인하였으므로 사도권이 없다는 주장, ②사도 요한은 죽지 않을 것이라는 설이 회자되고 있었다고 한다. 그래서 혹자는 사도 요한이 요한복음을 20장으

로 완성했다가 이 두 가지 사실을 증언해야 할 필요성을 느껴 21장을 첨가했다고 주장한다. 어찌 되었든 21장의 증언은 예수께서 베드로의 사도권을 회복시켜 주셨음을 분명히 하고, 요한은 죽지 않을 것이라는 설에 대해서도 해명(23-24절)하고 있다.

저자

본서의 저자는 사도 요한이다. 예수님의 열두 제자 중 한 사람으로서 친히 주님의 모습과 행적을 목격한 자(1:14)이다. 예수님의 사랑을 많이 받았고(13:23), 예수님이 야이로의 딸을 살리실 때나 변화산에서 변모하실 때, 겟세마네 동산에서 기도하실 때 등 예수님의 중요한 행적마다 베드로, 야고보와 함께 예수님의 가장 가까이에서 그분의 사역을 지켜보았다. 예수님이 십자가에 달리셨을 때는 제자들 중 유일하게 끝까지 그 곁을 지켰다.

요한은 갈릴리 벳새다 사람으로 아버지는 세베대, 어머니는 살로메, 형은 야고보이고 직업은 어부였다(눅 5:10). 야고보와 요한 형제는 성격이 급하고 과격해서 '보아너게'(우레의 아들)라는 별명이 있었다(막 3:17; 눅 9:54-56).

예수님의 승천 후에는 예루살렘에 머물면서 부활의 사실을 증언하는 데 힘쓰며 전도 생활을 하였다. 전승에 따르면 도미티아누스(Domitianus) 황제 시대에 밧모 섬에 유배되어 그곳에서 요한계시록을 저술하고, 도미티아누스가 암살되자 사면받아 에베소로 귀환하여 본서와 서신서(요한 1·2·3서)를 저술하였다고 한다.

내용

요한복음에 기록된 내용은 세 권의 공관복음서와 비교할 때 그 저술을 통해 나타내고자 하는 바가 더욱 분명하게 드러난다. 그래서 공관복음에서는 예수님의 생애에 대한 역사적 정확성에 초점을 맞추어 그분의 공생애에 있었던 수많은 사건 및 관련된 사람들에 대해 이야기하였으나 요한복음에서는 예수님이 하신 말씀과 그분이 누구시라는 것에 초점을 맞추었다. 요한복음에는 예수님의 탄생과 유년 시절에 관한 기록도, 족보도, 세례받고 시험받은 사건도, 기도하셨다는 내용이 없다. 요한복음은 예수님의 신성, 즉 그분이 바로 하나님이시라는 점에 초점을 맞추어 썼기 때문이다.

요한복음에는 세 가지 주제가 각기 7개씩 소개된다. 7은 완전수이다. 예수님에 대한 진술도, 표적도 모두 7개라는 것은 저자가 예수님의 신성을 강조하기 위해 의도적으로 치밀하게 가려 뽑은 것으로 보인다.

예수님의 정체성 공관복음서에는 짧게 비유적으로 설명하는 부분이 많은데 요한복음에는 강의에 가까운 긴 어록이 많이 실려있다. 사실 본서의 내용은 이러한 예수님의 강의를 소개하고 설명하는 것이 대부분이다. 요한복음에는 예수님이 그분의 정체성을 스스로 말씀하신 7

개의 "나는 ~이다"(헬, 에고 에이미)의 진술이 있다. 그리스도의 신성을 강조하는 이 진술은 출애굽기에서 하나님께서 "나는 스스로 있는 자이다"라고 하신 말씀과 같은 형태이다. ①생명의 떡(6:35), ②세상의 빛(8:12, 9:5), ③양의 문(10:7), ④선한 목자(10:11,14), ⑤부활이요 생명(11:25), ⑥길, 진리, 생명(14:6), ⑦참포도나무(15:5)로, 이같은 진술을 통하여 예수님은 그분 자신이 하나님이시고, 예수님으로 인해 하나님을 알게 되며 생명을 얻게 됨을 말씀하신다.

예수님의 신성에 대한 증언 예수님 스스로 그분을 말씀하신 것 외에 예수님의 신성을 고백하는 사람들의 증언도 7개 등장한다. ①"하나님의 아들"(1:34)-세례 요한, ②"하나님의 아들, 이스라엘의 임금"(1:49)-나다나엘, ③"하나님께로서 온 선생"(3:2)-니고데모, ④"하나님의 거룩하신 자"(6:69)-베드로, ⑤"그리스도, 하나님의 아들"(11:27)-마르다, ⑥"나의 주, 나의 하나님"(20:28)-도마, ⑦"하나님의 아들 그리스도"(20:31)-요한이다.

예수님의 표적 요한은 예수님이 수많은 표적을 행하셨음(20:30, 21:25)을 언급하면서도 그중 단 7개만을 본서에 소개하였다. ①물로 포도주를 만드심(2:1-11), ②왕의 신하의 아들을 고치심(4:46-54), ③38년된 병자를 고치심(5:1-9), ④오병이어로 5천 명을 먹이심(6:1-14), ⑤물 위로 걸으심(6:16-21), ⑥나면서 소경된 사람을 고치심(9:1-12), ⑦나사로를 살리심(11:1-46)이 그것이다. 저자는 이러한 사건들에 대해 '기적' 대신 '표적'이라는 단어를 사용하며, 이 표적들은 예수님이 하나님의 아들임을 나타내는 증거로서 제시되었다. 또한 이 7가지 표적은 예수님의 신성을 나타내는 설교의 발단이 된다.

특징

앞서 살펴본 세 복음서가 공통된 관점에서 유사한 내용을 기록하고 있어 공관복음서(共觀福音書)라고 불리는 것과 달리, 요한복음은 독특한 신학적 관점을 보이며, 다른 복음서들과 공통된 내용도 적다.

요한복음의 가장 독특한 특징은 다른 공관복음보다 예수 그리스도의 신성(神性)이 두드러지게 강조된다는 점이다. 다른 복음서들이 예수님의 탄생이나 세례부터 시작하는 것과 달리 요한복음은 예수님의 탄생 자체를 그리지 않고, 예수님이 하나님과 함께 처음부터 존재했고 모든 것이 그분을 통해 생겨났다는 '예수의 선재성(先在性)'을 주장하면서 시작한다. 예수님을 하나님의 말씀으로 이해하고, 길이자 진리이자 생명인 그분을 통하지 않고는 하나님께 갈 수 없다고 선언한다. 유대교에서 율법인 토라(Torah)가 신과 함께 선재하며 신의 의지를 드러내는 것으로 이해되듯이 예수님도 하나님과 함께 선재하며 하나님의 인간 구원 계획을 계시하는 원리로 파악되는데 이는 우주에 내재하는 창조와 질서 유지의 원리로 정의되는 그리스 철학의 로고스(logos) 개념이 그리스도론과 결합하며서 형성된 것으로 보인다.

본서는 공관복음서들과 달리 예수님의 생애와 행적을 자세히 기록하고 있지 않다. 세례 요한에게 세례를 받은 일이나 광야에서 사탄의 시험을 받은 일, 심지어 자신도 변화산에 올라 다른 두 제자와 함께 목도한 예수님의 변모 사건도 기록하지 않았다. 나병환자를 비롯해 많은 병자를 고친 기적 대신 가나의 혼인 잔치에서 물을 포도주로 바꾼 일을 첫 번째 기적으로 기록했고, 병을 고치는 기적을 소개할 때도 공관복음처럼 인간을 향한 그리스도의 사랑을 강조하기보다 신성의 '표적'이라는 점에 초점을 맞췄다. 예수님의 산상수훈 등 그리스도인이 가져야 할 행실과 윤리에 관한 내용도 거의 넣지 않고 대신 믿음을 절대적으로 강조하는 경향을 보인다.

요한은 예수님의 가르침보다 그분의 본성 및 하나님과 예수님의 관계에 더 많은 관심을 보였다. 공관복음서들이 예수님의 행적을 역사적 순서에 따라 서술하며 그분의 생애를 중심으로 다루었다면 요한복음은 신학 체계에 따라 서술하는 신학서적 특징을 가졌으며, 예수님이 메시아임을 강조하는 신학적 교리에 관한 내용이 큰 비중을 차지하고 있다. 그럼에도 예수님이 십자가에서 운명하신 후 한 병사가 시신의 옆구리를 창으로 찌르자 피와 물이 흘러나온(요 19:34) 사실을 기록하는 등 예수님의 신성과 인성을 동시에 강조하기도 하는데, 이것은 그리스도의 인성(육체성)을 부정한 영지주의(그노시스파)의 가현설(Docetism)을 비판하기 위한 것으로 보인다.

요한복음에서 인용된 구약성경

신약	내용	구약
요 1:23	주의 길을 곧게 하라고 광야에서 외치는 소리	사 40:3
요 2:17	주의 전을 사모하는 열심	시 69:9
요 6:31	조상들이 광야에서 만나를 먹음	출 16:4,15 ; 시 78:24, 105:40 ; 느 9:15
요 6:45	하나님의 가르침을 받으리라	사 54:13
요 7:42	다윗의 후손, 베들레헴에서 나심	삼하 7:12 ; 미 5:2
요 8:5	간음한 자에 대한 율법	레 20:10 ; 신 22:22
요 8:17	두 사람의 증인	신 17:6, 19:15
요 10:34	너희는 신이라 하심	시 82:6
요 12:15	나귀 새끼를 타고 오시는 왕	슥 9:9
요 12:38	우리가 전한 것을 누가 믿었으며 주의 팔이 누구에게 나타났나이까	사 53:1
요 12:40	백성의 마음과 눈을 어둡게 하심	사 6:10
요 13:18	내 떡을 먹는 자가 내게 발꿈치를 들다	시 41:9
요 15:25	이유 없이 나를 미워하는 자	시 35:19, 69:4

요 19:24	예수의 옷을 제비뽑아 나누다	시 22:18
요 19:28–29	예수께 신 포도주를 마시게 하다	시 69:21
요 19:36	예수의 뼈가 하나도 꺾이지 않음	시 34:20
요 19:36	어린 양의 뼈를 꺾지 않음	출 12:46 ; 민 9:12
요 19:37	그들이 찌른 자를 바라봄	슥 12:10

구조

주제	성육신	공생애		십자가 고난과 부활	
장	1장	2–12장	13–17장	18–19장	20–21장
내용	말씀과 생명과 빛	공생애 사역	다락방 강화	체포에서 십자가까지	부활과 이후 행적

(1) 성육신

1장	말씀의 성육신	말씀이 육신이 되어 오시다 (1–2) 태초에 말씀이 계시니라 이 말씀이 하나님과 함께 계셨으니 이 말씀은 곧 하나님이시니라 그가 태초에 하나님과 함께 계셨고 세례 요한의 증언 – 성육신 (12) 영접하는 자 곧 그 이름을 믿는 자들에게는 하나님의 자녀가 되는 권세를 주셨으니 (14) 말씀이 육신이 되어 우리 가운데 거하시매 우리가 그의 영광을 보니 아버지의 독생자의 영광이요 은혜와 진리가 충만하더라 세례요한의 증언 – 하나님의 어린양 첫 제자들 – 안드레와 베드로 빌립과 나다나엘를 부르시다

(2) 공생애

2장	가나의 혼인잔치	표적 1 – 가나 혼인잔치에서 물을 포도주로 바꾸시다 성전을 정화하시다 (16) 비둘기 파는 사람들에게 이르시되 이것을 여기서 가져가라 내 아버지의 집으로 장사하는 집을 만들지 말라 하시니 속마음을 아시는 예수님
3장	니고데모	니고데모에게 거듭남에 관해 말씀하시다 (5) 예수께서 대답하시되 진실로 진실로 네게 이르노니 사람이 물과 성령으로 나지 아니하면 하나님의 나라에 들어갈 수 없느니라 (16–17) 하나님이 세상을 이처럼 사랑하사 독생자를 주셨으니 이는 그를 믿는 자마다 멸망하지 않고 영생을 얻게 하려 하심이라 하나님이 그 아들을 세상에 보내신 것은 세상을 심판하려 하심이 아니요 그로 말미암아 세상이 구원을 받게 하려 하심이라 세례 요한의 증언 – 하늘로부터 오시는 이

4장	사마리아 여인	야곱의 우물에서 사마리아 여인과 대화하시다 (14) 내가 주는 물을 마시는 자는 영원히 목마르지 아니하리니 내가 주는 물은 그 속에서 영생하도록 솟아나는 샘물이 되리라 (24) 하나님은 영이시니 예배하는 자가 영과 진리로 예배할지니라 여인의 전도로 예수님을 영접한 사마리아인들 표적 2－왕의 신하의 아들을 고치시다
5장	베데스다 연못	표적 3－베데스다 연못가에서 38년 된 병자를 고치시다 아버지와 아들의 관계를 말씀하시다 생명과 심판에 관해 말씀하시다 예수에 관한 증거들 (36) 내게는 요한의 증거보다 더 큰 증거가 있으니 아버지께서 내게 주사 이루게 하시는 역사, 곧 나의 하는 그 역사가 아버지께서 나를 보내신 것을 나를 위하여 증언하는 것이요 유대인들의 영적 무지를 책망하시다
6장	생명의 떡	표적 4－오병이어로 5천 명을 먹이시다 표적 5－물 위를 걸으시다 자기 선언 1－나는 생명의 떡이다 많은 사람이 예수님을 떠나감 베드로의 고백 (68-69) 시몬 베드로가 대답하되 주여 영생의 말씀이 주께 있사오니 우리가 누구에게로 가오리이까 우리가 주는 하나님의 거룩하신 자이신 줄 믿고 알았사옵나이다
7장	생수로의 초청	예수를 믿지 않은 동생들 명절(초막절)을 지키러 은밀히 예루살렘에 가시다 성전에서 가르치시고 유대인들의 질문에 답하시다 목마른 자들을 초청하시다 (37-38) 명절 끝날 곧 큰 날에 예수께서 서서 외쳐 이르시되 누구든지 목마르거든 내게로 와서 마시라 나를 믿는 자는 성경에 이름과 같이 그 배에서 생수의 강이 흘러나오리라 하시니 무리가 쟁론하고 대제사장들과 바리새인들이 예수를 잡으려 함
8장	간음한 여인	간음 중에 잡힌 여인에 대한 처결 자기 선언 2－나는 세상의 빛이다 진리가 너희를 자유케 하리라 (31-32) 그러므로 예수께서 자기를 믿은 유대인들에게 이르시되 너희가 내 말에 거하면 참으로 내 제자가 되고 진리를 알지니 진리가 너희를 자유롭게 하리라 아브라함의 자손과 마귀의 자식들
9장	영적 소경	표적 6－소경을 고치시다 표적으로 인한 분쟁 고침받은 자를 만나시다 영적으로 눈먼 자

10장	선한 목자	자기 선언 3–나는 양의 문이다 자기 선언 4–나는 선한 목자다 (11) 나는 선한 목자라 선한 목자는 양들을 위하여 목숨을 버리거니와 유대인들의 분쟁 수전절에 성전에서 유대인들의 질문에 답하시다 신성모독으로 예수를 죽이려 하는 유대인들 예루살렘을 떠나 요단강 동편으로 가시다
11장	나사로를 살리심	자기 선언 5–나는 부활이요 생명이다 (25-26) 예수께서 이르시되 나는 부활이요 생명이니 나를 믿는 자는 죽어도 살겠고 무릇 살아서 나를 믿는 자는 영원히 죽지 아니하리니 이것을 네가 믿느냐 표적 7–나사로를 살리시다 예수를 죽이려는 대제사장들과 바리새인들의 모의
12장	예루살렘 입성	예수의 발에 향유를 부은 마리아 예루살렘에 입성하시다 예수를 찾아온 이방인들 죽음과 부활을 예언하시다 (24) 내가 진실로 진실로 너희에게 이르노니 한 알의 밀이 땅에 떨어져 죽지 아니하면 한 알 그대로 있고 죽으면 많은 열매를 맺느니라 그리스도를 증거하는 하늘의 소리 유대인들의 불신 마지막 날의 심판에 관해 말씀하시다
13장	발을 씻기심	제자들의 발을 씻기고 섬김에 관해 교훈하시다 유다의 배신을 예고하시다 새 계명을 말씀하시다 (34-35) 새 계명을 너희에게 주노니 서로 사랑하라 내가 너희를 사랑한 것같이 너희도 서로 사랑하라 너희가 서로 사랑하면 이로써 모든 사람이 너희가 내 제자인 줄 알리라 베드로의 부인을 예고하시다
14장	성령의 약속	자기 선언 6–나는 길이요 진리요 생명이다 (6) 예수께서 이르시되 내가 곧 길이요 진리요 생명이니 나로 말미암지 않고는 아버지께로 올 자가 없느니라 보혜사 성령님을 약속하시다 평안을 끼치시고 제자들을 위로하시다 (27) 평안을 너희에게 끼치노니 곧 나의 평안을 너희에게 주노라 내가 너희에게 주는 것은 세상이 주는 것과 같지 아니하니라 너희는 마음에 근심하지도 말고 두려워하지도 말라
15장	참 포도나무	자기 선언 7–나는 참포도나무다 그리스도와 성도의 관계를 포도나무에 비유하시다 세상의 박해를 예언하시다

16장	성령의 사역	박해를 예언하시다(15장에서 계속) 보혜사 성령님을 말씀하시다 죽음과 부활을 말씀하시다 (24) 지금까지는 너희가 내 이름으로 아무것도 구하지 아니하였으나 구하라 그리하면 받으리니 너희 기쁨이 충만하리라 담대하라고 말씀하시다 (33) 이것을 너희에게 이르는 것은 너희로 내 안에서 평안을 누리게 하려 함이라 세상에서는 너희가 환난을 당하나 담대하라 내가 세상을 이기었노라
17장	예수님의 중보기도	자신을 위해 기도하시다 (3) 영생은 곧 유일하신 참 하나님과 그가 보내신 자 예수 그리스도를 아는 것이니이다 제자들을 위해 기도하시다 교회(모든 믿는 자)를 위해 기도하시다

(3) 십자가 고난과 부활

18장	예수님의 잡히심	예수께서 체포되시다 베드로의 첫 번째 부인 안나스에게 심문을 받으시다 베드로의 두 번째 부인 베드로의 세 번째 부인 빌라도에게 심문을 받으시다 예수님 대신 바라바를 풀어주라는 무리들
19장	십자가 고난	빌라도의 채찍질과 사형 판결 십자가에 달려 운명하시다 창에 옆구리를 찔려 피와 물이 나옴 아리마대 요셉이 예수의 시체를 새 무덤에 둠
20장	부활과 나타나심	안식 후 첫날 빈 무덤을 본 사람들 – 막달라 마리아, 두 제자 막달라 마리아에게 나타나시다 제자들에게 나타나시다 다시 제자들에게 나타나시다 도마의 고백 – 나의 주님, 나의 하나님 책을 기록한 목적 (31) 오직 이것을 기록함은 너희로 예수께서 하나님의 아들 그리스도이심을 믿게 하려 함이요 또 너희로 믿고 그 이름을 힘입어 생명을 얻게 하려 함이니라
21장	베드로의 사명	디베랴 호수에서 일곱 제자에게 나타나시다 베드로에게 세 번 질문하시고 양을 먹이라 하시다 사도 요한의 죽음에 대한 해명

예수님에 대한 구약의 예언과 신약의 성취					
예언 구절	내용	성취 구절	예언 구절	내용	성취 구절
창 3:15	여자의 후손	갈 4:4	사 53:1	세상의 불신	요 12:37
창 12:3	아브라함의 씨	마 1:1	시 41:9	제자의 배반	눅 22:47–48
창 17:19	이삭의 후손	눅 3:34	슥 11:12	은 삼십에 넘겨지심	마 26:14–15
민 24:17	야곱에서 나온 한 별	마 1:2	슥 11:13	토기장이의 밭값에 팔리심	마 27:6–7
창 49:10	유다 지파 출신	눅 3:33	시 109:7–8	배신자 유다의 운명	행 1:18–20
사 9:7	다윗 왕권의 후계자	눅 1:32	시 35:11	거짓 고소를 당하심	막 14:57
시 45:6–7	기름부음 받은 영원한 왕	히 1:8–12	사 53:7	고소당하나 침묵하심	막 15:4–5
미 5:2	베들레헴 탄생	눅 2:4–5,7	사 50:6	침 뱉음을 당하고 매 맞으심	마 26:67
사 7:14	동정녀 수태	눅 1:26–31	시 35:19	이유 없이 미움받으심	요 15:24
단 9:25	탄생의 시각	눅 2:1–2	사 53:5	우리를 위해 희생되심	롬 5:6,8
호 11:1	애굽 피난	마 2:14	사 53:12	악인들과 함께 못 박히심	막 15:27
렘 31:15	유아 학살	마 2:16–18	슥 12:10	손발을 찔리심	요 20:27
사 40:3–5	첩경을 평탄케 함	눅 3:3–6	시 22:7	멸시와 수치를 당하심	눅 23:35
말 3:1	선구자의 예비	눅 7:24,27	시 69:9	훼방 당하심	롬 15:29
말 4:5–6	엘리야가 미리 옴	마 11:13	시 69:21	쓸개와 신 포도주를 받으심	요 19:29
시 2:7	하나님의 아들로 선포됨	마 3:17	시 109:4	원수를 위한 기도	눅 23:34
사 9:1	갈릴리 사역	마 4:13–16	시 22:17,18	옷이 제비 뽑혀 나누임	마 27:35
시 78:2–4	비유로 가르치심	마 13:34–35	시 22:1	하나님의 버림을 당하심	마 27:46
신 18:15	선지자 사역	요 6:14	시 34:20	그 뼈가 꺾이지 않음	요 19:34
사 61:1–2	상한 심령의 치유자	눅 4:18	슥 12:10	옆구리를 찔리심	요 19:34
사 53:3	동족 유대인의 멸시	요 1:11	사 53:9	부자처럼 장사됨	마 27:57–60
시 110:4	멜기세덱 반차의 제사장	히 5:5–6	시 16:10	부활하심	막 16:6–7
슥 9:9	예루살렘 입성 사건	요 12:15	시 68:18	승천하여 하나님 우편에 계심	막 16:19 ; 고전 15:4
시 8:2	어린이들의 환영	마 21:15			

예수님의 이적			
이적	장소	특징	성구
육체적 질병 치유			
문둥병자	갈릴리 지방	병자를 향한 주님의 연민이 강조됨	마 8:2,3 ; 막 1:40–42 ; 눅 5:2,13
백부장의 하인	가버나움	이방인의 믿음이 두드러짐	마 8:5–13 ; 눅 7:1–10
베드로의 장모	가버나움	베드로의 장모가 열병에서 치유받고 예수님 일행을 섬김	마 8:14,15 ; 막 1:30, 31 ; 눅 4:38–39
중풍병자 치유	가버나움	친구들의 믿음과 우정, 열정이 강조되고 주님의 죄 사하시는 능력이 강조됨	마 9:2–7 ; 막 2:3–12 ; 눅 5:18–25
혈루병 앓는 여자	가버나움	예수를 향한 여인의 간절한 심정 강조됨	마 9:20–22 ; 막 5:25–29 ; 눅 8:43–48
두 소경	가버나움	자신의 믿음대로 치유 받음	마 9:27–31
한 손 마른 자	갈릴리 회당	안식일 논쟁을 야기함	마 12:10–13 ; 막 3:1–5 ; 눅 6:6–10
바디매오와 다른 한 소경	여리고	끈질긴 요청으로 치유 받음	마 20:29–3 ; 막 10:46–52 ; 눅 18:35–43
귀먹고 벙어리 된 자	갈릴리호숫가	치유 과정에서 예수님의 친밀한 동작이 두드러짐	마 15:29–31 ; 막 7:31–37
벳새다의 소경	벳새다	두 번 안수하여 고치심	막 8:22–26
수종병 든 자	–	바리새인의 집에서 안식일에 치유	눅 14:1–6
열 나병환자 치유	사마리아와 갈릴리 사이	치유된 열 명 중 한 명만 예수님께 돌아와 감사함	눅 17:11–19
귀 잘린 말고	겟세마네동산	원수까지도 고쳐주심	눅 22:50–51
왕의 신하의 아들	가나	보지 않고도 말씀으로만 고쳐주심	요 4:46–54
베데스다 못가의 병자	예루살렘	오래된 질병도 단숨에 고치심	요 5:1–9
나면서 소경 된 자	예루살렘	나면서 된 병자도 고치심	요 9:1–41
정신질환 치유 및 축사			
귀신 들린 두 사람	거라사 (가다라)	돼지 떼 몰사로 사람들이 떠나실 것을 청함	마 8:28–34 ; 막 5:1–15 ; 눅 8:27–35
귀신 들린 벙어리	가버나움	바리새인들의 비방을 받음	마 9:32–34
귀신 들려 눈멀고 벙어리 된 자	갈릴리지역	바리새인들의 비방을 받음	마 12:22 ; 눅 11:14
가나안 여자의 딸	두로	이방인도 치유해 주심	마 15:21–27 ; 막 7:24–30

간질병 소년	변화산 근방	아비의 믿음을 보고 치유해 주심	마 17:14–18 ; 막 9:17–29 ; 눅 9:38–43
회당의 귀신 들린 자	가버나움	귀신들이 예수를 알아봄	막 23:26 ; 눅 4:33–35
꼬부라져 펴지 못하는 여인	–	18년 된 귀신을 단숨에 쫓으심	눅 13:11–13
자연 현상에 대한 이적			
풍랑을 잔잔케 하심	갈릴리호수	자연을 다스리시는 능력	마 8:23–27 ; 막 4:37–41 ; 눅 8:22–25
오천 명을 먹이심	갈릴리호숫가	이적의 능력과 사랑의 조화	마 14:15–21 ; 막 6:35–44 ; 눅 9:12–17 ; 요 6:5–13
물 위를 걸으심	갈릴리호수	예수님이 하나님의 아들임을 입증	마 14:25 ; 막 6:48–51 ; 요 6:19–21
사천 명을 먹이심	갈릴리호수	이적의 능력과 사랑의 조화	마 14:25 ; 막 6:48–51
물고기 입에서 돈을 꺼냄	가버나움	제자들에게 전지전능을 입증	마 17:24–27
무화과나무를 마르게 하심	예루살렘	심판의 능력이 암시됨	마 21:18–22 ; 막 11:12–26
많은 물고기를 잡게 하심	갈릴리호수	주 안에서만 삶의 풍요가 있음이 보여짐	눅 5:1–11
물로 포도주를 만드심	가나	예수님의 첫 이적. 인생에게 기쁨 주기 원하심을 보여줌	요 2:1–11
부활 후 많은 물고기 잡게 하심	갈릴리호수	제자들에게 확신을 주시기 위함	요 21:1–11
사망 극복			
야이로의 딸	가버나움	죽음을 잠으로 묘사하심	마 9:18–25 ; 막 5:22–42 ; 눅 8:41–56
나인성 과부의 외아들	나인	살리시는 능력이 두드러짐	눅 7:11–15
나사로	베다니	죄인에 대한 사랑이 두드러짐	요 11:1–14

예수님의 비유		
비유내용	의미와 교훈	성구
소금	성도들은 세상의 부패를 막는 소금의 역할을 해야 한다.	마 5:13
등불	성도들은 어두운 세상에서 생명의 빛을 발해야 한다.	마 5:14-16; ; 막 4:21-22 ; 눅 8:16, 11:33
좁은 문	세상에서 주를 섬기는 것은 매우 힘들다. 그러나 그 결과는 영생이다.	마 7:13-14 ; 눅 13:24
집의 기초	인생의 진정한 복은 하나님의 말씀에 전적으로 의뢰하며 준행할 때 주어진다.	마 7:24-27
혼인집 손님	성도는 주님과 함께 기뻐할 때도 슬퍼할 때도 있다.	마 9:15 ; 막 2:19-20 ; 눅 5:34-35
생베 조각과 낡은 옷	복음은 유대교 율법 및 세상 사상과 완전히 다르다.	마 9:16
새 포도주와 낡은 가죽부대	복음은 유대 율법 및 세상 사상과 공존할 수 없다.	마 9:17
추수할 일꾼	세상에는 복음을 전할 곳이 많아서 많은 일꾼이 필요하다.	마 9:37-38 ; 눅 10:2
뱀과 비둘기	성도는 사악한 세상을 이기기 위해서 지혜로우나 음흉하지 않고 순결하나 어리석지 않아야 한다.	마 10:16
장터의 아이들	세상 사람들은 하나님의 말씀에 무감각하고 반응하지 않으나 성도들은 하나님의 말씀에 예민해야 한다.	마 11:16
더러운 귀신	이 악한 세상은 하나님의 말씀을 듣고 순종하지 않음으로 종전보다 더 악해진다.	마 12:43-45
씨뿌리는 자와 밭	복음은 골고루 전해지나 그 결과는 사람의 순종 여부에 따라 엄청난 차이를 보인다.	마 13:3-8 ; 막 4:3-8
가라지	이 땅에서는 종말까지 선악이 공존하나 끝에는 분명한 심판이 있다.	마 13:24-30
겨자씨	교회는 예수 시대에 미약하게 시작되나 결국 크게 발전한다.	마 13:31-32 ; 막 4:30-32 ; 눅 13:18-19
누룩	복음은 세상을 크게 변화시키며 계속 퍼져간다.	마 13:33 ; 눅 13:20-21
밭에 감추인 보화	천국은 값지고 보배로운 곳인 바, 자신의 전체를 헌신하여 받아들여야 한다.	마 13:44
진주	천국은 소중하고 귀한 곳인 바, 자신의 전체를 헌신하여 받아들여야 한다.	마 13:45-46
그물	복음은 고기를 잡으려는 그물처럼 세상에 던져지나 나중에는 의로운 자만이 선택된다.	마 13:47-48
집주인	성도들은 구약과 신약을 모두 알아 전하며 가르치기에 힘써야 하겠다.	마 13:52

잃은 양	하나님은 모든 인간을 창조하신 분이신 바, 모든 영혼에 관심을 두신다.	마 18:12–13 ; 눅 15:4–6
빚진 자	하나님께서 우리와 같은 죄인들을 용서하시고 구원하신 것 같이 서로 용서하기를 힘써야 한다.	마 18:23–24
포도원 품꾼	하나님은 계속하여 죄인을 성도로 부르신다. 성도는 남과 비교하기 전에 먼저 자신의 구원 사실에 감사해야 한다. 상급을 주심은 온전히 하나님의 주권이다.	마 20:1–16
두 아들	구원은 형식적 눈물이 아니라 회개와 실천에 의해서만 가능하다. 특히 유대인의 율법주의와 이방인의 회개를 암시한다.	마 21:28–32
불의한 농부	복음을 거절하고 무시하는 자들에게는 분명한 심판이 있다. 특히 유대인의 율법주의와 이방인의 회개를 암시한다.	마 21:33–41
혼인 잔치 초청	하나님의 구원 초청이 처음에는 호소처럼 계속되나 끝내 거절한 자 및 준비하지 않은 자에게는 심판이 있다.	마 22:2–4
싹 난 무화과나무	말세가 가까울 때 성도는 시대적 특징을 분별할 수 있다.	마 24:22–23
열 처녀	언제 오실지 모르는 예수의 천국 잔치에 들어가기 위해서 평소에 계속되는 준비가 필요하다.	마 25:1–13
달란트	인간에게는 각기 고유한 능력과 한계가 있다. 하나님은 그 공적의 결과가 아니라 맡은 바 직분대로 열심을 다한 정도에 대하여 상급과 심판을 행하신다.	마 25:14–30
양과 염소	현재는 선과 악이 무원칙하게 혼돈된 것 같으나 훗날에는 확연히 구분되고, 그에 따른 심판이 있다.	마 25:31–36
식물의 성장	인간의 눈으로는 안 보이나 하나님의 구원 사역은 계속 진행되어 세상 끝날이 마침내 온다.	막 4:26–29
깨어 있는 문지기	늘 깨어 일할 것과 아울러 재림의 급박성을 경고해준다.	막 13:34 ; 눅 12:35–40
두 빚진 자	중한 죄인도 용서받을 수 있으며 오히려 그들이 더 감사할 것이다.	눅 7:41–43
선한 사마리아인	신앙 및 인격의 가치는 외적 신분이나 계급이 아니라 그 순수성과 실천으로 평가된다.	눅 10:30–37
밤중에 찾아온 벗	하나님은 열심히 간구하는 자의 기도를 들으신다.	눅 11:5–8
어리석은 부자	영생을 준비하지 않고 이 세상 생활에만 집착하는 자는 어리석다.	눅 12:16–21
선한 청지기와 악한 종	재림은 분명하므로 당장 심판의 위험이 없다고 태만하지 말고 평소에 맡은 직분에 성실하라.	눅 12:42–48
열매 없는 무화과	하나님은 오래 참으시나 복음을 받아들여 그 열매를 맺지 않은 자는 철저히 심판하신다.	눅 13:6–9
높은 자리	겸손은 세상적 미덕인 동시에 하나님 앞에 죄인이요, 유한 자로서 성도가 갖추어야 할 기본적인 자세이다.	눅 14:7–14

망대 건축	주의 사역을 하기 전에 미리 세밀한 계획과 결단이 요구된다.	눅 14:28–30
전쟁하는 왕	성도는 영적으로 세상과의 전투를 수행하는 자인 바, 자기 점검이 요청된다.	눅 14:31
잃어버린 드라크마	죄인을 구원하시는 하나님의 사랑은 연약한 여자가 잃은 재산을 찾는 심정처럼 뜨겁다	눅 15:8–10
탕자	하나님은 그 어떤 경우에도 회개하는 자를 용서하고 영접하신다.	눅 15:11–24
불의한 청지기	죄인도 세상 일에 갖은 지혜와 꾀를 내는데, 성도는 하나님의 일에 더욱 자신의 능력을 다하며 특히 지혜를 다하여야 한다.	눅 16:1–9
일하는 종	성도는 작은 일을 하였다고 상급을 바라기 전에 그것이 마땅한 의무임을 깨달아야 한다.	눅 17:7–10
과부와 재판관	끈질기게 기도하는 자에게는 분명한 응답이 있다.	눅 18:2–5
바리새인과 세리의 기도	하나님 앞에서 자기의 참모습을 깨달은 자만이 결국 복음의 진리를 깨달을 수 있다.	눅 18:10–14
열 므나	동일한 구원의 기회를 주신 하나님은 각자의 열매에 따라 상급을 주신다.	눅 19:12–27
선한 목자와 양	성도와 예수님은 절대 사랑과 절대 의존의 관계이다.	요 10:2–5
포도나무와 가지	인간은 오직 생명과 구원의 주이신 예수 안에서만 참되고 영원한 생명을 보장받는다.	요 15:1–6

예수님의 승천 이후 십자가 복음이 퍼져나가는 성령님의 선교시대가 시작된다.

신약시대는 예수 그리스도의 승천을 기점으로 그 이전을 성자의 복음시대, 이후를 성령의 선교시대로 나눈다. 예수님은 부활하신 후 제자들에게 지상명령(마 28:18-20)을 남기고 승천하시지만, 그에 앞서 공생애 기간에 이미 주님의 승천 이후에 오실 성령님의 사역을 언급하셨다. 성령께서 오시면 하나님께서 선포하신 말씀과 성자 예수님으로 인해 성취된 말씀을 증거하실 것이라는 말씀이었다.

> 내가 아버지께로부터 너희에게 보낼 보혜사 곧 아버지께로부터 나오시는 진리의 성령이 오실 때에 그가 나를 증언하실 것이요 요 15:26

> 그러나 진리의 성령이 오시면 그가 너희를 모든 진리 가운데로 인도하시리니 그가 스스로 말하지 않고 오직 들은 것을 말하며 장래 일을 너희에게 알리시리라 그가 내 영광을 나타내리니 내 것을 가지고 너희에게 알리시겠음이라 요 16:13-14

그러므로 사도행전에서 "오직 성령이 오시면…"이라는 주님의 약속과 오순절 날 성령님이 강림하심(사도행전 2장)으로 성령님의 선교시대가 본격적으로 시작된다. 또한 성경의 기록은 비록 사도행전 28장으로 끝났지만 이후에 땅끝까지 모든 열방에 복음이 전파되고, 예수님이 다시 오시는 날까지 모든 세대를 통해서 성령님의 선교시대는 계속되는 것이다.

1. 성령(선교) 시대의 위치와 구조

성경(하나님)																							
구약												신약											
성부(창조) 시대						인간(왕국) 시대						성자(복음) 시대						성령(선교) 시대					
창		출	민	수	삿	삼상 삼하 왕상	왕상 왕하	왕하	단, 에	스, 느	·	마, 막, 눅, 요						사도행전					·
1	2	3	4	5	6	7	8	9	10	11	12	13	14	15	16	17	18	19	20	21	22	23	24
태초시대	선민시대	출애굽시대	광야시대	정복시대	정착시대	통일왕국시대	분열왕국시대	유다왕국시대	포로시대	귀환시대	침묵시대	탄생과 성장	공생애 시작	초기사역	중기사역	말기사역	십자가 / 부활·승천	예루살렘 / 유대·사마리아	1차선교	2차선교	3차선교	옥중선교	기타사도 / 계시록
																			땅끝				

▼

신약												
시대	성자(복음) 시대						성령(선교) 시대					
순서	13	14	15	16	17	18	19	20	21	22	23	24
세부 시대	탄생과 성장	공생애 시작	초기사역	중기사역	말기사역	십자가 / 부활·승천	예루살렘 / 유대·사마리아	1차선교	2차선교	3차선교	옥중선교	기타사도 / 계시록
								땅끝 선교				
성경 언급 범위	마태복음			왕으로 오심			사도행전					·
	마가복음			종으로 오심								
	누가복음			인자로 오심			1–12	13–15	16–18	19–21	22–28	·
	요한복음			하나님의 아들								
연도	BC 4–AD 30						AD 30–46	47–49	49–52	53–58	58–63	30–100
추가 성경								갈	살전, 살후	고전, 고후, 롬	엡, 빌, 골, 몬, 딤전, 딛, 딤후	히, 약, 벧전, 벧후, 유, 요1·2·3, 계

▼

시대	성령(선교) 시대							
순서	19		20	21	22	23	24	
세부 시대	예루살렘	유대·사마리아	1차 선교	2차 선교	3차 선교	옥중선교	기타 사도	계시록
주제	유대 중심 선교		땅끝 선교				기타 사도·계시록	
성경	행 1–7	행 8–12	행 13–15	행 16–18	행 19–21	행 22–28	기타 서신서	요한계시록
추가			갈	살전,살후	고전,고후,롬	엡,빌,골, 몬,딤전, 딛,딤후	히,약, 벧전, 벧후,유,요 1·2·3	계

2. 시대 개관 및 시기 구분

성령(선교) 시대에 복음은 "오직 성령이 너희에게 임하시면 너희가 권능을 받고 예루살렘과 온 유대와 사마리아와 땅끝까지 이르러 내 증인이 되리라…"(행 1:8)라는 예수님의 말씀처럼 예루살렘에서 온 유대로, 사마리아로, 그리고 땅끝을 향해 퍼져나갔다. 이에 따라 성령 선교시대는 지역적으로 크게 유대 지역 중심의 선교 및 바울의 1·2·3차 선교여행과 옥중선교를 중심으로 한 땅끝 선교로 나누어 살펴보고, 마지막으로 베드로와 요한 등 다른 사도들의 서신으로 1세기 교회의 모습과 가르침의 내용을 살펴볼 것이다.

(1) 예루살렘과 유대와 사마리아 선교
(2) 바울의 1차 선교
(3) 바울의 2차 선교
(4) 바울의 3차 선교
(5) 바울의 옥중선교
(6) 기타 사도 및 계시록

3. 성령(선교) 시대를 기록한 책들

성령(선교) 시대 역사의 기본을 구성하는 책은 사도행전이다. 사도행전은 예수님의 승천으로 시작하며, 예수님이 예루살렘과 온 유대와 사마리아와 땅끝까지 이르러 복음을 전하라고 남기신 선교의 명령이 오순절 성령 강림 이후 어떻게 이루어져 가는지를 보여준다. 이 선교의 과정은 크게 유대와 사마리아 지역을 중심으로 한 유대인 선교, 그리고 바울의 1-3차 선교여행을 중심으로 한 이방인(땅끝) 선교로 나누어 볼 수 있다.

바울이 선교여행을 통해 개척한 교회들 또는 개인(제자들)에게 보낸 서신으로 이루어진 서신서가 13권 있다. 이중 1-3차 선교여행 중에 기록된 6권의 서신서는 바울의 내적 행적을 보여주면서, 그의 외적 행적을 보여주는 사도행전과 상호보완하는 역할을 한다. 옥중선교 시기에 기록된 7권의 서신서(옥중서신 4편, 목회서신 3편)는 로마에서 1차 구금부터 석방 시기를 거쳐 2차 구금되어 있던 시기에 쓴 것으로 사도행전 이후의 역사와 연결되어 그 시대의 교회 상황을 보여준다.

교회의 세계 선교(땅끝)				
성경	사도행전			
장	13–15	16–18	19–21	22–28
주제	1차 선교여행	2차 선교여행	3차 선교여행	옥중 선교
기간	47–49년	49–52년	53–58년	58–63년
선교지	갈라디아 지역	마게도냐, 아가야, 헬라	아시아	로마
서신서	갈라디아서	데살로니가전서 데살로니가후서	고린도전서 고린도후서 로마서	에베소서 빌립보서 골로새서 빌레몬서 디모데전서 디도서 디모데후서

* 옥중선교를 AD 63년까지로 한 것은 그 해가 바울이 로마 감옥(1차 투옥)에서 석방된 연도이기 때문이다. 그 후 바울은 AD 67년에 재감금(2차 투옥)되고 순교하였다. 사도행전에서는 바울의 1차 투옥까지만 기록되었고 석방–재감금–순교로 이어지는 말기사역은 기록되지 않았으므로 서신서의 내용으로 추측할 수 있을 뿐이다.

신약성경 27권 중 성령시대를 보여주는 성경은 4복음서를 제외한 23권이다. 그중 사도행전 및 바울서신서 13권을 제외한 9권은 8권의 일반서신서(또는 기타 서신서)와 1권의 예언서로 이루어져 있다. 이들 서신서는 히브리서, 야고보서, 베드로전·후서, 유다서, 요한 1·2·3서로, 당시 로마제국의 박해와 유대교인의 핍박, 이단과의 싸움 등 그리스도인들이 교회와 현실 생활에서 당면한 많은 문제 속에서 어떻게 올바르게 믿음을 지키고 살아갈 것인지에 관해 언급하며 그들을 격려하고 있다. 마지막으로 사도 요한이 쓴 요한계시록은 신약의 유일한 예언서이다.

사도행전(Acts)				
명칭	기록자	기록 연대	기록 장소	장수
사도행전	누가	AD 61–63년경	로마	28장
핵심 주제	기록 목적		구성과 내용	
성령에 의한 교회의 형성과 역사	예루살렘과 유대와 사마리아와 땅 끝까지 퍼져가는 교회의 성장을 기록하기 위해		예루살렘과 유대와 사마리아와 땅끝으로 복음이 확산되어가는 과정과 교회의 형성 및 역사를 기록	

명칭

헬라어 사본들에서는 '프락세이스'(행전)와 '프락세이스 아포스톨론'(사도들의 행전)이라는 두 가지 명칭이 사용되고 있다. '행전'(行傳)은 탁월한 인물의 업적을 요약할 때 흔히 사용된 명칭이다. 그러나 '사도들의 행전'(Acts of the Apostles)이라는 이름과는 달리 서술한 대상이 주로 베드로와 바울이고 다른 사도들의 행적은 거의 기록되지 않았다. 사실 베드로와 바울 또한 복음 전도의 사명을 받아 수고한 일꾼이었을 뿐 그들이 십자가 구원 사역의 주체는 아니었다. 복음을 전하고 교회를 세우며 구원을 이루어가시는 분은 성령님이시기에 사도행전은 '성령행전'으로도 불린다. 승천을 앞둔 예수님의 성령 강림과 성령 세례 언급으로 시작하고, 오순절 성령 강림 이후 복음 전파가 본격적으로 이루어지는 모습을 기록했기 때문이다.

저자와 기록 시기

사도행전은 저자의 이름을 명시하지 않았으나 본서 1장 1-3절과 누가복음 1장 1-4절을 보면 같은 저자의 기록이 분명해 보인다. 두 책의 수신자가 '데오빌로'로 같은 사람이며 본서 1장 1-2절에 "내가 먼저 쓴 글에는 무릇 예수께서 행하시며 가르치시기를 시작하심부터 그가 택하신 사도들에게 성령으로 명하시고 승천하신 날까지의 일을 기록하였노라"라고 기록하고 있기 때문이다. 또한 본서에서 자주 사용되는 '우리'(16:10-17, 20:5-21:18, 27-28장)라는 표현이 사도 바울과 절친한 동역자로서 바울의 2차 선교여행 때부터 로마 감옥까지 줄곧 바울과 동행한 누가를 가리키고(골 4:14; 딤후 4:11; 몬 1:24), 초대 교부들(Irenaeus, Eusebius)도 누가가 저작한 것으로 보고 있다.

누가는 바울의 선교여행에 동행하고 바울이 로마에 있는 동안(옥중선교) 가까이서 조력했는데 누가복음은 이때(63년경) 기록된 것으로 보인다. 그리고 본서는 누가복음 기록 후 얼마 지나지 않아 로마에서 기록된 것으로 보이는데(Jerome) 본서 말미에 사도 바울의 1차 투옥 사건이 언급되지만(28:30-31) 네로 박해(AD 64년경)나 바울의 순교(AD 67년) 등에 관한 기사는 나타나지 않으므로 AD 61-63년경에 기록한 것으로 추정된다.

기독교는 그 기원에 있어서 유대적이었으나 만약 유대교와 같은 배타적 종교의 한계 안에 머물러 있었다면 결코 세계적인 선교 사명을 성취할 수가 없었을 것이다. 베드로가 로마의 백부장 고넬료의 집안에 복음을 전하기까지의 과정과 그 사건에 관한 선교 보고에서 다른 교인들이 처음에 보인 반응만 보아도 사도들이 유대인의 배타적 사고를 극복하고 복음을 전하는 것은 쉬운 일이 아니었다. 복음이 유대를 넘어 땅끝으로 선포되어가는 과정을 기술하는 일에 이방인인 누가는 참으로 적절한 인물이었다고 하겠다.

기록 목적과 배경

• 예루살렘에서 시작되어 로마까지 퍼져나간 교회의 발전 과정을 기록하기 위하여.
• 유대인들에게 기독교를 변증하기 위하여.
• 헬라의 미신적 다신교에 대하여 기독교를 변증하기 위하여.

지리적 배경 성령 강림 후 그리스도인과 그들의 공동체인 교회가 예수님의 명령(행 1:8)을 수행하는 과정을 보여주는 사도행전은 예수 그리스도의 십자가 복음이 어떻게 이스라엘의 수도 예루살렘을 거쳐 당대 온 세계의 수도라 할 수 있는 로마에까지 이르게 되었는지 보여준다.

그 과정에서 복음 전파의 중심지 예루살렘, 이방 선교의 중심지 수리아의 안디옥, 사도 바울의 1-3차 선교여행 행선지인 소아시아와 유럽(마게도냐와 헬라), 그리고 바울의 최종 사역지인 로마까지, 본서는 신약에서 가장 큰 무대를 중심으로 전개된다.

시대적 배경 로마 제국은 전성기를 구가하고 있었다. 아구스도(아우구스투스) 황제가 행정적 기반을 확고하게 닦아 놓은 덕분에 제국은 복음을 전하기에 유리한 조건을 유지하고 있었다. 안정적 통치, 공통적인 행정조직, 로마의 사법, 시민권의 확대, 훈련된 군대에 의해 유지된 평화, 잘 닦인 도로, 주변 세계에서 통용되는 언어(헬라어) 등은 사도들이 복음을 전하는데 도움이 되었다.

이스라엘 백성은 로마 제국의 여러 지역에 흩어져 살았고 유대교의 기본적인 신조들은 로마의 보편적 관용 정신 아래 종교적 자유를 누렸다. 새롭게 생겨난 기독교는 유대교의 분파로 여겨졌고 마찬가지로 종교적 자유를 누렸다. 그러나 유대교는 점차 혐오의 대상이 되었고 글라우디오(클라우디우스)의 통치 기간에 유대인은 로마에서 추방되었으며(행 18:2), 팔레스타인에서 반란이 일어나고, AD 66-70년 사이에 비참한 전쟁을 거쳐 AD 70년에는 마침내 예루살렘이 멸망하기에 이른다.

유대교의 지위가 점차 약화되면서 기독교의 상황도 위태로워졌다. 더욱이 기독교는 법적 지위가 없는 종교였기에 AD 64년의 로마시 화재와 같은 문제가 일어났을 때 기독교 공동체는 쉽게 속죄양이 되었고, 잇따라 일어난 박해는 하나의 끔찍한 선례를 만들어 그 후로도 박해는 끈질기게 계속되었다. 이러한 배경 가운데서 누가는 초기 교회의 역사를 마련하고 사도행전을 기록하게 된 것이다.

누가는 그가 "먼저 쓴 글"에서 "예수께서 행하시며 가르치시기를 시작하심부터"의 모든 일을 다루었다고 선언한다(행 1:1). 그의 역사적 통찰력은 지상에서 예수의 활동은 시작에 불과하며, 그분의 역사는 승천 후 그분의 영이 교회를 통하여 행하신 바를 기록하지 않고는 불완전한 것임을 인지하였다. 그리하여 그분의 영이신 성령의 도우심으로 그리스도의 활동이 계속되는 것을 기록하고자 하였고, 사도행전 1장 8절을 총주제로 삼아 그것을 중심으로 사도들의 행적을 기술해나갔다. 주님의 명령에 순종하여 제자들은 예루살렘과 온 유대로, 그리고 더 나아가 사마리아와 땅끝까지 이르러 증거하였다. 누가가 그들의 활동을 따라감에 따라 자연히 그의 기록도 그러한 구분으로 나뉘게 되며, 그래서 본서에는 초기 교회의 지리적인 성장이 잘 나타나 있다.

내용

신약성경에서 유일한 역사서로서, 복음서와 서신서의 가교 역할을 하는 사도행전은 초대 교회의 예수운동과 성령의 역사를 이해할 수 있는 책이다. 예수 그리스도의 승천 후 사도들이 성령의 인도하심을 따라 널리 복음을 전한 행적을 기록하였으며, 교회의 역사와 예수 그리스도의 복음이 전파되어 나간 과정을 보여준다. 이런 의미에서 사상 최초의 〈그리스도교사(史)〉 또는 〈초대(初代) 그리스도교사(史)〉라 부를 수도 있을 것이다.

사도행전의 내용은 핵심 구절인 "오직 성령이 너희에게 임하시면 너희가 권능을 받고 예루살렘과 온 유대와 사마리아와 땅 끝까지 이르러 내 증인이 되리라 하시니라"(행 1:8)라는 말씀으로 요약될 수 있다. 본서의 내용을 지역 중심적으로 보면 베드로 사도의 사역을 중점적으로 다룬 유대 지역 중심의 전도(1-12장) / 바울 사도의 사역을 중점적으로 다룬 땅끝 선교(13-28장)로 나눌 수 있고, 이중 유대 중심의 전도를 예루살렘 / 유대와 사마리아 지역으로 더 나누어 볼 수 있다.

교회 중심적으로 보면 교회의 태동(1-7장) / 교회의 부흥(8-12장) / 교회의 세계선교(13-28장)의 세 부분으로 나뉘는데 이는 앞서 지역 중심의 내용을 셋으로 나눈 것과도 일치한다. 예루살렘을 중심지로 하여 교회가 탄생하고, 믿는 자의 수가 더해지고 박해를 피해 흩어진 성도들에 의해 온 유대와 사마리아 지역까지 복음이 전해졌으며, 이방 교회 안디옥이 최초로 선교사(바나바와 바울)를 파송해 복음이 마게도냐와 소아시아 등 세계로 퍼져나갔기 때문이다. 그 가운데 인도하고 보호하시는 성령의 역사가 복음을 전하는 일꾼들과 늘 함께하신다.

사도행전에서 인용된 구약성경

번호	신약	구약	번호	신약	구약
1	행 1:20	시 69:25, 109:8	12	행 7:49–50	사 66:1
2	행 2:17–21	욜 2:28–32	13	행 8:32	사 53:7
3	행 2:25–28	시 16:8–11	14	행 13:22	삼상 13:14 ; 시 89:20
4	행 2:34–35	시 110:1	15	행 13:33	시 2:7
5	행 3:22	신 18:15	16	행 13:34	사 55:3
6	행 3:23	신 18:19	17	행 13:35	시 16:10
7	행 3:25	창 12:3, 22:18, 26:4, 28:14	18	행 13:41	합 1:5
8	행 4:11	시 118:22	19	행 13:47	사 49:6
9	행 4:25–26	시 2:1–2	20	행 15:16–17	암 9:11–12
10	행 7:37	신 18:15	21	행 23:5	출 22:28
11	행 7:42–43	암 5:25–27	22	행 28:26–27	사 6:9–10

구조

오직 성령이 너희에게 임하시면 너희가 권능을 받고 예루살렘과 온 유대와 사마리아와 땅 끝까지 이르러 내 증인이 되리라 하시니라(행 1:8)						
주제	교회의 태동		교회의 부흥		교회의 세계선교	
소주제	성령 강림과 교회 탄생	교회의 사역과 조직 정비	교회의 부흥	박해의 시작	1–3차 선교여행	옥중선교 예루살렘, 로마
장	1–2	3–7	8–11	12	13장–21:26	21:27–28장
분류	유대 지역 중심 선교				땅끝(이방) 선교	
중심지역	예루살렘		유대, 사마리아		마게도냐, 소아시아	
중심인물	베드로		빌립, 베드로		바울	

19

CHAPTER

예루살렘·유대·사마리아 선교

THE NEW TESTAMENT

시대 훑어보기

유대 중심 선교의 시대적 위치와 구조

시대	성령(선교) 시대							
순서	19		20	21	22	23	24	
세부 시대	예루살렘	유대·사마리아	1차 선교	2차 선교	3차 선교	옥중선교	기타 사도	계시록
주제	유대 중심 선교		땅끝 선교				기타 사도·계시록	
성경	행 1-7	행 8-12	행 13-15	행 16-18	행 19-21	행 22-28	기타 서신서	요한계시록
추가			갈	살전,살후	고전,고후,롬	엡,빌,골, 몬,딤전, 딛,딤후	히,약, 벧전, 벧후,유,요 1·2·3	계

▼

유대 중심 선교(행 1-12장)				
중심지역	예루살렘		유대, 사마리아	
장	1-7		8-12	
주제	교회의 태동		교회의 부흥	
소분류	1-2장	3-7장	8-11장	12장
소주제	성령 강림과 교회 탄생	교회의 사역과 조직 정비	교회의 부흥	박해의 시작

초대 교회 발전과정			
단계	연 대	주요 사건	사건 내용
1–7장			
예루살렘 중심 (베드로)	AD 30–36	사도 선출	유다를 대신할 사도로 맛디아를 세움(1:4–12, 15–26)
		오순절 성령 강림	제자들이 성령 충만하여 각종 능력을 갖게 됨(2:1–13)
		베드로의 설교	단번에 3천 명이 회개함(2:14–36)
		박해 시작	베드로와 요한 투옥(3:1–4:1)
		아나니아와 삽비라 사건	교회가 급성장할 즈음 아나니아와 삽비라가 범죄하여 하나님의 심판을 받아 죽음(5:1–11)
		사도들 투옥	사도들이 투옥되나 주의 사자에 의해 기적적으로 구출되어 계속 복음을 전파(5:17–21)
		일곱 집사 선출	구제와 봉사를 위해 집사를 선출(6:1–6)
		스데반의 순교	첫 순교자 발생(6:8–7:60)
8–12장			
유대와 사마리아 (베드로와 빌립)	AD 37–46	흩어진 그리스도인들	예루살렘에 큰 핍박이 있어 그리스도인들이 유대와 사마리아 전역으로 흩어짐(8:1)
		이방 전도 시작	빌립, 베드로, 요한이 사마리아에서 복음 전도(8:4–17)
		사울의 회심	다메섹으로 가던 사울이 회심(9:1–22)하여 기독교 선교 역사에 큰 업적을 남기게 됨
		베드로의 환상	전도 중이던 베드로가 각종 짐승이 담긴 보자기 환상을 보고 이방인 고넬료에게 복음을 전파해 이방인 전도 본격화(9:32–10:17)
		안디옥 교회 설립(AD 41)	예루살렘에서 안디옥에 파송된 바나바가 교회를 세우고 바울과 동역(11:19–22)
			이 안디옥은 후에 이방 선교의 중심지가 됨
		헤롯의 박해 (AD 44)	헤롯 아그립바의 핍박으로 야고보 순교, 베드로 투옥(천사에 의해 구출됨, 12장)
13–28장			
이방 안디옥 (바울)	AD 47–63	바울의 1차 선교여행 (AD 47–49)	안디옥 교회에서 바울과 바나바, 마가 파송(13:1–3) 2년간 약 2,400km 여행
			구브로 섬 → 밤빌리아의 버가(마가는 중도 포기) → 비시디아 안디옥 → 이고니온 → 루스드라 → 더베 → 버가 → 앗달리아 → 안디옥
		바울의 2차 선교여행 (AD 49–52)	마가 동행 문제로 바울과 바나바가 다투고 바나바와 마가는 구브로로, 바울은 실라와 수리아, 길리기아로 감. 3년 반 동안 약 5,600km 여행
			수리아, 길리기아 → 더베, 루스드라 → 드로아 → 빌립보(마게도냐) → 데살로니가 → 베뢰아 → 아덴 → 고린도 → 겐그리아 → 에베소 → 가이사랴 → 안디옥
		바울의 3차 선교여행 (AD 53–58)	갈라디아, 브루기아 → 에베소(아볼로의 전초 위에 바울이 교회를 세우나 소동으로 인해 마게도냐로 감) → 드로아 → 밀레도 → 예루살렘(유대인들의 음모로 체포됨)
		바울의 옥중선교 (AD 58–63)	예루살렘 가이사랴로 가서 가이사 앞에 호소하여 로마로 호송됨(이후 AD 67, 로마에서 순교)
			갇힌 자로서 복음을 전한 이 옥중선교 기간에 바울은 로마로 호송되는 전 기간을 전도의 기회로 삼았기에 4차 선교여행으로도 불린다

1. 교회의 태동(예루살렘, 1–7장)

유대 지역을 중심으로 한 복음 전도의 시기였다. 예수 그리스도께서 성령을 약속하고 승천하신 후 오순절 날, 마가의 다락방에 모여 기도에 힘쓰던 제자들 위에 성령이 강림하신다. 변화된 제자들이 복음을 전하고 베드로의 설교로 수많은 사람이 회개하고 세례를 받으면서 예루살렘 교회가 시작된다.

1–2장	3–7장
성령 강림과 교회 탄생	교회의 사역과 조직 정비

(1) 성령 강림과 교회 탄생(1–2장)

1장	성령의 약속	예수님의 약속(성령으로 세례를 받으리라)과 당부 예수께서 승천하시다 (8) 오직 성령이 너희에게 임하시면 너희가 권능을 받고 예루살렘과 온 유대와 사마리아와 땅끝까지 이르러 내 증인이 되리라 하시니라 유다 대신 맛디아를 사도로 세움
2장	성령 강림	오순절에 성령이 임하시다 베드로의 오순절 설교 믿는 자들이 물건을 통용함

(2) 교회의 사역과 조직 정비(3–7장)

3장	앉은뱅이를 고침	베드로와 요한이 성전 미문 앞 앉은뱅이를 고치다 (6) 베드로가 이르되 은과 금은 내게 없거니와 내게 있는 이것을 네게 주노니 나사렛 예수 그리스도의 이름으로 일어나 걸으라 하고 베드로가 솔로몬 행각에서 설교하다
4장	공회에 끌려옴	사도들에 대한 핍박 믿는 자들이 물건을 통용함
5장	아나니아 부부	거짓말로 죽음당한 아나니아와 삽비라 사도들이 표적을 일으키다 사도들이 능욕을 받다 가말리엘의 충고
6장	일곱 집사	일곱 집사를 세움 스데반이 체포되다
7장	스데반의 순교	스데반이 설교하다 스데반이 순교하다 (60) 무릎을 꿇고 크게 불러 이르되 주여 이 죄를 그들에게 돌리지 마옵소서 이 말을 하고 자니라

2. 교회의 부흥(유대와 사마리아, 8–12장)

스데반의 순교와 함께 유대인들의 박해가 시작된다. 박해를 피해 흩어진 사람들을 통해 유대와 사마리아로 복음이 전해지고, 베드로는 이방인 고넬료에게 복음을 전한다. 한편, 교회를 박해하다가 다메섹 도상에서 예수님을 만난 사울은 다메섹에서 복음을 전하다가 유대인들로 인해 다메섹을 떠나 아라비아에서 3년(행 10:25 ; 갈 1:17)을 지낸다(학자들은 이 기간에 바울이 이신칭의 신학을 정립했을 것으로 추측한다). 헤롯이 요한의 형제 야고보를 죽이고 베드로도 옥에 가두지만 천사가 그를 탈옥시킨다.

8–11장	12장
교회의 부흥	박해의 시작

(1) 교회의 부흥(8–11장)

8장	사마리아 전도	사울이 교회를 박해하다 빌립이 사마리아에서 전도하다 베드로와 요한이 사마리아에 와서 말씀을 전하다 빌립이 에디오피아 내시에게 복음을 전하다
9장	사울의 개종	사울이 다메섹 도상에서 주님을 만나다 사울이 다메섹에서 전도하다 예루살렘으로 도피하다 베드로가 중풍병자 애니아를 고치다 베드로가 죽은 도르가(다비다)를 살리다
10장	고넬료 전도	고넬료의 환상 베드로의 환상 베드로가 고넬료의 집에 가서 설교하다 베드로 설교를 들은 이방인에게 성령이 강림하시다
11장	안디옥 교회	베드로가 예루살렘 교회에 보고하다 안디옥 교회가 세워짐 안디옥으로 파송된 바나바 바나바와 사울이 안디옥에서 가르치다

지도로 보는 빌립의 전도

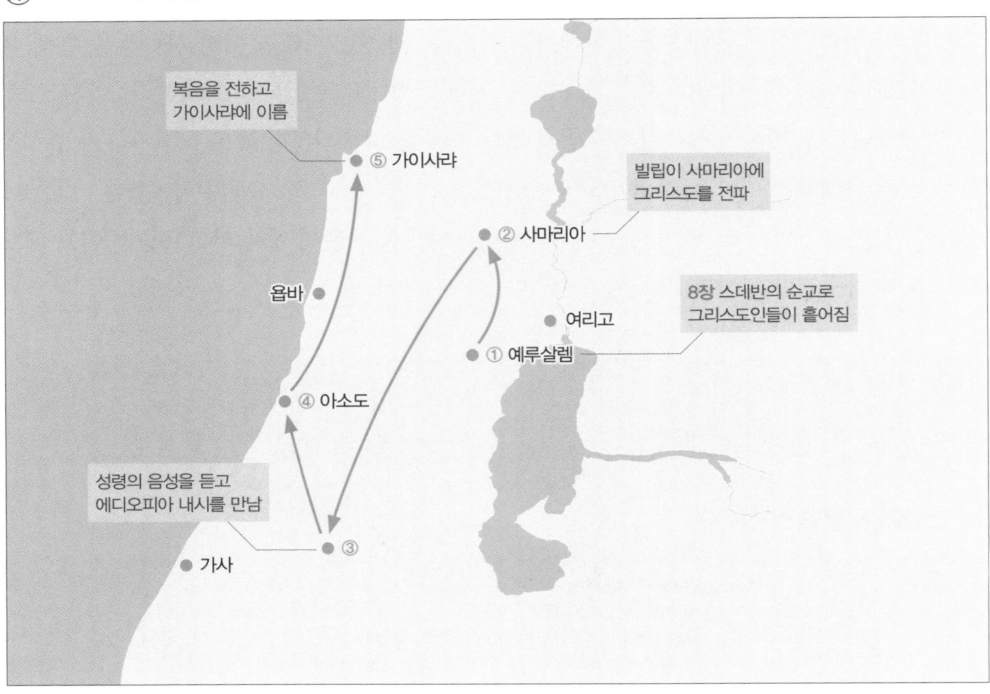

순서	①	②	③	④	⑤
지명	예루살렘	사마리아	광야 길	아소도	가이사랴
사건	교회 박해 시작 성도들이 흩어짐	빌립이 사마리아에 그리스도를 전파	에디오피아 내시를 만남	아소도에 나타나 여러 성에서 복음을 전함	가이사랴에 이름

① 예루살렘 : 교회에 박해가 시작되어 사도 외에는 사람들이 유대와 사마리아로 흩어짐(8:1). 스데반을 장사함(8:2). 사울이 교회를 박해함(8:3).

② 사마리아 : 빌립이 사마리아 성에서 그리스도를 전파하고 표적을 행함(8:5-8,12). 마술사 시몬이 세례를 받고 빌립을 따라다님(8:13).

③ 광야 길 : 빌립이 성령의 음성을 듣고 예루살렘에서 가사로 내려가는 길로 감(8:26). 에디오피아의 국고 관리인 내시를 만나 복음을 전하고(8:35) 세례를 베푼 후(8:38) 주의 영이 빌립을 이끌어감(8:39).

④ 아소도 : 빌립이 아소도에 나타나 여러 성을 지나다니며 복음을 전함(8:40).

⑤ 가이사랴 : 여러 성을 다니며 복음을 전하다 가이사랴에 이름(8:40).

지도로 보는 베드로의 전도

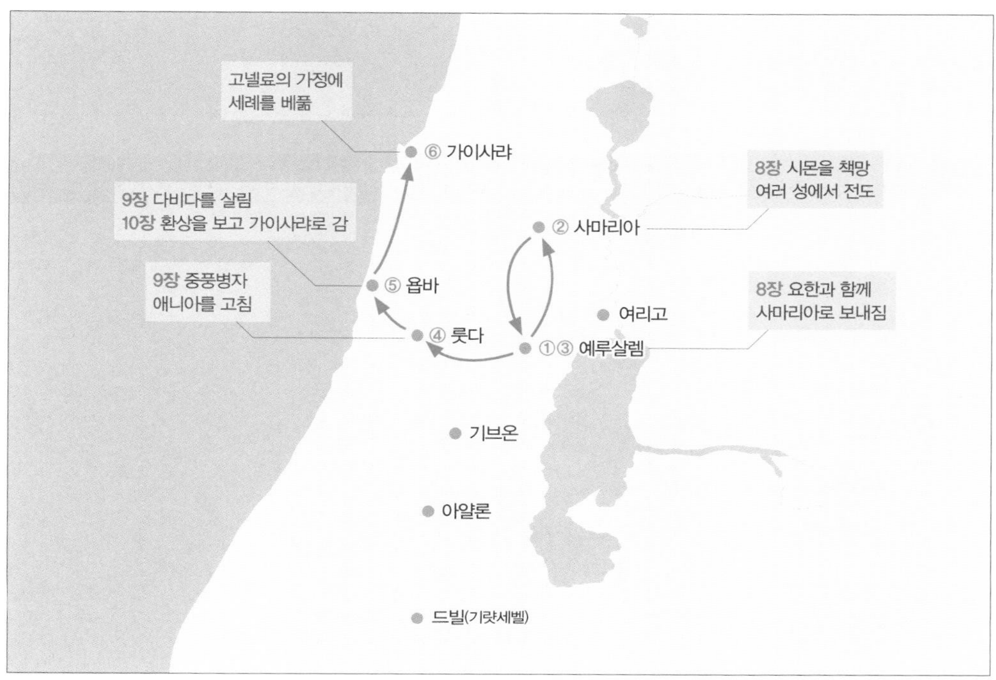

순서	①	②	③	④	⑤	⑥
지명	예루살렘	사마리아	예루살렘	룻다	욥바	가이사랴
사건	교회 박해 시작 성도들이 흩어짐	사마리아에서 안수와 기도 시몬을 책망	예루살렘으로 돌아감	애니아를 고침	다비다를 살림 시몬의 집에서 환상을 봄	고넬료의 가정에 세례를 베풂

① 예루살렘 : 교회에 박해가 시작되어 사람들이 유대와 사마리아로 흩어지고 사도들은 예루살렘에 남음(8:1). 스데반을 장사함(8:2). 사울이 교회를 박해함(8:3).

② 사마리아 : 빌립이 사마리아 성에서 그리스도를 전하고 부흥이 일어나자 베드로와 요한이 사마리아로 파견됨(8:14). 사람들에게 안수하자 사람들이 성령을 받음(8:15-17). 베드로가 시몬을 책망함(8:18-23).

③ 예루살렘 : 여러 마을에서 복음을 전하고 예루살렘으로 돌아감(8:25).

④ 룻다 : 8년 째 중풍병으로 누운 애니아를 고침(9:34).

⑤ 욥바 : 죽은 과부 다비다(도르가)를 살림(9:40). 무두장이 시몬의 집에 머묾(9:43). 제 육시에 세 번의 환상을 보고 고넬료가 보낸 사람들을 만남(10:9-23).

⑥ 가이사랴 : 고넬료의 집에 가서 예수 그리스도를 전함(10:34-43). 고넬료의 집 사람들이 성령을 받자 그들에게 세례를 베풂(10:47-48).

(2) 박해의 시작(12장)

12장	헤롯의 박해	야고보의 순교 베드로의 투옥과 천사의 구출 헤롯 사망

예루살렘과 유대와 사마리아 선교시대의 연대표	
AD 30	성령 강림(행 2:1–4), 디베료 황제 사망
	사도들에 대한 핍박(행 4:1–22)
	아나니아와 삽비라의 거짓과 죽음(행 5:1–11)
	일곱 집사 선택(행 6:1–6)
	스데반의 설교와 순교(행 7:1–60)
31	빌립의 전도 사역(행 8:5–13)
	베드로와 요한의 사마리아 방문(행 8:14–25)
	에디오피아 내시 구원(행 8:26–39)
32	사울의 다메섹 회심(행 9:1–9)
35	바울의 예루살렘 1차 방문(행 9:26 ; 갈 1:18–19)
41	안디옥 교회 설립
44	요한의 형제 야고보의 순교(행 12:2), 베드로의 투옥(행 12:4)
45	대기근(글라우디오 치하)
46	바울의 제2차 예루살렘 방문(행 11:30) – 예루살렘 구제 헌금 전달

예루살렘과 유대와 사마리아 선교 이후 땅끝 바울의 1차 선교여행이 시작된다.

20

CHAPTER

바울의 제1차 선교여행

THE NEW TESTAMENT

시대 훑어보기

1) 땅끝 선교에서 1차 선교여행의 시대적 위치와 구조

성령(선교) 시대									
순서	19		20	21	22	23	24	
연도	AD 30–46		47–49	49–52	53–58	58–63	30–100	
주제	유대 중심 선교		땅끝 선교				기타 사도 · 계시록	
	예루살렘	유대 · 사마리아	1차 선교	2차 선교	3차 선교	옥중선교	기타 사도	계시록
성경(장)	사도행전						기타 서신서	요한계시록
	1–7	8–12	13–15	16–18	19–21	22–28		

▼

교회의 세계 선교(땅끝 선교)				
순서	20	21	22	23
성경	행 13–15장	행 16–18장	행 19–21장	행 22–28장
주제	1차 선교여행	2차 선교여행	3차 선교여행	옥중선교
관련 성경	갈라디아서	데살로니가전서 데살로니가후서	고린도전서 고린도후서 로마서	에베소서 빌립보서 골로새서 빌레몬서 디모데전서 디도서 디모데후서

2) 시대 개관

성령께서 안디옥 교회 선지자와 교사들 가운데 바나바와 바울을 선교 사역으로 파송하게 하신다. 이 선교여행은 복음이 유대인뿐만 아니라 이방인에게도 전해지는 땅끝 선교의 출발점이 되었으며, 바울과 바나바의 1차 선교여행(행 13-15장)을 계기로 사도행전의 중심인물은 베드로에서 바울로 바뀌게 된다. 바울과 바나바는 마가 요한을 데리고 소아시아로 선교여행을 떠나 약 2년간 복음을 전한다. 먼저 바나바의 고향인 구브로(Cyprus)섬에서 전도한 뒤 갈라디아 지역(비시디아 안디옥, 이고니온, 루스드라, 더베)에서 복음을 전했다.

일찍부터 갈라디아 지역에 옮겨 와 살고 있던 유대인들은 바울과 바나바가 복음 전하는 것을 방해하고 박해했다. 어려움 속에서도 바울과 바나바는 복음을 전하고, 더베에서 다시 왔던 길로 돌아가며 제자들의 믿음을 격려한 뒤 안디옥 교회로 돌아온다. 안디옥 교회는 복음이 예루살렘과 유대와 사마리아를 지나 마침내 땅끝으로(행 1:8) 확산해가는 분수령이자 이방선교의 전진기지였다.

이 시대를 보여주는 성경

바울과 바나바의 1차 선교여행은 구브로섬과 갈라디아 지역(비시디아 안디옥, 이고니온, 루스드라, 더베)을 주된 사역지로 하며 사도행전 13-15장에 그 과정이 잘 나타나 있다. 그리고 이후에 바울은 특정 교회가 아니라 갈라디아 지역에 있는 여러 교회에 편지를 썼는데 이것이 갈라디아서이다.

1차 선교여행 (갈라디아서를 기록함)

13장	구브로 섬	바나바와 사울 파송 바나바와 바울이 구브로에서 전도하다 바나바와 바울이 비시디아 안디옥에서 전도하다 바울이 이방인에게 전도하자 쫓아내는 유대인들 바울과 바나바가 이고니온으로 가다
14장	갈라디아 지역	바울과 바나바가 이고니온에서 전도하다 루스드라에서 바울이 걷지 못하는 사람을 고치다 바울과 바나바를 신으로 여긴 루스드라 사람들 바울과 바나바가 안디옥에 돌아와 교회에 보고하다
15장	예루살렘 총회	바울과 바나바가 예루살렘 교회에서 보고하다 할례에 관한 토론과 총회 결정문이 담긴 편지 바울과 바나바가 다투고 결별하다

지도로 보는 바울의 1차 선교여행

바울의 제1차 선교 여정

① 수리아 안디옥에서 출발 → ② 실루기아(항구) 출항 → ③ 구브로 섬 살라미→ ④ 구브로 섬 바보 → ⑤ 밤빌리아의 버가 → ⑥ 비시디아 안디옥 → ⑦ 이고니온 → ⑧ 루스드라 → ⑨ 더베 → ⑩ 다시 루스드라로 → 이고니온 → 비시디아 안디옥 → ⑪ 밤빌리아의 버가 → ⑫ 앗달리아 → ⑬ 수리아 안디옥 → ⑭ 예루살렘

① 수리아 안디옥 : 안디옥 교회가 바울과 바나바 파송(13:1-3).

② 실루기아 : 실루기아 항구에서 배 타고 출발(13:4).

③ 살라미(구브로 섬) : 구브로 섬의 살라미에 이르러 여러 회당에서 유대인에게 말씀을 전함(13:4-5).

④ 바보(구브로 섬) : 바예수(유대인, 거짓 선지자)라는 마술사 엘루마가 하나님의 말씀을 듣고자 하는 총독 서기오 바울을 훼방하다 바울에 의해 맹인이 됨(13:6-12).

⑤ 버가(밤빌리아) : 마가 요한이 예루살렘으로 돌아감(13:13).

⑥ 비시디아 안디옥 : 회당에서 온 시민이 하나님의 말씀을 듣고 유대인은 바울과 바나바를 쫓아냄(13:14-50).

⑦ 이고니온 : 허다한 무리가 믿으나 시내의 무리가 나뉨(13:51-14:5).

⑧ 루스드라 : 앉은뱅이를 고침. 사람들이 바울과 바나바에게 제사하려 함. 유대인이 무리를 충동해 바울을 돌로 치고 성 밖으로 내침(14:6-19).

⑨ 더베 : 복음을 전하고 많은 사람을 제자로 삼음(14:20-21).

⑩ 루스드라 - 이고니온 - 비시디아 안디옥 : 제자들의 마음을 굳게 하고 각 교회에서 장로들을 택하여 금식기도(14:21-23).

⑪ 버가(밤빌리아) : 말씀을 전함(14:24-25).

⑫ 앗달리아 : 배를 타고 출항(14:25-26).

⑬ 수리아 안디옥 : 귀환(갈라디아서 기록). 선교 보고 후 제자들과 머무름(14:26-28).

⑭ 예루살렘 : 제3차 예루살렘 방문. 예루살렘 교회의 교리 문제 의논(행 15:1-29 ; 갈 2:1-10).

확대지도

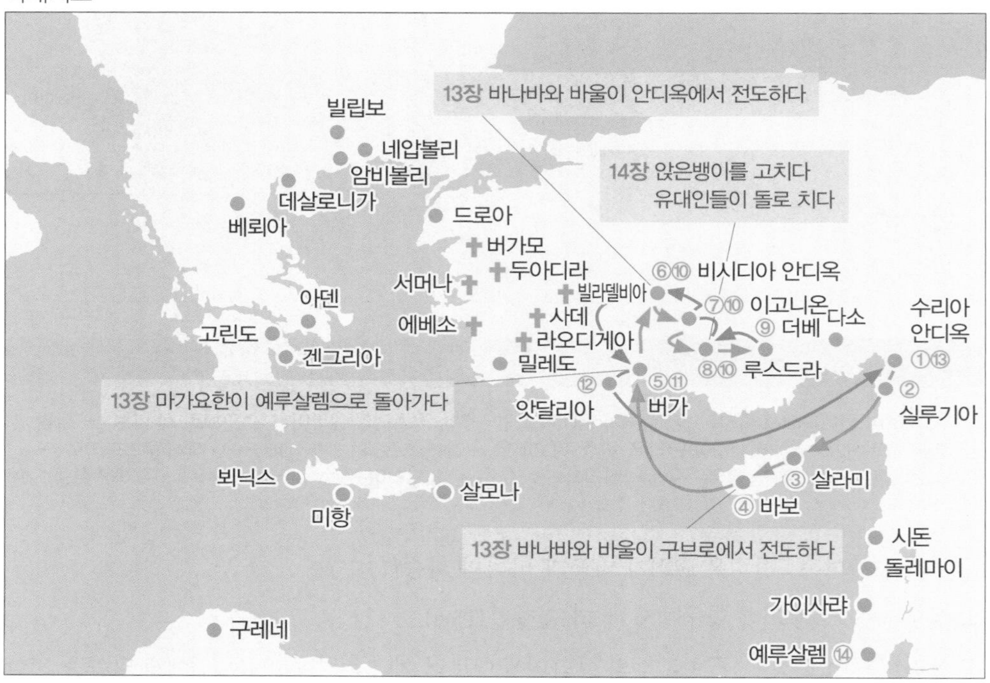

이 시대를 함께 이해하는 성경

갈라디아서(Galatians)				
명칭	기록자	기록 연대	기록 장소	장수
갈라디아서	바울	AD 49년경	안디옥	6장
핵심 주제	기록 목적		구성과 계시	
율법이 아닌 은혜	교회 내 유대주의 거짓 교사들의 주장을 반박하기 위해		모든 사람은 율법으로 구원을 받을 수 없으며 오직 그리스도를 믿는 믿음으로 의롭게 되는 것이다(이신칭의)	

기록 목적과 배경

- 갈라디아 교회에서 활동하던 유대주의적 거짓 교사들의 허구적인 주장을 반박하기 위하여.
- 할례를 비롯한 율법의 행함이 아니라 오직 믿음으로 구원에 이름을 강조하기 위하여.
- 사도권을 밝힘으로써 자신이 전한 복음의 정당성을 입증하기 위하여.

지리적 배경 갈라디아서는 바울이 갈라디아(Galatia) 지역에 있는 교회들에 보내는 서신서이다. 갈라디아 지역은 사도 바울이 1차 선교여행 때 복음을 전한 곳(행 14:1-23)으로, 지금의 튀르키예(2022년 6월, '터키'에서 국명 변경) 지역이며 주요 도시들로는 비시디아 안디옥, 이고니온, 루스드라, 더베 등이 있다. '갈라디아'라는 이름은 유럽에서 이주한 갈리아족(Gaul)의 땅이라 하여 붙여졌다.

본서의 기록 시기와 장소는 명확하지 않다. 1차 선교여행 직후인 AD 49년경 수리아의 안디옥에서 기록했다는 주장, 2차 선교여행 도중인 AD 50-52년경 고린도에서 기록했다는 주장, 3차 선교여행 중인 AD 53-56년경 에베소 또는 마게도냐에서 기록했다는 주장이 있다.

시대적 배경 갈라디아 지역은 일찍부터 유대인들이 이주하여 자리를 잡고 살던 곳이어서 유대인들의 영향력이 강했다. 그들은 바울 일행이 1차 선교여행 때 이 지역에서 복음 전도하는 것을 극렬히 방해하고 박해했다. 갖은 방해와 목숨의 위협을 받으며 복음을 전한 갈라디아 지역의 교회들이 다른 복음을 따른다는 소식(갈 1:6)을 듣게 된 바울은 서신(갈라디아서)을 통해, 율법의 의로는 구원받을 수 없으며 예수 그리스도를 믿는 믿음으로만 의롭다 칭함을 받는다는 복음의 핵심 진리를 다시 한번 전하지 않을 수 없었다.

유대인의 영향력이 강한 만큼 갈라디아 지역의 교회들에서도 개종한 유대인들의 입김이 강했다. 이들은 그리스도를 믿어도 할례를 받고 율법을 준수하지 않으면 구원받지 못한다고 주장했고 바울은 진정한 사도가 아니라며 그의 사도권을 부정하였다. 이에 바울은 이 서신을 통해 사도로서의 자신의 권위를 굳건히 하고, 유대교의 율법을 구원의 조건으로 삼는 교리가 복음을 어떻게 왜곡하는지 알리고자 했다.

내용
절망적인 상황을 바로잡고 초기의 그리스도인들을 모세의 율법에서 은혜로, 율법주의에서 믿음으로 이끌기 위해 행위와는 무관한 '믿음에 의한 구원'의 교리를 강조하는 본서는 바울의 위대하고도 영향력 있는 서신 중 하나로 높이 평가되고 있다. 로마서와 함께 이신칭의(以信稱義)의 교리를 가르치기 때문에 종종 '짧은 로마서'라 불리기도 한다. 갈라디아서는 이신칭의의 개념을 명확히 진술하면서 이를 근거로 어떠한 형태의 율법주의에서도 그리스도인의 자유를 변증해 나간다.

사도권 유대교와 기독교가 분리되고 있던 초대 교회의 상황에서 갈라디아서는 이 둘 사이를 명확하게 구분하는 데 기여했다. 또한 본서에서 강조한 '믿음만을 통한 은혜의 구원'은 십여 세기 후 종교개혁 때 개혁자들이 외치는 중심 주제가 되어 본서는 '개신교 종교개혁의 모퉁잇돌', '그리스도인의 자유 대헌장'(Magna Carta of Christian Liberty)으로 불리기도 했다.

갈라디아의 유대주의자들은바울의 권위를 부인하며 거짓 복음을 선포했다. 그래서 바울은 그러한 거짓 교사들로부터 교회와 성도를 보호하기 위해, 처음의 두 장에서 자신의 사도권이 계시를 통해 그리스도로부터 직접 받았으며 예루살렘 교회의 인정을 받은 것임을 강조하고 변호하였다.

> 형제들아 내가 너희에게 알게 하노니 내가 전한 복음은 사람의 뜻을 따라 된 것이 아니니라 이는 내가 사람에게서 받은 것도 아니요 배운 것도 아니요 오직 예수 그리스도의 계시로 말미암은 것이라 갈 1:11-12

믿음과 율법 3-4장에서는 참된 은혜의 교리, 즉 믿음만을 통한 칭의의 교리를 변증한다. 유대주의자들이 행함(할례와 율법)을 강조하여 갈라디아 교회를 미혹하였으므로 바울은 오직 믿음을 통해서만 구원을 얻는다는 진리를 강조했다. 율법이란 타락한 인간이 자신의 힘과 노력으로는 결코 온전해질 수 없으며, 따라서 그리스도를 믿는 믿음과 주님의 은총이 아니면 결코 구원 얻지 못한다는 사실을 깨우쳐 주는 수단에 불과한 것이다. 바울은 율법의 이런 기능을 일컬어 '초등교사'(몽학선생)라 하였다(3:24). 따라서 모든 사람은 율법으로 구원을 받을 수 없으며 오직 그리스도를 믿는 믿음으로 의롭게 되는 것이다(이신칭의).

참된 자유의 삶 율법으로부터의 자유가 신앙의 방종과 도덕 폐기를 의미하는 것은 아니다. 그러므로 바울은 5-6장에서 율법에서 자유함을 얻고 믿음으로 구원받은 자는 어떻게 살아가야 하는지 그 실천적 측면을 가르친다. 구원받은 성도의 진정한 자유는 형제를 섬기고 사랑의 종이 됨으로써 완성되는 것이기에 "자유로 육체의 기회를 삼지 말고 오직 사랑으로 서로 종노릇하라"(5:13)라며, 그리스도인은 성령의 능력으로 살아야 하고 그럴 때 자기 삶에서 육체의 일이 아닌 성령의 열매를 드러낼 수 있다고 강조한다.

갈라디아서에서 인용된 구약성경

번호	신약	구약	번호	신약	구약
1	갈 3:6	창 15:6	7	갈 3:16	창 13:15, 17:8
2	갈 3:8	창 12:3	8	갈 4:22	창 16:15
3	갈 3:10	신 27:26	9	갈 4:23	창 21:2
4	갈 3:11	합 2:4	10	갈 4:27	사 54:1
5	갈 3:12	레 18:5	11	갈 4:30	창 21:10,12
6	갈 3:13	신 21:23	12	갈 5:14	레 19:18

구조

1-2장	3-4장	5-6장
믿음의 변호	믿음의 설명	믿음의 실천

(1) 믿음의 변호(1-2장)

1장	복음과 사도직	바울의 자기소개와 인사 오직 하나뿐인 복음 (8) 그러나 우리나 혹 하늘로부터 온 천사라도 우리가 너희에게 전한 복음 외에 다른 복음을 전하면 저주를 받을지어다 바울이 사도가 된 내력
2장	오직 믿음	할례자의 사도와 이방인의 사도 바울이 베드로를 책망하다 믿음으로 얻은 구원 (20) 내가 그리스도와 함께 십자가에 못 박혔나니 그런즉 이제는 내가 사는 것이 아니요 오직 내 안에 그리스도께서 사시는 것이라 이제 내가 육체 가운데 사는 것은 나를 사랑하사 나를 위하여 자기 자신을 버리신 하나님의 아들을 믿는 믿음 안에서 사는 것이라

(2) 믿음의 설명(3-4장)

3장	율법과 믿음	성령과 성경이 증거하다 율법과 믿음 율법과 약속 믿음으로 유업을 받을 하나님의 아들이 됨 (27-28) 누구든지 그리스도와 합하기 위하여 세례를 받은 자는 그리스도로 옷 입었느니라 너희는 유대인이나 헬라인이나 종이나 자유인이나 남자나 여자나 다 그리스도 예수 안에서 하나이니라

4장	약속의 자녀	율법으로 사는 것은 초등학문 바울이 갈라디아 교회를 걱정하다 종의 아들과 자유자의 아들

(3) 믿음의 실천(5–6장)

5장	성령의 열매	**그리스도인의 자유와 사랑** (13–15) 형제들아 너희가 자유를 위하여 부르심을 입었으나 그러나 그 자유로 육체의 기회를 삼지 말고 오직 사랑으로 서로 종 노릇 하라 온 율법은 네 이웃 사랑하기를 네 자신 같이 하라 하신 한 말씀에서 이루어졌나니 만일 서로 물고 먹으면 피차 멸망할까 조심하라 **육체의 일과 성령의 열매** (22–24) 오직 성령의 열매는 사랑과 희락과 화평과 오래 참음과 자비와 양선과 충성과 온유와 절제니 이같은 것을 금지할 법이 없느니라 그리스도 예수의 사람들은 육체와 함께 그 정욕과 탐심을 십자가에 못 박았느니라
6장	훈계와 축복	**짐을 서로 지라** **말씀을 가르치는 자와 좋을 것을 함께하라** (7) 스스로 속이지 말라 하나님은 업신여김을 받지 아니하시나니 사람이 무엇으로 심든지 그대로 거두리라 **그리스도의 십자가 외에 자랑할 것이 없다** (14) 그러나 내게는 우리 주 예수 그리스도의 십자가 외에 결코 자랑할 것이 없으니 그리스도로 말미암아 세상이 나를 대하여 십자가에 못 박히고 내가 또한 세상을 대하여 그러하니라

바울의 1차 선교여행의 역사적 연대표	
47–49	바울의 1차 선교여행(행 13:1–14:28)
49	예루살렘공회(갈 2:1), 로마로부터 유대인 축출

다음은 바울의 2차 선교여행을 다룬다.

21
CHAPTER

바울의 제2차 선교여행

THE NEW TESTAMENT

시대 훑어보기

1) 땅끝 선교에서 2차 선교여행의 시대적 위치와 구조

성령(선교) 시대								
순서	19		20	21	22	23	24	
연도	AD 30-46		47-49	49-52	53-58	58-63	30-100	
주제	유대 중심 선교		땅끝 선교				기타 사도 · 계시록	
	예루살렘	유대 · 사마리아	1차 선교	2차 선교	3차 선교	옥중선교	기타 사도	계시록
성경 (장)	사도행전						기타 서신서	요한계시록
	1-7	8-12	13-15	16-18	19-21	22-28		

▼

교회의 세계 선교(땅끝 선교)				
순서	20	21	22	23
성경	행 13-15장	행 16-18장	행 19-21장	행 22-28장
주제	1차 선교여행	2차 선교여행	3차 선교여행	옥중선교
관련 성경	갈라디아서	데살로니가전서 데살로니가후서	고린도전서 고린도후서 로마서	에베소서 빌립보서 골로새서 빌레몬서 디모데전서 디도서 디모데후서

2) 시대 개관

예루살렘 공회의가 끝난 후 바울은 공회의에서 결정된 소식을 모두에게 전하고 싶었고 1차 선교여행에서 세운 교회들의 상태를 돌아보기를 원했다. 그러나 1차 선교여행 때 도중에 일행을 떠나버린 마가의 동행 문제로 바울은 바나바와 다투고, 결국 실라와 함께 2차 선교여행을 떠난다. 바울은 루스드라에서 디모데를 데리고 가며, 1차 선교여행에서 세운 교회들을 돌아본 후 아시아 지역으로 가지만 성령께서 환상을 통해 마게도냐 지역으로 부르신다. 이에 바울이 마게도냐 지역의 첫 도시 빌립보로 가면서 유럽으로 복음이 전해지게 된다.

이 시대를 보여주는 성경

바울은 실라, 디모데와 함께한 2차 선교여행 중 빌립보에서 루디아를 만나 교회를 세운다. 사역하다 점치는 종에 들린 귀신을 쫓아낸 일로 옥에 갇혔다 놓였으나 천부장이 떠나기를 구해 데살로니가에 가서 데살로니가 교회를 세운다. 그러나 거기서도 계속된 유대인의 위협으로 베뢰아와 아덴을 거쳐 고린도에 이르게 된다. 바울은 갓 세워져 제대로 양육도 받지 못한 채 핍박받는 데살로니가 교인들의 신앙을 위해서 그들을 칭찬하고, 핍박을 이기고 끝까지 이기라는 격려와 종말론적인 신앙교훈을 내용으로 한 편지를 써 보내는데 이것이 데살로니가전·후서이다. 이러한 2차 선교여행의 과정은 사도행전 16-18장에 잘 나타나 있다.

2차 선교여행(데살로니가전·후서를 기록함)

16장	마게도냐	바울이 루스드라에서 디모데를 데리고 가다 바울이 환상을 보고 마게도냐로 가다 바울이 빌립보에서 루디아에게 전도하다 바울이 귀신 들린 여종을 치료하다 바울과 실라가 옥에 갇히다 바울과 실라가 간수와 그의 가족에게 복음을 전하다 (31) 이르되 주 예수를 믿으라 그리하면 너와 네 집이 구원을 받으리라 하고 바울과 실라가 당당하게 출옥하다
17장	베뢰아	바울과 실라가 데살로니가에서 전도하다 바울과 실라가 베뢰아에서 전도하다 바울이 아덴에서 전도하다 바울이 아레오바고에서 설교하다 바울이 아덴을 떠나다
18장	고린도	바울이 고린도에서 전도하고 아굴라를 만나다 바울이 고린도에서 1년 반을 머물며 전도하다 바울이 에베소에서 아굴라와 헤어지다 바울이 안디옥으로 내려가다 아볼로가 에베소와 고린도에서 전도하다

지도로 보는 바울의 2차 선교여행

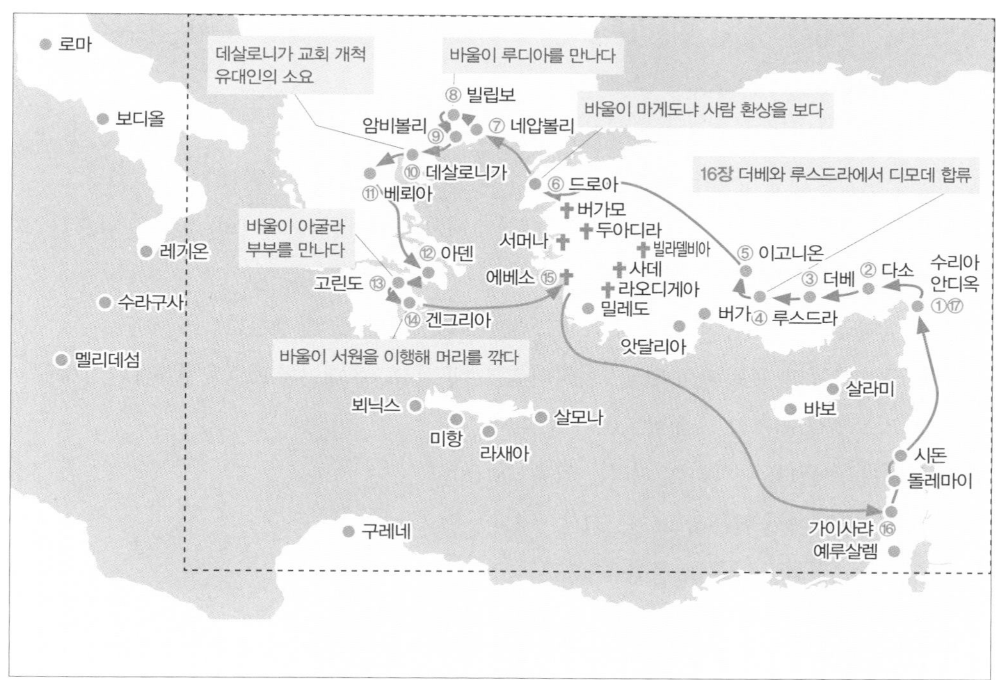

바울의 제2차 선교 여정

① 수리아 안디옥 → ② 길리기아 → ③ 더베 → ④ 루스드라 → ⑤ 브루기아와 갈라디아 지역 → ⑥ 드로아(무시아) → ⑦ 네압볼리 → ⑧ 빌립보(마게도냐) → ⑨ 암비볼리 → ⑩ 데살로니가 → ⑪ 베뢰아 → ⑫ 아덴 → ⑬ 고린도 → ⑭ 겐그리아 → ⑮ 에베소 → ⑯ 가이사랴 → ⑰ 수리아 안디옥

① 수리아 안디옥 : 마가의 동행 문제로 바울과 바나바가 다툼. 바나바는 마가와 함께 구브로로 떠남(행 15:35-39).

② 수리아와 길리기아 : 바울이 실라와 함께 수리아와 길리기아(다소가 이 지역에 있음) 지역으로 다니며 교회들을 견고하게 함(15:40-41).

③ 더베

④ 루스드라 : 디모데 합류. 헬라파 유대인인 디모데에게 할례를 행함(16:1-3).

⑤ 브루기아와 갈라디아 지역 : 교회들의 믿음을 굳게 함(16:6).

* 브루기아는 비시디아 북쪽에 위치한 로마의 속주. 갈라디아 지역에는 비시디아 안디옥, 이고니온, 루스드라, 더베와 같은 성읍들이 있었다. 지도에서는 지역 이름 대신 이 지역에 속한 성읍들로 여정을 표시하였다.

⑥ 드로아(무시아) : 무시아 지역에서 비두니아로 가려 하나 성령이 허락하지 않으심(16:7). 드로아에서 성령께서 환상을 통해 마게도냐로 인도하심(16:8-10).

* 무시아는 소아시아 북서부의 로마 속주이며 드로아는 무시아 지역의 대표적 도시이다.

⑦ 네압볼리 : 드로아에서 사모드라게로 직행하여 네압볼리로 감(16:11).

⑧ 빌립보 : 루디아의 영접. 귀신 들린 여종을 치유하고 빌립보 감옥에 갇힘. 간수와 그의 가정이 회심하고 세례받음(16:12-40).

⑨ 암비볼리 : 암비볼리 → 아볼로니아(17:1)

⑩ 데살로니가 : 회당 강론과 유대인의 소요. 야손과 그의 형제들 고발(17:1-9).

⑪ 베뢰아 : 회당을 중심으로 복음 전도. 데살로니가의 유대인이 찾아와 소동을 일으킴. 바울이 먼저 아덴으로 감(17:10-14).

⑫ 아덴 : 회당에서 복음 전도. 아레오바고에서 헬라 철학자들과 쟁론(17:15-34).

⑬ 고린도 : 아굴라 부부와의 만남, 실라와 디모데 합류. 유대인의 소동. 선교 1년 6개월 머물며 가르침(18:1-17). - 데살로니가전·후서 기록

⑭ 겐그리아 : 서원을 이행하여 머리를 깎음(18:18).

⑮ 에베소 : 회당에서 변론하고 전도(18:19-21).

⑯ 가이사랴 : 교회의 안부를 물음(18:22).

⑰ 수리아 안디옥 : 안디옥으로 귀환(18:22).

확대지도

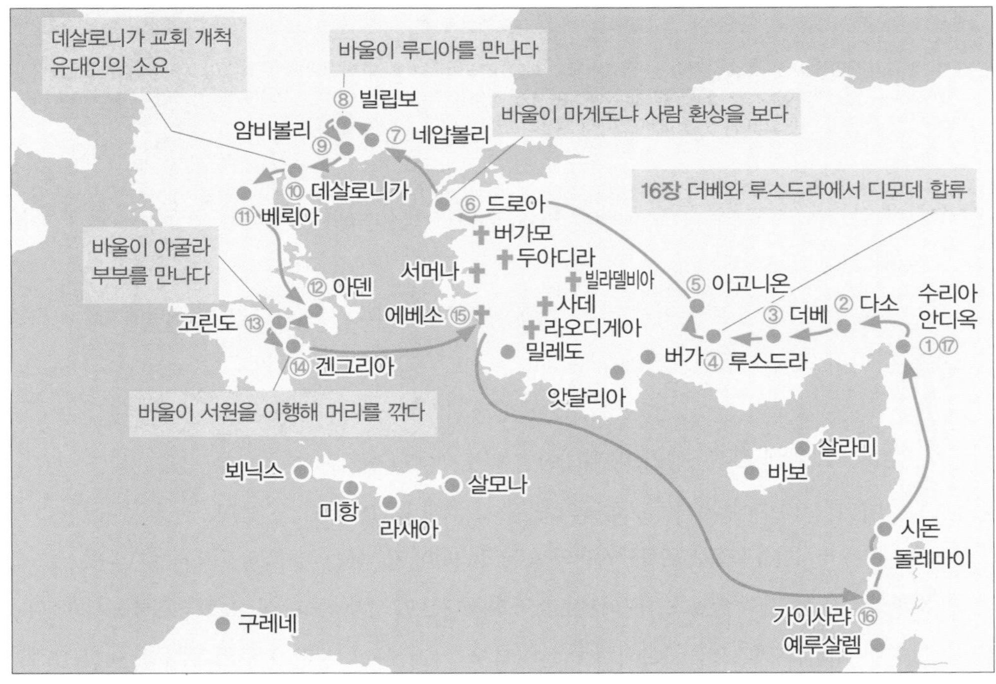

데살로니가전서(1Thessalonians)				
명칭	기록자	기록 연대	기록 장소	장수
데살로니가전서	바울	AD 51–52년	고린도	5장
핵심 주제	기록 목적		구성과 계시	
재림과 부활을 소망하는 성도의 올바른 삶의 자세	교인들을 격려하고 죽은 자의 부활과 재림을 가르치기 위해		데살로니가 교인들의 믿음 생활을 칭찬한 후 재림에 관해 교훈하고 이를 기다리는 올바른 자세를 권고	

기록 목적과 배경

- 믿음을 지키는 일로 시련받는 자들을 격려하기 위하여.
- 이전에 죽은 자들의 부활과 그리스도의 재림을 가르치기 위하여.
- 성결한 생활을 교훈하기 위하여.

지리적 배경 본서의 주요 무대인 데살로니가(Thessalonica)는 그리스 반도 북쪽 마게도냐 주의 수도이다. 오늘날 살로니카 만이라고 알려진 테르마 만의 맨 윗쪽에 있는 주요 무역항이며, 소아시아와 유럽을 잇는 에그나티아 가도(Via Egnatia, 로마와 아시아를 연결하는 매우 중요한 도로)의 길목에 있어 동서 교통의 요지였다. 일찍이 알렉산더 대왕의 인구 이주 정책으로 헬라인, 유대인, 사마리아인, 로마인 등 수많은 민족이 섞여 살던 다민족 도시로 정치, 무역, 군사, 문화의 중심이었다.

시대적 배경 2차 선교여행에서 유럽 대륙의 빌립보로 간 바울은 귀신 들린 여종을 고친 일로 감옥에 갇혔다가 풀려난 후 데살로니가로 가서 복음을 전한다. 그러나 데살로니가에 사는 유대인이 소동을 일으켜서 충분히 복음을 전하지 못한 채 그곳을 떠나야 했다. 어렵사리 개척한 교회를 경험 있는 지도자도 없이 두고 떠나온 것이 마음에 걸린 바울은 고린도에 도착한 후 디모데를 데살로니가로 보내(살전 3:2) 소식을 알아 오게 하였다.

돌아온 디모데는 그들이 믿음을 잘 지키고 있으며 바울을 만나고 싶어 하는 한편, 교회 안에 종말론에 대한 오해로 일하지 않고 무위도식하는 사람들 때문에 혼란과 무질서가 있다는 소식을 전한다. 이에 바울은 데살로니가 교인들을 격려하고, 임박한 종말 사상으로 신앙의 혼란을 겪고 있는 성도들에게 바른 재림관과 종말관을 가르치며, 그리스도의 재림을 소망하는 성도들이 삶의 거룩함을 회복하도록 권고하기 위해 이 편지를 썼다.

내용

믿음 생활의 칭찬과 격려 데살로니가 교회는 바울이 3주간에 걸쳐 세운 교회로, 야손의 집에서 출발한 가정 교회이다(행 17:2). 데살로니가의 교인들은 바울이 올바르게 양육도 하기 전에 먼저 유대인들의 박해를 받아야 했다. 그러나 박해 중에도 훌륭하게 믿음 생활을 하고 있어(살전 1:2-10) 바울은 이들을 칭찬하며 격려한다. 짧은 기간 목양하고 떠나온, 역경 중에 있는 어린 교회를 향한 목자의 애정과 위로가 깃든 사랑의 서신이다. 바울은 데살로니가 교회의 초신자들이 박해를 이겨내고 전날의 타락한 생활로 돌아가지 않도록 격려하고(1:2-3:13), 성적(性的) 문란 및 분열과 파벌주의(派閥主義)를 경계하였다(4:1-12).

재림에 관한 권고 본서와 데살로니가후서는 초대 교회의 주요 관심사였던 예수 그리스도의 재림과 성도의 부활 문제(4:13-5:28)를 집중적으로 언급한 종말론적 서신이다. 데살로니가 교회는 아리스다고와 세군도(행 20:4) 등 소수의 유대인 개종자를 제외하면 대다수가 이방인으로 구성되어 신앙적으로 무지하였다. 특히 당시 사람들은 예수님이 곧 재림하실 것으로 믿고 있었는데 예수님의 승천 후 30여 년이 지난 이 무렵에 성도들이 하나둘 자꾸 죽어가자 죽은 자들은 주의 재림 때 어떻게 될지, 재림은 언제 이루어질 것인지 등 의문이 커져갔다.

이런 상황에서 바울은 데살로니가 교인들에게 재림에 관해 몇 가지 분명한 교훈을 준다. 재림의 시기는 아무도 알 수 없고, 재림주 예수님은 초림 때와는 달리 영화롭고 권세가 충만한 분으로 오시며, 이미 죽은 성도라도 재림 때는 모두 부활하여 산 자보다 먼저 주님의 재림을 맞이하게 된다는 사실이다. 그러므로 그리스도의 재림을 기다리는 성도는 자기 일에 충실하면서 항상 깨어 있고 끝까지 믿음을 지켜야 한다는 것이다.

올바른 종말과 재림관은 현재의 삶에 대한 성실한 태도로 나타나게 마련이다. 본서는 기독교의 핵심 교리 중 재림과 종말에 관해 직설적이고 명쾌하게 언급함으로써 초보 신앙을 가진 자들이 바른 신앙을 정립하는 데 도움을 주며, 이러한 부활과 재림 사상은 주님의 부활 승천 이후 2,000년이 지나 과거보다 더욱 재림이 임박한 시대를 살아가는 이 시대의 성도들이 오히려 더 귀 기울여야 할 것들을 교훈한다.

구조

1–3장	4–5장
칭찬과 격려	재림을 기다리는 경건한 삶

(1) 칭찬과 격려(1–3장)

1장	모범적인 교회	바울의 칭찬 – 데살로니가 교인들의 믿음의 본 (8) 주의 말씀이 너희에게로부터 마게도냐와 아가야에만 들릴 뿐 아니라 하나님을 향하는 너희 믿음의 소문이 각처에 퍼졌으므로 우리는 아무 말도 할 것이 없노라
2장	모범적인 사도	바울의 데살로니가 전도 하나님의 말씀으로 받는 데살로니가 교회 데살로니가를 향한 바울의 마음
3장	기쁜 소식	디모데를 데살로니가로 보내다 디모데의 보고 바울의 감사와 기도 (13) 너희 마음을 굳건하게 하시고 우리 주 예수께서 그의 모든 성도와 함께 강림하실 때에 하나님 우리 아버지 앞에서 거룩함에 흠이 없게 하시기를 원하노라

(2) 재림을 기다리는 경건한 삶(4–5장)

4장	모범적인 교인	하나님을 기쁘시게 하는 생활 권면 – 도덕적 성결, 질서 있는 생활 (11) 또 너희에게 명한 것 같이 조용히 자기 일을 하고 너희 손으로 일하기를 힘쓰라 서로 위로하라 주의 재림과 종말론적인 교훈 (16–17) 주께서 호령과 천사장의 소리와 하나님의 나팔 소리로 친히 하늘로부터 강림하시리니 그리스도 안에서 죽은 자들이 먼저 일어나고 그 후에 우리 살아남은 자들도 그들과 함께 구름 속으로 끌어 올려 공중에서 주를 영접하게 하시리니 그리하여 우리가 항상 주와 함께 있으리라
5장	모범적인 생활	종말의 때를 준비하라 빛의 자녀답게 살라 바울의 마지막 충고 사랑 안에서 화목하라 형제들을 격려하고 오래 참으라 악을 악으로 갚지 말고 항상 선을 따르라 (15) 삼가 누가 누구에게든지 악으로 악을 갚지 말게 하고 서로 대하든지 모든 사람을 대하든지 항상 선을 따르라 기뻐하며 기도하고 감사하라 권면과 끝인사 (23) 평강의 하나님이 친히 너희를 온전히 거룩하게 하시고 또 너희의 온 영과 혼과 몸이 우리 주 예수 그리스도께서 강림하실 때에 흠 없게 보전되기를 원하노라

데살로니가후서(2Thessalonians)				
명칭	기록자	기록 연대	기록 장소	장수
데살로니가후서	바울	AD 51-52년경	고린도	3장
핵심 주제	기록 목적		구성과 계시	
예수 그리스도의 재림 사상	박해받는 성도들을 격려하고 예수그리스도의 재림을 기다리는 올바른 자세를 가르치기 위해서		데살로니가전서보다 단호한 어조로 재림에 관해 교훈하고 종말을 살아가는 바른 자세를 가르친다	

기록 목적과 배경

- 핍박과 환난 중에 있는 교회를 위로하고 성도들에게 박해를 이겨낼 용기를 주기 위하여.
- 첫 번째 서신으로 말미암은 교회의 오해(재림이 바로 임박했다고 생각)를 바로잡기 위하여.
- 주의 날만을 바라며 현실을 도피하는 자들에게 일상생활에 충실하도록 교훈하기 위하여.

시대적 배경 바울이 데살로니가 교회에 첫 번째 편지를 보낸 후 몇 달 뒤에 쓴 두 번째 편지이다. 첫 번째 편지에서 그리스도의 재림과 성도의 부활에 대해 교훈했으나 교회 상황은 나아지지 않고 그 서신에서 주의 재림이 갑작스럽게 이루어질 것(살전 5:2-3)이라는 말은 오히려 재림이 임박했다는 오해를 불렀으며 거짓 교사들은 이 혼란을 부채질하였다(2:1-2). 그래서 일상생활을 포기하고 기도로 재림을 준비한다면서 성도들끼리 어울려 다니며 불필요한 말들을 만들어 퍼뜨리는 등 무질서하고 무책임하게 생활하는 자들이 생겨났다. 심지어 직업과 가정을 버리고 무위도식하는 상황도 발생했다.

이러한 소식을 접한 바울은 이같이 잘못된 재림관을 시정해주기 위해 급히 본 서신을 기록하며 성실과 성결의 삶으로써 인내 중에 주의 날을 기다려야 한다고 강조했다. 따라서 본 서신에서는 교리적 측면보다는 실천적 측면, 즉 주님의 재림을 준비하는 성도의 바른 생활이 집중적으로 조명되고 있다.

내용

데살로니가전서와 후서 모두 그리스도의 재림과 종말에 대한 바른 신앙관을 가르칠 목적으로 기록된 교리서신이나 후서의 어조는 전서보다 훨씬 단호하다. 전서에서 언급한 재림 관련 내용이 교회 내 문제를 해결하지 않고 오히려 혼란이 더 커지자 이를 바로잡으려 했기 때문이다. 데살로니가전서가 핍박 중에 처한 교회를 위로하는 격려의 서신으로서 주의 재림 자체를 강조했다면 데살로니가후서는 주의 재림에 대해 잘못된 생각을 바로잡아주는 훈계의 서신으로서 재림을 기다리는 성도의 성실한 삶의 자세를 강조했다. 그러나 두 서신서 모두 연약하고 대견한 데살로니가 교회에 대한 깊은 애정과 관심을 담고 있다.

재림에 관한 교훈 바울은 비록 재림의 때는 알 수 없지만 여러 징조를 보면 재림의 때를 짐작할 수 있는데 그중 하나로 거짓 교사와 이단들이 난무할 것이라며(2:1-12) 이런 징조들이 나타날 때 성도는 깨어 경성해야 한다고 말한다.

종말의 시대를 살아가는 바른 자세 바울은 본 서신을 통해 종말 시대를 살아가는 성도의 바른 생활 자세를 가르친다. 자기 생활에 소홀히 하고 무위도식하며 남에게 피해를 주는 것은 성도로서 바람직하지 않다는 것이다. 바울은 성도들에게 게으름을 경계하고, 선을 행하다가 낙심하지 말라고 격려한다.

구조

데살로니가후서는 분량은 짧으나 주제와 구성이 이전 서신과 같다. 전반부(1장)에서는 환난 중에도 믿음을 지키고 있는 교인들을 칭찬하며 격려하고, 후반부(2-3장)에서는 주님의 재림을 기다리는 자답게 질서 있게 행하고 성실히 일하며 살아갈 것을 당부한다.

1장	2장	3장
칭찬과 격려	재림에 관한 교훈	경건한 생활

1장	칭찬과 격려	인사말 환난 당하는 성도들을 격려함
2장	미혹을 조심	거짓 그리스도에 대한 경계 (2-3) 영으로나 또는 말로나 또는 우리에게서 받았다 하는 편지로나 주의 날이 이르렀다고 해서 쉽게 마음이 흔들리거나 두려워하거나 하지 말아야 한다는 것이라 누가 어떻게 하여도 너희가 미혹되지 말라 먼저 배교하는 일이 있고 저 불법의 사람 곧 멸망의 아들이 나타나기 전에는 그 날이 이르지 아니하리니 가르침을 받은 전통을 지키라
3장	확신의 기도	우리를 위하여 기도하라 게으름에 대한 경계 축복의 인사

바울의 2차 선교여행의 역사적 연대표	
49–52	바울의 2차 선교여행(행 15:36–18:23 ; 살전 1:5–6,3:1–6)
51–52	데살로니가전·후서 기록

다음은 바울의 3차 선교여행을 다룬다.

22

CHAPTER

바울의 제3차 선교여행

THE NEW TESTAMENT

시대 훑어보기

1) 땅끝 선교에서 3차 선교여행의 시대적 위치와 구조

성령(선교) 시대								
순서	19		20	21	22	23	24	
연도	AD 30–46		47–49	49–52	53–58	58–63	30–100	
주제	유대 중심 선교		땅끝 선교				기타 사도 · 계시록	
	예루살렘	유대 · 사마리아	1차 선교	2차 선교	3차 선교	옥중선교	기타 사도	계시록
성경(장)	사도행전						기타 서신서	요한계시록
	1–7	8–12	13–15	16–18	19–21	22–28		

▼

교회의 세계 선교(땅끝 선교)				
순서	20	21	22	23
성경	행 13–15장	행 16–18장	행 19–21장	행 22–28장
주제	1차 선교여행	2차 선교여행	3차 선교여행	옥중선교
관련 성경	갈라디아서	데살로니가전서 데살로니가후서	고린도전서 고린도후서 로마서	에베소서 빌립보서 골로새서 빌레몬서 디모데전서 디도서 디모데후서

2) 시대 개관

바울은 2차 선교여행 말미에 에베소에 들렀지만 특별한 사역 없이 가이사랴로 돌아간다. 3차 선교여행에서는 그 윗지방(행 18:1)을 지나 에베소로 직행한 것으로 보인다. 이는 3차 선교여행의 핵심 목표가 에베소였다는 것을 보여준다. 바울이 에베소에서 안수하자 성령이 임하셨고 그는 두란노서원에서 약 2년간 날마다 강론한다(행 19:9). 그때 은장색 데메드리오의 선동으로 소요사태가 일어나기도 한다.

에베소에서 바울은 2차 선교 때 세운 고린도 교회의 분열 소식을 듣고 서신(고린도전서)을 써서 디도 편에 보낸다. 에베소를 떠나 마게도냐 지역에서 디도를 만나 고린도 교회 소식을 들은 후 다시 서신(고린도후서)을 써 보낸다. 이어서 고린도에 도착해 배를 타고 예루살렘으로 돌아가려 했으나, 배 안에서 바울을 해치려는 계략이 있음을 알고 다시 오던 길로 돌아서 육로로 빌립보, 드로아를 거쳐 예루살렘으로 귀환하여 유대인들의 고발로 체포된다.

이 시대를 보여주는 성경

바울의 3차 선교여행은 아시아와 마게도냐, 헬라 지역을 주된 사역지로 하며 사도행전 19-21장에 그 과정이 잘 나타나 있다. 이 시기에 기록된 책은 고린도전서, 고린도후서, 로마서이다. 바울은 에베소에 있을 때 고린도 교회의 분열과 바울의 사도권 문제에 대한 소식을 듣고 편지(고린도전서)를 써서 디도 편에 먼저 보내고 자신도 뒤따라가려고 했다. 이후 데메드리오와 소통 후에 드로아를 지나 마게도냐 지역 어디에선가 디도를 만나 고린도 교회의 소식을 듣고 고린도후서를 기록해서 다시 고린도에 보낸 것으로 보인다. 그후 바울도 고린도에 도착했고 거기서 로마서를 기록했다.

3차 선교여행 (고린도전•후서, 로마서를 기록함)

19장	에베소	바울이 에베소에서 전도하고 두란노서원에서 강론하다 에베소의 소동(대제사장 스게와의 일곱 아들) 디모데와 에라스도를 마게도냐로 보내다 데메드리오 사건(아데미 신상 은장색) 서기장의 중재
20장	고별설교	바울이 마게도냐와 아가야를 다니며 전도하다 바울이 드로아에서 유두고를 살리다 바울이 드로아에서 밀레도로 가다 바울이 에베소 장로들에게 고별설교를 하다 (24) 내가 달려갈 길과 주 예수께 받은 사명 곧 하나님의 은혜의 복음을 증언하는 일을 마치려 함에는 나의 생명조차 조금도 귀한 것으로 여기지 아니하노라

21장	사역 보고	바울이 예루살렘에 귀환하다 바울이 예루살렘에서 야고보를 방문해 사역을 보고하다 바울이 정결의식(결례)을 행하다
	바울의 체포 (* 27절부터는 옥중선교에 포함)	바울이 유대인들에게 잡혀 천부장에게 끌려가다 바울이 백성들에게 말하기 시작하다

지도로 보는 바울의 3차 선교여행

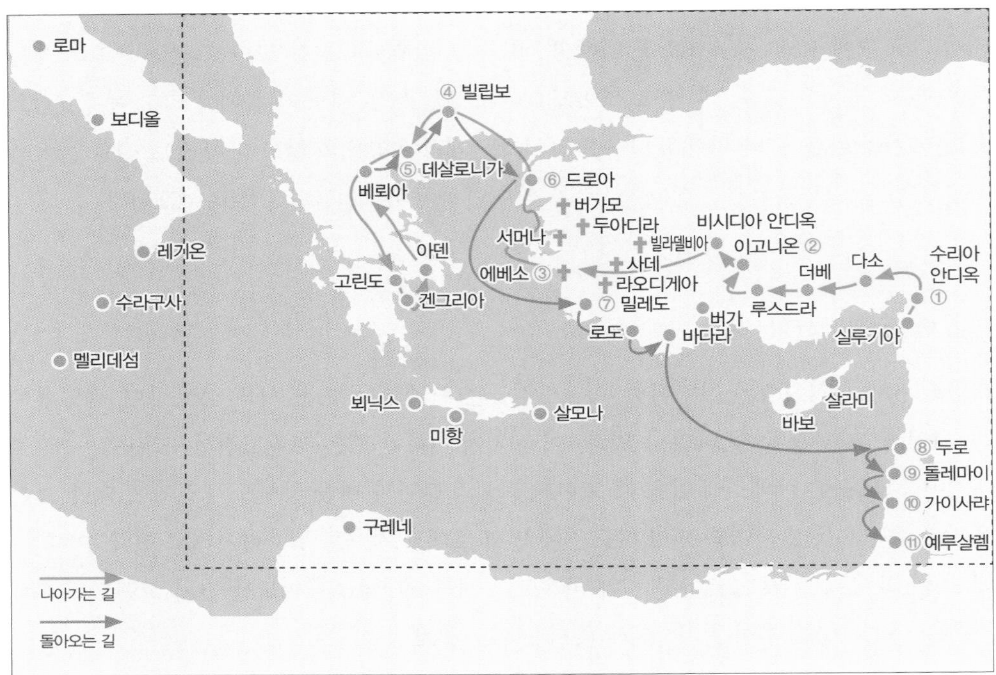

* 바울의 3차 선교여행에서 마게도냐와 헬라 지역의 사역은 특별한 기록이 없어 모호하다. 성경에서는 마게도냐 지방을 다니며 제자들을 권하고 헬라에서 석 달을 있었다고만 언급하기 때문이다(행 20:1-3). 2차 선교여행의 여정을 참고하는 한편, 사도행전 20장 3절에 관해 호크마주석을 비롯해 여러 주석을 근거로 마게도냐와 헬라 지역의 여정을 유추하여 정리하면 다음과 같다.

"거기 석 달 동안 있다가" : 마게도냐를 지나 아가야 지방 수도인 고린도에서 석 달을 있었다는 것으로 보인다.

"배 타고 수리아로 가고자 할 그 때에" : 이때에도 그 위치에 가장 합당한 지역은 고린도이다. 바울은 2차 선교여행에서도 고린도에서 배를 타고 수리아로 귀환한 경험(행 18:18)이 있기 때문이다.

"유대인들이 자기를 해하려고 공모하므로 마게도냐를 거쳐 돌아가기를 작정하니" : 여기서 바울의 여정을 살펴보면 데메드리오의 소요 사태 이후 바울은 에베소를 떠나 마게도냐 지방 여정에서 빌립보를 거쳐 데살로니가와 베뢰아를 지나는 중 어디에선가 고린도후서를 기록하여 고린도에 보내고, 이어서 그 자신도 고린도에 도착했을 것이다. 그는 고린도에서 배를 타고 예루살렘으로 돌아가고자 했으나 그 배 위에서 유대인들이 자신을 해치려는 음모가 있다는 것을 알고 육로로 계획을 변경해서 베뢰아 – 데살로니가 – 빌립보를 거쳐 드로아에서 배를 타고 가는 여정을 선택한 것으로 보인다. 이에 따라 도표와 지도에서는 이 지역의 여정을 추정하여 별색으로 표시하였다.

바울의 제3차 선교 여정

① 수리아 안디옥 → ② 갈라디아와 브루기아 → ③ 에베소→ ④ 마게도냐(빌립보) → ⑤ 헬라(데살로니가 → 고린도 → 겐그리아 → 아덴 → 베뢰아 → 데살로니가 → 빌립보) → ⑥ 드로아 → ⑦ 밀레도 → ⑧ 두로 → ⑨ 돌레마이 → ⑩ 가이사라 → ⑪ 예루살렘

① 수리아 안디옥 : 2차 선교여행을 마치고 돌아와 얼마간 머물고 3차 선교여행을 떠남(18:22-23).

② 갈라디아와 브루기아 : 갈라디아와 브루기아 땅을 차례로 다니며(다소-더베-루스드라-이고니온) 모든 제자를 굳건하게 함(18:23).

* 이 지역은 1,2차 선교여행 때 전도한 곳이다. 지도에서는 도시로 여정을 표시하였다.

③ 에베소(19장) : 그리스도의 이름으로 세례를 베풀 때 성령이 임하심(19:1-7). 회당에서 3개월 강론(19:8). 2년 동안 두란노서원에서 날마다 강론(19:9-10). 바울이 능력을 행함(19:11-16). 주의 말씀이 흥왕함(19:17-20). 디모데와 에라스도를 마게도냐로 보냄(19:21-22). 데메드리오 소요 사건(19:23-41).

④ 마게도냐(빌립보) : 마게도냐 지방을 다니며 제자들을 권면함(20:1-2).

* 성경에 구체적으로 언급되지는 않았지만 에베소에서 마게도냐로 건너갈 때(20:1) 드로아에서 배로 떠난 것으로 추정된다(16:11, 20:6 참조).

⑤ 헬라 지역(데살로니가→고린도→겐그리아→아덴→베뢰아→데살로니가→빌립보) : 3개월 머묾. 무교절 후 빌립보에서 출항(20:2-6).

⑥ 드로아 : 먼저 와 있던 사람들(소바더, 아리스다고, 세군도, 가이오, 디모데, 두기고, 드로비모)을 만나 이레를 머묾. 유두고를 살림(20:6-12).

⑦ 밀레도 : 앗소-미둘레네-기오-사모를 거쳐 밀레도 도착. 에베소의 장로들을 만나 기도하고 이별함(20:13-38).

⑧ 두로 : 고스-로도-바다라로 가서 베니게행 배를 타고 수리아의 두로에 상륙. 이레를 머물며 제자들과 만남(21:1-6).

⑨ 돌레마이 : 형제들에게 안부를 묻고 그들과 함께 하루를 지냄(21:7).

⑩ 가이사랴 : 빌립 집사의 집에 머묾. 선지자 아가보가 예루살렘의 고난을 예언함. 가이사랴의 제자들과 나손이 함께 감(21:8-16).

⑪ 예루살렘 : 예루살렘에 귀환해 사역을 보고함. 성전에서 결례를 행함(21:17-26).

확대지도

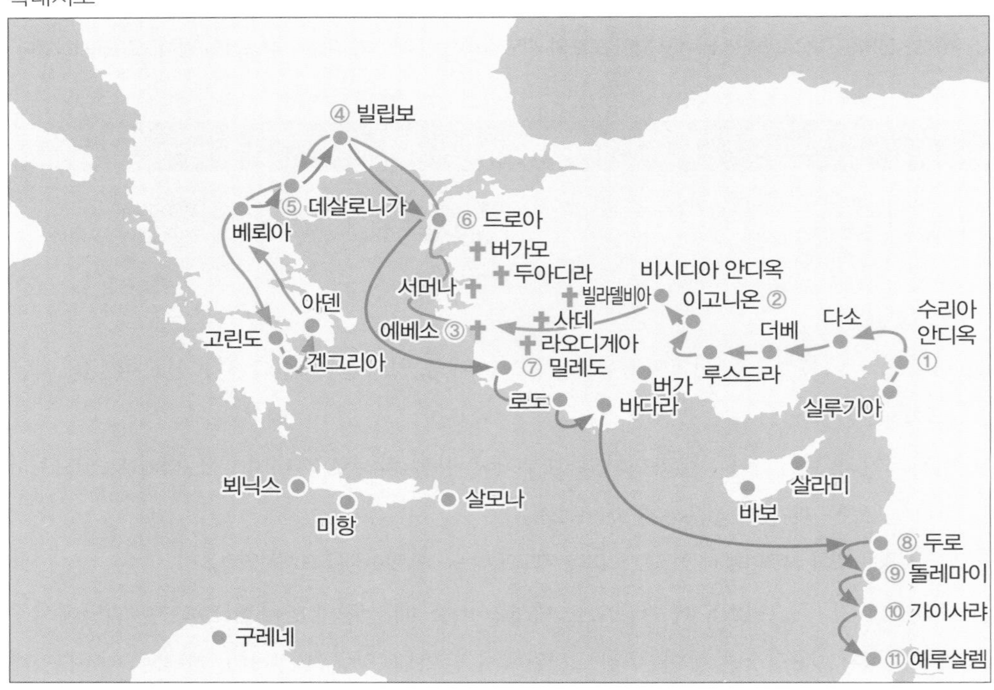

이 시대를 함께 이해하는 성경

고린도전서(1Corinthians)				
책명	기록자	기록 연대	기록 장소	장수
고린도전서	바울	AD 55년경	에베소	16장
핵심 주제	기록 목적		구성과 내용	
교회와 교인들의 올바른 생활	교회의 분쟁과 교인들의 삶을 바로잡고 교훈하기 위해서		고린도 교회의 문제들에 대한 책망과 권고, 바울의 사도권 문제에 대한 변론	

기록 목적과 배경

- 먼저 보낸 어떤 편지에 대한 오해를 바로잡기 위하여.
- 고린도 교회의 분쟁과 신학적 질문에 대한 교훈을 주기 위하여.
- 고린도 교인들이 범한 교리적, 도덕적 잘못을 바로잡고, 성도가 가져야 할 올바른 신앙과 삶의 자세를 알려주기 위하여.

지리적 배경 고린도전서는 바울이 2차 선교여행 때 설립(행 18:1-11)한 고린도 교회에 보낸 서신서이다. 고린도(Corinth)는 그리스 본토와 펠로폰네소스 반도를 연결하는 코린트 해협에 있었던 무역과 상업 중심 도시이자 아가야로 불린 그리스 속주의 수도로서 행정도시였다. 큰 항구 도시여서 선원과 상인이 많이 몰려들었고, 이로 인한 부도덕, 술 취함, 사치, 방탕이 만연했다. 12개 이상의 신전이 있었고 모든 신을 섬기는 만신전(Pantheon)도 있었다. 특히 아프로디테 신전에는 신전 여사제(창녀)만도 1천여 명에 달해 온갖 음행이 자행되었고, 아폴로 신전에는 미동(美童, 남성창기)가 있어 고린도를 동성애의 중심지로 만들기도 했다. 이렇게 방탕이 극심했던 고린도는 그 도시 이름이 방탕과 부도덕의 대명사가 되어 "고린도화하다"(Corinthianize)라는 표현이 '성적 부정을 행하다'라는 뜻으로 통용될 정도였다고 한다.

바울은 2차 선교여행 때 고린도에 들러 안식일마다 회당에서 복음을 전하고 유대인과 헬라인을 권면했다(행 18장). 유대인의 핍박이 있었을 때 그는 회당 옆에 있던 디도 유스도의 집에서 복음을 전했고 고린도에서 1년 6개월을 머물며 복음을 전했는데 그것이 고린도 교회의 시작이다. 바울이 고린도전서를 기록한 곳은 에베소로 알려져 있다(고전 16:8). 에베소는 3차 선교여행 동안 활동의 중심지였고(행 19장 ; 20:1) 이곳에서 바울은 "3년이나"(행 20:31) 머무르며 전도하고 양육했다.

시대적 배경 고린도라는 도시에 음행과 우상숭배가 만연하다 보니 교인들도 그 영향을 받아 교회에 여러 가지 문제를 일으키기도 해서 고린도 교회는 당시 교회들 가운데 가장 말도 많고 탈도 많은 곳이었다. 바울은 고린도와 에게해를 사이에 두고 500여 킬로미터 떨어진 소아시아 서편 에베소에 체류하면서 선편(船便)을 통해 고린도 교회 소식을 접할 수 있었고, 교회에서 발생한 제반 문제에 관한 질문을 받고 그에 대한 답변으로 본 서신을 기록하였다.

내용

고린도전서의 특징적 주제는 '교회의 문제들'로, 본 서신에서 바울은 고린도 교회에 여러 가지 문제를 일으킨 타락한 교인들을 꾸짖는 한편, 신앙과 삶에 있어서 신자들이 명백히 알아야 할 몇 가지 가르침을 주고 있다.

본 서신에서 다루는 고린도 교회의 문제들은 교회 안의 분쟁과 분열, 성적인 타락, 교인들 사이에 벌어진 문제들을 세상의 재판정으로 가져가는 성도의 법정 소송 문제, 독신과 결혼 문제, 우상의 제물로 바쳤던 음식에 관한 문제, 공중 예배에서 여인들의 합당한 행동, 성만찬의 본질적 의미와 임하는 자세, 교회 내 영적 은사들의 적절한 기능, 성도의 죽음과 부활 등이다. 당시 초대 교회의 생활 모습과 교회 안의 다양한 문제점들이 그야말로 망라되어 당시의 교회 생활상과 역사 연구에 귀중한 자료가 된다.

교회 안의 이러한 여러 문제는 오늘날의 성도들도 궁금하게 여기는 실제적인 문제들이기도 하기에 본서는 교회 문제 해결을 위한 답변서라 해도 과언이 아닐 것이다. 바울의 답변으로 주어진 내용들은 당시의 고린도 교회뿐만 아니라 이후 시대의 모든 교회에도 적용되며 많은 교훈을 주어 왔다. 본서는 바울의 모든 서신서 가운데 "가장 풍부하고 가장 교훈적이며 가장 힘 있는" 편지로 일컬어진다.

고린도전서에서 인용된 구약성경

번호	신약	구약	번호	신약	구약
1	고전 1:19	사 29:14	8	고전 10:7	출 32:6
2	고전 1:31	렘 9:23-24	9	고전 14:21	사 28:11
3	고전 2:9	사 64:4, 65:17	10	고전 14:34	창 3:16
4	고전 3:19	욥 5:13	11	고전 15:27	시 8:6
5	고전 3:20	시 94:11	12	고전 15:45	창 2:7
6	고전 6:16	창 2:24	13	고전 15:54	사 25:8
7	고전 9:9	신 25:4	14	고전 15:55	호 13:14

구조

1-11장	12-14장	15-16장
교회 내의 문제	은사	부활

1. 교회 내의 문제(1-11장)

교회 내의 문제(1-11장)				
분파	음행	결혼과 독신	우상에 바친 제물	예배와 성만찬
1-4장	5-6장	7장	8-10장	11장

(1) 분파(1–4장)

1장	교회의 분열	인사와 감사 고린도 교회의 분쟁에 대해 그리스도는 하나님의 능력과 지혜이시다 (18) 십자가의 도가 멸망하는 자들에게는 미한 것이요 구원을 받는 우리에게는 하나님의 능력이라 (21) 하나님의 지혜에 있어서는 이 세상이 자기 지혜로 하나님을 알지 못하므로 하나님께서 전도의 미련한 것으로 믿는 자들을 구원하시기를 기뻐하셨도다 하나님의 선택 (30) 너희는 하나님으로부터 나서 그리스도 예수 안에 있고 예수는 하나님으로부터 나와서 우리에게 지혜와 의로움과 거룩함과 구원함이 되셨으니
2장	참된 지혜	성령의 능력으로 행한 전도 (2) 내가 너희 중에서 예수 그리스도와 그가 십자가에 못 박히신 것 외에는 아무것도 알지 아니하기로 작정하였음이라 하나님의 구원계획
3장	성전인 성도	육신에 속한 자 심고 물주는 자와 자라게 하시는 하나님 행위에 따른 상급과 책망 하나님의 성전인 성도 (16–17) 너희는 너희가 하나님의 성전인 것과 하나님의 성령이 너희 안에 계시는 것을 알지 못하느냐 누구든지 하나님의 성전을 더럽히면 하나님이 그 사람을 멸하시리라 하나님의 성전은 거룩하니 너희도 그러하니라 하나님의 지혜와 세상의 지혜
4장	진정한 판단	그리스도의 일꾼 (1–2) 사람이 마땅히 우리를 그리스도의 일꾼이요 하나님의 비밀을 맡은 자로 여길지어다 그리고 맡은 자들에게 구할 것은 충성이니라 교만에 대한 책망 너희는 나를 본받는 자가 되라

(2) 음행

5장	근친상간	근친상간의 죄 부도덕한 신자들로부터 분리하라
6장	법정 소송	신자들 간의 소송에 대해
	성적 부도덕	신자들의 순결 성적 부도덕에 대한 경고

(3) 결혼과 독신

7장	혼인 문제	결혼과 이혼에 대한 권고 부르심에 대한 권고 처녀의 결혼에 대한 권고 과부의 재혼에 관한 권고

(4) 우상에 바친 제물

8장	우상 제물	우상의 제물에 관한 규칙 그리스도인의 자유 (9) 그런즉 너희의 자유가 믿음이 약한 자들에게 걸려 넘어지게 하는 것이 되지 않도록 조심하라
9장	바울의 사도직	바울의 사도직 사도의 권리 사도의 의무 (16) 내가 복음을 전할지라도 자랑할 것이 없음은 내가 부득불 할 일임이라 만일 복음을 전하지 아니하면 내게 화가 있을 것이로다 바울의 복종과 절제
10장	우상숭배 경고	패역한 이스라엘 (13) 사람이 감당할 시험 밖에는 너희가 당한 것이 없나니 오직 하나님은 미쁘사 너희가 감당하지 못할 시험 당함을 허락하지 아니하시고 시험 당할 즈음에 또한 피할 길을 내사 너희로 능히 감당하게 하시느니라 우상 숭배에 대한 경고 (16-17) 우리가 축복하는 바 축복의 잔은 그리스도의 피에 참여함이 아니며 우리가 떼는 떡은 그리스도의 몸에 참여함이 아니냐 떡이 하나요 많은 우리가 한 몸이니 이는 우리가 다 한 떡에 참여함이라 무엇을 하든지 다 하나님의 영광을 위하여 하라

(5) 예배와 성만찬

11장	수건과 성찬	여인들이 수건 쓰는 문제 성찬의 의미와 권고

2. 은사(12–14장)

12장	영적 은사	성령의 은사와 그 종류 (11) 이 모든 일은 같은 한 성령이 행하사 그의 뜻대로 각 사람에게 나누어 주시는 것이니라 각 지체의 통일성과 상호 보완 (27) 너희는 그리스도의 몸이요 지체의 각 부분이라 직분과 은사
13장	사랑의 은사	최고의 은사 사랑 (13) 그런즉 믿음, 소망, 사랑, 이 세 가지는 항상 있을 것인데 그 중의 제일은 사랑이라
14장	예언과 방언	방언과 예언 (1) 사랑을 추구하며 신령한 것들을 사모하되 특별히 예언을 하려고 하라 은사의 질서 (40) 모든 것을 품위 있게 하고 질서 있게 하라

3. 부활(15–16장)

15장	부활의 증거	**그리스도의 부활** (3-4) 내가 받은 것을 먼저 너희에게 전하였노니 이는 성경대로 그리스도께서 우리 죄를 위하여 죽으시고 장사 지낸 바 되셨다가 성경대로 사흘 만에 다시 살아나사 **죽은 사람의 부활** **몸의 부활** (45) 기록된 바 첫 사람 아담은 생령이 되었다 함과 같이 마지막 아담은 살려 주는 영이 되었나니 **영원한 부활** (55-57) 사망아 너의 승리가 어디 있느냐 사망아 네가 쏘는 것이 어디 있느냐 사망이 쏘는 것은 죄요 죄의 권능은 율법이라 우리 주 예수 그리스도로 말미암아 우리에게 승리를 주시는 하나님께 감사하노니
16장	마지막 권면	예루살렘 교회를 위한 연보를 부탁 고린도 교회에 대한 바울의 계획 바울의 작별인사

고린도후서(2Corinthians)				
책명	기록자	기록 연대	기록 장소	장수
고린도후서	바울	AD 56년경	마게도냐	13장
핵심 주제	기록 목적		구성과 내용	
바울의 사도권에 관한 변론	앞서 보낸 편지에 대한 오해를 풀고 사도권을 변론하기 위해		고린도 교회의 분쟁 해결과 바울의 사도권에 대한 이의 제기에 답한 내용. 바울 서신서 중 가장 감성적인 내용으로 구성	

기록 목적과 배경

- 고린도 교회의 내부적인 문제를 해결하기 위하여.
- 전도자와 사도로서의 정당성을 변론하여 자신에 대한 오해를 풀고 전파된 복음의 정당성을 변호하기 위하여.
- 예루살렘 교회의 구제를 호소하기 위하여.

시대적 배경 바울은 고린도 교회의 문제들을 듣고서 교회를 훈계하고 가르치는 편지(고린도전서)를 디도 편에 보냈다(2:3-4, 7:8). 이후 소식을 듣지 못한 채 마게도냐로 향했던 바울은 마게도냐에서 디도를 만나 고린도 교회가 바울의 교훈을 겸허히 받아들였으며, 다만 앞의 서신에서 교회의 잘못을 지적하고 회개를 촉구한 것에 불만을 품은 일부 사람들이 바울의 사도권에 이의를 제기했다는 소식을 들었다. 이에 바울이 다시 써 보낸 서신이 고린도후서이다. 본 서신에서 바울은 고린도 교인들에게 감사하면서 아직도 준동하는 거짓 교사와 이들의 선동에 경거망동하는 일부 성도들을 강하게 질책하고 자신의 사도권을 변호한다.

내용

고린도 교회의 문제가 잘 수습되었다는 소식을 들은 바울은 본 서신에 고린도 교회와 우호적인 관계를 회복하게 된 것을 기뻐하며 죄를 지은 자들에게 권면하고, 고린도 방문계획을 바꾼 이유를 설명했다. 예루살렘의 가난한 성도들을 위한 헌금 운동에 참여하도록 권고했으며 거짓 교사들로부터 자신의 사도직을 변호했다.

본서에서 가장 큰 문제로 대두된 것은 바울의 사도권에 대한 도전이다. 바울은 항상 사도권 시비로 괴로움을 당했다. 바울을 반대하는 자들은 바울이 육체대로 행한다느니 겁쟁이라느니, 진정한 사도가 아니며 복음을 완전히 이해하지 못한다느니 추천서가 없다느니 하며 비방했다. 그런데 사도권에 대한 도전은 그저 바울 개인을 향하는 데서 그치지 않고 늘 바울이 전하는 복음에 대한 도전으로 이어졌다. 본서에서 바울의 사도권이 집중 조명되는 것은 이 때문이다. 바울은 자신의 사도권을 분명히 하지 않으면 선교 사역에 큰 걸림돌이 될 수 있다고 판단해 고린도전서와 마찬가지로 자신은 십자가의 도(복음)만을 전파한다고 강하게 주장하고, 십자가의 도를 전파하기 위해 자신이 당한 고초를 생생하게 소개한다.

이러한 내용의 고린도후서는 구원론, 종말론 등 교리적 교훈이나 교회의 질서에 관한 내용보다 바울의 인간적인 모습을 나타내준다. 고린도전서가 고린도 교회 내의 형편을 객관적이고 실제적으로 보여주는 반면, 본서는 고린도 교회를 향한 바울의 근심, 안도와 기쁨, 주 예수 그리스도의 복음을 전파하기 위한 자신의 고난 등 개인적이고 주관적인 내용을 담고 있다.

고린도후서에서 인용된 구약성경

번호	신약	구약	번호	신약	구약
1	고후 4:6	창 1:3	6	고후 6:18	호 1:10 ; 사 43:6
2	고후 4:13	시 116:10	7	고후 8:15	출 16:18
3	고후 6:2	사 49:8	8	고후 9:9	시 112:9
4	고후 6:16	출 29:45 ; 레 26:12 ; 렘 31:1 ; 겔 37:27	9	고후 10:17	렘 9:24
5	고후 6:17	사 52:11			

구조

1–7장	8–9장	10–13장
사도직 의심 철회에 감사	성도를 위한 모금	사도직에 대한 변론

1. 사도직 의심 철회에 감사(1-7장)

1장	서론과 변증	인사 찬미와 감사 바울의 방문 계획 변경
2장	그리스도의 향기	잘못한 자를 용서하라 그리스도의 향기 (14) 항상 우리를 그리스도 안에서 이기게 하시고 우리로 말미암아 각처에서 그리스도를 아는 냄새를 나타내시는 하나님께 감사하노라
3장	그리스도의 편지	그리스도의 편지 (2-3) 너희는 우리의 편지라 우리 마음에 썼고 뭇 사람이 알고 읽는 바라 너희는 우리로 말미암아 나타난 그리스도의 편지니 이는 먹으로 쓴 것이 아니요 오직 살아 계신 하나님의 영으로 쓴 것이며 또 돌판에 쓴 것이 아니요 오직 육의 마음판에 쓴 것이라 (17) 주는 영이시니 주의 영이 계신 곳에는 자유가 있느니라
4장	질그릇 속의 보배	질그릇에 담긴 보배 (4) 그중에 이 세상의 신이 믿지 아니하는 자들의 마음을 혼미하게 하여 그리스도의 영광의 복음의 광채가 비치지 못하게 함이니 그리스도는 하나님의 형상이니라 (7) 우리가 이 보배를 질그릇에 가졌으니 이는 심히 큰 능력은 하나님께 있고 우리에게 있지 아니함을 알게 하려 함이라 겉 사람 속 사람
5장	새 피조물	영원한 집 (1) 만일 땅에 있는 우리의 장막 집이 무너지면 하나님께서 지으신 집 곧 손으로 지은 것이 아니요 하늘에 있는 영원한 집이 우리에게 있는 줄 아느니라 새로운 피조물 (17-18) 그런즉 누구든지 그리스도 안에 있으면 새로운 피조물이라 이전 것은 지나갔으니 보라 새 것이 되었도다 모든 것이 하나님께로서 났으며 그가 그리스도로 말미암아 우리를 자기와 화목하게 하시고 또 우리에게 화목하게 하는 직분을 주셨으니 그리스도의 사신
6장	구별된 삶	사도의 수고와 기쁨 바울의 관용 불신자와의 분리 (14) 너희는 믿지 않는 자와 멍에를 함께 메지 말라 의와 불법이 어찌 함께 하며 빛과 어둠이 어찌 사귀며
7장	신령한 근심	고린도 교회의 화해를 기뻐하다

2. 성도를 위한 모금(8-9장)

8장	모범적 연보	구제의 모범이 된 마게도냐 교회 연보의 원리와 목적에 대해 – 동역자 디도 파견
9장	참된 연보	미리 준비하는 연보 연보의 유익

3. 사도직에 대한 변론(10–13장)

10장	사도권 변호	바울의 사도권 변호
11장		바울과 거짓 사도들 바울의 수고와 열심
12장	육체의 가시	바울의 환상과 육체의 가시 바울의 사도의 표징 (12) 사도의 표가 된 것은 내가 너희 가운데서 모든 참음과 표적과 기사와 능력을 행한 것이라 3차 전도여행 계획
13장	믿음의 확증	방문 예고와 축도 (13) 주 예수 그리스도의 은혜와 하나님의 사랑과 성령의 교통하심이 너희 무리와 함께 있을지어다

로마서(Romans)				
책명	기록자	기록 연대	기록 장소	장수
로마서	바울	AD 57년경	고린도	16장
핵심 주제	기록 목적		구성과 내용	
구원은 오직 믿음으로	구원의 바른 교리를 가르치고 바른 믿음을 갖게 하기 위해		교리적인 내용으로 올바른 교리와 구원관과 성도들의 올바른 삶을 분명하게 강조	

기록 목적과 배경

- 바울의 로마 방문을 준비하게 하기 위하여.
- 구원의 교리를 자세히 가르쳐 바른 믿음 위에 서게 하기 위하여.
- 그릇된 그리스도적 영향에 물들지 않게 하기 위하여.

지리적 배경 로마는 이탈리아 반도의 중앙부로 제국의 수도였으며, 현재의 이탈리아 지역이다. 로마서는 바울이 궁극적인 선교지요 당시 땅끝으로 불렸던 서바나(스페인)로 가기 위해 로마 방문을 준비하며 로마 교회의 교인들에게 쓴 서신이며(바울이 실제로 로마를 방문한 것은 그로부터 4년 후이다), 기록한 곳은 고린도 지역이다.

시대적 배경 로마 교회는 사도 바울이 직접 세운 교회는 아니었다. 헬라의 유대계 철학자인 필로(Philo)는 바울 당시 로마에 약 4만 명 정도의 유대인이 거주한 것으로 추정했다. 이방 땅에 거하던 유대인들은 절기를 지키기 위해 예루살렘을 방문하곤 했는데, 이때 사도 베드로의 설교와 복음을 듣고 회심한 뒤 로마에서 교회를 설립한 것으로 보인다(행 2:1, 37-41).

AD 49년, 글라우디오 황제는 '크레스투스(Chrestus)라는 사람에 의해 유대인 사이에서 야기된 상습적인 소요사태로 인하여' 로마에 있는 모든 유대인을 추방시키는 칙령을 내렸다. 이는 예수를 그리스도라 주장하는 유대 그리스도인과 유대교를 신봉하는 유대인 사이에 끊임없이 충돌과 소요가 있었음을 의미한다. 바울은 이때 추방된 아굴라와 브리스길라 부부를 고린도에서 만난 바 있다(행 18:1-2). 추방된 유대 그리스도인들은 5년 후인 AD 54년, 글라우디오 황제가 죽고 네로 황제가 등극하면서 로마로 귀환할 수 있었으나 그동안 교회의 주도권을 잡게 된 이방 그리스도인과의 사이에 갈등이 있었던 것으로 보인다.

이에 바울은 자생적으로 교회를 세운 로마 성도들로 인해 감사하며 기도하는 한편, 로마 교회에서 유대 그리스도인과 이방 그리스도인이 갈등하며 서로 비판하는 문제의 해결을 바랐다. 무엇보다도, 율법주의로 흐르기 쉬운 유대 그리스도인과 이방의 전통적 풍습을 좇는 이방 그리스도인에게 올바른 구원관과 성도의 바른 삶을 가르칠 필요가 있었다. 또한 그동안 갈라디아, 아시아, 마게도냐 지역을 다니며 전도하고 이제 서바나로 가는 길에 로마 교회를 방문하려 하는데 가기 전에 그들에게 복음을 자세히 설명하여 그들의 신앙을 견고하게 하고자 하였고(롬 1:11-12), 서바나 선교에 로마 교회의 후원을 얻기를 바랐으므로 로마에 있는 비방자들로부터 자신의 복음을 변증할 필요를 느꼈다. 이에 바울은 이 서신을 기록하고, 겐그레아 교회의 뵈뵈 자매를 통해 로마 교회에 전달하였다.

내용

이신칭의의 구원 구원론의 결정판이라 할 수 있는 로마서는 죄 아래 있으며 영원히 죽을 수밖에 없는 존재가 믿음으로 의롭다 함을 받아 거룩하신 하나님과 화목하게 되는 '이신칭의' 구원을 설명하는 교리서이기도 하다. 본서는 유대인이든 이방인이든 동일한 인간의 보편적 죄성을 말하고, 죄인인 인간이 용서를 받고 성결해지는 단 하나의 길을 마련하시는 하나님의 보편적 은혜를 보여준다. 그 '길'이란 죽으셨다가 다시 살아나시고 영원히 살아계셔서 인간을 회복시키고 죄인을 구원하시는 하나님의 아들 예수 그리스도를 믿는 믿음이다.

이스라엘의 구원 이스라엘은 자신들이 선택받은 민족이라는 자부심이 있었으나 예수 그리스도의 복음과 구원을 거부해 이제 그 구원은 모든 이방인에게로 향했다. 그러나 이렇게 이스라엘이 하나님에게서 떨어져 나간 것은 일시적이고, 그들은 이방인이 주도하는 상황을 시기하여 결국 복음을 받아들이고 구원받을 것이라며 바울은 하나님의 경륜과 지혜에 감탄한다.

구원받은 성도의 삶 바울은 죄를 계속 지으면 은혜를 더하지 않겠느냐는 말에 반박하기 위해 구원받고 하나님의 자녀가 된 성도들이 이 세상에서 어떤 모습으로 살아가야 할지를 알려준다(12-16장). 로마 교회를 구성하고 있는 유대인과 이방인은 신앙적 배경과 삶의 관습이 완전히 다르고, 로마제국이라는 환경은 이들에게 적대적이고 위협적이었다. 그러므로 바울은 이들이 하나님께 산 제물로서 살아가며, 성도들이 서로 사랑하는 하나 된 공동체를 이룰 것을 권고한다.

복음 안에서의 자유 일반적으로 복음시대의 자유를 율법의 속박에서 해방된 자유로 생각한다. 그 주장으로 인용하는 대표적인 서신서가 로마서와 갈라디아서일 것이다. 그러나 이는 예수님이 복음시대에서 말씀하신 자유의 참된 의미를 왜곡하는 것 같다. 주님의 십자가 대속은 우리에게 의롭다 하시는 '칭의'를 선언하지만 '칭의'의 진정한 자유는 세상에서의 자유가 아니라 그리스도 안에서의 자유를 의미한다. "그러므로 이제 그리스도 예수 안에 있는 자에게는 결코 정죄함이 없나니"(롬 8:1)라는 말씀은 칭의로 말미암아 주어지는 자유를 주장하는 대표적인 인용 구절이다. 여기서 결코 정죄함이 없는 조건은 바로 "그리스도 예수 안에 있는" 것이다. 그러므로 이 자유는 세상적인 자유가 아니라 그리스도 안, 즉 그리스도의 말씀과 교훈을 따르는 복음 안에서의 자유인 것이다.

로마서에서 인용된 구약성경

번호	신약	구약	번호	신약	구약
1	롬 1:17	합 2:4	27	롬 10:6-9	신 30:12-14
2	롬 2:24	사 52:5	28	롬 10:11	사 28:16
3	롬 3:4	시 51:4	29	롬 10:13	욜 2:32
4	롬 3:10-18	시 14:1-4, 53:1-4	30	롬 10:15	사 52:7
5	롬 3:13	시 5:9, 140:3	31	롬 10:16	사 53:1
6	롬 3:14	시 10:7	32	롬 10:18	시 19:4
7	롬 3:15-17	잠 1:16 ; 사 59:7-8	33	롬 10:19	신 32:21
8	롬 3:18	시 36:1	34	롬 10:20	사 65:1
9	롬 4:3	창 15:6	35	롬 10:21	사 65:2
10	롬 4:7-8	시 32:1-2	36	롬 11:3	왕상 19:10
11	롬 4:17	창 17:5	37	롬 11:4	왕상 19:18
12	롬 4:18	창 15:5	38	롬 11:8	신 29:4 ; 사 29:10
13	롬 7:7	출 20:17 ; 신 5:21	39	롬 11:9	시 69:22

14	롬 8:36	시 44:22	40	롬 11:26	사 59:20
15	롬 9:7	창 21:12	41	롬 11:27	사 27:9
16	롬 9:9	창 18:10	42	롬 12:19	신 32:35
17	롬 9:12	창 25:23	43	롬 12:20	잠 25:21–22
18	롬 9:13	말 1:2–3	44	롬 13:9	출 20:13 ; 신 5:17
19	롬 9:15	출 33:19	45	롬 14:11	사 45:23
20	롬 9:17	출 9:16	46	롬 15:3	시 69:9
21	롬 9:25	호 2:23	47	롬 15:9	시 18:49
22	롬 9:26	호 1:10	48	롬 15:10	신 32:43
23	롬 9:27–28	사 10:22	49	롬 15:11	시 117:1
24	롬 9:29	사 1:9	50	롬 15:12	사 11:10
25	롬 9:33	사 28:16	51	롬 15:21	사 52:15
26	롬 10:5	레 18:5			

구조

로마서는 크게 복음과 실천의 두 부분으로 나뉜다. 복음(1-11장)은 기독교 신앙의 기본 교리(인류의 죄성과 현 상태, 예수 그리스도로 말미암는 구원)를 설명하고, 이신칭의의 모든 유익을 논리적으로 정리했다. 실천(12-16장)은 구원받은 그리스도인이 살아가야 할 규범을 기록했다.

1–11장				12–16장
교리편				실천편
복음(이신칭의)				그리스도인의 삶
1–3장	4–5장	6–8장	9–11장	12–16장
인간의 의에 대한 필요성	의에 대한 하나님의 공급	의로운 삶을 위한 하나님의 능력	의에 대한 하나님의 계획	의의 실천 작업
죄	구원	성화	주권	실천
죄의 종	하나님의 종			하나님을 섬기는 종

1. 복음(1–11장)

(1) 죄 : 인간의 의에 대한 필요성(1–3장)

1장	복음의 능력	복음과 그리스도 믿음으로 구원 (16–17) 내가 복음을 부끄러워하지 아니하노니 이 복음은 모든 믿는 자에게 구원을 주시는 하나님의 능력이 됨이라 먼저는 유대인에게요 그리고 헬라인에게로다 복음에는 하나님의 의가 나타나서 믿음으로 믿음에 이르게 하나니 기록된 바 오직 의인은 믿음으로 말미암아 살리라 함과 같으니라 모든 경건하지 않음과 불의
2장	공의의 심판	하나님의 심판 기준 행위에 따른 심판 형식적인 율법주의
3장	하나님의 의	유대인의 유익 모든 사람이 죄인이다 율법의 역할 믿음으로 말미암는 의 (22–24) 곧 예수 그리스도를 믿음으로 말미암아 모든 믿는 자에게 미치는 하나님의 의니 차별이 없느니라 모든 사람이 죄를 범하였으매 하나님의 영광에 이르지 못하더니 그리스도 예수 안에 있는 속량으로 말미암아 하나님의 은혜로 값 없이 의롭다 하심을 얻은 자 되었느니라 이신득의

(2) 구원 : 의에 대한 하나님의 공급(4–5장)

4장	아브라함의 칭의	아브라함의 믿음과 언약 죄 사함의 은총 할례의 의미 믿음을 통해 이루어진 하나님의 약속 (17) 기록된 바 내가 너를 많은 민족의 조상으로 세웠다 하심과 같으니 그가 믿은 바 하나님은 죽은 자를 살리시며 없는 것을 있는 것으로 부르시는 이시니라
5장	칭의의 결과	칭의의 결과 – 그리스도를 통한 화해 (1) 그러므로 우리가 믿음으로 의롭다 하심을 받았으니 우리 주 예수 그리스도로 말미암아 하나님과 화평을 누리자 구원의 근거 (8) 우리가 아직 죄인 되었을 때에 그리스도께서 우리를 위하여 죽으심으로 하나님께서 우리에 대한 자기의 사랑을 확증하셨느니라 아담과 그리스도

(3) 성화 : 의로운 삶을 위한 하나님의 능력(6–8장)

6장	의의 종	성화의 원리 – 죄가 은혜를 더하지 못함 (10–11) 그가 죽으심은 죄에 대하여 단번에 죽으심이요 그가 살아 계심은 하나님께 대하여 살아 계심이니 이와 같이 너희도 너희 자신을 죄에 대하여는 죽은 자요 그리스도 예수 안에서 하나님께 대하여는 살아 있는 자로 여길지어다

6장	의의 종	의의 무기와 의의 종 (23) 죄의 삯은 사망이요 하나님의 은사는 그리스도 예수 우리 주 안에 있는 영생이니라
7장	율법과 죄	율법으로부터의 자유 율법과 죄 신앙인의 내적 갈등 – 마음의 법과 육체의 법의 투쟁 (25) 우리 주 예수 그리스도로 말미암아 하나님께 감사하리로다 그런즉 내 자신이 마음으로는 하나님의 법을 육신으로는 죄의 법을 섬기노라

(4) 주권 : 의에 대한 하나님의 계획(9–11장)

8장	성령 안의 삶	영에 속한 자 (1–2) 그러므로 이제 그리스도 예수 안에 있는 자에게는 결코 정죄함이 없나니 이는 그리스도 예수 안에 있는 생명의 성령의 법이 죄와 사망의 법에서 너를 해방하였음이라 성령을 통해 하나님의 양자가 됨 (14) 무릇 하나님의 영으로 인도함을 받는 사람은 곧 하나님의 아들이라 소망과 인내 모든 피조물이 구원을 고대 성령의 중보기도 (26–27) 이와 같이 성령도 우리의 연약함을 도우시나니 우리는 마땅히 기도할 바를 알지 못하나 오직 성령이 말할 수 없는 탄식으로 우리를 위하여 친히 간구하시느니라 마음을 살피시는 이가 성령의 생각을 아시나니 이는 성령이 하나님의 뜻대로 성도를 위하여 간구하심이니라 구원의 확신 – 그리스도의 사랑과 하나님의 사랑 (32) 자기 아들을 아끼지 아니하시고 우리 모든 사람을 위하여 내주신 이가 어찌 그 아들 과 함께 모든 것을 우리에게 주시지 아니하겠느냐
9장	믿음에서 난 의	선택받은 이스라엘 약속의 자녀 하나님의 주권과 구원 섭리 – 토기장이이신 하나님 믿음에서 난 의
10장	구원의 길	하나님의 의와 자기의 (4) 그리스도는 모든 믿는 자에게 의를 이루기 위하여 율법의 마침이 되시니라 믿음으로 얻는 구원 구원은 만민에게 (13) 누구든지 주의 이름을 부르는 자는 구원을 받으리라
11장	이스라엘 회복	이스라엘의 남은 자 택함 받지 못한 자 이스라엘이 넘어짐으로 구원이 이방에 (11) 그러므로 내가 말하노니 그들이 넘어지기까지 실족하였느냐 그럴 수 없느니라 그들이 넘어짐으로 구원이 이방인에게 이르러 이스라엘로 시기나게 함이니라 돌감람나무 참감람나무 이스라엘의 회복 하나님의 섭리에 대한 찬양

2. 실천(12–16장)

12장	영적 예배	하나님이 기뻐하시는 거룩한 영적예배 (1–2) 그러므로 형제들아 내가 하나님의 모든 자비하심으로 너희를 권하노니 너희 몸을 하나님이 기뻐하시는 거룩한 산 제물로 드리라 이는 너희가 드릴 영적 예배니라 너희는 이 세대를 본받지 말고 오직 마음을 새롭게 함으로 변화를 받아 하나님의 선하시고 기뻐하시고 온전하신 뜻이 무엇인지 분별하도록 하라 교회에 대한 의무 및 타인에 대한 의무 핍박하는 대적에 대한 자세
13장	성도의 자세	그리스도인과 세상 권세 사랑은 율법의 완성 다가오는 종말에 대한 각성 (14) 오직 주 예수 그리스도로 옷 입고 정욕을 위하여 육신의 일을 도모하지 말라
14장	형제사랑	믿음이 연약한 자를 비판하거나 업신여기지 말라 (8) 우리가 살아도 주를 위하여 살고 죽어도 주를 위하여 죽나니 그러므로 사나 죽으나 우리가 주의 것이로다 화평을 도모하고 덕을 세우라 (17) 하나님의 나라는 먹는 것과 마시는 것이 아니요 오직 성령 안에 있는 의와 평강과 희락이라 믿음으로 하지 않는 것들은 모두 죄
15장	로마 방문계획	약한 자를 도우라 서로 받아들이라 복음의 제사장 직분 바울의 로마 방문 계획 기도 요청
16장	문안과 권면	뵈뵈의 추천과 동역자들에 대한 문안 거짓 선생에 대한 경고 문안과 찬양

바울의 3차 선교여행의 역사적 연대표	
53–58	바울의 3차전도 여행(행 18:23–21:16), 고린도전·후서 기록, 로마서 기록
54	네로의 로마 황제 즉위

다음은 바울의 옥중선교 시대를 다룬다.

23

CHAPTER

바울의 옥중선교

THE NEW TESTAMENT

시대 훑어보기

1) 땅끝 선교에서 옥중선교의 시대적 위치와 구조

성령(선교) 시대 AD 30 – 현재								
순서	19		20	21	22	23	24	
연도	AD 30–46		47–49	49–52	53–58	58–63	30–100	
주제	유대 중심 선교		땅끝 선교				기타 사도 · 계시록	
	예루살렘	유대 · 사마리아	1차 선교	2차 선교	3차 선교	옥중선교	기타 사도	계시록
성경(장)	사도행전						기타 서신서	요한계시록
	1–7	8–12	13–15	16–18	19–21	22–28		

▼

교회의 세계 선교(땅끝 선교)				
순서	20	21	22	23
성경	행 13–15장	행 16–18장	행 19–21장	행 22–28장
주제	1차 선교여행	2차 선교여행	3차 선교여행	옥중선교
관련 성경	갈라디아서	데살로니가전서 데살로니가후서	고린도전서 고린도후서 로마서	에베소서 빌립보서 골로새서 빌레몬서 디모데전서 디도서 디모데후서

2) 시대 개관

3차 선교여행을 마치고 돌아온 바울은 예루살렘을 방문했을 때 유대인들의 거짓 고소로 체포되어 예루살렘 감옥에 갇힌다. 그는 영내로 끌려갈 때 백성들에게 자기가 만난 예수 그리스도를 증거하고(21:27-22:29) 다음날 공회에서 부활 신앙을 증언한다(22:30-23:11). 살해 음모가 있어 가이사랴로 호송된 후에는 2년이나 옥에 갇혀 있으면서 벨릭스 총독과 베스도 총독, 아그립바 왕에게 심문을 받았다(24:1-26:32). 그는 로마 시민권을 이용하여 가이사에게 상소하여 로마로 보내졌다(27-28장).

체포 및 감금된 예루살렘, 옮겨서 다시 구금된 가이사랴, 로마로 가는 여정, 로마 체류 기간의 공통점은 바울이 '갇힌 자'로서 복음을 전했다는 것이다. 예루살렘 공회에서는 유대인에게, 가이사랴에서는 로마 총독과 분봉왕 등 이방인과 지도자들에게 복음을 전했다. 로마로 호송되어 가면서는 파선의 위험을 당했을 때 배 안의 사람들에게 하나님의 말씀을 전했으며 멜리데섬에서 보블리오의 부친과 여러 병자를 기도하고 안수하여 고쳤는데 이때도 복음을 전했을 것으로 보인다. 로마에 가서도 2년간 가택 연금과 같은 상태로 자기 셋집에 머물며 로마의 간수들과 이방인들에게 복음을 전했다.

일반적으로, 사도행전에서 바울의 사역을 1-3차 선교여행과 로마 선교로 분류한다. 그러나 사도행전 21장 27절 이후로 예루살렘부터 로마에 이르기까지 바울이 갇힌 자 된 피고인의 신분으로 공적인 자리에서 복음을 전한 것은 '옥중선교'로 분류하는 것이 더 합당하다고 보아 본서에서는 바울의 4차 선교를 옥중선교로 분류하였다.

바울의 옥중선교(22–28장)						
예루살렘		가이사랴			로마	
22장	23장	24장	25장	26장	27장	28장
공회 앞에 선 바울	살해 음모와 가이사랴 호송	벨릭스의 재판	가이사에게 상소	아그립바 전도	로마로 압송	로마에서

▼

로마선교(27–28장)			
로마로 가는 여정(27–28장)	로마(28장)		
미항	바다 가운데	멜리데섬	셋집
백부장이 선주의 말을 듣고 출항	유라굴로 광풍을 만나 파선	섬주민 치유와 선교	복음 전파, 서신 기록

바울이 3차 선교여행을 마친 후 예루살렘을 방문했다가 체포되면서 시작된 옥중선교는 가이사랴에서 2년, 로마로 가는 여정, 로마 셋집에서의 1차 구금 2년 동안의 내용이 사도행전 21장 27절부터 28장까지 기록되어 있다. 이 기간 중에 로마에서 바울은 옥중서신이라 불리는 에베소서, 골로새서, 빌레몬서를 기록하고 이어서 빌립보서를 썼다.

이후 바울은 석방되어 목회서신이라 불리는 디모데전서와 디도서를, 로마에 대박해가 시작되면서 2차로 다시 구금되어 유언과도 같은 디모데후서를 썼는데 이들 서신서는 전해지고 있으나 사도행전에서와 같이 이때의 행적을 기록한 책은 없다.

로마에서 기록한 서신		
1차 구금	풀려남(4–5년)	2차 구금
에베소서, 빌립보서 골로새서, 빌레몬서(옥중서신)	디모데전서 디도서(목회서신)	디모데후서(목회서신)

참고자료 옥중서신과 목회서신

옥중서신 사도 바울이 감옥에 갇혀 있을 때 기록한 것으로 알려진 네 편의 서신서로 에베소서, 빌립보서, 골로새서, 빌레몬서를 가리킨다. 이들 네 서신서는 각각의 특징과 집필 방향이 있어서 에베소서는 교회론, 빌립보서와 골로새서는 기독론, 빌레몬서는 용서와 포용의 메시지를 담고 있다. 그러나 그런 동시에, 이단 사상의 거짓 교사들이 들어와 교회를 어지럽히고 악한 세력이 교회를 핍박해 오는 상황에서 신앙 생활하는 성도들을 독려하고, 교회를 하나 되게 하기 위한 공통의 목표 의식도 담겨 있다.

목회서신 사도 바울이 기술한 디모데전서와 디도서, 디모데후서를 가리킨다. 형식은 개인에게 보낸 개별적인 서신이지만 그 내용은 목회 현장에서 수고하는 동역자들에게 필요한 권면과 목회적 지침을 전해준다는 점에서 '목회서신'이라 불린다.
목회서신은 주로 교회의 지도자나 직분자(장로나 집사)의 임명과 그들의 사명, 이단이나 공동체를 위협하는 자들에 대한 대처와 바른 구원론 등 교리적인 가르침과 신앙적 순결 유지를 위한 권면 등 교회 제도 유지에 필수적인 교훈과 메시지들을 그 내용으로 한다.
디모데전서는 전적으로 목회적 서신으로 목회 일선에서 두루 적용할 수 있도록 기록되었고, 디도서는 주로 목회적 교훈을 제공하는 동시에 명령과 상기(想起)의 메시지를 전하고 있다. 디모데후서는 디모데에게 보낸 두 번째 서신으로 주로 개인적인 권면을 전하면서도 목회적 메시지를 제공해준다.

옥중선교 (7편의 서신서 기록)

22장	공회 앞에 선 바울	바울의 간증 – 자신의 과거, 다메섹 도상의 회심, 예루살렘에서의 일 바울이 천부장에게 로마시민임을 말하다 바울이 공회 앞에 서다
23장	음모와 호송	바울이 공회 앞에서 말하다 바울의 말로 다투는 바리새파와 사두개파 바울을 죽이려는 음모 바울이 가이사랴로 호송되다 바울이 벨릭스 총독 앞에 서다
24장	벨릭스의 재판	바울을 고발하다 바울이 변명하다 바울이 감옥에 갇히다
25장	가이사에게 상소	베스도와 바울 바울이 가이사에게 상소하다 바울이 아그립바와 베스도 앞에 서다
26장	아그립바 전도	아그립바와 바울 바울의 간증 바울이 아그립바 왕에게 전도하다 (28-29) 아그립바가 바울에게 이르되 네가 적은 말로 나를 권하여 그리스도인이 되게 하려 하는도다 바울이 이르되 말이 적으나 많으나 당신뿐만 아니라 오늘 내 말을 듣는 모든 사람도 다 이렇게 결박된 것 외에는 나와 같이 되기를 하나님께 원하나이다 하니라
27장	로마로 압송	바울이 로마로 압송되다 바울의 선장과 선주를 권면하다 (23-25) 내가 속한 바 곧 내가 섬기는 하나님의 사자가 어제 밤에 내 곁에 서서 말하되 바울아 두려워하지 말라 네가 가이사 앞에 서야 하겠고 또 하나님께서 너와 함께 항해하는 자를 다 네게 주셨다 하였으니 그러므로 여러분이여 안심하라 나는 내게 말씀하신 그대로 되리라고 하나님을 믿노라 유라굴로 광풍으로 배가 깨어지다
28장	멜리데섬에서 로마로	바울 일행이 멜리데섬에 도착하다 바울이 독사에 물렸으나 무사하다 보블리오의 접대 바울이 로마에 도착하여 방문하는 사람들에게 복음을 전하다 (30-31) 바울이 온 이태를 자기 셋집에 머물면서 자기에게 오는 사람을 다 영접하고 하나님의 나라를 전파하며 주 예수 그리스도에 관한 모든 것을 담대하게 거침없이 가르치더라

지도로 보는 바울의 옥중선교

바울의 제3차 선교 여정

① 예루살렘 → ② 가이사랴 → ③ 시돈 → ④ 무라시 → ⑤ 미항 → ⑥ 멜리데섬 → ⑦ 로마

① 예루살렘 : 예루살렘 성전에서 체포된 바울이 공회 앞에서 자신의 회심을 간증함(행 21:27-22장).

② 가이사랴 : 다시 공회 앞에 선 바울이 부활의 소망을 이야기하여 바리새인과 사두개인 사이에 다툼이 생김. 바울 살해 음모로 가이사랴에 호송됨. 벨릭스와 베스도 총독, 아그립바 앞에서 변론하고 가이사에게 상소함(23-26장).

③ 시돈 : 아드라뭇데노 배를 타고 출항해 시돈에 정박. 백부장 율리오가 바울이 친구들에게 가서 대접받도록 선처함(27:1-3).

④ 무라 시 : 시돈에서 출항해 구브로 해안으로 항해하여 길리기아-밤빌리아 바다를 건너 루기아의 무라 시에 이름. 알렉산드리아 배에 오름(27:4-6).

⑤ 미항 : 니도-살모네-그레데 해안을 지나 미항에 도착. 바울의 만류에도 백부장이 선장과 선주의 말을 듣고 출항함(27:7-12).

⑥ 멜리데섬 : 바다에서 유라굴로 광풍을 만남. 바울이 배에 탄 사람들에게 하나님의 말씀을 전하며 위로함. 멜리데섬에 닿음(27:13-44). 바울이 독사에 물리고도 살아 사람들이 놀

람. 추장의 아버지와 병자들을 기도와 안수로 고침. 섬에서 3개월을 머묾(28:1-11).

⑦ 로마 : 수라구사-레기온-보디올을 거쳐 로마로 감. 로마의 형제들이 바울을 맞으러 옴. 로마의 셋집에 2년간 머물며 찾아오는 이들에게 복음을 전함(28:12-31).

이 시대를 함께 이해하는 성경

에베소서(Ephesians)				
책명	기록자	기록 연대	기록 장소	장수
에베소서	바울	AD 62년경	로마 감옥	16장
핵심 주제	기록 목적		구성과 내용	
에베소 교회의 하나 됨	에베소 교회 내 이방인과 유대인의 분열을 막고 올바른 교회론을 가르치기 위해		에베소 교인들에게 그들이 하나님의 택함을 받아 하나님의 자녀가 되었고(1:4) 장차 하늘에 속한 모든 신령한 복을 받을 존귀한 자(1:3)라는 사실을 상기시킴	

기록 목적과 배경

- 친히 설립 양육한 교회이지만 옥에 갇혀 방문할 수 없으므로 서신으로 권면하기 위하여.
- 교회 내에서 성도 간의 분열을 막고 모두 하나 되게 하기 위하여.
- 성숙하여 가는 교회를 확인하고 또한 더욱 교회를 든든히 세우기 위하여.

바울의 서신서는 대개 특정 교회의 문제들에 대한 답변이 주를 이루지만 에베소서에는 편지를 쓴 목적이나 동기가 정확히 드러나지 않는다. 그래서 에베소 교회에 어떤 문제가 있어서라기보다는 에베소를 비롯한 소아시아 지역의 교회들을 위한 회람용으로, 교회들이 비록 흩어져 있지만 모든 교회는 그리스도를 믿는 믿음 안에서 하나가 되었음을 인식하도록, 그리고 교회 안에 유대인과 이방인, 아시아인과 유럽인, 노예와 자유인이 함께하는데 이들 또한 그리스도 안에서 하나 되도록 당부하고자 이 서신을 쓴 것으로 보인다.

시대적 배경 바울은 제2차 선교여행을 마치고 안디옥으로 돌아오는 길에 잠시 에베소에 들러 복음을 전했다. 사람들이 더 오래 있기를 청했지만 그는 "만일 하나님의 뜻이면 너희에게 돌아오리라" 하고 떠났다가(행 18:19-21) 3차 선교여행 때 그곳으로 가서 에베소 교회를 세웠고(행 19:1) 2년 3개월간 체류하며 전도하고 제자를 양육했다. 3차 선교여행에서 돌아오는 길에 바울은 밀레도에서 에베소 장로들에게, 잘못된 것들을 가르쳐주며 제자들을 끌어내려는 악한 교사들을 경계할 것을 당부했다(행 20:29-30).

예루살렘에 돌아온 바울은 그를 죽이려는 유대인의 거짓 고소로 구금되었고, 가이사랴에 2년간 갇혀 있다가 로마 황제의 재판을 요청하여 로마로 가게 되었다. 로마에 도착한 것은 AD 61년 봄이며, 거기서 2년간 죄수의 몸으로 머물렀으므로 본 서신이 기록된 시기는 AD 62년경일 것이다. 로마에서는 자기 집에 거주하는 죄수로서 자유롭게 방문객을 맞을 수 있었고(엡 6:19 ; 골 4:3-11), 그로 말미암아 과거를 회고하며 기록할 기회를 얻어 아시아에 있는 교회들에 좀 더 교리적이고 실제적인 교훈들을 써 보내고자 마음먹은 것으로 보인다. 본서는 이 첫 번째 투옥 기간에 쓴 옥중서신이며, 이 기간에 쓰인 또다른 서신으로는 빌립보서 골로새서, 빌레몬서가 있다. 교회들이 이 편지를 돌아가면서 읽어(골 4:16) '회람장'이라고도 하며, 에베소서와 골로새서는 55개 이상의 구절이 닮아서 두 책이 '쌍둥이 서신'이라고 불리기도 한다.

지리적 배경 에베소는 오늘날 튀르키예의 서쪽에 있는 지역으로 로마 시대에는 당시 로마에 속한 소아시아에서 가장 큰 도시였고 수리아의 안디옥, 애굽의 알렉산드리아와 더불어 지중해 연안 3대 도시로 불릴 만큼 중요한 도시였다.

에게해 연안의 항구 도시이면서 육로로는 주변의 중요한 도시들과 거의 다 연결되는 교통의 요지로, 아시아와 유럽을 잇는 지정학적 중요성 때문에 무역과 상업의 중심지가 되었다. 종교적으로는 아데미(아르테미스) 여신을 주신으로 섬기는 외에도 많은 우상의 신전이 있어 매우 방탕하고 타락한 도시였다.

내용

기독론에 기초한 교회론 에베소서는 교회의 본질(교회론)과 교회와 그리스도와의 관계(기독론)를 다루는 교리서이다. 바울은 전반부(1-3장)에서 성도가 그리스도 안에서 받은 놀라운 부르심을 교리적으로 서술하고, 후반부(4-6장)에서는 구원받은 성도가 그 부르심에 합당하게 살 것을 명한다. 그의 설명을 따르면 그리스도는 교회의 머리이시고 교회는 그분의 몸이며(1:22-23) 우리는 성령 안에서 하나님이 거하실 처소가 되기 위하여 그리스도 예수 안에서 함께 지어져 가는(2:22) 자들이다.

교회의 하나 됨 아시아의 교회들은 유대인과 이방인이 함께 있기 때문에 항상 분열의 위험이 있었다. 바울은 그리스도께서 그의 피로 유대인과 이방인(모든 인류)을 자기 안에서 한 새 사람을 지어 화평하게 하시고(2:15) 십자가로 이 둘을 한 몸으로 하나님과 화목하게 하셨으니(2:16) 그리스도 안에서 탄생한 새로운 하나님의 백성인 교회는 한 몸이자 한 가족이므로 하나 되게 하신 것을 힘써 지키라고(4:3) 당부한다.

그리스도 안에서 바울은 자신이 직접 세우고 2년 3개월간 체류하며 밤낮 눈물로 전도와 제자 양육을 했던 에베소 교회에 애정이 컸으나 번성하고 방탕한 에베소의 환경은 교회에 위협적이었다. 그래서 에베소 교인들에게 그들이 장차 하늘에 속한 모든 신령한 복을 받을 존귀한 자(1:3)로서 하나님의 택함을 받았고(1:4), 하나님의 자녀가 되었다는(1:5) 사실을 상기시키고, 무엇을 하든지 범사에 "그리스도 안에서"(헬, 엔크리스토) 행해야 한다고 말했다. 바울 신학을 대표하는 이 "그리스도 안에서"라는 표현은 본서에 무려 35회나 언급된다. 그만큼 하나님의 백성은 살아도 주를 위하고 죽어도 주를 위하는 주님 중심의 삶을 살아야 하는 것이다. 교회를 통하여 그분의 목적을 실천하시며 만물을 "그리스도 안에서 통일되게"(엡 1:10) 하시는 그리스도께서 만물의 중심이자 개인과 교회, 하나님과의 모든 관계에서 궁극적인 목표가 되시기 때문이다.

에베소서에서 인용된 구약성경

번호	신약	구약	번호	신약	구약
1	엡 4:8	시 68:18	4	엡 5:31	창 2:24
2	엡 4:25	슥 8:16	5	엡 6:2	출 20:12 ; 신 5:16
3	엡 4:26	시 4:4			

구조

에베소서는 총 6장으로 되어 있으며 1-3장은 교리적인 부분이고 4-6장은 교회에서 실천해야 할 여러 가지 윤리적인 것들을 교훈하고 있다.

1–3장			4–6장		
성도의 지위			성도의 삶		
1장	2장	3장	4장	5장	6장
그리스도의 몸	하나님의 권속	하나님의 비밀	일치와 통일	빛의 자녀	전신갑주

1. 성도의 지위(1–3장)

성도의 존재는 그리스도의 몸이요 하나님의 권속이다. 복음의 비밀은 하나님과의 화평이다. 그리스도는 우리의 화평이시다(2:14). 2장 22절은 성도는 성령 안에서 하나님이 거하실 처소가 되기 위하여 예수 안에서 지어져 간다고 말한다. "그리스도 안에서"라는 말은 죄에서 떠나는 삶을 의미한다. 하나님은 거룩하시고 죄와 함께하실 수 없는 분이다. 그러므로 하나님이 거하실 처소로 지어져 간다는 의미는 끊임없이 죄를 버리는 삶을 의미하는 것이다.

1장	그리스도의 몸	인사말 하늘에 속한 신령한 복 바울의 감사와 성도를 위한 기도 (17–19) 우리 주 예수 그리스도의 하나님, 영광의 아버지께서 지혜와 계시의 영을 너희에게 주사 하나님을 알게 하시고 너희 마음의 눈을 밝히사 그의 부르심의 소망이 무엇이며 성도 안에서 그 기업의 영광의 풍성함이 무엇이며 그의 힘의 위력으로 역사하심을 따라 믿는 우리에게 베푸신 능력의 지극히 크심이 어떠한 것을 너희로 알게 하시기를 구하노라 그리스도는 교회의 머리
2장	하나님의 권속	그리스도를 통해 받은 새 생명 (8–9) 너희는 그 은혜에 의하여 믿음으로 말미암아 구원을 받았으니 이것은 너희에게서 난 것이 아니요 하나님의 선물이라 행위에서 난 것이 아니니 이는 누구든지 자랑하지 못하게 함이라 그리스도 안에서 하나가 되라 (14–15) 그는 우리의 화평이신지라 둘로 하나를 만드사 원수 된 것 곧 중간에 막힌 담을 자기 육체로 허시고 법조문으로 된 계명의 율법을 폐하셨으니 이는 이 둘로 자기 안에서 한 새 사람을 지어 화평하게 하시고 (22) 너희도 성령 안에서 하나님이 거하실 처소가 되기 위하여 그리스도 예수 안에서 함께 지어져 가느니라
3장	하나님의 비밀	이방 사람을 위해 일꾼 된 바울의 직분 그리스도의 사랑을 알라 (19) 그 너비와 길이와 높이와 깊이가 어떠함을 깨달아 하나님의 모든 충만하신 것으로 너희에게 충만하게 하시기를 구하노라

2. 성도의 삶(4–6장)

성도의 삶은 하나님의 뜻과 그분의 말씀에 일치되고 통일된 삶이다. 성도는 그리스도를 아는 자도 아니고 그리스도를 믿는다고 말하는 자도 아니다. 그리스도를 따르는 자들이다. 그러므로 성도는 그리스도 안에서 살아가야 한다. 즉 성도는 성령의 인도하심을 따라 그리스도의 말씀과 뜻에 순종하는 자들에게 주어지는 심령의 자유를 누리는 자들인 것이다.

4장	일치와 통일	부르심에 합당한 삶 (5-6) 주도 한 분이시요 믿음도 하나요 세례도 하나요 하나님도 한 분이시니 곧 만유의 아버지시라 만유 위에 계시고 만유를 통일하시고 만유 가운데 계시도다 그리스도를 믿는 것과 아는 일 (13) 우리가 다 하나님의 아들을 믿는 것과 아는 일에 하나가 되어 온전한 사람을 이루어 그리스도의 장성한 분량이 충만한 데까지 이르리니 그리스도 안에서의 새 생활 (23-24)오직 너희의 심령이 새롭게 되어 하나님을 따라 의와 진리의 거룩함으로 지으심을 받은 새 사람을 입으라 새 생활의 법칙
5장	빛의 자녀	사랑을 입은 자녀 같이 하나님을 본받는 자가 되라 (1) 그러므로 사랑을 받는 자녀 같이 너희는 하나님을 본받는 자가 되고 (5) 너희도 정녕 이것을 알거니와 음행하는 자나 더러운 자나 탐하는 자 곧 우상숭배자는 다 그리스도와 하나님의 나라에서 기업을 얻지 못하리니 빛의 자녀 성령 충만한 자의 삶 (16-17) 세월을 아끼라 때가 악하니라 그러므로 어리석은 자가 되지 말고 오직 주의 뜻이 무엇인가 이해하라 남편과 아내의 도리 (29) 누구든지 언제나 자기 육체를 미워하지 않고 오직 양육하여 보호하기를 그리스도께서 교회에게 함과 같이 하나니
6장	전신갑주	자녀의 도리 종과 상전의 도리 성도의 영적 싸움과 하나님의 전신갑주 (12) 우리의 씨름은 혈과 육을 상대하는 것이 아니요 통치자들과 권세들과 이 어둠의 세상 주관자들과 하늘에 있는 악의 영들을 상대함이라 끝인사

빌립보서(Philippians)				
책명	기록자	기록 연대	기록 장소	장수
빌립보서	바울	AD 63년경	로마 감옥	4장
핵심 주제	기록 목적		구성과 내용	
그리스도 안에서의 기쁨	헌금을 보낸 빌립보 교인들에게 감사하고 성도 간 연합을 권면하기 위해		주님의 성육신 사건과 십자가 죽음을 신학적으로 가장 잘 해설한 것으로 평가된다	

기록 목적과 배경

- 빌립보 교인들이 보내준 헌금에 대해 감사를 전하기 위하여.
- 자신의 형편을 알림으로써 빌립보 교인들이 박해 중에도 힘을 얻게 하기 위하여.
- 빌립보 교회의 분열을 막고 연합하게 하기 위하여.
- 율법주의의 악영향을 깨우치고 빌립보 교회에 필요한 영적 지침을 주기 위하여.

지리적 배경 에게해의 북쪽 끝에 있는 빌립보는 당시 아시아와 로마를 잇는 주요 도로인 에그나티아 가도에 인접한 교통의 요지였다. 알렉산더 대왕의 아버지인 필립(필리포스) 2세가 이 근방의 금광을 개발하기 위해 이곳에 성읍을 세우고 그의 이름을 붙였다.

로마 시대에는 로마의 식민 도시로 퇴역 군인들의 안식처가 되었으며, 로마 지방 총독의 간섭 없이 자치적으로 행정을 꾸려갈 수 있는 행정 특구의 혜택을 받아 중근동의 소(小) 로마로 불렸다. 따라서 이곳 출신들은 로마의 식민지에 살고 있음에도 대부분 로마 시민권자가 되었고, 시민권자로서 세금 면제 등 로마 시민의 모든 권한을 누릴 수 있었다. 본서에서 "합당하게 생활하라"(빌 1:27, '시민답게 생활하라'), "우리 시민권은 하늘에 있는지라"(3:20)라는 바울의 말은 빌립보의 교인들에게 특별한 의미가 있는 충고였다.

시대적 배경 빌립보는 바울이 2차 선교여행 당시 마게도냐 사람이 도와달라고 하는 환상을 보고 간 마게도냐의 첫 도시이자 유럽의 첫 관문이었으며 이곳에서 자주 장사 루디아를 만나 그녀의 집에서 빌립보 교회를 시작하게 되었다. 환상을 보고 갔으나 그곳에서는 박해와 추방이 기다리고 있었다. 점치는 여종에게서 귀신을 쫓아낸 일로 매 맞고 감옥에 갇혔으며, 거기서 간수를 구원하기도 했다.

빌립보 교회는 바울이 마게도냐에서 처음 복음을 전할 때부터 감옥에 갇힌 후에도 늘 그를 물심양면으로 도왔다. 특히 에바브로디도는 교인들이 모은 헌금을 들고 빌립보에서 육로로 2천 킬로미터, 바다를 질러가도 약 1,300킬로미터나 떨어진 로마까지 찾아와 바울을 옥바라지했다. 그러다 중병에 걸려 몹시 앓았는데 그가 회복되자 바울은 그를 교회로 돌려보내며 교회에 감사를 전하고, 그 기회를 통해 빌립보 교회 안에 있는 몇 가지 문제점에 대해 가르침을 전하기 위해 이 서신을 기록했다.

내용

빌립보 교회의 문제들 본 서신을 통해 빌립보 교회 내에 몇 가지 문제들이 있었음을 알 수 있다. 바울의 반대자들이 당파적인 대립으로 그를 괴롭히고자 애쓰는 일, 즉 투기와 당파심으로써 그리스도를 전파하는 일이 일어나고 있었고(1:12-17) 교인들은 핍박을 당하고 있었다

(1:29-30). 일부 성도들 사이에 다툼과 허영이 있었고(2:3-4, 4:2) 유대주의자들에 관한 소문도 들렸으며(3:1-3) 교회 안에 탐욕을 부리며 복음에 합당하지 않게 사는 사람들도 있었다(3:18-19).

바울은 성도 간의 교제와 연합의 중요성을 강조하며 예수 그리스도의 겸손한 마음을 품도록 권면하는데 이 과정에서 그리스도의 성육신과 십자가 죽음이 신학적으로 가장 잘 설명되고 있다. 그는 예수 그리스도께서 본질은 하나님과 동등하나 자신을 하나님과 동등하게 여기지 않고 인간의 몸을 입고 세상에 내려오셔서 심지어는' 보통 인간들보다 더 낮고 비천한 삶을 사셨다고 말한다. 그 분명한 증거인 예수님의 십자가 죽음을 통해 바울은 주님의 겸손과 희생정신을 가르친다.

기쁨 빌립보서에는 옥중에서 기록되었다고는 믿기 어려울 만큼 감사와 찬양, 기쁨이 넘치게 표현되어 있다. 예수 그리스도의 성품을 저자의 따뜻한 인간미와 풍성하고 깊이 있는 내면의 신앙심으로 가장 잘 승화시켜 본서는 '기쁨의 서신'이라고 불릴 정도이다. 바울은 빌립보 교인들이 은혜 안에서 성장하고 있는 것을 기쁨과 감사함으로 생각했다. 그리고 주님의 겸손과 희생정신 때문에 자신도 그리스도를 위한 고난을 기뻐할 수 있었고, 그래서 어려움을 당하는 빌립보 교회에 기쁨의 권면을 할 수 있었다.

또한 그는 자신의 고난이 생명으로 끝날지 죽음으로 끝날지 알 수 없었지만 어느 쪽이 될지라도 준비되어 있었고(1:20-21), '그리스도 안에서' 자족하기를 터득했으며 자신은 연약하나 그리스도의 능력을 통하여 모든 것을 할 수 있었다(4:11-13). 본 서신 또한 "그리스도 안에서"라는 표현이 반복 사용되면서 기쁨의 사상과 결합되어 이 서신서의 주제를 잘 나타내 주고 있다.

구조

1장	2장	3장	4장
바울의 유익	그리스도의 겸손	그리스도인의 목표	일체의 비결

1장	살든지 죽든지	인사말 빌립보 교인들을 위한 기도 그리스도를 전파함 – 살든지 죽든지 주의 영광을 위하여 신앙의 용기와 소망 (21) 이는 내게 사는 것이 그리스도니 죽는 것도 유익함이라 복음에 합당한 삶

2장	그리스도의 겸손	**겸손을 촉구 – 예수의 마음을 품으라** (5–8) 너희 안에 이 마음을 품으라 곧 그리스도 예수의 마음이니 그는 근본 하나님의 본체시나 하나님과 동등됨을 취할 것으로 여기지 아니하시고 오히려 자기를 비워 종의 형체를 가지사 사람들과 같이 되셨고 사람의 모양으로 나타나사 자기를 낮추시고 죽기까지 복종하셨으니 곧 십자가에 죽으심이라 (9–11) 이러므로 하나님이 그를 지극히 높여 모든 이름 위에 뛰어난 이름을 주사 하늘에 있는 자들과 땅에 있는 자들과 땅 아래에 있는 자들로 모든 무릎을 예수의 이름에 꿇게 하시고 모든 입으로 예수 그리스도를 주라 시인하여 하나님 아버지께 영광을 돌리게 하셨느니라 **성화를 촉구 – 원망과 시비가 없이 하라** **동역자를 추천 – 디모데와 에바브로디도**
3장	그리스도인의 목표	**진정한 구원의 길**(율법주의에 대한 경고) (2) 개들을 삼가고 행악하는 자들을 삼가고 몸을 상해하는 일을 삼가라 **푯대를 향하여 달려감** (13–14) 형제들아 나는 아직 내가 잡은 줄로 여기지 아니하고 오직 한 일 즉 뒤에 있는 것은 잊어버리고 앞에 있는 것을 잡으려고 푯대를 향하여 그리스도 예수 안에서 하나님이 위에서 부르신 부름의 상을 위하여 달려가노라 **하늘에 있는 그리스도인의 시민권**
4장	일체의 비결	**바울의 충고 – 그리스도를 아는 지식** **주 안에서 기뻐하라** (6–7) 아무것도 염려하지 말고 다만 모든 일에 기도와 간구로, 너희 구할 것을 감사함으로 하나님께 아뢰라 그리하면 모든 지각에 뛰어난 하나님의 평강이 그리스도 예수 안에서 너희 마음과 생각을 지키시리라 **배우고 받고 듣고 본 바를 행하라** (13) 내게 능력 주시는 자 안에서 내가 모든 것을 할 수 있느니라 **선물에 대한 감사**

골로새서(Colossians)				
책명	기록자	기록 연대	기록 장소	장수
골로새서	바울	AD 63년경	로마 감옥	4장
핵심 주제	기록 목적		구성과 내용	
예수 그리스도의 신성	교회에 침투한 이단을 배격하고 바른 기독론을 가르치기 위해		골로새 교회에 침입한 각종 이단 사상을 막기 위해 그리스도의 탁월성과 충족성을 말하면서 그리스도 안에 거할 것을 당부한다	

기록 목적과 배경

- 골로새 교회에 침투한 혼합적 이단을 배격하기 위하여.
- 진리 - 하나님의 형상, 창조주, 보존자, 교회의 머리, 부활의 첫 열매, 신성과 인성을 지니신 분, 화목자로서 이 세상에 오신 그리스도에 대하여 가르치기 위하여.

지리적 배경 골로새는 소아시아의 브루기아주 남서쪽 리쿠스(Lycus)강 남부 언덕에 위치한 도시이다. 서쪽 20킬로미터 떨어진 곳에 있던 라오디게아 및 그 북쪽 인근의 히에라볼리와 함께 삼각 지역을 이루었다. 에베소에서 유브라데강에 이르는 동서 교통의 요충지에 위치하여 교통, 무역의 중심이 되었으며 동서(東西) 사상의 교류지로서 여러 철학과 종교들이 만연하여 일찍부터 이단사상과 철학들이 성행하였다. 수리아의 안티오쿠스 3세가 이곳에 유대인 2천여 명을 강제 이주시켜 일찍부터 유대인들이 큰 세력을 형성하고 있었다.

골로새 교회는 바울의 제3차 선교여행 때, 에베소에 장기간(약 2년) 체류하는 동안 바울에게서 복음을 들은 에바브라에 의해 설립되었고 바울은 골로새를 방문한 적이 없는 것으로 보인다(골 1:7, 12-13, 2:1, 4:12). 골로새 교회는 온갖 이단 사상들로부터 신앙의 순수성을 지키기 위해 힘겨운 믿음의 싸움을 싸워야 했다.

시대적 배경 사도행전의 기록이 AD 60-62년경에 끝나는 것으로 미루어 볼 때 골로새서는 에베소서, 빌레몬서와 함께 바울이 제1차 로마 투옥 기간에 기록되었다(행 28:30). 또한 골로새서, 에베소서, 빌레몬서에는 빌립보서 1:19-21에서 예견된 것과 같은 바울의 재판 결과가 언급되어 있지 않은 것으로 보아 골로새서는 빌립보서보다 먼저 기록되었음을 알 수 있다.

골로새 지역의 지리적 특성상 골로새 교회도 세속 문화의 영향을 받고 종교적으로도 천사숭배, 금욕주의, 율법주의, 영지주의 사상을 탐닉하고, 또 이들 사상이 혼합된 골로새 지역 특유의 혼합주의적 사상을 좇는 자들도 있었다. 비록 바울이 친히 골로새 교회를 세우지는 않았더라도 그를 통해 복음을 듣고, 그의 동역자가 된 에바브라가 개척한 만큼 바울은 골로새 교회에도 큰 관심과 애정을 가졌다. 에바브라는 성도들의 필요와 그들이 처해 있는 위험을 로마에 있는 바울에게 전달하고(골 1:8 ; 몬 1:23), 이로 인해 바울이 골로새 교회를 압박한 이단 사상들로부터 교회를 지키기 위해 본서를 기록하게 되었다.

비진리에 대처하는 가장 좋은 방식은 비진리와 논쟁하는 것이 아니라 진리를 제시하는 것이다. 따라서 바울은 그리스도는 본질상 하나님이시고 만물의 창조자요 만물을 보존하시는 분이심을 역설하며 그리스도론을 펼치고 그리스도 한 분만을 높여드렸다.

내용

만물의 으뜸이신 그리스도를 선포하는 골로새서는 명실공히 '기독론의 정수'로서, 성경에서 가장 그리스도 중심의 서신이다. 같은 옥중서신인 에베소서와는 상호 보완적인 관계로, 에베소서의 155구절 중 75절이 골로새서에 등장하는데 에베소서가 기독론에 기초한 교회론으로서 몸된 교회를 강조한다면 골로새서는 교회론에 기초한 기독론으로서 머리 되신 그리스도를 강조한다.

기독론 예수 그리스도는 교회의 머리시며 세상의 진정한 주권자이시다. 그러므로 바울은 그분과 함께 살아가는 것이 가장 고상한 삶이라고 말한다. 그러나 그것은 억지로 따라가는 율법주의가 아니라 주님을 따르는 기쁨으로 가치가 변화된 거듭난 삶을 의미한다. 즉 억지로 따르는 것이 아니라 자원함과 기쁨으로 따르는 것이다.

그리스도인의 삶 1-2장에서 그리스도의 신성과 거짓 철학에 관한 교리적인 교훈을 전하며 그리스도께서 우리를 위해 하신 일을 소개한 후 3-4장에서는 그리스도인들이 이 땅의 삶을 통해 놀랍고 탁월하신 그리스도를 드러내기 위해 어떻게 살아야 할지 실천적인 권면을 하는데, 개인 생활부터 가정과 가족, 직장, 다른 사람들을 대하는 방식에 이르기까지 삶의 모든 영역을 다룬다. '그리스도 안에서'라는 개념은 바울서신에서 가장 핵심적인 단어이며 신학적인 용어로 그 의미는 '그리스도와 연합'이다. 여기서 연합은 그리스도는 주가 되시고 나는 종이 되는 본래의 자리로 돌아가는 것을 의미한다. 즉, 주님의 명령에 따르는, 하나님의 창조 목적과 나의 존재 목적을 따라 살아가는 것이다.

구조

다른 여러 바울서신처럼 교리(1-2장)와 윤리(3-4장)로 서신을 구성했다. 교리에서는 그리스도론을 다루고, 윤리에서는 그리스도인의 삶을 다루었다.

1–2장	3–4장
뛰어나신 그리스도	그리스도 안에서의 삶

1. 뛰어나신 그리스도(1–2장)

1장	참된 교리	문안 인사 바울의 감사와 기도 만물보다 먼저 계신 그리스도–교회의 머리

1장	참된 교리	그리스도의 권위 (15-17) 그는 보이지 아니하는 하나님의 형상이시요 모든 피조물보다 먼저 나신 이시니 만물이 그에게서 창조되되 하늘과 땅에서 보이는 것들과 보이지 않는 것들과 혹은 왕권들이나 주권들이나 통치자들이나 권세들이나 만물이 다 그로 말미암고 그를 위하여 창조되었고 또한 그가 만물보다 먼저 계시고 만물이 그 안에 함께 섰느니라 교회를 위해 바울이 하는 일
2장	거짓 교리	복음의 일꾼 된 바울 세상의 헛된 철학과 초등학문 (8) 누가 철학과 헛된 속임수로 너희를 사로잡을까 주의하라 이것은 사람의 전통과 세상의 초등학문을 따름이요 그리스도를 따름이 아니니라 율법주의를 조심하라 그리스도와 함께하는 새 사람

2. 그리스도 안에서의 삶(3-4장)

3장	성도의 생활	위의 것을 찾고 땅에 있는 지체를 죽이라 평강을 추구하고 감사하라 (15) 그리스도의 평강이 너희 마음을 주장하게 하라 너희는 평강을 위하여 한 몸으로 부르심을 받았나니 너희는 또한 감사하는 자가 되라 그리스도인의 가정생활 모든 일에 마음을 다하라
4장	교제와 문안	항상 기도하고 감사하라 (2) 기도를 계속하고 기도에 감사함으로 깨어 있으라 두기고와 오네시모를 보냄 바울과 함께 있는 자들의 인사를 전함 끝인사

빌레몬서(Philemon)				
책명	기록자	기록 연대	기록 장소	장수
빌레몬서	바울	AD 61-62년경	로마 감옥	1장
핵심 주제	기록 목적		구성과 내용	
회심한 종을 용서하라	회심한 종 오네시모를 용서하고 받아 줄 것을 주인 빌레몬에게 부탁하기 위해		회심한 종의 용서와 포용을 청하는 내용 가운데 예수 그리스도의 아가페적 사랑과 용서가 드러난다	

기록 목적과 배경

- 빌레몬의 신앙을 칭찬하기 위하여.
- 빌레몬에게 오네시모의 구원을 알리고 그의 용서를 부탁하기 위하여.
- 오네시모 사건을 통해 성도들에게 사랑과 용서의 기독교 진리를 삶에서 실천하도록 독려

하기 위하여.

시대적 배경 본 서신의 수신자는 골로새 출신 빌레몬이다. 그는 사도 바울이 3차 선교 도중 에베소에서 체류할 때 이곳에서 복음을 듣고(행 19:9-10) 바울의 신실한 동역자가 되었으며 후에 그의 집은 골로새의 중요한 집회처가 되었다(행 19:8-22 ; 골 4:9).

바울이 빌레몬에게 이 서신을 보내게 된 것은 빌레몬의 종 오네시모 때문이다. 빌레몬의 노예였던 오네시모는 주인의 재산 중 얼마를 훔쳐 로마로 도망쳤다. 오네시모는 로마에서 바울을 만나 복음을 듣게 되었고 바울은 회심한 오네시모를 신실하고 사랑받는 형제로 인정하게 되었다(골 4:9). 당시 노예는 주인의 재산이어서 노예의 생사여탈권이 주인에게 있었다. 바울은 오네시모를 주인인 빌레몬에게 돌려보내며 서신에서 "갇힌 중에서 낳은 아들"(몬 1:10), "내 심장(심복)"(몬 1:12), "사랑받는 형제"(몬 1:16)라 칭하고 그를 용서하여 따뜻이 맞아줄 것을 부탁했다.

내용

바울서신 가운데 가장 짧으며(1장) 다른 서신들과는 달리 교리적인 내용이나 교회 전반을 위한 교훈이 없고 다만 도망친 노예(오네시모)의 용서를 위해 주인(빌레몬)에게 부탁하는 극히 개인적 성격의 서신이다. 그 안에는 비참하게 사형당할 수밖에 없는 노예의 죄를 예수 그리스도의 사랑으로 너그럽게 용서하고 형제처럼 받아들여 달라는 사랑과 화해의 메시지가 들어 있다. 바울은 빌레몬에게 오네시모를 보낼 때 그를 용서하고 형제처럼 받아줄 것을 부탁하면서, 하나님의 아들이신 그리스도께서 친히 세상에 오셔서 십자가를 지시고 돌아가신 것도 바로 우리와 같은 죄인을 사랑하셨기 때문임을 상기시킨다. 또한 불순종한 오네시모를 위하여 값을 지불하고자 했던 바울의 모습은 우리를 위하여 십가가에서 그 죗값을 지불하신 예수 그리스도를 떠올리게 한다.

이런 주님의 사랑과 용서를 기억하고 오네시모를 기꺼이 받아들여 달라는 바울의 간청과 오네시모가 주인에게 끼친 손해를 대신 갚아주려는 바울의 태도는 기독교 윤리의 핵심인 용서와 사랑이 일상생활에서 어떻게 적용, 실천되어야 하는지를 보여주며 오는 모든 세대의 그리스도인들에게 좋은 지침서 역할을 한다.

구조

1장		
1–7절	8–19절	20–25절
빌레몬에 대한 칭찬	오네시모에 대한 부탁	축복과 문안

1장	빌레몬과 오네시모	인사말 빌레몬에 대한 감사와 칭찬 오네시모를 위한 부탁과 당부 (16) 이 후로는 종과 같이 대하지 아니하고 종 이상으로 곧 사랑 받는 형제로 둘 자라 내게 특별히 그러하거든 하물며 육신과 주 안에서 상관된 네게랴 빌레몬에 대한 축복과 부탁 동역자들의 문안과 끝인사

디모데전서(1Timothy)				
책명	기록자	기록 연대	기록 장소	장수
디모데전서	바울	AD 63-65년	빌립보	6장
핵심 주제	기록 목적		구성과 내용	
에베소 교회 목회자를 위해서	에베소 교회의 지도자 디모데의 목회를 격려하기 위해		에베소 교회의 지도자 디모데에게 목회와 교회 행정, 성도의 양육 등에 관해 구체적인 목회 지침을 전한다.	

기록 목적과 배경

- 믿음의 아들인 디모데의 목회 사역을 격려하기 위하여.
- 영지주의자들의 잘못된 가르침을 배격하기 위하여.
- 성도들의 신앙이 자라 건전한 교회를 이루게 하기 위하여.

디모데전서는 바울이 에베소 교회의 젊은 목회자 디모데에게 보내는 구체적인 목회 지침으로 성도들을 진리로 인도하기 위해 경건을 강조하고 있다.

* 에베소 및 에베소 교회에 관한 자세한 사항은 484쪽 에베소서의 내용을 참조하라.

시대적 배경 에베소는 지중해 연안에 있는 로마 제국의 3대 도시 중 하나이며 소아시아 제1의 도시였다. 이곳에는 오늘날까지 세계 7대 불가사의 중 하나로 꼽히는 아데미 신전이 있어 아데미 여신 숭배, 황제 숭배 등 우상 숭배가 극에 달하였다.

바울은 3차 선교여행 때 이곳에 교회를 설립하고 두란노서원에서 2년여를 전도와 양육에 힘썼다. 에베소 교회는 도시에 만연한 우상 숭배뿐 아니라 그리스 철학을 등에 업은 이단주의자, 영지주의자와 율법주의자들에게 지속적으로 위협을 당하고 있었다.

본 서신의 수신자는 에베소 교회의 목회자 디모데이다. 로마 감옥의 1차 구금에서 석방(AD 63년경)된 바울은 소아시아 교회들을 순방하던 중 에베소에서 빌립보로부터 온 디모데와 해후한 것으로 보인다. 하지만 에베소 교회가 많은 문제로 혼란한 것을 안 바울은 다시 마게도냐 지역으로 향하면서 디모데에게 에베소 교회의 목회를 맡겨 교회를 보호하고 질서를 세우도록 했다. 그 후 다시 에베소를 방문하기 원했지만 여건이 허락지 않자 목회에 필요한 내용을 본 서신에 기록하여 에베소 교회의 디모데에게 보낸 것으로 보인다.

내용

교회의 지도자에게 주는 목회 지침과 교훈으로 가득한 디모데전서는 지역 교회를 이끌고, 관리하고, 목회하는 것에 관한 지침서라 하겠다. 바울은 디모데에게 거짓 교사들과 거짓 교리를 경계하라고 촉구하면서 편지를 시작하지만 이단의 지속적인 위협을 받는 에베소 교회에 보내는 편지답지 않게 교리나 신학적 문제는 거의 다루지 않는다. 오히려 예배의 질서, 감독이나 남녀 집사 등 직분자의 자격 및 경건 생활, 올바른 목회를 위한 교훈, 교회 행정과 교인들의 예우에 관한 문제, 성도의 양육 지침 등 교회 질서와 성도의 윤리적 문제를 주로 다룬다. 아마도 그는 거짓 교사나 거짓 교훈을 물리치는 힘은 신학적 사상이나 교리가 아니라 성도들이 교회 내에서 자신의 직분에 충실하고, 교회 밖에서 성도답게 믿음에 근거한 올바른 삶을 사는 데 있다고 생각한 것 같다.

목회자의 일과 사역, 장로의 자격, 집사의 자격은 당시의 에베소 교회뿐 아니라 오늘날에도 중요하고 적절하다. 이 서신의 가르침은 교회의 목회자뿐 아니라 예비 지도자, 평신도 리더, 교회에서 지도자로 부름을 받지 않은 모든 성도에게 적용된다.

한편 서신의 내용에 따르면 디모데는 온유한 성품이고 바울이 바라는 만큼 적극적이지는 못한 성격의 소유자였던 것으로 보인다. 바울은 이 친밀하고 젊은 목회자가 강력한 지도력을 가질 수 있도록 격려와 조언을 하고 있다. 이러한 조언에는 교회의 조직과 그 안에서 지도자들에게 맡겨진 책임에 대한 강령뿐만 아니라, 주변의 잘못들 속에서 진리를 유지하는 데 충실하라는 권고가 포함되어 있다.

디모데전서에서 인용된 구약성경

번호	신약	구약
1	딤전 5:18	신 25:4

구조

본 서신은 "믿음 안에서 참 아들 된 디모데"(딤전 1:2)에게 전하는 다정한 권고의 편지로서 조직적인 체계를 따라 구성했다기보다는 목회 활동의 여러 측면들을 생각나는 대로 기록한 것으로 보인다. 서론(1장)과 결론(6장)은 교회의 지도자인 디모데의 임무, 본론(2-5장)은 에베소 교회를 위한 지침을 기록하여 디모데가 에베소 교회를 목회하는 데 부족함이 없도록 조언을 주고 있다.

1장	2장	3장	4장	5장	6장
사랑과 착한 양심	기도와 선행	교회 지도자	거짓 교사	교회의 질서	하나님의 사람

1장	이단 경계	인사말 거짓 교훈에 대한 경계 (4) 신화와 끝없는 족보에 몰두하지 말게 하려 함이라 이런 것은 믿음 안에 있는 하나님의 경륜을 이룸보다 도리어 변론을 내는 것이라 바울을 향한 주의 은혜 (12) 나를 능하게 하신 그리스도 예수 우리 주께 내가 감사함은 나를 충성되이 여겨 내게 직분을 맡기심이니 죄인 중의 괴수 (15) 미쁘다 모든 사람이 받을 만한 이 말이여 그리스도 예수께서 죄인을 구원하시려고 세상에 임하셨다 하였도다 죄인 중에 내가 괴수니라 배도자에 대한 경계
2장	기도와 교회생활	중보기도 (1)…모든 사람을 위하여 간구와 기도와 도고와 감사를 하되 (5) 하나님은 한 분이시요 또 하나님과 사람 사이에 중보자도 한 분이시니 곧 사람이신 그리스도 예수라 교회에서 여자들의 행동에 대하여
3장	감독과 집사	감독의 자격 집사의 자격 복음의 기관으로서의 교회 (15) 만일 내가 지체하면 너로 하여금 하나님의 집에서 어떻게 행하여야 할지를 알게 하려 함이니 이 집은 살아계신 하나님의 교회요 진리의 기둥과 터니라
4장	선한 일꾼	거짓 교사들을 경계함 그리스도의 일꾼 디모데에게 (13) 내가 이를 때까지 읽는 것과 권하는 것과 가르치는 것에 전념하라
5장	선한 행실	교회 질서에 대한 권고 남자를 대할 때 여자를 대할 때 장로를 대할 때

6장	선한 싸움	상전을 대할 때 거짓 교훈에 대할 때 돈을 대할 때 자신을 대할 때 (11-12)오직 너 하나님의 사람아 이것들을 피하고 의와 경건과 믿음과 사랑과 인내와 온유를 따르며 믿음의 선한 싸움을 싸우라 영생을 취하라 이를 위하여 네가 부르심을 받았고 많은 증인 앞에서 선한 증언을 하였도다 물질을 사용할 때

디도서(Titus)				
책명	기록자	기록 연대	기록 장소	장수
디도서	바울	AD 63-65년	마게도냐	3장
핵심 주제	기록 목적		구성과 내용	
그레데 교회 목회를 위해	그레데 교회의 목회자 디도를 격려하고 목회 지침을 주기 위해		핵심적인 교리 선택(1:1), 영생(1:2), 구원(2:11), 예수 그리스도의 신성(2:13), 그리스도의 재림(2:13), 중생(3:5), 칭의(3:7) 등을 교훈한다	

기록 목적과 배경

- 그레데섬의 교회들을 조직, 감독하는 디도의 목회 사역을 격려하기 위하여.
- 거짓 교사의 가르침과 이단 사상(영지주의, 율법주의)을 배격하고 그레데 교회를 바르게 세우기 위하여.
- 그레데섬의 성도들이 올바른 기독교 교리의 터전 위에서 선하고 빛 된 믿음의 삶을 살게 하기 위하여.

지리적 배경 본 서신은 그레데(Crete)섬의 목회자 디도에게 주는 목회 메시지이다. 그레데섬은 그리스 반도 남단에서 100여 킬로미터 떨어진 지중해의 큰 섬이다. BC 2,000년대에는 이른바 미노스 문명이라고 일컫는 고대 문명의 중심지였으나 BC 1,400년경의 미노스 왕 시대 이후로는 세력이 기울었다. 한때 부강하고 고도로 발달했던 까닭에 후기에 와서는 아시아의 예술과 학문이 유럽으로 건너가는 징검다리의 역할을 하였다. 해상 교통의 요충지인 만큼 로마 제국은 일찌기 이 섬을 정복하고(BC 67년) 이주 정책을 펴서 섬에는 원주민 외에도 헬라인, 유대인, 로마인 등이 섞여 살고 있었다. 그러나 로마 정부에 항거한 민란이 자주 일어나 사회 분위기는 항상 불안하고 무질서하며 어수선하였다. 이곳에 설립된 그레데 교회는 이런 사회적 영향을 많이 받았다.

시대적 배경 4세기의 교회 역사가(歷史家) 유세비우스는 디도를 그레데섬의 감독으로 칭하고 있으나 디도에 관해서는 알려진 것이 많지 않다. 사도행전에서는 그의 이름도 언급되지 않았고 갈라디아서 2장 1-3절에 처음 언급된다. 그에 관한 언급은 주로 고린도후서에 나타나는데 그는 바울을 대신해 고린도에 갔고(고후 8:16-17, 12:17-18), 예루살렘의 성도들을 위한 모금 운동을 시작하였다(고후 8:6-10). 본 서신에서 바울은 디도를 "같은 믿음을 따라 나의 참 아들 된 디도"(1:4)라 부른다.

디도는 사도 바울이 로마 감옥에서 석방된 뒤에 함께 그레데섬을 방문하여 전도사역을 감당하고 이 교회의 목회자로 세움을 받은 것으로 보이나 바울이 디도를 그레데섬에 남겨두었다는(딛 1:5) 사실 이외에 본 서신이 기록된 정확한 경위와 형편을 알기 어렵고 다만 본 서신의 내용을 통해 교회의 사정과 목회적 필요 등을 짐작해볼 뿐이다.

서신의 내용으로 볼 때, 그레데의 여러 곳에 많은 그리스도인 무리가 있었던 것으로 보인다. 그러나 교회 조직은 아직 불완전한 상태였고, 반쯤 개종한 유대인들로 추측되는 거짓 교사들이 신화와 족보와 율법을 매우 크게 강조하면서 무모한 논쟁으로 자신들과 다른 교인들의 많은 시간과 정력을 낭비하여 문제가 되고 있었다.

디도는 지도자로서 이러한 문제들을 바로잡을 책임이 있었고, 이에 바울은 그가 유대교주의자들, 즉 구원을 가져오는 '은혜'라는 선물에 행함을 더하려고 하는 사람들을 경계하도록 교훈하고, 교회를 바르게 다스리기 위해 교회 조직과 행정에 필요한 지침을 알려주며, 최근에 개종한 그레데의 그리스도인들로 하여금 참된 그리스도인 믿음과 생활에 굳게 서도록 하는 일에 도움이 될 권면을 주고자 했다. 본 서신은 내용과 문체가 디모데전서와 가깝고 디모데후서와는 달라서 디모데전서를 쓴 직후에 쓰였을 것으로 추측된다.

내용

목회 지침과 성도의 삶 바울은 디도에게 교회의 조직을 갖추도록 권면하고 장로와 감독의 자질에 관해, 그리고 교인들을 어떻게 대하고 지도할 것인지를 조언한다. 그레데인은 거짓됨과 악함과 게으름(1:12)으로 악명이 높았는데 바울은 성도들이 그런 환경 가운데서 선하고 관용하며 온유함을 드러내는 삶을 살게 하도록 당부한다.

기독교 핵심 교리 바울은 본 서신을 통해 목회의 지침만을 전하려 한 것이 아니었다. 디도서는 목회서신 가운데 가장 이론적이고 신학적인 성격을 띠고 있는데 세 장의 짧은 서신이지만 하나님의 절대주권에 따른 선택(1:1), 영생(1:2), 구원(2:11), 예수 그리스도의 신성(2:13), 그리스도의 재림(2:13), 중생(3:5), 칭의(3:7) 등 기독교 핵심 교리들이 잘 나타나 있다.

이단의 위협에서 교회를 보호하고 바르게 세워나가기 위해서는 거짓 교사를 경계하는 것도 중요하고 교회를 다스리는 능력, 교회를 조직하는 기술과 직분 모두 필요하지만 무엇보다 교회의 본질, 즉 교회의 머리 되신 그리스도와 그분의 구속 사역을 분명히 깨닫고 믿는 믿음이 가장 중요하다. 목회는 바로 이 기초 위에서 이루어져야 함을 바울은 분명하게 교훈하고자 하는 것이다.

구조

1장			2장		3장		
교회의 질서			성도의 양육		성도의 사회생활		
1:1-4	1:5-9	1:10-16	2:1-10	2:11-15	3:1-8	3:9-11	3:12-15
인사	장로와 감독의 자격	거짓 교사에 대한 경계	목회자의 성도 양육	양육의 근거	선행의 권면	이단에 대한 태도	당부와 작별

1장	교회의 질서	장로와 감독의 자격 거짓 교사들을 경계하고 막으라
2장	성도의 양육	목회자의 성도 교육 양육의 근거 (14) 그가 우리를 대신하여 자신을 주심은 모든 불법에서 우리를 속량하시고 우리를 깨끗하게 하사 선한 일을 열심히 하는 자기 백성이 되게 하려 하심이라
3장	선행을 권면	선한 일을 권면함 이단을 경계함 (10) 이단에 속한 사람을 한두 번 훈계한 후에 멀리하라 끝인사

디모데후서(2Timothy)				
책명	기록자	기록 연대	기록 장소	장수
디모데후서	바울	AD 67년경	로마 감옥	4장
핵심 주제	기록 목적		구성과 내용	
예수 그리스도의 좋은 군사로 살라	목회자와 전도자로서 끝까지 승리하도록 디모데에게 용기를 주기 위해		죽음을 앞두고 아들 같은 제자 디모데에게 주는, 믿음의 선한 싸움을 싸우며 끝까지 승리하라는 유언과도 같은 마지막 교훈	

기록 목적과 배경

- 디모데가 박해와 어려움을 극복하고 복음 전파와 목회에 충실하게 하기 위하여.
- 감옥에서 디모데를 만나 교제를 나누고, 겨울을 앞두고 필요한 물품(겉옷, 책, 양피지 문서)을 얻기 위하여.
- 디모데와 다른 모든 신자들에게 믿음 안에서 인내하고(딤후 3:14) 예수 그리스도의 복음을 선포하도록 격려하기 위하여.

시대적 배경 에베소 교회는 바울이 3차 선교여행 때 세운 교회이다. 바울이 로마에서 1차 구금되었을 당시에는 자기 셋집에서 재판을 기다리는 피고의 입장이었으나 석방되었다가 다시 구금되었을 때는 처지가 완전히 달라졌다. 바울이 1차 석방된 지 2년이 지난 AD 64년, 로마의 대화재 후 네로는 백성들의 의심을 다른 데로 돌리기 위하여 그리스도인들을 지독하게 박해하였다. 이러한 극심한 박해가 로마 제국 전역을 휩쓸고 있던 시기에 바울은 동역자들도 모두 떠나 외로운 가운데 지하 감옥에 갇힌 죄수로서 처형을 예감하고 있었고(전승에 의하면 바울은 AD 67년경 로마 인근 오스티안 가도[Ostian Way]에서 순교했다고 한다), 디모데는 에베소 교회의 목회자로서 믿음의 선한 싸움을 위해 생명을 걸고 싸워야 했다. 이런 디모데를 향해 바울은 유언과도 같은 최후의 서신을 기록하였다.

내용

디모데후서는 바울이 로마 감옥에서 기록한 옥중서신이자 교회 공동체 목회에 대한 충고를 담은 목회서신이며 디모데에게 바울 자신의 비장한 신앙고백과 디모데에 대한 간절한 당부를 남긴 개인 서신이다. 죽음을 목전에 둔 바울의 결연한 의지와 함께, 믿음 안에서 낳은 아들 디모데를 향한 따뜻하고 애틋한 부성애가 담겨 있어 가장 바울적인 서신으로 평가된다.

죽음이 임박한 것을 안 바울은 자신의 모본을 통하여 젊은 동역자의 믿음을 강화할 필요를 느꼈다. 그는 디모데 및 그와 함께 다른 모든 그리스도인에게 이후로 교회에 들어올 이단들에 대해 경고하고, 이제 고통하는 시대가 올 것이니 그리스도의 좋은 군사로서 고난을 각오하며 진리를 보수하고 전도자의 직무를 다하며 믿음의 선한 싸움을 싸우라고 당부한다. 바울은 아시아와 유럽을 다니며 수많은 교회를 세우고 이를 위해 말로 다할 수 없는 고초를 수없이 겪었다. 그러한 일생을 회고하면서 디모데에게 남긴 비장한 권면과 당부는 비단 디모데뿐만 아니라 가고 오는 모든 세대의 성도들을 향한 바울의 유언일 것이다.

디모데후서에서 인용된 구약성경

번호	신약	구약	번호	신약	구약
1	딤후 2:19	민 16:5	2	딤후 2:19	사 26:13

구조

1장	2장	3장	4장
믿음을 지켜라	말씀을 가르치라	말씀은 유익하다	말씀을 전파하라

1장	복음과 고난	**디모데에 대한 감사** **디모데의 신앙** **디모데를 격려함** (7) 하나님이 우리에게 주신 것은 두려워하는 마음이 아니요 오직 능력과 사랑과 절제하는 마음이니 **복음 전파의 책임 강조** **오네시보로의 도움**
2장	복음전도자	**선한 사역자의 모습** (2) 또 네가 많은 증인 앞에서 내게 들은 바를 충성된 사람들에게 부탁하라 그들이 또 다른 사람들을 가르칠 수 있으리라 **그리스도의 군사** (4) 병사로 복무하는 자는 자기 생활에 얽매이는 자가 하나도 없나니 이는 병사로 모집한 자를 기쁘게 하려 함이라 **예수 그리스도를 기억하라** **선한 사역자로 인정받는 일꾼** (15) 너는 진리의 말씀을 옳게 분별하며 부끄러울 것이 없는 일꾼으로 인정된 자로 자신을 하나님 앞에 드리기를 힘쓰라 (22) 또한 너는 청년의 정욕을 피하고 주를 깨끗한 마음으로 부르는 자들과 함께 의와 믿음과 사랑과 화평을 따르라
3장	말세의 때	**말세에 지켜야 할 복음** **말세의 핍박을 이기라** **배우고 확신한 일에 거하라** (14-15) 그러나 너는 배우고 확신한 일에 거하라 너는 네가 누구에게서 배운 것을 알며 또 어려서부터 성경을 알았나니 성경은 능히 너로 하여금 그리스도 예수 안에 있는 믿음으로 말미암아 구원에 이르는 지혜가 있게 하느니라
4장	복음 전파	**말씀을 전파하라** (2) 너는 말씀을 전파하라 때를 얻든지 못 얻든지 항상 힘쓰라 범사에 오래 참음과 가르침으로 경책하며 경계하며 권하라 **선한 싸움과 달려갈 길을 마침** (7-8) 나는 선한 싸움을 싸우고 나의 달려갈 길을 마치고 믿음을 지켰으니 이제 후로는 나를 위하여 의의 면류관이 예비되었으므로 주 곧 의로우신 재판장이 그 날에 내게 주실 것이며 내게만 아니라 주의 나타나심을 사모하는 모든 자에게도니라 **개인적인 부탁과 끝인사**

바울서신의 기록 배경							
구분	배경	서신	기록 장소	연대(AD)	주제	목적	대상
선교 서신	1차선교	갈라디아서	안디옥	49	현재와 미래의 구원	전도와 양육	세워지는 교회들
	2차선교	데살로니가전서	고린도	51–52			
		데살로니가후서	고린도	51–52			
	3차선교	고린도전서	에베소	55			
		고린도후서	마게도냐	56			
		로마서	고린도	57			
옥중 서신	첫 번째 투옥	빌레몬서	로마감옥	61–62	그리스도와 그리스도인의 생활	올바른 신앙생활	정착하는 교회들
		에베소서	로마감옥	62			
		골로새서	로마감옥	63			
		빌립보서	로마감옥	63			
목회 서신	석방 후	디모데전서	마게도냐	63–65	교회 일꾼들의 자세	사역자의 자세	충성된 목회자
		디도서	마게도냐	63–65			
	두 번째 투옥	디모데후서	로마감옥	67		개인적인 당부	

사도 바울의 사역 연대표				
연도(AD)	활동과 서신서 기록	장소	추정 나이	성경
1	바울의 출생(길리기아 다소)	다소		행 22:3
15–20	가말리엘 문하(바리새파)에서 배움	예루살렘	14–19	행 22:3 ; 빌 3:5,6
30	예수 그리스도의 죽음과 부활·승천	예루살렘	약 29	
32	스데반의 순교 현장에서 동조	예루살렘	약 31	행 7:58
32–34	교회를 핍박하고 성도들을 체포	예루살렘		행 9:1–3 ; 갈 1:13–14
34	다메섹 도상에서 회심	다메섹	약 33	행 9:1–19
34–37	아라비아에서 3년간 체류		33–36	갈 1:17
37	제1차 예루살렘 방문 (베드로, 야고보와 교제)	예루살렘	약 36	행 9:26–29 ; 갈 1:18–19
37–45	고향 다소에 약 8년 거주	다소	36–44	
45	바나바와 안디옥 교회 사역	안디옥		행 11:15–26
46	제2차 예루살렘 방문(구제 목적)	예루살렘	약 45	행 11:27–30, 12:25
47–49	제1차 선교여행 (구브로, 버가, 안디옥, 이고니온, 루스드라, 더베)	갈라디아 지역 등	46–48	행 13:1–14:27

49	제3차 예루살렘 방문, 총회 (이방인 할례 문제)	예루살렘	약 48	행 15:1–29 ; 갈 2:1–10
49–52	제2차 선교여행 (빌립보, 데살로니가, 베뢰아, 아덴, 고린도)	마게도냐 지역 등	48–51	행 15:40–18:22
	제4차 예루살렘 방문과 수리아 안디옥 귀환			
53–58	제3차 선교여행 (에베소, 마게도냐, 고린도, 드로아, 밀레도)	안디옥 등	52–57	행 18:23– 21:8
58	제5차 예루살렘 방문, 체포·구금	예루살렘	약 57	행 21:17–23:1–10
58–60	가이사랴로 호송, 감금(벨릭스 총독)	가이사랴	57–59	행 23:33–24:27
	베스도 총독, 아그립바 왕 재판	가이사랴		행 25:6–26:29
61–63	로마 도착, 셋집에 머무름(제1차 구금)	로마	60–62	행 27:1–28:22
63–64	제1차 로마 구금에서 석방	로마	62–63	
67	제2차 로마 구금	로마		
67	디모데후서 기록	로마		
67–68	바울의 순교	로마	66세	

* 바울이 1차 구금에서 석방된 시기는 63년 또는 64년경으로 알려져 있다. 석방 이후의 행적에 관해 정확한 기록은 없으나 다시 체포되기 전까지 몇 년 동안 여러 지방을 순회하며 하나님의 말씀을 전했을 것으로 추정된다. 바울은 이 시기에 그의 목회서신인 디모데전서, 디도서를 기록하고 2차 구금 때 디모데후서를 기록한 것으로 보인다.
혹자는 바울이 1차 석방과 2차 구금 사이에 서바나를 다녀왔을 것으로 추측한다. AD 95년경 교부 클레멘트가 고린도 교회에 보낸 편지에 바울이 서바나로 갔다는 기록이 있고 여러 전설에서도 바울의 서바나 방문을 소개하고 있다. 바울이 에베소에 갔을 것으로 보고 디도와 함께 그레데섬을 방문했거나 디모데후서에 등장하는 밀레도에 갔을 가능성을 제기하는 학자도 있다.
바울의 순교 시기 또한 정확하게는 알 수 없으나 67–68년경으로 보는 견해가 일반적이다.

성령(선교) 시대의 교훈(행1:8) !
주의 복음이 전파되어 가는 길
1) 예루살렘에서 → 2) 유대와 사마리아로 → 3) 땅끝으로 전파되어 가는 복음
예루살렘이든 유대와 사마리아든 땅끝 어디든, 즉 내가 있는 곳이 선교지이다.

바울의 옥중선교 시대의 역사적 연대표	
58	바울 체포(행 21:27–39)
59	베스도의 유다 총독 부임, 바울이 로마로 호송됨(행 27:1–28:15)
61	바울의 로마 구금(행 28:16)
62	주의 형제 야고보의 야고보서 기록과 순교, 옥중서신(엡, 빌, 골, 몬) 기록(61–63년)
63	바울 석방, 디모데를 권고하여 에베소 교회에 머물게 함(딤전 1:3), 딤전, 디도서 기록
64	로마 대화재, 네로의 박해(1차 박해), 사도 베드로의 베드로전서 기록
66	유대인의 반란, 디모데후서 기록, 사도 베드로의 베드로후서 기록
67	바울의 순교

다음은 기타 사도들의 서신과 계시록을 다룬다.

24
CHAPTER

기타 사도와 계시록

THE NEW TESTAMENT

시대 훑어보기

1) 기타 서신서와 요한계시록의 시대적 위치와 구조

성령(선교) 시대 AD 30 – 현재								
순서	19		20	21	22	23	24	
연도	AD 30–46		47–49	49–52	53–58	58–63	30–100	
주제	유대 중심 선교		땅끝 선교				기타 사도 · 계시록	
	예루살렘	유대 · 사마리아	1차 선교	2차 선교	3차 선교	옥중선교	기타 사도	계시록
성경(장)	사도행전						기타 서신서	요한계시록
	1–7	8–12	13–15	16–18	19–21	22–28		
추가 성경			갈	살전,살후	고전,고후,롬	엡,빌,골,몬,딤전,딛,딤후	히,약,벧전,벧후,유,요1•2•3	계

이 강에서 소개하는 '기타 사도'란 성경에서 복음서 외에 일반서신서를 쓴 사도들로 사도 베드로와 사도 요한, 예수님의 동생 야고보와 유다, 그리고 신원을 알 수 없는 저자이다. 그러나 성경에 그들의 행적이 낱낱이 기록되지는 않았으며 교회들에 보낸 그들의 서신만 남아있을 뿐이다. 그러므로 이 강을 공부하는 목적은 사도들 개개인의 행적을 좇는 것이 아니라 그들의 서신을 통해 당시의 시대 상황을 알고, 그 서신들을 통해 당시의 교회와 신자들에게 주시고 성령시대를 사는 우리에게까지 전해지는 성령의 메시지를 알고자 하는 것이다.

2) 시대 개관

사실 '기타 사도'들의 사역은 사도행전의 시기에 시작되었으므로 이들은 바울 사도보다 훨씬 먼저 사역을 시작했지만, 정작 복음서 및 기타 서신서를 기록한 시기는 바울서신서가 기록된 시기보다 늦다. 바울서신서는 복음을 각지로 전파하고 교회를 세우는 단계부터 양육의 필요성에서 기록되기 시작했지만, 일반서신서는 주로 로마와 유대인의 박해 때문에 흩어지고 복음이 여러 지역으로 확대되면서 고난받는 성도들을 위로하고 격려하기 위해, 그리고 이단적인 사상이 혼합되고 거짓 교사들이 일어나 복음이 변질되는 경향이 생기자 잘못된 가르침을 바로잡고 올바른 신앙생활을 교훈하려고 기록을 시작했기 때문이다.

바울서신에도 어느 정도 나타나지만 이 시대의 특징은 크게 ①로마와 유대인의 박해, ②이단의 위협이라는 두 가지로 나타난다. 히브리서, 야고보서, 베드로전서는 박해와 관련한 내용이 주를 이루고, 히브리서와 베드로후서, 요한 1·2·3서, 유다서는 이단에 관해 이야기한다.

이 시대를 보여주는 성경

일반서신서(8권)			
히브리서	미상	60년경	로마(?)
야고보서	야고보(예수님의 동생)	62년경	예루살렘
베드로전서	사도 베드로	64-66년	로마
베드로후서	사도 베드로	66-68년	로마
요한일서	사도 요한	90-95년	에베소
요한이서	사도 요한	90-95년	에베소
요한삼서	사도 요한	90-95년	에베소
유다서	유다(예수님의 동생)	70-80년	예루살렘
예언서(1권)			
요한계시록	사도 요한	95-96년	밧모섬

성경에서 성령시대 역사를 기록한 역사서는 사도행전인데 복음이 예루살렘에서 로마에 이르기까지를 보여줄 뿐이다. 교회 박해부터 그 이후 시대는 기록되지 않았으나 일반서신서 8권과 예언서 1권이 당시의 시대상을 보여준다.

일반서신(一般書信)이란 특정 교회나 특정인이 아니라 보편적인 대상에게 보내진 서신으로, 이 교회에서 저 교회로 옮겨지며 읽히도록 한 소위 회람용 서신을 가리키며 '공동서신'(共

同書信), '교회서신'(敎會書信)이라고도 한다. 저자를 알 수 없는 히브리서와 예수님의 동생이자 예루살렘 교회의 지도자였던 야고보의 야고보서, 사도 베드로가 쓴 베드로전·후서, 사도 요한이 쓴 요한 1·2·3서, 예수님의 동생 유다가 쓴 유다서로 총 8권의 일반서신이 있다.

사도 요한이 박해 시대에 유배지에서 쓴 요한계시록은 신약성경에서 유일한 예언서 또는 계시문학서로 '계시록', '묵시록'이라고도 하는데, '묵시록'이란 여러 가지 환상적인 이야기를 통하여 비(非)인간적 세계의 사건들을 묘사한 문학을 말한다.

이 시대를 함께 이해하는 성경

히브리서(Hebrews)				
책명	기록자	기록 연대	기록 장소	장수
히브리서	미상	AD 60년경	로마(?)	13장
핵심 주제	기록 목적		구성과 내용	
영원한 대제사장 예수 그리스도	회심한 유대인 개종자들의 흔들리는 신앙을 바로 세우기 위해		구약과 신약의 접목을 통해 구약의 제사와 희생제물은 예수 그리스도의 모형이며, 그분은 천사보다, 레위 지파 제사장보다 뛰어나신 분임을 교훈한다	

명칭과 수신자

헬라어 성경에서 본 서신은 '프로스 에브라이우스'로 불린다. 이는 '히브리인들에게'(to Hebrews)라는 뜻으로 '히브리서'는 이 제목에서 유래되었다. 그러나 이 제목은 저자가 아니라 후대에 사본한 어떤 이가 붙였으리라는 것이 학자들의 공통된 의견이다. 제목의 '히브리인'이란 개종하여 기독교인이 된 히브리인을 가리키겠으나 유대인이 중요시하는 예루살렘 성전이나 할례 문제에 관한 언급이 없고 회개, 세계, 안수, 부활, 심판 등에 관한 교훈을 언급한 것을 보면 히브리인에게만 보냈다기보다는 오히려 이방인을 향한 것으로 보인다. 학자들은 "이달리야에서 온 자들도 너희에게 문안하느니라"(히 13:24)라는 구절을 통해 객지에 나온 이달리야인들이 고국에 있는, 즉 로마 교회에 공동적인 문안을 하는 것으로 보고 로마에 있는 신도에게 보낸 서신이라 추정하기도 한다.

수신자가 어느 민족이냐보다 중요한 것은 그들이 어떤 상황에서 이 서신을 받았느냐일 것이다. 본 서신에는 수신자들이 박해의 시대를 살아가고 있음을 짐작케 하는 구절들이 등장한다. 그러므로 이 서신의 수신자는 심한 박해 아래 있으며, 교단의 신앙이 해이해져서 처음 믿을 때 가졌던 긴장을 잃고 배교의 위험 속에서 살아가고 있음을 짐작할 수 있다. 본서에는 인사말도 없고, 발신자와 수신자의 이름이 나타나지 않으며, 회당에서 사용되던 설교 형식을 띤 권면의 글이라는 점에서 편지보다 설교문으로 보기도 한다.

본 서신의 수신자를 기독교로 개종한 유대인으로서 당시 로마 제국 전역에 흩어져 살며 도처에서 박해와 배교의 위협을 받고 있던 자들로 본다면 본서의 지리적 배경은 로마 제국 전역이 될 것이다. 그러나 또한 율법적인 제사 제도와 그리스도의 관계를 논증함으로써, 예수 그리스도를 대제사장으로 인정하지 않는 유대인들이 예수님이야말로 하나님이 율법에서 언약하신 메시아라는 사실을 깨달아 복음을 받아들이게 하려는 목적이 있을 수 있고, 그렇다면 그 수신자들의 지리적 배경은 로마에 국한되지 않을 것이다.

저자

히브리서는 신약성경에서 유일하게 저자가 본문에 직접적으로 언급되지 않는 서신이다. 히브리서의 저자로 바울, 바나바, 아볼로, 실라, 브리스길라와 아굴라 등이 거론된다. 598년 제3회 카르타고 회의에서 바울서신 중 하나로 간주되어 16세기까지 바울서신은 14편으로 알려져 왔으나 다른 바울서신서에 공통적으로 나타난 관습적인 인사말이 없는 점, 히브리서에 사용된 헬라어 단어나 표현이 바울이 사용한 문체에 비해 훨씬 고급스러운 점, 다른 바울서신에서는 예수 그리스도를 대제사장으로 표현한 적이 없다는 점, 본 서신의 저자가 예수님의 실제 목격자들이 제공한 지식과 정보에 의존했다(2:3)는 점 때문에 바울의 저작설에 의문이 제기되었다.

본 서신을 통해 저자에게 최소한 다음과 같은 네 가지 특성이 있음을 알 수 있다. ① 구약의 율법이나 제사 제도 등에 정통하고 ② 헬라어를 매우 유창하게 구사하며(직접 구약성경을 인용하는 대신 구약성경을 헬라어로 번역한 70인역을 인용함) ③ 예수 그리스도의 중보적 사역이나 대속적 죽음 등 예수 그리스도의 사역과 그 사역의 의미를 잘 알고 이를 구약 사상과 정확하게 접목시킬 만큼 성경 지식이 해박했고 ④ 사도들과 긴밀한 유대 관계가 있었다(2:3).

이러한 조건을 충족시키는 저자로 바나바를 드는 의견이 있다. 그는 제사 제도에 해박한 레위 지파 출신이고 헬라사상에도 익숙하며 사도들과도 교분이 두터웠고 신약 외경의 하나인 '바나바 서신'과 히브리서의 묵시 문학적 성격이 동일하기 때문이라고 한다. 다만 구약과 신약을 그리스도에게서 조화시킬 정도의 신학적 탁월함에 대해서는 의문시하는 학자들이 많다. 종교개혁자 마르틴 루터는 구약성서를 70인역으로 많이 알고 있었고 가르침에 탁월하며, 알렉산드리아를 중심으로 전파된 헬라주의에 능통하고, 아름답고 논리정연한 헬라어를 구사하는 저자로 알렉산드리아 출신의 아볼로를 추정했으나 역시 확실치는 않다. 그래서 알렉산드리아학파를 대표하는 교부 오리겐(Origen)은 "히브리인들에게 보낸 편지의 저자는 하나님만이 아신다"라고 말한 바 있다.

기록 목적과 배경

- 예수 그리스도만이 구약의 제사와 제도를 완성하신 유일무이한 대제사장이자 구원자이심을 가르쳐 기독교의 우월성에 대해 확신을 주기 위하여.
- 박해를 면하기 위해 유대교로 돌아가려는 개종자들의 흔들리는 신앙을 굳건하게 하기 위하여.
- 박해 아래 있는 신자들을 위로하고 영적 성장을 위한 경주를 계속하도록 격려하기 위하여.

본 서신에는 ① 박해로 고난받는 성도들의 처절한 모습과 이들을 믿음으로 격려하고 위로하는 내용이 나오고(11장) ② 디모데의 석방이 언급되며(13:23) ③ 예수 그리스도로 인해 이제는 성전 제사 제도가 끝났다고 하면서도 예루살렘 성전의 파괴(AD 70년)에 대해서는 언급하지 않았다. ④ 기독교인들이 박해를 받아 비방과 환난을 당하고, 소유를 빼앗기거나 감옥에 갇혔다(10:34). 그러나 믿음 때문에 죽는 사람은 당시까지 없었던 것으로 보인다(12:4). ⑤ 로마의 초기 교부 글레멘드(Clement)는 AD 95년에 히브리서를 인용했다(1:3, 10:32, 12:1, 9). 이런 사실들로 미루어 네로의 대박해(AD 65년경) 이후 예루살렘 성전 파괴 이전의 어느 시점에 기록된 것으로 추정된다.

그리스도인에 대한 박해가 계속되면서 신자들은 신앙생활에 점점 지쳐갔다. 어떤 사람들은 예수를 따른다는 것의 의미를 온전히 이해하지 못하고 있었고, 유대인 신자 중 많은 사람이 심해지는 박해를 피하기 위해 유대교의 의례와 예식으로 돌아가고 있었다. 이에 본 서신의 저자는 기독교로 개종한 유대 출신 성도들이 동족 유대인들의 박해로 인해 다시금 유대교로 복귀하고, 게다가 로마 황제의 대대적인 박해로 끊임없이 배교의 위협을 받는 이중고에 시달리는 성도들에게 믿음 가운데 신앙의 승리를 이루도록 위로하고 권면하며, 나아가서 예수 그리스도야말로 구약의 제사와 제도를 완성하신 유일무이하신 대제사장이심을 가르칠 목적으로 서신을 기록하였다.

내용

구약 제사 제도의 성취 신약에서 구약의 제사 제도와 구약성경 구절을 가장 많이 언급하며 '신약의 레위기', '유대교에 대한 기독교 변증서' 등으로 불리는 히브리서는 구약과 신약을 유기적으로 접목시켜 구약과 신약과의 정확한 관계를 깨닫게 해준다. 구약의 희생 제사는 예수 그리스도의 구속 사역을 예표하는 그림자이며, 희생제물은 바로 십자가를 지고 인류의 죄를 위해 하나님의 어린양으로 죽음 당하신 예수 그리스도의 모형이다. 그리스도는 하늘의 영원한 대제사장이시며, 단번의 제사로 구약의 피비린내 나는 제사를 폐하고 하나님께 나아가는 길을 열어주셨다. 그러므로 오늘날 왜 구약성경이 필요한지, 구약의 모든 율법과 예언과 계시가 신약에 와서 그리스도 안에서 어떻게 성취되었는지, 왜 그리스도께서 십자가를 지셔야 했는가를 묻는 성도에게 히브리서는 참된 해답이 될 것이다.

뛰어나신 그리스도 예수 그리스도의 구원 사역이 어떤 의미를 지녔는지를 알려주며, '그리스도의 우월성'이라는 하나의 주제에 대해 논리정연하게 설명하고 있다. 유대교적 율법에 비하여 모든 면에서 절대 우월한 기독교적 복음을 논증하면서, 예수 그리스도는 구약의 희생제물보다 완전하고 영원한 제물이 되어 그분 안에 있는 모든 사람이 하나님의 보좌에 직접 나아갈 수 있도록 하셨다는 것, 구약의 제사장보다 완전한 대제사장이시며 레위 지파 제사장들과 같지 않고 멜기세덱과 같은 제사장이시라는 것, 인성을 가지셨기에 우리의 연약함과 심정을 아시고 우리를 도우실 수 있다는 것을 이야기한다.

엄중한 경고 박해의 위험한 시대를 사는 성도들에게 위로와 격려를 전하면서도, 믿는 자가 주의해야 할 다섯 가지의 위험을 엄중하게 경고하고 있다. 그것은 흘러 떠내려갈 위험(2:1-4), 불신과 불순종의 위험(3:7-4:13), 영적 미성숙의 위험(5:11-6:20), 사함 받을 수 없는 죄의 위험(10:26-39), 하나님을 거역하는 죄의 위험(12:25-29)이다.

본서는 구원의 확신도 다루지만, 구원을 향한 인내에 더욱 비중을 둔다. 당시 신자들은 그리스도에 대한 믿음을 고백했지만, 끝까지 믿음을 지켜내지 못하는 사람이 많았다. 그래서 저자는 장차 박해가 심해져서 죽음을 각오해야 하는 상황이 될 것을 염려하고 성장하지 못하는 믿음에 대해 경고했다.

히브리서에서 인용된 구약성경

번호	신약	구약	번호	신약	구약
1	히 1:5	시 2:7	19	히 6:14	창 22:16
2	히 1:5	삼하 7:14	20	히 7:17	시 110:4
3	히 1:6	시 97:7	21	히 7:21	시 110:4
4	히 1:7	시 104:4	22	히 8:5	출 25:40
5	히 1:8–9	시 45:6–7	23	히 8:8–12	렘 31:31–34
6	히 1:10–12	시 102:25–27	24	히 9:4	대하 26:19 ; 겔 8:11
7	히 1:13	시 110:1	25	히 9:20	출 24:8
8	히 2:6–8	시 8:4–6	26	히 10:5–7	시 40:6–7
9	히 2:12	시 22:22	27	히 10:16–17	렘 31:33–34
10	히 2:13	사 8:17	28	히 10:30	신 32:35
11	히 2:13	사 8:18	29	히 10:37–38	합 2:3

12	히 3:7–11	시 95:7–11	30	히 11:18	창 21:12
13	히 3:15	시 95:7	31	히 12:5–6	잠 3:11–12
14	히 4:3	시 95:11	32	히 12:20	출 19:12
15	히 4:4	창 2:2	33	히 12:21	신 9:19
16	히 4:7	시 95:7	34	히 12:26	학 2:6
17	히 5:5	시 2:7	35	히 13:5	신 31:6 ; 수 1:5
18	히 5:6	시 110:4	36	히 13:6	시 118:6

구조

1–2장	3–4장	5–7장	8–10장	11–13장
천사보다 우월하신 그리스도	모세보다 우월하신 그리스도	제사장보다 탁월하신 그리스도	모세의 율법보다 탁월하신 그리스도	고상한 삶의 비밀인 그리스도

1. 천사보다 우월하신 그리스도(1–2장)

1장	만유의 상속자	계시의 완성이신 그리스도 선지자들보다 우월하신 그리스도 (2–3) …이 아들을 만유의 상속자로 세우시고 또 그로 말미암아 모든 세계를 지으셨느니라 이는 하나님의 영광의 광채시요 그 본체의 형상이시라 그의 능력의 말씀으로 만물을 붙드시며 죄를 정결하게 하는 일을 하시고 높은 곳에 계신 지극히 크신 이의 우편에 앉으셨느니라 천사보다 우월하신 그리스도 (14) 모든 천사들은 섬기는 영으로서 구원받을 상속자들을 위하여 섬기라고 보내심이 아니냐
2장	구속자이신 예수	복음에 대한 불순종을 경고 (3) 우리가 이같이 큰 구원을 등한히 여기면 어찌 그 보응을 피하리요 이 구원은 처음에 주로 말씀하신 바요 들은 자들이 우리에게 확증한 바니 그리스도의 고난 그리스도의 구속사역

2. 모세보다 우월하신 그리스도(3–4장)

3장	새 언약의 사도	모세보다 우월하신 그리스도 순종에 대한 권고

4장	안식의 복음	믿음으로 얻은 안식 좌우에 날선 검 같은 말씀 (12) 하나님의 말씀은 살아 있고 활력이 있어 좌우에 날선 어떤 검보다도 예리하여 혼과 영과 및 관절과 골수를 찔러 쪼개기까지 하며 또 마음의 생각과 뜻을 판단하나니 대제사장이신 그리스도

3. 제사장보다 탁월하신 그리스도(5-7장)

5장	대제사장 예수	대제사장 예수 그리스도의 대제사장 자격 배반에 대한 경고
6장	영혼의 닻	영적 성장에 대한 권고 (4-6) 한 번 빛을 받고 하늘의 은사를 맛보고 성령에 참여한 바 되고 하나님의 선한 말씀과 내세의 능력을 맛보고도 타락한 자들은 다시 새롭게 하여 회개하게 할 수 없나니 이는 그들이 하나님의 아들을 다시 십자가에 못 박아 드러내 놓고 욕되게 함이라 믿음을 굳게 지키라 하나님의 약속의 확실성
7장	멜기세덱	살렘왕 제사장 멜기세덱 멜기세덱의 반차를 좇는 그리스도 그리스도의 대제사장직의 특성

4. 모세의 율법보다 탁월하신 그리스도(8-10장)

8장	새 언약	새 언약의 중보자 그리스도 (8) 그들의 잘못을 지적하여 말씀하시되 주께서 이르시되 볼지어다 날이 이르리니 내가 이스라엘 집과 유다 집과 더불어 새 언약을 맺으리라 새 언약의 필요성 (13) 새 언약이라 말씀하셨으매 첫 것은 낡아지게 하신 것이니 낡아지고 쇠하는 것은 없어져 가는 것이니라
9장	새 성소와 새 제물	땅의 성전과 하늘의 성전 그리스도의 피 흘림으로 인한 새 언약 (12) 염소와 송아지의 피로 하지 아니하고 오직 자기의 피로 영원한 속죄를 이루사 단번에 성소에 들어가셨느니라 그리스도의 죽음의 필요성 그리스도의 희생으로 드려진 완전한 제사
10장	예수의 피	그리스도 희생의 영원성 (12) 오직 그리스도는 죄를 위하여 한 영원한 제사를 드리시고 하나님 우편에 앉으사 짐짓 범하는 죄의 위험성 (26) 우리가 진리를 아는 지식을 받은 후 짐짓 죄를 범한즉 다시 속죄하는 제사가 없고 성도에게 필요한 인내

5. 고상한 삶의 비밀인 그리스도(11-13장)

11장	믿음의 사람들	**믿음의 정의와 믿음의 선진들** (1-3) 믿음은 바라는 것들의 실상이요 보이지 않는 것들의 증거니 선진들이 이로써 증거를 얻었느니라 믿음으로 모든 세계가 하나님의 말씀으로 지어진 줄을 우리가 아나니 보이는 것은 나타난 것으로 말미암아 된 것이 아니니라 (6) 믿음이 없이는 하나님을 기쁘시게 하지 못하나니 하나님께 나아가는 자는 반드시 그가 계신 것과 또한 그가 자기를 찾는 자들에게 상 주시는 이심을 믿어야 할지니라 **믿음으로 본향을 사모함** (16) 그들이 이제는 더 나은 본향을 사모하니 곧 하늘에 있는 것이라 이러므로 하나님이 그들의 하나님이라 일컬음 받으심을 부끄러워하지 아니하시고 그들을 위하여 한 성을 예비하셨느니라 **믿음의 예시**
12장	믿음의 경주	**그리스도의 인내** (1-2) 이러므로 우리에게 구름 같이 둘러싼 허다한 증인들이 있으니 모든 무거운 것과 얽매이기 쉬운 죄를 벗어버리고 인내로써 우리 앞에 당한 경주를 하며 믿음의 주요 또 온전하게 하시는 이인 예수를 바라보자 그는 그 앞에 있는 기쁨을 위하여 십자가를 참으사 부끄러움을 개의치 아니하시더니 하나님 보좌 우편에 앉으셨느니라 **반역자에 대한 경고** **흔들지 못할 나라**
13장	믿음의 사역	**주 안에서 사랑하고 대접하라** (1-2) 형제 사랑하기를 계속하고 손님 대접하기를 잊지 말라 이로써 부지중에 천사들을 대접한 이들이 있었느니라 (5) 돈을 사랑하지 말고 있는 바를 족한 줄로 알라 그가 친히 말씀하시기를 내가 결코 너희를 버리지 아니하고 너희를 떠나지 아니하리라 하셨느니라 (8) 예수 그리스도는 어제나 오늘이나 영원토록 동일하시니라 **다른 교훈에 끌리지 말라** **찬송의 제사를 드려라** (15) 그러므로 우리는 예수로 말미암아 항상 찬송의 제사를 하나님께 드리자 이는 그 이름을 증언하는 입술의 열매니라 **기도 요청과 인사**

야고보서(James)				
책명	기록자	기록 연대	기록 장소	장수
야고보서	야고보	AD 62년경	예루살렘	5장
핵심 주제	기록 목적		구성과 내용	
행함으로 믿음을 증명하라	박해에 직면한 성도들에게 행하는 믿음으로 승리하도록 격려하기 위해		삶의 행위로 믿음을 증명하고 교회 공동체 안에서 신자로서 바르게 살아가도록 간결한 문체와 핵심을 찌르는 예증들로써 교훈한다	

명칭과 저자

영어성경 흠정역(KJV)은 본 서신서를 'The General Epistle of James'(야고보의 일반서신)

로 부른다. 바울서신과 같이 수신자가 특정 대상일 때는 수신자의 이름을 따라 '에베소 교회에 보내는 편지'(에베소서)와 같이 부르지만 일반서신은 통상적으로 발신자의 이름을 따서 부른다.

서신의 명칭으로도 알 수 있고 본서에서도 밝혔듯이 본 서신의 저자는 "하나님과 주 예수 그리스도의 종 야고보"(1:1)이다. 신약성경에는 야고보라는 이름을 가진 사람이 여러 명 있는데 세베대의 아들 야고보(마 4:21), 예수님의 형제 야고보(막 6:3), 알패오의 아들 야고보(마 10:3, 27:56), 유다의 아버지 야고보(눅 6:16) 등이다. 이 가운데 마지막 두 사람은 이름 외에 성경에서 특기할 만한 사항이 없다. 세베대의 아들 야고보는 예수님의 12제자 중 한 사람으로, 헤롯 아그립바 1세에 의해 일찍 순교했다(행 12:2, AD 44년경). 본 서신은 여러 정황상 바울서신보다 후대의 기록으로 보이므로 결국 예수님의 동생인 야고보가 기록한 것으로 보인다. 그는 초대 예루살렘 교회의 지도자였으므로(행 1:14 ; 고전 15:7) 그 권위를 가지고 세계에 "흩어져 있는 열두 지파에게"(1:1) 문안 편지를 보내는 것은 자연스러우며, 본 서신을 기록할 만한 신앙이나 지식이 충분했을 것이다.

기록 목적과 배경

- 각지에 흩어져 살며 박해에 직면한 성도들을 격려하기 위하여.
- 이신득의 사상의 오해로 인한 폐단을 시정하고 바른 믿음에 대한 이해를 도모하기 위하여.
- 성도가 지키고 행할 삶의 실천적 부분들을 가르쳐주기 위하여.

본 서신을 기록할 당시 큰 환난이나 대박해가 있었던 것으로 보이므로(약 1:2-12, 5:10-11) 네로 시대(AD 54-68년경)였을 것으로 추정된다. 그리고 믿음으로 의롭게 된다는 로마서의 중심사상을 오해하여 행함 없이 사는 자들에게 믿음의 행위를 강조하는 점을 감안하면 바울이 로마서를 기록(AD 57년경)한 이후에 쓰였을 것이다. 한편 예수님의 동생 야고보는 AD 62년경 대제사장 아나누스에 의해 순교했다고 전해지므로 본 서신의 기록 연대는 AD 62년 이전일 것이다.

오순절 성령 강림 후 마가의 다락방은 사도와 성도들의 집회처가 되었고 이 모임이 예루살렘 교회로 발전하였다. 스데반의 순교 이후 성도들이 각지로 흩어지며 복음이 퍼져나가는 동안에도 예루살렘 교회는 유대와 사마리아를 비롯한 이스라엘 전 지역의 복음화와 세계 선교의 중심지가 되었다. 본 서신은 예루살렘 교회를 섬기고 지도하던 야고보가 이스라엘과 로마 제국 전역에 흩어져 살던 모든 유대인 성도 디아스포라에게 바른 신앙과 삶을 가르치기 위해 기록한 것인데 서신의 내용을 통해 교회(특정 교회가 아니라 믿는 자의 모임으로서)들의 암울한 상황을 몇 가지 발견할 수 있다.

그것은 교회 안에 시험과 고난(1:3-4), 부자들의 차별과 횡포(2:2-6), 가난한 자들을 말로만 위로하고 실질적으로는 도움을 주지 않는 모습(2:15-16), 말의 실수(3:2), 믿음과 지혜를 자랑하는 자(3:13), 시기와 다툼(3:14), 세상과 벗하여 지내는 자(4:4), 서로간의 비방과 정죄(4:11), 미혹되어 진리를 떠나는 자(5:19) 등이 있었다는 사실이다.

내용

삶으로 증명하는 믿음 본서는 행함과 삶을 중요시하며 믿음으로 구원을 얻은 자의 행위(삶) 곧, 믿음의 실천적 측면을 강조한다. 이러한 가르침은 오직 믿음으로 의롭게 된다는 바울의 가르침과 달리 행함으로 의롭다 함을 얻는다는 말로 오해하기 쉽고 실제로 마르틴 루터는 이 때문에 야고보서를 지푸라기라 격하하며 신약에 넣는 것을 거부하기도 하였다.

그러나 본 서신은 이미 믿고 있는 형제들에게 보낸 편지이므로 믿음으로 구원받는다는 이야기는 굳이 할 필요가 없었을 것이다. 오히려 믿음으로 구원의 은혜를 경험한 하나님의 자녀들이 행함으로써 그 믿음을 완성할 것을 당부한다. 구원받은 사람이기 때문에 사랑을 행하라는 것이다.

야고보는 믿음과 행함의 관계를 늘 강조했고 행함 없는 믿음뿐만 아니라 믿음 없는 행함도 경계했다. 그의 가르침은 '믿음'에 근거한 '행함'이었으므로 결코 믿음을 부정하거나 경시한 게 아니었다. 믿음이 있다 하면서도 행함이 없는 자들을 준엄하게 경고하고 질책하는 점에서 본 서신은 로마서와 상반되는 것이 아니라 로마서의 핵심인 믿음의 본질을 '행위'라는 측면에서 강조한 책이라 할 수 있다.

삶의 교훈 본서는 '신약의 잠언'으로 불리기도 한다. 구약성경 중 지혜문학의 대표격인 잠언에서 많은 영향을 받은 것으로 보이고 예수님의 가르침인 산상수훈에서도 영향을 받아 이와 비슷한 내용이 많이 등장하며 짧은 권면과 격언, 금언들로 이루어져 있다. 편지의 형식으로 시작되지만 편지보다는 교훈적 내용을 담은 권고문 내지는 설교문에 가깝다. 문체는 짧고 간결하며 전체 108구절 중 절반인 54구절이 명령문으로, 예수 그리스도를 믿는 사람이 어떻게 살아가야 하는지를 교훈한다.

신자들에게 보내는 서신인 만큼 교리를 강조하지 않는다. '예수 그리스도'라는 단어는 2번밖에 등장하지 않고 기독교 핵심 교리인 십자가, 부활, 성령 같은 단어들도 별로 언급되지 않는다. 교리적 가르침보다는 성도들의 삶에 초점을 맞추어 욕심, 정욕, 시험, 지혜, 인내 등을 언급하면서 박해와 고난 앞에 있는 성도들을 위로하고 격려함과 동시에, 신앙에 도취되어 행위를 무시하는 자를 경계한다.

야고보서에서 인용된 구약성경

번호	신약	구약	번호	신약	구약
1	약 2:8	레 19:18	3	약 2:23	대하 20:7 ; 사 41:8
2	약 2:11	출 20:13-14 ; 신 5:17	4	약 4:6	잠 3:34

야고보서에서 인용된 산상수훈 및 예수님의 가르침

번호	야고보서	마태복음	번호	야고보서	마태복음
1	1:2	5:11-12	9	2:16	25;35
2	1:4	5:48	10	3:17-18	5:5,9
3	1:5	7:7	11	4:4	6:24
4	1:12	24:13	12	4:11	7:1-2
5	1:20	5:22	13	5:2-3	6:19
6	2:5	5:3	14	5:9	24:33
7	2:6-7	19:23-24	15	5:10	5:12
8	2:14-16	7:21-23	16	5:12	5:34

구조

1장	2장-5:6	5장(5:7-20)
믿음의 시련	행하는 믿음	승리하는 믿음

1장	시험을 참음	인사 믿음과 지혜에 대한 권면 (2) 내 형제들아 너희가 여러 가지 시험을 만나거든 온전히 기쁘게 여기라 믿음으로 기도하라 (5-6) 너희 중에 누구든지 지혜가 부족하거든 모든 사람에게 후히 주시고 꾸짖지 아니하시는 하나님께 구하라 그리하면 주시리라 오직 믿음으로 구하고 조금도 의심하지 말라 의심하는 자는 마치 바람에 밀려 요동하는 바다 물결 같으니 부의 무상함 시험의 원인 (14-15) 오직 각 사람이 시험을 받는 것은 자기 욕심에 끌려 미혹됨이니 욕심이 잉태한즉 죄를 낳고 죄가 장성한즉 사망을 낳느니라 말씀을 실천하라

2장	행하는 믿음	차별하지 말고 네 이웃을 사랑하라 (8-9) 너희가 만일 성경에 기록된 대로 네 이웃 사랑하기를 네 몸과 같이 하라 하신 최고의 법을 지키면 잘하는 것이거니와 만일 너희가 사람을 차별하여 대하면 죄를 짓는 것이니 율법이 너희를 범법자로 정죄하리라 행함이 없는 믿음은 죽은 것이다 (22) 네가 보거니와 믿음이 그의 행함과 함께 일하고 행함으로 믿음이 온전하게 되었느니라
3장	말과 지혜	말의 절제 (6) 혀는 곧 불이요 불의의 세계라 혀는 우리 지체 중에서 온몸을 더럽히고 삶의 수레바퀴를 불사르나니 그 사르는 것이 지옥 불에서 나느니라 참된 지혜
4장	성도의 자세	세상의 정욕 마귀를 대적하라 (7) 그런즉 너희는 하나님께 복종할지어다 마귀를 대적하라 그리하면 너희를 피하리라 겸손하라 (10) 주 앞에서 낮추라 그리하면 주께서 너희를 높이시리라 비방하지 말라 허탄한 자랑 (17) 그러므로 사람이 선을 행할 줄 알고도 행하지 아니하면 죄니라
5장	성도의 임무	부자들의 잘못에 대한 경고 (1) 들으라 부한 자들아 너희에게 임할 고생으로 말미암아 울고 통곡하라 소망 중에 인내하라 믿음으로 기도하라 (16) 그러므로 너희 죄를 서로 고백하며 병이 낫기를 위하여 서로 기도하라 의인의 간구는 역사하는 힘이 큼이니라 형제를 돌아보라

베드로전서(1Peter)				
책명	기록자	기록 연대	기록 장소	장수
베드로전서	베드로	AD 64-66년	로마	5장
핵심 주제	기록 목적		구성과 내용	
고난을 이기는 구원의 소망	박해를 극복할 용기를 주기 위해		장차 임할 대박해를 암시하듯이 21회나 '고난'이란 단어를 사용하며, 고난은 이 땅에서 나그네와 같은 삶을 살아가는 모든 성도가 피할 수 없는 과정임을 강조	

명칭과 저자

헬라어 성경에서 본 서신은 '베드로의 첫 번째(서신)'란 뜻의 '페트루 알파'로 불리고, 흠정역에서의 제목은 'The First General Epistle of Peter'(베드로의 첫 번째 일반서신)이다. 본서는 일반서신으로서 저자인 베드로의 이름을 제목으로 삼고 있다.

본 서신의 저자는 1장 1절에 "예수 그리스도의 사도 베드로"라고 밝힌 대로 사도 베드로로 본다. 본서의 내용이 사도행전에 기록된 사도 베드로의 설교 내용과 유사하며, 예수님의 사역을 자세히 묘사하고, 예수님의 행적을 친히 목격한 듯한 분위기가 본문 여러 곳에 나타나는 점(1:8, 2:23, 3:9, 14, 4:1, 5:1, 5, 7)으로 미루어 베드로의 저작으로 추정된다. 이레나우스 등 초대 교회 교부들도 본 서신을 베드로의 저작으로 본다.

기록 목적과 배경

- 환난 가운데 있는 성도를 위로하고 다가올 박해를 극복할 용기를 주기 위하여.
- 성도들이 하나님의 은혜를 체험함으로 구원의 소망을 갖고 고난을 인내하게 하기 위하여.
- 고난 중에서도 선행과 성결로 바른 신앙생활을 영위하게 하기 위하여.

본 서신이 기록될 당시는 “불시험”(4:12)이 다가오는 시기로, 네로에 의해 기독교 대박해가 막 시작되려던 시점이었다(AD 64년경). 전승에 따르면 사도 베드로는 말년에 로마를 방문하여 복음 사역을 수행하다가 AD 67-68년경에 로마에서 순교했다고 하는데, 아마 이 로마 사역 시기에 대대적인 박해를 앞두고 본 서신을 기록한 것으로 보인다(AD 64-66년경).

본서의 1장 1절에서 “예수 그리스도의 사도 베드로는 본도, 갈라디아, 갑바도기아, 아시아와 비두니아에 흩어진 나그네”들에게 편지한다고 밝히고 있다. 이 지역들은 사도 바울이 복음을 전한 곳인데, 사도 베드로가 이들에게 편지를 보낸 것으로 보아 그 역시 이 지역들을 방문하고 복음 사역을 감당했을 것으로 짐작된다.

이 지역의 신자들은 대다수가 이방인이었다. 베드로는 각지에 흩어진 유대인 디아스포라들에게 관심이 있었으나 소수의 그들에게만 이 편지를 쓴 것은 아니었다. “너희가 전에는 백성이 아니더니 이제는 하나님의 백성”(2:10)이라 한 것과 “너희가 음란과 정욕과 술취함과 방탕과 향락과 무법한 우상숭배를 하여 이방인의 뜻을 따라 행한 것”(4:3)을 언급한 것은 유대인뿐 아니라 이방인 신자들도 그리스도인 형제로서 똑같은 수신자로 보았다는 의미이다.

‘나그네’라는 표현은 말 그대로 객지에서 이방인으로 살아가는 유대인 디아스포라를 가리키기도 하지만 고난으로 이 땅의 삶보다는 천국에 소망을 두고 천국을 바라보며 살아가는 성도를 모두 포함할 것이다.

한편, “택하심을 함께 받은 바벨론에 있는 교회가 너희에게 문안하고 내 아들 마가도 그리하느니라”(5:13)라는 구절은 베드로가 ‘바벨론’에서 서신을 기록하고 있음을 암시한다. 이 바벨론은 로마를 가리키는 상징(묵시문학)적 표현으로 보는 것이 일반적이다. 성경 문학에서도 당시 세계 문화를 주도하던 로마(계 17:5, 18:2)를 ‘영적 바벨론’으로 보았다. 따라서 본 서신은 로마에서 기록한 것으로 추정한다.

내용

그리스도인의 고난 로마에서 시작된 박해의 불길이 로마 제국 전역으로 확산되어가는 시점에서 쓰인 본서는 장차 임할 대박해의 심각성을 암시하듯 “여러 가지 시험”(1:6), “불로 연단”(1:7), “불시험”(4:12) 등의 표현을 사용했으며 무려 17회(개역개정 기준)에 걸쳐 ‘고난’이란 단어를 기록하였다. 저자는 고난이 이 땅에서 나그네로 살아가는 모든 성도에게 피할 수 없는 과정임을 분명하게 말하고, 이 고난과 연단을 통해 능히 믿음의 승리를 이룬 자들만이 하늘 영광을 누리게 될 것이라 가르친다. 그러면서 예수께서도 우리를 위해 육체의 고난을 겪으셨으며, 그런 주님이 그분을 위해 고난당하는 자들의 사정과 형편을 아시고 능히 도와주실 것을 상기시킨다(4:1). 본서는 이렇게 고난 중에 있는 성도들을 위로하여 믿음의 승리를 이루고 고난 저 너머에 있는 영화로운 구원을 바라보게 한다는 점에서 ‘소망의 서신’(Epistle of Hope), ‘격려의 서신’(Epistle of Courage)이라 불리기도 한다.

그리스도인의 삶 고난은 로마 제국의 제도적 박해로만 다가오는 것이 아니었다. 유대인들은 로마의 박해로부터 자신들을 보호하기 위해 기독교인들과 선을 긋고 박해에 동조했다. 본서에는 “너희를 악행한다고 비방”(2:12), “그리스도 안에 있는 너희의 선행을 욕하는 자들”(3:16) 등 그리스도인들이 비우호적이고 부당한 처우를 받는 정황이 나타난다. 이에 저자는 목회자의 심정으로, 신자들이 모범적인 시민 생활을 하며 그리스도를 위하여 충성된 증인이 되고 그들의 주님을 만날 준비를 효과적으로 할 수 있도록 사환(2:18), 아내(3:1-6), 남편(3:7), 장로(5:1-4)와 젊은이(5:5-9)에게 각자의 신분과 삶의 위치에서 어떻게 살아갈 것인지를 권면하고 당부하였다.

베드로전서에서 인용된 구약성경

번호	신약	구약	번호	신약	구약
1	벧전 1:16	레 11:44, 19:2, 20:7	4	벧전 2:7	시 118:22
2	벧전 1:24	사 40:6-	5	벧전 2:8	사 8:14
3	벧전 2:6	사 28:16	6	벧전 3:10-12	시 34:12-16

구조

1장	2장	3장	4장	5장
산 소망	성도의 성화	성도의 생활	그리스도의 고난에 참여	목양과 순종
1:1–12	1:13–2:12	2:13–3:12	3:13–4장	5장

<table>
<tr><td rowspan="2">1장</td><td>산 소망</td><td>인사
미래의 산 소망
(7) 너희 믿음의 확실함은 불로 연단하여도 없어질 금보다 더 귀하여 예수 그리스도께서 나타나실 때에 칭찬과 영광과 존귀를 얻게 할 것이니라</td></tr>
<tr><td rowspan="2">성도의 성화</td><td>모든 행실에 거룩한 자가 되라
(23) 너희가 거듭난 것은 썩어질 씨로 된 것이 아니요 썩지 아니할 씨로 된 것이니 살아 있고 항상 있는 하나님의 말씀으로 되었느니라</td></tr>
<tr><td rowspan="2">2장</td><td>성도의 영적 성숙
산돌이신 예수 그리스도
거룩한 백성
(9) 그러나 너희는 택하신 족속이요 왕 같은 제사장들이요 거룩한 나라요 그의 소유가 된 백성이니 이는 너희를 어두운 데서 불러 내어 그의 기이한 빛에 들어가게 하신 이의 아름다운 덕을 선포하게 하려 하심이라</td></tr>
<tr><td rowspan="2">성도의 생활</td><td>성도의 행실
제도에 대한 순복 및 주인에 대한 순종
고난의 모범
(24) 친히 나무에 달려 그 몸으로 우리 죄를 담당하셨으니 이는 우리로 죄에 대하여 죽고 의에 대하여 살게 하려 하심이라 그가 채찍에 맞음으로 너희는 나음을 얻었나니</td></tr>
<tr><td rowspan="2">3장</td><td>부부에 대한 권면
성도 간의 사랑</td></tr>
<tr><td rowspan="2">고난에 참여</td><td>의를 위한 고난
(15) 너희 마음에 그리스도를 주로 삼아 거룩하게 하고 너희 속에 있는 소망에 관한 이유를 묻는 자에게는 대답할 것을 항상 준비하되 온유와 두려움으로 하고</td></tr>
<tr><td>4장</td><td>성도들의 새 생활
그리스도인의 고난
(12–13) 사랑하는 자들아 너희를 연단하려고 오는 불 시험을 이상한 일 당하는 것 같이 이상히 여기지 말고 오히려 너희가 그리스도의 고난에 참여하는 것으로 즐거워하라 이는 그의 영광을 나타내실 때에 너희로 즐거워하고 기뻐하게 하려 함이라</td></tr>
<tr><td>5장</td><td>목양과 순종</td><td>장로에게 주는 교훈
(4) 그리하면 목자장이 나타나실 때에 시들지 아니하는 영광의 관을 얻으리라
회중에 대한 권면
(7) 너희 염려를 다 주께 맡기라 이는 그가 너희를 돌보심이라
(8–9) 근신하라 깨어라 너희 대적 마귀가 우는 사자 같이 두루 다니며 삼킬 자를 찾나니 너희는 믿음을 굳건하게 하여 그를 대적하라 이는 세상에 있는 너희 형제들도 동일한 고난을 당하는 줄을 앎이라
문안과 축복</td></tr>
</table>

베드로후서(2Peter)				
책명	기록자	기록 연대	기록 장소	장수
베드로후서	베드로	AD 66–68년	로마	3장
핵심 주제	기록 목적		구성과 내용	
지켜야 할 보배로운 믿음	이단(영지주의자와 거짓 교사)을 경계하기 위해서		그리스도의 재림이 아직 이루어지지 않는 것은 모든 사람을 구원하시기 위한 그리스도의 풍성한 사랑 때문이지만(3:8–9), 그러나 재림은 갑작스럽게 오는 것이기 때문에 항상 깨어 준비하는 자세로 살 것을 촉구	

명칭과 저자

본서는 헬라어 성경에서 '베드로의 두 번째(서신)'라는 뜻의 '페트루 베타'로 불리는데 이는 본 서신의 저자인 베드로의 이름에 따른 명칭이다. 베드로의 저작을 부인하는 견해도 있어왔으나 본서에서 "예수 그리스도의 종이며 사도인 시몬 베드로는 … 편지하노니"(1:1)라는 인사말과 "내가 이제 이 둘째 편지를 너희에게 쓰노니"(3:1)라는 구절, 예수께서 베드로의 순교를 암시하신 내용(1:14 ; 요 21:18-19), 변화산 사건의 목격담(1:16-18 ; 마 17:5 ; 막 9:7 ; 눅 9:35) 언급, 바울을 '형제'라 부름(3:15)으로써 자신의 권위를 바울과 동일한 수준에 둔 점 등을 볼 때 저자는 베드로 사도로 보는 것이 타당할 것이다. 수신자는 본문 서두에 있는 대로 '보배로운 믿음을 우리와 함께 받은 자들'(1:1)로, 첫 번째 편지와 같이 본도, 갈라디아, 갑바도기아, 아시아, 비두니아 등지에 흩어져 사는 소아시아의 그리스도인들이다.

기록 목적과 배경

- 영지주의 등 거짓 교사들을 경계하기 위하여.
- 부도덕한 향락주의를 배격하기 위하여.
- 재림에 대한 소망과 확신을 주기 위하여.

베드로후서의 저자를 사도 베드로로 본다면 기록된 시기는 베드로전서를 쓴 이후로 베드로가 순교(AD 67-68년경)하기 이전일 것이며, 따라서 전서가 AD 64-66년경에 기록되었다면 본 서신은 대략 AD 66-68년경에 기록되었을 것으로 본다.

당시의 교회는 밖으로는 로마의 박해, 안으로는 이단 사상과 거짓 교사로 인해 신앙의 위협을 받고 있었다. 특히 소아시아에 만연한 영지주의는 예수 그리스도의 성육신과 신성을 부인하고, 윤리 도덕적 삶까지 부정하는 행태로 성도들의 신앙에 중대한 도전이 되었다. 또한 그리스도의 재림이 지연되고 있다는 생각에 성도들의 신앙도 흔들리고 있었다. 이런 상황에서 베드로는 박해와 이단이라는 안팎의 공격과 환난에서 힘겹게 신앙생활하고 있는 성도들을 격려하고, 그리스도의 재림에 대해 소망과 확신을 심어주고 주님의 계명을 상기시키기 위하여 이 서신을 기록하게 되었다. 베드로전서가 로마 제국의 대박해를 염두에 둔 위로와 권면이었다면, 베드로후서는 재림의 지연으로 교회 내부에서 준동하는 거짓 교사들과 그들의 거짓 교훈에 대처하기 위한 교훈이다.

내용

베드로전서가 외부의 박해에 대한 대비에 무게가 실렸다면 베드로후서는 교회 안으로 들어온 이단을 경계하는 것에 무게가 실려 있다. 저자는 재림을 부인하는 이단, 영지주의, 향락주의, 거짓 교사들을 경계하면서 이들로 인해 혼란을 겪고 있는 성도들에게 재림에 대한 소망을 심어주고 주님의 계명을 다시 기억하도록 일깨우려 한다. 그래서 주된 주제는 이단에 대한 경계이고, 그러기 위한 실천적 방식은 재림에 관해 바로 알아 재림의 확신으로 믿음에 거하는 것과, 재림하신 주님을 만날 날을 소망하기에 언제라도 그분을 맞이할 수 있는 순결하고 준비된 삶을 사는 것이다. 또한 이단의 열매는 예수 그리스도를 부인하며 도덕적 방종을 일삼는 것이므로 성도는 멸망당할 이들에게 미혹되지 않도록 영적 분별력을 갖추고, 구주 예수 그리스도의 은혜와 그분을 아는 지식에 자라가는 영적 성장으로 거룩하고 성숙한 삶을 살아 교회 안으로 들어오는 불의와 불법을 극복해야 한다.

구조

1장에서는 저자의 경험과 예언적인 말씀을 들어서 성도들을 격려하고, 2장에서는 거짓 교사들에 대해 경고하며, 3장에서는 그리스도의 재림을 부인하고 조롱하는 자들로 인한 논란을 언급하며 재림의 확실성을 확증하고 이를 준비하고 있으라고 권고한다.

1장	2장	3장
신의 성품에 참여	거짓 교사와 미혹	재림의 날

1장	신의 성품	부르심과 택하심 영적 성장의 권면 (5-7) 그러므로 너희가 더욱 힘써 너희 믿음에 덕을, 덕에 지식을, 지식에 절제를, 절제에 인내를, 인내에 경건을, 경건에 형제 우애를, 형제 우애에 사랑을 더하라 그리스도의 영광과 성경의 예언
2장	이단 경고	거짓 선지자들과 거짓 교사 거짓 선지자에 대한 하나님의 심판 거짓 선지자의 특성

3장	주님의 재림	**그릇된 종말론에 대한 경계** (8-9) 사랑하는 자들아 주께는 하루가 천 년 같고 천 년이 하루 같다는 이 한 가지를 잊지 말라 주의 약속은 어떤 이들이 더디다고 생각하는 것 같이 더딘 것이 아니라 오직 주께서는 너희를 대하여 오래 참으사 아무도 멸망하지 아니하고 다 회개하기에 이르기를 원하시느니라 **마지막 권면 및 끝인사**

요한1서(1John)				
책명	기록자	기록 연대	기록 장소	장수
요한일서	요한	AD 90-95년	에베소	5장
핵심 주제	기록 목적		구성과 내용	
영생을 확신하라	유일한 구원인 예수 그리스도에 대해 바른 지식을 가르치기 위해		예수 그리스도는 하나님의 아들이며 참 인간과 참 신이심을 강조하고, 예수 그리스도의 성육신을 부인하는 자는 거짓말하는 자요 이단이라고 정의한다	

명칭과 저자

헬라어 성경에서 본서의 제목은 '요한의 첫 번째 서신'이다. 신약성경 중 히브리서와 함께 저자가 직접적으로 언급되지 않은 책이나 본서에서 저자가 예수 그리스도의 공생애를 직접 보고 들은 자로 소개되고(1:1,4, 4:14), 요한복음과 내용 및 사상적 흐름이 거의 흡사하며, 사도 요한의 제자 폴리캅과 그의 제자인 이레니우스 등 초대 교부들 대부분이 사도 요한의 저작으로 봄에 따라 사도 요한이 쓴 것으로 인정되고 있다.

사도 요한은 예루살렘 교회에서 지도자로 지내다, 예루살렘 멸망(AD 70년) 후 에베소에서 목회에 전념한 것으로 보인다. 그는 본서 외에도 요한복음, 요한 2·3서, 요한계시록을 썼다.

* 저자인 사도 요한에 관해서는 414쪽 요한복음에 관한 설명을 참조하라.

기록 목적과 배경

- 진리를 위협하며 교회를 혼란에 빠뜨리는 영지주의 이단을 경계하기 위하여.
- 구원의 유일한 길이신 그리스도에 관한 바른 지식을 가르치기 위하여.
- 성도들이 하나님의 사귐 안에서 영생을 확신하게 하기 위하여.

본서에는 저자, 수신자, 기록된 장소와 시기 등에 관한 언급이 전혀 없으므로, 이러한 정보와 시대적 배경은 내적 증거로 추정해볼 수밖에 없다. 앞서 제시한 내용을 근거로 사도 요한을 저자로 본다면 본서의 지리적 배경은 그가 말년을 보내며 목회했던 에베소일 것이며, 밧모섬에 유배당하기 전인 AD 90-95년경으로 추정된다.

에베소를 비롯해 당시 소아시아에는 영지주의가 만연했다. 영지주의는 '지식'을 의미하는 헬라어 '그노시스'(gnosis)에서 유래했는데 그들이 말하는 그노시스는 영적 세계에 대한 신비한 지식을 가리킨다. 영지주의는 이런 영지(靈知)를 중심으로 한 이원론적 우주관과 구원관을 가진 사상이다. 영지주의자들은 물질은 부정하고 악하며 영은 거룩하다는 이원론적 사고에 따라 인간의 육신을 부정한 것으로 보았다. 그래서 사람의 육신을 입고 세상에 오신 그리스도의 성육신을 부인하고(2:22, 4:3), 구원은 그리스도의 십자가가 아니라 소수의 특별한 자들에게만 주어지는 신비한 영적 지식(영지)에 의해 얻을 수 있다고 주장했다. 또한 육신은 부정하므로 육신의 행위는 구원에 영향을 미치지 못한다고 주장하며 타락하고 방종한 행위를 일삼거나, 육신은 악한 것이므로 가혹하게 취급되어야 한다며 극단적 금욕주의를 추구했다. 이런 거짓 교훈과 폐해로 교회는 큰 혼란에 빠졌다.

이에 사도 요한은 이단의 거짓 교훈으로부터 교회를 보호하기 위해 거짓 그노시스(영지주의의 거짓 교훈)를 배격하고 참된 그노시스(예수 그리스도를 아는 바른 지식)를 가질 것을 당부하기 위해, 또한 성도들이 의와 사랑의 구체적인 실현을 통해 하나님과 참다운 사귐을 누리도록하기 위해 이 서신을 썼다.

내용

그리스도에 관한 바른 지식 예수 그리스도께서 성육신 이전에 로고스(말씀)라고 불리는 선재적 신성을 가진 위격으로서 존재하셨다는 그리스도의 선재설(先在說), 참하나님이면서 참인간이시라는 신인양성론(神人兩性論) 등 정통적 그리스도론을 확립하여 그리스도의 성육신을 부인하는 영지주의 이단의 거짓 교리를 적극적으로 논박했다. 이러한 점에서 본서는 '진리의 변증서'라고 일컬어지기도 한다.

사랑의 사귐 '진리의 변증서'와 함께 불리는 본서의 또다른 별칭은 '사랑의 서신'이다. 저자인 사도 요한이 주님의 공생애 기간에 '보아너게'(우뢰의 아들)라 불린 것이 믿어지지 않을 만큼 본서는 사랑의 메시지로 가득한 서신이다. 저자는 행함과 진실로 사랑하는 참된 사랑의 정의를 내리고, 간결하고도 함축성을 띤 문장과 대조 및 반복을 자주 사용하여 사랑의 구체적인 실천을 강조하고 있다.

구조

1-2장	3-4장	5장
빛이신 하나님	사랑이신 하나님	영원한 생명을 믿음

1장	빛이신 하나님	생명의 말씀 하나님은 빛이시다 (9) 만일 우리가 우리 죄를 자백하면 그는 미쁘시고 의로우사 우리 죄를 사하시며 우리를 모든 불의에서 깨끗하게 하실 것이요
2장	사랑의 계명	대언자인 중보자 그리스도 옛 계명과 새 계명 (16) 이는 세상에 있는 모든 것이 육신의 정욕과 안목의 정욕과 이생의 자랑이니 다 아버지께로부터 온 것이 아니요 세상으로부터 온 것이라 적 그리스도인에 대한 경계
3장	형제 사랑	하나님의 자녀 (9) 하나님께로부터 난 자마다 죄를 짓지 아니하나니 이는 하나님의 씨가 그의 속에 거함이요 그도 범죄하지 못하는 것은 하나님께로부터 났음이라 형제 사랑 서로 사랑하라 행함과 진실함으로 하라
4장	서로 사랑	하나님의 영과 적그리스도의 영 사랑의 실천 (10) 사랑은 여기 있으니 우리가 하나님을 사랑한 것이 아니요 하나님이 우리를 사랑하사 우리 죄를 속하기 위하여 화목 제물로 그 아들을 보내셨음이라
5장	믿음의 승리	세상을 이기는 믿음 (4) 무릇 하나님께로부터 난 자마다 세상을 이기느니라 세상을 이기는 승리는 이것이니 우리의 믿음이니라 아들에 관한 증언 아들이 있는 자가 생명이 있음 (11-12) 또 증거는 이것이니 하나님이 우리에게 영생을 주신 것과 이 생명이 그의 아들 안에 있는 그것이니라 아들이 있는 자에게는 생명이 있고 하나님의 아들이 없는 자에게는 생명이 없느니라 영원한 생명이신 예수 하나님께로 난 자

요한2서(2John)				
책명	기록자	기록 연대	기록 장소	장수
요한이서	요한	AD 90-95년	에베소	1장
핵심 주제	기록 목적		구성과 내용	
거짓 선생들에 대한 경고	미혹하는 적그리스도들을 경계하기 위해		예수 그리스도의 가르침(교훈)이 곧 진리요, 예수 그리스도의 생애 전체가 사랑이므로 사랑 가운데 진리를 행하라고 권면	

저자와 수신자

헬라어 성경에서 본서의 제목은 '요한의 두 번째 서신'이며, 총 13절로 신약성경 중 가장 짧은 서신이다. 발신자를 "장로인 나"(1:1)라고 밝히고 있는데 중심 주제나 사용되는 용어(사랑, 진리, 새 계명, 미혹, 적그리스도 등)가 이전 서신인 요한1서와 비슷하고 초대 교부들도 인정하고 있어서 사도 요한의 저작으로 본다.

수신자는 "택하심을 받은 부녀와 그의 자녀들"(1:1)로 나타나 있는데 정확히 누구를 말하는지는 알 수 없다. 본문을 직역하여 교회 안의 어떤 여성도와 그의 자녀들로 보기도 하고, 교회라는 헬라어 단어 '에클레시아'가 여성형인 것에 착안해 '부녀'는 '교회'를 가리키는 일종의 은유로 보기도 한다. 본서의 내용을 살펴보면 어느 개인보다는 교회와 성도들에게 보낸 것으로 보인다.

기록 목적과 배경

- 진리를 왜곡하며 궤변으로 성도를 미혹하는 영지주의와 적그리스도를 경계하기 위하여.
- 사랑을 실천하며 살도록 권면하기 위하여.
- 자신의 방문계획을 알리기 위하여.

이전 서신(요한1서)가 기록된 이후 얼마 지나지 않아 기록된 것으로 보인다(AD 90-95년경). 당시에는 대체적으로 순회 전도자들이 교회를 순회하며 말씀을 선포했는데(요한3서의 기록 배경 참조) 그중에는 영지주의자인 거짓 교사들도 끼어 있어서 교인들의 환대를 이용하여 성도의 집에 들어가 거짓 교훈으로 성도들을 미혹했다. 영지주의는 계속 세를 넓혀 교회 내부에 적잖은 영향을 끼쳤고, 이에 저자는 성도들이 이단을 철저히 경계하도록 당부하고자 이 서신을 기록했다. 그는 예수 그리스도의 성육신을 부인하는 모든 이단 사상을 경계하면서 그리스도의 복음에 근거한 바른 신앙을 정립하고 계명의 핵심인 사랑을 실천하는 삶을 살도록 권면한다.

내용

요한1서의 축소판이라 불리기도 하는 본서는 이전 서신처럼 이단을 경계하고 진리 안의 삶으로서 사랑을 강조한다. 거짓 교사들을 집안에 들이지도 말고 인사도 하지 말라고 단호히 행동할 것을 당부하고, 사랑과 계명은 나눌 수 없는 것인데 계명은 어떤 새로운 사상이 아니라 처음부터 사도들에게 들은 것이라며 복음의 본질을 설명한다. 이는 거짓 교사들이 처음 복음 아닌 다른 복음을 가져왔고, 그들은 계명을 지키지 않으며 미혹시키기 때문이다.

구조

1장	
1–6절	7–13절
진리의 실천	진리를 지킴

1장	미혹자 경계	인사말 진리 가운데 행함 속이는 자와 적그리스도에 대한 경계 (7) 미혹하는 자가 세상에 많이 나왔나니 이는 예수 그리스도께서 육체로 오심을 부인하는 자라 이런 자가 미혹하는 자요 적그리스도니 끝인사

요한3서(3John)				
책명	기록자	기록 연대	기록 장소	장수
요한삼서	요한	AD 90–95년	에베소	1장
핵심 주제	기록 목적		구성과 내용	
진리를 실천하라	선한 접대자 가이오와 거만하고 악한 디오드레베를 통해서 교훈하기 위해		디오드레베와 가이오의 대조를 통하여 전도자에게 관심과 사랑 베푸는 것을 계속하도록 교훈	

저자와 수신자

헬라어 성경에서 본서의 제목은 '요한의 세 번째 서신'이며, 요한2서와 같이 주어를 "장로인나"(1:1)라고 밝히고 있고 "진리와 사랑 가운데 거하라"라는 주제(1:11) 및 문체와 어휘가 요한2서와 거의 흡사하여 요한2서와 같이 사도 요한의 저작이라 본다. 초대 교부들도 요한을 본서의 저자로 보았다. 수신자는 "사랑하는 가이오"(1:1)로 나와 있는데 성경에는 세 명의 가이오가 소개되고 있으나(행 19:29, 20:4 ; 롬 16:23 ; 고전 1:14) 본서의 수신자 가이오는 이들과는 다른 사람으로 보이며 편지가 회람되는 소아시아 지역의 교인으로 추정된다. 본서는 에베소에서 목회하던 사도 요한이 지역 교회에 파송한 순회 전도자(데메드리오)의 보고를 받고 지역 교회에 보낸 회람 서신으로 보인다. 따라서 수신자의 이름이 나타나 있지만 그의 이름으로 명칭을 삼지 않았고, 개인 서신 아닌 일반서신으로 분류된다.

기록 목적과 배경

- 신실한 가이오를 칭찬하고, 악하게 행한 디오드레베를 본받지 말 것을 권고하기 위하여.
- 순회 복음을 전하는 사역자들을 잘 대접함으로 진리 안에 거하라고 권면하기 위하여.
- 저자의 교회 방문계획을 알리기 위하여

요한1·2서를 전제로 쓴 것으로 보이므로 시기는 2서와 거의 동일한 AD 90-95년경으로 추정된다. 본 서신은 사도 요한이 순회 전도자 데메드리오로부터 지도자 가이오가 순회 전도자를 잘 영접하며 복음 사역에 헌신적이라는 소식을 전해 듣고 그를 칭찬하고, 그와는 상반되는 디오드레베를 경계할 목적으로 기록한 회람 서신이다. 매우 짧지만 당시 초대 교회의 복음 전파와 관련해 역사적 일면과 귀한 자료의 가치성이 인정된다.

복음이 증거되기 시작한 AD 1-2세기 동안에는 순회 전도자 또는 순회 교사들의 역할이 매우 중요했다. 이들은 자비량으로 각 지역을 순회하며 복음을 전하며 초대 교회 복음 전파의 선봉에 섰다. 신자들은 이 전도자들을 자신의 집으로 맞이하였고, 그들이 떠날 때는 여비를 제공했다. 전도 여행을 많이 해본 사도 요한은 여행하는 전도자들에게 따뜻한 환대가 필요함을 잘 알고 있었기에 이들을 환대하고 후원하도록 성도들을 격려했다.

그런데 가이오의 교회에서 가이오는 전도자들에게 충성되고 정성스럽게 대접했으나 디오드레베가 전도자들을 배척하고 적대적으로 대하는 일이 있었다. 특히 디오드레베는 사도 요한이 교회 내 거짓 교훈을 경계하고자 기록하여 전도자들을 통해 교회에 보낸 편지를 교인들에게 읽어주기를 거절하고, 사도와 전도자들을 비방했으며, 그들을 맞아들이려 하는 자들을 출교시킨 것으로 보인다(1:9-10). 사도 요한은 이 두 사람의 사례를 비교하며 성도들을 교훈하고자 서신을 쓰게 되었다.

내용

본 서신에서는 가이오(1:1-8)와 디오드레베(1:9-11)라는 두 인물이 비교된다. 가이오는 순회 전도자를 환대하고 극진히 영접하여 복음 전파에 함께한 반면 디오드레베는 교회의 지도적 위치에 있었지만 순회 전도 사역을 방해하고 박해하기까지 했다. 이 두 사람의 비교가 표면적으로는 나그네 접대의 문제 같지만 실제로는 진리 안에서 행하는 자(1:3)와 그렇지 못한 자(1:9-10), 선을 행하는 자와 악을 행하는 자, 나아가 하나님께 속한 자와 하나님을 뵙지 못할 자(1:11)를 밝히며 대조하는 것이다. 사도는 이들을 통해 잘한 것은 칭찬하고 잘못한 것은 경계하면서 전도자(선교사)들을 영접하는 것이 진리를 위해 동역하는 것임을 교훈해준다.

구조

1장		
1–8절	9–11절	12–15절
가이오를 칭찬	디오드레베를 책망	데메드리오를 추천

1장	가이오에 권면	인사 (2) 사랑하는 자여 네 영혼이 잘됨같이 네가 범사에 잘되고 강건하기를 내가 간구하노라 가이오에 대한 칭찬과 권면 디오드레베에 대한 책망 끝인사

유다서(Jude)				
책명	기록자	기록 연대	기록 장소	장수
유다서	유다	AD 70–80년	예루살렘	1장
핵심 주제	기록 목적		구성과 내용	
신앙을 위한 투쟁	영지주의자들의 거짓을 책망하고 경고하기 위해		다른 일반서신에 비해 매우 강도 높게 이단의 비도덕성을 책망하며 그들이 받을 종말적 심판을 강한 어조로 경고	

명칭과 저자

헬라어 성경에서 본서는 '유다의 편지'라는 뜻의 제목이 붙어 있다. 발신자는 "예수 그리스도의 종이요 야고보의 형제인 유다"(유 1:1)로 자신을 소개하는데 예루살렘 교회의 지도자로서 야고보서를 기록한 야고보의 형제 유다로 알려져 있으며, 터툴리안과 클레멘트 등 초대 교부들도 예수님의 동생이자 야고보의 동생인 유다를 저자로 인정하였다. 교부 오리겐은 주님의 동생 유다를 언급하며 "그는 아주 작은 책을 썼는데 천국의 은혜의 강한 말씀으로 가득 차 있다"라고 평했다.

기록 목적과 배경

- 영지주의 이단의 특성과 그들의 결말을 알려주기 위하여.
- 배도를 경계하고 성도들이 믿음을 위해 싸우도록 격려하기 위하여.
- 성도들이 거룩한 믿음 위에 자신을 건축할 것을 권면하기 위하여.

본서는 베드로후서 2장의 내용과 흡사한 부분이 많다(벧후 2:1-18 ; 유 1:3-18). 그래서 많은 학자들은 저자가 베드로후서의 영향을 많이 받았을 것으로 보아 베드로후서가 기록된 후 얼마 되지 않은 시점(AD 70-80년경)에 기록되었을 것으로 추정한다.

두 서신 모두, 그리고 비슷한 시기에 쓰인 일반서신서 대부분이 영지주의 등 이단 사상을 가진 거짓 교사들의 미혹으로 교회들이 내부적으로 위협받는 상황을 보여준다. 영지주의는 바울 시대에도 나타났지만 본격적으로 교회에 위협이 된 것은 1세기 후반(바울 시대 이후인 약 AD 70년 이후)부터였다. 이들 이단 거짓 교사들은 교회와 교인들의 집에 침투하여 거짓 교훈으로 복음과 구원의 진리를 변질시켰으며, 극단적인 금욕과 방종의 부도덕한 삶으로 교인들에게 악영향을 끼쳤다. 이에 사도들과 교회의 지도자들은 이단의 거짓 교훈을 반박하고 신자들에게 바른 신앙을 지키도록 가르치고 권면함으로써 그들을 이단의 악하고 부정적인 영향에서 보호하고자 애썼다. 본서에서 저자의 어조가 특히 강경한 것은 이단의 폐해가 매우 극심했음을 보여준다 하겠다.

내용

25절의 짧은 서신에서 저자는 첫인사와 마지막 찬양을 제외하고는 구약의 배교자들을 예로 들며 이단 영지주의자들의 특성과 그들이 받을 미래의 심판을 말한다. 특히, 이단을 경계하는 같은 주제에 대하여 바울과 요한이 영지주의 사상을 신학적으로 분석해 기독교 변증 차원에서 그들의 거짓 교리를 반박하고 성도들에게 권면과 당부를 했다면 본서는 신학적으로 접근하기보다는 이단의 악함을 가인, 발람, 고라에 빗대어 신랄하게 비판하고, 그들이 받을 심판을 강하게 경고하며, 믿음을 위한 싸움에 관해 "힘써 싸우라"라는 메시지를 전한다. 그러나 이단을 경계하되 이단에 미혹된 사람들을 구하는 일에도 힘쓸 것을 권면한다.

또한 거룩한 믿음 위에 자신을 세우고 성령으로 기도하며 하나님의 사랑 안에서 자신을 지키고 영생에 이르도록 그리스도의 긍휼을 기다리라(1:20-21)고 함으로써 삶에서 악에 대항하여 싸우는 것과 자기를 건축하는 두 가지 면을 함께 이야기한다.

본서의 또다른 특징은 교회에 나타나는 현재의 문제들을 초자연적 영적 세계의 사건과 연관시켜 설명했다는 점이다. 이것은 우리가 인지하지 못해도 일상 가운데 우리의 신앙생활이 영적 세계와 연결되어 있으며, 이단을 분별하고 거부하는 일들이 실상은 영적 전투에 속한다는 것을 알려준다. 유다서는 이렇게 영적 세계에 대해 언급하고 모세승천기와 외경인 에녹서를 인용한 점 때문에 신약성경 중 가장 이해되지 못하는 책이라는 평을 받고 있기도 하다.

구조

1장		
1–4절	5–16절	17–25절
가만히 들어온 자	화 있을 자	믿음과 기도

1장	이단 경계	인사말 거짓 교사들이 받을 심판 경계와 권면 (21) 하나님의 사랑 안에서 자신을 지키며 영생에 이르도록 우리 주 예수 그리스도의 긍휼을 기다리라 축복

요한계시록(The Book of Revelations)				
책명	기록자	기록 연대	기록 장소	장수
요한계시록	요한	AD 95-96년	밧모섬	22장
핵심 주제	기록 목적		구성과 내용	
그리스도의 고난과 승리	핍박의 시대에 끝까지 이기고 승리할 것을 격려하기 위해		예수 그리스도께서 요한을 통해 전해주신 일곱 교회(궁극적으로 모든 교회를 의미)에 대한 편지 및 승리한 자들의 영광과 대적자들의 심판을 보여준다	

명칭과 저자

헬라어 성경에서 본서는 '요한의 계시'라는 뜻의 '아포칼립시스 이오안누'로 불린다. 영어성경 흠정역(KJV)에서는 'The Revelation of St. John The Divine'(신령한 사도 요한의 계시)으로 명명했는데 이 제목은 저자 요한의 이름 및 "예수 그리스도의 계시"라는 1장 1절 말씀에서 유래되었다.

* '아포칼립시스'(Apocalypsis)는 '드러냄, 계시, 벗김'의 뜻을 가진 명사로, 덮여 있던 무언가를 알게 된다는 의미가 있다. 이를 번역한 '계시' 또는 '묵시'는 '예언'과 비슷하지만 조금 다르다. 성경의 맥락에서 '예언'은 미래를 미리 안다는 좁은 뜻이 아니라 원칙적으로 '신탁'(하나님의 말씀을 맡음)이라는 뜻이다. 계시 또는 묵시는 환시(幻視)적 성격이 강하며, 역사의 신비를 전하는 것으로 간주된다.

본 서신은 기록자가 요한임을 여러 차례 밝히고 있다(1:1, 4, 9, 22:8). 사도 요한이라고 명시되지는 않았으나 초대 교부부터 오늘날까지 대다수 학자가 사도 요한을 기록자로 인정한다. 전승에 따르면 사도 요한이 AD 90년대 도미티아누스 황제의 기독교 박해로 밧모(파트모스, Patmos)섬에 유배되어 있을 때 하나님의 계시를 통해 미래(예수 재림) 때에 앞으로 일어날 일들을 이상과 환상으로 보고 기록했다고 한다.

수신자는 "아시아에 있는 일곱 교회"(1:4)로 소아시아의 에베소, 서머나, 버가모, 두아디라, 사데, 빌라델비아, 라오디게아의 교회를 가리킨다. 궁극적으로 세상 모든 교회를 지칭하신 것으로 봄이 타당할 것이다.

기록 목적과 배경

- 로마의 극심한 박해로 고난받는 성도들을 위로하기 위하여.
- 배교의 위험에 처한 교회와 성도들에게 용기를 주기 위하여.
- 하나님의 보호하심을 확실케 하여 그리스도의 재림을 대망하게 하기 위하여

본서를 기록한 시기는 명확하지 않다. 학계에서는 사도 요한이 도미티아누스 황제의 박해 시기에 밧모섬에서 계시를 보고 그곳에서 기록했거나 도미티아누스가 죽고 네르바 황제가 즉위한 해(AD 96년)에 풀려난 후 에베소로 가서 기록했을 것으로 보고 있다. 폴리캅(사도 요한의 제자)의 제자였던 교부 이레네우스는 계시록에 관하여 "그것은 과히 오래전이 아니라 거의 우리 시대에, 곧 도미티아누스의 통치 끝 무렵에 나타났다"라고 하였다.

도미티아누스는 로마 박해의 대명사 네로보다 훨씬 더 혹독하게 교회와 성도들을 박해했다. 네로 박해가 로마 중심이었다면 도미티아누스의 박해는 로마 제국 전역에서 광범위하고 가혹하게 이루어졌다. 이런 환난과 배교의 위협으로 교회와 성도들이 고통받던 시기에 하나님은 요한을 통해 악인의 영원한 파멸과 종말, 불같은 시험을 견디고 승리한 성도들이 누릴 상급과 그들이 거할 영화롭고 존귀한 새 예루살렘의 모습을 계시로 보여주신다.

요한계시록의 특징적 주제는 종말의 예언이다. 장차 이루어질 예수 그리스도의 재림을 강조하며(1:7; 22:20) 그 재림 전에 있을 환난 시대를 예언한다. 이 예언의 목적은 교회들로 환난에 대비해 믿음에 굳게 서고 인내하게 하기 위함이었다. 저자는 "이제도 계시고 전에도 계셨고 장차 오실"(1:4) 그리스도의 말씀을 통해, 극심한 고난 속에 있는 성도들을 위로하고 그리스도의 재림에 대한 소망을 전하며 인내하도록 격려한다.

내용

요한계시록은 놀라운 환상, 수많은 상징과 비유로 가득해 매우 난해한 책으로 알려져 있다. 본서는 사도 요한에게 아시아의 일곱 교회에 편지하라시는 예수 그리스도의 명령으로 출발한다(1장). 2-3장은 그 일곱 교회에 대한 그리스도의 편지 내용인데 각 교회에 대한 칭찬과 책망, 박해를 받을 때의 신앙 자세와 승리한 자에 대한 약속이 담겼다.

이후 4-5장에서는 하늘 보좌의 모습이 보이고, 6-18장의 일곱 인, 일곱 나팔, 일곱 대접의 심판이 이어지며 사탄과 그 세력의 멸망(19-20장) 후 마지막 21-22장에는 새 하늘과 새 땅이 나타난다. 그러나 4장에서 22장에 이르는 내용 역시 마지막 시대를 살아가는 교회를 향하여 "죽도록 충성하라", "끝까지 승리하라" 말씀하시는 주님의 편지로서, 이기는 자들에게 주어질 엄청난 영광과 축복을 약속하시고, 불순종하는 자들이 받을 징벌을 보여주시는 내용이라 할 수 있다.

구약이 예수 그리스도의 첫 번째 강림(초림)을 약속한 책이라면 신약은 오신 예수 그리스도에 관한 책이고 그중 요한계시록은 세상 마지막 때에 있을 예수 그리스도의 재림을 약속한 책이다. 특히 예수 그리스도의 재림 때 발생할 인류 미래의 사건들을 보여주는 신약성경 유일의 예언서이다. 또한 창세기 1장이 천지 창조라면 요한계시록 22장은 새 하늘과 새 땅의 지상 임재로 장엄하게 마무리되는데, 성경의 완결을 알리기에 부족함이 없다.

* 창세기의 예언과 계시록에 나타난 성취에 관해서는 43쪽의 〈창세기와 계시록〉 도표를 참조하라.

요한계시록에서 인용된 구약성경

번호	신약	구약
1	계 15:4	렘 10:7

구조

1장	2–3장	4–22장							
과거	현재	미래							
1	2–3	4–5	6–7	8–11	12	13	14	15–18	19–22
인자	일곱 교회	하늘 보좌	일곱 인	일곱 나팔	붉은용	바다 짐승	구원과 심판	일곱 대접	새 하늘과 새땅

요한계시록의 개요

1) 인자의 나타나심		
1장	예수의 계시	예수님의 현현. 일곱 교회를 향한 편지를 명령
2) 일곱 교회에 보낸 그리스도의 편지		
2장	예수님의 편지	에베소 교회 서머나 교회 버가모 교회 두아디라 교회
3장		사데 교회 빌라델비아 교회 라오디게아 교회
3) 하늘 보좌		
4장	하늘 보좌	천상의 보좌와 예배
5장	심판자 어린양	두루마리와 어린양

4) 일곱 인의 재앙		
6장	일곱 인 재앙	일곱 봉인에 담긴 심판
7장	십사만 사천	인치심을 받은 자의 수
5) 일곱 나팔의 재앙		
8장	일곱 나팔	일곱째 봉인과 금향로 첫째-넷째 나팔
9장		다섯째-여섯째 나팔
10장	작은 책	천사와 작은 책
11장	두 증인과 일곱 나팔	두 증인 일곱째 나팔
6) 붉은 용		
12장	여자와 용	여자와 붉은 용
7) 바다 짐승		
13장	두 짐승	두 마리 짐승 그 짐승의 이름의 수 666
8) 구원과 심판		
14장	구원과 심판	십사만 사천이 부르는 노래 세 천사의 전갈 마지막 추수
9) 일곱 대접의 재앙		
15장	일곱 재앙	마지막 재앙을 가진 일곱 천사 어린양을 찬양하는 노래
16장	일곱 대접	진노가 담긴 일곱 대접
17장	큰 음녀의 심판	큰 음녀가 받을 심판
18장	바벨론 멸망	바벨론의 패망
10) 새 하늘과 새 땅		
19장	어린양의 혼인 잔치	어린양의 혼인 잔치 백마를 탄 자
20장	천년왕국	천년왕국 크고 흰 보좌의 심판
21장	새 하늘과 새 땅	새 하늘과 새 땅 새 예루살렘
22장	마라나타	생명나무 예언의 말씀을 지키는 자는 복이 있으리라 내가 속히 오리라 두루마리의 말씀을 가감하지 말라

1. 인자의 나타나심

장	주제	내용
1장	예수의 계시	예수 그리스도께서 요한에게 주신 계시 일곱 교회에 대한 안부와 인사 전능하신 하나님을 찬양함 알파와 오메가이시고 장차 오실 전능하신 이 (8) 주 하나님이 이르시되 나는 알파와 오메가라 이제도 있고 전에도 있었고 장차 올 자요 전능한 자라 하시더라 네가 보는 것을 일곱 교회에 보내라는 큰 음성이 들리다 촛대 사이에 인자 같은 이의 환상을 보다 음성과 환상의 실체 처음이요 마지막인 이 요한의 임무 – 장차 될 일을 기록

2. 일곱 교회에 보낸 그리스도의 편지

장	주제	내용
2장	일곱 교회에 보낸 그리스도의 편지	일곱 교회에 주신 편지 ① – 에베소 교회 (4-5) 그러나 너를 책망할 것이 있나니 너의 처음 사랑을 버렸느니라 그러므로 어디서 떨어졌는지를 생각하고 회개하여 처음 행위를 가지라 만일 그리하지 아니하고 회개하지 아니하면 내가 네게 가서 네 촛대를 그 자리에서 옮기리라 (7) 귀 있는 자는 성령이 교회들에게 하시는 말씀을 들을지어다 이기는 그에게는 내가 하나님의 낙원에 있는 생명나무의 열매를 주어 먹게 하리라
		일곱 교회에 주신 편지 ② – 서머나 교회 (10) 너는 장차 받을 고난을 두려워하지 말라 볼지어다 마귀가 장차 너희 가운데에서 몇 사람을 옥에 던져 시험을 받게 하리니 너희가 십 일 동안 환난을 받으리라 네가 죽도록 충성하라 그리하면 내가 생명의 관을 네게 주리라
		일곱 교회에 주신 편지 ③ – 버가모 교회 (17) 귀 있는 자는 성령이 교회들에게 하시는 말씀을 들을지어다 이기는 그에게는 내가 감추었던 만나를 주고 또 흰 돌을 줄 터인데 그 돌 위에 새 이름을 기록한 것이 있나니 받는 자 밖에는 그 이름을 알 사람이 없느니라
		일곱 교회에 주신 편지 ④ – 두아디라 교회 (25-26) 다만 너희에게 있는 것을 내가 올 때까지 굳게 잡으라 이기는 자와 끝까지 내 일을 지키는 그에게 만국을 다스리는 권세를 주리니
3장		일곱 교회에 주신 편지 ⑤ – 사데 교회 (5) 이기는 자는 이와 같이 흰 옷을 입을 것이요 내가 그 이름을 생명책에서 결코 지우지 아니하고 그 이름을 내 아버지 앞과 그의 천사들 앞에서 시인하리
		일곱 교회에 주신 편지 ⑥ – 빌라델비아 교회 (12) 이기는 자는 내 하나님 성전에 기둥이 되게 하리니 그가 결코 다시 나가지 아니하리라 내가 하나님의 이름과 하나님의 성 곧 하늘에서 내 하나님께로부터 내려오는 새 예루살렘의 이름과 나의 새 이름을 그이 위에 기록하리라
		일곱 교회에 주신 편지 ⑦ – 라오디게아 교회 (20) 볼지어다 내가 문 밖에 서서 두드리노니 누구든지 내 음성을 듣고 문을 열면 내가 그에게로 들어가 그와 더불어 먹고 그는 나와 더불어 먹으리라

일곱 교회를 향한 주님의 편지							
교회	에베소	서머나	버가모	두아디라	사데	빌라델비아	라오디게아
성경	계 2:1-7	계 2:8-11	계 2:12-17	계 2:18-29	계 3:1-6	계 3:7-13	계 3:14-22
칭찬	선행, 인내, 악을 배격, 교회 질서, 주를 위해 성실	현실은 가난하나, 영적으로 부요함	고난과 순교의 위기에서 믿음을 지킴	사랑, 봉사, 믿음, 회개	몇 사람은 영적 순결을 지킴	적은 능력으로도 믿음을 지킴	
책망	처음 사랑을 버림		발람과 니골라당의 교훈을 지키는 자들이 있음	거짓 선지자 이세벨을 용납, 우상숭배와 행음	온전한 행위를 보지 못함		차든지 더웁든지 하라, 부자라고 하나 영적으로는 가난함
당부	회개하고 처음 사랑을 회복하라	환난을 두려워 말고 죽도록 충성하라	심판이 이르기 전에 회개하라	사랑과 믿음과 섬김과 인내를 굳게 지키라	너희 믿음을 점검하고 회개하라	아무도 네 면류관을 빼앗지 못하게 하라	연단한 금을 사서 부요하게 하고 흰 옷을 사서 수치를 면하고 안약을 사서 보게 하라
이기는 자에 대한 약속	하나님의 낙원에 있는 생명나무 과실을 주리라	생명의 면류관을 주리라 둘째 사망을 피하리라	감추인 만나와 흰 돌의 새 이름을 주리라	만국을 다스리는 권세와 새벽별을 주리라	흰 옷을 입고, 주와 동행하며, 생명책에 이름이 기록되리라	하나님의 성전의 기둥이 되고, 새 이름을 기록하리라	나와 함께 먹으리라, 내 보좌에 앉게 해주리라
특징	정통에 열심 사랑이 식음	물질에 초연 헌신과 충성	굳센 믿음 우상숭배	거짓 선지자 우상숭배	형식주의 행함이 없음	말씀과 바른 신앙	물질의 부요 세속적 교회
상징	첫사랑을 잃어버림	가난하나 부요함	믿음, 우상숭배	진리를 떠남	살았으나 죽은 교회	연약하나 충성스러움	부요하나 가난함

3. 하늘 보좌

4장	하늘 보좌	하늘 보좌와 천상의 예배 네 생물의 묘사 24장로의 경배와 찬양
5장	심판자 어린양	일곱 인으로 봉한 두루마리와 그 인봉을 떼실 자 네 생물과 장로들이 어린양을 찬양함 천사들과 모든 피조물이 어린양을 찬양함

4. 일곱 인의 재앙

6장	첫째–여섯째 인	첫째 인 – 흰 말이 나옴 둘째 인 – 붉은 말이 나옴 셋째 인 – 검은 말이 나옴 넷째 인 – 청황색 말이 나옴 다섯째 인 – 죽임당한 영혼들이 제단 아래에서 호소함 여섯째 인 – 해가 검어지고 달이 피같이 되며 별들이 떨어짐
7장	십사만 사천	바람을 붙잡은 네 천사와 인치는 천사 인침을 받은 십사만 사천 능히 셀 수 없는 큰 무리가 종려 가지를 들고 찬양함 천사들이 보좌 앞에 엎드려 경배함 환난에서 나온 성도들이 누릴 위로와 안식
8장 (1–5절)	일곱째 인	일곱째 인 – 일곱 천사가 일곱 나팔을 받음

일곱 인의 재앙(6:1–8:5)

	성경	나타난 것(상징)	도구	결과	의미
첫째 인	6:1–2	흰 말(복음)	활과 면류관	이기고 또 이김	복음의 승리 확장
둘째 인	6:3–4	붉은 말(전쟁)	권세와 칼	사람들이 서로 죽이게 함	마귀의 권세 성도의 고난과 순교
셋째 인	6:5–6	검은 말(기근)	저울을 가짐	한 데나리온에 밀 한 되, 보리 석 되	기근을 이기는 성도
넷째 인	6:7–8	청황색 말(음부와 사망)	칼, 기근, 전염병	땅 1/4을 죽일 권세	재난당하는 성도
다섯째 인	6:9–11	죽임당한 증인(순교자)	부르짖는 기도, 흰 겉옷	죽임당한 수가 차기까지 쉬라	순교자들의 탄원
여섯째 인	6:12–17	큰 지진, 천체의 변화	별들이 떨어지고 하늘이 말림	산과 섬들이 옮겨지고 사람들이 숨음	세상의 종말
일곱째 인	8:1–5	일곱 천사와 일곱 나팔	금향로와 향	성도의 기도와 향연이 함께 올라감	나팔 재앙의 준비

* 첫째 인의 상징에 관해서는 로마, 메시아, 그리스도, 적그리스도, 미래의 정복자 등 그 주장과 의미가 극과 극으로 갈라진다. 본 도표에서는 요한계시록에서 흰색(1:14, 14:14, 19:14)의 의미와 19장의 백마를 탄 자(19:11–13)가 상징하는 의미를 따라 복음으로 정리하였다.

여섯째 인 재앙과 일곱째 인 재앙 사이에 7장의 내용이 삽입되었다.

일곱 인 재앙의 구조								
첫번째재앙	두번째재앙	세번째재앙	네번째재앙	다섯번째재앙	여섯번째재앙	여섯째와 일곱째 재앙 사이에 삽입된 내용 (계 7장)		일곱번째재앙
						1	인 침을 받은 십사만 사천(1–8절)	
						2	하나님과 어린양 앞에 드리는 모든 성도의 찬송(9–12절)	
						3	어린양의 피로 옷을 씻은 자들, 하나님께서 그 눈물을 씻어주시리라는 약속(13–17절)	

5. 일곱 나팔의 재앙

8장 (6절–)	일곱째 인과 네 나팔	일곱째 인 – 일곱 천사가 일곱 나팔을 받음 첫째 나팔 – 피 섞인 우박과 불이 땅에 쏟아짐 둘째 나팔 – 불붙는 큰 산 같은 것이 바다에 던져짐 셋째 나팔 – 횃불 같이 타는 큰 별이 강과 물샘에 떨어짐 넷째 나팔 – 해, 달, 별의 1/3이 어두워짐
9장	다섯째와 여섯째 나팔	다섯째 나팔 – 땅에 떨어진 한 별이 무저갱의 열쇠를 받음 무저갱에서 나온 황충 여섯째 나팔 – 이만 만의 마병대 재앙을 당해도 회개하지 않는 사람들
10장	작은 책	작은 두루마리를 가진 힘 센 천사 인봉 된 일곱 우레의 말 비밀을 밝힐 일곱째 나팔 요한이 달고 쓴 두루마리를 먹다
11장	두 증인과 일곱째 나팔	측량 – 성전과 제단과 예배자들 이방인이 성전 바깥 마당을 짓밟는다는 예언 두 증인 – 예언, 죽음, 부활 큰 지진 일곱째 나팔 – 큰 음성의 선포, 장로들의 경배 성전 안의 표적

일곱 나팔의 재앙(8:6–11:19)					
	성경	나타난 일	도구	결과	의미
첫째 나팔	8:7	피 섞인 우박과 불이 땅에 쏟아짐	피 섞인 우박, 불	땅과 수목 1/3이 불탐	땅의 심판
둘째 나팔	8:8–9	불붙는 큰 산 같은 것이 바다에 던져짐	불붙는 큰 산 같은 것	바다 1/3이 피가 되고 바다 생물 1/3이 죽고 배 1/3이 깨짐	바다의 심판
셋째 나팔	8:10–11	횃불같이 타는 큰 별이 강과 물샘에 떨어짐	불타는 큰 별	강과 물샘 1/3이 쓴 쑥이 되고 쓴 물로 많은 사람이 죽음	강의 심판

넷째 나팔	8:12	해, 달, 별의 1/3이 어두워짐	해, 달, 별	낮밤의 비췸이 없고 어두움	해, 달, 별의 심판
다섯째 나팔	9:1–10	무저갱이 열려 연기로 해와 공기가 어두워짐	무저갱을 여는 열쇠, 황충	황충 고통 – 죽이지 않고 괴롭게 함 (다섯 달)	불신자들의 심판
여섯째 나팔	9:13–21	결박한 천사들이 놓임	이만 만의 마병대	사람 1/3이 죽고도 회개치 않음	세상의 심판
일곱째 나팔	11:15–19	하늘에 큰 음성이 나고 24장로가 경배함	번개, 음성, 우레, 지진, 큰 우박	하늘 성전이 열리고 언약궤가 보임	그리스도의 심판

여섯째 나팔 재앙과 일곱째 나팔 재앙 사이에 두 증인에 관한 내용(11:1-13)이 삽입되었다.

<table>
<tr><th colspan="9">일곱 나팔 재앙의 구조</th></tr>
<tr><td rowspan="7">첫번째재앙</td><td rowspan="7">두번째재앙</td><td rowspan="7">세번째재앙</td><td rowspan="7">네번째재앙</td><td rowspan="7">다섯번째재앙</td><td rowspan="7">여섯번째재앙</td><td colspan="2">여섯째와 일곱째 재앙 사이에 삽입된 내용 (계 11:1–13)</td><td rowspan="7">일곱번째재앙</td></tr>
<tr><td>1</td><td>이방인들이 성전 밖 마당을 마흔두 달 짓밟음(1–2)</td></tr>
<tr><td>2</td><td>두 증인이 1260일(마흔두 달) 예언(3)</td></tr>
<tr><td>3</td><td>무저갱에서 올라온 짐승이 두 증인을 죽임(7)</td></tr>
<tr><td>4</td><td>증인의 시체가 주가 십자가에 못 박히신 곳에 버려짐(8)</td></tr>
<tr><td>5</td><td>3일 반 후에 하나님이 살리시고 하늘로 올라감(11)</td></tr>
<tr><td>6</td><td>올라갈 때 큰 지진으로 성 1/10이 무너지고 칠천 명이 죽음(13)</td></tr>
</table>

6. 붉은 용

12장	여자와 용	하늘의 이적 – 해를 옷 입은 여자가 아들을 해산함 사탄이 미가엘에게 내쫓김 그리스도의 승리 붉은 용이 여자를 박해함

7. 바다 짐승

13장	두 짐승	바다에서 나온 짐승에게 용이 권세를 줌 성도들을 비방하는 짐승 땅에서 두 번째 짐승이 올라옴 짐승의 수 666

8. 구원과 심판

14장	구원과 심판	어린양에게 속해 구원받은 십사만 사천 첫째 천사 – 복음을 가짐 둘째 천사 – 바벨론의 멸망을 선포 셋째 천사 – 우상 경배와 표 받는 것에 대해 경고 (12) 성도들의 인내가 여기 있나니 그들은 하나님의 계명과 예수에 대한 믿음을 지키는 자니라 믿는 자들의 안식 땅의 추수 – 익은 곡식과 진노의 포도
15장	마지막 재앙 준비	성도들의 어린양 찬양 하늘에 증거 장막의 성전이 열림 일곱 천사가 진노가 담긴 금대접 일곱을 받음

일곱 나팔 재앙(11장)이 끝난 후 일곱 대접 재앙(16장)이 시작되기 전, 영적 싸움(12-13장), 십사만 사천과 최후심판의 예고(14장), 구원받은 자들(15장)에 관한 내용이 삽입되었다.

일곱 나팔 재앙과 일곱 대접 재앙 사이에 삽입된 내용								
일곱 나팔 재앙	영적 싸움		구원받은 십사만 사천		구원받은 자들		일곱 대접 재앙
	12장	13장	14장		15장		
	여자와 용의 환상	두 짐승의 환상	십사만 사천의 노래	최후심판 예고	성도의 어린양 찬양	증거 장막의 성전 열림	

일곱 존재(12–13장)			
	성경	대상	상징
첫 번째 인물	12:1	여자	회복된 이스라엘
두 번째 인물	12:3	붉은 용	사탄
세 번째 인물	12:5	사내아이	예수 그리스도
네 번째 인물	12:7	미가엘	천군 천사
다섯 번째 인물	12:17	남은 후손	세상적인 성도
여섯 번째 인물	13:1–10	짐승(바다)	적그리스도
일곱 번째 인물	13:11–18	짐승(땅)	거짓 선지자

9. 일곱 대접의 재앙

16장	일곱 대접	재앙 진노가 담긴 일곱 대접 첫째 대접 – 우상 숭배자들에게 독한 종기가 남 둘째 대접 – 바다 생물이 죽음 셋째 대접 – 강과 물 근원이 피가 됨 천사가 하나님의 공의를 찬양함 넷째 대접 – 해가 사람들을 태움 다섯째 대접 – 어둠과 아픔과 종기 여섯째 대접 – 귀신의 세 영이 아마겟돈으로 왕들을 모음 일곱째 대접 – 큰 지진과 우박
17장	큰 음녀의 심판	음녀가 탄 짐승의 비밀 – 일곱 머리, 열 뿔에 대한 설명 음녀가 앉아 있는 물에 대한 설명 음녀의 정체에 대한 설명
18장	바벨론 멸망	바벨론의 멸망을 기뻐함 왕들의 탄식 상인들의 탄식 선원들의 탄식 바벨론이 멸망하는 광경

진노의 일곱 대접(15:1–18:21)

	성경	대상 / 일어난 일	도구	결과	의미
첫째 대접	16:2	짐승의 표를 받은 사람들, 우상 숭배자들	피부병	악하고 독한 종기가 남	우상숭배자 심판
두 번째 대접	16:3	바다의 모든 생물	피	바다가 피같이 됨 바다 생물이 모두 죽음	바다 심판
세 번째 대접	16:4–7	성도와 선지자의 피를 흘린 자들	피	강과 물 근원이 피가 됨	핍박자 심판
네 번째 대접	16:8–9	해가 불로 사람을 태움	해(불)	하나님을 비방하고 회개치 않음	대적자 심판
다섯 번째 대접	16:10–11	나라가 어두워짐	흑암, 병, 종기	하나님을 비방하고 회개치 않음	비방자 심판
여섯 번째 대접	16:12–16	유브라데 강물이 마르고 동방에서 오는 길 예비	전쟁	귀신의 세 영이 전쟁을 예비(아마겟돈)	거짓 선지자 심판
일곱째 대접	16:17–18:24	큰 음녀의 심판, 바벨론의 멸망	번개, 지진, 우박	성들이 무너지고 각 섬과 산이 사라짐	바벨론 패망

계시록의 재앙은 ① 일곱 인 재앙, ② 일곱 나팔 재앙, ③ 일곱 대접 재앙이다. 이 모든 재앙이 끝난 후 이루어질 5가지 특별한 사건이 19장-22장에 기록되었다.

10. 새 하늘과 새 땅

19장	어린양의 혼인 잔치	허다한 무리의 찬양 어린양의 혼인 잔치에 청함을 받은 자들의 복 (7-8) 우리가 즐거워하고 크게 기뻐하며 그에게 영광을 돌리세 어린양의 혼인 기약이 이르렀고 그의 아내가 자신을 준비하였으므로 그에게 빛나고 깨끗한 세마포 옷을 입도록 허락하셨으니 이 세마포 옷은 성도들의 옳은 행실이로다 하더라 만왕의 왕 만주의 주 불의한 자들의 살을 먹는 새 죽임을 당한 짐승과 거짓 선지자
20장	천년왕국	천 년 동안 결박된 사탄 그리스도와 함께 다스리는 순교자
	백보좌 심판	마귀가 불과 유황 못에 던져짐 죽은 자들의 심판
21장	새 예루살렘	새 하늘과 새 땅 (3-4) 내가 들으니 보좌에서 큰 음성이 나서 이르되 보라 하나님의 장막이 사람들과 함께 있으매 하나님이 그들과 함께 계시리니 그들은 하나님의 백성이 되고 하나님은 친히 그들과 함께 계셔서 모든 눈물을 그 눈에서 닦아 주시니 다시는 사망이 없고 애통하는 것이나 곡하는 것이나 아픈 것이 다시 있지 아니하리니 처음 것들이 다 지나갔음이러라 이기는 자들의 상급과 멸망당할 자들의 둘째 사망 거룩한 성 새 예루살렘의 모습 성 안에 빛나는 하나님의 영광
22장	마라나타	생명수 강과 생명나무 천사가 계시를 확증함 (6) 또 그가 내게 말하기를 이 말은 신실하고 참된지라 주 곧 선지자들의 영의 하나님이 그의 종들에게 반드시 속히 되어질 일을 보이시려고 그의 천사를 보내셨도다 요한이 계시를 확증함 (8,10) 이것들을 보고 들은 자는 나 요한이니 내가 듣고 볼 때에 … 또 내게 말하되 이 두루마리의 예언의 말씀을 인봉하지 말라 때가 가까우니라 예수님이 계시를 확증하심 (12) 보라 내가 속히 오리니 내가 줄 상이 내게 있어 각 사람에게 그가 행한 대로 갚아주리라 (16) 나 예수는 교회들을 위하여 내 사자를 보내어 이것들을 너희에게 증언하게 하였노라 나는 다윗의 뿌리요 자손이니 곧 광명한 새벽 별이라 하시더라 예언의 말씀에 대한 경고와 하나님의 약속 (20) 이것들을 증언하신 이가 이르시되 내가 진실로 속히 오리라 하시거늘 아멘 주 예수여 오시옵소서

모든 재앙이 끝난 후 이루어질 일들				
19장	20장		21장	22장
어린양의 혼인 잔치	천년왕국 (1-10)	백보좌 심판 (11-15)	새 하늘과 새 땅	마라나타

계시록 1장과 22장의 대치구조		
1장(선언)	내 용	22장(결론)
1:1	이 예언은 요한에게 부탁하신 계시이다	22:8–10
1:2	이 예언을 가감하지 말라	22:18–19
1:1,8	이 예언은 하나님의 신실하고 참된 말씀이다	22:6
1:1	이 예언은 긴박한 명령이다	22:7,12
1:3	이 예언은 읽고 개방된 말씀이다	22:10
1:3,7	의인에게는 상급이, 악인에게는 형벌이 있다	22:14–15
1:8	하나님은 알파와 오메가(시작과 끝)이시다	22:13
1:11	이 책은 교회들에게 보낸 책이다	22:16

요한계시록의 교훈

1) 마지막 시대를 살아가는 교회들의 신앙 문제가 무엇인지를 구체적으로 깨우쳐주신다.

2) 주님의 명령에 순종하는 자들에게 주실 엄청난 영광과 축복을 약속하셨다.

3) 불순종하는 자들의 처참한 결국을 보여주심으로 회개의 절박성을 깨우쳐주신다.

기타 사도들의 사역과 역사적 연대표	
67–68	베드로의 순교
69	베스파시안의 예루살렘 침입
70	예루살렘 함락, 산헤드린공회 폐지
70–80	유다서 기록
81–96	도미티아누스의 박해 〈2차 박해〉
90	요한 서신서 기록
95	요한의 밧모섬 유배(계 1:6), 요한계시록 기록
96	도미티아누스의 죽음
100	얌니아회의, 사도 요한의 죽음

마지막으로 성경은 사도들과 충성된 자들에 이어 이후 모든 세대에게 사역을 부탁하신다.

복음의 여행을 마치며

우리는 구약 39권과 신약 27권의 생명의 말씀과 함께 복음의 여행을 하였다. 그 길들을 돌아볼 때 우리에게 분명한 복음의 세 가지 필수적인 메시지가 각인되는 것을 느끼게 된다. 사랑과 순종과 충성이다.

첫 번째는 사랑이다. 하나님을 사랑하고 이웃을 사랑하라는 하나님의 음성이다. 이 음성의 본질은 사랑이신 하나님께서 인간을 향해 품으신 근원적인 사랑에 있으며, 그 사랑의 은혜를 입은 인간이 하나님께서 주신 자유의지로 하나님을 인격적으로 사랑하는 것이 하나님과 화목하게 된 구원의 모습이다.

두 번째는 순종이다. 구원받은 자들의 삶은 하나님의 구원 사역에 참여해야 한다는 것으로, 모세처럼 순종하는 삶을 의미한다. 이것은 창조의 본질인 '생육하고 번성하고 땅을 다스리는', 하나님의 창조 목적과 인간의 본질적 존재 목적을 회복하는 것이다.

마지막으로 충성이다. 충성은 앞에서 언급한 순종의 적극적인 모습으로, 하나님의 사역에 대한 수동적인 참여가 아니라 능동적인 삶을 의미한다. 이 충성은 모세가 종으로서 순종했던 것과 비교할 수 없는, 예수님처럼 아들로서 하나님의 일에 참여하는 것을 의미한다.

그러므로 사랑과 순종과 충성은 우리가 평생을 통해서 실천해야 할 복습이고 과제로서, 이것은 성경 여행을 마친 우리에게 주신 하나님의 가장 값진 선물이라고 할 수 있을 것이다.

> 오직 성령이 너희에게 임하시면 너희가 권능을 받고 예루살렘과 온 유대와 사마리아와 땅 끝까지 이르러 내 증인이 되리라 하시니라 행 1:8

> 또 네가 많은 증인 앞에서 내게 들은 바를 충성된 사람들에게 부탁하라 그들이 또 다른 사람들을 가르칠 수 있으리라 딤후 2:2

BIBLE BUILD UP

부록 1 성경의 기본적인 배경

1. 성경의 저자 : 하나님**(성령으로 영감을 주심)**

성경은 성령의 감동을 입은 사람들에 의해 기록된 책으로서, 영감을 주신 하나님이 저자이시고 영감을 받은 인간이 기록한 것이다. 그러므로 성경은 인간 저자의 생각이 아닌, 하나님의 특별한 섭리로 기록된 책이다.

2. 성경의 기록자 : 사람들(성령의 영감을 받은) 약 40명

성경을 기록한 사람들의 직업이나 신분은 매우 다양하다. 왕, 법률가, 정치가, 농부, 어부 등 다양한 신분과 직업을 가진 사람들이 각기 다른 시대에 성경을 기록했다.

3. 성경의 기록 방법 : 성령의 계시와 영감을 받아서 기록

딤후 3:16 모든 성경은 하나님의 감동으로 된 것으로…
벧후 1:21 예언은 언제든지 사람의 뜻으로 낸 것이 아니요 오직 성령의 감동하심을 받은 사람들이 하나님께 받아 말한 것임이라

4. 기록 연대 : BC 1500(창세기) – AD 100(계시록) 약 1600년간

성경을 최초로 기록한 사람은 모세로, 그는 모세오경(창, 출, 레, 민, 신)을 기록했고 기록된 시기는 BC 1500년경으로 추정된다. 신약의 마지막 책인 요한계시록은 사도 요한이 AD 96년경에 기록한 것이다.
따라서 성경은 도합 약 1600년 동안 기록된 것으로 추정한다.

5. 성경을 기록한 언어

구약성경 히브리어로 기록 (단 2:4-7:28은 아람어로 기록)
신약성경 헬라어로 기록

6. 성경의 전체적인 주제

하나님께서 인간을 창조하신 본래 목적은 하나님을 대신하여 창조하신 세상을 다스리게 하는 것이었으나, 인간의 불순종과 범죄로 이 목적을 상실하고 하나님으로부터 분리되었다. 그러나 하나님의 긍휼과 사랑은 끊임없이 인간을 부르시며, 인간이 하나님께 돌아와 본래의 창조 목적을 회복하게 하고자 하신다. 구약 성부시대에는 하나님께서 친히 말씀하시고, 왕국시대에는 선지자를 통해서, 신약 복음시대에는 성육신하신 예수님이 말씀하셨으며, 승천하신 후에는 성령님의 사역으로 이어진다. 그러므로 성경 전체의 흐름은 하나님께 돌아오라는 '회개'와 하나님의 명령에 '순종'하라는 일관된 주제로 구성되어 있다. 그러므로 성경은 솔로몬의 말(전 12:17)처럼 인간의 존재목적이 무엇인지를 분명하게 말하고 있다.

7. 성경의 구성

예수 그리스도의 탄생을 기점으로 구약과 신약으로 나뉘며 구약은 오실 메시아(예수 그리스도), 신약은 오신 메시아에 관해 이야기한다. 구약 39권, 신약 27권으로 전체 66권이며 장과 절은 구약이 929장(23,214절), 신약 260장(7,959절)으로 전체 1,189장(31,173절)이다.

8. 성경의 연대기적 분류

성경을 역사적 관점으로 분류하면, 구약은 성부의 창조시대와 인간 왕들의 시대, 신약은 성자의 복음시대와 승천하신 후 성령의 선교시대로 구분할 수 있다.

부록 2 역사적 관점으로 보는 성경 개관

구약시대										신약시대		
세상	인류		이스라엘							예수 그리스도	교회	재림
창조	타락		선택	하나님나라 건설			왕국	멸망 회복	침묵	복음	선교	하나님 나라 완성
언약적 관점												
선악과	아담	노아	아브라함	시내산	모압	세겜	다윗	새 언약	중간 시대	언약 완성	재림 언약	
창 2:16–17	창 3:15	창 9:8–17	창 15: 9–21	출 19–24장	민 18:19	수 24: 14–18	삼하 7:5–16	렘 31:31–34	사 40:3	마 26: 26–29	요 14: 2–3	

부록 3 구속사관의 3가지 특징

1) 신의 존재를 인정하는 신정론적인 관점에서

역사의 주체에 관한 구속사관

역사의 존재 근거는 우연히 이루어지는 것이 아니라, 절대자인 하나님의 초월적인 섭리로 존재되고 유지된다.

2) 구원론적인 관점에서

역사의 목적에 관한 구속사관

역사란 방향 없는 진행이 아니라 택한 자의 구원이라는 분명한 방향과 목적을 향한 하나님의 섭리로 진행된다.

3) 종말론적인 관점에서

역사의 기간과 범위에 관한 구속사관

역사는 무한한 순환 반복이 아니라 태초부터 종말까지 하나님의 시간 속에서 종결되고, 그 후 새로운 세계의 영원한 역사 즉, 새 하늘과 새 땅에서의 역사가 개시된다.

역사는
결코 우연이 아니라, 하나님의 창조에 의한 필연이며
목적 없이 흘러가는 세월이 아니라 분명한 목적을 향한 하나님의 섭리이며
끊임없는 순환 반복이 아니라 태초부터 종말이라는 기간을 통해 인간 구속의 완성을 위한,
즉 새 하늘과 새 땅을 향한 하나님의 정해진 기간이다.

부록 4 구속사적으로 보는 성경의 언약

		명 칭	체결자	내 용	의 미	특 징
행위 언약		선악과 언약 (창 2:16–17)	범죄 이전 최초의 인류이자 대표인 아담과 하와	선악을 알게 하는 나무의 열매를 먹지 말 것. 어기면 반드시 죽음	하나님의 법의 첫 현. 인간이 하나님의 말씀에 순종하면 축복과 영생, 불순종하면 죽음이 주어짐	타락 전 인간에게 주신 첫 언약. 첫 사람 아담은 이 언약에 실패, 둘째 아담인 그리스도 안에서 성취됨(고전 15:45, 48–49). 쌍방 언약
은혜언약	옛 언약(구약)	여자의 후손 언약(창 3:15)	타락 후 모든 인류의 대표이며 선조인 아담과 하와	한 완전한 자가 여자의 후손으로 나타나 뱀의 머리를 깨뜨리고 뱀은 그의 발꿈치를 상하게 함	그리스도께서 여자의 후손으로 태어나 십자가에서 죽으시나 부활하사 뱀으로 상징된 사단을 멸하심(마 1:16–21 ; 갈 4:4 ; 계 12:9)	타락 후 인간에게 주신 첫 언약. 일명 원시 복음으로서 메시아에 관한 첫 예언. 일방 언약
		무지개 언약 (창 9:8–17)	대홍수에서 구원받은 노아와 그의 후손 및 생명 있는 모든 짐승	다시는 땅 위의 생물들을 홍수로 멸하지 않을 것	인간의 근본적인 연약함을 아시는 하나님께서 다시는 홍수(물)로 인간과 생물들을 심판치 않겠다는 보편적 의지 표명	여타 언약과 달리 일반 은총의 언약, 하나님의 영광을 상징하는 무지개로 언약의 증거를 삼으심. 일방 언약
		횃불 언약 (창 15:9–21)	믿음으로 의롭다 하심을 받은 아브라함	가나안 땅을 기업으로 주리라	하나님께서 믿음으로 의롭게 된 성도들에게 하늘의 썩지 않을 기업, 즉 그리스도 안의 축복을 주실 것(갈 3:9 ; 엡 1:3 ; 벧전 1:4)	하나님께서 횃불 모양의 가시적 형태로 나타나 언약하심. 기업은 하나님께서 주신 축복, 분깃을 상징. 일방 언약
		할례 언약 (창 17:1–22)	이스라엘과 모든 믿는 자의 조상이 된 아브라함과 그의 후손	하나님은 이스라엘의 하나님, 이스라엘은 하나님의 백성이 되리라	믿음으로 의롭게 된 자들이 옛사람을 버리고 그리스도 안에서 새롭게 됨으로 하나님의 왕국 백성이 됨(골 2:11)	내적 믿음에 대한 외적 증거의 요구(롬 4:11). 신약의 세례와 유사. 쌍방 언약
		시내산 언약 (출 19–24장)	아브라함과 이삭과 야곱의 자손으로서 출애굽한 이스라엘 백성	율법을 지키면 하나님의 축복을 받고 거역하면 저주를 받음	하나님과 그 백성 이스라엘의 상호관계가 사랑과 공의 가운데 맺어짐을 나타냄	이스라엘 백성은 이 언약을지키지 못함(출 32:1–20). 율법에 근거해 맺은 최초의 쌍무 언약
		소금 언약 (민 18:19)	제사장 아론과 그의 후손	하나님께 드려진 거제로서 성물을 제사장들에게 응식으로 주리라	부활 • 승천하신 그리스도께서 왕과 제사장으로서 성도(벧전 2:9)에게 생명의 양식(요 6:32–51)이 되심을 암시	소금은 부패, 변질을 방지하므로 이 언약은 변치 않는 영원한 언약임을 암시(왕하 2:19 –22). 일방 언약

은혜언약	옛 언약(구약)	제사장 언약 (민 25:10–31)	하나님을 위한 거룩한 분노로 불의를 척결한 비느하스	비느하스와 그의 후손이 영원히 제사장 직분을 수행케 하리라	하나님을 열심으로 섬기는 자에게 더 큰 상급을 주실 것에 대한 역사적 실례	'평화의 언약'(민 25:12)이라고도 함. 신앙의 열심을 촉구하는 언약. 일방 언약
		다윗 언약 (삼하 7:5–16)	이스라엘의 왕으로 선택된 다윗	다윗 왕의 위(位)를 영원히 그의 후손에게 잇게 하리라	그리스도께서 다윗의 육신적 후손으로서 영원히 왕노릇 하실 것(눅 1:32, 33 ; 계 19:16)	메시아(그리스도)의 통치. 일방 언약
		새 언약 (렘 31:31–34)	불순종과 우상숭배로 인해 쫓겨날 이스라엘	이스라엘의 죄악을 사하고 다시는 죄를 기억지 아니하리라	성도의 허물을 씻기시는 하나님의 무한한 사랑으로, 장차 그리스도가 와서 맺을 보혈 언약을 예표(마 26:28)	새 언약, 곧 신약(新約)이란 말이 성경 최초로 나타남. 이스라엘의 불순종에도 불구하고 무한하신 하나님의 사랑을 보여 줌. 편무(片務) 언약
	새 언약(신	보혈 언약 (마 26:26–29)	그리스도를 믿고 구원받은 모든 성도	하나님은 성도들의 하나님이 되시고 성도들은 하나님의 백성이 되며, 성도들의 죄는 모두 씻음 받음(히 8:10 –13)	성도들이 그리스도의 피로 죄 씻음 받고, 그와 함께 죽고 사는 '그리스도의 할례'(골 2:11)로 하나님의 백성이 되며, 성령 내주로 영적으로 하나님을 알게 됨(요 16:13)	구약에 예언됨(렘 31:31–34). 그리스도께서 보증과 중보가 되심(히 7:22, 8:6). 그리스도의 피로 맺어짐(마 26:28). 시간상 영원함(히 13:20). 일방 언약
		보혜사 언약 (요 14:16)	성령을 기다리는 모든 성도	보혜사 성령을 보내리라	예수 그리스도를 믿고 구원받은 모든 성도에게 성령님을 보내 심령 가운데 내재케 하시고, 나아가 그들 위에 임재케 하심으로 성도들이 진리 가운데로 인도받음	그리스도께서 부활 승천하신 후 성령께서 오순절에 임하심(행 2:1–4, 33). 보혜사 성령님은 영원히 성도와 함께하심(요 14:16–17). 일방 언약
		재림 언약 (요 14:2–3 ; 행 1:11)	예수 재림을 고대하는 모든 성도	그리스도 예수께서 다시 오시리라	그리스도께서 하나님의 정하신 때에 재림하셔서 사단을 멸하고 성도들을 온전히 구원하고 다스리심(마 25:41 ; 계 19:11–16)	그리스도 재림 때 성도들은 선행, 충성에 따라 상벌 받음(고후 5:10). 주님 재림의 때는 하나님의 권세 하에 있음. 일방 언약
언약은 쌍방적이지만, 구속사적인 언약은 대부분 일방적이고 무조건적이다						

부록 5 성경에 등장하는 하나님의 이름

야훼(Yahweh), 여호와(Jehova)	스스로 계시는 자(출 3:14–15 참조, 창 12:8)
여호와 이레(Yahweh Yireh)	여호와께서 준비하신다(창 22:8–14)
여호와 닛시(Yahweh Nissi)	여호와는 나의 기(旗)이시다(출 17:15)
여호와 살롬(Yahweh Shalom)	여호와는 평강이시다(삿 6:24)
여호와 사바오트(Yahweh Sabbaoth)	만군(군대들)의 여호와(삼상 1:3, 17:45 ; 시 24:10, 46:7, 11)
여호와 마카데쉠(Yahweh Maccaddeshem)	너희를 거룩케 하시는 하나님(출 31:13)
여호와 라아(Yahweh Raah)	여호와는 나의 목자(시 23:1)
여호와 치드케누(Yahweh Tsidkenu)	여호와 우리의 의(義)(렘 23:6, 33:16)
여호와 엘 게몰라(Yahweh El Gemola)	여호와는 보복의 하나님(렘 51:56)
여호와 나케(Yahweh Nakeh)	치시는 여호와(겔 7:9)
여호와 삼마(Yahweh Shamma)	여호와는 거기 계시다(겔 48:35)
여호와 라파(Yahweh Rapha)	치료하시는 여호와(출 15:26)
여호와 엘로힘(Yahweh Elohim)	여호와, 전능하신 하나님(삿 5:3 ; 사 117:6)
아도나이(Adonai)	주, 주인, 여호와 대신 사용된 이름(출 4:10–12 ; 수 7:8–11)
엘로힘(Elohim)	전능하신 하나님(복수형)(창 1:1, 26–27, 3:5, 31:13 ; 신 5:9)
엘 엘리온(El Elyon)	지극히 높으신 분, 강력한 전능자(창 14:18 ; 민 24:16)
엘 로이(El Roi)	감찰하시는 전능자(창 16:13)
엘 샤다이(El Shaddai)	전능하신 하나님(창 17:1)
엘 올람(El Olam)	영원하신 하나님, 영생하시는 하나님(창 21:33 ; 사 40:28)
엘 엘로헤 이스라엘(El Elohe Israel)	하나님, 이스라엘의 하나님(창 33:20)
예수(Yeshua)	여호와 구원자(마 16:13–16 ; 요 6:42 ; 행 2:36 ; 딛 2:13 ; 벧후 1:11)
임마누엘(Immanuel)	하나님이 우리와 함께하시다(사 8:8,10 ; 마 1:23)
크리스토스(Christos)	그리스도, 메시아, 기름부음 받은 자(마 16:13–16, ; 요 1:41, 20:31)
퀴리오스(Kurios)	주(主), 주인(눅 1:46 ; 행 2:36 ; 유 4)
소테르(Soter)	구주, 사망에서 우리를 구원하시는 분(눅 1:41, 2:11)
데오스(Theos)	하나님, 유일하신 참 하나님(눅 1:47 ; 요 20:28 ; 딛 2:13 ; 벧후 1:11)

부록 6 이스라엘 12지파의 평가

지파	뜻	모친	상징	야곱의 예언 (창 49장)	모세의 예언 (신 33장)	비 고
르우벤	괴로움을 권고하심	레아	끓는 물	탁월치 못함 (3-4)	외세의 위협 (6)	부친의 첩과 통간. BC 9세기 모압에 멸망(가장 먼저 멸망한 지파)
시므온	들으심	레아	잔해하는 칼	저주를 받고 흩어짐(5-7)	–	분노와 혈기로 파괴적 활동. 가나안에서 받은 땅이 박토라서 유다 지파와 동맹. 흩어져 지냄
레위	더불어 연합함	레아	잔해하는 칼	저주를 받고 흩어짐(5-7)	율법을 가르침(8-11)	분노와 혈기로 파괴적 활동. 전국에 흩어져 백성들에게 율법을 가르치고 제사 업무 주관(민 35:2)
유다	여호와를 찬송함	레아	사자	왕권 위임 (8-12)	이스라엘 왕권 보유(7)	영적 장자. 유다 지파에서 다윗과 예수 탄생(마 1:3).
단	재판장	빌하	뱀, 독사	재판권 위임 (16-18)	전투에 강함 (22)	강한 힘과 강직한 성품(수 19:47). 구원받은 인친 자 목록에 나오지 않음(계 7:4-8)
납달리	겨룸, 씨름	빌하	암사슴	아름다운 소리를 발함 (21)	풍요로움(23)	갈릴리호수 주변의 기름진 땅 소유. 웅변과 음악적 기질 풍부(삿 5장)
갓	복됨	실바	전사	용감성(19)	호전적 기질 (20-21)	이방인과의 접촉이 필연적 (대상 5:18).
아셀	기쁨	실바	기름진 식물	비옥한 토지 (20)	기름진 옥토 소유(24)	갈멜산 북방 해변의 옥토를 받음 (수 19:24-31)
잇사갈	값, 보상	레아	나귀	힘센 노동력 (14-15)	왕성한 내륙 상업 활동(18)	느긋한 기질과 강한 힘 소유(대상 12:32)
스불론	더불어 거함	레아	해변의 배	해변에 거함 (13)	왕성한 해상 무역 활동(18)	지중해 해안 지역을 받음(수 19:10-16)
요셉	더하다	라헬	무성한 가지	가장 탁월할 것(22-26)	물질적 축복 기원(13-17)	에브라임, 므낫세 두 지파를 배출해 두 지파 몫의 축복을 누림(창 48:8-22)
베냐민	오른손의 아들	라헬	이리	호전적 가문 형성(27)	안전과 보호 기원(12)	호전적 생활 와중에도 안전을 유지(삿 20:12-48)

부록 7 구약시대 전체 구조

구약시대																																						
성부시대																						인간(왕)시대																
창조								출애굽				광야				정복			정착			통일왕국				분열왕국												
창 1-11				창 12-50				출 1-40				민 1-36				수 1-24			삿 1-21			삼상 1-왕상 11				왕상 12-왕하 17 (분열왕국의 남북왕들)												
BC 2166 이전				BC 2166-1527				BC 1527-1446				BC 1446-1406				BC 1405-1390			BC 1390-1050			BC 1050-930				BC 930-722												
태초시대				선민시대																																		
창조	아담의 후손	홍수	노아의 후손	아브라함	이삭	야곱	요셉	모세의 출생	출애굽	시내산으로	시내산에서	가나안 땅으로	가데스바네아에서	38년의 방황	모압평지	가나안 입성	정복	분배	정착의 배경	7번의 침략	타락	사무엘	사울	다윗	솔로몬	BC 930-913 17	여로보암	BC 913-910 3	BC 910-869 41	나답	바아사(반역)	엘라	시므리(반역)	오므리(반역)	아합	엘리야	872-869 (공동통치) BC 869-848 25	아하시야
				BC 2166-1991	BC 2066-1886	BC 2006-1859	BC 1915-1805	BC 1527-1406														1103-1017	1050-1010	1010-970	970-930	르호보암	930-909 22	아비얌	아사	909-908 2	908-886 24	886-885 2	885 7일	885-874 12	874-853 22	875-851	여호사밧	853-852 2
창 1-2	창 3-5	창 6-8	창 9-11	창 12-23	창 24-26	창 27-36	창 37-50	출 1-6	출 7-15	출 15-18	출 19-40	민 1-12	민 13-20	민 20-21	민 22-36	수 1-5	수 6-12	수 13-24	삿 1-2	삿 3-17	삿 18-21	삼상 1-7	삼상 8-31	삼하 1-24	왕상 1-11	왕상 12-14	왕상 12-14	왕상 15	왕상 15	왕상 15	왕상 15	왕상 16	왕상 16	왕상 16	왕상 16-22	왕상 17-왕하 2	왕상 22	왕상 22-왕하 1
							욥				레				신						룻			시	아, 잠, 전													

* 본 도표에서 출애굽 시대는 모세의 출생부터이다(본문에서는 출애굽 준비부터임).

** 본 도표의 인간(왕)시대에서 사무엘과 엘리야, 엘리사, 다니엘과 에스더가 왕이 아니지만 도표에 포함된 것은 그들의 특별한 역할을 성경이 많은 분량으로 중요하게 다루고 있기 때문이다.

*** 분열왕국시대에서 위쪽의 이름은 북이스라엘의 왕, 아래쪽 이름은 남유다의 왕이며 재위 연도는 그 반대이다.

구약시대				
인간(왕)시대				
분열왕국	유다왕국	포로	귀환	침묵시대
왕상 12 – 왕하 17 (분열왕국의 남북왕들)	왕하 18 – 25장	단,에	스,느	
BC 930 – 722	BC 722 – 586	*BC 605	BC 537 – 432	BC 432 – 4

구분	연대	왕(인물)	성경	관련 성경
요람(여호람)		852 – 841 10	왕하 1–3	
	엘리사	851 – 797 54	왕하 2–8	
853–848 (공동통치)	BC 848 – 841 8	여호람 8:16	왕하 8	
	BC841 0	아하시야	왕하 8	
예후(반역)		841 – 814 28	왕하 9–10	
	BC 841 – 835 6	아달랴	왕하 11	
	BC 835 – 796 40	요아스	왕하 12	욜
여호아하스		814 – 798 17	왕하 13	
요아스		798 – 782 16	왕하 13	
	BC 796 – 767 29	아마샤	왕하 14	욘,암,호
여로보암 2세		782 – 753 41	왕하 14	
791–767 (부섭정)	BC 767 – 740 52	웃시야	왕하 15	
스가랴		752 6월	왕하 15	
살룸(반역)		752 1개월	왕하 15	
므나헴(반역)		752 – 742 10	왕하 15	
브가히야		742 – 740 2	왕하 15	
베가(반역)		740 – 732 20	왕하 15	
748–740 (공동섭정)	BC 740 – 732 16	요담	왕하 15	
743–732 (공동섭정)	BC 732 – 715 16	아하스	왕하 16	
호세아(반역)		732 – 722 9	왕하 17	
729–715 (공동섭정)	BC 715 – 686 29	히스기야	왕하 18–20	사,미
697–686 (공동섭정)	BC 686 – 642 55	므낫세	왕하 21	
	BC 642 – 640 2	아몬	왕하 21	
	BC 640 – 609 31	요시야	왕하 22–23	나,렘,습
	BC609 3월	여호아하스	왕하 23	
침략 1차 605 / 2차 598	BC 609 – 598 11	여호야김	왕하 23–24	합
침략	BC 598 3개월	여호야긴	왕하 24	
침략 3차 586	597 – 586 11	시드기야	왕하 24–25	겔,애,옵
포로시대		다니엘	단 1–12	
포로시대		에스더	에 1–10	
귀환 1차 귀환	BC 537–458	스룹바벨	스 1–6	학,슥
귀환 2차 귀환	BC 458–444	에스라	스 7–10	대상,대하
귀환 3차 귀환	BC 444–432	느헤미야	느 1–13	말
중간시대 바사시대	BC 432 – 331			
중간시대 헬라시대	BC 331 – 167			
중간시대 독립유다	BC 166 – 63			
중간시대 로마시대	BC 63 – 4			
중간시대 헤롯시대	BC 37 – 4			

* 유다왕국의 멸망은 BC 586년(바벨론의 3차 침입)이지만 포로시대는 바벨론의 1차 침입으로 1차 포로가 끌려간 BC 605년부터로 본다.

** 침묵시대 각 제국의 연대는 침묵시대 안에서의 연도로 한했다.

부록 8 성경시대 이스라엘 주변 제국과 왕들

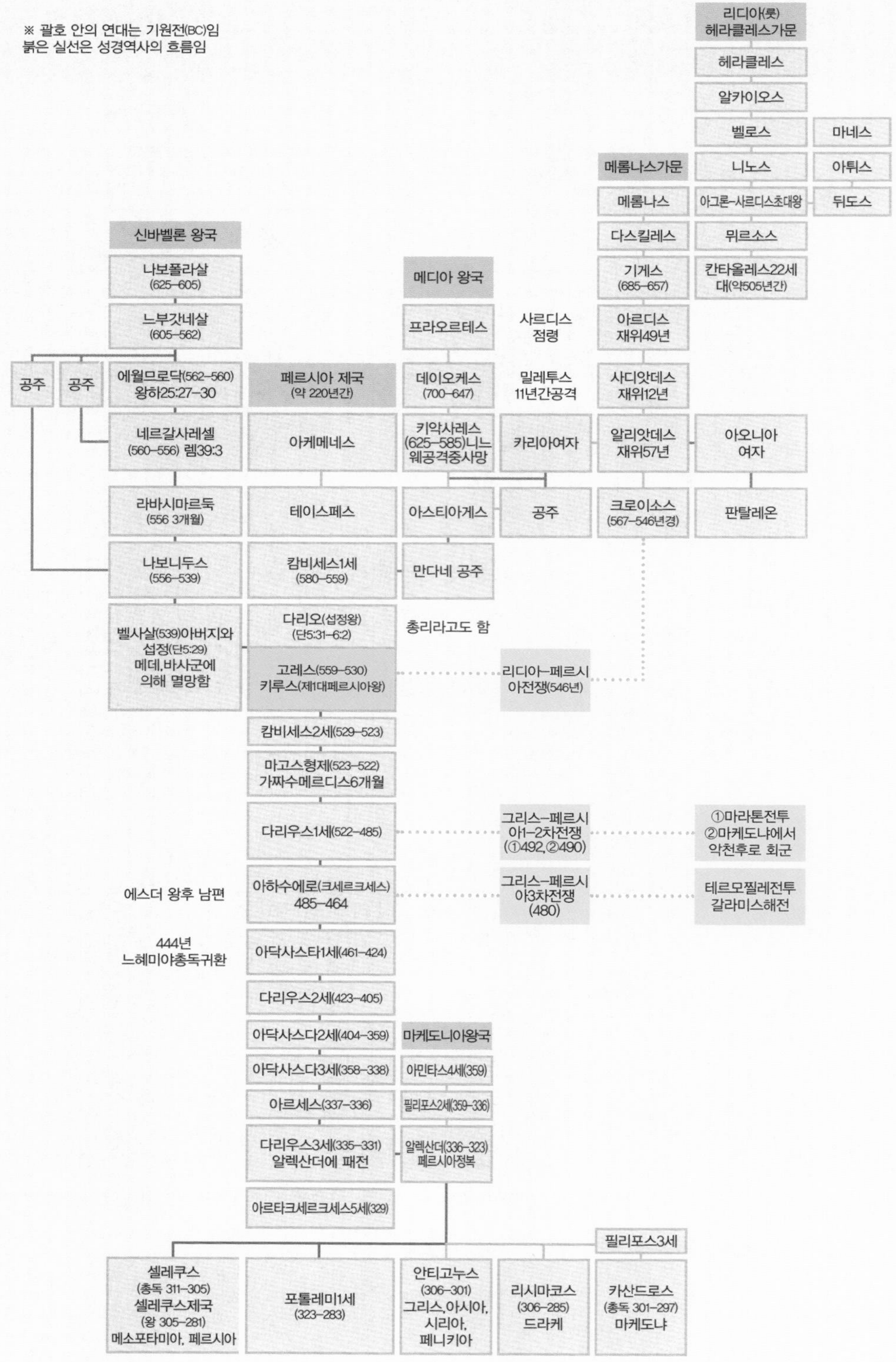

부록 9 유대인의 시간법

유대인들은 포로기 이전에는 해가 지고 뜨는 시점에 따른 대략적인 시간 구분법을 사용하다가 포로기를 거치면서 24시간 개념이 생겨나게 되었다. 그러나 해가 지는 저녁을 하루의 시작으로 보는 전통을 고수한 상태로 24시간 개념을 도입했다.

<table>
<tr><th>시대</th><th colspan="2">구분</th><th colspan="2">시각</th><th colspan="2">참조 구절</th></tr>
<tr><td rowspan="7">구약</td><td rowspan="3">밤</td><td>초저녁</td><td colspan="2">해 질 때 – 오후 10시</td><td colspan="2">애 2:19</td></tr>
<tr><td>이경</td><td colspan="2">오후 10시 – 오전 2시</td><td colspan="2">삿 7:19</td></tr>
<tr><td>삼경(새벽)</td><td colspan="2">오전 2시 – 해 뜰 때</td><td colspan="2">출 14:24</td></tr>
<tr><td rowspan="4">낮</td><td>아침</td><td colspan="2">해 뜰 때 – 오전 10시</td><td colspan="2">창 24:54</td></tr>
<tr><td>오정</td><td colspan="2">오전 10시 – 오후 3시</td><td colspan="2">창 18:1</td></tr>
<tr><td>서늘할 때</td><td colspan="2">3시 – 오후 6시</td><td colspan="2">창 3:8</td></tr>
<tr><td>저물 때</td><td colspan="2">오후 6시경(해 질 녘)</td><td colspan="2">삼상 30:17</td></tr>
<tr><td rowspan="15">신약</td><td rowspan="4">밤</td><td>저물 때</td><td colspan="2">해 질 녘 – 오후 10시</td><td colspan="2">마 26:20</td></tr>
<tr><td>밤중</td><td colspan="2">오후 10시 – 오전 1시</td><td colspan="2">막 13:35</td></tr>
<tr><td>닭 울 때</td><td colspan="2">오전 1시 – 오전 4시</td><td colspan="2">막 13:35 ; 눅 22:61</td></tr>
<tr><td>새벽</td><td colspan="2">오전 4시 – 해 뜰 때</td><td colspan="2">막 13:35</td></tr>
<tr><td colspan="5">24시간제</td><td></td></tr>
<tr><td rowspan="10">낮</td><td></td><td>저녁 기점
(유대식, 공관복음)</td><td>자정 기점
(로마식, 요한복음)</td><td>시각</td><td>참조 구절</td></tr>
<tr><td rowspan="3">아침(마16:3)</td><td>제12시</td><td>제6시</td><td>오전 6시</td><td>요 18:28</td></tr>
<tr><td>제3시</td><td>제9시</td><td>오전 9시</td><td>마 20:3</td></tr>
<tr><td>제4시</td><td>제10시</td><td>오전 10시</td><td>요 1:39</td></tr>
<tr><td>정오(행 22:6)</td><td>제6시</td><td>제12시</td><td>정오(12시)</td><td>마 20:5</td></tr>
<tr><td rowspan="4">저녁(마 16:2)</td><td>제9시</td><td>제3시</td><td>오후 3시</td><td>마 20:5</td></tr>
<tr><td>제11시</td><td>제5시</td><td>오후 5시</td><td>마 20:6</td></tr>
<tr><td>제0시</td><td>제6시</td><td>오후 6시</td><td>요 4:6</td></tr>
<tr><td>제1시</td><td>제7시</td><td>오후 7시</td><td>요 4:52</td></tr>
</table>

부록 10 유대인의 월력

종교력(성서력)	민간력	바벨론식(가나안식)	태양력	기후 조건	농사 관련	절기
제1월	7월	니산 (아빕)	3–4월	늦은비(봄비)	보리 추수 시작	14:유월절(출 12:18), 15–21:무교절(레 23:6), 16:초실절(레 23:10–11)
제2월	8월	이야르 (시브)	4–5월	환절기	밀 수확	14:제2차 유월절 (유월절에 불참한 자)
제3월	9월	시완	5–6월	건조기 (뜨거운 바람 유입)	이른 무화과 결실, 포도원 손질	6:칠칠절(샤부오트, 레 23:15–21)
제4월	10월	담무스	6–7월	무더위, 많은 아침 이슬	포도철	17:금식일, 예루살렘 회복 기념일(쉬바 아사르 베담무스)
제5월	11월	아브	7–8월	태양과 열기	감람(올리브) 수확	9:금식일, 성전 파괴 회상일(티샤 베아브)
제6월	12월	엘룰	8–9월	무더위 지속	여름 무화과, 대추야자 결실	·
제7월	1월	티슈리 (에다님)	9–10월	환절기(이른 비)	밭갈이 준비, 석류 결실	1:나팔절(신년, 로쉬 하샤나, 민 29:1), 10:대속죄일(욤 키푸르, 레 16:29–31), 15:초막절(수코트, 레 23:34–36) 22:셰미니 아체레트
제8월	2월	헤쉬반(불)	10–11월	비가 많음	경작의 계절 (보리, 밀)	·
제9월	3월	기슬르/ 기슬래	11–12월	겨울 시작(폭우) 곡물 파종	겨울무화과 결실	25:수전절(하누카, 요 10:22)
제10월	4월	데벳	12–1월	가장 추움(우박, 눈, 비 제일 많음)		10:금식일
제11월	5월	스밧	1–2월	점차 날씨가 따뜻해짐. 아몬드와 복숭아 개화		
제12월	6월	아달	2–3월	간혹 천둥과 우박	아마(삼) 벗김 감귤 수확	14–15:부림절(에 9:17–21)

부록 11 유대인의 화폐와 도량형

화 폐			
고대 사회에서는 물건을 사고팔 때 금, 은, 동 등 금속의 무게를 달아 값을 치렀다. 고대 이스라엘 사회에서 '세겔'을 기본 화폐로 볼 수 있다. 화폐가 정식으로 통용된 것은 바벨론 포로기 이후로 추정된다(스 2:69).			
시대	명칭	가치	참조 구절
유대	세겔(shekel)	은 11.4g	삼하 24:24
		금 : 은의 15배(노동자 4일 품삯)	대상 21:25
	게라(gerah)	1/20세겔(은 0.57g)	출 30:13
	베가(beka)	1/2세겔(은 5.7g, 성전세에 버금)	출 38:26
	므나(mina) 또는 마네	1/60달란트(은 570g)	느 7:71; 눅 19:13
	달란트(talent)	6,000드라크마(은 3,000세겔)	출 38:27
		금 : 은의 15배	마 18:24
	케쉬타(크시타) (a piece of money)	가치(무게)가 알려지지 않은 고대 족장 시대의 화폐(중량) 단위. '양 한 마리 값'으로 보기도 함	창 33:19 ; 수 24:32 ; 욥 42:11
바사	다릭(daric)	금 : 은의 20배(8.41g)	스 8:27 ; 대상 29:7
헬라	드라크마(drachma)	노동자 1일 품삯	눅 15:8
	디드라크마(didrachma)	2일 품삯(반 세겔)	마 17:24
	테트라드라크마 (tetradrachma)	1세겔(stater)	마 17:27
	렙돈(lepton)	1/2고드란트(최소 가치)	막 12:42

무게					
무게의 기본 단위는 '세겔'이다. 세겔에는 여러 종류가 있어서 일반인들이 통상적으로 사용했던 '보통 세겔'(가벼운 세겔)과 궁중이나 국가 공무에 사용했던 '왕실 세겔'(무거운 세겔), 성전과 종교적 행사에서만 제한적으로 사용된 '성전 세겔' 등이 있었다.					
시대	명칭	비교치	무게	참조 구절	비고
구약	세겔(shekel)	20게라	11.4g	삼하 14:26	
	반세겔	1/2세겔	5.7g	창 24:22	성전세(마 17:24)
	게라(gerah)	1/20세겔	0.57g	출 30:13	
	베가(beka)	1/2세겔	5.7g	출 38:26	
	마네(mina)	50세겔	570g	느 7:71-72	고대 바벨론, 그리스에서 통용
	달란트(talent)	3000세겔	34kg	출 38:25, 27	
	핌(pim)	2/3세겔	7.76g	삼상 13:21	
신약	드라크마(drachma)	1/2세겔	6g		
	리트라(litra, roman pound)	1/100달란트	327g	요 19:39	일명 '근'
	므나(mina)		570g	눅 19:13-25	구약에서는 '마네' 100드라크마
	달란트(talent)	60므나	34kg	마18:24; 계 16:21	20-40kg까지 다양한 무게

부피					
히브리 사회에서 고체 부피(마른 곡물)를 측정하는 기본 단위는 당나귀가 한 번에 질 수 있는 양인 '고르'(호멜)였고, 액체 부피의 기본 단위는 '밧'이었다. 하지만 시대와 장소에 따라 각각의 기준치가 달라서 표준화는 쉽지 않다.					
시대	명칭	비교치	부피	참조 구절	비고
① 고체					
유대	고르(cor)	10에바	220 ℓ	왕상 4:22 ; 겔 45:14	'말' 혹은 '석'(눅 16:6–7)
	호멜(homer)	10에바	220 ℓ	레 27:14 ; 겔 45:11	
	오멜(omer)	1/10에바	2.2 ℓ	출 16:16, 36	일명 '잇사론'
	록(log)		0.3 ℓ	레 14:10	
	갑(cab)		1.2 ℓ	왕하 6:25	
	에바(ephah)	1/10호멜	22 ℓ	출 29:40 ; 룻 2:17	
	스아(seah)	1/30호멜	7.3 ℓ	창 18:6	일명 '세아'
로마	크세스테스(xestes)		0.67 ℓ	막 7:4	일명 '주발'
	코이닉스(choinix)		1 ℓ	계 6:6	일명 '되'
	모디오스(modios)		8.8 ℓ	마 5:15 ; 눅 11:33	일명 '말'
	사톤(saton)		13 ℓ	마 13:33; 눅 13:21	일명 '말'
② 액체					
유대	밧(bath)	1/10호멜	22 ℓ	왕상 7:26	일명 '말' (눅 16:6–7)
	고르(kor)	10밧	220 ℓ	겔 45:14	일명 '호멜'
	힌(hin)	1/6밧	3.6 ℓ	출 29:40	
	갑(cab)		1.2 ℓ	왕하 6:25	
	록(log)	1/12힌	0.3 ℓ	레 14:10	
로마	크세스테스(xestes)		0.67 ℓ	막 7:4	일명 '주발'
	메테르테(metertes)		38.6 ℓ	요 2:6	일명 '통'

면적		
명칭	넓이	참조 구절
하루갈이(acre)	한 쌍의 소가 하루 동안 쟁기질할 수 있는 면적 (대략 2,755㎡)	삼상 14:14 ; 사 5:10
세아(seahs)	일정한 양의 씨앗을 파종하는 데 필요한 땅	왕상 18:32
한 호멜지기 / 마지기 (a homer of barley seed)	한 호멜(220 ℓ)의 곡식 종자를 뿌릴 수 있는 넓이의 땅	레 27:16

길이				
길이 단위의 기준은 '규빗'이다. 규빗은 성인 남자의 팔꿈치에서 가운뎃손가락 끝까지의 길이(약 45.6㎝)를 말한다. 이 규빗은 시대와 상황에 따라 그 길이를 달리 했다(특히 성전용은 약 52㎝ 되는 '큰 규빗'을 사용. 대하 3:3).				
명칭	비교치	길이	참조 구절	비고
규빗(cubit)	여섯 손바닥 너비	45.6㎝	창 6:15	길이의 기본 단위
뼘(span)	1/2규빗	23㎝	출 28:16	
손바닥 너비 (handbreath)	1/6규빗	7.6㎝	출 25:25	네 손가락 너비
갈대 자(reed)	6규빗	2.74m	겔 29:6 ; 계 21:15	
측량하는 장대 (measuring rod)		266.7㎝	겔 40:3 ; 계 21:15	
손가락 너비(finger)	1/4 손바닥 너비	1.9㎝	렘 52:21	
걸음(pace)		88.9㎝	삼하 6:13	
길(fathom)	1/100 스다디온	1.92m	행 27:28	물의 깊이 측정 단위
리(roman mile)	8스다디온	1.48㎞	마 5:41	
리(stadion)		192m	요 6:19, 11:18	
스다디온(stadion)		192m	계 14:20, 21:16	
하룻길 (day's journey)		32㎞	출 3:18 ; 눅 2:44	성인 남자 기준
안식일 허용 거리 (sabbath day's journey)	2,000규빗	1.1㎞	민 35:5 ; 행 1:12	도피성의 사방 기준

부록 12 12사도의 행적

이 름	별칭/출신/직업	성 격	기록성경	예수님의 평가	행적
초기 열두 사도					
시몬	• 베드로 /게바 • 갈릴리 벳새다 • 어부	직선적, 다혈질적이었으나 예수 부인 사건 후 복음 사역에 힘씀(요 18:10 ; 행 3:6)	베드로 전·후서	• 베드로(반석)라 칭하심(요 1:41–42) • 십자가를 가로막아 사단이라 꾸중받음 • 사람 낚는 어부가 되리라 하심(마 4:19) • 목양을 명령하심(요 21:17) • 비록 예수를 부인하나 후에 십자가 희생으로 그의 믿음을 보일 것(마 26:34)	• 3인의 주요 제자 중 최고 선임자격 • 예수를 메시아로 고백(마 16:16) • 예수 부인 후 곧 참회(막 14:66–72) • 사도 중 제일 먼저 예수 부활을 목격(고전 15:5) • 주로 유대인 상대로 복음 전파 • 로마에서 순교한 것으로 추정(AD 60년)
야고보	• 보아너게 (우뢰의 아들) • 갈릴리 • 어부	야망이 있고 충동적이며 정죄를 잘하나 예수를 깊이 신뢰(마 4:21 ; 행 1:13		• 우뢰의 아들이라 칭하심(막 3:17) • 사람 낚는 어부가 되리라 하심(마 4:19) • 예수의 잔을 함께 마실 것을 천명(마 10:39)	• 3인의 주요 제자 중 1인 • 예루살렘과 유대에 복음 전파 • 사도 중 최초 순교(헤롯에게, 행 12:1–3)
요한	• 예수의 사랑하시는 제자 • 갈릴리 • 어부	남을 쉽게 정죄하고 야망이 있었으나 후에 사랑의 사도가 됨(막 9:38 ; 요일 3:17)	요한복음, 요1·2·3서, 계시록	• 우뢰의 아들이라 칭하심 • 예수의 잔에 동참하겠다고 함(마 10:39) • 예수 승천 후 예수의 어머니를 돌봄(요 19:26–27)	• 3인의 주요 제자 중 1인 • 에베소를 중심으로 한 소아시아 선교 • 밧모섬 유배 후 사망(AD 100년)
안드레	• 갈릴리 벳새다 • 어부	이웃을 돕는 데 신속(요 6:8–9)		• 사람 낚는 어부가 될 것이라고 말씀하심(마 4:19)	세례 요한의 제자에서 예수의 제자로 전환(요 1:45–46) • 예수에 관해 베드로에게 소개(요 1:42) • 헬라 등지에서 선교하다 순교
빌립	• 갈릴리 벳새다 • 어부	의구심이 많음 (요 6:7)		• 예수께 하나님 아버지를 보여달라고 구함(요 14:7–12) • 빌립이 참으로 예수를 알고 보았다면 그 아버지도 알고 보았을 것이라 하심	• 나다나엘에게 예수를 증언(요 1:45–46) • 브루기아에서 선교 • 히에라볼리에서 순교한 듯함

바돌로매	• 나다나엘 • 가나	정직하고 진취적		• 정직한 자, 참이스라엘 사람이라 하심(요 1:47)	• 아르메니아에서 순교한 것으로 추정 • 바돌로매 복음서 저술
도마	• 디두모 • 갈릴리	용기와 의심이 많음		• 부활하신 예수를 직접 목격하고 만져본 후 겨우 부활을 믿은 사실에 대해 책망(요 20:29)	• 페르시아, 인도에서 선교하다 순교한 것으로 추정
마 태	• 레위 • 가버나움 • 세리	매사에 적극적이며 동료애가 투철(마 9:9–10)	마태복음	• 제자로 삼기 위해 부르심	• 예수를 초대(마 9:10) • 자신의 이름에 세리라는 칭호를 사용(마 10:3) • 에디오피아에서 순교한 것으로 추정
야고보	• 작은 야고보 • 갈릴리		야고보서?		• 블레셋과 애굽에서 선교하다 애굽에서 순교 • 예수의 사촌 야고보와 구별해 '작은 야고보'라 불림
다대오	• 유다		유다서?		• 작은 야고보의 형제(막 15:40) • 십자가 순교
시 몬	• 셀롯/가나나인 • 갈릴리	극명한 민족주의자(마 10:4)			• 십자가 순교
유 다	• 가룟	음흉하고 재리에 밝음(요 12:1–8)			• 그가 예수를 팔 것을 아시고 배신자로 칭하심(막 14:18)
후기 추가 사도					
맛디아					• 가룟 유다를 대신해 채택된 사도 • 에디오피아에서 순교한 것으로 추정
사 울	• 바울(행13:9) • 길리기아 다소 • 천막 제조	뜨거운 정열과 냉철한 이성 겸비(롬 9:3 ; 갈 6:17)			• 예수 사후 주께 소명 받아 사도가 됨 • 이방인의 사도 • 유일한 로마 시민권 보유자

부록 13 속사도시대–현대시대의 기독교 역사

100–313 속사도 시대	
100–200	〈초대교회의 이단들〉 영지주의 : 그리스도의 인성 부인, 천상적 육체, 신적 그리스도, 하나님의 양태일 뿐 에비온파, 알로고스파 : 그리스도의 신성 부인 아리우스파 : 두 본성의 완전성 부인, 하나님도 사람도 아닌 반신의 그리스도 네스토리우스파 : 두 본성의 통일성 부인, 두 본성의 뚜렷한 구분, 두 인격간의 합의일 뿐 유티케스파 : 두 본성의 부인, 하나님도 사람도 아닌 제3의 본성(인성이 신성에 흡수)
	〈신학자〉 유스티누스 : 안디옥 학파의 태두. 사마리아 출신으로 에베소에서 활동. 그리스어 사용. 2세기 최고의 변증가. 신구약 간의 메시아적 연속성 강조. 중보자로서의 말씀(=로고스). 반영지주의 이레네우스 : 서머나 출신. 로마 유학 후 리옹으로 이주해 리옹 교회 감독. 그리스어 사용. 반영지주의 신조 수립 및 이단 개념 정립. 메시아의 모형론적 관점으로 신구약 연결. 숫자와 기하학적 논리 강조 테르툴리아누스 : 서방–라틴학파의 태두. 카르타고 출신. 라틴어를 사용하는 첫 주요 신학자. 첫 삼위일체론, 한 위격 안에서 두 본성의 연합 클레멘트 : 알렉산드리아학파의 태두. 알렉산드리아 출신이며 그리스어 사용. 반영지주의. 성경의 완전성 보존. 지적 엘리트주의. 도덕적 진보를 강조. 연옥 개념 도입 오리게네스 : 알렉산드리아학파의 태두. 알렉산드리아 출신으로 클레멘트 계승. 테메트리우스 감독과 갈등. 가이샤라 이주. 그리스어 사용. 3세기 최고의 성경학자. 호전적 학문기동대 활동. 유대교와의 신학 논쟁. 최초의 성경 주석
132–35	제2차 유대 전쟁
150	순교자 저스틴이 로마에 〈예수제자훈련학교〉(Disciple–School) 설립
156	폴리갑 순교
170	콥틱(Coptic)어로 쪽복음 번역
180	인도에서 판테누스(Pantaenus) 설교
197	터툴리안(Turtullian 150–225)의 세계선교운동 촉구
200	기독교의 세계적 현황 : 그리스도 이후 6세대인 당시의 세계 3.4%가 기독교인이며 32%가 복음화되었고 성경은 7개 언어로 번역됨
202	오리겐이 알렉산드리아에서 박해를 피함(–254)
203	퍼피튜아 순교
206	테르툴리아누스의 몬타누스파 입문
215	알렉산드리아의 클레멘스 사망
220	오리겐의 세계선교운동 촉구
249	로마의 고넬료가(Conelius)가 골(Gaul) 종족에게 7인 선교사 파송
250	데키우스의 박해 로마 주교 파비안 순교
258	248년 이래 카르타고의 주교였던 키프리아누스 순교
268	260년경부터 안디옥 주교였던 사모사티의 바울이 이단으로 정죄됨
2**	미트라교의 도전 : BC 1400년경 이란에서 시작. 태양 숭배교. 로마 제국 군대의 수호신
276	마니교의 도전 : 이라크 셀레우키아–크테시폰에서 시작. 영지주의+가톨릭+힌두교+불교

2**	조로아스터교의 도전 : 이란의 고대종교, 불 숭배(배화교) 및 동물 희생 제사
287	그레고리에 의한 아르메니안인의 집단적 개종으로 야만인의 왕 티리바 테스 2세의 폭력적 박해가 시작됐으나 마침내 왕도 개종하여 세례를 받고 기독교를 국교로 선포
303	디오클레티아누스 황제의 박해 시작 – 최후, 최악의 박해
311	콘스탄티누스가 밀리안 다리 전투에서 콘스탄틴의 십자가를 군기로 삼음
313–590 니케아회의 시대(로마제국 시대)	
313	콘스탄틴 황제의 회심과 밀라노 칙령으로 로마제국의 기독교 공인, 콘스탄티누스와 리키니우스의 밀라노 회동, 기독교 관용령 발표
323	가이샤라 교회 : 유세비우스 감독, 《교회사》 발간
324	콘스탄티누스의 단독통치 시작
325	니케아 공의회에서 아리우스 정죄, 삼위일체론 확정 및 동일본질 선언 : 교회 융합→제국 통합
328	프루멘티우스가 이디오피아에 복음 전파
330	콘스탄티누스가 콘스탄티노플로 수도 이전 기독교의 세계적 현황 : 그리스도 이후 10세대인 당시의 세계는 12%가 기독교인이며, 36%가 복음화되었고 성경은 10개 언어로 번역됨
336	콘스탄티누스가 예루살렘에 성묘교회 건립 스페인의 교부 제롬이 헬라어 70인역 구약성경을 라틴어로 번역
337	콘스탄티누스가 세례받음(임종 직전)
340	울필라스가 고트족에서 선교 시작
346	파코미우스 사망
354	성 어거스틴 출생
360	투어스의 마틴(Martin of Tours)이 선교사역 개시
361	배교자 율리아누스의 로마 황제 즉위(363, 페르시아와의 전쟁에서 사망)
364	바질, 가이사랴의 주교 선임
367	알렉산드리아 교회 : 아타나시우스 감독, 신약성경 전체 목록 수립
374	암브로시우스가 밀라노의 주교로 선임됨(–397)
381	제1차 콘스탄티노플 공의회(콘스탄티노플 주교좌가 로마 다음의 위치를 차지)
382	다마수스 교황이 신구약 정경 목록 제시(공의회)
386	존 크리소스톰의 안디옥 설교 히에로니무스의 베들레헴 수도원 정착(–420)
390	황제 데오도시우스 1세의 데살로니가 학살, 암브로시우스 의해 수찬 정지
395	아우구스티누스가 힙포의 주교로 서임(–430) : 도나투스파와 펠라기우스파에 대적하는 저작들과 '신국론'이 아퀴나스의 때까지 서양사상을 이룸
398	존 크리소스톰의 콘스탄티노플 주교 서임

400	이집트의 수도사들이 에티오피아어로 성경 번역. 탈무드 완성 기독교의 세계적 현황 : 그리스도 이후 12세대인 당시의 세계는 17.1%가 기독교인이며, 39%가 복음화되었고 성경은 11개 언어로 번역됨
405	히에로니무스가 히브리어 구약성경을 라틴어로 번역, 벌게잇역 완성
410	고트족의 로마 점령
416	브리튼의 수사 펠라기우스 정죄(카르타고 공의회)
419	아우구스티누스 : 북아프리카 출신의 히포 레기우스 교회 감독. 삼위일체 논쟁 종료. 성경해석의 문자적 · 역사적 접근과 그리스도 중심주의 확립. 신약 27권 정경 추인. 《고백록》과 《신의 도성》 통해 로마교회 중심주의, 황제의 교회, 교회 최고주의를 위한 이론적 토대 확립. 북아프리카 도나투스파의 지역주의 폭력 진압. 신플라톤주의 바탕. 성자 신봉 확립. 서방교회의 은혜주의와 예정론이 동방교회의 수도원 전통과 대립
420	아스페벧 족장 치하에서 아라비아의 아랍 족속이 기독교로 개종
430	반달(Vandal)족의 북아프리카 점령 성 어거스틴 사망
432	패트릭(Patrick)의 아일랜드 회개운동 시작
431	에베소 공의회에서 네스토리우스 정죄, 니케아신조 재확인. 데오도코스를 마리아의 호칭으로 함
450	왕들의 주도 아래 지역단위로 기독교 개종
451	칼케돈 공의회에서 그리스도는 두 본성 안에 한 인격이라고 선언. 이집트 시리아에서는 거부하고 동방정교회로 나뉨
455	반달족의 로마 침입(레오의 협상)
457	니시비스의 총대주교 바르수아스가 신학교 설립
496	프랑크족(Franks)의 왕 클로비스(Clovis)가 세례받고 개종
498	중앙아시아 전역에 기독교 복음 전파 시작, 네스토리안(Nestorians) 선교사들이 1350년까지 터키스탄(Turkestan)에서 활약
500	기독교의 세계적 현황 : 그리스도 이후 16세대인 당시의 세계는 22.4%가 기독교인이며 42%가 복음화되었고 성경은 13개 언어로 번역됨
520	시리아인 전도자(Nestorians)들에 의해 세일론섬, 페르시안 주교 산하의 말라바(Malabar), 갠지즈강 유역에서, 훈족(Huns), 터크족(Turis), 위구르족(Uighurs), 티벳과 수마트라 등지에서 기독교 개종자 속출
523	유대인 아랍왕 두누와스의 박해로 아라비아의 나즈란과 힘마 지역에서 14,000명의 아랍 크리스천들 피살(Duh-Nuwas)
532	유스티니아누스 황제가 콘스탄티노플의 성 소피아성당 재건(-537)
540	유스티니안 황제의 명령으로 비잔틴제국 주변의 모든 야만족이 기독교로 개종, 소아시아의 7만 명에게 강제로 세례
547	코스마스 안티코플레우스테가 인도의 기독교인들을 언급한 지리서 작성
549	네스토리안 대주교가 중국 만리장성 북방 헤프탈릴 지경의 백인 훈족에 주교 파송
553	제2차 콘스탄티노플 공의회
563	콜룸바가 12사도와 함께 아일랜드를 떠나 스코틀랜드에 복음 전도
570	이슬람교의 창시자 마호메트, 메카에서 출생

590	교황권 확립(그레고리 1세)
592-1517 중세교회사	
596	그레고리 대제(Gregory the Great)가 영국에 어거스틴 주교를 파송
597	켄트족의 왕 에텔버트 세례
622	헤지라(메카→메디나, 이슬람 원년)
626	동로마 성상 숭배 금지
630	기독교의 세계적 현황 : 그리스도 이후 20세대인 당시의 세계는 22.5%가 기독교인이며, 39%가 복음화되었고 성경은 14개 언어로 번역됨
631	동 앵글(East Angles)족의 개종
632	모하메드 사망
635	네스토리아 선교회dml 중국 도착
637	롬바르드족의 개종
638	이슬람(아랍족)의 예루살렘 점령(혹은 633)
640	북아프리카 650만 베르베르(Berbers)족의 80%가 기독교로 개종, 그러나 950년까지 전부 이슬람으로 다시 개종
643-56	꾸란 최종판(아랍족의 이라크, 시리아, 이집트 점령)
664	휘트비 회의 : 로마교회의 부활절 계산이 켈트교회를 지배
681	제3차 콘스탄티노플 공의회에서 칼케톤 기독론 재강조, 단의론 정죄
685	윌프리드(Wifrid)가 영국의 기독교 개종을 완성
711	아랍족의 이베리아 반도 점령(-716)
716	보니파키우스가 프리지아로 제1차 선교여행
722	보니파키우스의 로마행
726	성상 논쟁 발발, 비잔틴제국 레오3세 황제 성상 파괴령
730	베데(Bede)의 《영구 교회사》(Church History of the English People) 편찬, 앵글로색슨족(Anglo-Saxon race)의 개종을 서술
731	버드, 《영국민족교회사》 완성(-735)
732	카를 마르텔 장군 뚜르 쁘와디아 전쟁에서 승리(이슬람군 격파)
737	2차 니케아 공의회에서 성상 사용 공인
754	보니파키우스 순교(프리지아에서)
768	프랑크 왕족 분할통치
775	동시리아 교회의 총 대주교가 셀레우키아-크테시폰에서 바그다드로 이전
780	촬레마그네(Charlemagne)가 색슨(Saxon)족에게 강제로 세례 주고 세례 거부자는 하루에 4,500명 처형 및 수천 명을 유형지로 추방

781	카롤링거 르네상스(엘퀸이 샤를마뉴의 자문관이 됨), 대진경교비문이 146년 전 동시리아교회 언급
787	제2차 니케아 공의회에서 성상 인정
793	북유럽의 해적들이 린디스판을 약탈(12년후에는 아이오나 약탈)
800	샤를마뉴가 교황 3세에 의해 신성로마제국의 황제로 대관됨(신성로마제국 800–1806) 아일랜드 켈트 사본, 희랍어에서 아랍어로 번역 착수(9–10 세기까지) 기독교의 세계적 현황: 그리스도 이후 16세대인 당시의 세계는 22.5%가 기독교인이며, 31%가 복음화되었고 성경은 15개 언어로 번역됨
815–42	성상파괴운동 재개
823	아랍족이 크레테 정복(827년 시칠리아 정복 시작)
826	덴마크(Denmark)의 왕 하랄드(King Harald) 세례
827	안스갈(Ansgar)의 덴마크 복음화운동 전개
831	안스갈(Ansgar)의 스웨덴 복음화운동 시작
840	동시리아교회 역사가 마르가의 주교 토마스가 '수장들에 관한 책' 저술
843	'정교회의 승리절' 성상들이 교회에 복귀됨
848	브레멘의 대주교 안스가르(830–65 덴마크와 스웨덴 선교)
849	랭스의 힝크마르 대주교가 주재하는 교회회의가 시인이며 문법학자, 비평가인 고트샬크(804–869)의 극단적인 예정론 정죄
862	시릴(Cyril)과 메토디우스(Methodius)가 모라비아(Moravia)에 파송
863–7	포티우스 사건–교황 니콜라스 1세와 콘스탄티노플 총대 주교 포티우스가 서로 파문함
863	'슬라브족의 사도'인 키릴루스와 메토디우스가 모라비아로 떠남–성경과 예배서 슬라브어로 번역됨
864	불가리아(Bulgaria)의 왕자 보리스(Boris) 개종
871–99	웨섹스의 알프레드 대왕, 데인족을 결퇴하고 기독교학문 장려
877	스코투어 에리게나(아일랜드계 철학자, 라온학교의 지도자) 사망
900	마그야르스(Magyars, 현재의 헝가리)에 복음전파
909	클뤼니 수도원 창설(개혁의 중심이 됨)
949	이슬람 세력이 모리타니아(Mauritania)의 유목민 베르베르(Berber)족을 포함한 기독교 세계의 50%를 점령
950	유럽 전역 기독교로 개종(–1000)
954	러시아(Russia)의 공주 올가(Princess Olga) 세례
961	아토스의 아타나시우스(–1003), 아토스 산에 라브라 설립
962	신성로마제국 탄생(오토 10세)
988	러시아의 개종–키에프의 왕 블라디미르(Prince Vladimir), 비잔틴 선교사에 의해 세례를 받음
996	엘–하킴 칼리프 치하에서 이집트의 콥틱 교회가 박해를 받음(–1021)

1000	레이프(Lief the Lucky)의 그린랜드(Greenland) 복음선교 기독교의 세계적 현황: 그리스도 이후 32세대인 당시의 세계는 18.7%가 기독교인이며, 25%가 복음화되었고,성경은 17개 언어로 번역됨
1009	네스토리안 선교사들이 북몽고(North Mongolia)의 수도 가라코룸(Karakorum)에서 터키족인 20만명의 케라이트(Keraits)족을 개종, 나미안족(Namians)과 메르키트족(Merkites)을 세례 예루살렘 성묘교회 파괴
1031	코르도바의 칼리프제 붕괴
1035	아라곤 왕국이 세워짐
1037	카스티유와 레온 왕국 통일
1046	수트리 교회회의-클레멘스 2세 교황
1049	레오 9세 교황의 교황청 개혁 시작(-1054)
1051	키에프에 동굴 수도원 창설
1054	동방교회와 서방교회의 완전 분열
1056	하인리히 3세 황제 사망-밀라노에서 파타리아 운동 발발
1059	교회 법령을 통해 추기경단에 의한 교황선거 확정
1060	노르만족이 이슬람 치하의 반도 정복 전쟁(-1092)
1071	만지케르트 전투에서 셀주크투르크족이 비잔틴 군대 격파
1073	그레고리우스 7세 교황 즉위
1076	보름스 공의회, 그레고리우스 7세 폐위(그레고리우스 7세는 하인리히 4세를 폐위 및 파문)
1077	카놋사의 굴욕(하인리히 4세 vs 그레고리우스 7세)
1080	하인리히 4세의 2차 파문 및 황제파 교황 클레멘스 4세 등장
1084	브루노가 카르투지오 수도회 설립
1093	안셀무스, 켄터베리 대주교 서임
1095	우르반 2세, 클레르몽 공의회에서 십자군 제의(제1차 십자군 1095-1099)
1098	안셀무스의 《왜 하나님은 인간이 되셨는가?》 저술 시토 수도회 창립(13세기 말에는 600개 이상으로 성장)
1099	십자군의 예루살렘 점령
1101	퐁트부르 수도원 창립
1112	버나드가 시토에서 수사가 됨
1122	보름스협약(성직임명권 협약)
1123	제1차 라테란 공의회
1129	트로이 공의회에서 성전기사회칙 확정
1130	인노센트 2세와 아나클레투스 2세가 대립교황으로 등장(케롤라리우스 총대주교가 서로 파문)

1139	제2차 라테란 공의회
1143	콜로뉴에서 서방 이단들에게 동방적 영향의 증거가 최초로 나타남 코란을 라틴어로 번역(클뤼니 수도원장의 가경자 피에르가 이슬람 연구 조직)
1146	베젤에서 버나드가 제2차 십자군 역설
1150	버나드의 《신중론》 저술되어 교황 에우게니우스 3세에게 헌정 중앙아시아 옹구트족(Onguts)의 개종
1157	페트루스 롬바르두스의 《명제집》 완성
1159	알렉산더 3세와 빅토르 4세의 분열이 프레드릭 바바로사와의 논쟁 후 나타남
1170	켄터베리의 대주교 토마스 베켓 피살(1174, 시성 됨)
1174	피터 발도가 개종하여 '리용의 가난한 사람들' 조직(발도파의 기원)
1177	베니스 조약이 알렉산더 3세와 바바로사의 분열을 해결, 제3차 라테란 공의회
1187	살라딘의 예루살렘 점령
1189	제3차 십자군 전쟁 발발(–1192)
1200	웬드족, 프러시안족, 리투아니안족과 기타 발틱해안의 종족들을 제외한 유럽 전반에 걸쳐 기독교화
1202	제4차 십자군 전쟁(–1204) : 콘스탄티노플 점령–라틴제국건설
1209	앗시시의 프란체스코가 최초의 회칙 제정, 알비파에 대항하는 십자군 조직
1212	소년 십자군 조직. 라스 나바스 데 툴로사에서 스페인 무어족들이 기독교인들에게 패함
1215	제4차 라테란 공의회에서 신학, 교회법, 성직자 교육, 신도생활 등 현실적인 지침 제시
1217–21	다미에타에서 제5차 십자군 조직(혹은 1218–22)
1219	프란치스코 수도사들(Franciscan Friars)의 북아프리카 파송 전도
1223	교황 호노라우스 3가 프란체스코 수도회칙 승인
1226	앗시시의 프란체스코 사망
1228–9	제6차 십자군 전쟁(프레드릭 2세가 협상으로 예루살렘 회복)
1239	그레고리우스 9세가 프레드릭 2세 파문
1244	이슬람교도들의 예루살렘 점령
1245	제1차 리용공의회에서 프레드릭 2세 폐위
1248–54	루이 9세가 이집트와 팔레스틴에서 십자군 주도(제7차 십자군 전쟁)
1250	중앙아시아 위구르족, 케라이트족, 몽골족과 모든 주요 종족들이 부분적으로 기독교화
1255	토마스 아퀴나스가 파리에서 교수로 학생들을 가르침(–1274)
1261	비잔틴 황제 미카엘 8세 팔라이올로고스가 콘스탄티노플을 회복
1270	루이 9세, 튀니지에서 십자군을 주도하던 중 사망
1274	제2차 리용 공의회가 로마교회와 동방정교회의 일치를 선언–동방과 슬라브 지역에서 거부

1281	오토만 제국(-1924)
1291	십자군이 악코에서 철수(십자군 전쟁 종료), 이후 이슬람의 확장
1295	몬테코르비노(Montecorvino)의 요한(John)이 중국 북경에 도착 몽고 왕조 이슬람으로 개종—동시리아 교회 파괴(앗시리아 교회는 쿤디스탄 산악지역에 잔존)
1302	보니페이스 8세의 '우남상탐'(Unam Sanctam) 발표-교황의 보편적 통치, 세속 권력에 대한 영적 권위의 우위 선언
1303	아나그니 굴욕(교황 보니페이스 vs 프랑스필립왕)
1305	클레멘스 5세 교황으로 선출 – 교황청의 아비뇽 유수
1309	바빌론 유수(70년간)
1324	파튜아의 마르실리우스 《평화의 수호자》 저술
1327-47	프란치스코회 수도사 오컴의 윌리엄이 실재론 비판, 교황청 논박서 저술
1327	독일 도미니크 수도회의 신비주의자 요한 에크하르트 사망
1347	유럽, 페스트로 인구 1/3 감소(~1351)
1350	기독교의 세계적 현황 : 그리스도 이후 44세대인 당시의 세계는 24.1%가 기독교인이며 28%가 복음화되었고 성경은 28개 언어로 번역됨. 기독교의 지리적 확장이 급격히 쇠퇴
1365	페름(Perm)의 주교 스테반이 러시아의 콤미-페름(Komi-Perm) 종족을 복음화
1368	중국 명조(Ming Dynasty)에 의해 기독교 폐지
1374	게르트 데 흐로테 회심(홀랜드의 데벤터에서 공동생활 형제단 조직)
1375-82	존 위클리프가 성직자의 부와 수도원, 교황의 권위 비판
1378	두 교황 우르반 6세와 클레멘스 7세의 대립으로 서방교회 대분열(-1417)
1387	흐로테의 제자 플로렌티우스 라더번스가 빈데샤임 수도원 설립
1413	얀 후스의 《교회론》 저술
1414	콘스탄스 공의회(-1418) : 공의회가 교황보다 우위에 있음을 천명
1415	콘스탄스공의회에서 얀 후스가 화형으로 순교
1418	토마스 아 켐피스의 《그리스도를 본받아》 저술
1433	쿠사의 니콜라스가 교회와 제국 개혁 프로그램을 제안
1438	페라라-플로렌스 공의회(-1439) : 로마교회와 동방정교회의 일치 선언-정교회는 거부
1440	자라 야콥 황제의 에티오피아 교회 개혁
1450	트리포(Trifo)와 테오도릿(Theodorit)이 콜라라프족을 복음화
1453	동로마 멸망(by 이슬람) 오토만 투르크 족에 의한 콘스탄티노플 점령
1478	'독일의 사보나롤라' 카이저베르크의 요한 가일러가 스트라스부르크에서 설교
1479	'스페인 종교재판'이 교황청의 승인 하에 설립됨

1483	마르틴 루터, 독일의 아이즈레벤에서 농부의 둘때 아들로 태어남
1492	스페인에서 이슬람교도 추방
1493	교황 알렉산더 6세가 스페인과 포루투갈 중재—신대륙 선교 분할
1498	바스코 다 가마(Vasoc da Gama)와 캐톨릭 선교사들의 인도선교
1500	새로 조직된 개신교 교회들이 거의 150–200년 동안 복음을 받지 못한 종족들에게 접촉하기 이해 노력을 경주
1501	히스파니올라(하이티)에서의 최초의 주교좌 설립
1503	황금해안(Gold Coast)의 추장 에후투(Efutu)와 1,300명 원주민의 세례 러시아 수도원의 두 그룹, '소유파'와 '비소유파'의 갈등
1506	교황 율리우스 2세가 로마에서 성 베드로 성당의 초석을 놓음
1508	미켈란젤로, 로마의 시스틴 성당 천장화를 그림
1509	에라스무스가 교회의 타락을 공격하고 수도원을 비판 존 칼빈 출생
1510	마르틴 루터의 로마 방문
1516	교황 레오 10세와 프랑스의 프란시스 1세간의 협약 에라스무스의 헬라어 신약성경 출판
1517–17세기 이후 근대교회사	
1517	마르틴 루터가 비텐베르크 대학교회 문에 95개조항의 반박문 게시(10.31)
1519	루터, 라이프찌히에서 에크 박사와 논쟁:교황수위권과 공의회의 무오류 거부 쮜리히에서 올드리히 쯔빙글리가 설교. 코르테스가 멕시코의 아즈덱 제국을 공격
1521	1월 3일 교황 교서(Decet Romanum Pontificem)에서 루터와 일당 파문 선언 보름스 국회에서 루터가 자신을 변호
1522	이그나티우스 로욜라가 〈영신수련〉 시작
1524	프란체스코회 수도사들이 멕시코에 도착 독일 농민전쟁(–1526)– 농민군 패배 후 토마스 뮌처 처형 윌리엄 틴테일의 영어 번역본 신약성경이 콜로뉴와 보름스에서 출판
1527–40	도미니크회 수도사 빅토리아가 살라만카에서 서인도제도 정복의 도덕성에 대해 강연(1528 베른에서 종교개혁이 채택됨)
1529	슈파이에르 국회에서 개혁의원들(제후 6, 도시 14)이 가톨릭 다수에 대해 항변서 제출('프로테스탄트'라는 어원의 시작) 루이스 볼라노스가 아르헨티나의 투구만 2만 명을 개종시킴(현재도 OFM이 이들을 위해 사역)
1530	아우그스부르크 국회에서 루터파가 아우그스부르크 신앙고백서 제출(멜랑히톤이 기초) 덴마크가 루터교 신조를 수용, 마르틴 루터를 포함한 많은 종교개혁자가 그리스도의 지상명령은 1세기의 사도들에게 주어졌을 뿐이요 사도들의 죽음과 함께 끊어졌다고 가르침
1533–5	뮌스터에서 재세례파의 천년왕국 사상에 기초한 국가 성립 이그나티우스 로욜라의 예수회
1534	잉글랜드에서 수장령 반포.칼티엘(Cartier)이 선교사들과 함께 캐나다에 도착
1535	《유토피아》의 저자 토마스 모어 처형

1536	존 칼빈의 《기독교강요》 초판이 주네브에 도착
1537	교황 파울루스 3세가 아메리카 인디언들의 자유와 재산권을 선언
1539	헨리 8세의 성경(Great Bible) 출판
1540	교황 파울로스 3세가 이그나티우스 로욜라의 예수회(Society of Jesus) 창건 승인, 선교활동 개시
1542	프란시스 자비에르의 인도 도착 및 선교활동 개시
1544	프란시스 자비에르가 트라반코에서 선교활동 시작. 1개월만에 1만 명의 무쿠바족에게 세례
1545	트렌트 공의회 정회
1546	마르틴 루터 사망
1549	잉글랜드 제1차 공동기도서 채택(Book of Common Prayer)
1550	기독교의 세계적 현황 : 그리스도 이후 51세대인 당시의 세계는 19.5%가 기독교인이며, 22%가 복음화되었고 성경은 28개 언어로 번역됨
1553	메리 튜더왕조 하에 잉글랜드에서 가톨릭의 반격 시작(–1558) 미카엘 세르베투스 화형
1555	칼빈이 위그노교도를 브라질에 파송 아우구스부르크 평화협약 –'한 지역에 한 종교'(cuius regio, eius religio) : 제후의 종교 따름 옥스포드에서 라티머와 리들리 주교 화형
1556	마나르섬에서 파라바족과 카레아족 등 진주조개잡이 어부들 가운데 4만 3천 명이 기독교인이 됨(–1583)
1557	최초의 '금서목록' 제시
1559	프랑스 개혁교회 최초 총회 잉글랜드 엘리자베스 여왕이 국교회 수립
1560	스코틀랜드에서 개혁교회 성립(존 낙스)
1561	벨기에 신앙고백(벨직)이 앤트워프에서 채택됨
1562	하이델베르크 요리문답 작성(칼빈주의적이면서 루터교적 요소를 지니고 있음)
1564	교황 피우스 4세(최초의 반–종교개혁 교황)가 트렌트 공의회 교령들 재가 칼빈 사망
1566	네덜란드에서 칼빈주의적 성상파괴운동 – 스페인의 필리페 2세가 저항세력 분쇄 명령
1573	콘스탄티노플의 총대주교 예레미아스 2세가 루터교 신학자들과 서신 교환(–1581)
1574	홀랜드에서 라이든의 칼빈주의적 대학 설립
1577	일치신조–루터교 신앙고백 발표
1579	인도 모굴 궁전에서 예수회 선교
1580	페루의 제수잇(Jesuit)교파 신학자 호세 드 아코스타가 〈미개인 복음전파〉(On the Preaching of 홀 Gospel Among the Savages)에 대한 기록을 통해 아메르 인디안(Amerindian)종족 전도의 문제점을 제시
1583	마테오 리치의 중국 도착

1588	영국교회(Anglican) 교구목사 하드리안 사라비아가 최초로 개신교 세계 선교운동의 중요성을 역설 스페인 무적함대 패배 스페인 예수회 회원 몰리나가 예정론을 반대하고 자유의지를 옹호하는 저작물 출판
1589	예레미아스 2세의 모스크바 방문–러시아교회가 총주교좌(Patriarchate) 위치 취득
1593	프란시스코 교단(Franciscans)의 일본 도착 프랑스의 앙리 4세가 가톨릭 수용, 종교전쟁 종식 스웨덴이 아우구스부르크 신앙고백 수용
1596	브레스트–리토프스크 공의회(우크라이나 정교회 대부분이 동방가톨릭교회로 로마교회에 귀속)
1598	낭트칙령으로 프랑스 개신교도들의 안전 보장
1599	우다얌페루르 공의회 – 말라바르 기독교인들이 로마교회에 순응
1600	기독교의 세계적 현황 : 그리스도 이후 52세대인 당시의 세계는 20.7%가 기독교인이며, 24%가 복음화되었고 성경은 36개 언어로 번역됨(쪽 성경이 인쇄된 것은 41개 언어) 지오르다오 브루노가 로마에서 화형됨
1602	네덜란드 정부가 동인도제도의 말레이족(Malays)을 개종하기 위한 선교사 파송
1606	로버트 드 노빌리(Robert de Nobili)의 마두라(Madura) 도착
1611	킹 제임스 성경 출판
1614	일본에서 기독교 예배 금지 교서 공포
1618	도르트회의에서 알미니우스의 교리 정죄
1620	메이플라워호가 홀랜드와 잉글랜드를 떠나 아메리카 대륙으로 항해
1622	교황 그레고리 15세가 〈신앙전파를 위한 신성회중〉(Cacred Congregation for the Propagation of the Faith) 설립
1626	티벳 최초의 교회(예수회) 설립
1629	마태복음이 말레이어(Malay)로 번역(비서구어로 번역된 최초의 사건) 대주교 키릴루스 루카리스, 개신교적 '신앙고백' 반포
1633	카리타스 수녀회, 빈센트 드 폴과 루이제 드 마릴락에 의해 설립됨
1637	일본에서 심바라 폭동(박해받던 기독교인들의 폭동)
1640	몰리나의 예정론을 반박하는 아프레의 주교 코르넬리우스 얀센의 유저 《아우구스티누스》 출판
1642	이아시 공의회에서 루카리스의 '신앙고백' 정죄, 키에프의 수도 대주교인 모길라의 페테루스의 라틴 교회적 신앙고백을 수정하여 인정
1643	앙트완느 아르노가 프랑스에서 예수회 공격, 얀센의 주장 옹호
1647	조지 폭스 설교 시작(후에 친우회라 불리우는 퀘이커회 조직)
1648	베스트팔리아 평화조약 체결로 30년 전쟁 종식
1649	〈뉴잉글랜드 복음전도회〉(Society for the Propagation of the Gospel in New England) 설립 및 아멜인디언(Amerindian) 선교를 위해 존 엘리엇(John Eliot)을 최초의 선교사로 파송
1650	러시아 정교회가 버링 스트레잇종족(Bering Strait) 선교를 위해 시베리아를 횡단 기독교의 세계적 현황 : 그리스도 이후 54세대인 당시의 세계는 21.1%가 기독교인이며, 24.7%가 복음화되었고 성경은 45개 언어로 번역됨

1652–97	안토니오 비에이라가 브라질 인디오들에 사역
1653	교령(Cum Occasione) 5개 명제를 정죄–얀센주의들은 얀센에서 이것들을 찾을 수 없다고 주장
1654	파스칼 회심
1655	사보이 공작이 발도파 박해
1656–7	파스칼의 《지방 주교들의 편지》가 예수회의 은혜론과 결의론 비판
1660	찰스 2세 잉글랜드의 성공회 복귀
1663	져스티니안 폰 벨츠가 독일교회와 학생들의 세계선교에 대한 각성을 촉구
1664	폰 벨츠(Von Weltz) 문제가 선교의 필요를 언급하다
1666	러시아 구파 신자들 분열(–1667)
1667	영국 시인 존 밀턴(John Milton)이 저서 《실락원》에 '만민에게 복음을!'이란 구절을 사용
1668	스페인의 괌(Guam)에 군사기지와 카톨릭 선교회 설립
1670	다카(Dacca)에서 2만 명의 나마수드라 벵갈리스들이 힌두교에서 카톨릭으로 개종
1672	예루살렘 공의회가 예루살렘의 도시테우스 총주교의 라틴교회적 신앙고백을 인정
1673	러시아에서 칼믹족이 최초로 동방정교회로 개종
1675	필립 야콥 스페너의 《경건한 소원》(Pia Desideria) – 독일 경건주의의 기원
1678	리처드 시몽의 《구약 성서의 역사적 비판》 구약 비평의 시초
1692	중국, 황제의 칙령으로 기독교 예배 허용
1698	〈기독교 증진회〉(Society for the Promoting Christian Knowledge) 창설 동인도회사 헌장이 인도에 전속 목사 파송을 결정
1699	페넬롱의 정적주의가 보슈에와의 논쟁 이후 교황에 의해 정죄 됨
1700	기독교의 세계적 현황 : 그리스도 이후 56세대인 당시의 세계는 21.7%가 기독교인이며, 25.2%가 복음화되었고 성경은 52개 언어로 번역됨
1701	러시아의 중부 볼가 지방에서 1705년까지 3,638명의 야만인 케레미스인들이 세례받음 복음전파회(Society for the Propagation of the Gospel) 해외부서 창설
1702	토볼스크의 주교 휠로훼이가 1721년까지 160개 교회로 성장시키고, 4만 명의 오스트족, 보걸족, 시리안족, 야쿠족에 세례
1704	중국과 인도의 관습에 대한 예수회의 타협을 다루기 위해 교황 대표가 동방에 오다
1705	〈네덜란드–할레 선교회〉(Danish–Halle Mission) 창설
1709	존 웨슬리 출생
1710	칼 폰 칸스테안(Karl Von Canstein) 백작이 동독의 할레(Halle)에 최초로 칸스테인 하우스 인쇄소를 설립하여 80년 동안 300만 권의 성서를 출판
1722	진젠도르프(Zinzendorf)가 독일에 헤른후트(Herrnhut) 설립
1723	중국의 융첸 황제의 통치–기독교인 박해(–1726)

1726	북아메리카에서 대각성운동 시작
1727	조나단 에드워드 회심
1732	모라비안 교도(Moravians)의 첫 선교사 파송
1736	모라비안 선교사들의 알창겔스크 사모에드 족(Samoyeds of Archangsk)을 위한 선교사역 중국의 반기독교 칙령 발포
1738	존 웨슬리 회심
1741	교황 베네딕투스 14세 선출 조지 휫필드 미국에서 설교
1742	헨델의 〈메시아〉 초연
1743	요셉 초툰세비스키를 중심으로 캄차카(Kamchatcha)를 위한 복음화 운동개시
1746	기독교인 프리드리히 슈바르츠 인도행
1747	조나단 에드워드(Jonathan Edwards)의 〈세계 복음화 기도운동〉 제창
1749	파리에서의 '성례 거부' 위기의 시작(의회는 얀센주의자를 지지)
1750	기독교의 세계적 현황 : 그리스도 이후 57세대인 당시의 세계는 22.2%가 기독교인이며 25.8%가 복음화됨
1751	오스트야크(Ostyaks)가 오브도르스크(Obdorsk) 지역의 북극 연안까지 복음을 전파
1759	브라질에서 예수회 추방 브리태니아의 퀘벡 점령(캐나다의 가톨릭교도들에게 종교자유 인정)
1760	아에톨리아인 코스마스가 아토스에서 제1차 선교여행(1779년에 투르크족에 의해 순교)
1773	교황 클레멘스 14세, 예수회(Society ofJesus) 탄압 북아메리카 최초의 감리교 연회개최
1774	러시아와 오토만 제국 간에 쿠축 카이나르지 조약 체결
1781	황제 요세푸스 2세의 관용령
1783	미국 독립(베르사이유 조약)
1784	이승훈이 중국에서 조선에 천주교 전래
1787	모라비안교파 해외선교 기관인 〈이교도를 위한 복음 전도회〉(Society for Propagating the Gospel Among the Heathen) 창설 프랑스에서 개신교 결혼 법제화
1788	프랑스 성직자 총회의 삼부회 소집 요구 브리타니아 의회가 노예부역 규제
1789	프랑스의 삼부회가 프랑스의 교회 재산 매각 결정
1791	프랑스 성직자 절반이 성직자법 거부 존 웨슬리 사망
1792	러시아 정교(껸나무 Orthodox)의 수도사 출신 8명의 선교사들이 알라스카의 코디아크섬에 도착하여 2,500명의 에스키모 정령숭배자들에게 세례(1795년까지 1만 명 세례) 영국의 윌리암 캐리(William Carey)가 〈침례교선교사협회〉 설립

1793	윌리엄 캐리가 최초로 〈세계 기독교선교현황〉을 조사 〈필로칼리아〉 슬라브어로 번역 프랑스의 공포정치와 탈기독교화(-1794)
1795	〈런던 선교사협회〉(London Missionary Society) 창설
1796	〈스코틀랜드 선교사협회〉(Scottish Missionary Society) 창설 〈글라스고우 선교사협회〉(Glasgow Missionary Society) 창설 〈네덜란드 선교사협회〉(Netherlands Missionary Society) 창설 〈런던 선교사협회〉(LMS)가 최초로 선교사들을 타이티(Tahiti)에 파송 〈교회 선교사협회〉(Church Missionary Society) 창설 학생운동(Student Movement) 폭발 〈전도지 선교회〉(Religious Tract Society) 창설
1800	기독교의 세계적 현황: 그리스도 이후 59세대인 당시의 세계는 23.1%가 기독교인이며, 27.1%가 복음화되었고 성경은 67개 언어로 번역됨
1801	조선에서 가톨릭 신도 박해 미국 회중교회와 장로교회가 '일치계획' 입안(1837년에 폐기)
1802	미국에서 개척지 복음 전파를 위해 〈메사추세츠 침례교 선교회〉(Massachusetts Baptist Missionary Society) 창립
1804	〈영국과 해외 성서공회〉(British and Foreign Bible Socieyt) 창설 세르비아인들이 오토만 통치에 반기
1805	선교사 헨리 마틴이 동인도회사의 전속 목사로 인도에 도착
1806	〈해이스택 기도회〉(Haystack Prayer Meeting)로 말미암아 학생선교운동 개시 신성로마제국 붕괴 영국의 희망봉 점령
1807	로버트 모리슨(Robert Morrison) 중국 도착 – 개신교 최초의 중국 선교사 사무엘 마스텐, 뉴질랜들의 마오리족에 선교
1810	〈미국 해외선교 위원회〉(American Board Commissioners for Foreign Missions)가 창설
1812	최초로 미국 선교사들이 인도를 향해 항해
1814	예수회(Society for Jesus) 복귀
1815	〈바셀 선교사협회〉(Basel Missionary Socieyt) 창설 미국 회중교회에서 유니테리안 분리 조직 기독교의 세계적 현황: 그리스도 이후 60세대인 당시의 세계는 24.4%가 기독교인이며, 30.3%가 복음화되었고 성경은 86개 언어로 번역됨
1816	〈미국 성서 공회〉(American Bible Socieyt) 창설
1817	로버트 모회트(Robert Moffat)의 아프리카 도착 프러시아와 다른 독일 국가들에서 루터파와 칼빈파 연합
1819	〈런던 사무원협회〉(London Secretarise' Association) 창설 볼티모어에서 미국 가톨릭 주교들의 제1차 지역회의
1822	〈파리 복음선교회〉(Paris Evangelical Missionary Society) 창설 브라질 독립(포루투갈에서)
1825	〈미국 전도 소책자 선교회〉(American Tract Society) 창설
1826	〈미국 가정 선교협회〉(American Home Missionary Society) 창설 볼가(Volga) 지역에서 러시아 정교회(Russian Orthodox)로부터 집단적 이탈 영국령 인도에서 과부를 불태우는 것 금지

1828	〈라인 선교사협회〉(Rhenish Missionary Society, RMS) 창설 및 보르네(Borneo)의 대야크족(Dayaks)을 위한 선교 시작(1839년에 대야크인의 첫 세례자 탄생)
1830	미국 목사들에 의해서 발간된 〈프로테스탄트〉 잡지가 가톨릭교도들에 대한 원주민 보호주의적 십자군 시작
1832	세르비아 정교회 독립
1833	잉글랜드에서 옥스퍼드 운동시작
1836	오스트레일리아 최초의 가톨릭 주교와 성공회 주교 탄생 감리교 선교사 잰킨스가 폰도랜드에서 선교(-1868)
1840	영국의 리빙스턴(David Livingstone) 아프리카에 도착
1842	남경조약(Treaty of Nanking)으로 중국 개방 뉴질랜드 최초의 성공회 주교 조지 아우구스투스 셀윈 키에르케고르 《이것이냐 저것이냐》의 덴마크어 출판–실존주의적 기독교 스코틀랜드 교회가 분열되어 자유교회가 조직됨
1845	미국 남부의 침례교와 감리교가 북부 교단들로부터 분립
1846	런던의 〈복음주의 동맹〉(Evangelical Alliance) 창설
1847	동방정교의 시베리아 이디드이르(Anadyr) 지방의 코리아크(Korik)와 척치(Chukch)인들을 위한 선교사역 스위스의 존더분트 전쟁 브리검 영이 몰몬교 지도부를 솔트레이크시티로 이전
1848	모든 프랑스 영토에서 노예제도 금지
1849	모라비안 교파가 니카라과의 미스키토(Miskitos)을 위한 선교사역
1850	기독교의 세계적 현황: 그리스도 이후 61세대인 당시의 세계는 27.2%가 기독교인이며, 38.1%가 복음화되었고 성경은 205개 언어로 번역됨
1852	〈성서와 의료선교사협회〉(Bible and Medical Missionary Fellowship) 창설 그리스에서 교회회의 확립으로 그리스정교회 독립
1854	런던 선교대회(London Missionary Conference)
1858	뉴욕 선교대회(New York Missionary Conference) 미국에서 1858–1859 대각성운동과 훌턴스트릿 기도회(Fulton Street Prayer Meeting)
1859	개신교 선교사들의 일본 도착 찰스 다윈의 〈종의 기원〉
1860	〈리버풀 선교대회〉(Liverpool Missionary Society) 창설
1861	〈스코트랜드 국립 성서공회〉(National Bible Society of Scotland) 창설
1862	동방정교 선교회가 시베리아 아무르강 주변의 골드와 길야크족을 위한 선교사역
1865	허드슨 테일러(Hudson Taylor)에 의해 〈중국 내지선교회〉(C.I.M–China Inland Mission) 창설
1867	〈성서 유니온〉(Scripture Union) 창설
1870	남인도의 집중적 선교운동으로 1백만의 텔루구(Tellugu)반민들이 30년간 침례교, 루터교, 감리교로 개종
1871	아일랜드 성공회 비국교화
1875	〈프린스턴 해외선교협회〉(Princeton Foreign Mission Society)에 의해 프린스턴에 부흥 운동

1878	로얄 윌더(Royal Wilder)에 의해 〈세계선교사 회보〉(Missionary Review of World) 출간
1879	솔로몬 제도에 대한 오스트레일리아 감리교의 선교 시작 세르비아 정교회 독립
1880	뉴저지 32개 신학교 250명 신학생들 의해 〈신학교 선교동맹〉(Interseminary Missionary Alliance) 결성
1881	〈기독교 열성 청년회〉(Young People's Socieyt of Christian Endeavor) 결성
1882	최초의 한글성경 누가복음 번역 – 존 로스 선교사 역(서상륜, 이응찬, 백홍준 도움)
1884	미국의 의료선교사 알렌(Horace N. Allen)의 한국 도착 일본에서 이수정이 마가복음 번역(언더우드, 아펜젤러가 이 성경을 가지고 들어옴)
1885	장로교 선교사 언더우드(Underwood)와 감리교 선교사 아펜젤러(Appenzeller) 한국 도착 〈켐브리지 7인〉(Cambridge Seven) 선교사들이 중국 내지 선교회(CIM)를 통해 중국 파송
1886	〈대학생 자원 해외선교운동〉(Student Volunteer Movement) 결성
1902	필리핀 독립교회가 로마 가톨릭으로부터 분립
1903	독일 프란시스코 교도들을 통해 브라질 문두루쿠 인디안(Mundurucu Indians) 복음화
1905	〈인도 전국선교사 협회〉(National Missionary Society for India) 결성 일본 회중교회가 선교사로부터 독립
1906	평신도 선교 운동 개시
1908	미국 개신교들의 교회 연합협의회(Fedral Council of Church) 설립
1910	〈에딘버러 세계선교대회〉(World Missionary Conference, Edinburgh)
1912	〈국제 선교회보〉(International Review of Missions) 발간 영국 선교사회 대회(Conference of British Missionary Societies) 결성 호주 내지선교회 조직
1913	영국의 스터드(C.T.Studd)가 〈전 세계 복음화 십자군〉(World-Wide Evangelization Crusade) 창설 알버트 슈바이처가 의료선교사로 아프리카로 감
1914	'하나님의 성회' 북아프리카 오순절교회들의 연합 웨일즈 성공회의 비국교화를 위한 법률(1920년 효력 발효) 기독교의 세계적 현황 : 그리스도 이후 63세대인 당시의 세계는 34.9%가 기독교인이며, 52.5%가 복음화되었고 성경은 676개 언어로 번역됨 제1차 세계대전 발발(-1918)
1916	영국 정치가 출신 선교사 그러브(K.G.Grubb)에 의해 〈세계 정복 운동〉(World Dominion Movement)이 결성되어 세계선교지 종족 언어에 대한 구체적 조사
1917	〈초교파 해외 선교협회〉(Interdenominational Foreign Mission Association) 결성
1919	미국에서 〈세계 기독교 근본주의 협회〉 조직, 칼 바르트 로마서 주석 저술
1920	필리핀에서 가톨릭 교황 파이우스 10세(Pius Ⅹ)의 의교리분답서(Catechism)를 20만 명의 모슬렘을 위해 졸로-모로(Jolo-Moro)어로 번역
1921	레이크 모홍크(Lake Mohonk)에서 〈국제선교협회〉(International Mission Council) 결성 〈노르웨이 선교협회〉(Norweigian Mission Council) 결성
1922	카메룬 타우센드(Wm. Cameron Towsen)와 도날드 맥가브란(Donald A. McGavran)이 SVM에 동참
1924	핀란드 정교회 및 폴란드 정교회 독립

1926	미국에서 〈보르네오 비복음화 종적선교회〉(Unevangelized Tribes Mission of Borneo) 창설 예수회 선교사들이 브라질의 일본인들을 위해 사역(1978년까지 일본인 1백만 명 중 63만 명이 천주교로 개종)
1927	〈근동 기독교 협의회〉(Near East Chirstian Council) 결성
1928	남인도 탐바람에서 〈국제선교사 협의회 예루살렘 대회〉(Jerusale m Conference of International Missionary Council) 개최
1929	CIM대표 호스테(D.E. Hoste)가 유럽과 미국에서 중국을 위한 200명의 선교사 모집 공고
1930	일본에서 전도자 도요히코 카가와(Toyohiko Kagawa)를 중심으로 한 〈하나님의 왕국 운동〉(Kingdom of God Movement)이 백만 명 이상에게 복음을 전파
1931	영국 런던에서 〈비복음화지역 선교회〉(Unevangelized Fields Mission) 창설 에쿠아도르의 HCJB 방송국에서 방송 개시
1933	폴 틸리히가 독일에서 미국으로 이주(1965년 사망)
1935	타운센트(Townsend)에 의해 클리프 성경번역 선교회(Wycliffe Bible Translator) 창설
1936	〈대학생 해외선교협회〉(Student Foreign Missions Fellowship) 결성 WEC선교사 브리에르레이(L.G. Brierley)가 처음으로 〈비복음화 종족〉(Hidden People) 연구 조사
1937	알바니아 정교회 독립
1938	〈영국교회 협의회〉(British Council of Churches) 결성
1939	제2차 세계대전 발발(–1945)
1941	제2차 세계대전 시 1천 1백만 미국인들의 선교의식 각성
1942	〈IMC 마드리스 대회〉 개최
1945	복음주의 해외선교 협의회(Evangelical Foreign Mission Association) 결성 일본 항복 선언
1946	토론토에서 ICVF/SFMF 대학생 선교대회 개최 소련에서 동방 카톨릭교회 금지
1946	교회 세계 봉사회(Church World Service) 창설
1947	루터교 세계연맹(Lutheran World Ferderation) 조직 복음주의 대학생 국제협의회(International Fellowship of Evangelical Students) 결성 IMC 휘트비 대회(Whitby Conference of IMC) 개최 인도와 파키스탄 독립, 남인도교회 설립(성공회, 감리교, 남인도연합교회)
1948	세계선교협의회(WCC) 결성 – 콘스탄티노플의 총대주교가 주요 기초자로 참여 이스라엘 건국
1949	빌리 그레이엄의 복음전도여행 시작 중국 공산당 승리로 기독교 전파 중지
1950	아프리카 대륙에 4천 4백만 기독교인 달성 – 500종족 가운데 매년 180만 명이 증가하고 아프리카 토착교회(AICs)는 1천 700개의 교단으로 성장 기독교의 세계적 현황 : 그리스도 이후 64세대인 당시의 세계는 34.1%가 기독교인이며, 57.06%가 복음화되었고 성경은 1,052개 언어로 번역됨
1951	세계 복음주의 협의회(World Evangelical Fellowship) 결성 대학생 선교회(Campus Crusade for Christ) 창설 개신교 선교사들의 중국 여행과 선교 불허, 개신교도들의 삼자운동 시작

1952	IMC 윌링겐대회(Willingen Conference of IMC) 개최 〈성경전서개역한글판〉출간 : 〈성경젼셔〉(구역, 1911)를 한글맞춤법통일안에 따라 개정
1953	불가리아 정교회가 콘스탄티노플 총대주교에 의해 인정됨
1955	미국인 선교학자 맥가브란(D.A. McGavarn)이 〈The Bridges of God〉 발행. 종족단위 복음화 개념을 천명
1956	에쿠아도르의 아우카 인디안(Auca Indians)에게 5명의 개신교 선교사들이 정글에서 살해됨
1957	신학교육 기금(Theological Education Fund) 설치
1958	IMC 가나대회(Ghana Conference of IMC) 개최 영국에서 복음주의 선교사 동맹(Evangelical Missionary Alliance) 결성
1959	아시아 기독교대회 발족대회(Inaugural Assembly of Asia Christian Conference) 개최
1960	연장신학교육(Theological Education by Extension) 실시 니카라과의 심층전도(Evangelism-in-depth) 실시
1961	IMC와 WCC의 병합 한국에서 UBF 선교회 발족
1963	DWME의 멕시코 집회
1964	계간 복음선교(Evagelical Mission Quarterly) 발간 개시
1965	카메룬의 야운데(Yaounde)에서 [현대 서부 아프리카 복음화]에 대한 DWME 회의에서 라우선(J.S.Lawson), 바레트(D.S. Barrett), 아얌(B. B. Ayam)이 132 아프리카 종족복음화 단계 연구 풀러 세계 선교대학(Fuller School of World Mission) 설립
1966	MARC가 창설되어 교회의 세계선교를 위한 신학과 연구자료를 공급하며 세계복음화를 위한 베를린회의(Berlin Congression World Evangelization)와 연결되기 시작. 종족그룹에 대한 근대적 아이디어 탄생 아프리카와 마다가스카르 복음주의자협회(Association of Evangelicals of Africa and Madagascar) 창설 미얀마에서 선교사 축출 홍위병들이 중국교회 파괴 태평양 교회 대회(Pacific Conference of Churches) 결성 베를린 전도대회(Berlin congress on Evangelism) 개최
1967	〈종족복음화를 위한 신성회중〉(Sacred Congregation for the Evangelization of Peoples)이 9,900여 언어 종족과 1만 5천 종족그룹을 위한 사역
1968	국제선교 협력기구(K.I.M-Korea International Mission) 창립 마틴 루터 킹 목사(침례교, 인권운동가) 피살
1969	아프리카 토착 교회가 300개의 다른 종족으로 집합된 1,700만 명과 5,800개 교단으로 증가 및 매년 96만 명 성장
1970	복음화를 위한 필리핀 전국총회(All Philippine Congress on Evangelization)결성 대만에서 중국 전도대회(Chinese Congress on Evangelism) 연합성서공회가 세계인구에 97%를 위한 구약 249개 언어, 신학 578개 언어, 쪽복음 1,431개 언어로 출판, 연 성경반포 수는 1966년 8천만 권, 1970년 1억 7,300만 권, 1985년 5억 4,900만 권
1971	일본 해외 선교협회(Japan Overseas Mission Association) 결성
1972	아프리카 복음화를 위한 개척지 상황(Frontier Situations for Evangelization) 발간 미국선교학회(American Society Missiology) 창설 시카고에서 복음과 개척지 종족을 위한 협의회(Consultation on The Gospel and Frontier Peoples) 개최 국제 선교학 논평지(Missiology, An International Review) 발간

1973	방콕에서 DWME 집회 미국선교학회(American Society of Missionary Convention) 개최 필리핀에서 전 아시아 학생선교대회(All-Asia Student Missionary Convention) 개최 서울에서 전 아시아 선교협의회(All-Asia Missionary Convention) 창설 교회선교위원회 협의회(Association of Church Mission Committees) 창설 아시아 선교회(Asia Mission Association) 창설 어바나 전도(Urbana Reversal) : 1970년 8%, 1976년 28%의 학생들이 헌신서약, 종족 복음화 선교전략 대확장
1974	로잔에서 세계복음화 국제대회(International Congress on World Evangelizati on in Lausanne) 일본 전도대회(Japan Congress on Evangelism) 개최 CCC 한국 대회(Explo '74) 개최 최초의 하기 국제 연구소(First Summer Institute of International Congress) 1980년 세계 선교대회(World Missionary Conference)를 위한 공식적 회집
1975	나이로비에서 케냐 비복음화종족 대회(Unreached Peoples Confere nce) 서울에 동서 선교정보 수집과 전략개발센터(East-West Center for Mission Rese arch and Development) 설립 아시아 선교협회(Asia Mission Association) 설립 기독교의 세계적 현황 : 그리스도 이후 64.8세대인 당시의 세계는 33.2%가 기독교인이며, 64.9%가 복음화되었고 성경은 1,630개 언어로 번역됨
1976	홍콩에서 세계 복음화 중국대회(Chinese Congress on World Evangelization) 개최 캔사스에서(IFMA/EFMA연합 실행 위원수련회) 개최 미국 해외선교센터(United States Center for the World Mission) 창설 어바나 선교대회(Urbana '76)에서 50%의 학생 헌신 이슬람 세계대회(Islamic World Congress)로 기독교 선교사 철수 선교사들이 성경 없는 5천 2백억 언어 그룹 중 300 언어로 성서 번역, 500 언어로 성경 개편과 새로 번역
1977	전인도 선교 및 복음화 대회(All-India Congress on Mission And Evangelization) 및 인도 선교 협회(IMA) 조직 미국 세계선교센터 국제연구소(ISS)에서 최초로 선교 전망 'Perspectives' 코스 제공
1978	모슬렘권 복음화를 위한 북미대회
1979	중국교회 재개방 및 공예배 허용 서독에서 세계복음협회 주최로 비복음화 종족대회 개최
1980	제자화를 위한 필리핀 전국대회(Philippine Congress on Discipling a Nation) 멜번 DWME 선교대회(DWME Conference Melbourne) 태국 파타야(Pattaya)에서 LCWE 대회 개최 에덴버그에서 개척지 선교 세계협의회(World consultation on Frontier Missions) 개최 개척지 선교를 위한 국제학생 협의회(International consutation on frontier Missions) 개최 기독교의 세계적 현황 : 그리스도 이후 65세대인 당시의 세계는 32.8%가 기독교인이며, 68.4%가 복음화되었고 성경은 1,811개 언어로 번역됨
1981	개척자협회(.Frontier Fellowship)창설과 〈Global Prayer Digest〉 발간 IFMA 개척자 위원회(IFMA Frontier peoples) 어바나(Urbana)대회에서 90%의 학생 헌신 숨은 종족(Hidden People)을 주제로 독일복음선교협회(German Association of Evangelical Mission) 회의 영국에서 비복음화 종족 전도(Reaching Unreached Peoples)를 위한 대회 개최 – 복음선교동맹(Evangelical Missionary Alliance) 주최
1982	그랜드 래피드(Grand Rapids)에서 복음전파와 사회적 의무에 대한 협의 서울에서 아시아 선교협의회 대회(Asia Mission Association Consultation) 개최
1983	암스테르담에서 83만 5천 명 순회 전도자들의 전도 연구 세계 복음주의 협회(World Evangelical Fellowship)에서 위튼 '83 개최 IFMA 와 EFMA 실행위원수련회에서 각각 미해결 과제(Unfinished Task)에 대해 강조
1984	USCWM에서 IFMA/EFMA/AEPM 수련회를 통해 개척선교에 대한 사명의 재확인 호놀룰루에서 중국민족 세계복음화대회(Ethnic Chiness Congress on World Evangelization) 개최 세계복음화 기도동맹(WEPA – World Evangelization prayer Alliance) 결성

1985	남아프리카에서 최초로 국내 단위 선교대회 개최 CCC 엑스플로 '85(Explo '85) 개최 선교학자 맥가브란(D.A.McGavran)이 2천 년 세계선교의 대전진(Gaint Step)에 대한 연구 및 선교학자 회의를 열어 선교 2천년(Mission 2000) 계획을 제안 휴스턴에서 소수민족 복음화를 위한 국내 대회(National Convocation on Evangelizing Ethnic) 개최 자이레 국내복음화 대회(Zaire National Congress on Evangelism)에서 64교단 지도자들이 1990년까지 1만 교회를 복음화되지 않은 지역에 설립할 것을 계획 나이지리아 복음주의 선교회(Nigeria Evangelical Mission Association)가 나이지리아 비복음화 종족 연구 유럽 10만 교회의 선교회가 세계의 비복음화 종족에 2천 년까지 교회 개척 계획
1986	미국 남침례 해외 선교부에서 비거주 선교 분과 신설 인도 선교협회(India Mission Association)가 인도의 숨은 종족 연구를 대규모로 개시 맨데이트 '86 선교대회 개최 갈렙 프로젝트(Caleb Peoject)가 선교기관들과 협력해 1만 3천 대학생들에게 영향력 발휘 포트 워스(Fort Worth)에서 미국 교회사 협회 주최로 축제 암스텔담 '86에서 8천 명의 목사와 전도자들에게 도전 콜로라드 스프링(Colorodo Springs)에서 개척지 선교학 협회 창설 미국에서 아시아 선교협회(Asia Mission Association)국제대회 개최
1987	콤미밤 '87(COMIBAM '87) – 최초의 남미 선교대회(Latin American Congress on Mission)개최 제3세계 선교협회(Association of Third World Mission) – 최초의 국제대회 제8차 아시아 신학 협의회
1988	개척지 선교를 위한 국제 학생협의회 결성 개척지 선교 세계 협의체(World consultation on Frontier Missoin) 결성 리더쉽 '88(Ledership '88) 기독교 젊은 지도자를 위한 로잔대회 제1회 개척지 선교를 위한 신학생 국제대회(First International Meeting of Theological Students for Frontier Mission) 개최 시카고 휘튼대학 빌리그레이엄센터에서 제1차 한인세계선교대회(Korean World Missions '88) 개최 – 한국기독교 100년사에 최초 미국 성공회 여성주교 선출
1989	GCOWE 89(Global Consultation for World Evangelization by AD2000 & Beyond) – 싱가폴에서 50개국 대표 314명이 참가한 2000년대 세계복음화 전략회의 개최 로잔 II 마닐라 세계복음화 국제대회(International Congress for World Evangelization in Manila,Lausanne II) 개최
1991	2000년대를 향한 민족과 세계복음화 회의 개최(횃불선교센터) – 한국세계선교협의회 주최
1992	시카고 휘튼대학 빌리 그레이엄센터에서 제2차 한인세계선교대회(Korean World Missions'92) 개최
1995	GCOWE '95 제2차 세계복음화 전략회의 개최(횃불선교센터) – 214개국 4662명 참가
1996	시카고 휘튼대학에서 제3차 한인세계선교대회(KWM' 96) 개최
1997	GCOWE '97 – 남아공에서 아프리카 지도자들이 미전도종족에 초점을 맞추게 함
1999	일본 교토에서 제3세계선교협의회(TWMA) 창립 10주년 기념 선교대회 개최
2000년	시카고 휘튼대학에서 제4차 한인세계선교대회(KWMC 2000) 개최 세계선교대회 개최 – 서울 잠실체육관 빌리 그레이엄 전도협회 주최로 암스텔담 2000 선교대회 개최 어바나 2000 선교대회 및 메시아 2000 예루살렘 선교대회 개최 2000 기독교의 세계적 현황 : 그리스도 이후 65.6세대인 현재의 세계는 33.0%가 기독교인이며 71.7%가 복음화되었고 성경은 2,261개 언어로 번역됨

성경 빌드업

초판 1쇄 발행 2023년 2월 22일

지은이 윤관석

펴낸이 여진구
책임편집 최현수
편집 이영주 박소영 안수경 김도연 김아진 정아혜
책임디자인 마영애 노지현 | 조은혜 이하은
홍보 · 외서 진효지
마케팅 김상순 강성민
제작 조영석
마케팅지원 최영배 정나영
경영지원 김혜경 김경희 이지수

303비전성경암송학교 유니게과정 박정숙
이슬비전도학교 / 303비전성경암송학교 / 303비전꿈나무장학회

펴낸곳 규장

주소 06770 서울시 서초구 매헌로 16길 20(양재2동) 규장선교센터
전화 02)578-0003 팩스 02)578-7332
이메일 kyujang0691@gmail.com
홈페이지 www.kyujang.com
페이스북 facebook.com/kyujangbook
인스타그램 instagram.com/kyujang_com
카카오스토리 story.kakao.com/kyujangbook
등록일 1978.8.14. 제1-22

책값 뒤표지에 있습니다.
ISBN 979-11-6504-413-8 03230

규 | 장 | 수 | 칙

1. 기도로 기획하고 기도로 제작한다.
2. 오직 그리스도의 성품을 사모하는 독자가 원하고 필요로 하는 책만을 출판한다.
3. 한 활자 한 문장에 온 정성을 쏟는다.
4. 성실과 정확을 생명으로 삼고 일한다.
5. 긍정적이며 적극적인 신앙과 신행일치에의 안내자의 사명을 다한다.
6. 충고와 조언을 항상 감사로 경청한다.
7. 지상목표는 문서선교에 있다.

하나님을 사랑하는 자 곧 그의 뜻대로 부르심을 입은 자들에게는 모든 것이 合力하여 善을 이루느니라(롬 8:28)

규장은 문서를 통해 복음전파와 신앙교육에 주력하는 국제적 출판사들의 협의체인 복음주의출판협회(E.C.P.A:Evangelical Christian Publishers Association)의 출판정신에 동참하는 회원(Associate Member)입니다.